Enciclopedia Práctica de la
Contabilidad

A. Goxens / M. A. Goxens

OCEANO / CENTRUM

Es una obra de

OCEANO
GRUPO EDITORIAL

EQUIPO EDITORIAL

Dirección: Carlos Gispert

Subdirección y Dirección de Producción: José Gay

Dirección de Edición: José A. Vidal

* * *

Edición: Ramón Sort

Maquetación: Esther Amigó, Manuela Carrasco

Diseño de sobrecubiertas: Andreu Gustá

Sistemas de Cómputo: Mª Teresa Jané, Gonzalo Ruiz

Producción: Antonio Corpas, Alex Llimona, Antonio Surís, Antonio Aguirre, Ramón Reñé

© MCMLXXIX Antonio Goxens y Mª Ángeles Goxens
© MMI OCEANO GRUPO EDITORIAL, S.A.
Milanesat, 21-23
EDIFICIO OCEANO
08017 Barcelona (España)
Teléfono: 932 802 020*
Fax: 932 041 073
www.oceano.com

IMPRESO EN ESPAÑA- PRINTED IN SPAIN

ISBN 84-494-0694-3
Depósito legal: B-49598-XLI
9000296070501

Presentación

La preparación de profesionales en el campo de la contabilidad tiene como objetivo formar eficientes técnicos que sepan realizar bien la tarea de cada día, conociendo con suficiencia la base científica de la materia.

Con esta idea hemos preparado la presente obra. Confiamos conseguir que el lector asimile las bases científicas de la contabilidad para reflejar en cuentas, balances y demás estados numéricos la situación económica de un negocio, los resultados que van consiguiendo y la concordancia o no de lo que ha sucedido con lo que se había previsto y presupuestado.

Al enfocar el alcance del texto hemos tenido muy presente la idea motriz de lo que viene conociéndose como contabilidad gerencial, que es tanto como decir al servicio de la dirección de la empresa. Contabilizamos para ofrecer información fidedigna, precisa y amplia en lo menester y así dar una imagen fiel de la situación patrimonial de la empresa en su conjunto y en el detalle necesario; también de los resultados obtenidos y cómo éstos se han adaptado a las previsiones establecidas. Este enfoque obliga a considerar los enlaces de la contabilidad con la organización de la empresa y con las técnicas de gestión económica de la misma.

Por esta razón, consideramos que es base necesaria para alcanzar un dominio eficiente de la administración, dar unas nociones de economía de empresa, en especial en lo que se refiere a la organización administrativa de los distintos servicios que han de ofrecer información contable.

Hemos desarrollado, interpretando las normas de la Conferencia General de la UNESCO sobre formación profesional, un plan lógico. Estudiamos inicialmente la empresa como centro de la actividad económica, dando en seguida una sucinta idea de lo que es la contabilidad. La empresa necesita un patrimonio que se refleja en un documento básico de toda tarea contable: el inventario, cuyo estudio se realiza seguidamente. Las rúbricas o agrupaciones patrimoniales son origen de las cuentas y las operaciones se registran en adecuados instrumentos contables, que son sucesivamente estudiados.

Una de las finalidades de esta obra, además de completar la formación teórico-práctica de quien aspire a una jefatura contable y a una dirección administrativa y/o financiera, es la de despertar inquietudes, para que luego el profesional contable amplíe en adecuadas obras de especialización los conceptos que ahora presentamos resumidos y que son fundamento de la profesionalidad cuyo conocimiento es el objetivo primordial de la obra.

Cada capítulo presenta ejemplos y adecuados ejercicios para que el lector aplique prácticamente lo que va aprendiendo. Completamos el texto con el estudio de la operatoria empresarial y su reflejo coordinado en la contabilidad, terminando con unas primeras nociones sobre la mecanización de las tareas contables; y para que el lector tenga una clara noción del conjunto de tareas contables, como resumen, se desarrolla un corto ciclo de actividades de una empresa comercial. En este ciclo el lector tiene ocasión de completar sus conocimientos formulando los asientos de Diario correspondientes a unas operaciones coordinadas, su pase al Mayor, la estructuración del correspondiente balance de comprobación y el balance general de fin de ejercicio.

Es necesario hacer una observación en cuanto a la presentación moderna de los estados y demostraciones contables, así como la llevanza de los libros. Hoy día se prescinde de alardes caligráficos buscando en la presentación de los libros eficacia en su fondo y sencillez y claridad en la forma, cumpliendo siempre con lo dispuesto en el Código de Comercio: «Los libros y cuentas deberán llevarse con claridad, exactitud, por orden de fechas, sin espacios en blanco, interpolaciones, raspaduras ni tachaduras». Dentro de esta forma general cabe una gran variedad de formas de escritura y de redactado; asimismo pueden abreviarse los títulos de las cuentas e incluso utilizar sólo su código numérico. En la presentación de ejemplos hemos atendido estas directrices. La sencillez caligráfica que recomendamos adquiere su máxima expresión en la contabilidad mecanografiada y en los adelantos de la mecanización integral, hacia la cual tiende la contabilidad de una mayoría de empresas; pero antes de llegar a ella han de estudiarse los fundamentos básicos de la contabilidad y compenetrarse con ellos mediante procesos de contabilidad manual que desarrollamos en las páginas que siguen.

En fin, al servicio de la enseñanza de la contabilidad hemos tratado de aunar la experiencia de un viejo profesor, con más de 40 años de docencia y de actividad profesional asesorando empresas, con las inquietudes y empuje de una joven profesora que ha demostrado en oposiciones y en el ejercicio de la docencia su creciente valía.

A. Goxens y M. A. Goxens

Estructura de la obra

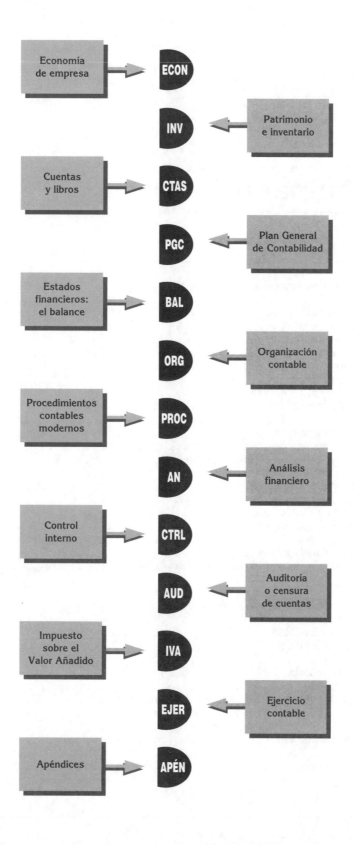

Economía de empresa → **ECON**

INV ← Patrimonio e inventario

Cuentas y libros → **CTAS**

PGC ← Plan General de Contabilidad

Estados financieros: el balance → **BAL**

ORG ← Organización contable

Procedimientos contables modernos → **PROC**

AN ← Análisis financiero

Control interno → **CTRL**

AUD ← Auditoría o censura de cuentas

Impuesto sobre el Valor Añadido → **IVA**

EJER ← Ejercicio contable

Apéndices → **APÉN**

Sumario

Abreviaturas

<	mayor que	m/o.	mi orden
>	menor que	m/v.	meses vista
%	por ciento	n/	nuestro, nuestra
‰	por mil	n/c.	nuestra cuenta
a/c.	a cuenta	n/cº	nuestro cargo
a/f.	a favor	n/compra(s)	nuestras compra(s)
art.	artículo	n/f.	nuestro favor
c/	cuenta	n/fra(s).	nuestras factura(s)
C.ª	compañía	n/g.	nuestro giro
c/c.	cuenta corriente	n/L.	nuestra letra
c/u	cada uno	n/o.	nuestra orden
Cía.	compañía	NIF	Número de Identificación Fiscal
CIF	cost, insurane, freight; Cédula de Identificación Fiscal	núm(s).	número(s)
cje.	corretaje	o/	orden
cº	cargo	of.	oficial
com.	comercio, comercial	P/	pagaré
cta.	cuenta	P. A.	por ausencia
cta(s). cte(s).	cuenta(s) corriente(s)	p. a.	por autorización
ctdo.	contado	p. ej.	por ejemplo
cte.	corriente	p. o.	por orden
Ch/	cheque	p/cta.	por cuenta
D., D.ª	don, doña	PGC	Plan General de Contabilidad
d/f.	días fecha (=a tantos días fecha)	ppgo.	por pronto pago
d/v.	días vista (=a tantos días vista)	pral(s).	principal(es)
doc.	documento	q	quintal métrico
dpto(s).	departamento(s)	ROI	return on investiments (rendimiento de inversiones)
Dr., Dra.	doctor, doctora	s/	sin, según, sobre, su
dto.	descuento	S. A.	Sociedad Anónima
dupdo.	duplicado	s.b.f.	salvo buen fin
e/	envío	s. e. u o.; S. E. O.	salvo error u omisión
E. P. M.	en propia mano	S. en C.	Sociedad en Comandita
etc.	etcétera	s. f.	sin fecha
fol.	folio	S. L.	Sociedad Limitada
FOB	free on board (franco a bordo)	s/«rappel»	sobre «rappel»
fra.	factura	s/acreedor	sobre acreedor
g/	giro	s/c.	su cuenta
gto(s).	gasto(s)	s/cº	su cargo
id.	ídem	s/deudor	sobre deudor
int.	interés	s/f.	su favor
IRPF	Impuesto sobre la Renta de las Personas Físicas	s/fra(s).	su factura(s)
		s/inventario	según inventario
IVA	Impuesto sobre el Valor Añadido	s/L.	su letra
kg	kilo, kilos	s/n/	sobre nuestro(s), sobre nuestra(s)
L/	letra	s/núm.	sin número
Ltda.	limitada (sociedad)	s/o.	su orden
m	metro	s/venta(s)	sobre venta(s)
m/	mi	Sr., Sra., Srta.	señor, señora, señorita
m/cº	mi cargo	SS	Seguridad Sociedad
m/cta.	mi cuenta	u.m.	unidad monetaria
m/f.	mi favor	v/	visto
m/fcha.	meses fecha	Vd(s).	Usted(es)
m/g.	mi giro	Vº Bº	visto bueno
m/L.	mi letra	vto.	vencimiento

CAPÍTULO 1

Nociones de economía de empresa

La empresa

El hombre es quien crea las empresas para poder, colectivamente, satisfacer mejor sus necesidades. Estas empresas coordinan esfuerzos y medios instrumentales para prestar un servicio y ofrecer una retribución a quienes han cooperado para alcanzar los servicios prestados. Estas empresas servidas por hombres y para los hombres han de estar correctamente administradas. Han de poder demostrar su utilidad y, al propio tiempo, han de ser dirigidas con acierto. Una técnica especial que denominamos Contabilidad, con unos principios científicos básicos, permite que los hombres que dirijan la empresa tengan suficiente información de los medios de que disponen, de los resultados que obtienen y de los objetivos que se proponen alcanzar. El conjunto de conocimientos que comprende la Contabilidad es una parcela limitada de los que la Humanidad ha ido atesorando a lo largo de su devenir histórico. En las páginas que siguen iremos exponiéndolos en su estado actual como forma práctica de alcanzar un cabal conocimiento de los medios de que dispone una empresa, cómo los utiliza y qué resultados obtiene.

Cada empresa agrupa y coordina los elementos propios de un modo particular que la caracteriza; prácticamente no existen dos empresas iguales, por ello se dice que cada empresa tiene una personalidad propia y se distingue de las demás por su denominación o nombre, que las identifica. En muchos países se ha considerado conveniente codificar numéricamente a las empresas y, en este caso, además de la razón social, denominación o nombre, se identifican por un número o un conjunto de números y letras.

Necesidades humanas

El hombre debe cubrir una serie de necesidades sin las cuales no puede subsistir, como son: comer, dormir, tener donde guarecerse, etc. Para satisfacer estas necesidades tenemos en primer lugar los bienes naturales dados por la naturaleza en cantidades ilimitadas sin que medie esfuerzo alguno por parte del hombre. Por ello, estos bienes no tienen un valor económico mensurable; entre éstos podríamos citar el Sol, el aire, etcétera.

Pero la mayoría de los bienes los poseemos en forma limitada o necesitan una serie de transformaciones para que sean útiles. Éstos son los llamados **bienes económicos** y son el objeto de la actividad económica; entre ellos tenemos los alimentos, los vestidos, etc. El deseo o necesidad de poseerlos y el esfuerzo que debe hacerse para alcanzarlos dan la medida de su valor económico.

La actividad económica

Llamamos **actividad económica** a la serie de actos realizados por el hombre para la obtención de los bienes que le son necesarios.

Para la obtención de los bienes económicos hay que aplicar un trabajo (esfuerzo) y un capital (medios instrumentales). Al conjuntar el trabajo con el capital, organizando la producción de bienes y servicios, surge la **empresa,** que es una unidad económica que genera o produce bienes y servicios.

La empresa es el sujeto o ente que promueve y dirige la actividad económica mediante la coordinación de los factores productivos.

Para producir cualquier cosa, ¿qué se necesita?:

1. que alguien tenga la idea de que se puede hacer o producir lo que sea;
2. que alguien tenga capacidad para ello y disponga de los medios necesarios.

Si una persona tiene ideas y capacidad, pero le faltan los medios tendrá que buscar la cooperación de otras personas que aporten lo que le falta. Aun en lo más sencillo puede ser necesaria la cooperación.

Suponga que tenemos sed y estamos al borde de un pozo cuya cristalina agua reluce en su fondo, pero no tenemos ningún instrumento para sacar el agua. Podemos intentar descender, con peligro evidente, por la pared del pozo hasta llegar al agua, apagar nuestra sed y volver a subir con un considerable esfuerzo personal o trabajo. Podemos encontrar a otro que tenga un cubo, una cuerda y una polea (medios instrumentales) y esté dispuesto a prestárnoslos, pero que no tenga fuerza para sacar ni un pozal. Cooperamos y con sus medios y nuestro esfuerzo vamos sacando agua para saciar nuestra sed, para lavarnos e incluso para regar unas plantaciones que establecemos al lado del pozo. Nuestro esfuerzo y sus medios se han coordinado.

Tenemos los dos elementos básicos de la empresa o factores productivos: un **trabajo** o esfuerzo personal y unos medios instrumentales o **capital.** Ahora bien, suponga que tenemos fuerzas y medios pero a ninguno de los dos se nos ocurre que el agua puede sacarse y además usarse para regar unas plantas: ¿de qué servirán los esfuerzos y los medios? De nada.

Las **ideas,** la **coordinación** y la **organización** para que los distintos factores sean productivos es lo que caracteriza la aparición de la empresa. La aplicación coordinada para que sea efectiva ha de obedecer a unas reglas, el conjunto de las cuales constituye una técnica, es decir, saber cómo hacerlo bien y cada vez mejor. La **técnica** es un tercer factor productivo que cada día alcanza más importancia.

El concepto empresa

La empresa es la unidad de producción económica. Está integrada por diversos elementos personales y materiales, coordinados. Las empresas, fundamentalmente, se dividen en industriales, comerciales y de servicios. Las industriales transforman unas materias en productos útiles para ser consumidos, esto es, aplicados a satisfacer necesidades humanas. Las comerciales son intermediarias entre productores y consumidores, y las de servicios facilitan las actividades de las anteriores, como ocurre con las que se dedican a los seguros, a facilitar crédito, transporte, etc. Todas las empresas necesitan la colaboración de personas que aportan sus ideas y trabajo personal; utilizan en mayor o menor grado, según su complejidad, aparatos, instalaciones, maquinaria, mobiliario, mercancías diversas, etc., que son instrumentos materiales de la producción. Las personas que forman la empresa, para desarrollar su actividad, han de colaborar unas con otras, utilizando adecuadamente los medios de que disponen; es necesario, pues, establecer unas normas para que esta colaboración sea eficaz y la utilización de medios resulte eficiente, lo que constituye su organización. Además, es necesario establecer unos objetivos o finalidad de la actividad que se desarrolla.

En general, la empresa presta un servicio económico, mediante el cual trata de conseguir un beneficio que remunere a lo consumido para prestar el servicio, a los esfuerzos personales realizados y al riesgo que tiene la empresa. Decimos que la empresa presta un servicio económico porque mediante su actuación ofrece a los consumidores y a otras empresas lo que éstas pueden necesitar. Este servicio económico puede estar representado por la oferta de productos, de cualquier índole que sean, o por la oferta de lo que son propiamente servicios. El objetivo de toda empresa es ofrecer algo a los demás; para ello, la empresa necesita a su vez obtener del conjunto de otras empresas y personas lo que necesita para poder ofrecer lo que quiere ofertar.

Es decir, si usted quiere fabricar zapatos y ofrecerlos al público en general, necesitará comprar cuero, clavos, hilo para coser, etc.; tener una maquinaria adecuada para poder cortar, coser, componer los zapatos y necesitará, además, que unas personas hagan el trabajo necesario para poder fabricar unos zapatos que puedan ser ofrecidos al público y aceptados por éste. Pero usted va a ofrecer los zapatos porque cree que alguien los va a comprar y porque cree que se los comprarán por un precio más alto de lo que usted ha gastado o consumido en fabricarlos. He aquí que a través de su actividad la fabricación de zapatos, o la fabricación de cualquier otro artículo, o la oferta de un servicio, el que sea, lo que usted trata también de hacer es obtener un beneficio que va a ser parte del ingreso que usted tendrá por la venta de los zapatos. Luego, si usted piensa en el futuro deberá calcular que es posible que no siempre pueda ofrecer el zapato con beneficio, que asume el riesgo de que pueda o no pueda vender este zapato con beneficio; usted tendrá que buscar la forma de ganar lo suficiente para establecer algunas reservas con que afrontar este riesgo.

La empresa se caracteriza por su organización. La empresa realiza la coordinación de los elementos materiales y personales necesarios para la producción, sujetándolos a una dirección común, ordenándolos en el espacio y el tiempo para conseguir el objetivo propuesto; es necesario que exista el espíritu directivo y coordinador sustancial con la idea de empresa. En resumen, la empresa requiere:

- un fin u objetivo común propuesto;
- una voluntad dirigida a conseguir tal fin, representada por una autoridad directiva y coordinada de los esfuerzos necesarios para conseguirlo;
- una energía y trabajo puestos a disposición de tal autoridad;
- unos medios o patrimonio sobre los que actúa el trabajo.

Fines de la empresa

- **Prestar un servicio o producir un bien económico**
  Se presta un servicio al vender productos (supermercado), curar enfermos (hospital), ofrecer diversión (circo), etc. Se produce un bien económico al extraer minerales, recoger frutos alimenticios, fabricar coches, muebles, aviones, etcétera.

- **Obtener un beneficio**
  La empresa al desarrollar su actividad trata de conseguir una ganancia para retribuir el esfuerzo de quien ha coordinado los factores productivos.

- **Restituir los valores consumidos para poder continuar su actividad**
  Si la empresa es una librería deberá ir haciendo nuevos pedidos de libros a las editoriales para ir reponiendo los libros vendidos y poder continuar vendiendo. Así, las editoriales deberán imprimir nuevos libros para reponer los vendidos; las empresas papeleras fabricar más papel para sustituir al consumido; las madereras replantar nuevos árboles y producir más pasta de papel, etcétera.

- **Contribuir al progreso de la sociedad y desarrollo del bienestar social**
  Una particularidad de este aspecto es la contribución de las empresas a las cargas públicas. El Estado, como representación de este bien común, desarrolla servicios públicos de índole muy variada (p. ej., carreteras, hospitales, seguridad, etc.) cuyo sostenimiento justifica los impuestos que revierten a la comunidad social de la cual forma parte.

Industria y comercio

Las empresas que se dedican a transformar materias primas en bienes útiles para el hombre se engloban dentro del concepto de **industria**. Existen multitud de industrias, entre ellas tenemos la siderúrgica, la metalúrgica, la conservera, la del calzado, etcétera.

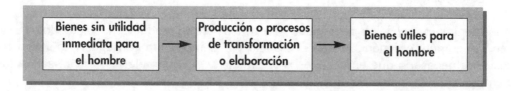

Los productos realizados deben llegar a las personas que los necesiten; aparece así la función de **venta**.

El **mercado** es la relación entre la oferta de productos y la demanda de ellos. Hay empresas que no se dedican a fabricar productos sino solamente a comprar a otras empresas fabricantes y venderlos a los consumidores interesados, apareciendo así la institución del **comercio** como mediador entre productores y consumidores.

Al comercio, en teoría económica, se le denomina también **distribución** de los productos.

INDUSTRIA	COMERCIO		
• Fabrica • Elabora • Produce	• Transporte de productos	• Mercados • Conservación • Distribución	• Venta a los consumidores

Clasificación de las empresas

Las empresas se clasifican básicamente en cinco grandes grupos, basándose para ello en criterios meramente objetivos: propiedad, patrimonio, fines, dimensión y objetivo o actividad.

Atendiendo a la personalidad del propietario

La empresa es una concepción jurídico-económica en constante evolución. Aparece desde la empresa privada a la pública, la empresa individual, en la que una persona es la propietaria del capital invertido y la dirige bajo su riesgo y responsabilidad, las sociedades que reúnen a varias personas y hasta las cooperativas en que las personas propietarias son, al mismo tiempo, quienes prestan su trabajo personal en ella.

■ **Empresas privadas**
Se considerarán empresas privadas aquellas en las que el empresario (persona física o jurídica) es un particular con personalidad de derecho privado. Un caso particular son las empresas llamadas de **patronato,** que aparecen con un patrimonio adscrito a **una** finalidad económica o social concreta y su dirección ha sido confiada a determinadas personas o está vinculada a quienes ejercen cargos públicos previamente señalados.

■ **Empresa individual y sociedades mercantiles**

Aparece primero la empresa **individual** perteneciente a una sola persona que es quien la explota, dirigiéndola por sí o a través de personas subordinadas. Las **sociedades** son empresas que se rodean de formalidades jurídicas adecuadas y cuyo capital está formado por las aportaciones de varias personas. Las más conocidas son las siguientes:

- **Sociedad colectiva.** Los socios aportan capital y trabajo, y responden ante terceros por las pérdidas en forma solidaria e ilimitada.
- **Sociedad comanditaria.** Está formada por dos clases de socios:
  - Socios colectivos, que llevan la dirección de la gestión social y responden de forma solidaria e ilimitada ante terceros. Éstos son personas ajenas a la sociedad, como pueden ser los deudores (personas que deben a la sociedad), y los acreedores (personas a las que la sociedad debe algo), etcétera;
  - Socios comanditarios, cuya responsabilidad queda limitada al capital aportado, no pudiendo intervenir en la administración de la sociedad.
- **Sociedad de responsabilidad limitada.** Los socios limitan su responsabilidad a los fondos aportados o a las participaciones sociales suscritas.
- **Sociedad anónima.** El capital está constituido por títulos enajenables llamados acciones, que suscriben una pluralidad de personas, quienes limitan su responsabilidad económica al importe de los títulos que poseen.

■ **Empresas estatales y empresas colectivizadas**

En la evolución de la empresa tienen un papel importante las empresas de carácter estatal, en las cuales el capital necesario para su fundación ha sido aportado por el Estado o por un órgano político-administrativo del que forma parte el Estado. Estas empresas, en una mayoría de casos, aparecen como empresas privadas y se administran como cualquiera de ellas según las normas dictadas para las sociedades anónimas; su característica es que el capital está en manos de un ente público y que los gobernantes del mismo nombran a los administradores. Pueden revertir a la iniciativa privada en cualquier momento mediante la venta de las acciones a personas privadas, por el Estado o corporación pública que las posee.

También cabe que la aportación del ente público o Estado para fundar una empresa tenga otro carácter, apareciendo las empresas que puedan llamarse colectivizadas, o nombre parecido, en las cuales el Estado sólo mantiene a través de adecuados organismos una vigilancia o tutela y su administración queda confiada a las personas que en ella trabajan directamente en régimen cooperativo; en este caso el conjunto (personas cooperadoras) no son propietarios sino sólo administradores de un patrimonio comunal.

Esta evolución puede dar lugar a una gama de posibilidades de empresas según en qué grado el capital esté repartido entre los propios trabajadores, o pertenezca al Estado o a otra colectividad.

Por el patrimonio que se administra

■ **Materiales**

Cuando su patrimonio se manifiesta frente al público por signos materiales y externos (p. ej., una tienda, una fábrica).

- **De relaciones jurídico-económicas**
  Si su patrimonio está constituido básicamente por relaciones de dicho tipo; las cosas materiales son sólo accesorias a aquellas relaciones (p. ej., un comisionista).

Por los fines

- **Administrativas puras**
  Tienen como finalidad principal la consecución, movimiento y aplicación de medios económicos, sin realizar con éstos tráfico mercantil (p. ej., un hospital de beneficencia).

- **Especulativas**
  Tienen por fin el tráfico mercantil y buscan en él la obtención de un lucro particular (p. ej., una empresa mercantil o industrial). En ellas se ofrecen bienes y servicios a cambio de un precio que ha de ser suficiente para retribuir lo consumido, poder ofrecer el servicio y además obtener un beneficio. Supóngase que usted fabrica helados. Para producirlos consumirá leche, huevos, etc., tendrá que trabajar, comprar máquinas que se harán viejas y que habrá que reponer. Conseguirá un lucro si vende a un precio más alto que el coste.

Por su dimensión

Según el número de trabajadores, el importe del capital utilizado y el volumen de ventas, aparecerá la pequeña, mediana o gran empresa. Los límites entre ellas no pueden establecerse con precisión y dependen de circunstancias coyunturales.

Por el objetivo o actividad

Por el fin u objetivo, las empresas se clasifican en:

1. extractivas (mineras, caza, pesca);
2. agrícolas (silvicultura, ganadería y cultivos);
3. fabriles o manufactureras (fábricas y talleres en general);
4. de servicios (hostelería y similares; espectáculos; limpieza, etc.);
5. de transporte y comunicaciones;
6. comerciales;
7. bancarias y financieras;
8. de seguros;
9. de publicaciones y enseñanza;
10. obras.

Evolución del concepto empresa

La empresa, como toda creación humana, está en perpetua evolución. Ésta se manifesta actualmente en los diversos campos que la afectan.

- **En el campo patrimonial**
Ya que las máquinas y los elementos industriales son cada vez más complejos y adquieren dentro de la producción una importancia mayor. Antiguamente, las vaquerías que expedían leche sólo necesitaban las vacas, los establos y unos baldes para recoger la leche al ordeñar a mano las vacas. Actualmente, los establos están mejor acondicionados; se ordeña mediante ingeniosos dispositivos; la leche se esteriliza, se homogeniza y se sirve embotellada, lo que requiere adecuadas instalaciones. En todos los órdenes de la producción ocurre algo parecido.

- **En el campo jurídico**
Surgen nuevos tipos sociales, apareciendo la desvinculación del patrimonio del elemento directivo y reconociendo derechos diferentes a los distintos estamentos.

- **En el campo laboral**
Por el reconocimiento creciente de los derechos de los trabajadores en la gestión y en los resultados.

- **En el campo de la dirección**
Aparece el reconocimiento de la labor directiva como una actividad que puede separarse de la propiedad de la empresa.

- **En el campo político-social**
Por el reconocimiento de unos fines propios de la comunidad social a los que deben subordinarse los de la empresa.

- **En el campo de las relaciones económicas**
Por considerar que a través de la empresa se debe realizar un cambio de prestaciones económicas que favorezcan a todos los que intervengan en dicho cambio. No hace muchos años una mayoría de empresas eran individuales; en ellas, el propietario reunía todos los poderes de mando, disposición y decisión.
La aparición de las sociedades anónimas y el gigantismo que han alcanzado algunas de ellas hace que quienes las dirijan sean administradores a sueldo; que los capitalistas tengan ya un poder limitado que sólo ejercen en las Juntas Generales; que se ensayen formas de cogestión (es decir, de gestión compartida entre los representantes del capital y los trabajadores). Así, la dirección en las grandes empresas modernas ya no es una función atribuida exclusivamente a los capitalistas; éstos han contratado a personas profesionalmente capaces de dirigir los negocios, quienes comparten su responsabilidad y su mando cada vez más con los comités de dirección, los consejos de empresa, etcétera.

Funciones de la empresa

En toda empresa pueden concretarse tres grandes funciones que determinan su actividad, su eficacia y su papel social.

- **Función económica**

  La empresa es un instrumento económico de la sociedad industrial y desde este ángulo los factores importantes de la empresa son la determinación de costes y lucros. Esto es, saber todo lo que aportan los elementos que integran la empresa y conocer las ganancias que se obtienen con la actividad empresarial.

- **Función de dirección**

  Comprende el análisis de cuál debe ser la función de dirección, su organización, sus calificaciones, la formación de su personal y la preparación (por la dirección existente) de sus sucesores.

- **Función social**

  Para que la empresa funcione, todos sus miembros deben tener una clara noción personal de su propio trabajo y del de la empresa, y de su lugar en la empresa, como ciudadanos conscientes y no como sujetos impersonales. Para que sea productiva y eficiente, la empresa tiene necesidad de las capacidades, de la iniciativa y de la cooperación de todos sus miembros. Sus recursos humanos y su organización representan su activo más importante y más eficiente.

EJERCICIOS

1. ¿Es el Sol un bien económico? ¿Por qué?

2. Para obtener un bien económico, ¿qué necesitamos aplicar?

3. El conjunto de trabajo y capital organizando la producción de bienes y servicios, ¿qué nombre recibe?

4. Escriba cinco ejemplos de empresas.

5. ¿Se mantiene el concepto de empresa aunque no se obtenga un beneficio? ¿Por qué?

6. ¿Qué organización relaciona la oferta y la demanda de bienes y servicios?

7. ¿Cómo responden ante terceros los socios de la sociedad colectiva?

8. ¿Qué sociedades limitan su responsabilidad al total de fondos aportados?

9. ¿Cómo se llaman los títulos que representan el capital en la sociedad anónima?

10. ¿Puede el Estado ser dueño de empresas?

Organización de la empresa

Organizar una empresa es dotarla de todos los elementos que le son necesarios para cumplir adecuadamente sus funciones y lograr los objetivos propuestos.

La empresa está constituida por unos elementos sobre los que tiene que actuar la organización; estos elementos son:

- materiales, es decir, los instrumentos necesarios para el buen funcionamiento de la empresa;
- personales, es decir, las personas que actúan en la empresa;
- formales, que establecen las normas y vínculos que delimitan el ámbito o esfera de actuación de cada persona y organismo y explican cómo utilizar los instrumentos materiales.

En la organización de la empresa se ha de estudiar:

- el personal a emplear y su distribución entre los diferentes órganos;
- el patrimonio valorado y su composición, así como sus modificaciones;
- los materiales que han de emplearse;
- los locales a ocupar;
- la maquinaria más idónea.

Es decir, hay que delimitar el conjunto y cada uno de los elementos materiales y personales que permitan realizar un trabajo y desarrollar con eficiencia la administración.

Naturalmente, según la índole de cada empresa, tiene mayor o menor importancia cada uno de los elementos que antes hemos señalado. Lo que hemos de hacer es estudiar todo lo que es necesario para que la empresa pueda desarrollarse; hemos de establecer un programa que comprenda todos los aspectos antes indicados, el cual se complementa con un presupuesto para valorar qué inversión de dinero va a ser necesaria, y luego tendremos que estudiar, como veremos en otros capítulos, de qué medios nos vamos a valer para conseguir el dinero suficiente con que financiar las inversiones.

Se han propuesto muchas definiciones de organización, dirección y administración. Son muy difundidas las propuestas por la *Taylor Society*, agrupación internacional de profesionales, que traducimos: «Una organización empresarial es la combinación de hombres, materiales, instrumentos, ámbito de trabajo y accesorios, unidos en una correlación sistemática y eficaz para lograr un objetivo deseado. Dirección, gerencia o *management* es la fuerza que conduce, guía y dirige una organización para lograr un fin previamente determinado. Administración es la fuerza que propone el objeto para el que operan una empresa y su correspondiente organización, y las directrices esenciales de acuerdo con las cuales debe operar.»

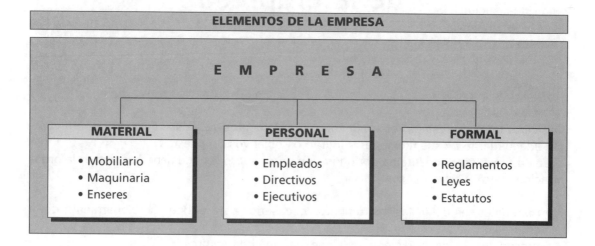

La organización científica del trabajo

La moderna organización científica del trabajo se fundamenta en la división del trabajo, cuyas ventajas son:

- Cada persona realiza el trabajo más armónico con sus aptitudes.
- Aumenta la destreza del operario por la repetición continua de la misma labor.
- Se obtiene una importante economía de tiempo y capital, por cuanto no hay que dejar un trabajo para empezar otro distinto.

Las bases de la organización científica del trabajo son:

- La selección técnico-profesional de los obreros y aumento de su instrucción técnica.
- La selección de los métodos y sistemas de trabajo.

- El perfeccionamiento de los utensilios, herramientas y maquinaria.
- La estandarización, normalización y tipificación de la producción.

Varios aspectos principales pueden distinguirse en la organización científica del trabajo:

- La organización general de la dirección y gobierno de la empresa.
- La organización del trabajo de oficina.
- La organización del trabajo en los talleres y fábricas.
- La organización de los negocios comerciales.
- La tipificación de los productos que se ofrecen al consumidor.

Principios de la organización científica del trabajo

- **Individualización**
Consiste en fijar la técnica particular de cada industria, tanto en su totalidad como en sus aspectos singulares.

- **Funcionalización**
Requiere la separación de funciones, con una clara delimitación de atribuciones y responsabilidades para cada órgano, que más adelante estudiaremos.

- **Tipificación, estandarización o normalización**
Consiste en crear para cada labor un tipo o norma ideal, modelo o patrón regulador, para sujetar a estos tipos o normas la actividad productora. La estandarización o fijación del estándar ha de referirse a la forma de actuar, a los tiempos necesarios para cada tarea, a los elementos a utilizar y al producto final.

- **Estímulo**
Debe aplicarse la forma de remuneración más equitativa, así como instaurar procedimientos de estímulo de diversas clases para que cada uno se realice humanamente en su respectiva labor.

- **Enseñanza**
Transmisión sistemática de la técnica científica a los operarios, mediante la enseñanza educativa, que impulsará la adecuada especialización.

Normas de organización

Las normas constituyen el nervio de la organización. Las normas delimitan derechos y responsabilidades; establecen formas de actuación y medios para llevar a término los actos; señalan cómo utilizar los elementos materiales, y enseñan cómo aprovechar en su grado máximo el esfuerzo humano aplicado sobre ellos.

Las normas pueden ser escritas o verbales; estas últimas sólo son aplicadas para la ejecución inmediata de un acto o realización de un hecho.

Las normas escritas o instrucciones son necesarias para evitar el olvido o la adulteración en la práctica de la norma que ha sido establecida tras detenido estudio. Las instrucciones verbales con frecuencia son mal interpretadas y se modifican al ser transmitidas oralmente de un escalafón jerárquico a otro. Por ello ha de darse preferencia a la norma escrita.

Condiciones de una buena organización

Las normas que enmarcan una organización han de responder a los principios de sencillez, claridad, rapidez y exactitud, y para ello se recomiendan las siguientes:

- Delimitación de funciones y de los órganos, estableciendo las relaciones que han de existir entre los diversos estamentos o jerarquías personales. Así empezaremos por delimitar las actividades que la empresa realiza. Al conjunto de actividades homogéneas que tienden a un fin concreto se las denomina función administrativa. Se han establecido varias clasificaciones y cada empresa se caracteriza por la forma como ha agrupado las diversas actividades.
- Esfera de acción de cada órgano, actos en que ha de intervenir y actos en los que nunca ha de intervenir; a quién ha de exigir informes y a quién debe rendir cuentas de sus actos.
- Evitar toda duplicidad de labor.
- Establecer la rotación o marcha de documentos y justificantes entre las diferentes secciones, en el mismo orden lógico en que intervengan en una actuación empresarial.
- Eliminar todos los actos, datos y documentos superfluos.
- Comparar siempre la utilidad de la labor con su coste.
- Disponer los documentos, registros y demás elementos de control de forma que sea factible la comprobación, verificación y censura de los actos realizados por cada uno.
- Disponer de una adecuada oposición de intereses entre los órganos personales, estableciendo el denominado control orgánico. La denominada oposición de intereses se basa en la delimitación de campos de responsabilidad de las diversas personas que intervienen en un acto; por ejemplo, en la compra de una materia prima que ha de transformarse pueden intervenir:
  - los que han de trabajar la materia, que señalarán las características de lo que necesitan para efectuar su labor;
  - los del servicio de compras, que se pondrán en contacto con los suministradores;
  - los encargados del almacén, que recibirán la materia comprada y comprobarán la cantidad y su calidad;
  - el servicio de control de recepción que comprobará la factura del proveedor con la nota de entrada, con los pedidos cursados y con la petición de los técnicos del taller o fábrica.

  La actuación de cada servicio ha de delimitarse; al hacerlo, estableceremos ámbitos de responsabilidad de cada una de las personas que colaboran en la realización de los actos administrativos.

- Hacer mecánicamente y en serie una mayoría de actos, de documentos y de gestiones; pero saber en qué momento el trabajo en serie ha de ser sustituido por un trabajo con calor humano y personal. Ha de tipificarse, pues, el trabajo a realizar; pero hay que valorar la posible ductilidad de la norma, o en qué momento la iniciativa del personal (como excepción) ha de sustituir al rigor mecánico de lo tipificado.
- Dotar a las oficinas de los elementos materiales adecuados (muebles, aparatos, máquinas, iluminación, etc.), para rendir una labor eficiente con un mínimo de cansancio y de coste.

Organización administrativa

Para la buena actuación de los distintos elementos que componen la empresa es necesario que se establezca una adecuada división del trabajo administrativo; para ello hay que tener en cuenta lo que cada sección debe realizar, y lo que no puede ni debe hacer en ningún caso.

Conociendo los trabajos que se deben realizar en el interior de la empresa, se determinarán los elementos personales que han de desarrollarlos, dividiendo estas tareas por secciones. Cada sección realizará la serie de servicios administrativos que le hayan encargado; así surgen dentro de la empresa los departamentos, negociados, oficinas, etcétera.

Para determinar qué órganos van a ser necesarios para la administración de la empresa y establecer entre ellos las relaciones necesarias para que puedan cumplir sus fines aparece la **organización**, cuya meta es dotar a cualquiera de las funciones de la empresa o al conjunto de todas ellas de los elementos necesarios para que dicha función se pueda cumplir eficientemente, esto es, con un mínimo esfuerzo y un máximo provecho. Según a qué aspecto de la empresa se refiera, la organización toma diferentes calificativos; así tenemos:

- **Organización comercial**
  Es aquella que se manifiesta en la operatoria de compras y ventas.

- **Organización financiera**
  Comprende los estudios económicos necesarios para lograr, con un mínimo de inversiones, la máxima productividad.

- **Organización contable**
  Es aquella que da normas sobre el planteamiento de la contabilidad de una empresa.

- **Organización del personal**
  Es la organización que se ocupa de las relaciones entre las personas de una empresa.

- **Organización administrativa**
  Coordina las diversas funciones de una empresa y se manifiesta primordialmente en los trabajos de oficina.

Estructura funcional

Hemos de considerar también las funciones que la empresa realiza y cuya diferenciación da lugar a la división en órganos y departamentos. Podemos admitir la siguiente estructura funcional (adaptada de Fayol):

- **Funciones constructivas o estructurales**
  Tienen éstas por objetivo la creación y ordenación de la empresa, comprendiendo dos grupos:
  - **Iniciales o proyectivas.** Tienen por misión planear las empresas, estableciendo los planes y proyectos necesarios, así como los presupuestos no sólo con relación al momento de creación de la empresa, sino en una época posterior, para el estudio de nuevos negocios o explotaciones a emprender.
  - **De organización.** Establecen los órganos de la empresa, los elementos personales y materiales de la misma, cómo conseguirlos y normas para su posterior actuación.

- **Funciones gestoriales o dinámicas**
  Su objeto es el desarrollo ordenado de toda la actividad propia de la empresa, y se dividen en:
  - **Funciones de dirección.** Realizando el mando y gobierno efectivo de la empresa, que se complementan con las de gestión, para la puesta en práctica de las disposiciones establecidas por las funciones constructivas en los distintos ámbitos funcionales de la empresa (técnicas, comerciales, financieras, etcétera).
    Es difícil establecer dónde termina la dirección y empieza la gestión de una empresa, pues la separación entre ambas actividades depende de la envergadura o dimensión de la misma. En una pequeña empresa quien dirige, puede al mismo tiempo gestionar; en cambio, en una gran empresa, encontraremos unas personas que tienen la función de dirección, es decir, que se dedican a establecer las líneas generales de actuación de la empresa y dan las órdenes oportunas para realizar las actividades que han sido programadas, y otras que cuidan de que se materialicen las actividades que desarrolla la empresa.
    Así, el director puede disponer: «Hay que comprar cincuenta toneladas del artículo A para antes del día tal» y el jefe de compras entonces gestionar dónde comprar, a quién comprar y en qué condiciones comprar, cumpliendo la orden recibida.
  - **Funciones de previsión.** Para la protección de bienes y personas.
  - **Funciones coordinativas.** Facilitan el desarrollo eficiente de las anteriores, y principalmente son registrativas, de control, supervisión, fiscalización, presupuestarias y de investigación.
    Por ejemplo, en el caso de una empresa dedicada a la venta de flores, tenemos que la solicitud de permisos, la consecución del local y la puesta en marcha serán funciones iniciales; las personas que estarán al frente de la tienda realizarán las funciones directivas y de gestión; los empleados a sus órdenes asumirán las funciones de venta, de previsión, de contabilidad, de control, etcétera.
    El número y la constitución de los órganos necesarios para el regular funcionamiento de las empresas varían en las características técnicas, jurídicas y económicas de

las mismas, y es misión del organizador estudiar las diferentes combinaciones posibles hasta encontrar la adecuación entre sí de los órganos para conseguir un máximo de resultados, con unos mínimos de tiempo y de esfuerzos. Esta dificultad viene aminorada por el hecho de que las más grandes y complejas empresas casi siempre surgen por una evolutiva transformación de otras más sencillas, y la organización ha ido modificándose a medida que ha evolucionado la empresa.

La organización ha de ser elástica para poderse ir adaptando a la evolución de los fenómenos económicos que tienen lugar en el seno de la empresa en su esfuerzo para adaptarse al medio ambiente.

Clasificación de los órganos

El funcionamiento de cualquier empresa supone la existencia de los tres elementos siguientes:

1. autoridad eminente (propietario o propietarios de derecho privado o de derecho público-social);
2. inteligencia directiva (gerentes y jefes de servicio);
3. actuación disciplinada, no por ello irresponsable ni falta de discernimiento (agentes ejecutivos).

Dentro de esta orientación se distinguen en la empresa los siguientes organismos principales:

- **Organismos volitivos**. Tienen la facultad superior de deliberar, decidir, moderar y fiscalizar y en los cuales reside la soberanía de la empresa, supeditada a las leyes y reglamentos estatales. Estos órganos pueden ser divididos en colectivos, principales o subsidiarios.
- **Organismos directivos**. Los que directa y efectivamente conducen o dirigen la empresa por delegación de los órganos soberanos y de acuerdo con sus prescripciones generales. Pueden agruparse en:
  - órganos técnico-económicos, que cuidan directamente de la producción de bienes y de servicios;
  - órganos administrativos, que tienen por misión el estudio, la implantación y el perfeccionamiento de métodos y procesos conducentes al eficiente y armónico ejercicio de todas las actividades empresariales;
  - órganos consultivos, cuyo papel se reduce a facilitar el trabajo de los otros, asesorándoles.
- **Organismos ejecutivos**. Están constituidos por los empleados y obreros, que en los escritorios, oficinas, talleres y otros lugares de trabajo ejecutan directa y personalmente las variadas tareas que el funcionamiento de las empresas requiere. Pueden clasificarse al igual que las secciones donde presten sus servicios.

En las empresas complejas puede observarse generalmente la existencia de un centro deliberante-directivo (consejo de dirección), constituido por los administradores y

por los altos empleados y directivos, que tienen a su cargo el cometido de interpretar y completar las órdenes, estudiar y preparar el cumplimiento de las decisiones tomadas, examinar y comparar los resultados. Este centro puede también aparecer, en cada sección o departamento, como órgano deliberante y coordinador de esfuerzos.
- **Organismos controladores.** Organizar es dotar a un sistema de sus órganos y del estatuto que asegure el buen funcionamiento de cada uno de ellos, así como el funcionamiento armónico del conjunto. El control supone un análisis riguroso de los hechos reales y una apreciación de los hechos probables, mediante los cuales puede corregirse el programa inicial, sustituir unas acciones por otras y ejecutar y vigilar la ejecución racional del programa.

Separación de funciones

La separación de funciones es esencial en toda buena organización empresarial; como norma básica, el personal que atienda a las operaciones de Ordenación, Ejecución y Comprobación no debe ser el mismo.

Quien dispone no debe ejecutar; quien ejecuta no debe comprobar. Esto supone que quien ejerce las funciones de mando y dirección ha de confiar en otros la ejecución de sus mandos y órdenes. Es esencial la división de prerrogativas entre los agentes que ponen en obra las disposiciones de la dirección y los que cuidan de comprobar y verificar cómo se han ejecutado, la forma como se ha realizado y los resultados que se han obtenido.

Así, por ejemplo, en el servicio de Caja, el cajero que está facultado para realizar los cobros y los pagos, no debe estar investido de la autoridad de ordenarlos. La Gerencia, o por su delegación otras secciones, pueden autorizar los pagos que correspondan a operaciones de su incumbencia, quedando a cargo del cajero el acto material de efectuar el pago y recoger el justificante, para que, posteriormente, Intervención pueda examinar si el pago realizado es conforme y Contabilidad registrarlo adecuadamente.

Los departamentos de la empresa

En la empresa se desarrollan una serie de funciones administrativas distintas que dan lugar a los varios departamentos que la componen. Estas funciones son:

- **Gestión de operaciones**
  Se refiere a la ejecución de los actos propios de la actividad a que la empresa se dedique, que pueden ser:
  - productivos o industriales, consistentes en la transformación técnica de primeras materias para obtener productos elaborados aptos para el consumo;
  - comerciales, que son los actos de mediación y cambio, con finalidad de aproximar el producto al consumidor;
  - financieros, que son actos tendentes a la obtención y distribución de los medios dinerarios.

- **Registro de las operaciones**

  Para dejar constancia escrita, sistemática, ordenada y precisa de las operaciones realizadas.

- **Control de las operaciones**

  Necesario para poder constatar el cumplimiento de las instrucciones cursadas por la Dirección, en orden a la ejecución y previsión de actos y de los resultados conseguidos.

Una vez hecha esta clasificación de funciones, podemos encontrar como básicos los distintos departamentos que siguen: Dirección, Fabricación, Comercial, Financiero, Contabilidad, Inspección y Control, que corresponden a las funciones básicas de la empresa y pueden irse subdividiendo.

Dentro de cada departamento aparecen una serie de operaciones que le son propias; así el departamento Comercial deberá ocuparse de las compras, almacenamiento, transportes y ventas. El departamento de Contabilidad se deberá ocupar de la facturación, las cuentas corrientes personales, las estadísticas, el análisis contable, etcétera.

Pero esta división de los departamentos de la empresa no terminará con la labor de análisis de las actividades a desarrollar, pues, por ejemplo, la sección de Compras la podemos dividir en una serie de negociados, como son: estudio de mercados, solicitud, registro y estudio de ofertas, formalización de pedidos, vigilancia de remesas, recepción y costes. En la sección de Ventas podemos hallar los siguientes negociados: estudio de mercados, campañas de venta, publicidad y propaganda, cotizaciones, curso de ofertas, agentes, viajantes y representantes, recepción, estudio y aceptación de pedidos, cumplimiento de pedidos y comprobación, vigilancia de la clientela.

Los negociados o subsecciones a medida que corresponden a un orden inferior tienen una misión específica más delimitada, hasta llegar al ideal de la división del trabajo: un órgano para cada cometido, para cada cometido su órgano específico.

La distribución de los departamentos, secciones, negociados, oficinas, etc., será una u otra, según la empresa de que se trate, pero siempre se irá descendiendo desde lo más complejo hasta lo más simple, descomponiendo cada función en operaciones, y éstas en actos hasta encontrar los elementos primarios de la actuación administrativa que no admiten ulterior descomposición. Naturalmente se llevará el análisis a un grado mayor o menor según la importancia y complejidad de la empresa, el radio de su actividad, sus operaciones y demás particularidades de cada una. En una empresa de poca importancia pueden quedar asignadas todas las funciones en una sola persona, que al mismo tiempo puede ser el dueño; a medida que la importancia crece empieza la especialización de funciones.

Suponga que usted desea establecerse como empresario dedicando todo su tiempo, todos sus esfuerzos, todas sus iniciativas a ofrecer algo que cree que tiene una demanda no satisfecha totalmente o que considera está en condiciones de poder ofrecer en mejores condiciones que las que normalmente se ofrecen en el mercado. Trate de pensar en algo que pueda ofrecer, en algo que (examinando su alrededor) opina que se necesita; en algo cuya demanda no está bien satisfecha o algo que pueda ser mejor que lo que ofrece la competencia. Este es el primer paso necesario, pensar, pensar, pensar y ofrecer lo que el mercado necesita. Para eso, claro está, tendrá que estudiar el mercado o una parte de él. Si se trata sencillamente de vender cacahuetes en la esquina, en un puesto ambulante, tendrá que pensar muy diferente de si quiere montar una fábrica de coches que no consuman gasolina. Una vez ha decidido lo que quiere hacer, porque cree que va a tener demanda a un precio razonable superior al coste, tiene que pasar a una segunda fase, la de estudiar, como hemos dicho antes, todo lo que es necesario preparar para poder ofrecer lo que desea ofertar. Naturalmente, si seguimos con el puesto ambulante de cacahuetes, quizá solamente necesitará una pequeña carretilla y un capazo, y un paraguas o sombrilla o una tienda de lona. Usted verá lo que necesita. Si se trata de montar una fábrica de coches necesitará muchos más elementos. De todas formas tendrá que hacer una relación pormenorizada, detallada, exhaustiva de todo lo necesario para cumplir el objetivo que se ha propuesto. Al hacer esta relación no se olvide de pensar que necesita también la colaboración del trabajo personal de otras personas con distintas especialidades. Tendrá que seguir planeando dónde situará su negocio. Este estudio de localización es también necesario. Quizá su puesto ambulante de cacahuetes le va a ser ventajoso establecerlo junto a un colegio donde pasan muchos chicos, etc., y al pensar dónde lo va a situar, establecer comparativamente el coste de instalación según el punto dónde lo sitúe y los costos que va a representar la obtención de los distintos elementos que necesita según donde vaya a situar el negocio. Como consecuencia de este primer estudio, llegará a la conclusión de que necesita ciertos elementos, ciertas cosas, ciertas máquinas, determinados locales, la colaboración de determinadas personas y debe hacer todo lo necesario para conseguirlo, estudiando la forma más económica de obtenerlo. Simultáneamente, esto le evidenciará la necesidad de disponer de una masa de dinero o de crédito para poder adquirirlo. Tendrá que preocuparse de dónde sacar el dinero y de cómo lo conseguirá: esto es el estudio de financiación.

Sabe usted lo que necesita para montar la estructura de la empresa; pero esta estructura ha de moverse y, por tanto, tendrá que señalar también las normas de organización adecuada para que todos y cada uno de los elementos personales de la empresa actúen de una forma armónica, y tendrá que establecer un sistema jerárquico, de mando, para que cada uno sepa qué es lo que debe hacer y cómo hacerlo, ante quién es responsable y a quién puede mandar. Vaya pensando en esto y sucesivamente veremos las distintas fases de la labor de creación de una empresa.

Órganos personales de la administración empresarial

La administración de las empresas puede estar en manos de una sola persona propietaria o de un conjunto de personas, como ocurre en las sociedades.

Los directivos y los administradores (gerentes, directores, consejos de administración) obran por delegación de poderes de los propietarios y socios.

Cuando los administradores son varios se dice que forman un órgano colegiado, llamado generalmente consejo de administración. Si el propietario o los propietarios no dirigen por sí mismos a la empresa, pueden designar a una sola persona para sustituirles. El Código de Comercio, con una redacción antigua, le da el nombre de *factor* (derivado de *facer* = hacer; el que hace o actúa); actualmente se le conoce con los nombres de gerente o director, quien actúa según los poderes o atribuciones que el propietario le haya confiado.

EJERCICIOS

1. ¿Cuáles son los elementos que constituyen la empresa?

2. ¿Cuáles son los principios de la organización científica del trabajo?

3. ¿A qué se llama oposición de intereses?

4. Explicar brevemente la significación de la frase: «Quien dispone no debe ejecutar, quien ejecuta no debe comprobar».

5. ¿Cuáles son los departamentos básicos de una empresa?

6. ¿Qué operaciones de la empresa afectan a su departamento comercial y cuáles a su departamento financiero?

7. En una empresa, el jefe de contabilidad tiene poderes y firma de talones; indicar si es adecuado o no dicho proceder y por qué.

8. El gerente de una empresa encarga a un auxiliar de contabilidad que compruebe un balance presentado por el jefe contable; siguiendo los principios de la organización científica del trabajo, ¿es aceptable dicho acto? Justifique su respuesta.

9. Clasifique, según las funciones básicas de la empresa, los trabajos siguientes:

   a) Contratar un seguro.

   b) Realizar una venta.

   c) Contratar personal.

   d) Preparar una campaña de publicidad.

   e) Apuntar en el libro de Caja un cobro.

   f) Revisar las cuentas bancarias.

   g) Planear la constitución de una nueva empresa.

   h) Contratar con un banco un crédito.

   i) Fabricar un artículo.

   j) Establecer un reglamento de seguridad en el trabajo.

   k) Solicitar información para luego comprar.

10. Señale a qué clase (volitivo, directivo, ejecutivo, controlador) pertenece el personal que sigue:

    a) Los miembros del consejo de administración.

    b) Un director general.

    c) Los vendedores.

    d) Quienes llevan la contabilidad.

e) Un apoderado con amplios poderes.

f) Los operarios de un taller.

g) El encargado de las compras.

h) El portero de la fábrica.

11. ¿Cuáles son los objetivos fundamentales de una empresa económica?

12. ¿Sobre qué elementos actúa la organización?

13. ¿Qué finalidad tiene la función directiva y la de gestión?

14. ¿Qué entiende usted cuando se dice que la organización ha de ser elástica?

CAPÍTULO 2

Conceptos fundamentales de la contabilidad

Concepto y función de la contabilidad

Contabilidad es el nombre genérico de todas las anotaciones, cálculos y estados numéricos que se llevan a cabo en una empresa con objeto de proporcionar:

- una imagen numérica de lo que en realidad sucede en la vida y en la actividad de la empresa; es decir, conocer el patrimonio y sus modificaciones;
- una base en cifras para orientar las actuaciones de gerencia en su toma de decisiones;
- la justificación de la correcta gestión de los recursos de la empresa.

RELACIÓN ENTRE LA ACTIVIDAD DE LA EMPRESA, LA CONTABILIDAD Y LAS DECISIONES DE LA GERENCIA

La actividad de la empresa origina las operaciones administrativas

Las decisiones de la gerencia determinan la actividad de la empresa

Las operaciones tienen un reflejo documental

El análisis de los datos contables orienta las decisiones de la gerencia

Los documentos son la base de las inscripciones contables

La contabilidad ofrece resúmenes de la situación y resultados

Funciones de la contabilidad

La contabilidad se muestra en su actuación mediante distintas facetas de su trabajo —que toman el nombre de **funciones contables**— o aspectos diferentes. Entre estas distintas funciones la teoría ha destacado las siguientes:

- **Funcion histórica**
  Se manifiesta por el registro cronológico de los hechos que van apareciendo en la vida de la empresa; por ejemplo: la anotación de todas los cobros y pagos que se van realizando, por orden de fechas, etcétera.

- **Función estadística**
  Es el reflejo de los hechos económicos, en cantidades que dan una visión real de la forma como queda afectada por ellos la situación del negocio; por ejemplo: el cobro de 10.000 u.m en efectivo, da lugar a un aumento de dinero en la empresa, que ésta deberá contabilizar. La abreviatura **u.m.** representa a la unidad monetaria: en España es la peseta, en otros países, el rublo, el dólar, el peso, etc.; el lector de una determinada nación sustituirá la abreviatura u.m. por la propia de su país.

- **Función económica**
  Estudia el proceso que se sigue para la obtención del producto; por ejemplo: el análisis de a qué precios se deben hacer las compras y las ventas para conseguir una ganancia.

- **Función financiera**
  Analiza la obtención de los recursos dinerarios, para hacer frente a los compromisos de la empresa. Por ejemplo: ver con qué dinero cuenta la empresa; conocer los plazos de cobro de los clientes, y los compromisos de pago con sus acreedores para poder en todo momento disponer de dinero con que hacer frente a los pagos comprometidos y evitar la situación anormal de los negocios llamada **suspensión de pagos**.

- **Función fiscal**
  Es saber cómo le afectan las disposiciones fiscales mediante las cuales se fija su contribución a las cargas públicas. O sea, conocer todos los impuestos.

- **Función legal**
  Conocer los artículos del Código de Comercio y otras leyes que puedan afectar a la empresa, para que la contabilidad refleje de manera legal el contenido jurídico de sus actividades.

Contables o contadores

Son las personas encargadas en la empresa del departamento de contabilidad; llevan las anotaciones, registros, libros y demás medios necesarios para reflejar la situación económica de la empresa y permitir su conocimiento y estudio. Dentro del departamento de contabilidad pueden establecerse distintas categorías: jefe o director de contabilidad, contable mayor, contable, auxiliar de contabilidad, asesor contable, etcétera.

Teneduría de libros

Es la ejecución material de los trabajos contables; o sea, la realización en forma clara, exacta y con presentación cuidada del registro contable, estudiando los métodos y reglas convenientes —obligatorias y legales— para este registro.

Administración económica

Es el conjunto coordinado de actos y trabajos realizados para aumentar, conservar y aplicar los bienes económicos a fin de conseguir las metas propuestas. Lo que se intenta, por tanto, es la ordenación racional del esfuerzo humano para satisfacer sus necesidades con un mínimo de esfuerzo relativo. Su objetivo es un máximo de producción con un mínimo de consumo; o bien, un máximo de renta con un mínimo de gasto.

Elementos que integran la Administración

- Elemento personal: las personas que forman una empresa, con actividades coordinadas para alcanzar el fin propuesto.
- Elemento material: los bienes naturales o económicos que constituyen su patrimonio.
- Elemento formal: los hechos administrativos y las normas de actuación.

Hechos administrativos

Como resultado de la actividad del elemento personal sobre los bienes económicos, aparecen los hechos administrativos que son las operaciones de índole económica que afectan a la actividad de la empresa. Pueden ser de orden interno, cuando se producen en el seno de la empresa o de orden externo (llamadas también relaciones externas), cuando se producen entre ésta y terceros.

- **Ejemplo de hecho interno:** el pase de materias primas desde el almacén a la sección de fabricación para su transformación en productos.
- **Ejemplo de hecho externo:** la compra de materia prima para ser elaborada.

Los hechos administrativos son objeto de la contabilidad en cuanto produzcan o puedan producir una variación en el patrimonio, entendiendo por tal el conjunto de bienes, derechos y obligaciones de una empresa.

Condiciones que ha de reunir la contabilidad de una empresa

A continuación, como premisas del trabajo contable, presentamos las condiciones que según los tratadistas ha de reunir la contabilidad de una empresa para que sea el eficaz instrumento de análisis de la actividad desarrollada, de información en la toma de decisiones y de justificación de la rectitud con que se ha administrado. Estas condiciones, que la teoría impone, irán siendo desarrolladas a lo largo de la obra:

1. la contabilidad en sus cuentas, libros y anotaciones ha de recoger y reflejar las variaciones patrimoniales de la empresa y las relaciones capaces de producirlas;
2. debe reflejar las previsiones administrativas y controlarlas;
3. debe producir la especialización de períodos de tiempo, para señalar sucesivas situaciones de la empresa;
4. estas situaciones han de presentarse de forma continuada, sin retrasos, a medida que las operaciones se realicen;
5. debe utilizar una unidad estable de medida de valor;
6. ha de responder a la verdad de los hechos y a la exactitud de las valoraciones asignadas a los mismos;
7. no debe enmendarse nunca: lo escrito debe permanecer;
8. ha de estar rodeada de garantías legales;
9. los métodos utilizados han de responder a un correcto sistema técnico adaptado a las necesidades de la empresa;
10. toda anotación contable ha de tener una justificación lógica, jurídica y matemática en una operación administrativa demostrable documentalmente.

Suponga el lector que constituye una empresa. Tendrá que empezar por relacionar todo lo que aporta a la misma y, a continuación, las modificaciones que se van produciendo (condición 1).

Establecerá planes y proyectos, que para recordar mejor pondrá por escrito, comparando luego lo que había previsto con lo que ha hecho (condición 2).

De tiempo en tiempo, por lo menos una vez al año, hará balance para conocer su nueva situación y determinar si está ganando o perdiendo (condición 3).

Para no equivocarse ni perderse en lo que está haciendo registrará las operaciones en que interviene de un modo claro y metódico (condición 4); y lo hará indicando el número de unidades monetarias (u.m.) de cada operación (condición 5).

Como conoce la verdad de su negocio, tendrá que ser exacto al relacionar lo hecho (condición 6).

Además, tendrá que presentar sus datos pulcramente para entenderlos siempre, no le ocurra lo que les pasa a algunos que son tan descuidados en la forma de escribir que pasado algún tiempo son incapaces de comprender su propia letra; además, para que no haya dudas en lo que escribió o se dejó de escribir, cuando se equivoque no tachará ni borrará el error, sino que explicará en qué consiste lo que está mal (condición 7).

Por si tiene algún pleito o querella judicial, procurará que lo que escriba cumpla las disposiciones legales (condición 8).

Derivada de la condición 4 surge la necesidad de relacionar los hechos siguiendo unas reglas concretas, que constituyen un sistema técnico adecuado a la índole de las actividades de cada empresa (condición 9).

Finalmente, para evitar suspicacias, tendrá cuidado de que todo lo que ha quedado reseñado pueda comprobarse y quede justificado (condición 10).

EJERCICIOS

1. ¿Cuál es el objeto de la contabilidad?

2. ¿En qué se basan las inscripciones contables?

3. ¿A qué corresponde la ejecución de los estudios contables?

4. Si el departamento de Compras ha realizado un pedido, ¿afectará a la organización?

5. ¿Qué nombre reciben las operaciones de índole económica que afectan a la actividad de la empresa?

6. El pase de las facturas del día a la sección de contabilidad para su registro, ¿es un hecho administrativo?

7. La venta de productos elaborados, ¿es un hecho administrativo?

8. ¿Qué se necesita para que las funciones de la empresa se realicen eficientemente?

9. ¿Dónde se reflejan las operaciones de la empresa?

El patrimonio

Patrimonio es el conjunto de los bienes, derechos y obligaciones que posee una empresa o una persona. El total de los bienes y derechos constituyen el Activo de una persona o de una empresa. El total de las obligaciones contraídas constituyen el Pasivo.

Veamos, por ejemplo, el patrimonio de D. Juan Velasco:

Bienes	u.m.	Derechos	u.m.	Obligaciones	u.m.
Dinero en efectivo	50.000	Le debe un cliente	38.000	Debe a un	
Una casa		Tiene una letra en		proveedor	345.000
valorada en	550.000	circulación a s/f.	24.000	Letra aceptada por un	
Mobiliario				préstamo recibido	215.000
valorado en	230.000				
Un camión	320.000				
Mercadería					
en almacén	188.000				

En el caso de Juan Velasco su **Activo** está formado por el total de bienes que posee más los derechos que ha adquirido. Suma: 1.400.000 u.m.

Y su **Pasivo**, por el total de las obligaciones. Suma: 560.000 u.m.

Neto o **líquido patrimonial** será la diferencia entre el total de bienes y derechos, por un lado, y las obligaciones por otro, o sea que definimos el **Neto** con la siguiente ecuación, llamada ecuación normal del patrimonio.

$$NETO = ACTIVO - PASIVO$$

El **Neto patrimonial** de Juan Velasco será: 1.400.000 − 560.000 = 840.000 u.m.

La ecuación normal del patrimonio también se expresa por la igualdad:

$$ACTIVO = PASIVO + NETO$$

En el caso de Juan Velasco: 1.400.000 = 560.000 + 840.000 u.m.

Decimos que el total de sus inversiones o Activo asciende a 1.400.000 u.m., de las que debe a terceras personas (esto es, le han financiado) 560.000 u.m. y le pertenecen (financiación propia) 840.000 u.m.

El **Activo** comprende todo lo que es positivo o a favor de la empresa; esto es, lo que posee más lo que le deben; se integran en él, por tanto, las inversiones necesarias para desarrollar la actividad empresarial; derechos y valores. El **Pasivo** abarca todo lo contrario o negativo a la empresa; o sea lo que debe.

El **Activo** forma la estructura económica del patrimonio, o el conjunto de inversiones. El **Pasivo**, demuestra la financiación de las inversiones y origen de los fondos obtenidos (dinero y créditos), es decir, la responsabilidad económica asumida por la empresa.

El Pasivo indica la procedencia de los fondos que la empresa ha obtenido; es decir, por quién y por qué concepto se han puesto a disposición de la empresa las cantidades de dinero que ésta ha invertido o empleado.

El Sr. Velasco, cuyo patrimonio hemos referenciado, tiene bienes y derechos; pero el Sr. Velasco no hubiese podido invertir nada en su empresa si antes no hubiera puesto a disposición de la misma una determinada cantidad de dinero, que hemos dicho era el **Neto.** Es decir, el negocio ha recibido del Sr. Velasco 840.000 u.m.; además, el negocio ha recibido de un proveedor 345.000 u.m. en géneros y de un prestamista 215.000 u.m. Todo esto suma 1.400.000 u.m. que es precisamente lo que tiene invertido en conjunto el Sr. Velasco.

Las cantidades recibidas de terceras personas (en este caso el proveedor y el prestamista) han de ser devueltas; éstos tienen derecho a exigir que se les pague conforme se haya convenido. Por ello, a lo que se debe se le da también el nombre de **Pasivo exigible.** En cambio, el Sr. Velasco sólo podrá reclamar a su propio negocio el reintegro de su aportación cuando se produzca la liquidación del mismo; por esto al **Neto** se le da también el nombre de **Pasivo no exigible.**

Usualmente las dos partes —positiva y negativa— del patrimonio se presentan enfrentadas, en la forma que muestra el cuadro de la página siguiente:

Pasivo significa procedencia u origen de los fondos.
Activo significa inversión de los fondos.

ACTIVO	PASIVO
Bienes y derechos	Obligaciones frente a terceros.
	NETO Aportación del propietario y beneficios no retirados.

Los fondos de la empresa pueden haberse obtenido por:

- aportaciones del propietario, que reciben el nombre de **capital;**
- aportaciones de personas ajenas a la empresa, y que, por tanto, se deberán devolver en un plazo más o menos largo (como es el caso de los proveedores, acreedores, etc.);
- ganancias obtenidas a través de la propia actividad de la empresa que no han sido distribuidas.

Las partidas que denominamos capital, proveedores, acreedores, ganancias y demás conceptos que indiquen la obtención de recursos formarán el Pasivo, en sentido lato o amplio; en sentido estricto, sólo lo que se debe a terceros. A cada rúbrica o concepto diferenciado se le da el nombre de **cuenta.**

El Activo está formado por todas las cuentas que indiquen la forma en que se han empleado dichos recursos; por ejemplo: en dinero efectivo, en maquinaria, en mobiliario, etcétera.

En el caso de Juan Velasco, vemos la distribución que a él le afecta de su Activo y de su Pasivo, a partir de los datos que se deducen de la relación de bienes, derechos y obligaciones que integran su patrimonio.

El total de su Activo (bienes + derechos)	1.400.000
Total de su Pasivo (obligaciones)	560.000
Neto (capital)	840.000

Capital es la denominación contable de la inversión que ha hecho en el negocio su propietario, Sr. Velasco, quien ha materializado tal inversión en una serie de bienes y ha contraído, por la actividad de su negocio, una serie de obligaciones. Lo que realmente le pertenece es el total de sus bienes (1.400.000) menos el total de lo que debe (560.000). Esta diferencia, llamada capital será la deuda no exigible de la empresa con el Sr. Velasco, que es el titular o propietario del negocio. Decimos «no exigible» porque la esencia de la relación entre el propietario y el negocio es que el propietario asume el riesgo del mismo; está a las resultas de ganar o perder y por ello se compromete a no retirar su aportación mientras el negocio no se liquide y, en tal supuesto, antes ha de pagar todas las deudas.

El Activo y el Pasivo del negocio del Sr. Velasco estarán formados, pues, de la siguiente manera:

ACTIVO		PASIVO	
Efectivo	150.000	Proveedores	345.000
Inmuebles	550.000	Efectos comerciales pasivos	215.000
Mobiliario	230.000	Capital	840.000
Vehículos o Parque móvil	320.000		
Mercaderías	88.000		
Clientes	38.000		
Efectos comerciales activos	24.000		
Total Activo	1.400.000	**Total Pasivo**	1.400.000

Clasificación del patrimonio

- **Activo**
  - Cosas materiales: inmuebles, dinero, mercancías, instalaciones, etc.
  - Relaciones materializadas: créditos a favor, efectos de comercio activos, etc.
  - Derechos: marcas, patentes, derecho al local, concesiones administrativas, etc.
  - Fondo de Comercio: valoración de la aptitud especial que tienen todos los elementos reunidos y organizados como empresa.

- **Pasivo**
  - Deudas y cargas que graven directamente algún grupo del Activo.
  - Deudas de la empresa por razón de las operaciones del negocio.
  - Todas las obligaciones que pueden ser valoradas y afecten o puedan afectar al conjunto patrimonial.
  - Riesgos valorables.

- **Neto**
  - El **Neto** representa la aportación inicial del propietario al negocio (capital inicial) modificada por las variaciones de aumento o disminución que el propio negocio ha producido. Considerando que el negocio es una personalidad distinta del propietario, el Neto representa la deuda que el negocio tiene para con el propietario.

Unidad de valor

Para registrar las operaciones de la empresa se necesita que todos los elementos patrimoniales se refieran a una misma **unidad de valor** preestablecida; en general, la unidad de valor es la unidad monetaria, por lo que la contabilidad opera con precios de las cosas, de los derechos y de las variaciones que los hechos administrativos producen; es decir, con valores dinerarios. Para representarla usaremos la abreviatura **u.m**. En España es la peseta; en otros países, el rublo, el dólar, el peso, el bolívar, la corona, la libra, el franco, la lira, etcétera.

Variaciones patrimoniales

Los hechos administrativos presentados en el apartado *Organización de la empresa* son consecuencia de las operaciones económicas de la empresa. Estos hechos serán objeto de la contabilidad en cuanto produzcan o puedan producir una variación en el patrimonio. Estas variaciones pueden ser ciertas y actuales, ciertas y futuras, y aleatorias (ciertas o inciertas, etcétera).

- **Variación cierta y actual**
  Una compra que pagamos al contado. Es una variación ya que aumentan las mercaderías y por el mismo importe sale dinero; por tanto, la composición del patrimonio varía en su calidad, aunque no en su importe. Es cierta y actual porque en el mismo momento se realiza toda la operación (compra y pago).

- **Variación cierta y futura**
  Una compra que pagamos a plazo. Se realiza una variación patrimonial, ya que se da un aumento de mercaderías y aparece además una deuda con la persona a la que hicimos la compra. Es cierta y futura, ya que recibimos la compra, pero el pago lo realizaremos más adelante (futuro).

- **Variaciones aleatorias**
  Un seguro de vida. Es una variación patrimonial ya que en los plazos marcados se van pagando las cantidades correspondientes del seguro. Es aleatoria ya que el pago depende de los años de vida y de las eventualidades cubiertas por el contrato.

Los hechos son **cualitativos** si afectan a la clase o condición de los valores que componen el patrimonio; y **cuantitativos** si afectan a las magnitudes de los propios valores.

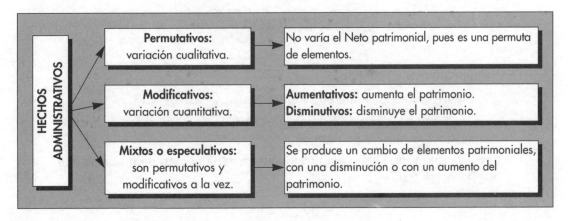

Supongamos que un señor posee 80.000 u.m. en dinero (recuerde que la abreviatura «u.m.» significa unidades monetarias y la empleamos para que el lector de cualquier país, la sustituya por la suya propia: pesetas, pesos, dólares, etc.). Este dinero constituye todo su patrimonio; si compra unas mercancías que le cuestan 10.000 u.m. pagándolas al contado, habrá permutado una cantidad de dinero por una cantidad de mercancías cuyo valor de compra en aquel momento se considera equivalente, por lo que su patrimonio no habrá variado en su importe total aunque variará la composición cualitativa del mismo, pues antes tenía sólo dinero y ahora tiene dinero y mercancías. Esto es un hecho administrativo de tipo **permutativo**.

Si esta misma persona se ve obligada a pagar un impuesto y entrega 5.000 u.m. nos hallamos ante el caso de un hecho **modificativo disminutivo** ya que el patrimonio ha disminuido en las 5.000 u.m. pagadas. Si recibe 1.000 u.m. por comisión de una operación de compraventa en que ha intervenido, su patrimonio aumentará, por lo cual se tratará de un hecho **modificativo aumentativo**.

Si vende las mercaderías que había comprado por 13.000 u.m. nos encontraremos ante un hecho **mixto o especulativo**, pues se produce simultáneamente una permutación de valores y un aumento del patrimonio, pues las mercaderías las habíamos comprado por 10.000 u.m. y ganamos en la operación 3.000 u.m.

Ejercicio administrativo

La vida de una empresa es de duración indeterminada y, sin esperar a la terminación de ésta para conocer el resultado de la explotación económica, se ha impuesto la práctica de dividir este espacio de tiempo en períodos iguales llamados **ejercicios administrativos**, al término de cada uno de los cuales se procede a fijar la situación patrimonial del negocio determinando los resultados. Se denomina **ejercicio administrativo normal** el que comprende un año o aquel otro período inferior regularmente establecido por cada empresa.

EJERCICIOS

1. Defina el Activo y las obligaciones.

2. ¿Qué nombre recibe la diferencia entre Activo y Pasivo?

3. a) Si realizamos la compra de unas mercancías, ¿con qué orden de hechos administrativos nos encontramos?

   b) Si al realizar un hecho administrativo no varía el neto patrimonial, ¿de qué hecho se trata?

c) Al pagar la electricidad consumida por la empresa nos encontramos con un gasto y, por tanto, ¿con qué tipo de hecho?

d) Si al realizar una venta obtenemos una ganancia, ¿de qué hecho se trata? ¿Por qué?

4. Los períodos iguales de tiempo en los que se divide la vida de la empresa, ¿qué nombre reciben?

5. ¿De dónde forma parte la cantidad que nos debe un cliente? ¿Y la que debemos a un proveedor?

6. Diga si los siguientes elementos patrimoniales forman, en cada caso, parte de los bienes, derechos u obligaciones:

a) 50.000 u.m. en dinero efectivo.

b) 300 kg de azúcar.

c) 5.000 u.m. que debo al Sr. López.

d) 8.000 u.m. que me debe el Sr. Gómez.

e) Una letra a pagar a 8 d/v.

f) Un talón bancario que hemos recibido.

7. Una empresa posee un Activo valorado en 1.000.000 u.m. y un Pasivo valorado en 200.000 u.m., ¿cuál es el Neto patrimonial?

8. Indique de cada una de las siguientes operaciones si aumentan o disminuyen el Activo o el Pasivo patrimonial, o bien si representan solamente una permuta de elementos patrimoniales.

a) Pagamos un impuesto.

b) Cobramos una comisión.

c) Compramos mercaderías pagando al contado.

d) Vendemos mercaderías a crédito.

9. El Sr. Castro ha adquirido un negocio que consta de los siguientes bienes:

a) Inmuebles valorados en 340.000 u.m.

b) Mobiliario por 70.000 u.m.

c) Mercaderías por 40.000 u.m.

d) Débitos a proveedores por 20.000 u.m.

e) Facturas a cobrar de clientes por 15.000 u.m.

f) Una letra aceptada por 18.000 u.m.

¿Cuál es el capital con el que dará comienzo a sus actividades?

10. Con los datos anteriores complete el siguiente estado de cuentas:

Título de cuentas	Cantidades	Título de cuentas	Cantidades
Inmuebles	340.000	Proveedores	20.000
....	....	....	....
....	....	....	....
....	....	....	....
....	....	....	....
Total		Total	

El inventario

Inventario es la relación detallada y valorada de todos los elementos que componen el patrimonio. Para preparar un inventario se debe hacer:

* **determinar** todos los elementos del Activo y del Pasivo del patrimonio;
* **describir** estos elementos;
* **valorar** cada elemento;
* **agrupar** convenientemente las partidas, atendiendo a unos criterios de homogeneidad contable;
* **sumar** los valores por grupos homogéneos y totalizar separadamente Activo y Pasivo;
* **comparar** el Activo y el Pasivo determinando el neto patrimonial.

Los medios empleados para determinar los elementos patrimoniales son las inspecciones oculares, el examen de los documentos de prueba y las informaciones verbales.

Las **inspecciones oculares,** seguidas de exámenes y reconocimientos. El encargado de formular el inventario deberá personarse en el almacén y comprobar por sus propios sentidos la existencia de los géneros, su calidad, peso y características; contará el dinero de la Caja, tomará nota de la maquinaria, instalaciones, accesorios de los talleres y fábricas, etc., y así sucesivamente en todas las dependencias del negocio.

La inspección ocular deberá completarse con el examen de los **documentos de prueba,** mediante los cuales sabremos si todos los bienes que estamos inventariando pertenecen al comerciante, ya que podría darse el caso de que las mercancías del almacén las tuviera para su venta en comisión y los muebles en lugar de comprados podrían ser de alquiler. Mediante dichos documentos se sabe realmente qué derechos y obligaciones se han contraído, o sea, qué se debe y qué nos deben. Y en caso de duda se supone la buena fe de la posesión o del derecho que se alega, que siempre admite prueba en contrario.

Finalmente, hemos de considerar las **informaciones verbales** de las personas que administran la empresa cuyo inventario establecemos, las cuales deben ser constatadas por documentos o por confirmación de terceros.

Descripción de los elementos del patrimonio

Al tiempo que se realiza la anterior operación, obtenemos los datos que nos han de permitir la debida descripción de cada partida inventariada. La cantidad de unidades de cada elemento ha de expresarse en unidades métricas.

Ejemplos de descripción de bienes en el Inventario:

- Una casa de mi propiedad sita en el núm. 53 de la calle Mayor, inscrita en el Registro de la Propiedad de esta ciudad con el núm. 7.413.
- 3.150 kg de garbanzos *Flor Saúco* en sacos de 50 kg.
- Una sillería completa en el despacho de Gerencia, según detalla la factura núm. 376 de 23-2-72 de *Muebles Tar*.
- 45 acciones de *Papelera, S. A.* núm. 301/45 de 1.000 u.m. nominales c/u.
- L/ a m/o. a c° de D. Jaime Turón, con vencimiento el 15 de mayo, de 37.756 u.m.
- Un torno *Beltar* de 1 m automático con dispositivos anejos y accesorios, s/fra. núm. 473 de Meltosa.

Clasificación, agrupación y ordenamiento de los elementos patrimoniales: masas patrimoniales

Después de haber enumerado, descrito y valorado cada uno de los elementos que componen el patrimonio de la empresa, debe realizarse su clasificación a efectos de poder agruparlos.

Para tal fin se toman como base analogías, características o finalidades comunes a todos ellos.

Los grandes grupos así formados se denominan **masas patrimoniales**, que dan origen a las **cuentas contables**.

Así, por ejemplo, todas las cosas que son objeto de compra-venta especulativa por la empresa se agruparán en la rúbrica o título **Mercaderías**.

Los billetes y moneda nacional se situarán en el título **Dinero** o **Caja**.

Los efectos de comercio (letras, pagarés, cheques, etc.) a n/o. se totalizarán con el título de **Efectos activos** o de **Efectos a cobrar**.

Las máquinas de una industria, en el título **Maquinaria**, que puede comprender también las herramientas y las instalaciones. Se puede denominar, igualmente, **Maquinaria e Instalación** o **Equipo Industrial**.

Los saldos deudores procedentes de ventas a crédito se agruparán bajo la rúbrica de **Deudores**, o con más precisión la de **Clientes**.

Lo que debamos a nuestros proveedores, por habernos suministrado mercaderías a crédito, figura en el título **Acreedores**, o más concreto en el de **Proveedores**.

Para realizar el inventario hay que separar los elementos que componen el Activo de los que componen el Pasivo, y dentro de cada uno de estos dos grupos ir reuniendo los elementos patrimoniales según el criterio establecido.

Ordenación técnica de los elementos del Activo y del Pasivo

Pueden establecerse distintas agrupaciones de los bienes, derechos y obligaciones, según el criterio de homogeneidad que sigamos.

Para iniciar este estudio, en orden a la facilidad de las partidas del Activo, atendemos al grado de su disponibilidad efectiva; esto es, de la rapidez como cada elemento, en condiciones normales y usuales, puede ser transformado en dinero contante. Las del Pasivo las ordenamos en orden a su exigibilidad; es decir, según que tengan que pagarse más o menos pronto (ser exigido su pago por el acreedor; de ahí, hablar de exigibilidad).

Se presenta una clasificación de los elementos del Activo en orden a su **disponibilidad efectiva**, y de los elementos del Pasivo en orden a su **exigibilidad**; sin embargo, no es la única ordenación posible ya que se pueden clasificar los elementos patrimoniales siguiendo varios criterios. Por ejemplo, se les agrupa en el Activo de acuerdo con su mayor grado de inmovilización, mientras el Pasivo se inicia con el no exigible para acabar con las cuentas de mayor exigibilidad. De momento, para una comprensión más fácil hemos limitado la explicación a la ordenación con criterio financiero.

Activo

- **Disponible**
  Dinero en efectivo en Caja y disponible en cuenta corriente bancaria.

- **Realizable cierto**
  Deudas o derechos a favor de la empresa que le permiten exigir sumas de dinero a corto plazo por operaciones ya efectuadas (p. ej.: ventas de mercancías a crédito).

- **Realizable condicionado**
  Lo forman todos los valores objeto del tráfico empresarial, tales como las mercaderías y las materias primas.

- **Inmovilizado**
  Representa la parte inmutable del patrimonio; en condiciones normales no puede ser vendido sin que la empresa experimente variaciones sustanciales. Se subdivide en **material** (maquinaria, instalaciones, edificios) e **inmaterial** (patentes, marcas).

Pasivo

- **Exigible a corto plazo**
  Deudas con vencimiento relativamente corto (de 3 meses a 1 año), proveedores, créditos bancarios, etcétera.

- **Exigible a largo plazo**
  Deudas que tengan un vencimiento superior al año, préstamos superiores al año, etcétera.

Neto

- **No exigible**
Aportación del propietario = Capital inicial.
Incrementos posteriores = Reservas (resultados o incrementos del neto en el ejercicio).

- **El Pasivo de terceros**
Constituye la fuente de financiación ajena a la empresa.

- **El neto patrimonial**
Será la fuente de financiación inicial de los propietarios, más la generada por beneficios ahorrados.

Presentación gráfica del inventario

El inventario adquiere aspecto contable mediante un documento que presenta la disposición columnar siguiente, cuando se quiere tener el máximo detalle:

- cantidades ponderales o de medida;
- explicación de cada partida;
- valores unitarios o precios;
- cuantía de cada partida, resultante del producto de las cantidades ponderales por los precios aplicados;
- total por cada agrupación de las establecidas, que darán origen a las cuentas;
- totales por conceptos generales y por Activo y Pasivo.

Generalmente se simplifica presentando las columnas del ejemplo numérico.
Este documento consta de tres partes:

1. **Encabezamiento.** Se inicia escribiendo el nombre de la empresa, el lugar y la fecha en que se formula. Es costumbre numerar correlativamente los inventarios que se van estableciendo.
   Ejemplo: Inventario núm. 6 de la empresa Inmobiliaria Cícero, Sociedad Anónima, con domicilio en Villanueva, calle Sorolla, núm. 963, a 31 de diciembre.
2. **Cuerpo,** dividido en Activo y Pasivo.
   Después del encabezamiento se va inscribiendo el Activo, colocando primero este título y a continuación sus partidas, unas después de otras, con los oportunos títulos de grupos, subgrupos y cuentas. Luego, en igual forma, el Pasivo.
3. **Certificación.** Por disposición legal, en prueba de conformidad y autenticidad, el inventario ha de estar firmado por el titular de la empresa, si es individual, o por quien ostente la firma social si se trata de una sociedad, responsabilizándose con su contenido.
   Este documento ha de quedar inscrito en el libro obligatorio de Inventarios y Balances, que más adelante presentaremos, el cual debe estar adecuadamente encuadernado y legalizado.

Inventario núm. 4 de D. LUIS GONZÁLEZ CONDE, del comercio de esta Plaza en el día...

ACTIVO

CAJA, dinero según arqueo		20000 –
BANCOS, saldos a mi favor en c/c.		15000 –
Banco Central	7000 –	
» Español	8000 –	
MERCADERÍAS, existencias en Almacén		6750 –
150 kg de R a 25 u.m. el kg	3750 –	
130 » de L a 15 u.m. »	1950 –	
30 » de S a 35 u.m. »	1050 –	
DEUDORES, Saldos a mi favor		6500 –
José del Pozo	1500 –	
Ramiro Casatoro	5000 –	
EFECTOS COMERCIALES ACTIVOS		7500 –
1 letra a 8 d/v. a cargo J. Pérez	2000 –	
1 » 30 d/v. » P. García	3000 –	
1 » 30 d/v. » R. Ramírez	2500 –	
INMOVILIZADO		80500 –
Mobiliario según detalle inventario A	15000 –	
Material embalaje » » »	2500 –	
Maquinaria » » »	35000 –	
Instalaciones » » »	28000 –	
SUMA DEL ACTIVO		136250 –

PASIVO

ACREEDORES, saldos a mi cargo		20500–
H. Manso, le debo	1500 –	
P. Núñez, su crédito	19000 –	
EFECTOS COMERCIALES PASIVOS		15000 –
Letra a 8 d/v. a orden J. Antúnez	2000 –	
Pagaré a mi cargo	13000 –	
PRÉSTAMOS		15000 –
Préstamo de F. Ruiz	15000 –	
SUMA DEL PASIVO		50500 –
NETO, Capital		85750 –
SUMA IGUAL ACTIVO		136250 –

El **inventario,** si no está detallado, debe completarse con los inventarios detallados y descriptivos de cada una de las rúbricas, con arreglo a las siguientes sugerencias.

INVENTARIO núm. ... de MERCADERÍAS de
a 31 de diciembre de ... (Anexo al general de hoy)

Cantidad	Descripción	Coste unidad	Total de cada partida

Con iguales detalles se prepararían los inventarios detallados de **Mobiliario e Instalación** del escritorio, almacén, tienda y cuantos sean necesarios.

INVENTARIO núm. ... de los saldos de DEUDORES a mi favor, cuya relación constituye el anexo ... al inventario general de esta fecha.

Nombre	Plaza	Importe u.m.

Con igual detalle se ha de preparar el inventario detallado de saldos acreedores, tanto de proveedores como de otros créditos, si no figuran en el resumen.

Es norma práctica la preparación de inventarios detallados, que figuran como anexo al inventario-resumen o general, porque de este modo pueden trabajar simultáneamente varias personas en la formulación del inventario general. No obstante, si se prefiere, puede prepararse un solo documento, inscribiendo el detalle de cada una de las rúbricas dentro del inventario general.

Para obtener la necesaria información, según norma internacional, el inventario ha de ser detallado, expresando descriptivamente todas y cada una de las partidas que lo forman. No puede decir simplemente *Mercaderías: 2.473.280 u.m.*; ha de contener el detalle de las mercaderías partida por partida, con sus importes parciales, cuya suma será el importe señalado. De modo igual no podemos decir *Clientes: 4.357.892 u.m.*; hemos de relacionar, uno a uno, los nombres y los saldos de cada uno de los clientes, cuyo total sumará la cantidad que nos adeudan en conjunto todos nuestros clientes; insistimos en que ha de relacionarse lo que cada persona, individualmente, debe o acredita.

Con relación a las cuentas de Deudores y de Acreedores, muchos contables son partidarios de completar el detalle con el origen del saldo. En este supuesto, el detalle del anexo sería como sigue:

Nombre	Plaza	Origen	Importe u.m.

En **Origen** se pondría, p. ej., n/compras; sus ventas; su crédito; es decir, la operación comercial que originó el saldo que se debe o se acredita. También puede agregarse la fecha del vencimiento.

En el ejemplo situamos el total de cada rúbrica al iniciar el detalle de la misma y a la altura del título. Es práctica admitida situar el total a la altura de la suma. Siguiendo este uso, una presentación de los acreedores quedaría modificada en la forma siguiente:

Acreedores

Saldos a mi cargo:
H. Manso	1.500	
P. Núñez	19.000	20.500

Las formas de presentación pueden variar y todas son correctas si cumplen lo dispuesto en el art. 44 del Código de Comercio: «Todos los libros deben ser llevados con claridad y exactitud, por orden de fechas, sin espacios en blanco, interpolaciones, raspaduras ni tachaduras», lo que repetiremos varias veces so pena de parecer pesados, porque es necesario percatarse que una contabilidad mal llevada carece de fuerza legal.

Otro ejemplo de ordenación de partidas en el inventario

Activo

- **Disponible, dinero**
  Moneda y billete en Caja.
  C/c. de efectivo en Bancos.
  Moneda extranjera.

- **Realizable cierto**
  Saldos de clientes.
  Saldos de otros deudores.
  Acciones y obligaciones de nuestra propiedad.
  Letras, cheques y pagarés a nuestra orden.

- **Realizable condicionado**
  Aprovisionamiento, suministros o primeras materias.
  Mercaderías en almacén.
  Productos fabricados, productos en curso de fabricación.

- **Inmovilizado material**
  Mobiliario.
  Material de taller.
  Maquinaria.
  Bienes inmuebles.

Fincas urbanas.
Fincas rústicas.

- **Inmovilizado inmaterial**
  Patentes.
  Marcas.

Pasivo

- **Exigible a corto plazo**
  Saldos de Proveedores.
  Saldos de otros Acreedores.
  Letras aceptadas a nuestro cargo, pagarés aceptados, etcétera.

- **Exigible a largo plazo**
  Obligaciones emitidas en circulación, préstamos recibidos, créditos.

Neto

- **Neto**
  Capital inicial.
  Incrementos posteriores o reservas.

- **Resultados**
  Incrementos del neto en el ejercicio.

> Recuerde: **Activo = Pasivo + Neto**

Inventarios sucesivos

Al iniciar un negocio, la primera anotación contable que se debe registrar es el **inventario inicial,** que refleja la situación patrimonial de partida.

Consiste en una relación de todo lo que se aporta al negocio, ya sean bienes, derechos u obligaciones, o sea todo lo que forma parte de su **Activo** y de su **Pasivo.**

A partir de dicha situación, al ir realizando la gestión de la empresa, la composición inicial del inventario varía debido a las distintas operaciones que se van realizando: compras, ventas, etc. Al final de cada ciclo de operaciones se realiza otro inventario para conocer la nueva situación del negocio; al comparar el neto de este último inventario con el neto del inventario realizado al iniciar cada ciclo, podemos determinar las ganancias o pérdidas habidas en el período considerado. Podemos decir que los inventarios sucesivos muestran las distintas situaciones patrimoniales que aparecen, consecuencia de las operaciones que se efectúan al desarrollar la actividad empresarial.

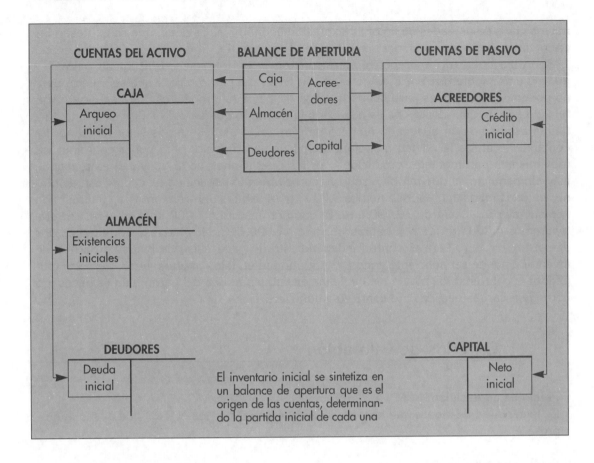

CUENTAS DEL ACTIVO

CAJA

Arqueo inicial

ALMACÉN

Existencias iniciales

DEUDORES

Deuda inicial

BALANCE DE APERTURA

Caja | Acreedores

Almacén

Deudores | Capital

El inventario inicial se sintetiza en un balance de apertura que es el origen de las cuentas, determinando la partida inicial de cada una

CUENTAS DE PASIVO

ACREEDORES

Crédito inicial

CAPITAL

Neto inicial

Cada ciclo de operaciones constituye un ejercicio. Normalmente, ya lo hemos dicho, el ejercicio es anual; es decir, abarca un año. Se dice que el ejercicio es del año natural cuando comprende las operaciones desde el día 1 de enero al 31 de diciembre, ambos inclusive, de un mismo año. También puede ser el ejercicio anual (de un año), pero empezando en cualquier día; p. ej., desde el 1 de octubre de un año hasta el 30 de septiembre del año siguiente, como ocurre en las empresas agrícolas para acomodar el ejercicio contable al ciclo de las cosechas. En otro tipo de industria o comercio pueden escogerse otras fechas por razones de temporada. La gran mayoría sigue el año natural.

Las disposiciones fiscales y legales obligan a que el ejercicio sea anual; no obstante, para la información interior, si lo desean los dirigentes de la empresa, pueden hacer la comparación antes señalada cada semestre, cada trimestre o cada mes. Se dice que un ejercicio es quebrado cuando no abarca todo un año.

Valoración

Valorar es asignar a los elementos patrimoniales y a las operaciones efectuadas una cantidad de moneda o dinero que les dé el carácter de contabilizables, por agrupar en una misma clase de unidades de valor su expresión económica. Es decir, que se expresan las operaciones con homogeneidad, en relación al patrimonio.

Si en un inventario aparecen 4 sillas, un torno, un camión, 3.000 kg de patatas y 40.000 u.m., sabremos por él la constitución física del patrimonio a que se refiere; pero no podemos sumar tales partidas porque son términos heterogéneos. Para saber el capital valorado de que se dispone es necesaria la suma, lo que se conseguirá si a cada partida le asignamos un adecuado número de u.m.; esto es, les damos valor dinerario. La contabilidad utiliza la unidad monetaria como unidad de valor para poder coordinar los movimientos patrimoniales producidos por las operaciones de la actividad empresarial; esto sin perjuicio de que también se lleve el movimiento específico de cada clase de bienes en otras unidades. Así, si tenemos 3.000 kg de patatas que valoramos a 10 u.m. cada kilo su valor total será de 30.000 u.m. Si compramos otros 1.000 kg a 11 u.m. en total tendremos 4.000 kg que nos habrán costado 41.000 u.m. Nos interesa conocer los dos datos: kilos y u.m. Para el control independiente de cada clase de bienes o partida de inventario puede ser suficiente conocer su magnitud en kilos, metros, litros o en otra unidad; para coordinar los movimientos de las distintas partidas del patrimonio es necesario homogeneizar las partidas mediante su valoración.

Criterios de valoración

- **Precio de adquisición**
  Es la cantidad de dinero que hemos tenido que pagar por los objetos que posee la empresa.

- **Precio de coste**
  Es la cantidad de dinero que nos ha costado producir los objetos que integran el Activo de la empresa.

- **Precio de venta**
  Es el valor monetario que pensamos obtener de los productos fabricados al venderlos.

- **Precio de mercado**
  Es la cantidad de dinero que se paga por un producto en el mercado en un momento determinado.

- **Valor de capitalización**
  Es el valor que le damos atendiendo a la utilidad que reporta para la empresa un bien determinado.
  Para capitalizar, debemos asignar a esta utilidad un capital que a un tipo de interés determinado, produzca la misma suma que asignamos a la valoración de la utilidad. Uno de los procedimientos seguidos es el de capitalizar a interés simple.
  Por ejemplo, tenemos un bien que produce una renta anual de 2.000 u.m. y la tasa de interés o capitalización la fijamos en el 4 % anual; podremos asignar por capitalización el siguiente valor:

$$C = \frac{2.000 \times 100}{4} = 50.000 \text{ u.m.; en general: } \frac{\text{Renta} \times 100}{\text{Tasa}}$$

Es decir, que el bien en cuestión, atendida su rentabilidad, se considera equivalente a un capital de 50.000 u.m. invertido al 4 % de interés anual.

- **Precio de reposición**
  Es el coste (por compra o fabricación) que se prevé para cuando tengamos que adquirir un elemento inventariado susceptible de ser sustituido o renovado.

Criterios de valoración del Plan General de Contabilidad

Los criterios que sigue el Plan General de Contabilidad para la valoración de las diversas partidas del balance se inspiran en los siguientes principios:

- **Principio del precio de adquisición**
  Como norma general, todos los bienes del Activo fijo o circulante figurarán por su precio de adquisición, que se mantendrá en balance salvo auténtica reducción efectiva de su valor, en cuyo caso se adoptará el que resulte de dicha disminución.

- **Principio de continuidad**
  Adoptado un criterio de valoración, deberá mantenerse para los ejercicios sucesivos. No obstante, podrá modificarse a título excepcional, previo estudio fundamentado, haciéndolo constar en el anexo al balance.

- **Principio de devengo**
  Para la imputación contable al correspondiente ejercicio económico de las operaciones realizadas por la empresa, se atenderá generalmente a la fecha de devengo y no a la de cobro o pago.

- **Principio de gestión continuada**
  Debe considerarse la gestión de la empresa prácticamente indefinida.

Criterios de valoración de los bienes patrimoniales

Atendiendo a los anteriores principios valorativos, indicamos los criterios valorativos de los diversos bienes que componen el patrimonio de la empresa:

- **Inmovilizado material e inmaterial**
  - **Material**
    - **Valoración.** Los elementos comprendidos en el inmovilizado material deben valorarse al precio de adquisición, deducidas en su caso las amortizaciones practica-

das. La amortización ha de establecerse en función de la vida útil de los bienes, atendiendo a la depreciación que normalmente sufran por su funcionamiento, uso y disfrute. Más adelante explicaremos más ampliamente qué es la amortización. De momento anticipamos que amortizar es rebajar el valor contable de un elemento patrimonial atendiendo al desgaste o pérdida de valor que puede experimentar por su uso, envejecimiento, inutilidad y otras circunstancias.

- **El precio de adquisición.** Incluye además del importe facturado por el vendedor todos los gastos adicionales que se produzcan hasta su puesta en funcionamiento, que vienen a incrementar su valor: impuestos, transporte, aduanas, seguros, instalación, montaje, etc.

  • **Inmaterial**
  - Los diversos conceptos comprendidos en esta rúbrica figurarán por su precio de adquisición, es decir, lo pagado al comprarlos.

■ **Existencias**
Para la valoración de las mercaderías, productos terminados, productos en curso, materias primas, embalajes, etc., se aplicará el precio de adquisición o el de mercado si éste fuese menor. El precio de adquisición comprenderá el consignado en factura, más todos los gastos adicionales que se produzcan hasta que la mercancía se halle en almacén, tales como: transportes, aduanas, seguros, etc.

■ **Valores mobiliarios y participaciones**
Los títulos de esta clase se valorarán, por regla general, por su precio de adquisición, constituido por el importe total satisfecho, incluidos en su caso los derechos de suscripción, más los gastos inherentes a la operación.

■ **Efectos comerciales y créditos**
Los efectos en cartera y los créditos de toda clase figurarán en el balance por su importe nominal (esto es, por el que expresa el propio documento).

■ **Moneda extranjera**
Las deudas, a favor de terceros, deben valorarse al tipo de cambio vigente en el mercado en el momento en que se perfeccione el contrato. Esta valoración permanecerá invariable mientras no se modifique la paridad de la u.m. con la moneda extranjera correspondiente. La moneda extranjera que posea la empresa será valorada al precio de adquisición, o según la cotización en el mercado si de ésta resultare un importe menor.

Los bienes materiales e inmateriales, mientras permanezcan en el patrimonio, se valorarán por su precio de adquisición, entendiéndose por tal el precio de compra más los gastos accesorios necesarios hasta la definitiva puesta en funcionamiento del bien o elemento de que se trate; es decir, incluye todos los gastos de transporte, carga, descarga, instalación, ensayos, pruebas, etc., y los impuestos que recaigan sobre la operación o que supongan un mayor valor.

El coste de producción se obtendrá añadiendo al de adquisición de las materias primas y otras auxiliares el coste de mano de obra, utilización de maquinaria, etc., directamente imputable al producto considerado, así como la fracción correspondiente de los costes indirectos habidos en el período de elaboración. No se consideran incluidos en el precio de adquisición los gastos financieros que se derivan de la realización de contratos de pago aplazado.

Por ejemplo: hemos adquirido una maquinaria nueva que, según factura de la empresa vendedora, importa 4.300.000 u.m. Hemos tenido que pagar 650.000 u.m. por gastos de aduana. El transporte desde el barco a nuestra fábrica ha costado 53.000 u.m. Además, los gastos del montaje han importado 730.000 u.m. y durante las pruebas realizadas en su montaje hemos consumido energía y materiales por importe de 30.000 u.m ¿Cuál será el coste de adquisición de este elemento? La suma de las anteriores partidas, esto es: 5.763.000 u.m.

Se fabrica el artículo A en el cual entran 40 kg por unidad de la materia K a 525 u.m. el kilo. El proceso de producción determina que por cada unidad producida se inviertan 10.500 u.m. de mano de obra con sus cargas inherentes y además existe la parte proporcional de uso de la maquinaria e instalaciones que importa 5.000 u.m. Está también la energía del tiempo de fabricación que calculamos en 2.500 u.m. La empresa fabrica en un mes 230 unidades y los gastos generales de fabricación de un mes son de 460.000 u.m. Además, hay unos gastos de administración, anuales, de 1.500.000 u.m. Hemos de establecer el coste de fabricación, cargando a los costes directos la parte proporcional de todos los costes indirectos de la forma siguiente:

COSTE UNITARIO		
Gastos	Operaciones	Resultado
Coste de materiales	40 kg de K x 525	21.000 u.m.
Gastos de proceso:		
Mano de obra		10.500 u.m.
Uso máquinas e instalaciones		5.000 u.m.
Energía		2.500 u.m.
Coste directo unitario		39.000 u.m.
Costes indirectos:		
De fabricación	460.000 : 230	2.000 u.m.
Gastos de administración:	(1.500.000 : 12) : 230	543 u.m.
Suma del coste unitario		41.543 u.m.

Debe prestarse particular atención a la norma que, derivada del PGC, indica que en ningún caso las operaciones o bienes podrán valorarse por encima del valor normal de realización o de mercado.

Debe tenerse en cuenta que cualquiera que sea el criterio por el cual nosotros contabilicemos, la cuenta de Explotación de cada ejercicio deberá formularse siempre, según resulte por la aplicación de los criterios fiscales.

Debe	Maquinaria		Haber
19A0 Compra 2 máquinas a 1.500.000	3.000.000		
19A2 Reformas	460.000		
	3.460.000		

Debe	Amortización acumulada Maquinaria		Haber
	19A0 Amortización	300.000	
	19A1 »	300.000	
	19A2 »	415.200	
	19A3 »	415.200	
	19A4 »	415.200	
		1.845.600	

Coste con reformas	3.460.000	de las dos máquinas
Amortización acumulada	−1.845.600	de las dos máquinas
Valor contable residual	1.614.400	de las dos máquinas
Valor de una máquina (1/2)	807.200	
Precio de venta	950.000	
Beneficio en esta venta	142.800	

El coste de la máquina que queda es de 807.200. Recordemos que por la venta se hará el apunte siguiente:

950.000	**Deudores** (440)		
922.800	**Amortización acumulada** (280)		
	a	**Maquinaria** (203)	1.730.000
	a	**Resultados extraordinarios** (82)	142.800

Debe prestarse particular atención a la norma de que en ningún caso las operaciones o bienes podrán valorarse por encima del valor normal de realización o de mercado.

EJERCICIOS

1. ¿Qué es el inventario?

2. El neto, ¿representa o no la aportación del propietario y forma el Pasivo?

3. ¿Qué se entiende por valoración?

4. ¿Qué bienes forman el inmovilizado material? ¿Si se vende todo el inmovilizado material puede continuar la misma actividad de la empresa?

5. ¿Qué es el valor de mercado?

6. Si compramos un inmueble por 1.500.000 u.m. y pagamos por gastos de la compra 40.000 u.m., ¿a qué precio se valorará en inventario?

7. Si compramos una materia prima a 80 u.m. kg y actualmente el precio de mercado es de 90 u.m. kg, ¿a qué precio la valoraremos? ¿Y si el precio actual de la anterior materia prima fuera de 60 u.m. el kg?

8. Compramos 100 títulos de 1.000 u.m. nominales emitidos por *CATS S.A.* al cambio de 120 %, ¿a qué precio se valorarán?

9. Indique, de las siguientes operaciones, a qué grupo de partidas de Activo o Pasivo afectan:

   a) Compra de mercaderías al contado. Aumenta el realizable condicionado y disminuye el disponible.

   b) Compra de mercaderías a crédito.

   c) Compra de mobiliario pagando al contado.

   d) Cobro de una letra a nuestro favor.

   e) Cancelación de un préstamo obtenido.

10. Realice el siguiente inventario de los bienes del Sr. Gómez, comerciante individual: efectivo en caja 87.000 u.m.; en bancos 230.000; mobiliario valorado en 67.000; maquinaria valorada en 156.000; en almacén tiene las siguientes mercaderías 200 kg de rayón a 380 u.m. el kg; 130 kg de lino a 450 u.m. el kg y 94 kg de seda a 754 u.m. el kg; un cliente le debe 45.000 u.m.; debe a un proveedor 30.000 u.m.; tiene aceptadas letras por valor de 27.000 u.m.

CAPÍTULO 3

Instrumentos conceptuales y materiales de la contabilidad

Estudio de las cuentas y sus movimientos

Las **cuentas** representan a los elementos patrimoniales agrupados por «clases», expresando los aumentos y disminuciones de valor que experimentan en un período determinado.

En forma gráfica se representan como un estado dividido en dos partes denominadas **Debe** y **Haber**, con un título adecuado a la especie o clase de valores cuya situación y movimientos registra y expresa.

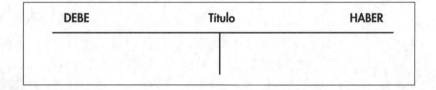

Este **esquema en forma de T** nos sirve para representar en general a cualquier cuenta. En cada una de sus dos partes hemos de registrar los pormenores de los hechos contables que le afectan, con tres datos esenciales:

1. Fecha en que tuvo lugar el acto o hecho contable.
2. La explicación o concepto del mismo.
3. Su valoración.

Las columnas pueden situarse en el orden que convenga según las necesidades de cada empresa, e incluso los deseos y comodidad de quien lleve la contabilidad.

Gráficamente, como se puede ver, la cuenta se encuentra dividida en dos partes, a la izquierda se la denomina **Debe** y a la derecha **Haber.**

Formato usual:

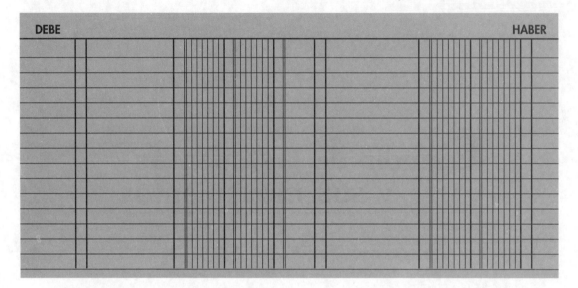

También, según conveniencia de la empresa, puede emplearse este formato:

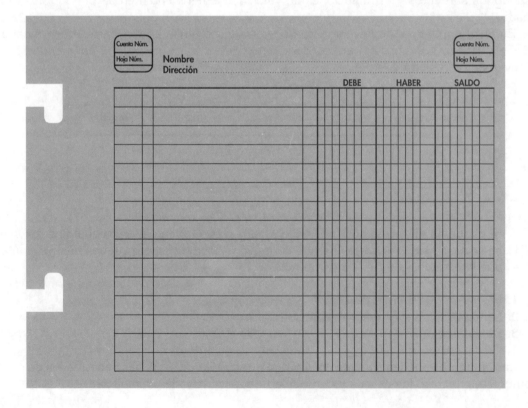

La cuenta, materialmente, puede estar reflejada en una hoja de un libro o libreta adecuados. También puede llevarse en hojas sueltas; cuando estas hojas sueltas con adecuado rayado tienen por soporte una cartulina, más o menos gruesa, reciben generalmente el nombre de fichas. En general, ficha es cualquier cartulina rectangular en la que se anotan de una forma ordenada datos que interesa recordar o consultar en un momento posterior. Si esos datos son contables hablamos de fichas contables; ahora bien, una ficha no es otra cosa que el soporte material donde inscribimos los datos.

Terminología técnica de las cuentas

- **Titular una cuenta**
  Es determinar el contenido preciso de la clase de valores y movimientos patrimoniales que en ella se van a representar. Cada cuenta sólo ha de contener los hechos que afecten a la clase de valores calificada por su título.

- **Asiento**
  Cada una de las anotaciones, registradas cronológicamente, reflejando el concepto de la operación y su valoración.

- **Cargar, adeudar, debitar**
  Es anotar un apunte en el **Debe** de una cuenta.

- **Abonar, acreditar, descargar**
  Es anotar un apunte en el **Haber** de una cuenta.

- **Abrir una cuenta**
  Tiene lugar cuando en un estado se anota en la cabecera el nombre del elemento cuya representación y modificaciones se va a acometer y se inscribe la primera partida.

- **Saldo, saldar una cuenta**
  Saldo es la diferencia entre la suma del **Debe** y la suma del **Haber.** Si el **Debe** es mayor, el saldo se denomina Deudor. Si el **Haber** es superior el saldo se denomina Acreedor. Saldar una cuenta es determinar la cuantía y signo de la diferencia entre las sumas del **Debe** y el **Haber.**

- **Cerrar una cuenta**
  Una vez obtenido el saldo, es llevar este saldo al lado (**Debe** o **Haber**) donde haya sido menor la suma, sumándoselo y obteniendo de esta manera una igualdad de sumas de **Debe** y **Haber**, que sirve de comprobación aritmética.

- **Reabrir una cuenta**
  Supone la apertura de una cuenta con el mismo título que otra que le sirve de antecedente y que ha sido cerrada. Se toma como primera partida de la cuenta que se abre nuevamente el saldo final resultante de la cerrada.

- **Extracto de cuenta**

Es una copia de la cuenta original llevada por la empresa o entidad, que se forma para dar a conocer el movimiento, resultados y situación de las operaciones que se practican en ella.

Las cuentas y el inventario

Existe una íntima relación entre las agrupaciones del inventario y las cuentas, ya que tanto aquellas agrupaciones como el sistema de cuentas que se adopte ha de responder a un mismo criterio de clasificación de los bienes patrimoniales. El inventario inicial es el origen de las cuentas, determinando la primera partida de cada una.

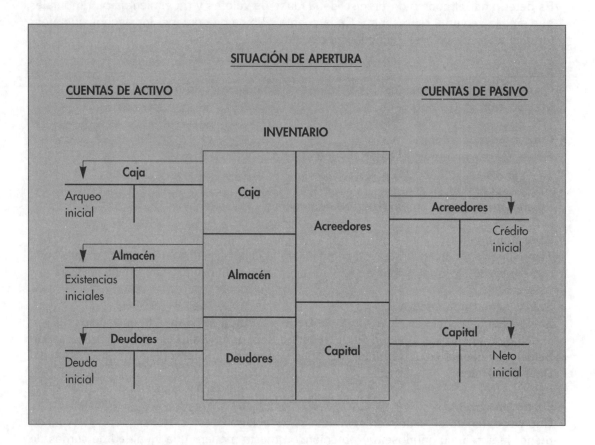

Apertura de cuentas

Al iniciar una **contabilidad** se deberá partir de un inventario mediante el cual conoceremos el conjunto de bienes, derechos y obligaciones que forman en aquel momento el patrimonio.

Mediante la **contabilidad** intentaremos ir conociendo todas las modificaciones que se producen a partir de dicha situación inicial o de inventario. Para ello, lo primero a hacer es **abrir** lo que, en términos contables se denomina **cuenta**, para cada elemento del patrimonio inicial:

- Los valores iniciales de las cuentas del **Activo** los anotaremos en el **Debe**.
- Los importes iniciales de las cuentas del **Pasivo** y del **Neto** los anotaremos en el **Haber**.

De esta forma, conseguiremos que desde el primer momento se cumpla la regla de que **la suma de saldos deudores** es igual a **la suma de los saldos acreedores**.

Recuerde que:

ACTIVO = PASIVO + NETO

y además

SUMA PARTIDAS DEL DEBE = SUMA PARTIDAS DEL HABER

A partir de la situación inicial se irán anotando todas las variaciones que se produzcan en las **cuentas**, como consecuencia de las operaciones que vaya realizando la empresa en el desarrollo de sus actividades (hechos económicos).

Sepa que:

- Dos cantidades colocadas en un mismo lado de la **cuenta** se **suman**.
- Dos o varias cantidades anotadas una a cada lado de la **cuenta** se **restan**.
- La diferencia entre la **suma del Debe** y la **suma del Haber** es el **saldo**.
- El **saldo** será **deudor** cuando la suma del **Debe** sea mayor que la suma del **Haber**.
- El **saldo** será **acreedor** cuando la suma del **Haber** sea mayor que la suma del **Debe**.

Motivos de cargos y abonos

Cuando se escribe una cantidad en el **Debe** se produce un **cargo**. Si la cantidad se escribe en el **Haber** se produce un **abono**.

- Si aumenta una **cuenta de Activo**, hay que hacer un **cargo** a esta **cuenta**.
- Si disminuye una **cuenta de Activo**, hay que hacer un **abono** a esta **cuenta**.
- Si aumenta una **cuenta de Pasivo**, hay que hacer un **abono** a esta **cuenta**.
- Si disminuye una **cuenta de Pasivo**, hay que hacer un **cargo** a esta **cuenta**.
- Si aumenta una **cuenta de Neto**, hay que hacer un **abono** a esta **cuenta**.
- Si disminuye una **cuenta de Neto**, hay que hacer un **cargo** a esta **cuenta**.

Supongamos que empezamos un negocio con el siguiente patrimonio:

ACTIVO		PASIVO	
Caja	50.000	Proveedores	48.000
Clientes	20.000	Neto o Capital	946.000
Mercaderías	124.000		
Inmuebles	800.000		
Total Activo	994.000	Total Pasivo	994.000

Al empezar la contabilidad lo que haremos será abrir una cuenta para cada elemento del patrimonio, poniendo las partidas del **Activo** en el **Debe** de la cuenta respectiva y las del **Pasivo** y **Neto** en el **Haber**.

D	Caja	H	D	Clientes	H	D	Mercaderías	H
50.000			20.000			124.000		

D	Inmuebles	H	D	Proveedores	H	D	Capital	H
800.000					48.000			946.000

Las operaciones que se van produciendo en la empresa dan lugar a cambios en las cuentas, ya que éstas representan, como se ha dicho, a los elementos patrimoniales agrupados por «clases» y si el valor de tales elementos varía, también deberán hacerlo las cuentas que los representan.

Supongamos que compramos mercaderías por un importe de 10.000 u.m., que pagamos en efectivo con dinero de Caja.
¿Qué ha ocurrido?

1. Tenemos más mercaderías valoradas en 10.000 u.m.
2. Tenemos 10.000 u.m. menos en caja.

Por ello debemos anotar en el **Debe** de la cuenta de **Mercaderías** la entrada de dichas mercaderías por 10.000 u.m., para que quede reflejada la operación (si dicha cuenta no existiera en el inventario inicial, se abriría una nueva), y anotar en el **Haber** de la cuenta de **Caja** las 10.000 u.m. ya que ha disminuido el dinero que teníamos al comienzo.

Aparece una disminución en una cuenta de **Activo**, que hemos titulado Caja y representa al dinero. Esta disminución o salida de dinero se refleja en la cuenta con el abono o anotación en el **Haber**. El aumento o entrada de mercaderías se refleja en un cargo (anotación en el Debe) de la cuenta de **Mercaderías**.

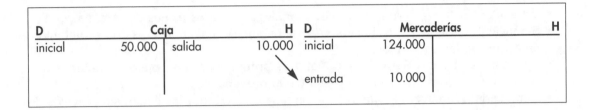

D	Caja		H	D	Mercaderías		H
inicial	50.000	salida	10.000	inicial	124.000		
				entrada	10.000		

La dinámica o movimiento entre las cuentas se representa gráficamente mediante flechas. El origen de la flecha se sitúa en el **Haber** de una cuenta. El destino o punta en el **Debe** de otra. La operación de compra de mercaderías al contado se refleja gráficamente, pues, así **Caja→Mercaderías**. Es decir, ha habido un aumento en **Mercaderías** correlativo a una disminución en **Caja**. Dicho de otro modo, **Mercaderías** ha recibido y **Caja** ha entregado.

Más adelante iremos ampliando esta primera noción de la dinámica de las cuentas.

Cómo titular las agrupaciones de inventario y las cuentas

El idioma castellano es muy rico en palabras. Podemos encontrar vocablos sinónimos y frases, más o menos largas, para explicar en concreto el contenido de cada rúbrica patrimonial y de cada cuenta. Lo que interesa es reflejar con nitidez este contenido. En la práctica se han ido adoptando modismos que simplifican expresiones largas; así, el dinero que se posee podría expresarse en el inventario y en su correspondiente cuenta con la locución «Dinero en mi Caja», lo cual es muy largo de escribir. Se simplifica diciendo: **Caja**. Para los productos comerciales almacenados puede decirse «Mercaderías en Almacén», lo que simplificaremos diciendo sólo **Mercaderías** o **Almacén**. Igualmente, la frase que representa una agrupación de inventario «Efectos comerciales activos o a cobrar en cartera», puede simplificarse, diciendo: **Cartera de efectos, Efectos a cobrar, Efectos activos**. Insistimos, lo que interesa es reflejar de forma concreta y claramente el contenido de cada cuenta.

Cuando se establece el plan de cuentas de una determinada contabilidad deben precisarse los títulos que se van a utilizar (siempre los mismos para un mismo concepto) y definir claramente el alcance de cada título. Como ejemplo y anticipando ideas, señalaremos que las cuentas de especies, materiales o de valores de uso más general, reciben títulos como:

- **Caja,** para el dinero o moneda nacional, que se denomina corrientemente «efectivo».
- **Bancos,** para los depósitos de dinero en cuenta corriente.

- A las dos anteriores se las denomina conjuntamente **Tesorería.**
- **Moneda extranjera,** para los signos monetarios o divisas de otros países.
- **Mobiliario e instalaciones,** para los objetos muebles utilizados en el negocio y las instalaciones en uso.
- **Material, Maquinaria, Herramientas** o **Instalación industrial,** para el equipo de trabajo en uso.
- **Inmuebles, Solares, Terrenos, Fincas** y análogas para los bienes de esta clase.
- **Semovientes, Ganados, Caballerías,** para los que se tengan afectos a la explotación, den o no productos propios.
- **Aprovisionamientos, Suministros, Materias primas,** para los objetos y materias que se destinan al consumo de la empresa y a la producción.
- **Mercaderías, Almacén, Productos comerciales,** para todos los géneros o artículos de comercio en que se basa la especulación.
- **Productos fabricados** o **Productos acabados,** para los resultantes de un proceso industrial.
- **Valores mobiliarios, Cartera de títulos, Fondos públicos,** etc., para los títulos de tal clase que se posean.
- **Obligaciones en circulación,** o simplemente **Obligaciones,** para empréstitos emitidos.
- **Efectos comerciales activos,** para los efectos comerciales activos (letras de cambio) girados en moneda nacional.
- **Cuentas corrientes** (clientes, proveedores, deudores, acreedores, corresponsales). Se llevarán a ellas los débitos o créditos originados por operaciones comerciales a crédito, verificadas con las personas a quienes representen.

EJERCICIOS

1. ¿Qué es una cuenta?
2. ¿Qué nombre recibe la parte derecha de la cuenta? ¿Y la parte izquierda?
3. Si anotamos un apunte en el Debe de una cuenta, ¿qué hemos hecho?
4. La diferencia entre el Debe y el Haber de una cuenta, ¿cómo se denomina?
5. Si el Debe es mayor que el Haber, ¿cómo es el saldo?
6. Si cerramos una cuenta, ¿qué dos sumas son iguales?
7. Si disminuye una cuenta de Activo, ¿qué hay que hacer en esta cuenta?
8. Si disminuye una cuenta de Pasivo, ¿qué hay que hacer en esta cuenta?
9. Abra las cuentas que considere necesarias para contabilizar las siguientes operaciones:

   a) La situación inicial es la siguiente: Caja 23.000 u.m.; Almacén 14.000 u.m.; debe 12.000 u.m.; le deben 8.000 u.m.

b) Compra de mercaderías por 4.000 u.m., que paga en efectivo.

c) Cobro de 3.000 u.m. a cuenta de lo que le deben.

d) Compra de géneros por 5.000 u.m., que de momento no paga.

Determínese el saldo de cada una de ellas después de registrar las operaciones anteriores.

10. El saldo deudor de una cuenta es 2.905 u.m.; determine la cantidad X que figura en el Haber, sabiendo que ha tenido el siguiente movimiento.

D	CUENTA	H
820		2.500
3.750		1.800
624		X
4.011		

La Partida Doble

Cada uno de los grupos o clase de elementos del patrimonio, representados por cuentas, tienen la facultad de aumentar o de disminuir, como consecuencia de las operaciones efectuadas.

Al aumentar, porque se reciben o entran valores de la clase contenida en cada grupo, aportamos una entrada en la cuenta que representa al grupo, lo que les supone un **cargo**, y efectuamos una anotación en el **Debe** del importe que corresponda.

Si disminuyen, porque se entregan o salen valores de la clase contenida en cada grupo, se anotará una salida en la cuenta y formularemos un **abono** o anotación en el **Haber** del importe que corresponda.

Las expresiones, aumentar o disminuir, se admiten en un sentido absoluto con relación al conjunto patrimonial de la empresa. Aumentar es lo positivo para la empresa. Disminuir es negativo para la empresa. Inicialmente, los movimientos de cada elemento patrimonial o cuenta pueden ser considerados aisladamente, en sí mismos, prescindiendo de los efectos correlativos que cada operación económica produce. Las operaciones pueden estudiarse aisladamente según los distintos movimientos patrimoniales que producen.

Cobrar dinero, en sí, es algo positivo, pues aumenta la disponibilidad dineraria; se producirá un cargo o anotación en el Debe de la cuenta de **Caja**.

Si entregamos mercaderías, sin ocuparnos ahora de la contraprestación, el hecho aislado de que salgan éstas producirá una disminución del patrimonio, que será algo negativo; por lo tanto, la cuantía de la salida de mercaderías deberá ser abonada a la cuenta de dicho título.

Cuando por efecto de una operación aparece un nuevo crédito, es decir, se debe más dinero (que se tendrá que pagar), esto en sí es negativo, desde el punto de vista general del patrimonio. El reconocimiento de créditos a favor de terceros, como decimos, es negativo y por eso debe abonarse a la cuenta que los represente. Recíprocamente, si pagamos a un acreedor o éste nos perdona lo que le debíamos, su crédito queda anulado; ya no debemos lo que le debíamos, lo cual es positivo para el conjunto patrimonial.

La cuenta que representa o representaba el crédito contra nosotros debe ser, por tanto, cargada, al reducirse o anularse el crédito a favor de terceros.

La norma general es que todo lo que para el conjunto patrimonial es favorable, es decir, es positivo, se inscribe al Debe de las cuentas; y recíprocamente, lo que es negativo se registra al Haber.

Ahora bien, en toda operación económica se produce una correlación de derechos y obligaciones. Se ha recibido dinero, bien; pero, ¿cuál ha sido el motivo? Si por ejemplo, hemos recibido dinero porque hemos vendido mercancías, en correlación con el aumento del dinero se habrá producido una disminución en los géneros que poseíamos. En sí mismo que salgan géneros, esto es disminuir las mercaderías (con independencia de su correlación), es negativo. Se deberá producir un abono en esta clase de valores, o sea, una anotación en el Haber de la cuenta de **Mercaderías.** Ahora bien, su correlación, el cobro de dinero (aumento en la disponibilidad de nuestra Caja) es en sí positivo, por lo que deberá producirse un cargo a esta cuenta. Han disminuido las mercaderías, pero ha aumentado el dinero en Caja.

Si compramos mercaderías a pagar dentro de treinta días, y las recibimos, aumenta la mencionada cuenta de **Mercaderías**, que ha de ser cargada; pero, la compra supondrá que el proveedor será nuestro acreedor mientras no le paguemos. Hay algo negativo en deber dinero; hemos de abonar a la cuenta de **Proveedores.**

Cada movimiento puede ser considerado independiente en sus partes componentes; cargos y abonos aislados. Al aplicar la Partida Doble correlacionamos siempre los dos aspectos de una operación.

En todo hecho contable quedan afectados como mínimo dos elementos patrimoniales; por lo tanto, no hay deudor sin acreedor ni acreedor sin deudor. Hablando en términos usuales se llama deudor al que recibe y acreedor al que entrega. La suma de las cantidades anotadas en el **Debe** de una o varias cuentas ha de ser igual a la suma de las cantidades anotadas en el **Haber** de otra u otras varias. Si compramos mobiliario por 3.000 u.m. y mercaderías por 5.000 y pagamos 4.000 u.m. al contado y el resto lo dejamos a deber, tendremos:

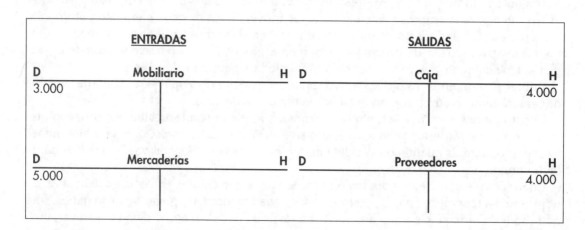

En cualquier momento, la suma de todos los saldos deudores ha de ser igual a la suma de todos los saldos acreedores.

Como cada hecho contable representa una igualdad en su registro, la suma de todas las igualdades será también una igualdad.

Masas y flujos

El conjunto de elementos patrimoniales que posee una empresa forman su masa patrimonial. Estos elementos se intercambian entre sí, dando lugar a un movimiento de bienes, servicios o de dinero que recibe el nombre de **flujo**. Los flujos pueden ser:

- **Flujos materiales**
  Entradas y salidas de bienes y servicios.

- **Flujos financieros (dinerarios, crediticios)**
  Representados por los cobros y pagos en dinero que se realizan en la empresa. Una compra de mercaderías será un flujo material, pues algo corpóreo que por sí mismo es susceptible de utilización para satisfacer necesidades humanas, se ha movido de quien las tenía antes a la empresa que las ha adquirido. La construcción de un edificio supone la entrada de un conjunto de materiales y trabajos, y es también un flujo material. La posterior venta del edificio, traspasando su propiedad, seguirá siendo un flujo material, en este caso de salida.
  El dinero y los documentos que representan al dinero, o a obligaciones de cobro y de pago, por sí mismos no son aptos para satisfacer necesidades; son representativos de riquezas, pero no en sí mismo tales riquezas. A los movimientos de dinero representados por billetes de banco, por documentos tales como las letras de cambio y los cheques, o por otros documentos que establezcan una obligación de cobro para uno y de pago para otro, se los denomina flujos financieros. Un pago en billetes será un flujo financiero dinerario de salida para quien pague, y de entrada para quien cobre. Recibir una letra de cambio a nuestra orden —que nos permitirá a su vencimiento cobrar la cantidad de dinero que en ella se especifique— será un flujo financiero crediticio de entrada. Lo llamamos crediticio porque creemos, confiamos, en que cobraremos su importe cuando venza porque el deudor querrá y podrá pagar.

Las masas patrimoniales reflejan la composición del patrimonio en su forma estática; es decir, parada en un momento determinado, en el que hacemos el inventario. Son las partidas iniciales de las cuentas. Los flujos son los movimientos que producen las operaciones de la empresa; representan las modificaciones del patrimonio y constituyen las partidas que se irán anotando en las cuentas.

Aplicación práctica de los principios fundamentales

Supongamos ahora la situación inicial de una empresa representada por el siguiente inventario:

ACTIVO		PASIVO	
Caja	2.000	Acreedores	38.500
Bancos	5.000	Efectos comerciales pasivos o	
Mercaderías	36.750	Efectos comerciales a pagar	17.750
Deudores	26.500	Préstamos	25.000
Efectos comerciales activos o		Capital	100.000
Efectos comerciales a cobrar	7.500		
Mobiliario	15.000		
Material de embalaje	2.500		
Maquinaria	35.000		
Instalaciones	43.000		
Total Activo	994.000	Total Pasivo	994.000

Veamos cómo varían las masas patrimoniales después de realizar las siguientes operaciones:

1. Venta al contado de mercaderías por un valor de 2.500 u.m.
2. Compra de mobiliario por 25.000 u.m., con factura a 30 días.
3. Paga 3.000 u.m. a un acreedor.
4. Acepta una letra girada por un acreedor por 5.000 u.m.
5. Cobra una letra a su favor por 4.500 u.m. y la ingresa en la c/c. en el banco.

Lo primero que deberá hacer es abrir una cuenta para cada una de las rúbricas o clases de bienes reflejadas en el inventario.

Estas cuentas las iremos abriendo a medida que las necesitemos para registrar adecuadamente las operaciones planteadas. En la práctica, tienen que abrirse todas las necesarias partiendo del inventario inicial mediante el asiento que denominamos de apertura de cuentas que será presentado al estudiar el libro Diario, que se utiliza en contabilidad con la misión de recoger, día a día, y por orden de fechas, las operaciones que va efectuando la empresa. Las cuentas, cada una en particular y en hoja separada, se abren en otro Libro, denominado Mayor, que las agrupa presentando el detalle de los movimientos de cada una. Por el momento, no utilizaremos estos libros, aunque hayamos adelantado una ligera idea de ellos, y dejaremos que el lector se compenetre con el movimiento de las distintas cuentas y de cómo quedan afectadas por cada operación en particular. Presentaremos las cuentas en forma esquemática o de «T» indicando sólo los títulos, descripción breve de la operación y las cantidades, situándolas a la izquierda de la línea vertical de la «T», si se trata de cargos, o sea anotaciones en el Debe; y a la derecha, es decir, en el Haber, si corresponde a los abonos. El título de la cuenta siempre se inscribe en la parte superior, situado sobre la línea horizontal de la correspondiente «T» de cada cuenta.

Una vez realizado esto, veamos qué ocurre con cada una de las operaciones anteriores:

- **Operación 1**
  Venta al contado de mercaderías por un valor de 2.500 u.m.
  Nos encontramos con un hecho contable **permutativo,** pues se entrega un valor activo a cambio de otro.
  Se entregan **mercaderías:** flujo material.
  Se recibe **dinero:** flujo financiero.
  Se cumple el principio de la Partida Doble que dice: «No hay deudor sin acreedor». En esta operación varían dos elementos patrimoniales. Por una parte aumentará el efectivo; procederemos a efectuar un cargo en la cuenta de Caja. Por otro, disminuirá la cuenta de **Mercaderías;** por tanto, efectuaremos un abono en dicha cuenta por el mismo importe.
  Las cuentas que quedan afectadas reflejarán este cambio como sigue:

D	Caja		H	D	Mercaderías		H
Existencias iniciales	2.000			Existencias iniciales	36.750	Venta	2.500
Cobro mercaderías	2.500						

- **Operación 2**
  Compra de mobiliario por 25.000 u.m., con factura a 30 días.
  Hecho contable: **permutativo.**
  Recibimos un valor activo (algo positivo, pues aumenta nuestra inversión en mobiliario) a cambio de contraer la obligación de su pago (aumento en la cuenta de acreedores que significa algo negativo para la empresa ya que aumentan nuestras obligaciones).
  La operación motivará un cargo a **Mobiliario** y un abono a **Acreedores.**

D	Mobiliario		H	D	Acreedores		H
Saldo inicial	15.000					Saldo inicial	30.500
Compra	25.000					Por la deuda	25.000

La situación patrimonial no varía, aunque sí las cuentas que representan a los elementos que han intervenido.

- **Operación 3**
  Paga 3.000 u.m. a un acreedor.

COMPRA AL CONTADO DE MERCADERÍAS POR 10.000 U.M.

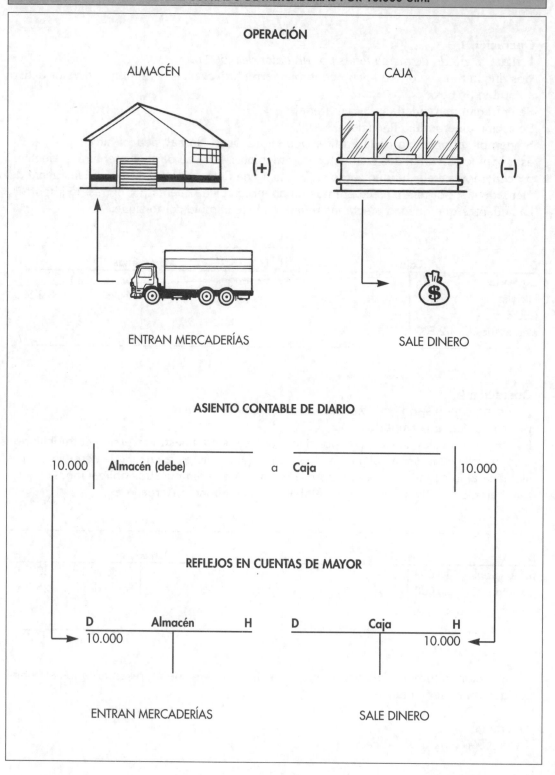

OPERACIÓN

ALMACÉN

CAJA

(+)

(−)

ENTRAN MERCADERÍAS

SALE DINERO

ASIENTO CONTABLE DE DIARIO

10.000 | **Almacén (debe)**   a **Caja** | 10.000

REFLEJOS EN CUENTAS DE MAYOR

D	Almacén	H
10.000		

D	Caja	H
		10.000

ENTRAN MERCADERÍAS

SALE DINERO

Entregamos un valor activo, dinero que sale de **Caja,** cancelando con su importe una obligación. La operación determina un cargo a la cuenta de **Acreedores** con abono a la de **Caja,** siendo, por tanto, un hecho **permutativo.**

D	Caja		H	D	Acreedores		H
Saldo inicial	2.000	Pago a un proveedor	3.000	Pago a un acreedor	3.000	Saldo inicial	30.500
Cobro mercaderías	2.500					Deuda contraída	25.000

- **Operación 4**

Acepta una letra girada por un acreedor por 5.000 u.m.

Es un hecho **permutativo,** ya que se produce el cambio de una obligación por otra, materializada ésta a través de un efecto.

La operación da lugar a un cargo en la cuenta de Acreedores, es decir, una disminución de nuestra obligación, y a un abono en la cuenta de **Efectos comerciales pasivos,** o sea, un aumento en la obligación de pagar el efecto en circulación a su vencimiento.

D	Acreedores		H	D	Efectos comerciales pasivos		H
Pago a un acreedor	3.000	Saldo inicial	30.500			Existencias iniciales	17.750
Cancelación deuda de un acreedor	5.000	Deuda contraída	25.000			Creación del efecto pasivo	5.000

- **Operación 5**

Cobra una letra a su favor por 4.500 u.m. y la ingresa en la c/c. en el banco.

Es un hecho **permutativo.** Por una parte hay un aumento en el saldo de **Bancos;** es decir, realizaremos un cargo a dicha cuenta. Por otra, existe una disminución en la cuenta de **Efectos comerciales activos,** realizando por tanto un abono.

D	Bancos		H	D	Efectos comerciales activos		H
Saldo inicial	5.000			Existencias iniciales	7.500	Salida del efecto por cobro	4.500
Cobro	4.500						

VENTA CON COBRO APLAZADO

OPERACIÓN

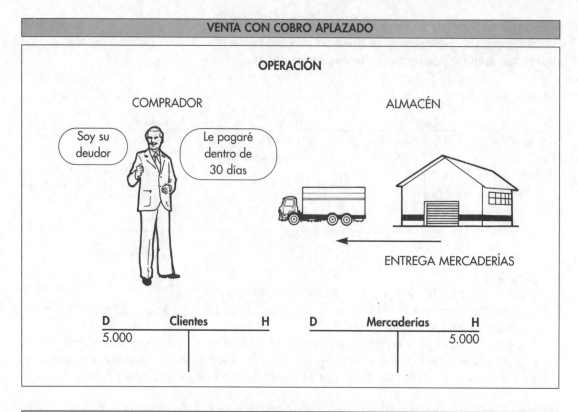

D	Clientes	H	D	Mercaderías	H
5.000					5.000

AL COBRAR DEL CLIENTE

OPERACIÓN

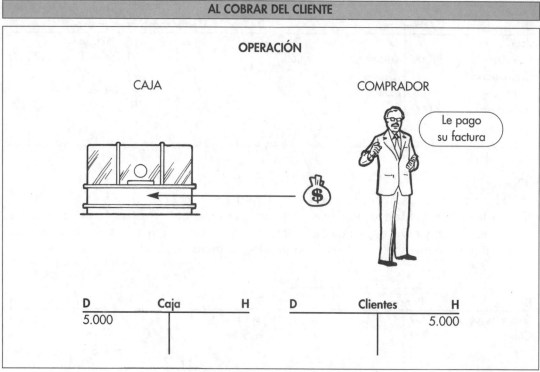

D	Caja	H	D	Clientes	H
5.000					5.000

Prepararemos, ahora, un estado contable para concretar cuál es la situación de cada una de las cuentas, pasados los supuestos que hemos desarrollado y cuya posición ha ido variando después de cada anotación. Para ello deberemos sumar el Debe y el Haber de cada cuenta, y una vez realizado esto hallaremos el saldo, que será la diferencia entre ambas sumas.

La situación de las cuentas en este momento es:

D	Caja		H	D	Bancos		H
(i)	2.000	3.000		(i)	5.000	9.500 s/deudor	
	2.500	1.500 s/deudor	(i)	(i)	4.500		
	4.500	4.500			9.500		

D	Mercaderías		H	D	Efectos comerciales a cobrar		H
(i)	36.750	2.500		(i)	7.500	4.500	
						3.000 s/deudor	
		34.250 s/deudor					
					7.500		

D	Mobiliario		H	D	Acreedores		H
(i)	15.000	40.000 s/deudor			3.000	30.500	(i)
	25.000				5.000	25.000	
				s/deudor	47.500		
	40.000					55.500	
					55.500		

D	Efectos comerciales a pagar		H	D	Deudores		H
	s/acreedor 22.750	17.750	(i)	(i)	26.500	26.500 s/deudor	
		5.000					
		22.750					

D	Material embalaje		H	D	Maquinaria		H
(i)	2.500	2.500	s/deudor	(i)	35.000	35.000	s/deudor

D	Instalaciones		H	D	Préstamos		H
(i)	43.000	43.000	s/deudor	s/acreedor	25.000	25.000	(i)

D	Capital		H
s/acreedor	100.000	100.000	(i)

Las partidas (i) son las iniciales del inventario de apertura.
Como ya se ha indicado al cerrar las cuentas, los saldos resultantes se anotan en la columna que ha dado menor suma. Pero, ¡cuidado!, reciben la denominación del lado de la cuenta que ha sumado más.

COMPRA CON PAGO APLAZADO

OPERACIÓN

ALMACÉN

VENDEDOR

No olvide pagarme

Soy su acreedor

D	Mercaderías	H	D	Proveedores	H
5.000					5.000

Cuentas	Sumas del Debe	Sumas del Haber	Saldo Deudor	Saldo Acreedor
Caja	4.500	3.000	1.500	
Bancos	9.500		9.500	
Mercaderías	36.750	2.500	34.250	
Efectos comerciales activos	7.500	4.500	3.000	
Mobiliario	40.000		40.000	
Acreedores	8.000	55.500		47.500
Efectos comerciales pasivos		22.750		22.750
Deudores	26.500		26.500	
Material embalaje	2.500		2.500	
Maquinaria	35.000		35.000	
Instalación	43.000		43.000	
Préstamos		25.000		25.000
Capital		100.000		100.000
Totales	213.250	213.250	195.250	195.250

BALANCE DE COMPROBACIÓN O BALANCE DE SUMAS Y SALDOS

Este tipo de balance sirve para fijar la situación de las cuentas y comprobar la correlación entre los apuntes realizados en ellas.

Si examinamos los datos del balance veremos que los principios de la Partida Doble se cumplen, ya que las sumas del **Debe** son iguales a las del **Haber** y la suma de todos los saldos deudores es igual a la suma de todos los saldos acreedores.

Tampoco varía la ecuación fundamental, demostrando con ello después de las operaciones realizadas la existencia y mantenimiento, en todo momento, de la igualdad contable entre cargos y abonos:

$$ACTIVO = PASIVO - NETO$$

Todas las operaciones que se han realizado hasta el momento son hechos contables permutativos.

Vamos a incluir ahora algunos nuevos supuestos que den lugar a hechos modificativos y mixtos.

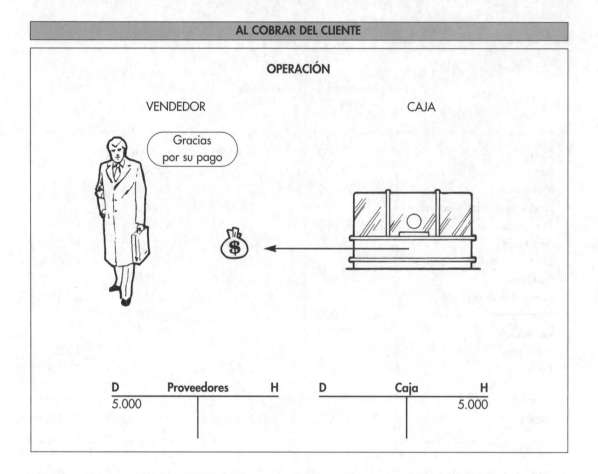

AL COBRAR DEL CLIENTE

OPERACIÓN

VENDEDOR   CAJA

Gracias
por su pago

D	Proveedores	H		D	Caja	H
5.000						5.000

- **Operación 6**

  Pagamos un alquiler que importa 4.000 u.m. mediante talón contra la c/c. bancaria. Esta operación supone la entrega de un bien activo (dinero) sin recibir a cambio nada material, puesto que el alquiler no es tangible; estamos ante un hecho **modificativo de disminución,** ya que se producirá una disminución del capital por dicha cantidad, reflejada en la cuenta de **Gastos;** deberemos realizar un cargo a dicha cuenta y un abono a **Bancos.**

- **Operación 7**

  Intervenimos en una operación y nos corresponde una comisión de 10.000 u.m., que cobramos en efectivo. Aquí hay un aumento activo (dinero) y un aumento correlativo de capital por el concepto de **Comisiones,** que será el nombre de la cuenta que utilizaremos. Observe que la operación ha producido un hecho **modificativo de aumento.** De modo análogo al anterior supuesto, realizaremos un cargo à **Caja** y un abono a **Comisiones.**

  Los conceptos de gastos y productos se contabilizan por separado, pero podemos refundirlos al final del ejercicio en una cuenta titulada de **Explotación,** la cual presentará la siguiente situación:

D	Explotación		H
Alquileres	4.000	Comisiones	10.000
Saldo acreedor	6.000		
	10.000		

También deberemos disminuir la cuenta de **Bancos** en 4.000 u.m. por el pago del alquiler y aumentar la de **Caja** en 10.000 u.m. por el cobro de la comisión con lo que el estado de cuentas actual será:

Cuentas	Sumas del Debe	Sumas del Haber	Saldo Deudor	Saldo Acreedor
Caja	14.500	3.000	11.500	
Bancos	9.500	4.000	5.500	
Mercaderías	36.750	2.500	34.250	
Efectos comerciales activos	7.500	4.500	3.000	
Mobiliario	40.000		40.000	
Acreedores	8.000	55.500		47.500
Efectos comerciales pasivos		22.750		22.750
Deudores	26.500		26.500	
Material embalaje	2.500		2.500	
Maquinaria	35.000		35.000	
Instalación	43.000		43.000	
Préstamos		25.000		25.000
Capital		100.000		100.000
Explotación[1]	4.000	10.000		6.000
Totales	227.250	227.250	201.250	201.250

[1] La cuenta que aquí titulamos **Explotación** puede también denominarse de **Pérdidas y ganancias, Daños y lucros, Gastos y productos**, etc. Por ahora, escogemos el título en el Plan General de Contabilidad y más adelante ya ampliaremos el tema.

Elementos de los procedimientos contables

Los elementos esenciales que estamos estudiando son:

1. **El inventario,** que presenta la relación ordenada de todos los valores que constituyen el patrimonio. Esta situación ha de ser comprobada por estados de situación de cuentas y balances.

2. **Los libros,** o conjuntos de hojas ordenadas, ligadas o no, en que se hacen las anotaciones y se llevan las cuentas.
3. **Las cuentas,** en que se han de anotar las operaciones debidamente valoradas.
4. **Los balances periódicos** o estados de comprobación llamados también estado de cuentas.
5. **El balance general,** que es el conjunto de operaciones y documentos que han de reflejar la situación del patrimonio al fin del ejercicio y los resultados de la gestión (se explicará a su debido momento).
6. **Las estadísticas auxiliares** o **estados demostrativos.**

Resumen de los principios fundamentales de la Partida Doble

El desarrollo de la teneduría de libros por Partida Doble, como estamos viendo, se fundamenta en los siguientes principios contables:

1. No hay deudor sin acreedor, puesto que en cualquier operación administrativa son necesarios los dos elementos de la relación cambiaria.
2. Como consecuencia del anterior, la suma de valor que se adeude a una o varias cuentas ha de ser igual a la que se abone a otra u otras varias referidas a un mismo hecho contable.
3. En cualquier momento, la suma de las cantidades deudoras que figuran en el Debe de todas las cuentas ha de ser igual a la de las cantidades acreedoras que figuran en el Haber; en consecuencia se produce el mantenimiento permanente de la igualdad contable:

> **SUMA DE PARTIDAS DEL DEBE = SUMAS DE PARTIDAS DEL HABER**

> **ACTIVO = PASIVO EXIGIBLE + CAPITAL + RESULTADOS**

> **ACTIVO = PASIVO + NETO**

Cuadro para hallar el deudor y el acreedor de una operación

Para determinar de modo práctico (aunque empírico) los motivos de cargos y abonos de una operación, puede utilizarse el procedimiento de plantearse las preguntas del cuadro de la página siguiente.

Las cuentas de **Neto** comprenden las de **Capital, Reservas** y las de **Resultados** o **Diferenciales.** La respuesta a la pregunta nos indicará la cuantía y concepto de la pérdida o ganancia a contabilizar en la cuenta de este título, o en una de sus derivadas.

Grupos	Conceptos deudores	Conceptos acreedores
1 Cuentas materiales	¿qué entra? ¿qué recibo?	¿qué sale? ¿qué entrego?
2 Cuentas personales	¿quién recibe o recibirá? ¿quién me debe?	¿quién entrega o se obliga a entregar? ¿a quién debo?
3 Cuentas de derechos	¿nace algún derecho?	¿se cancela algún derecho?
4 Cuentas de obligaciones	¿se cancela alguna obligación?	¿nace alguna obligación?
5 Cuentas de Neto daño o gasto?	¿hay pérdidas, lucro o beneficio?	¿hay ganancias,
RECUERDE: No hay deudor sin acreedor, ni acreedor sin deudor.		

Hemos de entender como pérdida o gasto, cualquier disminución de valores activos o aumento de obligaciones no compensadas; y, por ganancia, cualquier aumento de valores activos o disminución de obligaciones no compensadas.

El registro de las operaciones en las cuentas

Recuerde que para la correcta contabilización se ha de proceder al análisis de los hechos u operaciones, determinando:

• Cuentas afectadas (aspecto cualitativo) y sentido contable de la modificación. Es decir, si cada cuenta individualmente considerada, afectada por un hecho, lo es en sentido de aumento o de disminución.
• Cuantía o valoración del hecho (aspecto cuantitativo).

Como resultado de este análisis se determina el asiento contable, expresión sintética de cada hecho que está determinado por la fecha de la operación, el título de las cuentas afectadas, su cuantía y la explicación de la operación.

EJERCICIOS

1. Indique uno de los principios fundamentales de la Partida Doble.

2. La suma de las cantidades anotadas en el Debe de una o varias cuentas, ¿a qué ha de ser igual?

3. La suma de todos los saldos deudores, ¿a qué ha de ser igual?

4. Indique a qué tipo de flujo da lugar la compra de mercaderías pagando al contado.

5. Se anota una operación mediante un cargo a **Mercaderías** por 10.000 u.m. y un abono a **Caja** por 8.000 u.m.; ¿es correcto este apunte contable?, ¿qué principio no cumple si se refiere a una misma operación?

6. Indique qué cuenta se cargará y qué cuenta se abonará en cada una de las siguientes operaciones:

   a) Compra de mobiliario pagando al contado.

   b) Pago de una deuda a un proveedor.

   c) Pago de un impuesto en efectivo.

   d) Pago de un efecto a nuestro cargo.

   e) Compra de un piso, pagando la mitad en talón bancario y dejando a deber el resto.

7. En forma de situación contable presente las siguientes cuentas, en un estado con las columnas Debe y Haber:

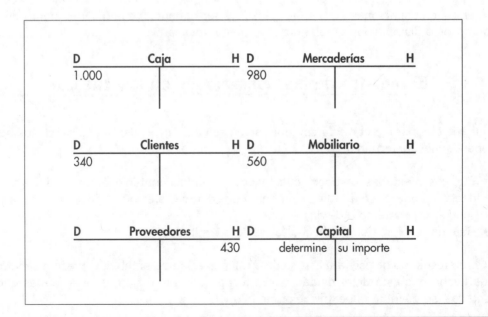

TÍTULO DE CUENTA	DEBE	HABER
Caja Mercaderías Clientes Mobiliario Proveedores Capital		

8. Pago a un proveedor, en efectivo, mi deuda. ¿Qué preguntas se deberán hacer para conocer el concepto deudor y el concepto acreedor de la operación?

9. Diga qué cuentas intervienen en la anterior operación e indique si son cuentas de Activo o de Pasivo.

10. Indique cómo han variado dichas cuentas y si ha sufrido aumento o disminución su saldo, tras la operación a que hace referencia el ejercicio número 8.

Instrumentos materiales necesarios para cumplir los objetivos de la contabilidad empresarial

El artículo 33 del Código de Comercio dispone: «Todo comerciante deberá llevar una contabilidad ordenada y adecuada a su actividad mercantil y necesariamente un libro de Inventarios y Balances y otro Diario, sin perjuicio de lo dispuesto en leyes o disposiciones especiales.» «Las sociedades mercantiles llevarán también un libro o libros de Actas, en los que constarán todos los acuerdos tomados por las Juntas generales y los demás órganos colegiados de la sociedad.»

Libros de contabilidad

Los libros de contabilidad son conjuntos de hojas de una misma estructura gráfica, encuadernados o no (el hecho de que varias hojas homogéneas en su estructura no estén ligadas, sino sueltas, no modifica la esencia del libro de contabilidad), en los que se hacen las anotaciones y se llevan las cuentas. Estos libros, para reflejar con orden y claridad la recopilación de los hechos contables, han de tener un aspecto y disposición adecuados con objeto de que la recogida de datos numéricos y conceptos explicativos en ellos sea lo más fácil posible. Esto se consigue dotándolos de rayados, trazando columnas y cuadros donde se clasificarán los datos. Los rayados han de ser adecuados a la finalidad de cada libro. El número de los libros depende de cómo se desee agrupar los datos concernientes a los hechos económicos. Esta agrupación puede ser:

- **Cronológica**
  Esto es, por el orden en el tiempo como se van sucediendo los apuntes. El libro Diario tiene esta finalidad.

- **Sistemática**
  Es decir, reseñando las operaciones agrupadas según su índole. El libro Mayor agrupa en sus hojas las operaciones que afectan a cada una de las cuentas.

- **Resuntiva**
  Presentando resúmenes de las operaciones realizadas. El libro de Inventarios y Balances presenta la situación de las cuentas y por tanto del patrimonio.

Podemos encontrar otros módulos de agrupación, pero los anteriores son los esenciales y han dado lugar a los principales libros de contabilidad, que luego iremos estudiando con más detalle.

Requisitos de las anotaciones contables

Las anotaciones hechas en los libros de contabilidad han de reunir requisitos de fondo y de forma, necesarios para que la contabilidad refleje fielmente las operaciones. Estos requisitos pueden reducirse a señalar que, por su fondo, las anotaciones han de ser veraces y exactas, además de poderse justificar con adecuada documentación comprobatoria; y, por su forma, las redacciones han de ser claras y sencillas, de forma que todos las puedan entender.

Clasificación de los libros de contabilidad

Según su importancia, dentro del sistema de contabilidad adoptado, los libros pueden ser

- **Principales**
  Aquellos en que fundamentalmente se basa el sistema y por sí solos pueden llenar las finalidades de la contabilidad. En la Partida Doble clásica tienen este carácter los libros Diario, Mayor y de Inventarios y Balances.

- **Auxiliares**
  Libros en que se detallan y desarrollan las cuentas y anotaciones que se llevan en los libros principales, y cuyas anotaciones guardan una íntima relación con las cuentas del Mayor o sirven de preparación para las anotaciones del Diario.

- **Registros**
  Destinados a inscribir ciertos datos, antecedentes, recordatorios o documentos relacionados con las operaciones que se realizan, han de realizarse o se han realizado.

- **Complementarios o accesorios**
A este grupo corresponden todos los demás libros que pueden existir en una empresa, coordinados dentro de su mecanismo contable.

  Desde el punto de vista lego, los libros se dividen en:

- **Obligatorios**
Son aquellos cuya tenencia ineludible está prescrita por las disposiciones emanadas del Estado, y que varían según las naciones.

- **Voluntarios**
Cualesquiera otros que lleve una empresa.

  La obligatoriedad de libros especiales puede prescribirse también para empresas que trabajen en ramos determinados de la producción económica, respondiendo a necesidades fiscales o de garantía pública.
  Por ejemplo, las empresas que fabrican alcohol han de llevar unos registros especiales de entradas y salidas.

Disposiciones legales: noción preliminar

En los Códigos de Comercio se señalan unos requisitos obligatorios para los libros de contabilidad, que extractamos a continuación.

- Obligación de llevar:
  - un libro de Inventarios y Balances;
  - un libro Diario;
  - un libro o libros de Actas para las sociedades;
  - los demás libros que ordenen posibles leyes especiales.
- Facultad de poder llevar los demás libros y estados numéricos que se estime conveniente, según el sistema de contabilidad que se adopte.
- Facultad de llevar los libros una tercera persona, autorizada para ello, en nombre del titular de la empresa.
- Obligación de presentar los libros obligatorios encuadernados y foliados al juez municipal, para su sellado y legalización.
- Por lo que respecta a su teneduría, es obligatorio llevar los libros con claridad, por orden de fechas, sin blancos, interpolaciones, raspaduras ni tachaduras, y sin presentar señales de haber sido alterados, sustituyendo o arrancando los folios o de cualquier otra manera. Los errores se salvarán inmediatamente que se adviertan, explicando con claridad en qué consistían, y extendiendo el concepto tal como debiera haberse estampado.
- Obligación de conservar los libros, la correspondencia y los papeles concernientes a los negocios durante cinco años como regla general, contados a partir del último apunte en ellos extendido.

El Diario

El Diario (en forma de libro o bien de hojas sueltas que luego se unen) tiene por objeto recoger y reflejar todos los hechos contables en forma cronológica, es decir, según las fechas en que se produzcan las diferentes operaciones. El artículo 28.2 del Código de Comercio (reformado por la Ley 19/89 de 25 de julio) dice: «El **libro Diario** registrará, día a día, todas las operaciones de la empresa. Será válida, sin embargo, la anotación conjunta de los totales de las operaciones por períodos no superiores al mes, a condición de que su detalle aparezca en otros libros o registros concordantes, aunque no estén ligados, de acuerdo con la naturaleza de la actividad de que se trate.»

Asiento en general es la inscripción de una operación en un libro cualquiera, pero se aplica en particular este nombre a las anotaciones en el libro Diario. Cada asiento puede comprender una o varias cuentas deudoras y una o varias cuentas acreedoras. Cuando en un asiento hay varias cuentas deudoras o acreedoras, la suma del importe de todas las cuentas deudoras debe ser igual a la suma del importe de todas las cuentas acreedoras, manteniendo con ello los principios básicos de la Partida Doble.

El rayado del Diario, llamado moderno, tiene la siguiente disposición:

1. Cantidades Deudoras.
2. Folios de las cuentas Deudoras del Mayor.
3. Número del asiento.
4. Fecha, título de las cuentas y explicación.
5. Cantidades parciales del Debe y el Haber.
6. Folios de las cuentas acreedoras del Mayor.
7. Cantidades Acreedoras.

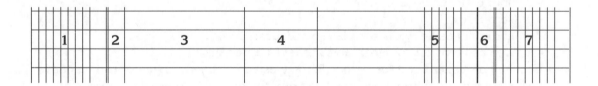

Cuando se ha producido una operación, concretada la fecha, debe preguntarse: ¿qué cuenta o cuentas deben ser cargadas?, ¿qué cuenta o cuentas deben ser abonadas?, ¿por qué importe?, completando con el concepto o motivo justificado del cargo y del abono. Estos son los elementos esenciales de los asientos del Diario.

Una empresa inicia su contabilidad el mismo día que comienza sus operaciones, que puede ser cualquier día del año y en los sucesivos ejercicios puede seguir abriendo su contabilidad el mismo día, salvo que justificadamente decida cambiar. No obstante, una mayoría de empresas han decidido que su ejercicio económico coincida con el año natural y entonces su contabilidad empieza el día 1 de enero de cada año; pero, insistimos, esto no es obligatorio para todos. Una empresa puede empezar su ejercicio anual, por ejemplo, el día 1 de abril y terminar el 31 de marzo del año siguiente; otras pueden empezar en otras fechas. Lo que no es legal, por disponerlo así el Código de Comercio, es que el ejercicio económico sea mayor que un año. En algunos casos puede comprender un período de tiempo inferior al año; por ejemplo, una empresa que empieza su ejercicio económico el día 1 de julio y que al llegar el día 20 de febrero siguiente acuerda liquidar este último ejercicio, comprenderá desde el 1 de julio hasta el 20 de febrero.

RAYADO MODERNO CLÁSICO					
Cantidades deudoras	Folio cuenta deudora	Explicación o concepto	Folio cuenta acreedora	Cantidades acreedoras
1.500.000	2	1 —————— Mayo 1 —————— **Banco X**　　　a　　　**Capital** efectivo en banco, s/inventario núm. 6.	1	1.500.000
150.000	3	2 —————— día 2 —————— **Compras**　　　a　　　**Banco X** comprado a P. Lara, al ctdo. s/fra. núm. 145.	2	150.000
65.000 35.000	2 4	3 —————— día 4 —————— **Banco X** **Clientes**　　　a　　　**Ventas** venta s/fra. núm. 214, a L. Costa, cobrando 65.000 u.m. en cheque bancario, el resto queda en cuenta.	5	5.100.000

En los libros impresos, las columnas aparecen, por lo general, sin llevar escrita su denominación o contenido, que se da por supuesto.

Otro tipo de rayado es el **rayado americano moderno** cuyo modelo ponemos en la página siguiente.

Las columnas pueden ordenarse en el libro Diario, lo mismo que en los demás, según convenga al contable. Lo esencial es que aparezcan diferencias: cuentas y cantidades de **Debe** y de **Haber**.

Clasificación de los asientos en el libro Diario

Los asientos del **Diario** se clasifican en:

■ **Simples**
Formados por una sola cuenta deudora y una sola acreedora.

- **Mixtos**
Formados por una cuenta deudora y varias acreedoras, o bien varias deudoras y una sola acreedora.

- **Compuestos**
Formados por varias cuentas deudoras y varias acreedoras.

Fecha	Cuenta y concepto	Debe	Haber	Cuenta general
	RAYADO AMERICANO MODERNO			
16-3	**Caja** Ingresos en el día de la fecha según detalle.	540.000		**Caja**
16-3	**Clientes** N/fra. núm. 154		248.000	**Clientes**
16-3	**Efectos comerciales activos** Cobro de varios efectos en circulación		292.000	**Efectos comerciales activos**
17-3	**Clientes** N/fra. vto. fin corriente	186.000		**Clientes**
17-3	**Ventas** Ventas s/fra. núm. 144		186.000	**Ventas**

Apertura de la contabilidad

El libro de Inventarios y Balances se abrirá con el balance detallado de la empresa, cuyo resumen, clasificado según cuentas, pasará a ser el primer asiento del libro Diario.

Los importes totales de las rúbricas del Activo representan —como ya sabemos— lo que la empresa posee. Son valores positivos que deben cargarse a las cuentas cuyos títulos se correspondan con las denominaciones del Inventario. Recíprocamente los importes de las rúbricas del Pasivo son valores negativos, por cuyos importes corresponderá abonar a las respectivas cuentas. El neto (capital inicial) es el crédito del propietario representativo de su inversión por cuyo importe deberá ser abonada la cuenta de **Capital**.

Partiendo del inventario del Sr. González, presentado en el apartado *Presentación gráfica del inventario* del capítulo 2, el asiento de apertura a que daría lugar en el Diario, sería:

	1 ——————— día ———————			
20.000	**Caja**			
15.000	**Bancos**			
6.750	**Mercaderías**			
6.500	**Deudores**			
7.500	**Efectos comerciales activos**			
80.500	**Inmovilizado**	a	**Acreedores**	20.500
		a	**Efectos comerciales pasivos**	15.000
		a	**Préstamos**	15.000
		a	**Capital**	85.750
	Por mi capital según inventario de esta fecha.			

Ejemplos de inscripción de operaciones en el Diario

Después de la apertura de las anotaciones en el Diario, la empresa realiza las operaciones que siguen, que dan lugar a sucesivos asientos.

Compramos mercaderías al contado por un importe de 10.000 u.m. Debemos hacer las siguientes anotaciones contables:

- Un **cargo a la cuenta de Mercaderías** por 10.000 u.m.
- Un **abono a la cuenta de Caja** por 10.000 u.m.

Lo cual quedaría reflejado en el Diario presentando el siguiente asiento:

	2 ——————— ———————			
10.000	**Mercaderías**	a	**Caja**	10.000
	Por compra de mercaderías y pago al contado.			

Compramos mercaderías por 12.000 u.m. pagando la mitad al contado y quedando en cuenta el resto. En este caso, el asiento sería:

	3 ——————— ———————			
12.000	**Mercaderías**	a	**Caja**	6.000
		a	**Proveedores**	6.000
	Por compra de mercaderías a José Ruiz, pagando la mitad al contado y el resto en cuenta.			

		1	*Día*			
20 000 –		*CAJA*				
15 000 –		*BANCOS*				
6 750 –		*MERCADERÍAS*				
6 500 –		*DEUDORES*				
7 500 –		*EFECTOS COM. ACTIVOS*				
80 500 –		*INMOVILIZADO*	*A*	*ACREEDORES*	20 500 –
			»	*EFECTOS COMERCIALES*	
				PASIVOS	15 000 –
			»	*PRÉSTAMOS*	15 000 –
			»	*CAPITAL*	85 750 –
			Por mi capital según inventario de esta fecha.		
		2	*Día*		
10 000 –		*MERCADERÍAS*	*A*	*CAJA*	10 000 –
			Por compra de mercaderías y pago al contado.		
		3	*Día*		
12 000 –		*MERCADERÍAS*	*A*	*CAJA*	6 000 –
			»	*PROVEEDORES*	6 000 –
			Por compra de mercaderías a J. Ruiz pagando		
			la mitad al contado y el resto en cuenta.		

Lo que significa que ha aumentado la cuenta de **Mercaderías** en 12.000 u.m.; la cuenta de **Caja** ha disminuido en 6.000 u.m. y los débitos con **Proveedores** han aumentado en otras 6.000 u.m.

Fíjese: la disminución del Activo que en el ejemplo es una salida de dinero, da lugar a un abono en la correspondiente cuenta, en este caso la de **Caja**.

El aumento de una obligación (esto es, de una cuenta pasiva) también da lugar a un abono (en el asiento núm. 3, el abono a **Proveedores**).

Vendemos **Mercaderías** por 60.000 u.m. cobrando las dos terceras partes en un talón bancario que ingresamos en el banco, y el resto en una letra aceptada con vencimiento a 30 días.

Los gastos de transporte van a nuestro cargo e importan 2.000 u.m. que hemos pagado en efectivo. Los asientos que tendremos que formular en el Diario serán los siguientes:

	4			
40.000	**Banco** *Tal* c/c.			
20.000	**Efectos comerciales activos**	a	**Mercaderías**	60.000
	Por venta s/fra. núm. ... cobrando 2/3 en efectivo y el resto			
	en L/ a m/f.			
	5			
2.000	**Mercaderías**	a	**Caja**	2.000
	Pagando en efectivo gastos a n/c°			

Estos dos asientos, por corresponder a una misma operación y tener un término o cuenta común, pueden refundirse en un solo asiento y tendríamos:

	4bis			
40.000	**Banco** *Tal*			
20.000	**Efectos comerciales activos**	a	**Caja**	2.000
		a	**Mercaderías**	58.000
	Por venta mercaderías cobrando 2/3 en efectivo y			
	resto en L/ a m/f., valor mercaderías 60.000;			
	transporte a m/c° 2.000 u.m.			

El cargo de 2.000 u.m. de gastos puede llevarse también a una cuenta de **Gastos de transporte**, separando este concepto del coste.

Lo que significa que han aumentado las cuentas de **Bancos** y de **Efectos comerciales activos** produciéndose una pérdida por los **Gastos** que quedarán compensados por la disminución en la cuenta de **Caja.**

Como se ve, la cuenta de **Mercaderías** aparece en el Haber, por el total vendido menos los gastos de transporte, ya que éste es el valor de dicha venta.

Libro Mayor

El libro Mayor, como hemos dicho, es necesario, pues cumple la misión de agrupar las diversas cuentas; en este libro se abre cuenta a cada una de las rúbricas que integran el patrimonio. Si el Diario es un libro de recopilación cronológica, el libro Mayor tiene como función básica la recopilación sistemática de las operaciones inscritas anteriormente en el Diario.

FORMATO Y RAYADO

Debe   Título de

1	2	3	4	5

El rayado más corriente del Mayor es a doble folio, una hoja para las operaciones del Debe y otra para las del Haber, con rayado y columnas iguales destinadas a:

1. Fechas.
2. Descripción o explicación.
3. Referencia al número de asiento en el Diario.
4. Cantidades parciales.
5. Importes totales.

Normalmente, las cuentas se van abriendo en folios correlativos a partir del asiento inicial y a medida que se realizan los asientos de Diario. Cuando un folio se completa, se continúa en el primero que esté en blanco. Puede presentarse como un libro encuadernado o estar formado por un conjunto de hojas sueltas o fichas, cada una de las cuales o varias de ellas recogen las anotaciones correspondientes a una cuenta en particular.

El Mayor se lleva pues también, como hemos indicado, mediante hojas sueltas o fichas; cada ficha es una hoja de cartulina con un rayado conveniente. Las fichas se conservan en muebles adecuados, y se ordenan y clasifican con arreglo al sistema contable adoptado: orden alfabético de los títulos de las cuentas; orden numérico según un plan de cuentas establecido; orden sistemático. ¿Cómo sería, si se sigue el modelo del inventario del Sr. González del apartado *Presentación gráfica del inventario* del capítulo 2?

Si siguiésemos el orden alfabético para las de dicho inventario quedarían como en la columna A del cuadro de la página siguiente, y como en la B en el caso de seguir un orden sistemático.

Pase de los asientos del Diario al Mayor

El traslado de asientos es una operación sencilla, que sólo requiere un poco de atención y cuidado para no cometer errores, distracciones u olvidos.

Con los asientos del Diario a la vista, se verá en el índice que debe acompañar al Mayor si la primera cuenta del asiento que vayamos a pasar está abierta o no en el libro

DEL LIBRO MAYOR

la Cuenta   Haber

1	2	3	4	5

Mayor. Si lo está, en el índice encontraremos la indicación del folio donde debemos inscribir la operación. Si no lo estuviese, abriríamos una cuenta en el primer folio libre. Una vez abierta y hallada dicha cuenta, se pasará al **Debe** si es un cargo y al **Haber** si se trata de un abono.

CUENTAS DEL LIBRO MAYOR

A: orden alfabético	B: orden sistemático
• Banco Español	• Caja
• Banco de Huesca	• Banco de Huesca
• Caja	• Banco Español
• Casatoro, Ramiro	• Mercaderías
• Efectos comerciales activos	• Deudores: Ramiro Casatoro José del Pozo
• Efectos comerciales pasivos	• Efectos comerciales activos
• Instalaciones	• Instalaciones
• H. Manso	• Maquinaria
• Maquinaria	• Material embalaje
• Material embalaje	• Mobiliario
• Mercaderías	• Acreedores: H. Manso P. Núñez
• P. Núñez	• Efectos comerciales pasivos
• José del Pozo	• Préstamos
• Préstamos	• Capital

Veamos un ejemplo de pase de los asientos del Diario al Mayor:

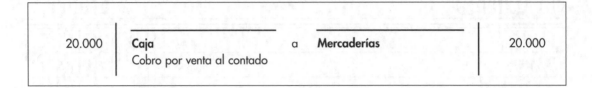

| 20.000 | **Caja**
 Cobro por venta al contado | a | **Mercaderías** | 20.000 |

Pase al mayor (esquemático):

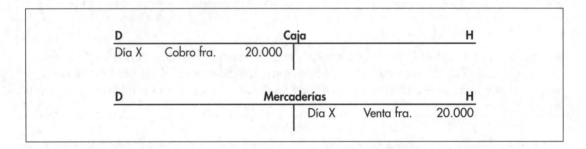

| D | | **Caja** | | H |
| Día X | Cobro fra. | 20.000 | | |

| D | | **Mercaderías** | | H |
| | | | Día X   Venta fra.   20.000 | |

Más adelante estudiaremos otros modos de agrupar las cuentas: Decalco, Diario-Mayor.

Contabilidad: historia numérica de la actividad empresarial

La contabilidad es realmente la historia numérica y analítica de la actividad empresarial, en cuanto atañe al patrimonio y sus modificaciones. Fíjese que el **Diario** es sencillamente un dietario donde se van relacionando las operaciones a medida que se efectúan. Pero para facilitar su análisis y estudio se explican con arreglo a un determinado método para que destaquen:

- la fecha de la operación;
- la explicación en sí (el concepto de cada asiento);
- qué partidas, rúbricas o rubros patrimoniales han sido afectados y en qué sentido (las cuentas de cada asiento), y
- la cuantía de la modificación patrimonial.

Cualquier estructura o rayado puede ser adaptado a las necesidades de cada empresa. En las páginas que anteceden hemos adoptado un rayado clásico. El Mayor, llamado antes **libro de razón** o **de cuentas**, denominado también **registro de cuentas**, reproduce aquella historia, pero con referencia a las modificaciones que ha experimentado cada cuenta. Como consecuencia de estos flujos, la situación del patrimonio, reflejada en el **inventario** inicial, ha ido cambiando y los sucesivos balances reflejan las nuevas situaciones.

EJERCICIOS

1. ¿Qué se entiende por asiento contable?

2. Un comerciante realiza un asiento resumen de sus operaciones en el Diario cada dos meses, ¿actúa bien? ¿Por qué?

3. ¿Cuál es el primer asiento que se debe realizar en el Diario?

4. En los siguientes ejercicios debe indicar la clase de asientos que son, es decir, si son asientos mixtos, simples o compuestos:

Mercaderías	a	Caja
Caja		
Efectos a Cobrar	a	Clientes
Mobiliario		
Gastos Generales	a	Caja
	a	Bancos

5. Haga en el libro Diario el asiento de apertura correspondiente al siguiente inventario:

• **Activo: Caja** 50.000; **Bancos** 80.000; **Mercaderías** 60.000; **Clientes** 15.000;

• **Pasivo: Proveedores** 23.000; **Efectos comerciales a pagar** 10.000; **Capital** 172.000.

6. Formule los siguientes asientos contables en el libro Diario.

a) Compramos 1.000 kg de centeno a 2.500 u.m. la tonelada y pagamos la mercancía. Utilice en este supuesto en las operaciones de compra y venta de mercaderías, únicamente la cuenta de **Mercaderías.**

b) Vendemos 500 kg del centeno anterior a 30 u.m. kg; nos pagan la mitad en efectivo y el resto nos lo adeudan.

c) El resto del centeno anterior lo vendemos a 24 u.m. el kg, cobrando: 1/4 en efectivo, 1/4 en avena, 1/4 nos lo quedan a deber, y por el resto nos aceptan una letra a 90 días.

Otros libros obligatorios

Además del libro Diario y del libro Mayor, existen una serie de libros de contabilidad que han de llevarse obligatoriamente, de acuerdo a lo establecido en el Código de Comercio.

Libro de Inventarios y Balances

Este libro presenta la historia resumida de la actuación de la empresa, reflejando las diversas metas conseguidas en su marcha. Presenta la situación analítica en Inventarios y esta misma en forma sintética en Balances de situación.

- **Rayado del libro de Inventarios y Balances**
  Generalmente, para contener los inventarios este libro se presenta a folio simple, con doble o triple columna para las cantidades, que contiene en total los siguientes conceptos:

  1. Cantidades unitarias.
  2. Descripción de los valores
  3. Valores o precios unitarios.
  4. Importe de cada partida.
  5. Suma por cuentas.
  6. Suma parcial por agrupaciones.

  En este rayado se anotan también los balances de situación.

- **División del libro de Inventarios y Balances**
  Aunque el Código de Comercio hable de un solo libro de Inventarios y Balances, se admite que un libro puede estar formado por varios tomos; por ello dado que Inventarios

requieren distinto rayado que Balances de comprobación (de sumas y saldos) es conveniente tener dos tomos separados para contener estos dos diferentes documentos contables.

Balance de situación

El balance de situación constituye un resumen del inventario, pues sólo se detallan en él los títulos de las cuentas y los importes correspondientes a cada una de ellas. Esto le diferencia del inventario, pues en éste las cuentas se registran partida por partida, de forma bien detallada y con una adecuada descripción de cada una, como hemos visto en el apartado *El inventario* del capítulo 2.

Balance de comprobación

El Código de Comercio obliga a que se pasen al libro de Inventarios y Balances, al menos trimestralmente, los balances de comprobación, con sumas y saldos, de las diversas cuentas.

Balance, en general, es cualquier estado numérico derivado de anotaciones contables por el que se trata de hacer constar, comprobar o demostrar la exactitud de éstas o de un resultado.

En la Partida Doble, como ya hemos explicado, cada operación se refleja simultáneamente en uno o varios cargos que compensan a uno o varios abonos por igual cantidad. Este principio sirve de base para comprobar las anotaciones contables y es el fundamento del balance de comprobación, como hemos visto en el apartado La *Partida Doble,* donde hemos presentado como resumen de unas anotaciones en las cuentas, el balance de éstas con sus sumas y saldos.

La finalidad de este balance es comprobar que las partidas del Diario han sido todas pasadas al Mayor, y conocer la situación de las distintas cuentas, en sus movimientos totales o sumas y en sus saldos.

Para su formación se efectúan las sumas de todas las cuentas del Mayor, transcribiendo los totales de cada una de ellas ordenadamente en un estado auxiliar, colocando las sumas del Debe unas debajo de otras en una columna y las del Haber igualmente en otra. Se suman separadamente las columnas de sumas de Debe y Haber para ver si coinciden o no. De no coincidir las cantidades hay que repasar todas las anotaciones para encontrar el error.

Obtenido el balance de sumas se procede a buscar los saldos de cada cuenta, restando en cada una su suma de Debe de su suma de Haber. Luego, en sendas columnas se separan los saldos acreedores de los saldos deudores, que se suman independientemente para comprobar que coinciden.

El conjunto, pues, de estas cuatro columnas, por cada cuenta —Sumas de Debe, Sumas de Haber, Saldos Deudores y Saldos Acreedores— constituye el Balance de comprobación, (de sumas y saldos).

Ejemplo práctico

Desarrollaremos como ejemplo el ciclo de las anotaciones contables estudiadas hasta el momento, siguiendo el mismo orden en que han sido expuestas.

Partiremos del **inventario inicial;** a continuación, la explicación de las operaciones que se desarrollan en un corto período de tiempo y la subsiguiente anotación en el **libro Diario;** su pase a las cuentas del **Mayor** y, finalmente, con todos los datos contabilizados, formularemos el **balance de comprobación.**

El inventario inicial de un comerciante el 1 de abril presenta las siguientes partidas:

ACTIVO		PASIVO	
Caja	20.000	Acreedores	60.000
Bancos	30.000	Efectos comerciales a pagar	40.000
Almacén[1]	150.000	Capital	450.000
Mobiliario	80.000		
Instalación	200.000		
Efectos comerciales a cobrar	30.000		
Clientes	40.000		
Total Activo	550.000	**Total Pasivo**	550.000

[1] Para ir familiarizando al lector con la posibilidad antes indicada de realizar cambios de terminología, ahora utilizaremos el título Almacén para designar a las Mercaderías en Almacén y sus movimientos. Antes hemos utilizado Mercaderías y más adelante tomaremos otras terminologías, mientras no apliquemos el plan de cuentas normalizado: el Plan General de Contabilidad, en el cual cada concepto tiene una terminología propia y restrictiva. Los títulos de las cuentas, como ya hemos dicho, y mientras no se aplique un plan normalizado, pueden ser distintos del mismo modo que en el lenguaje vulgar hay sinónimos, que son distintos pero queexpresan un mismo concepto.

Este inventario motivará el siguiente asiento de apertura, al que daremos el número 1:

	1 ——————— 1 abril ———————		
20.000	**Caja**		
30.000	**Bancos**		
150.000	**Almacén**		
80.000	**Mobiliario**		
200.000	**Instalación**		
30.000	**Efectos comerciales a cobrar**		
40.000	**Clientes**	a **Acreedores**	60.000
		a **Efectos comerciales a pagar**	40.000
		a **Capital**	450.000

Durante el período de un mes realiza las siguientes operaciones:

2	Abril	1	Paga en efectivo, de Caja a un Acreedor, la cantidad de 10.000 u.m.
3	Abril	12	Saca de su cuenta corriente bancaria para ingresar en Caja 5.000 u.m.
4	Abril	13	Por mediación del banco cobra un efecto a su favor por 4.000 u.m.
5	Abril	24	Vende mercaderías que tiene en almacén por valor de 90.000 u.m. cobrando: una tercera parte que se ingresa en el banco, otra tercera parte mediante un efecto a 15 días y el resto queda como pendiente como deuda del Cliente.
6	Abril	25	Cobra en efectivo por Caja 20.000 u.m. que le debía un cliente.

Todas estas operaciones las pasaremos al **Diario** y posteriormente a las correspondientes cuentas del **Mayor**.

El asiento de Diario completo consta de:

- el número correlativo o de orden de las operaciones;
- la fecha en que se hace la inscripción;
- los títulos de las cuentas afectadas;
- los importes o magnitudes en unidades monetarias por los que han sido afectadas las cuentas;
- la explicación o concepto que justifica los cargos y abonos del asiento.

		DIARIO			

	2 ——————— 1 abril ———————				
10.000	**Acreedores**		a	**Caja**	10.000
	3 ———————12 abril———————				
5.000	**Caja**		a	**Bancos**	5.000
	4 ———————13 abril———————				
4.000	**Bancos**		a	**Efectos comerciales activos**	4.000
	5 ———————24 abril———————				
30.000	**Bancos**				
30.000	**Efectos comerciales activos**				
30.000	**Clientes**		a	**Almacén**	90.000
	6 ———————25 abril———————				
20.000	**Caja**		a	**Clientes**	20.000

De momento, para facilitar la comprensión de la mecánica de cargos y abonos a las distintas cuentas, en los ejemplos que siguen presentaremos los asientos contables sin explicaciones para que el lector concentre su atención en los títulos de las cuentas que quedan afectadas por cada operación.

MAYOR (desarrollo de las cuentas)

D		Caja		H	D		Bancos		H
1)	20.000		2)	10.000	10.000	1)	30.000		3)	5.000	5.000
3)	5.000					4)	4.000			
6)	20.000	45.000				5)	30.000	64.000		

D		Almacén		H	D		Mobiliario		H
1)	150.000	150.000	5)	90.000	90.000	1)	80.000	80.000		

D		Instalación		H	D		Clientes		H
1)	200.000	200.000				1)	40.000		6)	20.000	20.000
						5)	30.000	70.000		

D		Efectos comerciales a cobrar		H	D		Acreedores		H
1)	30.000		4)	4.000	4.000	2)	10.000	10.000	1)	60.000	60.000
5)	30.000	60.000								

D		Efectos comerciales a pagar		H	D		Capital		H
1)			1)	40.000	40.000				1)	450.000	450.000

Observe, una vez más, que las partidas que aparecen en las cuentas precedidas de la cifra 1) corresponden al inventario inicial y al asiento de apertura, que las anotaciones 2), 3), 4), 5) y 6) indican el asiento de Diario que corresponde a cada anotación del Mayor y que las cantidades que están a la izquierda o Debe en el Diario están también en el Debe de las correspondientes cuentas. Análogamente, las cantidades que están en la columna de la derecha o Haber del Diario aparecen en el Haber de las cuentas. En cada cuenta hemos dispuesto dos columnas para cantidades del Debe y otras dos para las del Haber. La primera columna se destina a los importes de cada partida y la segunda a anotar las sumas periódicas.

Número folio	Cuentas	Sumas del Debe	Sumas del Haber	Saldo Deudor	Saldo Acreedor
1	Caja	45.000	10.000	35.000	
2	Bancos	64.000	5.000	59.000	
3	Almacén	150.000	90.000	60.000	
4	Mobiliario	80.000		80.000	
5	Instalación	200.000		200.000	
6	Clientes	70.000	20.000	50.000	
7	Efectos comerciales a cobrar	60.000	4.000	56.000	
8	Acreedores	10.000	60.000		50.000
9	Efectos comerciales a pagar		40.000		40.000
10	Capital		450.000		450.000
	Totales	679.000	679.000	540.000	540.000

BALANCE DE COMPROBACIÓN (DE SUMAS Y SALDOS)

Como puede ver, las sumas del Debe y del Haber coinciden, lo mismo que las sumas de los saldos deudores y acreedores. Si no fuese así es que se ha cometido algún error de transcripción, que debería localizarse. La igualdad de sumas no da, empero, la seguridad absoluta de que todo esté bien; pueden haberse cometido errores de cuenta y otros. Más adelante trataremos de la localización y corrección de errores.

Libro de Actas

Es un cuaderno con rayado horizontal y una línea vertical separando el margen, que habrá de estar encuadernado y ser presentado a legalización, para inscribir los acuerdos tomados por las Juntas Generales. Los requisitos esenciales de una acta son:

- lugar y fecha en que tiene lugar la reunión;
- clase de órgano colegiado que se reúne y empresa social de que se trata;
- relación nominal de asistentes y la expresión concreta de que se reúnen en virtud de ser miembros del órgano de que se trate, o en calidad de qué están presentes; Generalmente esta relación, si se trata de pocos miembros, figura al margen;
- composición de la mesa presidencial, con mención expresa de presidente y de secretario;
- justificación de la legalidad de la reunión, motivo por el cual se celebra y orden del día a debatir;
- reseña, más o menos amplia, de los debates;

- acuerdos concretos que se toman con relación a los distintos puntos debatidos;
- a quién se faculta para llevar a cabo lo acordado;
- firma de los asistentes. En el caso de ser muchos los que tuvieran que firmar, siempre se puede delegar en un número limitado de ellos esta misión, con el carácter de «interventores».

Es posible también redactar las actas en hojas sueltas, que habrán de ser luego encuadernadas para formar el libro. Cuando se trata de hojas sueltas, deben firmarse por los asistentes todas y cada una de ellas.

Métodos contables

La contabilidad puede desarrollarse de varias formas, denominadas métodos, que iremos estudiando a lo largo de esta obra. De momento, hemos de acudir al **Método corriente** o **usual** que es el que estamos practicando.

Conocido también como **método italiano** o también **clásico**, se basa en las siguientes líneas generales:

- **Ordenación previa de los documentos** (de orden interior y de procedencia exterior) que han de servir de base a las anotaciones contables.
- **Libros u hojas borradores,** donde se registran a vuela pluma las características contables de los actos justificados por los documentos.
- **Libro de Inventarios y Balances,** destinado a registrar periódicamente la situación patrimonial.
- **Libro Diario,** para registrar cronológicamente los hechos contables, señalando en él las cuentas afectadas, en qué sentido lo son e importe. Este libro puede estar constituido por varias secciones o tomos.
- **Libro Mayor,** donde las anotaciones del Diario van siendo sistematizadas, clasificándolas con arreglo a las cuentas adoptadas, con objeto de conocer los distintos elementos patrimoniales y sus modificaciones, y dar detalles estadísticos de las operaciones verificadas.
- Unos libros denominados **Registros**, donde se inscriben datos aclaratorios de las operaciones inscritas en los documentos que utiliza la contabilidad, con la finalidad de tenerlos presentes.
- **Otros libros auxiliares** y otros estados numéricos destinados al análisis de las cuentas que se juzgue conveniente, obteniendo un mayor detalle.
- **Balances,** estados recopilativos periódicos, preparados con la finalidad de comprobar las anotaciones realizadas y tener una visión de conjunto de la situación empresarial.

Sobre la base del primitivo método italiano, una mayoría de empresas ha organizado su contabilidad, modificándolo con algunas innovaciones de otros procedimientos, en especial de los siguientes: Diarios múltiples; utilización del Decalco y de máquinas adecuadas (mecanización convencional y ordenadores de proceso de datos), que estudiaremos más adelante.

Coordinación de los libros Diario y Mayor

En el esquema de la página siguiente puede verse la relación que se establece entre las anotaciones (asientos) en el libro Diario, las cuentas del libro Mayor y la formación del Balance de comprobación (de sumas y saldos).

El primer asiento en el Diario, esquemáticamente, corresponde a una operación comercial que ha determinado un cargo a la cuenta A y un abono a la cuenta B, ambos por el importe de 5 u.m. Fíjese que, seguidamente, en el Debe de la cuenta A hemos anotado 5 y lo mismo en el Haber de la cuenta B.

El segundo asiento ha producido un cargo de 7 u.m. en la cuenta A, y un abono de 3 a la cuenta C y otro de 4 a la cuenta B. Correlativamente, hemos anotado 7 en el Debe de la cuenta A, 3 en el Haber de la cuenta C y 4 en el Haber de la cuenta B. Tal como queda representado en el gráfico de la página siguiente.

De modo análogo hemos pasado los siguientes asientos.

Terminado el pase de los cinco asientos del Diario a las cuentas del Mayor, suponiendo que no hay más operaciones del período, pasemos a formular el balance de sumas y saldos del Mayor para comprobar que no hemos olvidado ningún pase y que se han hecho correctamente.

Sumemos el Diario, tanto en su Debe como en su Haber. Obtenemos 29 u.m. tanto en un lado como en otro. La igualdad indica que no hay ningún asiento desequilibrado.

Sumemos ahora todas las cuentas del Mayor, separadamente el lado del Debe y el lado de Haber, y pasemos estas sumas a las dos primeras columnas del Balance. Sumemos Debe y Haber de este Balance; también da 29 u.m., igual que el Diario. Luego, no hemos olvidado pasar ninguna cantidad y hemos pasado al Debe las que le correspondían e igualmente al Haber.

Busquemos ahora las diferencias entre el Debe y el Haber de cada cuenta del Mayor y pasemos la diferencia, llamada saldo, a la columna de saldos Deudores, si el Debe suma más que el Haber, y a la de saldos Acreedores, si el Haber es mayor que el Debe. Estos saldos representan la posición de cada cuenta. Sumemos, finalmente, las columnas de saldos, que dan iguales, comprobando que no hemos incurrido en errores aritméticos.

Hemos concluido con el Balance. Para cada cuenta las sumas de Debe y de Haber indican las operaciones anotadas en cada una. Los saldos, por su parte, la nueva situación que resulta para cada cuenta según las operaciones anotadas.

Libros auxiliares

Son los libros en los que se detallan y desarrollan cuentas y anotaciones que se llevan en los libros principales. Según la organización que se aplique a una determinada contabilidad, los libros auxiliares admiten diversidad de clasificaciones y de medios. Pueden ser de Cargos, de Abonos y de Cargo y Abono, según que desarrollen respectivamente el Debe, el Haber o ambas partidas de una o más cuentas.

Pueden clasificarse también en auxiliares previos y auxiliares posteriores; en los primeros se van anotando las operaciones cuando se realizan, y de ellos se saca la nota gene-

RELACIÓN ENTRE EL LIBRO DIARIO, EL MAYOR Y EL BALANCE

DIARIO

5	A	B	5
7	A	C	3
		B	4
2	B	C	2
8	C		
3	A	B	11
4	C	A	4
29	Sumas		29

CUENTAS DEL MAYOR

Debe	A	Haber
5		
7		4
3		
15		4

Debe	B	Haber
2		5
		4
		11
2		20

Debe	C	Haber
8		3
4		2
12		5

BALANCE

Cuentas	Sumas		Saldos	
	Debe	Haber	Deudores	Acreedores
A	15	4	11	
B	2	20		18
C	12	5	7	
Sumas	29	29	18	18

ral o anteapunte que sirve para la formación del Borrador o del Diario, según como se siga la organización; los posteriores son los que se obtienen de los asientos hechos en los libros principales.

Apertura en los libros auxiliares

Hay que limitarse a anotar en las subcuentas correspondientes, los datos que se refieran a existencias iniciales o saldos iniciales, rellenando al efecto los datos solicitados por las distintas columnas que cada uno de los auxiliares presenta.

Así, en el auxiliar de Caja se anotará como primera partida, en cobros, el efectivo existente en ella al iniciar las operaciones. En el fichero de existencias se creará una ficha para clase o calidad de artículos que figuren inventariados, y en cada una se anotará como primera entrada la existencia.

En el auxiliar de cuentas corrientes abriremos cuenta a cada una de las personas o entidades que resulten deudoras nuestras o acreedoras, y que figuren en el Inventario, anotando como primera partida los saldos del inventario; en su Debe, si fuesen deudores, o en su Haber, cuando se tratase de acreedores. Igualmente, si hubiese en inventario efectos a cobrar o a negociar se inscribirán en el Registro creado a dicho efecto.

EJERCICIOS

1. ¿Qué datos contiene el libro de Inventarios y Balances?
2. ¿Cuál es la finalidad del Balance de comprobación?
3. ¿Cuál es la finalidad del libro de Actas?
4. ¿Es obligatorio para las sociedades mercantiles llevar un libro de Actas? ¿Y para los comerciantes individuales?
5. Un comerciante presenta el libro Mayor con las siguientes partidas:

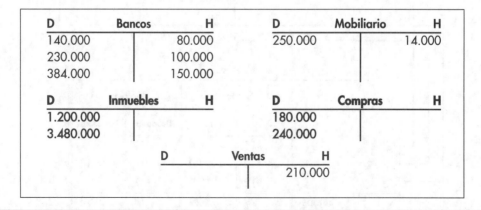

D	Bancos	H		D	Mobiliario	H
140.000		80.000		250.000		14.000
230.000		100.000				
384.000		150.000				

D	Inmuebles	H		D	Compras	H
1.200.000				180.000		
3.480.000				240.000		

D	Ventas	H
		210.000

D	Clientes	H	D	Proveedores	H
148.000		115.000	110.000		240.000
130.000		14.000			

Presente el balance de sumas del Mayor e indique qué cuenta falta y es necesaria para equilibrar el Activo y el Pasivo.

6. A partir del ejercicio anterior, obtenga el balance de saldos.

7. Con los datos obtenidos en los ejercicios 5 y 6 presente el balance de comprobación de sumas y saldos.

8. Un comerciante adquiere un negocio en el que figuran las siguientes partidas: Banco Zaragozano 870.000 u.m.; Banco Central 1.010.000 u.m.; un piso valorado en 950.000 u.m; un terreno valorado en 2.000.000 u.m. cuatro mesas de oficina valoradas en 32.000 u.m.; doce sillas valoradas en 20.000 u.m; tres máquinas de escribir valoradas en 17.000 u.m., una calculadora valorada en 12.000 u.m.; un cuadro valorado en 50.000 u.m.; varias lámparas por valor de 25.000 u.m.; en almacén figuran 15.000 m de cable de grosor A. a 4,50 u.m./m, 28.000 m cable grosor B a 5 u.m./m, 48.000 m cable grosor C a 6 u.m./m; en la cartera de clientes aparecen los señores Rubio por 238.000 u.m., Velasco por 142.000 u.m.; Gutiérrez por 118.000 u.m.; en la cartera de proveedores se encuentran los señores Ruiz por 283.000 u.m., García por 365.000 u.m.; los efectos comerciales a pagar ascienden a 310.000 u.m.; existe una hipoteca de 1.200.000 u.m. Formule el inventario inicial del comerciante en el libro de Inventarios y Balances.

9. Formule en el libro Diario el asiento de apertura del comerciante del ejercicio anterior.

10. ¿Cuál es el método corriente para desarrollar la contabilidad de una empresa?

Los errores en
el trabajo contable

Se entiende por error contable toda equivocación en las anotaciones realizadas. Puede haber errores de concepto, de cantidades o de ambas cosas a la vez. Será de concepto si equivocamos alguno de los términos o palabras del mismo, sin que ello repercuta en los cargos y abonos ni en el nombre de las cuentas. Será error de cantidad si se altera el importe de algún cargo o abono, o la cuenta donde deberían haberse efectuado, por haber incluido algún cargo o abono en una cuenta equivocada. Error mixto será el que reúna ambas características.

Los errores pueden tener lugar:

- en el libro Diario solamente, por haber sido advertidos antes de pasar el asiento a las cuentas del Mayor;
- en ambos libros, por haberse propagado la equivocación al pasar el correspondiente asiento;
- en el Mayor, solamente cuando el error se produce en el pase, estando bien el Diario;
- en algún libro auxiliar.

Disposiciones legales

La corrección de errores ha de efectuarse inmediatamente que se adviertan y, para no perjudicar la claridad de los libros de contabilidad, de forma que quede patente el porqué del error cometido. Será legal cualquier forma de corrección mientras no se realicen interpolaciones, raspaduras ni tachaduras, se altere el orden de los folios en los libros o se dejen blancos.

Investigación de errores

Por medio del balance de comprobación se verifican todos los errores de cantidades y sumas, excepto los de omisión y repetición que sean comunes a ambos libros, los de sustitución, en que se carga o abona una cuenta por otra, y los de inversión, en que se invierten las cuentas de un asiento haciendo deudora a la acreedora y viceversa, porque con ellos no se altera la igualdad contable ni se interrumpe la concordancia entre los asientos del Diario y las cuentas del Mayor.

Con el balance de los libros auxiliares (no pasados desde el Mayor) se comprueban los errores de inversión y sustitución cometidos en el Mayor, e incluso los de omisión y repetición, siempre que las anotaciones de los auxiliares se hayan realizado independientemente de las anotaciones en el Diario.

Los cometidos únicamente en el Diario sólo pueden conocerse por el repaso de los asientos, antes de pasarlos al Mayor, confrontándolos con los borradores y documentos en que se basan y por la igualdad de sumas entre el Debe y el Haber.

Los errores se pueden evitar casi totalmente poniendo el máximo cuidado en la preparación de los documentos que han de ser contabilizados, y trabajando, como se dice vulgarmente, poniendo los cinco sentidos en lo que se está haciendo. La investigación de errores es tarea engorrosa y en ocasiones obliga al repaso total del trabajo hecho, lo que se denomina **punteo.**

Esta tarea consiste en volver a comprobar cada justificante con el correspondiente apunte; constatar luego que las anotaciones del Diario coinciden con las de las cuentas, tanto que estén pasadas las partidas en las cuentas que corresponde, como que las del Debe estén realmente en el Debe y las del Haber en el Haber, y que las cantidades sean exactas y estén bien colocadas. Este trabajo de punteo es más cómodo si son dos personas las que colaboran en él, señalando con unas marcas, puntos o tildes las partidas comprobadas.

La investigación de errores requiere paciencia y cierta habilidad que se va adquiriendo con la práctica.

La concordancia que ha de existir entre los distintos libros y cuentas facilita la investigación. Así, el balance de las cuentas de los libros auxiliares, en el que se desarrollan las cuentas colectivas, facilita hallar los errores que se hayan producido en las cuentas de clientes, proveedores deudores, acreedores, etcétera.

El balance de comprobación auxiliar es análogo al balance de comprobación de las cuentas del Mayor. Se prepara un estado con las columnas de **Cuentas, Sumas Debe, Sumas Haber, Saldos deudores** y **Saldos acreedores**, y a este estado se van pasando los datos de las correspondientes cuentas del libro auxiliar de que se trate. Luego, la suma de todas las Sumas Debe ha de coincidir con la suma deudora de la cuenta principal; la suma de las Sumas Haber coincidirá asimismo con la suma acreedora de la cuenta principal. La diferencia entre la suma de saldos deudores y la suma de saldos acreedores habrá de ser el saldo de la cuenta principal. Además, como este estado presentará la situación de cada cuenta individual y personal, es norma solicitar periódicamente a los interesados la confirmación de saldo, lo que se hace enviándoles una carta, con ruego de respuesta, señalando el saldo que según nuestra contabilidad presenta su cuenta. Si se acusan diferencias, al investigarlas se descubren los errores en que hemos incurrido. Todas las cuentas colectivas han de ser objeto de sus correspondientes balances de comprobación detallados.

Errores en el Diario: forma de corregirlos

Los errores cometidos en este libro pueden ser:

- omisión de un asiento;
- repetición de un asiento;
- alteración de una cuenta por otra, dentro de un asiento;
- cuentas invertidas en un asiento;
- importes incorrectos;
- sumas incorrectas.

En general, para subsanar los errores se produce otra anotación que anula, rectifica o complementa los asientos equivocados.

- **Error de omisión**
  Si el error ha sido de omisión, se anotará en el Diario el asiento omitido el día en que se descubra el error, haciendo constar esta particularidad y la fecha de la operación.

- **Error de repetición**
  Si queremos rectificar un asiento repetido debemos hacer el asiento inverso al que se quiere anular.

  Por ejemplo si tenemos:

34.000	**Mercaderías**	a	**Caja**	34.000
34.000	**Mercaderías**	a	**Caja**	34.000

El asiento anterior duplicado, se corrige con el siguiente:

34.000	**Caja**	a	**Mercaderías**	34.000

También se puede anular mediante la anotación en números rojos o negativos. Para ello se repite el asiento que queremos anular, pero anotando las cantidades con **tinta roja**, o colocando los importes entre paréntesis, sin variar el color de la tinta; las cifras así anotadas se restarán por considerarlas negativas al efectuar la suma en la hoja del Diario.

Por ejemplo, si tenemos:

34.000	Mercaderías	... a	Caja	34.000
34.000	Mercaderías	... a	Caja	34.000

El asiento anterior, duplicado, se corrige, con el siguiente:

(34.000)	Mercaderías	... a	Caja	(34.000)

Se acepta, como convenio, que una cantidad entre paréntesis es negativa y que colocada entre corchetes [ ] ni suma ni resta, es como si no existiera; no obstante, muchos contables añaden la mención —anulada—. Siguiendo las normas derivadas de la mecanización, han caído en desuso otros procedimientos, tales como el complemento a cero.

- **Errores de alteración de una cuenta por otra dentro de un asiento**
Si el error es de título y se descubre en seguida de escribirlo, se pone a continuación la palabra **digo** o **decimos** y luego el título correspondiente. Si se descubre una vez hecho el asiento, pero antes de escribir el siguiente, se pone un asterisco en el título equivocado y al pie del asiento se hace constar **debe ser** y el título verdadero. Si nos damos cuenta después de varios asientos, lo mejor es anular el asiento equivocado, como en el caso de repetición, y formular de nuevo, correctamente, el asiento que proceda.

- **Error de cuentas invertidas en un asiento**
Para rectificarlo, deberemos anular primero el asiento erróneo haciendo un asiento y redactar a continuación el correcto.

Por ejemplo:

12.000	Caja	... a	Proveedores	12.000

Se ha formulado el asiento anterior que es erróneo ya que debería ser:

| 12.000 | Proveedores | ... a | Caja | 12.000 |

Lo corregimos de la siguiente manera:

| 12.000 | Proveedores | ... a | Caja | 12.000 |

Así anulamos el asiento erróneo.

| 12.000 | Proveedores | ... a | Caja | 12.000 |

De este modo, realizamos el asiento correcto.

- **Error en las cantidades**

Se corrigen estos errores por un asiento complementario por la diferencia, si se puso una cantidad menor. Si se puso una cantidad mayor que la verdadera, deberá hacerse un contraasiento sustractivo.

Por ejemplo, se ha formulado el siguiente asiento de Diario, que está equivocado pues la venta ha sido de 54.000 u.m.:

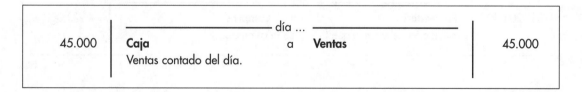

| 45.000 | Caja
Ventas contado del día. | día ... a | Ventas | 45.000 |

Procederemos a formular un asiento por las 9.000 u.m. que faltan, complementando así el asiento anterior:

	——————— día ... ———————	
9.000	**Caja** a **Ventas** Complemento al asiento núm. ... por ser la venta de 54.000 u.m. en vez de 45.000.	9.000

Otro día hemos formulado el asiento que sigue:

	——————— día ... ———————	
140.000	**Compras** a **Proveedores** José Rey por s/fra. núm. 3729.	140.000

donde existe un error de cantidad, pues la mencionada factura sólo importa 120.000 u.m. Tendremos que realizar un asiento sustractivo o de disminución de cantidad, que podemos hacer de dos formas.

a. Mediante cantidades negativas:

	——————— día ... ———————	
(20.000)	**Compras** a **Proveedores** Disminución . ... pues la fra. 3729 de José Rey importa 120.000 u.m. y no 140.000, como allí hemos hecho constar.	(20.000)

b. Mediante un contraasiento:

	——————— día ... ———————	
20.000	**Proveedores** a **Compras** Anulación del exceso que figura en el asiento ...	20.000

Si sólo fuera errónea una cuenta se hace un asiento incompleto, sin contrapartida, completando o anulando solamente la cuenta errónea, pero dejando sin rectificar el resto del asiento y explicando en el concepto el error.

Por ejemplo, en el Diario aparece el asiento:

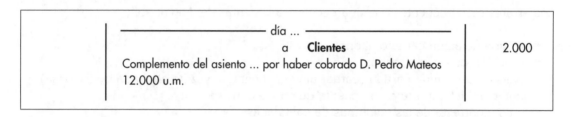

12.000	Caja a Clientes	10.000

día ...
Cobro de Pedro Mateos n/fra. 479.

donde como puede observarse hay un error ya que la cantidad del Debe no es igual a la que consta en el Haber.
Comprobada la operación, encontramos que la cantidad realmente cobrada son 12.000 y está mal el abono a **Clientes.**

Formularemos la corrección del modo siguiente:

día ...
a **Clientes** 2.000
Complemento del asiento ... por haber cobrado D. Pedro Mateos
12.000 u.m.

En el supuesto de que el error se hallase en la cuenta de **Caja,** por haber cobrado solamente 10.000 u.m. el cargo ha de ser minorado o disminuido, sin alterar el abono:

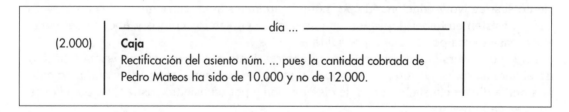

(2.000) **Caja**
día ...
Rectificación del asiento núm. ... pues la cantidad cobrada de
Pedro Mateos ha sido de 10.000 y no de 12.000.

También puede solucionarse el error anulando el asiento equivocado, mediante un asiento como el siguiente:

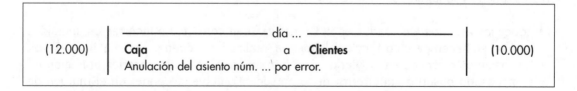

(12.000) **Caja** a **Clientes** (10.000)
día ...
Anulación del asiento núm. ... por error.

y escribiendo correctamente un nuevo asiento.

▪ **Errores de posición**

Si se ha dejado en blanco una hoja en un libro encuadernado se trazan dos rayas transversales que la crucen, y en el centro se escribirá: «En blanco por equivocación».

Si el error consiste en que se ha dejado alguna línea en blanco, se cruza ésta con una raya transversal.

Si una cantidad se anota en una línea más arriba o más abajo de la debida, se traza una flecha partiendo de la cantidad mal colocada, que indique el sitio en que debe ir.

▪ **Errores del Diario pasados al Mayor**

Deberán rectificarse primero en el Diario y al pasar estas rectificaciones al libro Mayor, se solventarán también las anotaciones de éste que estuvieran mal.

Errores del libro Mayor

Los errores más frecuentes que aparecen en las cuentas del Mayor son:

- omisión de algún cargo o abono;
- repetición de alguna partida;
- inversión de alguna partida (cargar alguna cuenta en vez de abonarla o viceversa);
- anotación del importe a una cuenta que no le corresponde;
- suma incorrecta de las columnas de cantidades.

Si se trata de rectificar un error de **omisión,** se hará el cargo o abono omitido en la fecha en que se advierta la omisión, indicándolo al margen.

Los de **repetición** se subsanarán anulando el cargo o abono repetido por un contraasiento sustractivo y relacionando por notas marginales ambos asientos.

Si consisten en haber duplicado una cuenta, se anulan los cargos y abonos de una de ellas, pasándolos por detalle o por saldo a la otra.

En los de **inversión** se anulará con un contraasiento el cargo o abono erróneo haciendo el verdadero. Los errores de **cantidad** y **suma** se corrigen por asientos complementarios por la diferencia si el error es de disminución y por un asiento sustractivo por el exceso si es de aumento.

En general, tanto en el libro Mayor como en el Diario, se realizan siempre las rectificaciones escribiendo las necesarias aclaraciones para explicar el error cometido y dejar las anotaciones en su forma correcta. En los libros auxiliares, los errores se corrigen como en el Mayor. Con referencia a la relación entre Diario y Mayor, a efectos de la corrección de errores, pueden seguirse dos procedimientos:

- Todos los asientos efectuados en el Diario, ya sean correctos o incorrectos, incluidos los que se hacen para corrección de los mal realizados, deben pasarse al libro Mayor.
- Los asientos erróneos en el Diario, si se han anulado antes de pasarlos al Mayor, no es necesario pasarlos (ni el error ni su anulación), debiendo poner en el margen de ambos una nota que los relacione y que indique que no han sido trasladados. Bastará pasar el asiento correcto.

Si la corrección en el Diario se hace por complemento, debe pasarse al Mayor.
Por el contrario, si el error se descubre cuando el error se ha pasado ya al Mayor, es necesario pasar también las correcciones.

Errores en otros libros

Siempre se corregirán sin tachar ni borrar, anulando por contraasiento y con la adecuada explicación lo que está mal y redactando títulos, conceptos y cantidades como deba ser.

EJERCICIOS

1. Un contable se ha equivocado en un asiento en el libro Diario. Debía poner **Proveedores** a **Caja** y ha puesto **Clientes** a **Caja.** Para subsanarlo realiza lo siguiente: tacha la cuenta de **Clientes** y en su lugar pone la de **Proveedores.**

~~Clientes~~	a	Caja
Proveedores		

¿Ha hecho lo correcto? ¿Por qué?

2. ¿Dónde pueden tener lugar los errores contables?

3. El contable ha omitido involuntariamente un asiento en el libro Diario, ¿se dará cuenta al realizar el balance de comprobación? ¿Por qué?

4. Un contable tiene asentado en el libro Diario el siguiente asiento:

4.250	Caja	a	Clientes	4.250

Al hacer el pase al Mayor, carga la cuenta de Caja por 4.250 y abona la de Clientes por 425.

¿Aparecerá dicho error en el balance de comprobación?

5. El día 3 de marzo se realizó el siguiente asiento:

34.000	Mercaderías	a	Proveedores	34.000

El día 4 de marzo por error se volvió a repetir dicho asiento. ¿Qué se deberá hacer para subsanarlo?

6. El día 12 de marzo se realiza el siguiente asiento:

| 4.000 | Mobiliario | a | Caja | 4.000 |

El día 14 de marzo el contable se da cuenta de que el asiento debía ser:

| 4.000 | Gastos generales | a | Caja | 4.000 |

¿Qué tendrá que hacer?

7. Se ha realizado en el libro Diario el siguiente apunte:

| 13.000 | Mercaderías | a | Caja | 13.000 |

pero el asiento correcto sería:

| 13.000 | Caja | a | Mercaderías | 13.000 |

¿Qué asientos se tendrán que hacer para corregirlo?

8. En el libro Diario aparece el siguiente asiento:

| 650 | Mercaderías | a | Caja | 650 |

¿Qué asiento se deberá hacer para corregirlo?

9. El día 2 del mes de abril apreciamos que el siguiente apunte del Diario

| 12.000 | Banco X | a | Efectos comerciales a cobrar | 12.000 |

del día 26 de marzo no se ha pasado al Mayor.

¿Cómo se corregirá dicho error?

10. El asiento del día 26 de abril

8.000 | **Proveedores**   ...   a   **Caja** | 8.000

comprobamos el día 28 de abril que ha sido pasado al Mayor dos veces. ¿Cómo se debe corregir dicho error?

CAPÍTULO 4

Plan General de Contabilidad

Los planes
de cuentas

Plan de cuentas es una relación que comprende todas las cuentas que han de ser utilizadas al desarrollar la contabilidad de una empresa determinada y poder así reflejar sus operaciones, indicando para cada una de las cuentas los motivos de cargo y abono, el significado de su saldo y la coordinación establecida entre ellas.

El plan de cuentas establece la clasificación, distribución y agrupación de cuentas, de acuerdo con el inventario y la operatoria patrimonial, según la naturaleza de los elementos que lo integran y de las operaciones que realiza, agrupando las cuentas por afinidades contables en grupos que permitan una fácil verificación de la situación económica de la empresa en un momento dado.

Anteriormente, al estudiar la cuenta, ya hemos visto cómo se establecía la correlación entre el inventario y las cuentas; también al tratar del inventario hemos visto cómo se clasifican los elementos patrimoniales y se agrupan. Planificar las cuentas es pensar detenidamente en:

- Qué clasificación se va a hacer en el inventario, estudiando las clases de bienes, derechos y obligaciones de las empresas y sus características comunes. Generalmente sirve como base de clasificación la propia naturaleza económica y destino, en un patrimonio, de las cosas. Así, si tenemos mesas, sillas y otros muebles que usamos para trabajar, las agruparemos con el título de **Mobiliario;** pero si estos muebles los tenemos porque nos dedicamos a comprar y vender muebles, les daremos el título de **Mercaderías.** También puede servir de base para la clasificación, las características financieras. Podemos tener en nuestro poder títulos-acciones de una sociedad anónima comprados en Bolsa; si la compra la hemos hecho para situar un sobrante de dinero que teníamos improductivo y pensamos vender tales títulos-acciones cuando necesitemos el dinero, la titularemos **Cartera de Valores** y la agruparemos junto a las cuentas de **Caja** y disponible en cuenta corriente de Bancos; pero si tal compra la hacemos para ser socios influyentes en la sociedad anónima cuyas acciones hemos comprado, el título puede ser **Inversiones en otras empresas**, agrupando la cuenta junto con las que representan inmovilizaciones.

Ahora sería prematuro hacer un análisis de todas las posibilidades. El lector, al ir adquiriendo más nociones de contabilidad, poco a poco estará en condiciones de ir comprender estos matices que ahora se presentan sólo como ejemplo orientativo.

Con arreglo a un criterio razonado haremos, pues, una clasificación y agrupación de todo lo que contiene el inventario.

• Qué operaciones va a efectuar la empresa y, como consecuencia, qué movimientos (flujos económicos) se van a producir y cómo afectarán a las distintas masas del patrimonio. Como resultado de este análisis se decide qué cuentas van a utilizarse teniendo presente:

– Ha de procurarse representar al patrimonio en el menor número de cuentas que sea posible.

– Cada cuenta ha de ofrecer la mayor cantidad de orientaciones para guiar la gerencia del negocio.

– Las cuentas han de tener una representación de forma y de fondo permanente e inalterable.

– Cada modalidad de operación ha de afectar, siempre y en el mismo sentido, a unas mismas cuentas.

– Las cuentas han de estar ordenadas debidamente y tituladas con nombres de representación precisa y no ambigua.

– Han de utilizarse métodos que permitan la posterior derivación de las cuentas, para lograr el análisis estadístico y los detalles que puedan ser de interés en la dirección del negocio.

¿Para qué llevamos varias cuentas?

Como hemos señalado, el objeto de la contabilidad es representar el patrimonio, por clases de valores y cada motivo de la actividad económica, lo que tiene por finalidad facilitar la gestión de la empresa. Por consiguiente, cada clase de valores y cada motivo de modificación patrimonial puede dar lugar a una cuenta diferente. Ahora bien, ha de evitarse llegar a un número exagerado en el desarrollo de cuentas, pues lo que pueda ganarse en detalle, se pierde en visión concreta de la situación patrimonial y sus modificaciones.

¿Qué representan las cuentas?

Las distintas clases de cuentas representan como sabemos:

• los elementos materiales o materializados que constituyen el patrimonio;
• las relaciones con terceras personas;

- las modificaciones del Neto. En su conjunto, expresan el beneficio o pérdida obtenido en el ejercicio y cada cuenta comprende un conjunto de desglose;
- distintas fases y situaciones de los procesos económicos;
- las previsiones, riesgos y posibilidades.

Grupos fundamentales de cuentas

Según las necesidades de cada empresa, ha de procederse a una racional agrupación de las posibles clases de valores y de los motivos de alteraciones patrimoniales, desarrollando un «plan de cuentas».

Todas las cuentas que se establezcan —según los autores clásicos—, habrán de poderse situar en uno de los grupos siguientes:

a. Cuentas que tienen por finalidad presentar el detalle de los elementos que componen el patrimonio, que denominaremos cuentas integrales de Activo y cuentas integrales de Pasivo.

b. Cuentas representativas de la aportación inicial del propietario y de sus modificaciones globales: cuentas de **Neto** (Capital y Reservas).

c. Cuentas representativas de los motivos de aumentos y disminuciones del **Neto**; denominadas cuentas de **Diferencias** o **Diferenciales**, cuenta de **Resultados**, cuenta de **Pérdidas y ganancias**; cuentas de **Gastos e ingresos.**

d. Cuentas de carácter estadístico, destinadas a reflejar operaciones y situaciones no comprendidas en las anteriores.

Las cuentas del grupo **a**, integrales, pueden dar lugar a los siguientes subgrupos:

- Cuentas representativas del equipo de trabajo de la empresa: **Maquinaria, Mobiliario, Instalaciones, Edificios**, etc. Estas cuentas presentan la característica común, salvo excepciones, de que los valores que se reflejan en ellas están sujetos a periódica renovación y, consecuentemente, han de ser amortizados anualmente en función del desgaste técnico y económico que experimentan.
- Cuentas que reflejan el movimiento financiero: **Dinero, Cuentas corrientes bancarias, Documentos de crédito**, etcétera.
- Cuentas que corresponden a relaciones crediticias con terceros (cuentas personales): **Proveedores, Clientes**, etcétera.
  Se dice que una cuenta es colectiva cuando agrupa las operaciones de un conjunto de cuentas individuales que tienen algún rasgo común. Si Juan, Pedro, José y trescientos más nos venden géneros cada uno y nos conceden crédito, tendremos que llevar cuenta con cada uno para saber las respectivas deudas; ahora bien, como todos son proveedores nuestros, podemos hablar de que en conjunto debemos a nuestros proveedores la suma de lo que debemos a cada uno de ellos. En este supuesto además de la cuenta detallada con Juan, con Pedro y con José, puede haber una cuenta colectiva que agrupe las operaciones con todos los proveedores. Análogamente ocurrirá con nuestros clientes.

• Cuentas abiertas a los factores económicos de la actividad especulativa de la empresa: por ejemplo, materias primas, mercaderías, etc., que pueden dar lugar a cuentas derivadas, (por clases de productos, etcétera).

Las cuentas del grupo **c** dan origen a dos grandes subgrupos: **Costes y gastos** e **Ingresos.** Eventualmente, pueden existir cuentas destinadas simultáneamente a registrar en su Debe los costes y gastos, y en su Haber los ingresos y productos.

El código decimal aplicado a la nomenclatura de las cuentas

Al utilizar la normalización contable es usual que junto al título de cada cuenta se sitúe su código numérico.

El código numérico decimal supone la clasificación de las masas y de los flujos patrimoniales en las cuentas necesarias para que puedan reflejarse adecuadamente los hechos contables de cada empresa.

Una primera clasificación de las cuentas da origen a la creación de grupos o clases de cuentas. Actualmente, existen siete grupos de cuentas obligatorios (1 al 7), un octavo denominado Grupo 9 que recoge las cuentas Analíticas de Resultados y que da lugar a la Contabilidad Analítica de Resultados o Interna y un noveno, que es opcional, denominado Grupo 0 y que recoge las cuentas de Orden o Especiales.

El desarrollo de los grupos origina a su vez los subgrupos.

Los subgrupos se desarrollan en conceptos concretos, en masas patrimoniales homogéneas, en cuentas principales.

Y por último, las cuentas principales se pueden desglosar en cuentas divisionarias.

La clasificación y referenciación numérica de los grupos, subgrupos, cuentas principales y subdivisionarias, se realiza de la siguiente forma:

Grupo	6	**Compras y gastos**
Subgrupo	60	**Compras**
Cuenta	600	**Compras de mercaderías**
Subcuenta	6001	**Compra de mercaderías "Y"**

La codificación decimal permite la fácil aplicación de los métodos modernos y la utilización de computadoras.

Recuerde que la primera cifra siempre indica el grupo, la segunda el subgrupo, la tercera la cuenta principal, la cuarta, si es preciso, la subcuenta, pudiéndose crear conceptos analíticos con la quinta cifra, subconceptos con la sexta cifra y más detalles, si son necesarios, con 7, 8 o más cifras.

El ciclo de los movimientos empresariales

Los movimientos patrimoniales que han de reflejar las cuentas pueden ser:

- **Externos.** Ponen en relación a la empresa con terceros mediante Compras (por medio de las cuales se consiguen los equipos y los elementos básicos de la actividad empresarial); Ventas (distribución económica de los productos enajenándolos); Ingresos y pagos dinerarios y compromisos crediticios (Finanzas y relaciones de Créditos y Débitos).
- **Internos.** Condicionamientos, entretenimientos, salarios, gastos de explotación, gastos varios, es decir, Costes. Mediante ellos puede conseguirse un proceso de Fabricación (producción).

Podemos observar un enlace lógico entre las manifestaciones patrimoniales, dando lugar a sucesivos procesos, cada uno de los cuales ha de originar a un grupo fundamental de cuentas de un plan contable lógico, de base económica y racional:

- Para fundar una empresa es necesario que haya unas participaciones económicas, cuya unión constituye la financiación inicial de la empresa, o una inversión financiera, que representa la totalidad de los capitales invertidos en una explotación. *Investments* es el término inglés que ha sido adoptado internacionalmente para designar este hecho, aunque también se emplea su equivalente francés (*investissements*). Quizás, se podría adoptar en español un neologismo, investimentos, para conservar la misma radical lingüística.
- Con los medios de compra obtenidos hay que proceder a la adquisición de los equipos de trabajo, sin los cuales la explotación no puede desarrollar su técnica particular con productividad.
- Un sobrante de medios es necesario, teniendo una disposición de las finanzas que conducen a la regulación de las operaciones en las condiciones de crédito convenidas y a buen fin.
- Se sigue necesitando el cultivo de las relaciones, sin las cuales los cambios, según las necesidades y las producciones, serán imposibles.
- Todo lo anterior conduce a la consecución de unos elementos básicos, que son la razón de ser y la verdadera base del tipo de explotación escogido. A través de estos elementos, la empresa cumple su objetivo económico de prestar un servicio tratando de obtener un lucro que retribuya su prestación.
- La explotación económica ha de realizarse con eficiencia, por lo cual es necesario un control de los gastos de explotación, surgiendo el concepto de análisis de costes, como objetivo contable.
- El conjunto de costes ha de dar lugar a procesos de producción que justifican y explican el papel económico de la actividad de la empresa, y han de ser revelados por la contabilidad.
- Las producciones han de ser objeto de distribución económica, mediante la cual se satisfacen las necesidades y a cuyo fin se dirigen las producciones.
- El ciclo de la economía se aúna para el conocimiento de los resultados obtenidos, explicando así la eficacia económica de la empresa y el grado de habilidad de los hombres que la forman.

Diversidad de planes

Para desarrollar la contabilidad de las empresas pueden prepararse planes distintos de cuentas, siempre que respondan a las directrices que se han señalado para reflejar las distintas rúbricas o componentes del patrimonio y los flujos o movimientos de la dinámica empresarial.. Desde fines del siglo XVIII, los tratadistas de contabilidad han propuesto distintos modelos de planes de cuentas adecuadamente razonados. Ante tal diversidad se han manifestado movimientos de pensamiento contable, en el sentido de llegar a unos modelos de aceptación general.

Normalización de los planes de cuentas

Normalizar es, simplemente, establecer normas para resolver con criterio uniforme los supuestos administrativos que vayan presentándose. La normalización supone el estudio previo del mejor medio o camino para conseguir un determinado objetivo. En nuestro campo hay que estudiar las operaciones administrativas que ha de reflejar la contabilidad y qué información ha de ofrecer esta contabilidad. Como consecuencia, estableceremos un plan de cuentas, unas reglas de cargo y abono a cada cuenta y los modelos de estados en que periódicamente se comprenderían los datos (balances, cuentas de resultado, etc.), así como criterios de valoración y de imputación de gastos e ingresos.

Principios generales de normalización

- La normalización es el fundamento de toda actividad humana, organizada racionalmente.
- Las normas deben responder a una necesidad real.
- Las normas deben constituir un conjunto perfectamente homogéneo.
- La normalización ha de emplear la mejor técnica existente, pero teniendo en cuenta, a la vez, los condicionantes económicos del momento.
- Las normas más eficaces se consiguen con la colaboración de todos los interesados.
- Las normas deben revisarse periódicamente, de acuerdo con los progresos técnicos, científicos y económicos.

Normalizar es el medio de codificar el procedimiento para resolver un problema que se repite con frecuencia, ordenando sus datos con un criterio unificado y lógico, y garantizando la solución. Para que una normalización pueda ser útil a un grupo empresarial debe aunar las aptitudes técnicas con las posibilidades industriales, ya que de poco serviría una norma elaborada con arreglo a los últimos adelantos científicos si se fuera incapaz de llevarla a la práctica en las mejores condiciones económicas.

Por ejemplo, una empresa realiza un estudio para normalizar su departamento de contabilidad; el coste de dicha normalización le supondrá una inversión de 1.000.000 u.m. La empresa deberá entonces hacer un estudio económico-financiero para ver si está en disposición o no de hacer dicho desembolso y si las ventajas compensan este coste.

La normalización tiene que ser el resultado del trabajo realizado en común por todos, en un libre intercambio de conocimientos técnicos, industriales y económicos.

Normalización contable

Los adelantos en todas las técnicas productivas tienen un factor común: la **normalización** que supone establecer unas pautas de trabajo, claramente definidas, con objeto de facilitar el desarrollo de la actividad humana productiva.

La organización científica del trabajo y los modernos estudios de productividad se basan en la racionalización y normalización del trabajo, mediante normas científicamente estudiadas que hagan el trabajo más fácil, más ameno, más cómodo y más productivo.

El trabajo en serie y en cadena, la organización previa del trabajo a ejecutar, etc., son aspectos de la normalización, que es considerada el medio más eficaz para mejorar la producción y abaratar los costos.

Los técnicos contables de los países más adelantados se han ocupado de la normalización de la contabilidad, para alcanzar simultáneamente varios objetivos en el interior de la empresa:

- Poder ofrecer una información numérico-económica más rápida a la gerencia, con datos ciertos y al día.
- Disminuir los costos administrativos del servicio de contabilidad.
- Facilitar la formación acelerada de los profesionales de la contabilidad, aumentando la eficacia de su trabajo.

Previo un estudio científico de los trabajos que habitualmente desarrollan los contables, y aplicando los principios generales de la normalización, los mejores técnicos internacionales en contabilidad y organización administrativa han elaborado principios fundamentales de los aspectos siguientes:

a. Organización de los métodos y procedimientos de contabilidad.
b. Unificación, en sus líneas básicas, de los planes de cuentas.
c. Coordinación de la documentación justificativa.
d. Métodos de valoración.
e. Formulación y análisis de balances.
f. Métodos de censura y de revisión de cuentas.

En el aspecto **a** se ha impuesto como procedimiento universal el Decalco, en sus modalidades mecánica y manual, que por sus características es un sistema idóneo para su aplicación a una gama muy extensa de empresas, y los procesos automáticos de datos mediante instrumentos adecuados (desde las máquinas convencionales a las computadoras).

En el **b,** en diversos países se han preparado Planes de Cuentas obligatorios.

La normalización tiende a que las empresas adapten sus contabilidades a un plan determinado. Son muchos los países que han adoptado la unificación de los balances para las sociedades anónimas. Otras leyes han establecido modelos obligatorios para empresas bancarias, de seguros, de financiación, etc.

La normalización contable es un movimiento moderno que tiene por objetivo señalar normas de general aplicación a todas las empresas, unificando con respecto a ellas, como mínimo, los puntos siguientes:

- esquema uniforme de cuentas;
- métodos de valoración;
- estructura y fondo de los balances;
- procedimientos de trabajo;
- métodos de enseñanza de la contabilidad;
- métodos de censura, revisión y de informe.

Los intentos de normalización se iniciaron con tímidas disposiciones sobre los balances, en especial para las empresas de seguros y bancarias, ampliándose luego tales normas, en algunos paises, a las empresas de servicios públicos y a las que recibiesen, de una forma u otra, apoyo financiero estatales.

El movimiento encontró el mayor apoyo en Alemania, extendiéndose luego a distintos países, si bien en cada uno de ellos se han dado normas diferentes, que actualmente se trata de armonizar en los planes internacionales.

La normalización contable es una labor que han de ir realizando los nuevos jefes de contabilidad que salgan pertrechados con mejores conocimientos, pues facilita el estudio de la empresa y la comparación entre varias empresas; es paso obligado si se quiere llegar a un Plan Contable Nacional.

Los avances hacia la normalización contable se iniciaron en los albores del siglo XX y presentan las ventajas siguientes:

- Un mejor desarrollo del sistema contable, facilitando la tarea del personal ocupado en tal trabajo.
- Facilitar la lectura, análisis y comparación de documentos contables.
- Mejorar la estadística interna.
- Presentar mejor información a la gerencia.
- Facilitar la investigación fiscal y la defensa de la administración.
- Facilitar el cálculo de costes comparativos, el control de precios y servicios, crédito, finanzas públicas y economía en general.

Una normalización contable es la vía que conduce a los balances económicos nacionales, partiendo del balance de las empresas, y a la contabilidad nacional. La normalización facilita, además, una utilización más rápida de los servicios del personal de contabilidad. El movimiento de normalización contable es muy amplio, ya que comprende la normalización de la terminología; identificación, clasificación y desarrollo del plan de cuentas; clasificación y desarrollo de los planes de determinación de costes; normalización de los criterios de valoración y modo de presentación de los resultados y de la información al accionariado de la empresa.

En el ámbito internacional surgió la conveniencia de unificación en Europa y en el resto de los países del mundo. En este sentido, la Unión Europea de Expertos Contables y Financieros ha realizado diversos intentos de unificación; entre ellos, el de Florencia de 1953, que no tuvo gran éxito. A su vez, la llamada Comisión Internacional de Profesionales de la Contabilidad redactó y preparó en distintas sesiones de trabajo el llamado Plan Contable Internacional, sobre la base de los trabajos del profesor francés Joseph Anthonioz a cerca del ciclo lógico de la economía, que estudiaremos a continuación.

Planes generales contables

Los trabajos de normalización son refrendados mediante decretos oficiales, que establecen las características más importantes basándose en los siguientes presupuestos:

- El plan contable debe ser abierto y estar especialmente preparado para recoger las sugerencias de empresarios y expertos. Además, debe estar pensado para introducir en él las modificaciones pertinentes que resulten por el progreso tecnológico, el desarrollo de la industria nacional, la evolución de las fórmulas financieras, las exigencias de la información, la innovación del derecho nacional y las tendencias que dominen a nivel supranacional.
- El plan tiene que ser flexible. El cuadro de cuentas debe emplear un sistema utilizable para todas las empresas. El plan ha de ser la expresión de un cuerpo de doctrina coherente desarrollado en forma de reglas técnicas, cuya aplicación cumpla un objetivo integral, o sea, la información. La flexibilidad del plan ha de ir implícita en la apertura del mismo; explícitamente queda probado en las opciones que se establezcan para que empresarios y expertos elijan el modo de contabilizar, en algunos casos, determinadas transacciones.
- El plan ha de situarse en la línea de transición, siguiendo muy de cerca las directrices de la normalización contable; aunque no sea excesivamente progresista. Pero, ha de serlo lo suficiente para llegar a crear una vocación nacional hacia la gestión moderna de las empresas.
- El plan debe dar preferencia generalmente a los elementos financieros de las transacciones sobre los más convencionales de orden jurídico patrimonial.
- El plan ha de tener aptitud para ser aplicado por procedimientos modernos; esta característica permite introducir la computación dentro del contexto del plan.

Como objetivos de cualquier plan General de Contabilidad tenemos:

- Ordenación de la empresa mediante una contabilidad moderna.
- Información externa, ya que la empresa, además de una buena información interna, necesita otra externa capaz de ilustrar e informar a todo un universo de agentes económicos: accionistas, inversores, etcétera.
- Instrumento de planificación. La planificación contable empresarial se extiende en el plano nacional a la contabilidad nacional, siendo ésta un instrumento necesario en la planificación económica.

CONTABILIDAD GENERAL

GRUPO 1	GRUPO 2	GRUPO 3	GRUPO 4	GRUPO 5
FINANCIACIÓN BÁSICA	INMOVILIZADO	EXISTENCIAS	ACREEDORES Y DEUDO-RES POR OPERACIONES DE TRÁFICO	CUENTAS FINANCIERAS
Subgrupos de financiación básica	Subgrupos de inmovilizado	Subgrupos de existencias	Subgrupos acreedores y deudores	Subgrupos de cuentas financieras
10. Capital. 11. Reservas. 12. Resultados pendientes de aplicación. 13. Ingresos a distribuir en varios ejercicios. 14. Provisiones para riesgos y gastos. 15. Empréstitos y otras emisiones análogas 16. Deudas a largo plazo con empresas del grupo y asociadas. 17. Deudas a largo plazo por préstamos recibidos y otros conceptos. 18. Fianzas y depósitos recibidos a largo plazo. 19. Situaciones transitorias de financiación.	20. Gastos de establecimiento. 21. Inmovilizaciones inmateriales. 22. Inmovilizaciones materiales. 23. Inmovilizaciones materiales en curso. 24. Inversiones financieras en empresas del grupo y asociadas. 25. Otras inversiones financieras permanentes. 26. Fianzas y depósitos constituidos a largo plazo. 27. Gastos a distribuir en varios ejercicios. 28. Amortización acumulada del inmovilizado. 29. Provisiones de inmovilizado	30. Comerciales. 31. Materias primas. 32. Otros aprovisionamiento. 33. Productos en curso. 34. Productos semiterminados. 35. Productos terminados. 36. Subproductos, residuos y materiales recuperados. 37. Provisiones por depreciación de existencias.	40. Proveedores 41. Acreedores varios. 43. Clientes. 44. Deudores varios. 46. Personal. 47. Administraciones públicas. 48. Ajustes por periodificación. 49. Provisiones por operaciones de tráfico.	50. Empréstitos y otras emisiones análogas a corto plazo. 51. Deudas a corto plazo con empresas del grupo y asociadas. 52. Deudas a corto plazo por préstamos recibidos y otros conceptos. 53. Inversiones financieras a corto plazo en empresas del grupo y asociadas. 54. Otras inversiones financieras temporales. 55. Otras cuentas no bancarias. 56. Fianzas y depósitos recibidos y constituidos a corto plazo. 57. Tesorería. 58. Ajustes por periodificación. 59. Provisiones financieras.

			CUENTAS ANALÍTICAS DE RESULTADOS	CUENTAS DE ORDEN Y ESPECIALES
GRUPO 6	**GRUPO 7**		**GRUPO 9**	**GRUPO 0**
COMPRAS Y GASTOS	**VENTAS E INGRESOS**	**CUENTA DE RESULTADOS**	**CONTABILIDAD ANALÍTICA DE RESULTADOS**	**ES OPCIONAL**
Subgrupos de compras y gastos	Subgrupos de ventas e ingresos	Estructura de la cuenta de resultados	Subgrupos analíticos de explotación	Subgrupos de cuentas de orden y especiales
60. Compras. 61. Variación de existencias. 62. Servicios exteriores. 63. Tributos. 64. Gastos de personal. 65. Otros gastos de gestión. 66. Gastos financieros. 67. Pérdidas procedentes del inmovilizado y gastos excepcionales. 68. Dotaciones para amortizaciones. 69. Dotaciones a las provisiones.	70. Ventas de mercaderías, de producción propia, de servicios, etc. 71. Variación de existencias. 73. Trabajos realizados para la empresa. 74. Subvenciones a la explotación. 75. Otros ingresos de gestión. 76. Ingresos financieros. 77. Beneficios procedentes del inmovilizado e ingresos excepcionales. 79. Excesos de aplicaciones y provisiones.	• Resultados de explotación. • Resultados financieros. • Resultados extraordinarios. • Resultados antes de impuestos. • Impuestos sobre beneficios. • Resultados después de impuestos. No existe codificación debido a que el resultado del ejercicio es el saldo que presente la cuenta del Grupo 1 (Financiación básica) de Pérdidas y ganancias (129), una vez se han regularizado con cargo a ella las cuentas del grupo 6 y 7 con saldo deudor y con abono a la misma las cuentas del grupo 7 y 6 que presenten al final del ejercicio saldo acreedor.	Reservados para la contabilidad analítica.	00. Valores recibidos en garantía. 01. Valores entregados en garantía. 02. Riesgo por descuento de efectos comerciales.

- Armonización supranacional. El plan tiene también como uno de sus objetivos armonizar la contabilidad propia con las demás naciones. La necesidad de que la información responda a criterios comunes ha originado un movimiento supranacional hacia la armonización contable.

El cuadro de cuentas

El cuadro de cuentas sigue la clasificación decimal, integrándose las cuentas en siete grandes grupos. Cada grupo se representa con una cifra.

Los cinco primeros grupos contienen las cuentas de balance; los numerados con 6 y 7 se refieren a las cuentas de gestión o diferenciales. A estos cabe añadir las cuentas de resultados; el grupo 9 se refiere a la contabilidad interna, y el grupo 0, que es opcional, recoge las cuentas de orden y especiales.

Cada grupo (una cifra) se desarrolla en subgrupos (dos cifras) y éstos en cuentas principales de la contabilidad de la unidad económica (tres cifras). Estas cuentas representan elementos patrimoniales en concreto.

El plan contable permite, de acuerdo con la ordenación decimal, desarrollos hasta grados inferiores.

Primeras definiciones

Como aparece en el cuadro de las páginas anteriores, las diferentes clases de bienes, valores y derechos que componen el patrimonio se clasifican en cinco grandes grupos, cada uno de los cuales representa:

- **Financiación básica**
  Supone el conjunto de dinero puesto a disposición de la empresa a largo plazo y comprende:
  - La aportación del o de los propietarios (Capital).
  - Las aportaciones de terceros en forma de préstamos a largo plazo, ya sea como empréstitos o en otras modalidades.
  - Los recursos generados por la propia empresa como consecuencia de no haber distribuido los beneficios obtenidos. (Reservas y previsiones).

- **Inmovilizado**
  Es la inversión realizada en bienes y otros conceptos económicos que permanecen en la empresa, dotándola de sus características esenciales y que, por lo general, son renovables a largo plazo.
  Podemos distinguir:
  - Los edificios e instalaciones industriales que forman el inmovilizado real o material de la empresa.
  - Las patentes, marcas, procedimientos de fabricación, etcétera.

- Los gastos realizados para cubrir atenciones de más de un ejercicio, que se espera recuperar en más de un año. Son el inmovilizado ficticio; p. ej., los gastos de constitución de la empresa.
- Las inversiones realizadas mediante la compra de acciones representativas del capital de otras empresas y otros títulos, con ánimo de permanencia por ejercer mediante ellos alguna influencia en la marcha de las empresas que las emitieron (inmovilizado financiero).

■ **Existencias**

Materias primas, productos acabados y mercaderías en general con que la empresa trafica.

■ **Deudores y acreedores**

Por operaciones de tráfico. Comprende los saldos con clientes, proveedores y otros, provenientes de la actividad comercial e industrial del negocio.

■ **Cuentas financieras**

Comprenden:

- Acreedores y deudores a corto plazo por operaciones ajenas al tráfico.
- Medios líquidos disponibles; esto es: dinero en Caja y Bancos y otros elementos patrimoniales que, en condiciones normales, pueden ser rápidamente transformados en dinero líquido.

Con estos cinco grandes grupos se clasifican y representan la totalidad de los bienes, derechos y obligaciones, que forman las masas patrimoniales.

Los grupos 6 y 7 están destinados a representar, respectivamente, los costes y gastos, de una parte, y las ventas e ingresos de otra. El grupo 9, el análisis de los costes de fabricación. El grupo 0, las cuentas de orden o estadísticas que sirven para reflejar situaciones especiales de los valores del patrimonio. Poco a poco, a lo largo de esta obra, iremos estudiando la dinámica de estos Grupos de cuentas.

Por ejemplo, una cuenta codificada con el núm. 5001, representa:

	Grupo	Subgrupo	Cuenta	Subcuenta	
5	5				Cuentas financieras
50		0			Emprésitos y otras emisiones análogas a corto plazo
500			0		Obligaciones y bonos a corto plazo
5001				0	Bancos privados

Coordinación fundamental de las cuentas

Como síntesis presentamos la coordinación típica de las cuentas del Plan General de Contabilidad en una empresa comercial.

Operación	Cuenta de grupo	
	Cargo	Abono
a) La financiación inicial dota a la empresa de CAPITAL para adquirir EQUIPO quedando un sobrante para dotar su circulante (efectivo disponible)	2 5	1
b) La adquisición de elementos básicos para la respectiva actividad (mercaderías) puede hacerse pagando al contado o mediante crédito	6	5 4
c) Los consumos originan los costes que pueden ser de adquisiciones externas pagadas al contado, o adquiridas a crédito, o amortización del inmovilizado	6	5 4 2
d) Las mercaderías son vendidas, ya sea al contado, ya sea a crédito,	5 4	7
e) Para conocer el resultado, la clase ha de recoger el coste de compras y la posible disminución de existencias	129	6 3
f) Y además el producto de la venta y el posible aumento de existencias	7 3	129
g) Lo que nos deben, ha de cobrarse	5	4
h) Ha de pagarse lo que nos acreditan	4	5
i) Los demás costes y gastos deben gravar la explotación	129	6
j) Los demás ingresos y lucros deben abonarse a Pérdidas y ganancias	7	129
k) El beneficio neto ha de distribuirse pasándolo al Neto distribuyéndolo en dinero efectivo o abonándolo en cuentas personales	129	1 5 5
l) Y si hubo pérdida, ha de absorberse reduciendo el Neto (**Capital o Reservas**) o cargándolo a los propietarios	1 5	129

EJERCICIOS

1. ¿Qué es un plan de cuentas?

2. Indique para las cuentas que a continuación reseñamos, lo que deben contener:

   a) Terrenos.

   b) Mobiliario.

   c) Saldos deudores de clientes.

   d) Edificios industriales.

   e) Mercaderías en almacén.

   f) Saldos bancarios en c/c.

3. ¿Le parece correcto un título de cuenta que diga **Varios bienes?** Al contestar, razone su respuesta.

4. Tomando como guía los grupos fundamentales de cuentas clásicos, dé un título contable a las agrupaciones de bienes o valores que señalamos e indique en qué grupo la sitúa:

Clase de valores derechos u obligaciones	Título de cuenta	Grupo patrimonial
Dinero en moneda nacional	**Caja**	Activo disponible
Saldos acreedores, proveedores	**Acreedores comerciales**	Pasivo exigible
Productos para la venta		
Maquinaria instalada		
Aportación del propietario		
Una casa donde está el negocio		
Una deuda con el banco		
El beneficio de las ventas		

5. En una cuenta colectiva, ¿es posible prescindir del detalle de las cuentas personales que comprende? Razone su respuesta.

6. Indique subgrupos para los siguientes títulos:

   a) Carbón que utilizamos como combustible.

   b) Préstamo recibido que pagaremos dentro de diez años.

c) Sueldos personal.

d) Lo que nos deben los clientes.

e) Un edificio industrial.

f) Mercaderías para vender.

7. El empresario ha comprado una patente, ¿en qué subgrupo la situará?

8. Indicar en las cuentas que a continuación se citan a qué grupo del Plan general de contabilidad pertenecen:

a) Edificios y otras construcciones.

b) Derechos de traspaso.

c) Gastos de constitución.

d) Gastos anticipados.

e) Ventas.

f) Compras.

9. Indicar a qué cuenta del Plan General de Contabilidad se asignan los siguientes conceptos:

a) Un camión propiedad de la empresa.

b) Una patente propiedad de la empresa.

c) Una mesa, si el objeto de la actividad empresarial es la compra y venta de mobiliario.

d) Una mesa, si el objeto de la actividad empresarial no es la compra y venta de mobiliario.

e) Factura de la electricidad consumida por la empresa.

f) Comisiones pagadas a un vendedor que actúa por cuenta propia.

10. Una cuenta responde al código 311. ¿Qué representa?

11. Las siguientes cuentas 180, 226, 4000, 431, 570 ¿qué representan? Fíjese en las cifras que indican el subgrupo.

12. El valor de adquisición de unos valores mobiliarios fue de 134.000 u.m.; en su momento de valoración en el inventario el valor de éstos en bolsa es de 118.000 u.m. Indicar a qué precio se valorarán en el balance.

13. Se compra una maquinaria industrial por valor de coste de 154.000 u.m. Los portes de la misma suponen 35.000 u.m., los derechos arancelarios 56.000 u.m., los gastos de puesta en marcha 15.000 u.m. ¿A qué precio deberá valorarse en el inventario?

14. Fijándose en el cuadro que presenta la relación entre los grupos contables, indique para cada una de las operaciones que figuran a continuación los correspondientes cargos y abonos:

	Cargo al Grupo	Abono al Grupo
a) Compramos al contado mercaderías	6	5
b) Vendemos mercaderías al contado		
c) Compramos mercaderías que pagaremos dentro de 90 días		
d) Vendemos mercaderías a clientes, a crédito		
e) Aceptamos una L/ que gira un proveedor para cancelar una fra. que le debemos		
f) Adquirimos una casa que pagamos al contado		
g) Prestamos a José Martínez 100.000 u.m.		
h) Pagamos varios gastos del negocio		
i) En nuestro inventario inicial tenemos:		

Activo

Dinero en Caja	50.000 u.m.
Una fábrica	2.000.000 u.m.
Mercaderías	1.150.000 u.m.
Clientes nos deben	500.000 u.m.

Pasivo

Debemos a Proveedores	300.000 u.m.
Capital es de	(calcúlelo)

j) Giramos a cargo de n/clientes L/ que entregamos al banco para su descuento

Estudio de las cuentas patrimoniales

Las cuentas patrimoniales se dividen en cinco grandes grupos, que se estudiarán a lo largo del presente capítulo:

- cuentas de financiación básica;
- cuentas de inmovilizado;
- cuentas de existencias;
- cuentas de débitos (deudores) y créditos (acreedores),
- y cuentas de financieras.

Cuentas de financiación básica

Las cuentas de financiación básica comprenden los recursos obtenidos por la empresa, destinados en general a financiar las inversiones en el Activo fijo y a cubrir un margen razonable del circulante.

- **Activo fijo**
  Son los bienes que forman parte de la empresa de una forma estable; se incluyen en él terrenos, edificios, equipos industriales, maquinaria, mobiliario, etcétera.

- **Activo circulante**
  Es el efectivo disponible o cualquier otra partida del Activo que se pueda convertir en liquidez dineraria en un período relativamente corto; por ejemplo, las cuentas de **Caja, Mercaderías, Clientes, Efectos comerciales a cobrar**, etcétera.

Suponga que usted tiene un millón de u.m. disponibles. Va a montar un negocio comercial que financiará con aquel dinero. Paga 500.000 u.m. por el traspaso (sin géneros) de una tienda con sus instalaciones. Ha invertido este medio millón en una **instalación comercial** que conservará durante algunos años, según supone. Después compra al contado mercaderías por 400.000 u.m.; ha invertido en mercaderías que usted procurará vender con beneficio, o sea, que intentará que se mueva el dinero que ha invertido en mercaderías; esta inversión es un ejemplo del Activo circulante. Se da cuenta seguidamente que no tiene bastantes existencias y compra por valor de 300.000 u.m. más, pero no las paga, pues el proveedor le concede 90 días de crédito.

En el fondo, ha invertido otra cantidad en mercaderías y lo ha podido hacer porque el proveedor le ha concedido plazo o crédito; este proveedor ha financiado la inversión hasta que le pague.

Si ahora establece su balance tendrá:

ACTIVO		PASIVO	
1) Dinero en Caja	100.000	4) Capital aportado	1.000.000
2) Mercaderías en almacén	700.000	5) Proveedores, s/crédito	300.000
3) Instalaciones	500.000		
	1.300.000		1.300.000

1) y 2) forman el Activo circulante; 3) es Activo permanente o fijo; 4) financiación propia y 5) financiación ajena.

Cuenta de Capital

Al iniciarse la vida de una empresa o negocio, la cuenta de **Capital** reflejará el valor de dicho negocio al comienzo de sus actividades. O sea, el **Neto patrimonial** coincidirá con la aportación del dueño (ya sea una persona, un conjunto de ellas o una entidad). Al llevar la contabilidad, en vez de crear una cuenta llamada **Neto**, que refleje el valor del negocio, creamos la de **Capital,** que reflejará inicialmente, por simplificación del Neto patrimonial, lo siguiente:

- El valor del negocio en aquel momento inicial.
- La aportación del capitalista a la empresa.
- Separando la personalidad jurídica de la empresa de la de su capitalista, el capital representará también la deuda que la empresa tiene para con el propietario.
- La financiación que el dueño ha hecho, corriendo el riesgo de que las inversiones y operaciones sean o no rentables.

No existe la obligatoriedad de devolución de la deuda del negocio al propietario, puesto que asume la responsabilidad de las operaciones; por esta razón se dice que la cuenta de **Capital** es «no exigible», aunque el capital se considera formando parte del Pasivo de la empresa.

Se dice que el *capital no es exigible* porque el propietario hace su aportación por tiempo indefinido y mientras la empresa exista. No puede retirar esta aportación sino en caso de liquidación, lo que supone transformar todo el Activo en dinero, pagar a los acreedores (esto es, cancelar el Pasivo); lo que quede será lo que podrá retirar el propietario. El riesgo de que al final pueda retirar más (si ha habido beneficios) o menos (si ha habido pérdidas) es característica esencial de la empresa privada.

Formación de la cuenta

Se abonará por el capital inicial, al empezar la contabilidad, y por las sucesivas aportaciones que realice el titular de la empresa. Se cargará por las reducciones que éste realice y en los casos de cesión total o parcial del negocio o de cesación en el mismo. También se abonará al final de cada ejercicio, con los resultados positivos obtenidos que se destinen a aumentarlos, salvo que los beneficios se destinen a reservas o a ser retirados por el empresario. En caso de pérdidas puede disminuirse el capital cargando a esta cuenta los resultados negativos del negocio. El saldo de esta cuenta normalmente será acreedor. Excepcionalmente, si la empresa se halla en quiebra, por ser su Pasivo exigible superior al Activo, la diferencia $A - P = N$ (cuando $P > A$) daría un saldo deudor en la cuenta de **Capital.** Generalmente, se le da en este caso la denominación **Déficit de Capital.**

Cuenta de Reservas

Esta cuenta representa los beneficios mantenidos a disposición de la empresa y no incorporados al capital. Se creará al finalizar un ejercicio por dotación de beneficios no repartidos. La cuenta de **Reservas** es una cuenta de neto igual que la de **Capital**; como es lógico tendrá el mismo funcionamiento que dicha cuenta.

Por ejemplo, una empresa decide pasar a **Reservas** la cantidad de 36.000 u.m., obtenidas de beneficio en el ejercicio. El asiento que se formulará en esta operación será:

| 36.000 | **Pérdidas y ganancias** | a | **Reservas** | 36.000 |

Si aumentan las reservas deberemos hacer un **abono** a dicha cuenta. Si disminuyen deberemos hacer un **cargo** a dicha cuenta. Su movimiento es el siguiente:

- Se **abonará** al final del ejercicio con cargo a **Pérdidas y ganancias**.
- Se **cargará** cuando se disponga de estas reservas para algún uso concreto.

El asiento de dotación de las reservas, como se ha dicho, al final del ejercicio, será:

Pérdidas y ganancias	a	Reservas

En las empresas individuales por lo general, no se lleva la cuenta de Reservas, pues se pasan directamente a la cuenta de **Capital,** como un abono, los beneficios no retirados,mediante el asiento de:

Pérdidas y ganancias	a	Capital

Cuenta de pérdidas y ganancias

Recoge las variaciones cuantitativas producidas por los hechos económicos contabilizados a lo largo del ejercicio. Recibe también el nombre de cuenta de **Resultados.** Su formación será estudiada con el detalle necesario al hablar del Balance general. De momento, sólo hemos de indicar que la cuenta de **Resultados** ha de considerarse una cuenta complementaria de las de **Capital** y **Reservas,** pues, como ya hemos indicado, el Neto del Patrimonio es igual a la suma de **Capital, Reservas** y **Resultados.** La cuenta de **Resultados,** o de **Pérdidas y ganancias** presenta una situación provisional de éstos, en espera de que se tomen acuerdos sobre su distribución.

D	Pérdidas y ganancias	H
Todos los daños, quebrantos, pérdidas y gastos del ejercicio.	Todos los beneficios, ganancias, lucros e ingresos netos del ejercicio.	

Existen, también, las cuentas de financiación sin asumir riesgo empresarial. Estas cuentas representan las aportaciones de dinero hechas a la empresa, para devolver transcurridos varios años. Por quedar la masa de dinero que representan durante un plazo largo en la empresa, se dice que constituyen una financiación complementaria de la del capital propio; además, por tener que devolverse, como préstamos que son, no asumen el riesgo que tienen los propietarios.

Cuenta de Empréstitos u obligaciones en circulación

Este título clásico, que en el Plan General de Contabilidad ha sido sustituido por el de Obligaciones y bonos, representa a todas las aportaciones de financiación en concepto de préstamo a largo plazo. Es una cuenta de Pasivo a la que se llevan las obligaciones o empréstitos que se emitan. Se denomina emprestito a los préstamos y, en especial, a los representados por documentos al portador de igual importe, llamados obligaciones, que representan cada uno una parte alícuota del total del préstamo.

- **Movimiento de la cuenta**
  Se abonará por el valor emitido, cuando se lleve a efecto la emisión, y se cargará igualmente por dicho valor a la amortización de los títulos, es decir, a pagar su importe cancelando la deuda que para la empresa representa cada título. Su saldo será siempre acreedor.

- **Significación de la cuenta**
  Su saldo indica el nominal de las obligaciones en circulación, representando el préstamo pendiente de devolución o reintegro.
  Por ejemplo, una empresa emite un empréstito por valor de 560.000 u.m., en Obligaciones de 1.000 u.m. cada una. Al hacer la emisión de estas obligaciones se deberá hacer el asiento siguiente:

560.000	**Obligaciones y bonos pendientes de suscripción**	a	**Obligaciones y bonos**	560.000

A medida que los obligacionistas vayan suscribiendo las obligaciones se hará:

	Obligacionistas	a	**Obligaciones y bonos pendientes de suscripción**	

Cuando vayan pagando los obligacionistas, el asiento será:

	Caja	a	**Obligacionistas**	

Así, por ejemplo, si se han suscrito todas las obligaciones, formularemos el asiento:

560	Obligacionistas	a	Obligaciones y bonos pendientes de suscripción	560.000

Y si los obligacionistas hacen una entrega parcial de la mitad del importe suscrito, formularemos otro asiento, según sigue, que se repetirá cuando paguen el resto:

280.000	Caja	a	Obligacionistas	280.000

Cuenta de Préstamos a plazo

Refleja los préstamos obtenidos de otras empresas o personas particulares, incluidos los formalizados mediante efectos comerciales o de giro. Figurarán en el Pasivo del balance.

- **Movimiento de la cuenta**
  Se abonarán a la formalización del préstamo por su importe con cargo a cuentas del subgrupo **Caja** y **Bancos**. Se cargarán por el reintegro parcial o total al vencimiento con abono a cuentas del subgrupo antes dicho. El asiento de formalización del préstamo será:

	Caja	a	Préstamos a plazo	

y al reintegro de dicho prestamo se hará:

	Préstamos a plazo	a	Caja	

El inmovilizado y la amortización

Los elementos que forman el inmovilizado de la empresa sufren una pérdida de valor, ya sea debido a su desgaste y envejecimiento o a otras diversas causas. Por consiguiente, hay que constituir una reserva para la restitución al patrimonio del valor del elemento que debe renovarse. A este hecho se le denomina **amortización**.

Suponga que es usted un industrial que adquiere una máquina para su taller, que le cuesta 450.000 u.m. Instalada la máquina empieza a trabajar con ella; ¿le durará eternamente? No. La máquina un día u otro se estropeará sin posible arreglo o arreglarla costará demasiado caro. También cabe que, pasados unos años, se inventen o fabriquen máquinas mejores que permitan realizar productos con menos coste o más perfectos. ¿Qué ocurrirá entonces? Tendrá que cambiar la máquina, comprando otra, pues en caso contrario la competencia fabricará más barato y mejor que usted, hundiéndole. Necesitará invertir dinero en una máquina nueva que sustituya la anterior.

Para poder hacerlo, ha de pensar que al producir la máquina primera va desgastándose, perdiendo valor y que en el precio de venta de lo que fabrique va incluida una parte, más o menos pequeña, de la máquina que usa. Y esto lo ha de reservar, acumularlo dentro del negocio, para luego, cuando sea, poder comprar la nueva máquina. Hemos dicho que la máquina le costó 450.000 u.m., que es su valor de coste. Si usted prevé que la máquina le durará nueve años, cada año debe reservar la novena parte, o sea, 50.000 u.m.; es decir, que al examinar sus cuentas ha de pensar que aquella cantidad ha de separarse de su beneficio y considerar que no se puede gastar o distribuir, sino ahorrarse; así, al cabo de los nueve años, puede haber acumulado las 450.000 u.m., que es lo que le costó la primera máquina.

A la cantidad reservada cada año se le llama **cuota de amortización** o **amortización anual;** a la suma de cuotas de varios años, **amortización acumulada** o **fondo de amortización.** En el ejemplo, para simplificar, hemos admitido, ya que iniciamos el tema, que cada año se reserva una cantidad igual; pero, pueden seguirse otros métodos, como luego veremos.

La cuota de amortización anual es un gasto para cada ejercicio. La maquinaria y elementos análogos van perdiendo valor de año en año, ya que se va desgastando y es lógico, pues, que se considere un gasto a la parte proporcional del valor que va perdiendo.

Finalidades de la amortización

1. Lograr que cada ejercicio económico venga gravado por el total de gastos que le corresponden y han contribuido a formar el producto de éste.
2. Valorar el desgaste anual de los elementos que forman su Activo fijo.
3. Constituir una reserva para reponer el valor inicial de los elementos que forman el Activo fijo.

Criterios

Para la formación de un acertado criterio de amortización, debe tenerse presente:

- Determinar el coste inicial del elemento a renovar.
- Señalar la vida probable útil del elemento a amortizar o la producción prevista.
- Considerar el posible envejecimiento prematuro debido a la evolución de la técnica. A esta posibilidad se le da el nombre técnico de **obsolescencia,** que significa precisamente vejez prematura.
- Estimación del probable coste de sustitución del elemento amortizado por otro, cuando llegue la ocasión de realizarla.

- Valor residual o de desecho del elemento amortizado.
- Determinar el sistema de amortización que se va a seguir.

Definición de los términos más utilizados

Los diferentes términos que juegan alrededor de la amortización se definen en Economía de la empresa, como sigue:

■ **Valor contable**
Es el valor de coste inicial, menos las sucesivas amortizaciones.

■ **Fondo de amortización**
Es la acumulación de las amortizaciones periódicas que han sido contabilizadas. En cualquier momento, la suma del valor contable y la amortización acumulada ha de ser igual al coste.

■ **Depreciación**
Por lo común, no está reflejada en la contabilidad. Es la presunta modificación del precio de venta que puede tener una máquina, modificación que está influida por las condiciones del mercado.

■ **Devaluación**
Es la estimación del valor de una máquina según se modifique su utilidad para la empresa.

Principios y normas de amortización

- La amortización se aplicará sobre la totalidad de los bienes susceptibles de amortización que figuren en el balance de la sociedad y se practicará por cada uno de los elementos.
  Cuando se trate de elementos de naturaleza análoga o sometidos a un grado similar de utilización, la amortización podrá practicarse sobre el conjunto de ellos, pero en todo momento deberá poderse conocer la parte de la amortización acumulada correspondiente a cada bien en función de su valor amortizable y del ejercicio de puesta en funcionamiento.
- Para la consideración como partida deducible de las amortizaciones se tendrán en cuenta las siguientes reglas:
  - **Primera.** Los elementos del Inmovilizado material empezarán a amortizarse desde el momento en el que entren en funcionamiento.
  - **Segunda.** Los elementos del Inmovilizado inmaterial, cuando sea procedente su amortización, empezarán a amortizarse desde el momento de su adquisición por la empresa.
  - **Tercera.** Cuando un elemento entre en funcionamiento dentro del período impositivo, la amortización se referirá a la parte proporcional del período durante el cual ha estado en funcionamiento. Análogo criterio se utilizará en el cómputo de la amortización del Inmovilizado inmaterial.

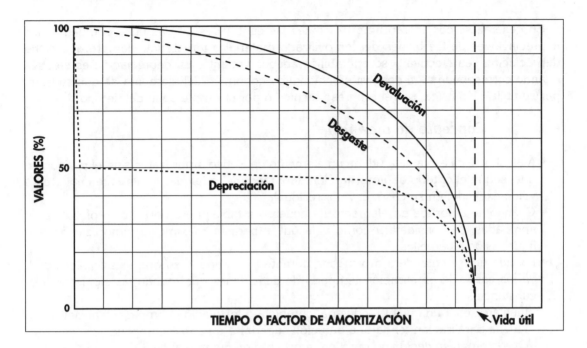

- En ningún caso la suma de las amortizaciones efectuadas podrá exceder del valor por el que figure contabilizado el bien que se amortiza.

- La amortización que supere la admitida fiscalmente se considerará como saneamiento de Activo, no deducible a efectos de la determinación de la base imponible. El concepto fiscal del saneamiento de Activo consiste en que las partidas así consideradas no se admiten como gasto corriente deducible. Así, si una máquina que costó 2.500.000 u.m. tiene fijada una tasa fiscal de amortización del 8 %, es decir, 200.000 u.m., y amortizamos con cargo a **Pérdidas y ganancias,** 350.000 u.m., el resultado del ejercicio será modificado por la inspección fiscal, aumentándolo en las 150.000 u.m. de exceso, que es el saneamiento de Activo, salvo que se demuestre que hubo un desgaste que justifique la mayor amortización.

- A los efectos de lo dispuesto en el apartado anterior, las «instalaciones complejas especializadas» podrán constituir un único elemento susceptible de amortización.

- Se entenderá por «instalaciones complejas especializadas» aquellas estructuras funcionales comprensivas de edificaciones, maquinaria, material, piezas o elementos que, aun siendo separables por naturaleza, estén íntimamente ligados para su funcionamiento con carácter irreversible y sometidos al mismo ritmo de amortización. No se incluirán los repuestos o recambios correspondientes.

- En el caso de fusión, absorción o escisión de empresas, deberá proseguirse para cada elemento incorporado el régimen de amortización a que estaba sujeto, a menos que la empresa subsistente prefiera aplicar a todos su propio sistema.

Recuerde que la amortización fiscal ha de aplicarse en cada ejercicio con independencia de que haya o no beneficios. La amortización es un coste o gasto del ejercicio; no es nunca una aplicación de beneficios.

En general, se consideran amortizaciones las cantidades destinadas a compensar las depreciaciones de los bienes del Inmovilizado material o inmaterial, siempre que dicha depreciación sea efectiva y se contabilice adecuadamente. La depreciación es efectiva cuando corresponde a un desgaste funcional o económico del elemento de que se trate, por su utilización física, por el progreso técnico o por el simple paso del tiempo.

Concepto de vida útil

- A efectos fiscales, la vida útil de un elemento de Activo amortizable será el período en que, según el criterio de amortización adoptado, debe quedar totalmente cubierto su valor, excluido, en su caso, el valor residual.
- Cuando se amortice un elemento de acuerdo a tablas de amortización oficialmente aprobadas, se considerará como vida útil el período máximo de amortización que figure asignadoen ellas.
- La vida útil se entenderá prorrogada durante los períodos en que exista inactividad, en los casos de paralización temporal de actividades que reúnan las siguientes circunstancias:
  - Que afecten a una planta industrial completa o instalación compleja especializada.
  - Que la paralización tenga una duración superior a un año o campaña.
  - Que la empresa decida no practicar amortización durante el período de paralización, haciéndolo constar así mediante nota marginal suficientemente ilustrativa de las instalaciones afectadas y del período de paralización.

Métodos de amortización

- **Amortización lineal o constante**

Es la aplicación en cada ejercicio de un mismo porcentaje sobre el valor inicial. Supuesto un valor de adquisición o valor de coste (Vc), un tiempo de vida económica pre-establecido o una producción límite N y un valor final o residual de desecho (Vd), la tasa anual de amortización (t) será:

$$t = \frac{Vc - Vd}{N}$$

Si se refiere N a una producción límite y durante el ejercicio se ha realizado una producción n, puede modificarse la fórmula anterior resultando:

$$t = \frac{(Vc - Vd)\, n}{N}$$

Esto es, se reparte el valor entre el tiempo que va durar o se supone durará la máquina, o entre la producción prevista para cada máquina.

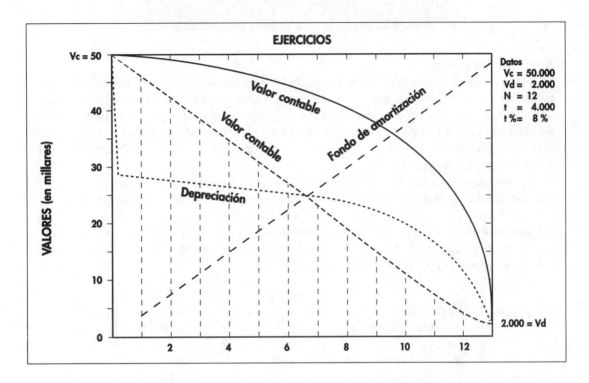

Este método supone mantener, durante el período señalado, siempre la misma cuota de amortización de donde resulta que el valor contable del elemento sujeto a amortización decrece según una progresión aritmética, cuya razón es la cuota de amortización, creciendo en igual cuantía la suma amortizada o fondo de amortización.

- **Ejemplo numérico**
  Supongamos una máquina que costó 1.000.000 u.m., que puede rendir un trabajo útil durante 10 años y que al final de ellos se presume tendrá un valor, como chatarra, de 60.000 u.m.; la cuota anual de amortización será:

$$t = \frac{1.000.\,000 - 60.000}{10} = 94.000 \text{ u.m.}$$

Podemos también aplicar otro criterio. Supongamos que la misma máquina se prevé que permitirá fabricar 400.000 unidades de producto y que en un año se producen 44.000. Aplicando la segunda fórmula expuesta, tenemos:

$$t = \frac{(1.000.000 - 60.000) \times 44.000}{400.000} = 103.400 \text{ u.m.}$$

- **Amortización variable**
Se basa en considerar que el rendimiento de los objetos varía según el tiempo de su explotación o uso; así, una máquina va dando menores rendimientos a medida que envejece, tanto porque su producción puede ser de menor calidad, como porque los gastos de conservación y entretenimiento van aumentando. Hay varios procedimientos matemáticos basados en establecer un coeficiente de variación en la cuota amortizativa, por adición o por multiplicación.
Se obtiene una amortización decreciente indefinida cuando un porcentaje fijo de amortización se aplica a cada ejercicio sobre el valor residual resultante del anterior.

  - **Ejemplo numérico.** Supongamos una máquina que costó 1.000.000 u.m. Se quiere amortizar aplicando un 10 % sobre el valor residual resultante. Al aplicar el porcentaje aparecería el siguiente cuadro de amortización:

Valor inicial	1.000.000 u.m.
Amortización primer año	100.000 u.m.
Valor residual al final del primer ejercicio	900.000 u.m.
Amortización segundo año	90.000 u.m.
Valor residual al final del segundo ejercicio	810.000 u.m.

Y así, sucesivamente, hasta llegar a un ejercicio en que el valor residual obtenido se considera igual o inferior al valor de desecho final en cuyo momento se detendría el proceso contable de amortización. Observe que el valor residual puede determinarse directamente mediante la fórmula:

$$\frac{R_n (100 - t)^n \times V}{100}$$

Al final del segundo año, en el ejemplo, tenemos:

$$R_2 = \left(\frac{100 - 10}{100}\right)^2 \times 1.000.000 = 0.9^2 \times 1.000.000 = 810.000$$

Para el tercer año, sería:

$$R_3 = 0{,}9^3 \times 1.000.000 = 729.000 \text{ u.m.}$$

Esto nos va a permitir calcular directamente el valor residual y la amortización de un año cualquiera.

- **Ejemplo numérico.** Cálculo por este sistema del valor residual final del 6º año de una instalación industrial que costó 15.000.000 de u.m., aplicando la tasa del 12 % anual; cálculo también de la amortización del 6º año.

$$R_6 = \left(\frac{100 - 12}{100}\right)^6 \times 15.000.000 = 0{,}4644041 \times 15.000.000 = 6.966.061$$

La amortización será la diferencia entre su valor al final del año 5º y el del final del año 6º.

$$R_6 = \left(\frac{100 - 12}{100}\right)^6 \times 15.000.000 = 0{,}4644041 \times 15.000.000 = 6.966.061$$

Amortización del 6º año.

$$A_6 = R_5 - R_6 = 7.915.979 - 6.966.061 = 1.049.918$$

- **Amortización por el método Cole**

Se denomina también por suma de dígitos. Se determina previamente el número de años de vida útil y partiendo de la cifra que los representa, se suma la serie natural de los números desde la unidad. En cada ejercicio se aplica una amortización equivalente al quebrado que tiene por numerador el número natural correspondiente al ejercicio y por denominador la serie de números naturales. La amortización será creciente o decreciente según que tomemos la serie de números naturales en uno u otro orden.

- **Ejemplo numérico.** Supongamos que queremos amortizar en cuatro años una máquina que costó 1.000.000 u.m. Tendremos las series:

UNA FICHA PARA EL CONTROL DE LOS ELEMENTOS DEL INMOVILIZADO

Designación

Fabricante	Reparaciones o Modificaciones			
Tipo	Motivo	Ref.	Fecha	Valor u.m.
Año				
Potencia				
Características				
Acondicionamientos				

	Puesta en servicio		
Concepto	Factura	Importe	

Observaciones

Máquina
Accesorios
Dispositivos
Instalación
Transportes
Total coste adquisición

Venta   Fecha . . . . .   Importe . . . . .

Evolución datos financieros

Año	Valor en balance		Cuota mensual de amortización	Amortización acumulada	Restos por amortizar	Índice
1	2	3	4	5	6	7

Crecientes	1 + 2 + 3 + 4	Σ = 10
Decrecientes	4 + 3 + 2 + 1	

El signo Σ significa suma.

Si queremos que la amortización sea decreciente, aplicaremos el primer año el 4/10 del valor total, el segundo el 3/10, etc. Para que sea creciente, al primer año le corresponde el l/10, al segundo el 2/10, etc. Si seguimos un procedimiento decreciente, el cuadro de amortización será:

Valor inicial		1.000.000
Amortización primer año =	$\dfrac{4 \times 1.000.000}{100}$	= 400.000
Amortización segundo año =	$\dfrac{3 \times 1.000.000}{100}$	= 300.000

Y así sucesivamente hasta que consideremos que el valor residual es igual o inferior al valor de desecho de la máquina.

Cuentas de Inmovilizado

Pertenecen a este apartado los elementos patrimoniales que constituyen las inversiones permanentes de la empresa, ya que son necesarios para que ésta pueda desarrollarse y continuar las operaciones propias del objetivo perseguido.

El **Inmovilizado** podemos dividirlo como ya hemos explicado, en **Material** (máquinas, útiles, herramientas, etc.) e **Inmaterial** (patentes, marcas, etc.). Este Activo fijo, con el uso, sufre una depreciación o pérdida de valor, por lo que contablemente, para que la correspondiente cuenta refleje siempre el valor real más aproximado, se aplica la llamada **Amortización.** Las cuentas más usuales de **Inmovilizaciones materiales** son: **Terrenos, Construcciones** o **Edificios, Instalaciones técnicas, Maquinaria** y **Mobiliario.** Como su mecánica contable es similar para todas ellas las estudiaremos conjuntamente. Las disposiciones fiscales de cada país usualmente contienen prolijas disposiciones regulando esta materia.

Cuentas de existencias en almacén o de mercaderías

Se entiende por Existencias en almacén, las mercaderías, productos acabados, materias primas, embalajes, envases, materias auxiliares, etc. Son una clase de elementos patrimoniales en los que la empresa basa su tráfico y especulación, es decir, que intenta mediante su movimiento económico obtener un lucro.

La cuenta de **Existencias** comprende aquellas cosas adquiridas por la empresa y destinadas a la venta sin transformación. Esta cuenta figura en el Activo del balance y su movimiento, según el Plan General de Contabilidad, es como sigue:

- Se cargará por el importe del inventario de existencias iniciales a la apertura del ejercicio y a su cierre se abonará por el importe del inventario de existencias finales.
- Al iniciar el ejercicio, supongamos que tenemos 50.000 u.m. en existencias comerciales que constituyen todo nuestro Capital. El inventario sería:

ACTIVO	
Existencias comerciales	**50.000 u.m.**
NETO	
Capital	**50.000 u.m.**

lo que motivaría el asiento inicial de

50.000	**Existencias**	a	**Capital**	50.000

- Durante el ejercicio el movimiento de las mercaderías se lleva a las cuentas de **Compras** y **Ventas**, como se explicará más adelante.
- Si al final del ejercicio el inventario de **Mercaderías** asciende, p. ej., a 60.000 u.m., procederíamos, de acuerdo con el Plan General de Contabilidad, a los asientos siguientes:

50.000	**Variación de existencias** Por las existencias iniciales.	a	**Existencias**	50.000
60.000	**Existencias** Por las existencias finales.	a	**Variación de existencias**	60.000

Algunos tratadistas son partidarios de compensar los dos asientos anteriores pasando a **Pérdidas y ganancias** sólo la diferencia entre el inventario inicial y el inventario final.

El esquema de esta cuenta, queda, pues, como sigue:

D	Existencias	H
Existencias finales.	Existencias iniciales.	

Para las compras y ventas de mercaderías que se realicen durante el ejercicio se llevará, respectivamente, una cuenta de **Compras** y otra de **Ventas.**

La cuenta de **Compras** se cargará durante el ejercicio por el importe de las compras, bien a la recepción de las remesas o en su puesta en camino si las mercaderías y bienes se transportasen por cuenta de la empresa. Si se produjesen devoluciones o retornos se anotarán en el Haber, esto es, se abonan porque rebajan el importe de las compras anotadas en el Debe:

D	Compras	H
Cargo por cada una de las cuentas.	Abono por las devoluciones.	

La suma del Debe indica el importe bruto de todas las compras del ejercicio. La suma del Haber, las devoluciones y anulaciones de compras en el mismo período. El saldo, que será deudor, el importe neto de las compras del ejercicio.

Se abonará finalmente esta cuenta, como se ha dicho, por el saldo que presente al cierre del ejercicio, haciendo un cargo a la cuenta de **Pérdidas y ganancia.**

De acuerdo con el Plan General de Contabilidad, todos los gastos de compras, con excepción de los transportes, se cargarán a la respectiva cuenta de Compras.

REGISTRO DE COMPRAS

Núm. de orden	FACTURA DE COMPRA		PROVEEDOR	DETALLE	Unidades	Precio	IMPORTE	TOTALES
	Fecha	Núm.						

Los descuentos, bonificaciones y rebajas que sean concedidos a la empresa por pronto pago y fuera de factura, se considerarán ingresos financieros, contabilizándose en la cuenta **Descuentos sobre compras por pronto pago.** El descuento especial por haber obtenido un determinado volumen de pedidos figurará abonado en la cuenta «**Rappels**» **por compras** (que es un ingreso para la empresa).

El PGC dispone que los transportes y fletes de compras, tanto si figuran en factura como si se satisfacen de manera independiente, vayan a una cuenta especial de gastos, titulada **Transportes.** Esta cuenta la estudiaremos más adelante.

La cuenta de **Ventas** recogerá, pues, todas las salidas de bienes objeto del tráfico de la empresa, o sea, todas las entregas de mercaderías. Durante el ejercicio se abonará por el importe de las ventas, y al final del ejercicio se regularizará su saldo mediante la cuenta de **Pérdidas y ganancias.** Con referencia a las ventas se sigue un criterio análogo. Los descuentos y bonificaciones en la propia factura representarán un decremento o disminución del valor de las ventas, contabilizándose en dicha cuenta de **Ventas.**

D	Ventas	H
Cargo por anulaciones y devoluciones de ventas.	Abono por cada una de las ventas efectuadas.	

La suma del Haber es el importe bruto de todas las ventas del período. La suma del Debe, el importe de las anulaciones y devoluciones de ventas en el mismo ejercicio. El saldo, que será acreedor, el importe neto de las ventas contabilizadas en el ejercicio. Los descuentos, bonificaciones y rebajas que conceda la empresa a sus clientes por pronto pago y fuera de factura, se consideran gastos financieros contabilizándose como cargo en la cuenta **Descuentos sobre ventas por pronto pago.**

El descuento especial concedido también a los clientes por haber alcanzado un determinado volumen de pedidos figurará cargado en la cuenta «**Rappels**» **sobre ventas** (que es también una disminución de los ingresos para la empresa). La cuenta de **Transportes** es la cuenta que según el PGC ha de recoger los que afectan a las ventas y corren a cargo de la empresa vendedora. Es una cuenta de Gastos que luego estudiaremos. Todas estas cuentas al llegar al final del ejercicio se regularizarán por **Pérdidas y ganancias;** es decir, que sus respectivos saldos pasarán a esta cuenta.

- **Movimiento de la cuenta de Compras**
  Durante el ejercicio se hará el asiento siguiente:

Compras	a	Caja o Bancos

Si éstas se pagan en efectivo:

```
            Compras              a    Proveedores
```

Si en el momento de la compra no las pagamos por haberlas adquirido a crédito, al final del ejercicio se regularizará mediante la cuenta de **Pérdidas y ganancias.**

```
            Pérdidas y ganancias     a    Compras
            Importe total de las compras del ejercicio.
```

- **Movimiento de la cuenta de Ventas**
  Durante el ejercicio se hará:

```
            Caja                 a    Ventas
```

Si cobramos su importe en efectivo.

```
            Clientes             a    Ventas
```

Si de momento nos dejan a deber el importe de las ventas, al final del ejercicio se hará:

```
            Ventas               a    Pérdidas y ganancias
            Importe total de las ventas del ejercicio.
```

Esta **forma** de llevar la cuenta de **Mercaderías,** haciendo una distinción entre existencias, compras y ventas, es la que adopta el Plan General de Contabilidad español.
A continuación y para fijar más las ideas insertamos un esquema de coordinación de estas cuentas.

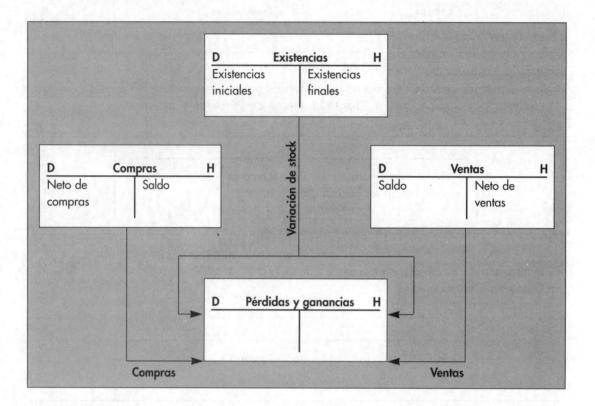

Observemos en este esquema que la cuenta de **Pérdidas y ganancias** permanece invariable durante el período, separando la situación estática reflejada en los sucesivos inventarios de las operaciones dinámicas que se recogen en las cuentas de **Compras** y de **Ventas.**

Otras disposiciones de la cuenta de Existencias

Existen otras formas de llevar dicha cuenta:

• Como cuenta de movimiento o administrativa.
• Como cuenta especulativa.

■ **La cuenta de Existencias llevada administrativamente**
Se dice que esta cuenta se lleva como cuenta de movimiento o administrativa cuando solamente se registran en ella las alteraciones producidas en las existencias por compras y ventas, sin incluir los resultados de la especulación.

- **Movimiento de la cuenta.** Se cargan las existencias iniciales y las compras por el coste total. Se abonan las ventas al mismo precio que fueron cargadas las mercaderías a su ingreso en almacén.
- **El saldo será siempre deudor e igual al valor de coste de las existencias** en el instante preciso en que se determine. Esta forma de llevar la cuenta se denomina también *inventario permanente* o *de permanencia en inventario* porque el saldo de la cuenta, en cualquier momento, ha de señalar el valor de inventario de las existencias.

D	Existencias de mercaderías en almacén[1]	H
Efectuaremos cargos por:	Efectuaremos abonos por:	
– Existencias iniciales.	– Ventas (al precio de coste).	
– Compras (coste total).	– Devoluciones compras (al coste)	
– Devoluciones ventas (al coste).	– Bonificaciones en compras	
– Bonificaciones en ventas	(si disminuye el coste de compra).	
(a su coste).		

[1] Este título largo es el que correspondería poner siempre, pero, por comodidad y simplificación de escritura se abrevia y se le da nombres tales como **Existencias, Mercaderías, Almacén, Productos,** que son, contablemente, títulos sinónimos.

Los resultados de la especulación, o sea, la diferencia entre el precio de coste y el de venta, los recogerá la cuenta de **Pérdidas y ganancias.** Veamos unos ejemplos.

Asiento por compra de mercaderías:

Mercaderías	a	Caja o Bancos
Por el precio de coste (si pagamos al contado).		
Mercaderías	a	Proveedores
Por el coste (si de momento no pagamos).		

Asiento por venta de mercaderías:

Caja		
Importe total.		
	a	Mercaderías
Por su coste.		
	a	Pérdidas y ganancias
Por el beneficio bruto de la operación.		

- **Ejemplo numérico.**
  1. Hemos comprado 250 kg del artículo X a 40 u.m. cada kilo, que hemos pagado en efectivo, y 350 kg del mismo artículo a 41 u.m. cada kilo, que hemos dejado a deber a nuestro proveedor Carlos Pérez y que pagaremos a 90 días fecha.
  2. Hemos vendido la totalidad de la primera partida a 44 u.m. cada kilo al contado. Los asientos de Diario que formularemos serán:

24.350	1 **Mercaderías** Compras de hoy.			
		a	**Caja**	10.000
	Pago al contado fra. 472 de J. Rey.			
		a	**Proveedores**	14.350
	C. Pérez, s/fra. 893 a 90 d/f.			
11.000	2 **Caja** Venta contado fra. 286.			
		a	**Mercaderías**	10.000
	Coste de 250 kg art. X.			
		a	**Pérdidas y ganancias**	1.000
	Beneficios en la venta.			

3. Si más adelante vendemos 150 kg de la segunda partida al precio de 44,50 u.m. el kg, el asiento que corresponderá será:

6.675	3 **Clientes** J. Pardo n/fra. 287.			
		a	**Mercaderías**	6.150
	Coste de 150 kg art. X.			
		a	**Pérdidas y ganancias**	525
	Beneficio en la venta.			

Si ahora formulamos el inventario, comprobaremos que nos quedan 200 kg que nos costaron a 41 u.m. cada kilo, con un importe total de 8.200 u.m., que es precisamente el saldo de la cuenta de **Mercaderías.**

D	Mercaderías		H
1) Compras	24.350	2) Venta	10.000
		3) Venta	6.150
	24.350		16.150

Saldo deudor: 8.200 = Coste de las existencias.

En la venta, pues, de mercaderías, éstas salen o se abonan a la cuenta por el precio de coste y la diferencia con el precio de venta la recoge la cuenta de **Pérdidas y ganancias**.

Artículo . . . . Unidad									
Fecha	Número de la factura o comprobante	NOMBRE DEL CLIENTE O PROVEEDOR	ENTRADAS o Compras y Gastos		SALIDAS o Ventas		EXISTENCIAS		Precio a que resulta cada unidad
			Unidades	Importe	Unidades	Importe	Unidades	Importe	

Las cuentas de existencias además de llevarlas en u.m., es decir, valoradas, han de llevarse por cuentas auxiliares, en unidades físicas para su correcto control. Desde luego, este control en unidades físicas ha de llevarse separadamente para cada clase de mercaderías. La cuenta general de **Mercaderías** en u.m. puede ser única para todas las existencias; las llevadas en unidades físicas han de ser diversas, pues no podemos sumar kilos de carbón con kilos de patatas; en cambio, sí podemos sumar las u.m. que vale el carbón con las u.m. de las patatas. Como ya hemos dicho es necesario el doble control: unidades físicas y unidades monetarias.

■ **La cuenta de Mercaderías como cuenta especulativa**
Se cargarán inicialmente las existencias que figuren en el inventario por el valor contabilizado. Durante el ejercicio se cargará por todas las partidas que se adquieren por su

precio de coste resultante y se abonará por las ventas a su precio de venta neto. Se cargarán las devoluciones y bonificaciones que se concedan en las ventas que ya hayan sido contabilizadas, pues si se conceden antes de su anotación en cuentas, es preferible hacer la deducción directamente en la cifra a abonar. Y se abonarán las que obtengamos en compras ya asentadas en cuenta.

D	Mercaderías	H
Existencias iniciales. – Gastos compra. – Devoluciones y bonificaciones en ventas. – Gastos venta. – Gastos de conservación y manipulación.		– Ventas a precio neto. – Devoluciones y bonificaciones en compras. – Mermas y deterioros.

Llevada por este procedimiento, su saldo no tiene significado ni representación propia; puede ser lo mismo deudor que acreedor, pues representa la mezcla de las existencias con los resultados de la especulación.

Si sumamos el importe de las existencias iniciales y de las compras y de esta suma deducimos el valor final de las existencias, obtendremos el coste de las mercaderías salidas o vendidas.

Restando el coste de las mercaderías a las ventas obtenemos el beneficio.

$$Ei + C - Ef = \text{Coste de las ventas}$$

$$V - (Ei + C - Ef) = \text{Beneficio}$$

En vez de hacerlo así, se puede simplificar sumando las existencias finales al Haber; si la diferencia es a favor del Haber nos indica que hay beneficio y si es a favor del Debe que hay pérdida.

$$\text{Beneficio} = (H + Ef) - D, \text{ o lo que es lo mismo:}$$

$$\text{Beneficio} = (H + Ef) - (\text{Compras} + Ei)$$

Esquemáticamente lo representamos:

D	Mercaderías		H
Existencias iniciales (Ei)		Ventas reales (V)	
Compras (C)		Existencias finales (Ef)	
(Debe)		(Haber + Ef)	

Si el SALDO es	y las EXISTENCIAS	el RESULTADO será:
DEUDOR	NO HAY EXISTENCIAS	PÉRDIDA
DEUDOR	CON EXISTENCIAS	Existencias = SALDO; diferencia nula; ni pérdida ni beneficio. Existencias mayor que saldo; diferencia = BENEFICIO. Existencias menor que saldo; diferencia = PÉRDIDA.
ACREEDOR	NO HAY EXISTENCIAS	BENEFICIO = Saldo acreedor.
ACREEDOR	CON EXISTENCIAS	BENEFICIO = Saldo acreedor + existencias.

- **Ejemplo numérico del procedimiento administrativo.**
  - Compra al contado de 10 sacos de género a 1.000 u.m. el saco.
  - Venta al contado de 6 sacos de género a 1.500 u.m. el saco.

Los asientos serán:

10.000	Mercaderías	a	Caja	10.000
9.000	Caja	a	Mercaderías	6.000
		a	Pérdidas y ganancias	3.000

Si las anteriores operaciones se contabilizan siguiendo el método especulativo se harán los siguientes asientos:

10.000	**Mercaderías**	a	**Caja**	10.000
	Compra 10 sacos a 1.000 u.m.			
9.000	**Caja**	a	**Mercaderías**	9.000
	Venta 6 sacos a 1.500 u.m.			

Para hallar las pérdidas y ganancias habidas en esta operación se deberán conocer las existencias en almacén.

Si éstas fueran de tres sacos por haberse deteriorado uno, tendríamos la cuenta de **Mercaderías** siguiente:

D	Mercaderías		H
Compras	10.000	Ventas	9.000
		Existencias finales	3.000
			12.000

12.000 – 10.000 = 2.000 Beneficio

En el sistema administrativo las mermas, deterioros o pérdidas de existencias han de darse de baja de la cuenta de Mercaderías, como quebrantos, por su precio de coste, mediante el asiento:

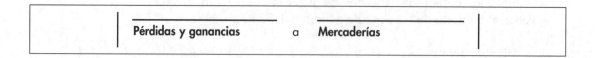

	Pérdidas y ganancias	a	**Mercaderías**	

Cuentas de débitos (deudores) y créditos (acreedores)

Las llamadas cuentas de débitos y créditos integran los saldos correspondientes a clientes, proveedores y otros, que provienen de las operaciones de tráfico de una empresa dada, es decir de la actividad comercial e industrial efectuada por ésta.

Efectos comerciales

Con el nombre de **efectos comerciales** se conocen aquellos documentos mercantiles que facultan a la persona a cuyo favor están extendidos, para exigir de otra, en determinada fecha llamada vencimiento, la cantidad de dinero que en ellos se consigna.

Los efectos comerciales nacen de las operaciones a crédito y también de aquéllas en que no coincide el lugar en que se hallan deudor y acreedor. La obligación de realizar el pago en las operaciones a plazo queda reflejada, para que pueda ser exigida, en un documento escrito. Cuando este documento reúne las formalidades exigidas por la legislación vigente, nacen los efectos comerciales, cuya principal característica es la fórmula **a la orden,** que los convierte en endosables y facilita su fácil transmisión, negociación y reembolso.

Suponga que usted ha vendido mercaderías por importe de 10.000 u.m. a un cliente que reside en otra localidad y que ha de cobrar dentro de dos meses. Ya tenemos el origen del efecto (la venta de mercaderías), su importe (10.000 u.m.) y su vencimiento o momento de pago (a los dos meses). Llegado este plazo para cobrar, ¿qué hará? Puede hacer entre otras cosas:

1. Visitar al comprador y pedir que le paque.
2. Que el cliente se traslade desde su domicilio al de usted con el dinero para pagarle.
3. Puede encargar a otra persona, que en nombre y representación de usted, vaya a ver al cliente y le pida que pague; a esa persona deberá darle una carta de presentación explicando el motivo de la visita.
4. Puede el cliente enviar, en su nombre, a otra persona con el dinero y también, para hacer bien las cosas, con una carta de presentación.

Las dos posibilidades últimas han dado lugar a los efectos comerciales o documentos mercantiles de giro y crédito. En el fondo son cartas de presentación en las que (p. ej., en el supuesto 3 anterior) usted mandará a su deudor (que se llama **librado**) para que pague lo que le debe en la fecha señalada a la persona que usted indica (se dice que el documento es a favor de esta persona, que toma el nombre de **tenedor**) y, a su vez, puede facultar a esta persona para que encargue u ordene a otro que haga la gestión de cobro, con lo que se dice que el documento está extendido **a la orden.** Esta frase significa que quien lo posee puede traspasar su derecho.

La evolución de las actividades económicas ha hecho que, generalmente, las personas a quien se confía la gestión de cobro sean entidades bancarias que, a veces, cuando reciben la carta o documento, ya anticipan su importe a quien les confía la gestión o extiende el documento, el cual toma el nombre de **librador.** Cualquier motivo de pago puede dar lugar u originar que se extiendan efectos comerciales. Si en el documento aparece la conformidad expresa del librado en pagar el importe señalado en la fecha convenida, se dice que el efecto ha sido **aceptado.** Al acto de manifestarlo por escrito se denomina «aceptación» y es **aceptante** el librado o pagador futuro, que con esta firma se compromete formalmente a realizar el pago en el vencimiento señalado.

Cuando la persona, a cuya orden o favor se ha extendido un efecto, traspasa a otro su derecho a cobrar, se dice que el efecto ha sido **endosado** a la orden del nuevo tenedor. **Endosar,** pues, es transferir a otro el derecho al cobro. Un documento de este tipo se dice que es **nominativo** cuando solamente puede cobrarlo la persona a favor de la cual se ha extendido; es **a la orden** —repetimos— cuando esta persona, a su vez, puede ceder su derecho a un tercero, y así sucesivamente, cada tenedor puede ir cediendo su derecho a otro tercero, y los nuevos tenedores pueden ir cediendo el documento hasta que un último tenedor lo presenta al cobro al vencimiento.

En general, los documentos mercantiles cumplen las siguientes funciones:

1. son medios de pago;
2. son instrumentos de cambio de un lugar a otro (enviar dinero de una localidad a otra);
3. son instrumentos de crédito, porque también representan la futura promesa de pago.

Requisitos esenciales

Son requisitos esenciales:

- designación de lugar y vencimiento de la obligación;
- determinación de la cantidad fija a satisfacer;
- mención de la persona a cuya orden ha de realizarse el pago;
- indicación de la persona que debe realizar el pago;
- lugar y fecha en que se emite el documento;
- firma de la persona que extiende el documento;
- indicación, mediante fórmulas convencionales, de la relación jurídica que liga a las personas que intervienen en el documento.

Los efectos mercantiles que reglamenta el Código de Comercio, son: la **letra de cambio**, la **libranza**, el **pagaré**, el **cheque**, el **talón de cuenta corriente**, el **warrant** y las **cartas órdenes de crédito**. Los más utilizados en las actividades comerciales y financieras son la letra de cambio y el cheque.

Cuentas colectivas

En un negocio, por pequeño que sea, se mantienen relaciones de crédito con un número considerable de personas y entidades. Por ello es conveniente, para tener en los balances una síntesis de la situación de débitos y créditos en lugar de situar en cada balance una cuenta personal para cada una de las personas y empresas, formar agrupaciones de cuentas personales según alguna característica común a varias de ellas; así, todas las personas que son deudoras por nuestras ventas podrán formar un grupo de compradores o **clientes**; los que nos suministran los artículos que transformamos o vendemos se podrían incluir en el de **proveedores**, etc. Estas cuentas —clientes, proveedores y otras similares— se denominan cuentas colectivas y se titulan según el colectivo o conjunto de cuentas individuales que representan.

En el Mayor abriremos cuentas directamente a cada una de las agrupaciones establecidas y en libros auxiliares o en fichas adecuadas desarrollaremos las diversas cuentas correspondientes a cada persona en particular, que dentro de cada concepto general estén comprendidas, para conocer así las operaciones realizadas con cada una de ellas y la cuantía de su saldo, puesto que son individual e independientemente deudores o acreedores, según los casos, de una determinada cantidad de dinero por las operaciones de crédito con cada uno mantenidas. Aunque una cuenta colectiva presente un saldo resumen, no significa que haya compensación entre los saldos de los individuos agrupados.

Así, si la cuenta de **Clientes** presenta un saldo deudor de 100.000 u.m. con el siguiente detalle:

Julio García Rodés	53.000 u.m.
Pedro Duce Abad	21.000 u.m.
Juan Roca Ruiz	26.000 u.m.

a Julio García sólo podremos reclamarle el pago de 53.000 u.m., y a los otros los respectivos importes.

Si en una cuenta de **Deudores y acreedores varios** se presenta:

	Deudores	Acreedores
José Ibáñez	45.000	
Pedro Alcántara		37.000
Julio Pascual	73.000	
Antonio de Gostiz	62.000	
Enrique Mañes		12.000
	180.000	59.000

el saldo deudor resultante será de 121.000 u.m. Puede ser que en el Mayor aparezca sólo por este saldo deudor, por haberse producido la compensación contable (que no es real) dentro de la cuenta entre los débitos y créditos de distintas personas.

Por lo tanto, es preferible, presentarla separando la cuenta de **Deudores varios** con saldo deudor de 180.000 u.m. y **Acreedores varios** con saldo acreedor de 59.000 u.m., pues desde los puntos de vista jurídico y financiero se derivan diferentes derechos de unas cuentas y de otras.

Cuentas de acreedores y deudores por operaciones de tráfico

Pertenecen a este grupo las cuentas personales y efectos comerciales a cobrar y a pagar que tienen su origen en el tráfico de la empresa.

Cuenta de Proveedores

Es una cuenta de Pasivo de carácter personal. Refleja las deudas de la empresa por operaciones corrientes de tráfico, es decir, por la compra de elementos que son básicos en su actividad productiva.

- **Formación de la cuenta**

  Se abonará inicialmente por el saldo acreedor de inventario o balance de apertura y, posteriormente, por el valor de las compras que realicemos a crédito; es decir, por las facturas, gastos, etc., que corran a nuestro cargo. Se cargará por los pagos que hagamos de las facturas que tengamos pendientes y también por las devoluciones de género y demás gastos que ocasionen una disminución de la deuda con éstos. El **saldo** será siempre acreedor o cero, e indicará el total de nuestra deuda por las facturas pendientes de pago.

- **Ejemplo de operaciones**
  - **a.** Compramos a crédito a M. Pérez, materias primas por 102.000 u.m.
  - **b.** Pagamos la factura anterior a través del Banco X.

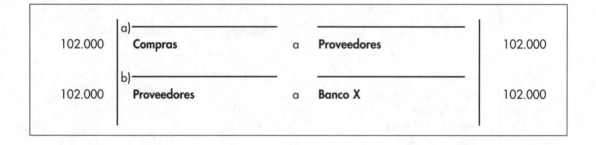

| 102.000 | a) Compras | a | Proveedores | 102.000 |
| 102.000 | b) Proveedores | a | Banco X | 102.000 |

Cuenta de Acreedores

Su funcionamiento y contenido es idéntico al de la cuenta de **Proveedores**. La diferencia está en que esta cuenta registra las operaciones **no comerciales;** es decir, aquellas operaciones que no son típicas de la actividad de la empresa. Por ejemplo, una empresa de compraventa acepta un préstamo a corto plazo de un particular. Una empresa compra mercaderías por importe de 56.000 u.m. que pagará a los 90 días, este importe se abonará a la cuenta de **Proveedores**. La misma empresa, para sus necesidades financieras, recibe de otra empresa un préstamo de 100.000 u.m., que devolverá en un plazo convenido; este importe se abonará a **Acreedores**. Tanto una como otra cuenta representan créditos contra la empresa y su distinto título es por el origen diferente del crédito.

Efectos comerciales a pagar

Es una cuenta de Pasivo y recoge los efectos comerciales (letras de cambio) a cargo de la empresa, que hay en circulación.

- **Formación de la cuenta**

  Se abona inicialmente por el valor de las que hay en circulación a nuestro cargo, según el inventario y durante el ejercicio por las nuevas letras de cambio a nuestro cargo que vayamos aceptando. Se carga por los efectos que se vayan pagando y, por tanto, retirando de la circulación, ya sea por pagarlos directamente nosotros al presentárnoslos o por indicación nuestra al banco, para que nos los cargue en cuenta. El **saldo** será acreedor o cero e indicará el total de efectos a nuestro cargo pendientes de vencimiento.

- **Ejemplo de operaciones**
  - **a.** Compramos géneros por 20.000 u.m. y para su pago aceptamos una letra de cambio a 90 días.
  - **b.** Pagamos a través del Banco X, a quien damos la oportuna orden de pago, la letra anterior.

	a)			
20.000	**Compras**	a	**Efectos comerciales a pagar**	20.000
	b)			
20.000	**Efectos comerciales a pagar**	a	**Banco X**	20.000

Cuenta de Clientes

La cuenta de Clientes recoge las deudas a nuestro favor derivadas de operaciones de venta normales a crédito, ya sea por la venta de mercaderías o bien de otros bienes objeto del tráfico de la empresa.

- **Formación de la cuenta**

  Se cargará al iniciar el ejercicio por el saldo deudor del inventario y a continuación por los importes que nos vayan adeudando los clientes por ventas realizadas a crédito, esto es, aplazadas de cobro. Se abonará por las cantidades que vayamos cobrando de estos clientes, o por las devoluciones de géneros o de envases que nos efectúen. El **saldo** será deudor o cero e indicará las cantidades que los clientes adeudan a nuestra empresa.

- **Ejemplo de operaciones**
  - **a.** Vendemos a crédito al Sr. López, a 30 días, 100 kilos del producto A por valor de 10.000 u.m.
  - **b.** Cobramos en efectivo la mitad de la deuda anterior, dejando en cuenta el resto de la deuda.
  - **c.** El mismo cliente nos devuelve 10 kilos del producto A.

10.000	a) Clientes	a	Ventas		10.000
5.000	b) Caja	a	Clientes		5.000
1.000	c) Ventas	a	Clientes		10.000

Cuenta de Deudores

Constituye también una cuenta personal. Recoge las deudas que terceras personas mantienen con la empresa. Su diferencia con la cuenta de **Clientes** estriba en que la cuenta de **Deudores** recoge aquellas deudas que no provienen de las ventas de productos o materias del tráfico normal de la empresa, es decir, aquellas operaciones que no son típicas de su actividad. La formación de esta cuenta y la significación del saldo es idéntica a la cuenta de **Clientes**.

Cuenta de Efectos comerciales a cobrar

Es una cuenta que representa los créditos a nuestro favor formalizados en un documento mercantil, generalmente la letra de cambio, que puede ser transmitida con arreglo a las formalidades que recogen las leyes mercantiles, transfiriéndose así el crédito que representa.

Generalmente, se recogen en esta cuenta los efectos aceptados por los clientes de la empresa. Si estos efectos se endosan antes de su vencimiento a un banco para que éste nos abone en cuenta corriente su importe, se dice que se han **descontado.** Este anticipo, de hecho, es un crédito que el banco concede y por ello cobra unos intereses y comisiones.

El valor dinerario expresado en el documento se dice que es su valor nominal al vencimiento; en otro momento, el nominal menos los intereses descontados y las comisiones percibidas, dan su valor efectivo, por el que son cedidos antes de su vencimiento. Se integran dentro del concepto de efectos comerciales a cobrar todas las deudas a favor de la empresa amparadas por efectos de comercio.

- **Formación de la cuenta**

  Se cargará inicialmente por el valor nominal de los que figuren en el inventario. Durante el ejercicio se carga por los nuevos efectos que se vayan creando. Se abona por los que cobramos directamente o a través de bancos, el vencimiento o descontándolos. El **saldo** puede ser deudor o cero e indicará los efectos en cartera pendientes de cobro o descuento.

- **Ejemplo de operaciones**

  a. Vendemos a M. Parras mercaderías por valor de 120.000 u.m., aceptándonos un efecto con vencimiento a 90 días. Las 120.000 u.m. son el nominal de la letra.

b. Descontamos en el Banco X el efecto anterior. El Banco nos cobrará por intereses y comisión 3.000 u.m., abonándonos en cuenta corriente el importe efectivo de 117.000 u.m.

120.000	a) **Efectos comerciales a cobrar**	a	**Ventas**	120.000
117.000 3.000	b) **Banco X** **Gastos financieros**[1]	a	**Efectos comerciales a cobrar**	120.000

[1] Esta cuenta tiene por misión recoger los intereses y comisiones que nos cobran los bancos al cederles los efectos a n/o., cuyo importe nos adelantan.

Cuentas de Personal

Son cuentas personales individuales y colectivas que han de reflejar los créditos y débitos de la empresa con su propio personal. Entre ellas se encuentra la cuenta de **Anticipos de remuneraciones** que recoge las entregas a cuenta de salarios y sueldos al personal. También puede haber la de **Personal,** con saldo acreedor si se han devengado retribuciones que no han sido pagadas aún, denominándose dicha cuenta **Remuneraciones pendientes de pago.**

Por ejemplo, a fin de mes preparamos una liquidación de comisiones a nuestros viajantes, que importan 85.000 u.m. y que cargamos a **Pérdidas y ganancias**, pero que no pagamos en espera de que los interesados soliciten cobrar. De momento hemos de reconocer que el **Personal** acredita este importe por el asiento:

85.000	**Pérdidas y ganancias** Comisiones del mes pendientes de pago.	a	**Remuneraciones pendientes de pago**	85.000

Cuentas de Administraciones Públicas

Las cuentas de Administraciones Públicas son los saldos con el Estado, diputaciones, ayuntamientos y otras entidades públicas, organismos de la Seguridad Social, montepíos y mutualidades, que tienen, generalmente, su origen en impuestos, gravámenes y contribuciones pendientes de liquidación.

Cuentas de Ajustes por periodificación

Son las cuentas que regulan los desfases producidos, por no coincidir la fecha de cierre de ejercicio con la de pago o exigibilidad de ciertos derechos u obligaciones.

Tienen por objeto contabilizar en cada ejercicio los gastos e ingresos correspondientes a éste que han sido devengados, pero que no han sido pagados. Las principales son las cuentas de gastos anticipados y de ingresos anticipados.

Gastos anticipados

Aparece cuando existen pagos realizados en el ejercicio que se cierra, por gastos que corresponden al ejercicio siguiente.

- **Movimiento de la cuenta**
  Se cargará al cierre del ejercicio con abono a las cuentas que hayan registrado gastos. Se abonará en el siguiente ejercicio.

  - **Ejemplo de operaciones**
    El mes de diciembre, pagamos la cuota del seguro de incendios del mes de enero siguiente que importa 3.000 u.m. Es un gasto pagado en diciembre con efectos para la empresa en el año siguiente; es gasto en este año, no en el anterior. El asiento contable que se deberá hacer es:

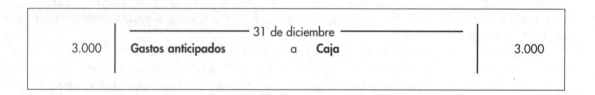

```
                    ———————————— 31 de diciembre ————————————
  3.000  |  Gastos anticipados        a   Caja                 |   3.000
         |                                                     |
```

luego, al iniciar el siguiente ejercicio, deberá completarse el ciclo operativo con el asiento:

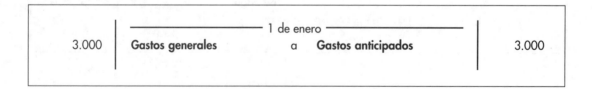

```
                    ———————————— 1 de enero ————————————
  3.000  |  Gastos generales        a   Gastos anticipados     |   3.000
         |                                                     |
```

Ingresos anticipados

Son cobros realizados en el ejercicio que se cierra, que corresponden a ingresos que se devengan en un ejercicio posterior.

▪ **Movimiento de la cuenta**

Se abonará al cierre del ejercicio, con cargo a las cuentas que hayan registrado los ingresos correspondientes al siguiente. Se cargará en el ejercicio siguiente.

• **Ejemplo de operaciones**

Una empresa de publicidad cobra en diciembre, 130.000 u.m. a cuenta de la campaña publicitaria que prepara un cliente para el año siguiente. El asiento, al terminar el ejercicio el 31 de diciembre, será:

130.000	Caja	a	Ingresos anticipados	130.000

Al cierre del ejercicio aparecen las cuentas de	Ejercicio que se cierra	Próximo ejercicio
Gastos anticipados	Se realiza el pago	Se realiza el gasto
Ingresos anticipados	Se realiza el cobro	Se realiza el objeto de ingreso

Las cuentas de periodificación en el inventario

Representan débitos o créditos, según sea su saldo. Las que tengan saldo deudor figurarán en el Activo; las que lo presenten acreedor se inscribirán en el Pasivo.

Teneduría de libros y fichas auxiliares que desarrollan las cuentas colectivas

Se llevan igual que se ha indicado para el libro Mayor, pues las cuentas personales son precisamente el origen de este libro, ya que la contabilidad mercantil empezó llevando las cuentas de los deudores y acreedores.

Cuentas financieras

Este grupo incluye las cuentas que reflejan la disponibilidad financiera de la empresa. Estudiaremos las principales.

Tesorería

Este subgrupo representa el efectivo disponible en Caja y Bancos, ya sea en moneda nacional o extranjera.

Cuenta de Caja

Es la que registra los cobros y pagos que se realizan mediante dinero efectivo.

- **Movimiento de la cuenta**
  Inicialmente, al comienzo del ejercicio administrativo, se cargará por la existencia según inventario. Durante el ejercicio se cargará por todos los cobros o ingresos que se produzcan; se abonará por todos los pagos que se realicen. El **saldo** será siempre deudor e indicará el dinero efectivo en nuestro poder.

- **Divisionarias**
  Puede existir una sola Caja en el negocio, contabilizando todos los cobros y pagos, o tener varias cajas, en distintas secciones o divisiones. Las cajas divisionarias reciben el nombre genérico de Caja y el específico de la sección a que estén afectadas o bien se las distingue correlativamente por una serie de números o letras, o por el nombre de los respectivos cajeros. Así, podríamos titularlas: Caja Bisutería, Caja Juguetes, Caja Tejidos o bien Caja 4, Caja 5, etc.
  Cada una de estas cajas divisionarias tendrá igual dinámica contable que la central. La relación entre las distintas cajas auxiliares y la Caja central se establece considerándolas como unidades contables diferentes; o sea, que las remesas de dinero de unas cajas a otras producirían un abono en la cuenta de la Caja que entregue el dinero y un cargo en la que lo reciba.

- **Ejemplo de operaciones**
  a. Compramos al contado mobiliario por 20.000 u.m.
  b. Abrimos una cuenta corriente en el Banco X, ingresando 10.000 u.m.
  c. Cobramos una factura que nos debía el cliente Sr. Legos, por 30.000 u.m.

20.000	a) Mobiliario	a	Caja	20.000
10.000	b) Banco X	a	Caja	10.000
30.000	c) Caja	a	Clientes	30.000

Generalmente, además de llevar la cuenta de **Caja** se lleva un libro auxiliar de caja que puede presentar diversos rayados. El más usual es el que presenta columnas de desglose para agrupar los cobros y los pagos que corresponden a cada uno de los conceptos o contrapartidas. En este libro se inscribe cada operación en la respectiva columna de Cobro o de Pago y en la columna de desglose que represente la contrapartida de cada operación.

Al utilizar libros auxiliares con columnas de desglose, siempre debe comprobarse que la suma de la columna principal sea igual a la suma de las totalizaciones de las columnas de desglose. Esta comprobación debe efectuarse, por lo menos, al final de cada página y sirve para comprobar que todas las partidas que figuran en la columna principal han sido luego anotadas en las de desglose. Estas columnas de desglose también nos han de servir cuando llevemos la contabilidad de Diario por asientos mensuales (o de otro período) resuntivos, para formular los correspondientes asientos de resumen de cobros y de pagos.

Cada operación se inscribe en la respectiva columna de Cobros y Pagos y en la columna de desglose que representa la contrapartida de la operación.

En el ejemplo de columnado de desglose hemos llenado dos columnas con las cuentas de **Proveedores** y **Mobiliario,** pero se podrá poner el título de cualquier cuenta que hubiera tenido un movimiento de Caja. Las operaciones que están registradas son las siguientes:

- Día 3-3 Pago al proveedor Juan Mateos 30.000 u.m. importe de la fra. núm. 240.
- Día 4-3 Pago una mesa y unas sillas para la oficina por importe de 24.500 u.m. que he comprado al contado.

Operaciones de Caja

La responsabilidad del cajero es importante, pues debe cuidar de los cobros y pagos y de la custodia del dinero, debiendo justificar las operaciones que ha efectuado.

El cajero no debe realizar ningún pago del que no le den justificante. Los pagos han de estar autorizados por el gerente, director o jefe de quien dependa. El cajero sólo debe pagar previa conformidad de la sección que ordene la operacion de donde proceda el pago. También debe cerciorarse de que las cantidades que ingresa corresponden a operaciones autorizadas.

Las operaciones que realiza el cajero se anotan en el libro de Caja, que es el borrador o auxiliar de la cuenta de **Caja.** El libro de Caja presenta varias modalidades:

- **a.** Libro de Caja a secciones separadas. Es igual que el rayado corriente del libro Mayor.
  La parte del Debe se destina a los **cobros** y la parte del Haber a los **pagos.**
- **b.** Libro de Caja con saldo constante.
- **c.** Libro de Caja con columnado de desglose.

El cajero debe cerciorarse de que un documento de pago no le es presentado dos veces; para ello, debe estampar un sello de pagado o una contraseña suya en cada documento.

Arqueo de Caja

Se llama arqueo de Caja al recuento que periódicamente se realiza del efectivo existente en Caja, para comprobar si existe o no la debida concordancia entre dicho efectivo y el saldo que presenta la cuenta.

LIBRO DE CAJA CON SALDO CONSTANTE

FECHA	CONCEPTOS	COBROS	PAGOS	SALDOS

LIBRO DE CAJA A SECCIONES SEPARADAS

COBROS				Caja		PAGOS	
Fecha	Concepto	Cantidades	Sumas	Fecha	Concepto	Cantidades	Sumas

LIBRO DE CAJA CON COLUMNADO DE DESGLOSE

COBROS — C A

		CAJA	CLIENTES	CONTADOS	

J A — PAGOS

			CAJA	PROVEEDORES	MOBILIARIO	
marzo	3	Pago a J. Mateos, s/fra. 240	30.000,–	30.000,–		
»	4	Compra mobiliario	24.500,–		24.500,–	

Cuenta de Bancos

Representa a todas las cuentas por depósitos de efectivo en cuenta corriente a la vista en bancos o entidades asimiladas. Actualmente, la mayoría de operaciones de cobros y pagos se realizan a través de tales cuentas. En este caso, para los pagos se usan los cheques o talones, y para los cobros recibos o efectos a cobrar a cargo de nuestros deudores o clientes, siendo un banco quien efectúa la labor de cobro, percibiendo las comisiones que correspondan.

- **Movimiento de la cuenta**
  Al iniciar el ejercicio, se carga por el importe de los saldos activos de las cuentas corrientes que se tengan y que figuren en el inventario inicial. Se cargará por las entregas de efectivo y por las transferencias que, ordenadas a nuestro favor por otras personas, reciba el banco, por el efectivo de la negociación de nuestros efectos y, en general, por todas las partidas que el banco reciba a nuestro favor. Se abonará por los importes que retiremos de la cuenta o los pagos que ordenamos con cargo a la misma. El saldo será deudor o cero. Si pasase a ser acreedor significa que hemos dispuesto de más dinero del que teníamos, habiéndonos concedido el banco crédito por la diferencia. Esta operación se denomina «descubierto en cuenta corriente» y normalmente debe reponerse el saldo en pocos días.

- **Ejemplos de operaciones**
  a. Cobramos de un cliente por transferencia al Banco X 200.000 u.m.
  b. Pagamos a un proveedor mediante cheque del Banco X 100.000 u.m.
  c. El Banco Z nos abona en cuenta 5.000 u.m. por intereses a nuestro favor.

	a)			
200.000	**Banco X**	a	**Clientes**	200.000
	b)			
100.000	**Proveedores**	a	**Banco X**	100.000
	c)			
5.000	**Banco Z**	a	**Ingresos financieros**	5.000

- **Divisionarias**
  Cuando el número de bancos con los que se mantenga relación sea relativamente pequeño, puede abrirse cuenta directamente en el Mayor a cada una de las cuentas bancarias.
  Si se prefiere, puede llevarse una cuenta única de Bancos en el Mayor y desarrollarla en un libro auxiliar o fichero, abriendo en él cuenta individual para cada uno de

ellos. No obstante, en los balances y estados de situación se acostumbra a totalizar, bajo la rúbrica general de Bancos, la acumulación de las diversas cuentas bancarias diferentes.

Los extractos de cuentas bancarias

Los bancos acostumbran a remitir a sus clientes, periódicamente, una copia de los cargos y abonos efectuados en sus cuentas, con los datos necesarios para el cálculo de los intereses, cuando los devengaren, y el saldo resultante. La forma de presentar estos extractos varía de unos bancos a otros. Unos formulan una copia exacta de la cuenta, expresando fecha de las operaciones, conceptos, vencimientos, cantidades e intereses. Otros, bancos sólo recopilan en el extracto (de ahí su nombre) los vencimientos o valores, las cantidades y los números que sirven de base para el cálculo de los intereses. Hay bancos que remiten el extracto de cada operación, otros, por períodos determinados y algunos envían copia de la hoja-cuenta a medida que se van completando las páginas.

La finalidad de estos extractos es que el cliente pueda comprobar la exactitud de la situación de su cuenta con los datos que obren en su contabilidad, formulando los reparos, si los hubiere, o dándole la conformidad. Hay que observar que, al explicar la cuenta de Bancos, nos hemos situado en la posición de cuentacorrentista, de comerciante o industrial que entrega su dinero para que el banco lo custodie, y de ahí que dijéramos que el saldo era deudor. Situados ahora en posición de banqueros, las cuentas corrientes a la vista representan créditos que les han concedido cantidades recibidas de las cuales han de responder, teniendo entonces signo Pasivo su saldo.

Cuando se comprueba un extracto de cuenta debe tenerse presente que las partidas que el banco anota en el Debe, el cuentacorrentista las tiene anotadas en el Haber y viceversa.

Si nosotros tenemos un saldo a nuestro favor de 100.000 u.m. en el Banco A y extendemos un cheque para pagar a nuestro proveedor Julio Jiménez 35.000 u.m. que le debemos, en nuestra contabilidad se formalizarán los movimientos contables que siguen:

Situación inicial:

D	Banco A	H	D	Julio Jiménez	H
100.000					35.000

Movimiento modificativo:

D	Banco A	H	D	Julio Jiménez	H
100.000		35.000	35.000		35.000

quedando un saldo favorable en el Banco A de 65.000 y saldando la cuenta de Julio Jiménez.

En la contabilidad del banco, al pagar el cheque o talón resultará:

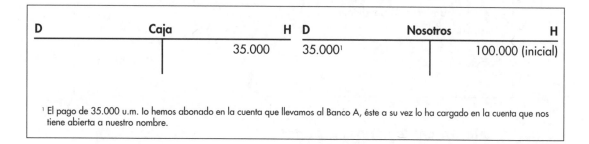

D	Caja	H	D	Nosotros	H
	35.000		35.000[1]		100.000 (inicial)

[1] El pago de 35.000 u.m. lo hemos abonado en la cuenta que llevamos al Banco A, éste a su vez lo ha cargado en la cuenta que nos tiene abierta a nuestro nombre.

A la remisión de extractos de cuentas la acompañan una carta y volante de conformidad que el cuentacorrentista debe devolver debidamente cumplimentado y firmado. El extracto y el acuse-conforme tienen poder probatorio del saldo.

Conciliación de saldos

Al comprobar un extracto bancario puede suceder que existan operaciones que uno haya anotado y la otra parte todavía no tenga aviso de ellos. Entonces hay que apuntar provisionalmente, en hoja aparte, estas operaciones y ver si los saldos se corresponden. A esto se llama «conciliar los saldos».

Supongamos que el banco, según su extracto, dice que tenemos un saldo a nuestro favor de 83.200 u.m. y que en nuestra cuenta el saldo es de 135.300 u.m. Hemos de puntear las partidas de una y otra cuenta para encontrar las que faltan o no corresponden. Suponga que al hacerlo hallamos que el banco ha pagado por nuestra cuenta una factura que importa 32.100 u.m. y que nosotros aún no hemos anotado; por otra parte, hemos apuntado una transferencia a nuestro favor de la que nos han avisado y que el banco ha recibido unos días más tarde. Haremos:

Saldo s/extracto bancario	83.200 u.m.
+ factura cargada y que no sabíamos	32.100 u.m.
Saldo que debería ser	115.300 u.m.
+ transferencia pendiente	20.000 u.m.
Saldo conciliado	135.300 u.m.

También puede hacerse a la inversa:

Nuestro saldo		135.300 u.m.
Menos: Transferencia pendiente	20.000	
Fra. cargada	32.100	– 52.100 um.
Saldo s/banco		83.200 u.m.

Mecánica de cobros y pagos

Los cobros y pagos pueden hacerse en la Caja de la empresa o por medio de las cuentas corrientes en los bancos. La coordinación de estos medios de cobro y pago puede hacerse de varias maneras, las principales, son:

- **Procedimiento independiente**

  Se lleva cuenta de Caja y cuentas separadas de cada banco. En cada una se anotan directamente las operaciones que le afectan en exclusiva.

- **Procedimiento de centralización en Caja**

  Sin perjuicio de llevar la cuenta particular de cada banco, en las cuales no aparece ningún detalle en las explicaciones, aparte del número de cheque o del resguardo de ingreso, toda operación reflejada en la cuenta bancaria es también inscrita en el libro de Caja de la siguiente forma:

  1. Si se extiende un cheque y con él, por ejemplo, se paga una factura.

     En el libro de Caja, en cobros, se hace figurar, como una entrada de dinero, el importe del cheque, con descargo en la columna de Bancos (puede haber una columna para cada banco). Luego en la parte de Pagos, se inscribe su salida por el total, con la contrapartida a Proveedores. O sea, que la operación queda inscrita como si el cajero hubiese cobrado el dinero del banco y luego lo hubiese entregado al proveedor, en pago de su factura; pero el dinero no se ha retirado del banco y al proveedor se le ha entregado directamente el cheque para que lo cobre él.

  2. Supongamos que un cliente nos paga una factura con un cheque que luego nosotros ingresamos, para su compensación, en el banco. En la columna de Cobros figurará su importe, descargando la correspondiente columna de Clientes, del mismo lado. Luego, en Pagos figurará la salida del cheque como un pago, inscribiéndose su importe, además, en la columna de desglose correspondiente al banco que lo recibe. Se dice que un cheque se compensa cuando en vez de cobrarlo en efectivo, se entrega a un banco en el que mantenemos cuenta corriente para que él cuide de cobrarlo y nos abone en cuenta su importe. Cada banco, resume los cheques que recibe de sus clientes contra otros bancos y los que éstos otros tienen contra él y liquidan sólo la diferencia. Si José recibe un cheque de su cliente Pedro contra el Banco A, José puede ir a cobrarlo al Banco A; pero si tiene cuenta en el Banco B, por ejemplo, le puede entregar a éste el cheque y se lo abonará ya en cuenta corriente (salvo buen fin) y luego lo cobrará. La expresión salvo buen fin (s.b.f) significa que si luego el

Banco A no pagase el talón librado por Pedro, el Banco B se lo devolvería a José y desharía la operación anotada en cuenta.

Cobros

C A J A

CARGO A CUENTAS INTERIORES DE LA SECCIÓN				TOTAL CARGO	FECHA		OPERACIÓN	ABONO A LAS SECCIONES DE				
Bancos al cobro	Bancos	Efectivo						Almacén	Cartera	Ctas. ctes.		
		5.000 –		5.000 –	Enero	5	Venta contado	5.000 –				
4.000 –				4.000 –			Negociación hoy		4.000 –			
		7.000 –		7.000 –			Cobro de efectos	7.000 –				

- **Procedimiento Resuntivo**

Cuando hay pocas cuentas bancarias puede utilizarse el siguiente rayado en el que se ha desglosado la columna de importes, en una columna para el efectivo, y tantas otras como bancos en los que se mantenga abierta una cuenta corriente.

El mismo rayado se utiliza en el Debe (Cobros) que en el Haber (Pagos).

Pagos

C A J A

CARGO A LAS SECCIONES DE					FECHA		OPERACIÓN	TOTAL CARGO	ABONO A CUENTAS INTERIORES DE SECCIÓN			
		Ctas. ctes.	Cartera	Almacén					Efectivo	Bancos		
	2.000 –				Enero	5	Pago facturas	2.000 –	2.000 –			
				200 –			Gastos compra	200 –	200 –			

Domiciliación de cobros y pagos

Las facilidades bancarias han dado origen a la operación del título, la cual tiene por finalidad evitar el movimiento de efectivo y el mayor auge de la compensación bancaria. Para los cobros se entregan a un banco —en que se tenga cuenta corriente y se haya establecido esta forma de operar— los recibos a cargo de nuestros clientes y deudores, con mención del banco donde los mismos tienen cuenta corriente o no. El banco cuida de presentar los recibos al cobro y nos los abona en nuestra propia cuenta, con deducción de una pequeña comisión de cobranza.

La domiciliación de pagos puede hacerse total o por partidas. En el primer caso se conviene con un banco que pagará nuestras facturas y deudas, mediante conformidad de nuestra administración puesta en los correspondientes documentos. Es exactamente como si la sección de Caja de la empresa estuviese radicada en un banco determinado. El acreedor nos presenta la factura o recibo, estampamos en ella nuestra conformidad y el banco hace el pago, sin necesidad de librar el talón de retirada de fondos. La domiciliación por partidas se hace con las letras de cambio, principalmente, en que se indica en el momento de la aceptación que se presente al cobro en un determinado banco, e igualmente puede hacerse con otro documento.

En la domiciliación total puede contabilizarse la operación directamente, haciendo el abono al banco tan pronto demos conformidad al documento liberatorio, o bien indirectamente, creando una cuenta transitoria de **Pagos ordenados, Banco X,** donde abonaremos las partidas que se domicilien, en el momento de la orden, para cargar a dicha cuenta, con abono a la cuenta corriente bancaria, cuando el banco nos comunique haber efectuado el pago.

En la domiciliación de letras pueden seguirse ambos procedimientos titulando a la cuenta transitoria con el nombre de **Letras domiciliadas en Banco X.** También cabe el recurso de no contabilizar esta domiciliación, sino tan sólo en un registro auxiliar, esperando hacer el abono al banco cuando éste, al vencimiento del efecto, nos comunique haberlo pagado.

Nuestro proveedor Juan Rodríguez nos acredita 23.700 u.m. por unas mercaderías que nos vendió, y nos presenta su factura que conformamos y enviamos al Banco Universal con orden de que proceda a su pago con cargo a nuestra cuenta corriente.

Si lo contabilizamos directamente, formularemos el asiento de:

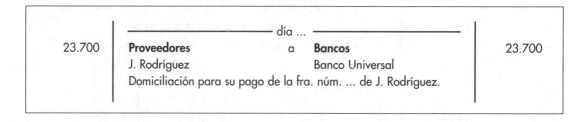

		día ...		
23.700	**Proveedores**	a	**Bancos**	23.700
	J. Rodríguez		Banco Universal	
	Domiciliación para su pago de la fra. núm. ... de J. Rodríguez.			

Si deseamos tener constancia de los pagos ordenados al Banco que están pendientes de confirmación, entonces debemos llevar el juego de asientos que se reseñan a continuación.

Al ordenar el pago:

23.700	——————————— día ... ——————————— **Proveedores** a **Pagos ordenados** J. Rodríguez, por domiciliación en Banco Universal del pago de su fra. núm. ...	23.700

Y cuando recibamos el aviso del banco de que el citado importe ha sido cargado en nuestra cuenta:

23.700	——————————— día ... ——————————— **Pagos ordenados** a **Bancos** J. Rodríguez, por domiciliación en Banco Universal del pago de su fra. núm. ...	23.700

La mayoría de contables son partidarios, por su sencillez práctica, del primer procedimiento. Para control del cumplimiento de las órdenes de pago se archivan las relaciones de facturas cuyo pago se ha ordenado y al recibir los avisos del Banco se puntean comprobando que han sido satisfechas.

La copia de las relaciones puede tener el siguiente rayado:

PAGOS ORDENADOS AL BANCO .... el día				Cargo bancario	
Núm. orden	Acreditado	Documento	Importe	día	núm.

Si se trata de letras de cambio a nuestro cargo, la cuenta titulada **Pagos ordenados** puede denominarse **Letras domiciliadas.**

El sistema directo tiene la ventaja de que la cuenta bancaria presenta el verdadero saldo disponible, una vez cumplimentadas todas las órdenes en curso. Evitamos la posibilidad de extender cheques sin fondos, cosa que podría ocurrir si al mirar la cuenta bancaria no tenemos presente la suma de los pagos ordenados, todavía no cumplimentados.

La previsión de cobros y pagos

Una importante tarea administrativa es la de mantener una constante vigilancia de la disponibilidad dineraria, cuyo saldo diario está reflejado en las cuentas de **Tesorería** (Caja y Bancos). Esta disponibilidad se modifica por efecto de los cobros y de los pagos; por ello, y para prever las modificaciones que en el futuro puedan presentarse, es necesario tener al día unos cuadros auxiliares que reflejen las previsiones de cobros y pagos. Pueden seguirse varios procedimientos. Uno de los más utilizados funciona de la siguiente forma.

Se utiliza una hoja apaisada de papel de varias columnas para la previsión de pagos y otra para la previsión de cobros. Cada columna se dedica a registrar los cobros o pagos previstos para un determinado período (día, semana, decena, quincena, mes o trimestre) y los datos se pueden inscribir, redondeándolos en miles de u.m., ya que como orientación del posible equilibrio financiero no es necesario detallar más.

Como la previsión ha de ser tanto más exacta en cuanto se refiera a un período más próximo, muchos contables son partidarios de desglosar por semanas las previsiones en el primer mes próximo al momento en que se realice la previsión; los más alejados por meses (tres o seis) y luego por trimestres. La hoja presenta el siguiente aspecto, suponiendo que preparamos una previsión en los últimos días de agosto.

Usaremos otra hoja análoga para los ingresos. Se van apuntando los compromisos de pago a medida que se adquieran. Igualmente los ingresos previstos. Si hay mucho movimiento es preferible tener una hoja separada por cada agrupación de vencimientos (semana, mes, etc.).

Las columnas u hojas de cada vencimiento se suman, generalmente a lápiz, cada vez que interesa constatar una situación; para ello se utiliza una hoja de cifras acumuladas que presenta el mismo detalle en la columna como sigue:

Fecha:	Situación de previsiones de Tesorería que modifican el saldo actual de			
Acumulación por vencimientos	Pagos previstos	Cobros previstos	Diferencia ±	Diferencias acumuladas
29/08 a 03/09				
05/09 a 10/09				
12/09 a 17/09				
19/09 a 24/09				
26/09 a 01/10				
Octubre				
Noviembre				
Diciembre				
Enero/marzo				
Abril/junio				
Más alejado				

En la última columna se van sumando las partidas de las líneas anteriores. Al empezar un nuevo mes, la hoja de dicho mes se reclasifica por períodos menores (día, semana, decena). En las próximas páginas insertamos un **Cuadro de preparación de una previsión de pagos.** Vamos a detallar a continuación las operaciones que se registran en la citada hoja.

Se inscriben en la columna primera el concepto y especificación de los pagos previstos. Si son de poca cuantía pueden agruparse varios; p.ej., gastos menores del mes. Observe que en el primer mes cada columna comprende una semana; luego, agrupamos por meses. Al empezar octubre abriremos una nueva hoja poniendo el detalle por semanas de dicho mes. Las sumas se hacen cada vez que interesa establecer la situación.

La preparación de la anterior hoja requiere que el encargado de prepararla (el propio contable, o el director financiero o el mismo gerente, o quien sea, según los casos) vaya teniendo conocimiento de los pagos e ingresos previstos. Cada uno de los departamentos que tenga facultades para ordenar compras y gastos, así como recabar ingresos, ha de comunicar al Departamento Financiero sus disposiciones. En éste se tiene la adecuada hoja para ir anotándolos a medida que reciba los oportunos avisos.

Así, en la hoja de muestra se suponen las siguientes operaciones:

1. Factura del proveedor D. José Rey que se ha de pagar el día 8 de septiembre por 50.000 u.m.
2. Cada mes hemos de pagar 100.000 u.m. de alquiler.
3. Cada mes hemos de pagar los sueldos y salarios de obreros y empleados.
4. Hay una factura de N. López cuyo importe se distribuye en tres plazos, de vencimiento respectivo al primero de septiembre, octubre y noviembre.
5. Tenemos aceptada una letra a la orden de Bancredial que vence el 15 de septiembre.
6. En el mes de octubre vence una póliza de crédito del Banco Central, que hemos de cancelar; esto es, devolver el dinero que nos prestó importe 5.000.000 de u.m.
7. Hemos comprado maquinaria en septiembre y hemos de pagar el día 20 de cada mes, 1.000.000 de u.m. durante trece meses a partir de octubre.
8. Hemos comprado a nuestro proveedor M. de Pablo géneros que pagaremos en la forma siguiente: 96.000 u.m. el 10 de septiembre, otras 96.000 u.m. el 15 de noviembre y el resto, 100.000 u.m., el 15 de marzo.
9. Los Seguros Sociales a pagar por los importes señalados.

Seguiremos anotando todos los compromisos previstos y cada vez que interese procederemos a sumar las respectivas columnas. Así, de acuerdo con el ejemplo, sabemos que tenemos comprometidos los pagos como sigue, según lo apuntado:

Del 29 de agosto al 3 de septiembre	586.200 u.m.
Del 5 al 9 de septiembre	496.000 u.m.
Del 12 al 17 de septiembre	2.350.000 u.m.
Del 19 al 24 de septiembre	1.350.000 u.m.
Del 26 de septiembre al 1 de octubre	1.150.000 u.m.
En el mes de octubre	9.136.200 u.m.
En el mes de noviembre	4.492.200 u.m.
En el mes de diciembre	5.960.000 u.m.
Primer trimestre del próximo año	13.800.000 u.m.

PREPARACIÓN DE UNA PREVISIÓN DE PAGOS				
Pagos previstos	29/08 a 03/09	05 a 10/09	12 a 17/09	19 a 24/09
Fra. J. Rey		50.000		
Alquileres	100.000			
Personal	350.000	350.000	350.000	350.000
Fra. N. López	136.200			
L/Bancredial			2.000.000	
Póliza Banco Central				
L/Máquina X				1.000.000
Fra. M. de Pablo		96.000		
SS				
Etc.				
Sumas al día	586.200	496.000	2.350.000	1.350.000

Esta hoja de previsión de pagos ha de compararse continuamente con la hoja de previsión de ingresos, haciendo constar en ellas las disponibilidades dinerarias; es decir, la totalidad de recursos financieros que tenemos, para hacer frente a los compromisos de pago. Con estas hojas a la vista se toman las disposiciones convenientes para poder cumplir siempre los compromisos contraídos y evitar los riesgos de una suspensión de pagos que nos desacredite. Este tema se ampliará en el apartado *La previsión financiera* del capítulo 6.

Cuentas de inversiones financieras

Están destinadas estas cuentas a llevar el movimiento de los títulos o efectos que representan créditos contra las entidades de carácter público o contra empresas privadas y de los que representan partes alícuotas del capital de empresas mercantiles.

Los títulos de la Deuda del Estado, provincias y municipios, los bonos del Tesoro, las obligaciones emitidas por sociedades y las acciones de las mismas están en particular incluidos dentro del concepto genérico de Título-Valores. Estos Títulos pueden ser activos o pasivos según representen créditos o débitos de la empresa, y por ello pueden dar lugar a varias cuentas activas y pasivas, las cuales se integran en la cuenta de **Acciones** u **Obligaciones y bonos** para títulos emitidos por empresas privadas y **Fondos públicos** para

EN LOS ÚLTIMOS DÍAS DEL MES DE AGOSTO					
26/09 a 01/10	Octubre	Noviembre	Diciembre	1.er trim. próx. año	Otros
	100.000	100.000	100.000	300.000	
400.000	2.100.000	2.300.000	4.000.000	9.700.000	
	136.200	136.200			
	5.000.000				
	1.000.000	1.000.000	1.000.000	1.000.000	Hasta oct.
		96.000		100.000	
750.000	800.000	860.000	860.000	2.700.000	
1.150.000	9.136.200	4.492.200	5.960.000	13.800.000	

los emitidos por organismos públicos en el Activo, y la de **Empréstitos** en el Pasivo, para representar los préstamos recibidos mediante esta modalidad.

Se han de distinguir los títulos que representan el capital de las sociedades, que se denominan **Acciones,** y los que son representativos de parte de un préstamo y que se denominan **Obligaciones.** Tanto con respecto a las Acciones como a las Obligaciones una empresa puede ser poseedora de los títulos o emisora de ellos. El tenedor o poseedor es quien ostenta los derechos señalados en el título contra la entidad emisora. Los títulos que poseen son parte del **Activo** de la empresa. Los títulos emitidos siendo Obligaciones forman parte del **Pasivo,** por el concepto de Empréstito (préstamo).

Quien posee acciones de una Sociedad Anónima es socio de ella, y como tal tiene derecho a asistir a las Juntas de Socios para discutir la marcha de la sociedad, concurrir al nombramiento de los administradores, cobrar la parte proporcional que le corresponda en los beneficios que se repartan, que se llaman dividendos activos, y recibir la parte alícuota que resulte al liquidar la sociedad. Quien posee obligaciones emitidas por una sociedad, es sólo prestamista, de acuerdo con las condiciones fijadas; tiene derecho a cobrar intereses y que le devuelvan el importe, cuando se haya establecido. Tanto las acciones como las obligaciones son títulos que se pueden comprar y vender cediendo así los derechos inherentes a ellos.

Una empresa puede haber invertido parte de su dinero en la compra de acciones y obligaciones emitidas por otras empresas. Suponga que usted es el gerente y tiene 7.000.000 u.m. en cuentas corrientes bancarias, que juzga no necesitará en mucho tiempo para atender a la rotación de cobros y pagos normales. Este dinero —según la coyuntura económica de cada momento— puede rendirle más si lo invierte en Bolsa; puede comprar con él acciones u obligaciones emitidas por otras empresas. Hace la inversión contando que si en un futuro necesita este dinero podrá vender las acciones y las obligaciones que ahora ha comprado, pues una característica de tales títulos es la posibilidad de su venta o enajenación, ya que en la Bolsa se efectúan de continuo operaciones de compraventa. Lógicamente ahora ha comprado a un determinado precio o cotización, y más adelante —al tener que vender— el precio puede ser otro; esto es, se corre el riesgo de ganar o perder, según valgan más o menos en el futuro, lo que constituye la especulación propia de las operaciones de Bolsa o bursátiles.

Se denomina cotización o cambio de los títulos, al precio de éstos; generalmente, se refiere a cien unidades monetarias nominales.

Así, si nos dicen que las acciones de la *Compañía Azucarera del Este, S. A.* se cotizan al cambio de 165, significa que por cada cien u.m. nominales expresadas en cada título tendremos que pagar un precio de 165 u.m. Si el título es de 10.000 u.m. nominales, el precio será de 16.500 u.m. (10.000 x 165 : 100). A este precio se le da el nombre de valor efectivo de los títulos.

Así, pues, en los títulos hemos de distinguir su valor nominal que es, como se ha dicho, el expresado en cada título, y el valor efectivo, que resulta de aplicar la cotización nominal. Cabe también que se hable del coste de emisión, que es el primer precio que se paga cuando los títulos se emiten o se ponen en circulación por primera vez; el coste de compra es el efectivo más los gastos de la operación de compra: impuestos y comisión de los agentes que intervienen. El neto de la venta es, para el vendedor, el efectivo menos el gasto a su cargo.

Si la inversión tiende a ser permanente y con ella se persigue alguna influencia en otra empresa, deberá contabilizarse como un caso particular de Inmovilizado, denominado **Imnovilizado financiero;** pero, si sólo se busca colocar sobrantes de dinero, estará en el grupo de cuentas financieras.

El precio o cotización de los títulos depende de las circunstancias que se den en cada una de las sociedades que los han emitido. Por ejemplo, si tienen perspectivas de dar unos beneficios mayores o menores que otras sociedades, si parece que el negocio será bueno durante mucho tiempo o tendrá que liquidarse por modificarse las condiciones del mercado, si podrá o no exportar con beneficio, si tiene o tendrá conflictos laborales, etc.; es decir, el precio depende de los factores económicos que pueden influir en la seguridad de la inversión y de los beneficios, comparándolos con las perspectivas que ofrezcan otras sociedades o negocios, así como del ambiente económico general. Según estas circunstancias habrá más o menos demanda u oferta de determinados títulos y esta oferta-demanda es la que fija la cotización o cambio, produciendo el riesgo de ganar o perder. Vamos a estudiar separadamente cada una de estas cuentas.

Cuenta de Fondos públicos

Es la denominación genérica de los títulos emitidos por el Estado, provincia y municipio y otras corporaciones oficiales que actúan bajo la vigilancia y garantía del Estado. Estos valores son de renta fija, o sea, que dan derecho a su poseedor al recibo de un interés anual fijo y a la devolución, en la forma convenida, del importe que el título representa.

■ **Movimiento de la cuenta**

Se cargará a la suscripción o compra de los títulos por el desembolso realizado, y se abonará a su enajenación o amortización por el importe obtenido.

Cuenta de Acciones

Representa a los títulos que poseemos emitidos por otras sociedades; es decir, que nosotros somos accionistas de las correspondientes sociedades emisoras. Estos títulos pueden ser **con cotización oficial** —el PGC establece esta distinción; la cuenta de acciones con cotización oficial tiene igual movimiento que la que agrupa a las acciones no cotizadas en Bolsa—, es decir, que son los que se cotizan en Bolsa, o **sin ella,** o sea títulos que no son admitidos a cotización en las Bolsas de Comercio. El PGC establece esta distinción; la cuenta de acciones con cotización oficial tiene igual movimiento que la que agrupa a las acciones no cotizadas en Bolsa.

Son títulos de renta variable, que dan derecho a su poseedor a intervenir en la forma que esté señalada en los estatutos de la empresa emisora en su administración y dirección, y a percibir una parte proporcional de los beneficios obtenidos, ya que estos títulos son la representación de una parte del Capital.

■ **Movimiento de la cuenta**

Se cargará a la suscripción o a la compra por el valor de emisión o de cotización. Se abonará por el importe de la venta. Al cierre del ejercicio, se procederá a determinar los resultados de las operaciones realizadas durante el ejercicio con los títulos que posea la empresa. Análogamente a la cuenta de Mercaderías, la cuenta de Acciones también puede desarrollarse por el método administrativo.

• **Ejemplo de operaciones**

a. Compramos a la par, esto es al cambio de 100 %, 100 acciones de 1.000 u.m. nominales, que pagamos mediante cheque contra nuestra cuenta corriente en Banco X.
b. Vendemos 50 de las acciones anteriores, al cambio del 120 %; cobramos en efectivo.
c. En el Banco X nos abonan 75 u.m. por acción como dividendo anual.
d. Al final del año las acciones se cotizan al cambio de 98 %.

100.000	a) Acciones con cotización oficial	a	Banco X	100.000
60.000	b) Caja (Se valora la venta por el precio efectivo).	a	Acciones con cotización oficial	60.000
3.750	c) Banco X	a	Ingresos financieros	3.750

Para regularizar la cuenta deberá efectuarse un inventario final valorando las existencias normalmente, según la cotización del día, salvo disposiciones concretas que exija la Ley. El PGC señala la siguiente norma general:

– Los títulos que no se coticen oficialmente en Bolsa se valorarán según el prudente arbitrio de los administradores, sin que pueda fijarse un tipo superior al de su adquisición.
– Los títulos que se coticen en Bolsa figurarán a un tipo no superior a la cotización oficial media del último trimestre del ejercicio económico.

Siguiendo las normas del PGC debe distinguirse en los lucros procedentes de la cartera de valores, los intereses y dividendos de los beneficios o pérdidas producidas por la especulación. Los primeros se llevan al Haber de la cuenta de **Ingresos financieros** del Grupo 7, y el saldo final de esta cuenta se pasa al Haber de la cuenta de **Pérdidas y ganancias,** por considerarlos ingresos normales de la actividad.

A la cuenta de **Pérdidas y ganancias** se cargan los **Gastos financieros** que durante el ejercicio se han recogido en la cuenta de este título. El lector no debe preocuparse ahora por las cuentas de **Gastos** y de **Ingresos**; ya las estudiaremos en los capítulos que siguen.

Los resultados de la especulación, diferencias entre precios de venta y de coste, se llevan directamente a las cuentas de **Beneficios** (77) o **Pérdidas** (67), cuyos saldos a fin de ejercicio se regularizan por la cuenta de **Pérdidas y ganancias.** Al final del ejercicio, regularizaremos las operaciones del ejemplo anterior y para determinar el «Resultado de la Cartera de Valores» procederemos como sigue:

1. Buscar el saldo de la cuenta **Acciones con cotización oficial.** Saldo deudor: 40.000.

D		H	
Compras	100.000	Ventas	60.000

2. Determinar el valor de las acciones que poseemos. 50 acciones de 1.000 u.m. al cambio de 98 % = 49.000.
3. Comparar el saldo deudor con el valor de las existencias. Como el valor actual es mayor, la diferencia es un beneficio. 49.000 – 40.000 = 9.000 u.m. de beneficio.

Al llegar al final del ejercicio y como consecuencia de las operaciones que acabamos de explicar, formularemos los siguientes asientos:

d₁. Traspaso del beneficio que presenta la cuenta de **Acciones con cotización oficial** a la cuenta de **Beneficios procedentes del inmovilizado financiero** (en las cuentas exigidas por el PGC: 772, 773, 774).

9.000	d₁) **Acciones con cotización oficial** a **Beneficios procedentes de inmovilizado financiero**	9.000

d₂. Traspaso a la cuenta de **Pérdidas y ganancias** de los rendimientos producidos por la cartera de valores.

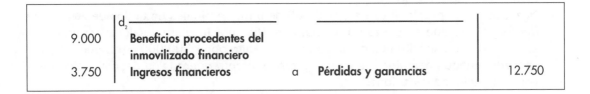

	d₂			
9.000	**Beneficios procedentes del inmovilizado financiero**			
3.750	**Ingresos financieros**	a	**Pérdidas y ganancias**	12.750

Cálculo del valor efectivo

La compra-venta de títulos-valores se realiza en las Bolsas de Comercio, siendo necesaria la actuación de un agente de Cambio y Bolsa como mediador de dichas operaciones.

La operación de compra-venta de valores mobiliarios se refleja en dos documentos diferentes titulados Póliza de compra y Vendí.

La Póliza se entrega al comprador junto con los títulos y justifica la propiedad de éstos. El Vendí es una nota de liquidación que el agente entrega al vendedor como justificante de la operación.

Para conocer el importe de los títulos comprados y vendidos hemos de tener en cuenta los siguientes datos:

- **Nominal.** Importe de una acción u obligación, inscrito en el documento que la representa.
- **Efectivo.** Importe de la compra o de la venta del valor.
- **Cambio.** Cotización de 100 u.m. nominales.

Para hallar el valor efectivo de los Títulos se deberá realizar la siguiente fórmula:

$$E = \frac{\text{Nominal} \times \text{Cambio}}{100}$$

A este efectivo se le deberán sumar los gastos de corretaje, comisión y póliza si se trata de una compra de valores, restando los gastos de corretaje y también del vendí, si se trata de una venta.

También afectarán a la compra-venta de títulos-valores los gastos siguientes: corretaje, comisión y póliza.

Pignoración

Es la entrega de valores, para depositarlos como garantía de un préstamo. Para contabilizar la entrega de títulos pignorados se utilizan cuentas de orden:

011 = **Valores dados en garantía** (que se carga por los entregados); y
016 = **Pignoración de valores** (que se abona).

• **Ejemplo de pignoración**

Nosotros como propietarios de 2.000.000 de u.m. nominales en títulos de *Azucarera del Este S. A.*, que se cotizan al cambio de 165, por lo que su valor efectivo es de 2.300.000 u.m., solicitamos de un banco un crédito por 1.200.000 u.m., que éste nos concede, aunque nos pide que como garantía le entreguemos en depósito pignorativo las mencionadas acciones.

Aquí hay dos operaciones contablemente diferentes, pero conexas. De una parte, recibimos un crédito que contabilizaremos:

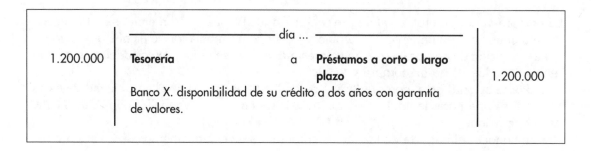

```
                        ———————————— día ... ————————————
1.200.000   Tesorería                    a    Préstamos a corto o largo
                                               plazo                        1.200.000
            Banco X. disponibilidad de su crédito a dos años con garantía
            de valores.
```

Y de otra, hemos de entregarles los valores en depósito, que siguen siendo de nuestra propiedad. Solamente en caso de que no devolviéramos el préstamo a su vencimiento, el banco que nos ha prestado tendría derecho a proceder a la venta de los valores dados en garantía para resarcirse del importe debido, intereses no pagados y gastos que se originasen por nuestro impago. La entrega de valores en pignoración se contabiliza mediante:

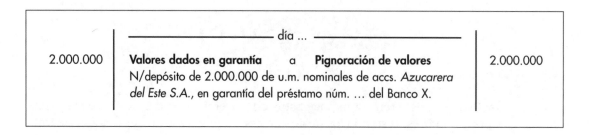

```
                        ———————————— día ... ————————————
2.000.000   Valores dados en garantía     a    Pignoración de valores      2.000.000
            N/depósito de 2.000.000 de u.m. nominales de accs. Azucarera
            del Este S.A., en garantía del préstamo núm. ... del Banco X.
```

Si la operación llega finalmente a buen fin, esto es, devolvemos el préstamo, el banco nos devolverá los títulos y formularemos asientos inversos a los indicados.

Supongamos que las cosas van mal. No devolvemos el préstamo y debemos 120.000 u.m. de intereses.

El banco procederá a la venta en Bolsa de los títulos pignorados, por cuya venta suponemos obtiene 2.325.000 u.m. y nos presentará la siguiente liquidación:

Venta de su depósito de valores		2.325.000 u.m.
A su cargo: Cancelación de préstamo	1.200.000	
Intereses a su cargo	120.000	
Gastos a su cargo	45.000	1.365.000 u.m.
Sobrante que le abonamos en su cta. cte.		920.000 u.m.

A su vista formularemos los siguientes asientos.

1. Para reflejar la anterior liquidación:

	———————————— día ... ————————————			
920.000	**Tesorería**			
165.000	**Gastos financieros**			
1.200.000	**Préstamos a corto o largo plazo**	a	**Acciones con cotización oficial**	2.325.000
	Enajenación de n/depósito de garantía en el Banco X y cancelación de su crédito.			

2. Para cancelar el depósito de títulos pignorados:

	———————————— día ... ————————————			
2.000.000	**Pignoración de valores**	a	**Valores dados en garantía**	2.000.000
	Cancelación de la garantía dada en ...			

Fíjese que la cuenta **Acciones con cotización oficial** se lleva por su valor efectivo, en tanto que las cuentas de orden del segundo asiento van por su valor nominal.

Las **cuentas de orden** se estudiarán más adelante. Anticiparemos una primera noción de ellas. Se denominan así aquellas cuentas que reflejan operaciones o situaciones de valores que no alteran en su fondo la situación neta del patrimonio. Así, en el ejemplo, el hecho de que los valores queden depositados no altera su valor ni significa que hayamos dejado de ser propietarios de ellos; solamente queremos reflejar en nuestra contabilidad que se hallan en una situación especial y transitoria, como consecuencia de un contrato que les afecta.

Depósito de valores

Los depósitos de títulos y valores que se constituyen en poder de terceros, si son voluntarios y su rescate no está sujeto a ninguna condición, no causarán baja en la cuenta que los representa por el hecho del depósito; no obstante, puede admitirse la aparición de una subcuenta titulada **Valores depositados en ...** (nombre de la entidad bancaria). Algunos contables prefieren contabilizar la relación de depositantes a depositario por medio de las cuentas: **Valores depositados en ...** en el Activo y **Depósitos de valores** en el Pasivo.

Supongamos que tenemos en nuestro poder acciones de *S. A. Tam,* por un valor nominal de 500.000 u.m. y un costo de 2.467.000 u.m., y que las depositamos, para ahorrarnos molestias de su conservación, en el Banco X. En la cuenta de **Acciones con cotización oficial,** pueden seguir inscritas por el costo de 2.467.000 y formular el asiento de:

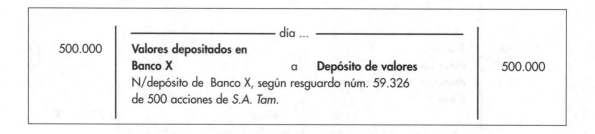

| 500.000 | Valores depositados en Banco X   a   **Depósito de valores** | 500.000 |
| | N/depósito de Banco X, según resguardo núm. 59.326 de 500 acciones de S.A. Tam. | |

También puede admitirse, como señalamos en el asiento que acabamos de indicar, que cargamos y abonamos el mismo importe a dos cuentas nuevas, que no representan valores diferentes sino una situación o estado de una clase de valores y por ello el neto patrimonial no se habrá modificado. Estas cuentas que aparecen por parejas —una deudora y otra acreedora— y que quedan compensadas, se denominan cuentas de orden. Siempre, como indica el PGC, las **cuentas de orden** deberán figurar en último lugar tanto en el Activo como en el Pasivo, y después de las sumas de uno y otro.

Como señala el PGC, dentro de la cuenta **Acciones con cotización oficial,** establezcamos una subcuenta más precisa que titularemos **Acciones con cotización oficial depositadas en Banco X.** La aparición de esta cuenta motivaría que en el detalle del inventario se separen los que han sido depositados sin dejar de estar sumados dentro de la cuenta general.

Sindicación

Los poseedores de acciones o de obligaciones de una determinada Sociedad pueden asociarse o agruparse para mejor defender sus derechos o ejercitarlos en un sentido o en otro. A estas agrupaciones, que se estudian en contabilidad de sociedades, se les da el nombre de Sindicatos de Accionistas o de Obligacionistas, según corresponda, y de los tiíulos así agrupados se dice que están sindicados. En algunos países, los poseedores de obligaciones, denominadas también *debentures,* forman obligatoriamente un Sindicato, cuyo presidente se denomina Comisario de los Obligacionistas. Cuando se sindican acciones, sus títulares quedan obligados a actuar conjuntamente según hayan pactado.

DIFERENCIAS ENTRE ACCIONES Y OBLIGACIONES		
	Acciones	**Obligaciones**
Por el concepto	Son parte alícuota del capital de la sociedad. Sus poseedores son socios.	Son parte alícuota de un préstamo. Sus tenedores son prestamistas.
Por su intervención en la administración social	Sus tenedores *tienen* derecho a voto en las Juntas por ser socios.	Sus poseedores *no tienen* voto en la administración social.
Por el motivo de la emisión	Constituir o ampliar el capital social.	Solicitar crédito financiero.
Con relación al riesgo	Asumen el riesgo de pérdida (incertidumbre del resultado de la explotación).	No asumen las posibles pérdidas. Son acreedores con prelación sobre los socios para la devolución del préstamo hecho.
Por su duración	Indefinida. Generalmente no son reembolsables.	Limitada. Sujetas a un proceso de amortización y reembolso.
Por su rentabilidad	Su dividendo es variable, según beneficios y acuerdos de distribución de los mismos.	Su interés es fijo en su cuantía y periódico en su vencimiento.
Su valor contable	Depende del neto patrimonial, pues son parte alícuota del capital más reservas.	Es siempre el nominal.
Su valor de enajenación	Depende del mercado.	Depende del mercado.
Valor de emisión	No pueden emitirse por debajo de su valor nominal.	Pueden emitirse por debajo de su valor nominal.
Por su forma de cesión	Son títulos al portador o nominativos negociables.	Son títulos al portador o nominativos negociables.
Garantías	No las hay específicas.	Pueden tener garantía hipotecaria, prendaria y otras específicas.
Reflejo contable	Cuenta de **Capital.**	Cuenta de **Empréstito.**
Sindicación	Puede haber pactos de sindicación.	Es obligatoria la Sindicación para representar a los obligacionistas frente a la sociedad.

EJERCICIOS

1. Indique si los siguientes bienes corresponden al Activo fijo o al Activo circulante de la empresa:

   a) Terrenos.

   b) Mobiliario.

   c) Saldos de clientes.

   d) Inmuebles.

   e) Existencias en mercaderías.

   f) Saldos en c/c. de bancos.

2. ¿La cuenta de **Capital** pertenece al Pasivo exigible o al no exigible?

3. ¿Cómo se crea la cuenta de **Reservas**?

4. Una empresa posee: dinero en Caja 56.000 u.m., dinero en Bancos 145.000 u.m., Mercaderías por 50.000 u.m., una deuda con un proveedor por 35.000 u.m., ¿cuál es su Capital?

5. Compramos mercaderías pagando al contado. Indique si esta operación aumenta, disminuye o deja igual la cuenta de **Capital.**

6. La cuenta de **Capital** es una cuenta de Pasivo; ¿cómo será su saldo?

7. ¿A cuánto debe ascender el Activo de una empresa si el capital es 543.000 u.m., y tiene una deuda con un proveedor por 12.000 u.m.?

8. La suma del Activo de una empresa importa 684.000 u.m., la cuenta de **Capital** presenta un valor de 610.000 u.m., ¿cuál será el saldo de la cuenta de **Proveedores** suponiendo que no exista ninguna otra cuenta más en el Pasivo?

9. Obtiene 50.000 u.m. de beneficio en una venta. ¿Se cargará o se abonará a la cuenta de **Pérdidas y ganancias**?

10. Le han prestado 10.000.000 u.m., que deberá devolver dentro de ocho años. El dinero lo ha ingresado en su Caja, ¿a qué cuenta abonará este importe?

11. Indique cuatro títulos de cuentas que formen parte del inmovilizado.

12. Las cuentas del inmovilizado, ¿pertenecen al Activo fijo o al Activo circulante?

13. Indique, de las siguientes cuentas, cuáles pertenecen al inmovilizado material y cuáles al inmaterial.

    a) Edificios.

    b) Patentes.

    c) Instalaciones.

d) Gastos de constitución.

e) Maquinaria.

f) Marcas comerciales.

14. Dé una breve idea de lo que se entiende por amortización.

15. ¿Qué bienes están sujetos a amortización, los que pertenecen al Activo fijo o los del Activo circulante?

16. Aplicando la amortización por cuota constante, ¿qué relación hay entre el valor contable al final de cada ejercicio y la amortización acumulada o fondo de amortización?

17. ¿Qué cuenta recoge el gasto que representa para la empresa la dotación anual para amortización?

18. ¿Qué cuenta representa en el balance las dotaciones detraídas anualmente por la empresa para amortización?

19. El valor del mobiliario es de 84.000 u.m.; deseamos realizar anualmente una amortización del 10 % sobre su valor residual. ¿Cuál sería la cuota a detraer el primer año?, ¿y en el segundo? ¿Y si aplicamos la amortización lineal?

20. Realice los asientos que reflejan las amortizaciones efectuadas en el ejercicio anterior.

21. Las cuentas que representan existencias, ¿pertenecen al Activo fijo o al Activo circulante?

22. ¿Qué cuentas divisionarias de la cuenta de **Mercaderías** adopta el Plan General de Contabilidad?

23. La cuenta de **Mercaderías** llevada según el Plan General de Contabilidad, ¿tiene movimiento durante el ejercicio?

24. ¿Qué representa el Debe de la cuenta de Mercaderías llevada de acuerdo con el Plan General de Contabilidad? ¿Y el Haber?

25. Además de la forma adoptada por el Plan General de Contabilidad, existen varias maneras de llevar la cuenta de **Mercaderías;** indique cuáles son las explicadas en el texto.

26. Llevada la cuenta de **Mercaderías** como cuenta administrativa, ¿qué representa su saldo?

27. Refleje mediante adecuados asientos contables, las operaciones con los géneros que siguen:

a) Compra de géneros por 10.000 u.m. pagando al contado (todos los pagos al contado que aparecen en estos asientos se realizan mediante **Caja**).

b) Compra de géneros a crédito por 20.000 u.m.

c) Venta de géneros por 15.000 u.m., cobrando la mitad al contado; el resto se cobrará a 30 días.

d) Compra de mercaderías a crédito por 18.000 u.m.

e) Al recibir la mercadería anterior se encuentra una parte deteriorada, por valor de 5.000 u.m. que se devuelve al proveedor.

f) Venta de mercaderías por 35.000 u.m., a crédito.

g) El cliente anula posteriormente la operación anterior.

h) Venta de mercaderías por 40.000 u.m. y unos días después se le concede una bonificación por pronto pago del 2 %; los gastos de transporte son 1.500 u.m., a nuestro cargo.

28. A partir de los datos que le damos a continuación, formule la cuenta de **Mercaderías** indicando si ha habido beneficio o pérdida y su importe.

Existencias iniciales	850.000
Existencias finales según inventario	240.000
Compras efectuadas	320.000
Ventas efectuadas	1.600.000

29. Calcular las ventas efectuadas durante el ejercicio con los siguientes datos:

Existencias iniciales de mercaderías	245.000
Compras realizadas	528.000
Existencias finales	110.000
Beneficio obtenido	177.000

30. Realice los siguientes asientos, llevando la cuenta de **Mercaderías** por el procedimiento administrativo (todas las operaciones al contado):

a) Compra	100 kg	A	850 u.m./kg
b) Compra	30 kg	B	412 u.m./kg
c) Compra	45 kg	C	384 u.m./kg
d) Venta	60 kg	A	930 u.m./kg
e) Venta	25 kg	B	400 u.m./kg
f) Venta	38 kg	C	415 u.m./kg

31. En los libros principales, ¿se llevan cuentas individuales o colectivas?

32. Ponga tres ejemplos de efectos comerciales.

33. Los efectos comerciales, ¿son o no son endosables?

34. Realice los siguientes asientos contables:

a) Pagamos a un proveedor 15.000 u.m. en cheque bancario.

b) Cobro en efectivo de 10.000 u.m. de clientes.

c) Venta de mercaderías en 280.000 u.m. a crédito; los gastos de transporte, 5.000 u.m., corren a cargo del cliente, pagándolos nosotros en efectivo.

d) Compro géneros por valor de 27.000 u.m. a crédito; me conceden en factura una bonificación de 700 u.m.; los gastos de transporte son 1.200 u.m., que pago en efectivo.

35. Realice los asientos siguientes:

a) Giro a cargo de un cliente letras por valor de 26.000 u.m.

b) Remito al banco para su cobro, letras por valor de 150.000 u.m. El banco se cobra el 1 % de comisión.

c) Se acepta un efecto por 118.000 u.m. girado por un proveedor.

d) Al vencimiento de la letra anterior no se puede pagar, llegando a un convenio con el proveedor, abonándole 80.000 u.m. y aceptando una nueva letra por el saldo restante.

e) Pago al vencimiento una letra aceptada previamente por 14.000 u.m.

36. En el Diario de una empresa aparecen los siguientes asientos:

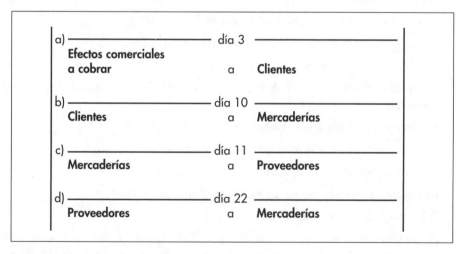

Indique en cada uno de ellos qué operación ha tenido que ocurrir para que se redactase.

37. Indique en las siguientes cuentas su naturaleza y el significado de su saldo:

a) **Clientes.**

b) **Proveedores.**

38. Al cerrar la contabilidad al final del ejercicio nos encontramos con que se han cargado en la cuenta de **Personal** 10.000 u.m., correspondientes a sueldos del mes de enero del próximo año. Se han cargado en la cuenta de **Gastos generales,** diversos alquileres que se devengarán durante el proximo año por un valor de 15.000 unidades monetarias. ¿Qué asientos se deberán hacer para regularizar estas anomalías?

39. Una empresa trabaja con siete bancos distintos, ¿puede abrir una cuenta en el Mayor que se titule **Bancos** y llevar en fichas auxiliares la contabilidad con cada uno de dichos bancos?

40. Al llegar a final de mes preparamos una liquidación de primas de producción al personal que hemos de cargar a **Pérdidas y ganancias**, para que esta cuenta recoja todos los gastos del mes, pero su importe de 243.215 u.m. no ha sido pagado, ¿a qué cuenta lo abonará?

41. ¿Qué se entiende por arqueo de Caja?

42. ¿Puede el cajero realizar un pago del que no tenga justificante?

43. Si realizamos un pago mediante cheque bancario, ¿a qué cuenta afectará?

44. ¿Cuál es la finalidad de los extractos bancarios que los bancos envían a sus clientes?

45. ¿Puede la cuenta de **Caja** estar dividida en varias usadas simultáneamente?

46. Usando el libro de Caja con columnado de desglose, registre las siguientes operaciones:

a) Compro al contado mercaderías por 54.000 u.m.

b) Pago en efectivo por diversos gastos 14.000 u.m.

c) Cobro de clientes por varias facturas 23.000 u.m.

d) Entrego al Banco X 67.000 u.m. para abrir en esta entidad una cuenta corriente.

e) Compro mobiliario al contado por 12.000 u.m.

f) Pago sueldos al personal por un importe de 20.000 u.m.

g) Vendo mercaderías al contado por 45.000 u.m.

h) Recibo un préstamo de J. Ruiz que importa 73.000 u.m.

i) Le pago a J. Ruiz intereses de su préstamo por 7.300 u.m.

j) Compro una máquina de escribir por 23.000 u.m. que pago al contado.

k) Pago el alquiler del local, que son 15.000 u.m.

l) Ingreso en Caja 10.000 u.m. que he retirado mediante cheque de mi cuenta en el Banco X.

Las columnas de desglose que va a utilizar son: Bancos, Clientes, Acreedores, Gastos, Mercaderías, Mobiliario y Maquinaria.

47. Registre las operaciones siguientes en las cuentas de Mayor que correspondan.

a) Pago de 22.000 u.m. a un proveedor mediante un talón bancario.

b) Pago el alquiler del local (18.000 u.m. en cheque bancario).

c) Ingreso en Caja 77.000 u.m. procedentes de mi cuenta corriente bancaria.

d) Compro maquinaria por 112.000 u.m., pagando con un cheque.

48) Formule la cuenta de **Caja** utilizando los datos que le damos a continuación:

1 de marzo	Saldo inicial	50.000 u.m.
4 de marzo	Ingreso en efectivo	10.000 u.m.
8 de marzo	Pago en efectivo	23.000 u.m.
10 de marzo	Ingreso en efectivo	35.000 u.m.
15 de marzo	Ingreso en efectivo	2.000 u.m.
18 de marzo	Pago en efectivo	16.000 u.m.
31 de marzo	Determine el saldo de la cuenta.	

49. Redacte los asientos contables necesarios para asentar en el libro Diario las operaciones a que hace referencia el ejercicio núm. 46. Tenga presente utilizar las cuentas que sean procedentes, tanto de cargo como de abono; es decir, formule el asiento resumen de operaciones resultante de la totalización de las columnas de desglose. Por los Cobros hará un cargo por el total a la cuenta de **Caja** y abonos a los sucesivos conceptos. Por los Pagos, recíprocamente, un abono por el total a la cuenta de **Caja** y cargos a las sumas de los sucesivos conceptos.

50. Formule los asientos contables necesarios para asentar en el libro Diario las operaciones a que hace referencia el ejercicio núm. 47.

51. ¿Qué son acciones?

52. Si poseo obligaciones de una sociedad, ¿me puedo considerar socio de dicha entidad? ¿Y si poseo acciones?

53. Las acciones y obligaciones representan parte del capital social y préstamos hechos a la empresa. Precisar sus significados respectivos.

54. ¿Cómo se denominan los títulos emitidos por el Estado, provincia y municipio?

55. ¿Qué es pignoración de valores?

56. Explique la diferencia entre valor nominal y efectivo de unas acciones que se cotizan en Bolsa.

57. ¿Dónde se realizan las operaciones de compraventa de valores?

58. Realice en el libro Diario los siguientes asientos:

a) Compra de 50 acciones *S. A. Casa,* valor nominal 1.500 u.m. por acción, al cambio de 98 %; se pagan mediante cheque del Banco X.

b) Se venden 25 de las anteriores acciones al cambio de 102 %; se cobra en efectivo.

c) Se venden el resto de las acciones compradas al cambio de 97 %; se cobra mediante cheque bancario, que ingresaremos en nuestra cuenta corriente del Banco Z.

59. Desarrolle en el libro Mayor cada una de las cuentas que aparecen en las operaciones del ejercicio núm. 58.

60. Indique la ganancia o pérdida habida en las operaciones de compraventa de acciones del ejercicio núm. 58.

Estudio de las cuentas de gastos e ingresos

Dos grupos de cuentas se toman como referencia rápida del estado de una empresa: gastos e ingresos. O lo que es lo mismo en el plan General de Contabilidad: **Compras y gastos** (grupo 6) y **Ventas e ingresos** (grupo 7), que se analizarán con detalle en estas páginas.

¿Qué es gasto?

Entendemos por **gasto** todo desembolso o consumo realizado, en dinero efectivo o en otra clase de valor, que no tiene contraprestación inmediata en un bien o derecho a favor de la empresa, el cual sea susceptible de ser inventariado en el Activo. Así, los gastos representan salidas que se producen en el patrimonio, sin compensación simultánea en otra cuenta de bienes o derechos a consecuencia de las operaciones de tráfico. Se les denomina también quebrantos, daños o pérdidas. Las diferencias positivas que se producen en el patrimonio a consecuencia de las operaciones de su tráfico son lucros, ganancias o beneficios.

Cuentas de gastos

Incluye este apartado todos los gastos que se producen en la empresa, ocasionados por su actividad económica. Si a cambio de un consumo o gasto recibimos algo material, dicho gasto forma parte del coste de adquisición de lo que recibimos a cambio. Por ejemplo:

- Pagamos 5.000 u.m. por un impuesto. Esto es un gasto.
- Pagamos 10.000 u.m. por el examen veterinario de una partida de ovejas. Este importe incrementará el coste de las ovejas compradas.

CLASIFICACIÓN DE LOS GASTOS

Gastos de especulación		Se clasifican según las operaciones especulativas que los motivan o valores a que afectan.

Por el objeto
- Generales — Los hechos en beneficio del conjunto de valores y actividades de las empresas.
- Particulares — En beneficio de un grupo específico de valores.
- Privados — En beneficio del propietario de la empresa.

Por su extensión
- Amortizables — Si se hacen para más de un ejercicio.
- Del ejercicio — Afectan a la productividad del mismo ejercicio en que se realizan.

Gastos de administración

Por su distribución
- Consumidos — Pagados por anticipado y beneficiando sólo al ejercicio en que se efectúan.
- A compensar — Pagados por anticipado, que afectan al ejercicio siguiente.

Por el motivo
- Ordinarios — Si consumen artículos o dinero para las necesidades normales de la empresa.
- Extraordinarios — Si están motivados por causas fortuitas o excepcionales.

Por el medio de pago
- De efectivo — Si se pagan en dinero.
- De materiales — Si se consumen artículos que han entrado anteriormente en el patrimonio de la empresa, pudiendo servir para otros fines.

Gastos de personal

Incluye las retribuciones al personal, cualquiera que sea el concepto por el que se satisfagan. Entre estos gastos tenemos las cuentas de **Sueldos y salarios, Transporte del personal, Seguridad Social a cargo de la empresa**, etcétera.

La actividad empresarial lleva consigo la necesidad de que unas personas aporten su trabajo a la empresa a cambio de una retribución. Los gastos de personal constituyen a menudo uno de los más importantes de la empresa, ya que al salario propiamente dicho se le añaden las aportaciones a la Seguridad Social, lo cual aumenta el monto de dicha partida.

Para conocer con exactitud los gastos de personal debemos tener en cuenta las disposiciones vigentes en materia de legislación fiscal, Derecho del Trabajo y Seguridad Social.

El salario a pagar está integrado por:

• El salario base.
• Primas de rendimiento, incentivos a la producción, etcétera.
• Plus de protección familiar.
• Horas extraordinarias.
• Antigüedad.
• Gratificaciones, indemnizaciones, etcétera.

El PGC establece las siguientes cuentas de **Gastos de personal** (64):

640. **Sueldos y salarios.**
641. **Indemnizaciones.**
642. **Seguridad Social a cargo de la empresa.**
643. **Aportaciones a sistemas complementarios de pensiones.**
649. **Otros gastos sociales.**

Todas estas cuentas tienen el mismo tipo de movimiento: se cargan de los correspondientes gastos devengados; se abonan por las rectificaciones y deducciones si proceden y, a fin del ejercicio, el saldo, que será deudor, se traspasa a la cuenta de **Pérdidas y ganancias**.

En empresas importantes, cada una de las cuentas enumeradas puede desglosarse en otras, según se detalla en el Plan General de Contabilidad; en las pequeñas empresas, en cambio, pueden agruparse todos los conceptos señalados en uno solo: **Gastos de personal**.

Deducciones del salario a pagar

Son las cantidades que la empresa deduce a sus empleados:

• Pueden ser por pagos que realice ella directamente al organismo competente, por conceptos tales como Seguridad Social e impuestos sobre rendimiento de trabajo personal.
• O pueden ser por anticipos o por préstamos realizados a los trabajadores.

Cuotas de Seguridad Social

En casi todos los países se han establecido seguros sociales obligatorios para cubrir la asistencia sanitaria, la protección familiar, el desempleo, la invalidez, las pensiones de vejez y otras prestaciones análogas. El coste de estos servicios se cubre con cargo a los presupuestos generales del Estado y por cuotas que pagan las empresas y los trabajadores.

La cuota que paga la empresa a su cargo es un coste o gasto de la explotación de la misma, en tanto que, por lo general, la cuota a cargo del trabajador o empleado le es retenida por la empresa al abonarle su sueldo o emolumentos para proceder luego, por cuenta del trabajador, a su ingreso en el organismo público encargado de administrar la Seguridad Social. O sea, que la empresa ingresa al organismo administrador de la Seguridad Social la totalidad de una cuota, una parte de la cual ha retenido al trabajador.

El estudio detallado de la Seguridad Social es propio de una obra especializada. En el presente texto nos limitaremos a exponer el modo de reflejar en cuentas el pago de los sueldos y las correspondientes retenciones siguiendo el modelo español.

- **Ejemplo.**
  Un empleado cobra mensualmente 35.000 u.m. de sueldo, y suponemos, para simplificar, que no cobra nada más; ni horas extraordinarias, ni primas, etc. También suponemos que a los tipos vigentes en el momento de la liquidación (que no son los actuales pues varían cada año) la empresa ha de pagar 14.350 u.m. por su cuota de Seguridad Social (SS) y el empleado 2.450 u.m. por la parte que le corresponde pagar de la SS. El empleado cobrará neto 32.600 u.m. y la empresa en total 35.000 + 14.350 = 49.350 u.m., ingresando en la Seguridad Social 14.350 + 2.450 = 16.800 u.m.
  El asiento contable que reflejará el pago al empleado y la obligación de ingreso en la Seguridad Social será:

49.350	**Gastos de personal** Sueldos y salarios 35.000 Seguridad Social a cº de la empresa 14.350			
		a	**Tesorería**	32.600
	Pago neto al empleado			
		a	**Organismos de la Seguridad Social, acreedores**	16.800
	Cuota de empresa 14.350 Retenido al empleado 2.450			

Si se trata de una empresa que desea mayor detalle de cuentas, el asiento anterior quedaría como sigue:

35.000	**Sueldos y salarios** Por la nómina vencida hoy.		
14.350	**Seguridad Social** **a cº de la Empresa** Cuota de la SS		
		a **Tesorería**	32.600
	Pago neto en efectivo.		
		a **Organismos de la Seguridad** **Social, acreedores**	16.800
	Cuotas a liquidar de la empresa 14.350 Retenido del empleado 2.450		

Dentro del mes siguiente, al ingresar a favor de la Tesorería General de la Seguridad Social la cuota de SS, se formulará el asiento de:

16.800	**Organismos de la Seguridad** **Social, acreedores**		
		a **Tesorería**	16.800
	Pago de las cuotas correspondientes al mes anterior.		

Si la empresa ha satisfecho cantidades a sus empleados por cuenta de la Tesorería General de la Seguridad Social, la cuenta **Organismos de la Seguridad Social, deudores** presentará cargos. Supongamos que hay un empleado enfermo al que se han satisfecho 12.000 u.m. por subsidio con cargo a la SS y que los demás son iguales a los del anterior ejemplo. Formularíamos el asiento que sigue:

23.000	**Sueldos y salarios** Neto de la nómina vencida hoy.		
12.000	**Organismos de la Seguridad** **Social, deudores** Subsidios de enfermedad a su cº		
14.350	**SS a cº de la empresa** Cuotas de la SS		
		a **Tesorería**	32.600
	Pago neto en efectivo.		
		a **Organismos de la Seguridad** **Social, acreedores**	16.800
	Cuotas a liquidar.		

Luego, al liquidar con la Tesorería General de la Seguridad Social, como hemos adelantado por su cuenta 12.000 u.m., el saldo a liquidar será las cuotas menos los adelantos (16.800 – 12.000 = 4.800) formulando el asiento:

4.800	Organismos de la seguridad Social, deudores a Tesorería	4.800
	Liquidación de cuotas del mes anterior.	

Gastos financieros

Son los necesarios para llevar a cabo las operaciones que indicamos a continuación:

- De emisión y cancelación de obligaciones y bonos.
  Si la empresa optase por considerar alguno de los movimientos de este apartado como gastos de proyección plurianual, se cargarían al subgrupo (27) **Gastos a distribuir en varios ejercicios**.
- De intereses de obligaciones y bonos.
- De intereses de deuda a largo y corto plazo.
- De intereses por descuento de efectos.
- De descuentos sobre ventas por pronto pago.
- De pérdidas de valores negociables.
- De pérdidas de créditos.
- De diferencias negativas de cambio.
- De otros gastos financieros.

- **Ejemplo.**
  Una empresa, que tiene forma de sociedad anónima, acuerda efectuar una emisión de obligaciones por un importe de 5.000.000 u.m., por un período de 2 años y a un interés anual del 9 % pagadero por trimestres vencidos.
  La operación implica unos gastos de escrituras, impuestos y registro mercantil, que, según liquidaciones pertinentes, importan un total de 220.000 u.m.
  Los asientos que efectuará la empresa son los que siguen. Por la emisión de las Obligaciones, suponiendo que en un solo acto se cobra todo el importe:

5.000.000	Tesorería a **Obligaciones y bonos**	5.000.000
	Cobrado por la emisión de obligaciones según escritura otorgada por D. ...	

Por los gastos de la emisión de Obligaciones de los que suponemos serán tratados con carácter plurianual, en este caso 2 años, que es lo que dura la emisión de obligaciones, hará en el momento del pago:

| 220.000 | **Gastos a distribuir**
en varios ejercicios   a   **Tesorería**
Por los gastos derivados de la emisión de obligaciones. | 220.000 |

Al final del primer ejercicio traspasará a la cuenta de pérdidas y ganancias la parte correspondiente de estos gastos, es decir, la mitad del gasto y hará:

| 110.000 | **Gastos financieros**   a   **Gastos a distribuir**
en varios ejercicios
Por la mitad de los gastos originados por la emisión de obligaciones. | 110.000 |

Cuando pague los intereses cada trimestre, la empresa, que es la pagadora, está obligada a retener el impuesto correspondiente sobre las rentas del capital, que suponemos es de un 24%. Los tipos de la imposición fiscal presentan una gran variabilidad según las épocas, por lo que en los ejercicios hemos fijado unos tipos arbitrarios. Así hará:

| 112.500 | **Gastos financieros**   a   **Tesorería**
a   **Hacienda pública, acreedor**
por conceptos fiscales.
Por pago de intereses trimestrales. | 85.500

27.000 |

Y, luego, cuando pague los impuestos hará:

| 28.125 | **Hacienda Pública, acreedor**
por conceptos fiscales   a   **Tesorería**
Pago de los impuestos según carta de pago núm. ... por intereses trimestrales | 28.125 |

Tributos

Las disposiciones fiscales son muy complejas y diferentes en cada país. En general, los tributos se clasifican en tasas, contribuciones especiales e impuestos:

- **Tasas** son aquellos tributos cuyo hecho imponible consiste en la utilización del dominio público, la prestación de un servicio público o la realización por la Administración de una actividad que se refiera, afecte o beneficie de modo particular al sujeto pasivo de que se trate.
- **Contribuciones especiales** son aquellos tributos cuyo hecho imponible consiste en la obtención por el sujeto pasivo de un beneficio o de un aumento de valor de sus bienes, como consecuencia de la realización de obras públicas.
- **Impuestos** son los tributos exigidos sin contraprestación, cuyo hecho imponible está constituido por negocios, actos o hechos de naturaleza jurídica o económica, que ponen de manifiesto la capacidad contributiva del sujeto pasivo, como consecuencia de la posesión de un patrimonio, la circulación de los bienes o la adquisición o el gasto de la renta.

Participan de la naturaleza de los impuestos las denominadas **exacciones parafiscales**, cuando se exijan sin especial consideración a servicios o actos de la Administración que beneficien o afecten al sujeto pasivo.

En los impuestos hay que distinguir el momento del devengo, que es cuando nace el derecho del Estado a percibirlos, y el momento del pago, que generalmente es posterior, aunque también puede ser simultáneo.

En el momento del devengo ya es gasto para la empresa y, por tanto, debe ser cargado en la correspondiente cuenta, reconociendo la obligación de pago mediante el abono a una cuenta que titularemos **Hacienda Pública, acreedor por conceptos fiscales**. Los asientos a formular serán como siguen.

Al devengarse un impuesto:

Tributos	a	Hacienda pública, acreedor por conceptos fiscales

y al pagar el impuesto devengado:

Hacienda pública, acreedor por conceptos fiscales	a	Caja [o Tesorería]

Si el devengo y el pago es simultáneo, puede hacerse:

Tributos	a	Tesorería

Contribuyente y sujeto pasivo tributario

Es contribuyente el individuo o sociedad sobre quien recae la obligación de pagar un determinado impuesto.

Es sujeto pasivo tributario el individuo o sociedad sobre el que recae la obligación de presentar las oportunas declaraciones ante Hacienda y de ingresar al Tesoro los importes de la deuda tributaria, previa obligación de retención cuando el contribuyente es otro.

El reglamento de cada impuesto especifica quién es contribuyente y quién sujeto pasivo. Tenemos, por ejemplo, que en el impuesto que grava el trabajo personal, la empresa que tiene asalariados es el sujeto pasivo y estos asalariados son los contribuyentes; la empresa deduce, al pagar los sueldos, el correspondiente impuesto que retiene, para más tarde ingresarlo en el tesoro público. Análogamente, en el impuesto sobre las rentas del capital que grava los intereses de un préstamo (no bancario) recibido por la empresa, el perceptor de estos intereses es el contribuyente y la empresa que paga los intereses es el sujeto pasivo, que también descuenta la cuantía del impuesto, reteniéndolo para ingresarlo al Tesoro Público. En el Impuesto sobre la Renta de las Personas Físicas, el interesado es al mismo tiempo contribuyente y sujeto pasivo. En el Impuesto sobre Sociedades, cada sociedad es contribuyente y sujeto pasivo. El sujeto pasivo tributario tiene las obligaciones fundamentales de declarar, retener, liquidar y pagar el impuesto, así como la de facilitar a la Administraciones Públicas todos los datos, antecedentes y documentos necesarios para que se pueda comprobar e inspeccionar el correcto cumplimiento de las obligaciones tributarias.

Transportes y fletes

Comprende esta cuenta todos los transportes que afectan a las compras que se realizan, tanto si estos transportes figuran en la factura como si se pagan de manera independiente. También se cargarán a esta cuenta los transportes que afecten a las ventas, cuando éstos sean a cargo de la empresa. El Plan General de Contabilidad establece la regla que acabamos de citar; no obstante, muchos contables son partidarios de utilizar esta cuenta solamente para los gastos de transportes de ventas, pasando los correspondientes a las compras a la cuenta de este título, ya que aumentan el coste de las mercaderías adquiridas.

Gastos diversos

Son gastos de naturaleza diversa que no tienen asiento específico en otras cuentas de gastos. Se pueden incluir en este apartado los gastos que se producen de:

- **Material de oficina.**
- **Comunicaciones.**

- **Relaciones públicas.**
- **Publicidad y propaganda.**

Además de los reseñados, pueden aparecer otros muchos, como, por ejemplo, los de apertura y ampliación de mercados, los jurídico-contenciosos, etc., que diferencian en cuentas independientes los tipos posibles de gastos diversos.

El PGC establece la siguiente clasificación para los conceptos de **Gastos**, dando lugar a subgrupos y cuentas obligatorias:

62. **Servicios exteriores.** Operaciones que presentan en común el hecho de que las relaciones que se dan entre la empresa y terceros, a consecuencia de ellas, no son las típicas de cliente-proveedor en su sentido más estricto; comprende:

    620. **Gastos de investigación y desarrollo del ejercicio.**

    621. **Arrendamientos y cánones.**

    622. **Reparaciones y conservación.**

    623. **Servicios de profesionales independientes.**

    624. **Transportes.**

    625. **Primas de seguros.**

    626. **Servicios bancarios y similares.**

    627. **Publicidad, propaganda y relaciones públicas.**

    628. **Suministros** (agua, gas, electricidad, etc.).

    629. **Otros servicios.** Los no comprendidos en cuentas anteriores pudiendo ser:

        6291. **Material de oficina.**

        6292. **Comunicaciones.**

        6299. **Otros gastos.**

63. **Tributos.**

64. **Gastos de personal.** Retribuciones al personal cualquiera que sea el concepto por el que se satisfacen; cuotas de la Seguridad Social a cargo de la empresa y demás gastos de carácter social:

    640. **Sueldos y salarios.**

    641. **Indemnizaciones.**

    642. **Seguridad Social a cargo de la empresa.**

    643. **Aportaciones a sistemas complementarios de pensiones.**

    649. **Otros gastos sociales.**

65. **Otros gastos de gestión.** Comprende:

    650. **Pérdidas de créditos comerciales incobrables.**

    651. **Resultados de operaciones en común.**

    659. **Otras pérdidas en gestión corriente.**

66. **Gastos financieros.** Los necesarios para llevar a efecto las operaciones reseñadas al tratar de ellos. Como especial incluye una cuenta, destinada a recoger los (665) **Descuentos sobre ventas por pronto pago.**

67. **Pérdidas procedentes del inmovilizado y gastos excepcionales.** Recoge las pérdidas por la enajenación del inmovilizado inmaterial, material o valores mobiliarios inmovilizados, o por la baja en el inventario total o parcial, como consecuencia de pérdidas por depreciaciones de dichos activos, así como aquellas pérdidas o gastos significativos que no deban considerarse corrientes o periódicos al evaluar los resultados de la empresa.

deban considerarse corrientes o periódicos al evaluar los resultados de la empresa.
68. **Dotaciones para amortización**. Amortizaciones de cada ejercicio, clasificadas por el grupo de bienes, valores y gastos que se amortizan.
69. **Dotaciones a las provisiones**. Para cubrir contingencias especiales o depreciaciones reversibles de elementos del Activo.

El PGC adopta como norma para las cuentas los conceptos que hemos reproducido codificados con tres guarismos.

Cada uno de estos conceptos puede ser objeto de mayor análisis, y entonces tendremos subcuentas codificadas con cuatro guarismos, cada una de las cuales —si se considera necesario— puede a su vez ser desglosada en subcuentas referenciadas con cinco cifras y luego con seis, etc. Para las pequeñas y medianas empresas y cuando no haya en un concepto movimiento que justifique su análisis, pueden utilizarse los conceptos con sólo dos cifras.

Ejemplo.
Contabilización de operaciones, en que aparecen cuentas de gastos.
Una empresa ha tenido los siguientes gastos durante el mes:

a. Pagamos 8.000 u.m. por el alquiler mensual.
b. La limpieza del local es de 4.000 u.m. mensuales.
c. Por consumos de agua y electricidad se pagan 2.500 u.m. mensuales.
d. El material de escritorio comprado asciende a 3.200 u.m.
e. Los transportes de las compras suman 4.000 u.m.
f. Se pagan los arbitrios municipales en 2.000 u.m.
g. Comida con un cliente 1.800 u.m.
h. Pago de sueldos y salarios en 18.000 u.m.

Todos estos pagos se han realizado en efectivo. Su contabilización dará lugar a los

8.000	a) Arrendamientos	a	Caja	8.000
4.000	b) Conservación	a	Caja	4.000
2.500	c) Suministros	a	Caja	2.500
3.200	d) Material de oficina	a	Caja	3.200
4.000	e) Transportes	a	Caja	4.000
2.000	f) Tributos	a	Caja	2.000

	g)				
1.800	Relaciones públicas	a	Caja		1.800
	h)				
18.000	Gastos de personal	a	Caja		18.000

apuntes siguientes:

Al final del ejercicio, como todas las cuentas de los asientos anteriores representan gastos, se deberán regularizar pasando su saldo a fin de ejercicio a la cuenta de **Pérdidas y ganancias**. Con los datos anteriores, si no hubiese otras operaciones, el asiento de traspaso de saldos sería como sigue:

43.500	Pérdidas y ganancias	a	Arrendamientos	8.000
		a	Conservación	4.000
		a	Suministros	2.500
		a	Material de oficina	3.200
		a	Transportes	4.000
		a	Tributos	2.000
		a	Relaciones públicas	1.800
		a	Gastos de personal	18.000

Cuentas de ingresos

Se entiende por **ingreso**, en general, toda aportación o incremento del patrimonio, y, en particular, el aumento de bienes o derechos sin aparente contraprestación, o sea, sin entregar ningún otro valor patrimonial a cambio.

Las cuentas de ingresos son las destinadas a registrar las cantidades percibidas como remuneración a servicios prestados por la empresa, tales como comisiones, corretajes, sueldos, rentas, etc., pudiéndose dividir en tantas subcuentas como conceptos den origen a los ingresos obtenidos. De los ingresos que tienen lugar en una empresa los más importantes son los obtenidos por las ventas. Dicha cuenta ya se estudió en el apartado *Cuentas de existencias en almacén o de mercaderías*, por lo que aquí no lo repetiremos. En general, todas las cuentas de ingresos durante el ejercicio se abonan por cada una de las partidas que constituyen un ingreso, y se cargan por las anulaciones y bonificaciones.

Al finalizar el ejercicio presentarán un saldo acreedor, por cuyo importe se cargan para

Este pase se denomina regularizar la cuenta. Normalmente, regularizar una cuenta es pasar las pérdidas o los beneficios que presenta a la cuenta de **Pérdidas y ganancias**, para dejar en la cuenta de que se trate el saldo con que ha de figurar en el inventario de fin de ejercicio.

De esta manera queda saldada la cuenta que representa el ingreso, y como contrapartida aumenta el Haber de la cuenta de **Pérdidas y ganancias**, que es la encargada de recoger las ganancias contenidas en las varias cuentas de ingreso, al saldar tales cuentas; así, las cuentas de ingresos ya no figuran en el inventario.

- **Ejemplo.**

  Durante el ejercicio económico, han funcionado en la contabilidad de una empresa las siguientes cuentas representativas de ingreso, que presentan al final de los saldos que se indican:

D	Ingresos por comisiones	H	D	Dtos. sobre compras por ppgo.	H
	Saldo acreedor 16.400			Saldo acreedor 12.300	

D	«Rappels» por compras	H	D	Intereses de cuentas corrientes bancarias	H
	Saldo acreedor 14.000			Saldo acreedor 10.000	

D	Subvenciones oficiales a la explotación	H
	Saldo acreedor 40.000	

Estos saldos acreedores significan:

- **Prestaciones de servicios;** hemos percibido por este concepto 16.400 u.m., es decir, que en su día habíamos formulado el asiento:

16.400	Tesorería (Si lo percibimos en efectivo)	a	Ingresos por comisiones	16.400

- **Descuentos sobre compras por pronto pago**, que nos han concedido en el momento de pagar a los proveedores, por adelantar la fecha de los pagos, que han importado en total 12.300 u.m. por ejemplo, a un proveedor le debemos 70.000 u.m. que le hemos de pagar dentro de dos meses y le ofrecemos pagarle ahora si nos descuenta el 2 % por pronto pago, a lo que accede. Al hacerle el pago haremos el asiento:

70.000	**Proveedores** Saldo de su fra. núm. ...			
		a	**Tesorería**	68.600
	Pago en efectivo			
		a	**Dtos. s/compras ppgo.**	1.400
	Dto. obtenido			

el 2 % por pronto pago, a lo que accede. Al hacerle el pago haremos el asiento:

y como éste han habido otros hasta totalizar el saldo de 12.300 u.m.

- «Rappels» por compras; algunos proveedores, en atención a la cifra de compras que les hemos hecho y conforme con condiciones establecidas, nos han bonificado la cantidad de 14.000 u.m. El proveedor nos anunciará por carta el «rappel» concedido que

14.000	**Proveedores**	a	**«Rappels» por compras**	14.000

nos puede abonar en cuenta, con lo que haríamos el asiento de:

14.000	**Tesorería**	a	**«Rappels» por compras**	14.000

o mandarnos el dinero, lo que motivaría el asiento de:
- **Intereses de c/c. bancarias**, pues el dinero que hemos tenido en las c/c. de este tipo nos ha producido intereses netos por 10.000 u.m.
- **Subvenciones oficiales,** ya que algún organismo público por circunstancias especiales (p. ej., como ayuda para Feria Internacional) nos ha entregado 40.000 u.m.

Todos estos asientos significan ingresos que contribuyen a los beneficios de la empresa; por ello, ha de traspasarse a la cuenta de **Pérdidas y ganancias**. O sea, que al terminar el ejercicio se deberá regularizar cada una de estas cuentas, pasando su saldo

16.400	**Ingresos por comisiones**			
12.300	**Dtos. s/compras por ppgo.**			
14.000	**«Rappels» por compras**			

10.000	Intereses de c/c. bancarias				
40.000	Subvenciones oficiales a la				
	explotación	a	Pérdidas y ganancias		92.700

Las anteriores cuentas de ingresos quedarán así saldadas recogiendo la de **Pérdidas y ganancias** en su Haber el importe neto de todos los ingresos.

D	Ingresos por comisiones	H	D	Dtos. sobre compras por ppgo.	H	D	«Rappels» por compras»	H
16.400		16.400	12.300		12.300	14.000		14.000

D	Intereses de c/c. bancarias	H	D	Suvenciones oficiales a la explotación	H	D	Pérdidas y ganancias	H
10.000		10.000	40.000		40.000			92.700

Como se puede observar, ahora la cuenta de **Pérdidas y ganancias** refleja en su Haber el total de los ingresos obtenidos por los anteriores conceptos.

Principales cuentas de ingresos

Las cuentas del grupo de **Ventas e ingresos** están representadas en el Plan General de Contabilidad por el código 7 y comprenden la venta de bienes y prestación de servicios que son objeto de la actividad de la empresa, así como todos los ingresos considerados como de la explotación.

- **Otros ingresos de gestión.** Se recogen en el Haber de esta cuenta los obtenidos por la empresa en operaciones distintas de las que constituyen su actividad básica o típica, tales como ingresos por:

  751. **Resultados de operaciones en común.**
  752. **Ingresos por arrendamientos.**
  753. **Ingresos de propiedad industrial cedidas en explotación.**
  754. **Ingresos por comisiones.**

755. **Ingresos por servicios al personal.**
759. **Ingresos por servicios diversos.**

Cuentas de ingresos financieros

Los obtenidos por rentas de inversiones, como pueden ser:

- De acciones y participaciones de empresas del grupo. Se denomina como grupo de empresas, en el PGC, a un conjunto de ellas que dependen de alguna forma unas de otras. La forma más usual es el dominio, en el que una empresa posee suficientes acciones del capital de otra para influir en sus decisiones.
- De obligaciones y bonos de préstamos a cargo de empresas del grupo.
- De otras inversiones financieras.
- Descuentos sobre compras por pronto pago.
- Otros ingresos financieros.

Las **cuentas de Ingresos financieros** son contrapuestas a las cuentas de **Gastos financieros** estudiadas en un apartado anterior.

En general, como se deduce de sus respectivos títulos, corresponden a la rentabilidad de operaciones de inversión hechas fuera de la empresa.

Así, por ejemplo, la empresa tenía una cantidad de dinero sobrante, 10.000.000 u.m., que ha invertido en la compra de acciones de otra Sociedad Anónima; dicho dinero, si la sociedad se desarrolla normalmente, le producirán, supongamos, unos dividendos de 700.000 u.m., que cobrará.

Al percibirlos, se formulará el asiento:

700.000	Tesorería	a	Ingresos financieros	700.000

Puede ser que la empresa haya hecho el 15 de abril un préstamo de 2.000.000 u.m. a otra empresa, al interés anual del 12 % a cobrar por anualidades vencidas. Al vencer los intereses el 15 de abril siguiente la empresa tiene derecho a percibir aquellos intereses que deberá pagar quien recibió el préstamo.

O sea, que en aquella fecha se ha devengado ya el interés y, por tanto, se ha de contabilizar el asiento:

240.000	Deudores varios	a	Ingresos financieros	240.000
	Sr. ... (el deudor) por intereses vencidos de mi préstamo.			

y, luego, cuando el deudor pague:

240.000	Tesorería a **Deudores varios** Sr. ... su pago de intereses que le habíamos cargado en cuenta.	240.000

En España, actualmente, hay un impuesto sobre la rentas del capital, por el cual quien pague intereses y dividendos está obligado a retener como sujeto pasivo, aunque el contribuyente sea el perceptor de los intereses. Además, el perceptor está obligado a contabilizar por el nominal el interés o dividendo y dejar reflejados en su contabilidad los impuestos pagados a Hacienda. Esta obligación fiscal determina una modificación en los asientos indicados.

Supongamos que este último asiento corresponde a un préstamo concertado en España en u.m. y que el impuesto es del 24 % de los intereses (tipo arbitrario fijado para los ejercicios). El prestamista recibirá los intereses convenidos menos los impuestos (240.000 – 57.600 = 182.400 u.m.), y el pagador de los intereses retendrá este importe para luego ingresarlo al Tesoro. Los asientos que se formularán serán los siguientes:

- Asientos del «prestatario» (quien recibió el préstamo y paga los intereses).
  1. En el momento de vencer, es decir, de devengarse los intereses:

240.000	**Gastos financieros** Intereses devengados a favor de D. ... por su préstamo a **Acreedores varios** D. ... neto a su favor. a **Hacienda Pública, acreedor por conceptos fiscales** Impuesto a c° de D. ... que hemos retenido.	182.400 57.600

2. Al pagar en efectivo los intereses:

182.400	**Acreedores varios** a **Tesorería**	182.400

3. Al producir el ingreso en Hacienda Pública:

| 57.600 | Hacienda Pública, acreedor por conceptos fiscales a Tesorería | 57.600 |

- Por su parte, el «prestamista», en correlación a los apuntes anteriores, formulará los siguientes asientos:
1. Al devengarse los intereses:

182.400	Deudores varios
	Sr. ... intereses a su cargo vencidos.
57.600	Tributos
	Impuesto sobre las rentas de capital que me retiene.
	a **Ingresos financieros** 240.000
	Intereses vencidos del préstamo hecho a Sr. ...

2. Al cobrar del deudor:

| 182.400 | Tesorería a **Deudores varios** | 182.400 |
| | Cobrado de Sr. ... por líquido de intereses a su cargo. |

Se han de distinguir, para contabilizarlos correctamente, los dos momentos diferentes: el devengo del interés y el del cobro. Naturalmente, si ambos momentos son simultáneos, pueden resumirse los asientos en uno solo; así, los últimos, pasarían a ser uno solo, como el siguiente:

182.400	Tesorería
	Cobrado de Sr. ... por liquidación de intereses a su cargo.
57.600	Tributos
	Impuesto sobre las rentas de capital que me retiene.
	a **Ingresos financieros** 240.000
	Intereses vencidos del préstamo hecho a Sr. ... que han sido cobrados.

Particular es el caso de la cuenta **Descuentos sobre compras por pronto pago** que el Plan General de Contabilidad destaca. Recoge esta cuenta los obtenidos según su título, no incluidos en factura, con posterioridad a la misma. Se abonan todos los obtenidos y, como hemos visto ya, se salda por la cuenta de **Pérdidas y ganancias**.

Subvenciones a la explotación

Son las recibidas directamente y a fondo perdido, del Estado y de otras entidades públicas o privadas, al objeto, por lo general, de compensar el déficit de explotación o de asegurar, por motivos de política económica social, una rentabilidad mínima. Tenemos:

- Subvenciones oficiales a la explotación.
- Otras subvenciones a la explotación.

Cualquier forma de compensación o auxilio que se reciba a favor de la explotación, si no tiene otro concepto mejor determinado, aunque no fuera subvención en sentido estricto, también figurará en este apartado.

Trabajos realizados por la empresa para su inmovilizado

Son los llevados a cabo por la empresa para sí misma, utilizando sus equipos y su personal:

- Incorporación al Activo de los gastos de establecimiento.
- Trabajos realizados para el inmovilizado inmaterial.
- Trabajos realizados para el inmovilizado material.
- Trabajos realizados para el inmovilizado material en curso.
- Incorporación al Activo de gastos de formalización de deudas.

Suponga que durante el ejercicio, la empresa ha pagado sueldos y salarios que ha cargado a la cuenta de **Gastos de personal** que a fin de ejercicio habrá de ser saldada por la cuenta de **Pérdidas y ganancias**, pero que han sido destinados a fabricar una máquina para el propio uso; igualmente ha pagado a una tercera empresa una cantidad por preparar unas piezas que luego ha utilizado en el montaje de esta misma máquina y cuyo importe ha cargado a **Servicios exteriores**. Al final del ejercicio las cuentas que deberán ser saldadas con cargo a **Pérdidas y ganancias** presentan unos importes de los que habrá de deducir lo que corresponde a la máquina destinada al propio uso. Se podría regularizar esto mediante el abono a tales cuentas de los importes correspondientes a su propio inmovilizado, cargando las cuentas de este grupo que estén afectadas. El PGC impone otro procedimiento: que las cuentas de **Gastos** no se rectifiquen y que se consideren como **Ingresos** los trabajos que la empresa ha hecho para sí misma, con objeto de dejar constancia en la cuenta de **Pérdidas y ganancias** de la importancia comparativa que tengan. En el supuesto que estamos explicando, la empresa hace una nota o factura interior, a fin de ejercicio, de lo invertido en la máquina que se ha construido, resultando: Gastos de personal, por todos conceptos, 1.347.000 u.m. y **Servicios exteriores**, 294.000 u.m. y formulará el siguiente asiento:

1.641.000	**Inmovilizaciones materiales** Maquinaria construida por nuestro taller para propio uso según nota que se archiva.		
		a	**Trabajos para propio inmovilizado** [1]	1.641.000
	[1] Los títulos del PGC en la práctica se simplifican; de todos modos, el código numérico los identifica.		

De no seguir el criterio del PGC se hubiese formulado el siguiente:

1.641.000	**Inmovilizaciones materiales** Maquinaria construida por nuestro taller para propio uso según nota detallada que se archiva.		
		a	**Gastos de personal**	1.347.000
	Importe de los sueldos, salarios y sus cargas invertidas en la misma.		
		a	**Servicios exteriores**	294.000
	Por el material invertido.		

Otros ejemplos de operaciones con las cuentas de ingresos

• Los intereses de nuestra cuenta bancaria a la vista son de 3.000 u.m.

3.000	**Banco X**	a	**Ingresos financieros**	3.000

• Cobramos 4.000 u.m. en concepto de **Ingresos por comisiones**.

4.000	**Caja**	a	**Ingresos por comisiones**	4.000

• Se abonan 2.000 u.m. a un cliente por un descuento extra, concedido por haber comprado un determinado volumen de mercancías.

| 2.000 | «Rappels» sobre ventas a Clientes | 2.000 |

La cuenta de «Rappels sobre ventas» como su contraria «Rappels por compras» que aparecen en el PGC con las cifras de código 709 y 609 respectivamente, requieren particular atención.

Es frecuente que los industriales y comerciantes concedan a sus principales clientes, a fin de ejercicio, unas bonificaciones o descuentos extraordinarios si el cliente ha alcanzado determinada cifra de compras, con objeto de estimularles. Estos descuentos se conocen como «rappels», término que el PGC ha aceptado.

Existirá una correlación entre los asientos del proveedor que concede el **«Rappel» sobre ventas** y el cliente que obtiene el **«Rappel» por compras**. Si Juan Mariscal vende a Pedro Laplaza, durante el año, géneros por 2.500.000 u.m. y se ha concertado que se concederá un «rappel» del 2 % si la cifra de negocios pasa de dos millones, Mariscal tendrá que reconocer a favor de Laplaza una deuda de 50.000 u.m. He aquí los asientos que formularán, uno y otro.

• El proveedor:

| 50.000 | «Rappels» sobre ventas a Clientes
Pedro Laplaza «rappel» 2 % s/venta anual. | 50.000 |

• El cliente:

| 50.000 | Proveedores a «Rappels» por compras
Juan Mariscal s/«rappel» s/n/compras. | 50.000 |

Recuerde que en todos los ejemplos, y para facilitar su comprensión, anotamos importes relativamente pequeños y redondeados, que pueden no tener ningún parecido cuantitativo con los que usualmente se manejan en las empresas; lo que interesa es comprender la mecánica conceptual. Recuerde también que las operaciones de la empresa están concatenadas y enlazadas entre sí. Hemos de pensar en el antecedente contable que una operación puede tener y comprobarlo en cada paso.

EJERCICIOS

1. En general, ¿cómo se clasifican los tributos?

   Indique las diferencias existentes entre dichos tributos.

2. El ayuntamiento decide asfaltar y ensanchar un camino vecinal; dichas obras repercuten en el valor de los terrenos que se encuentran lindando con dicha vía, por lo que el Ayuntamiento decide imponer a los propietarios:

   a) Una tasa.

   b) Una contribución especial.

   c) Un impuesto.

   Indique el tributo aplicable.

3. Al realizar una empresa un gasto, ¿qué efecto inmediato produce en el patrimonio?

4. Además del salario base, ¿qué otros conceptos se incluyen en el salario a pagar?

5. Las cuotas a la Seguridad Social, ¿quién está obligado a pagarlas?

6. Si una empresa ha comprado mercaderías y los transportes de dichas mercaderías importan 12.000 u.m., ¿en qué cuenta deberá cargarlos?

7. Calcule las cuotas a la Seguridad Social que deberá satisfacer la empresa X por los siguientes empleados, si los tipos son del 41 % a cargo de la empresa y del 7 % a cargo del empleado.

   Un auxiliar administrativo que cobre 20.000 u.m. mensuales, un oficial administrativo que cobra 26.000 u.m. y un jefe administrativo que cobra 41.000 u.m.

   Tipos totalmente arbitrarios, a los solos efectos de «mover» las cuentas que correspondan.

8. En el ejercicio anterior, ¿cuál sería el asiento contable para reflejar el pago a los empleados y las cuotas a ingresar en la Seguridad Social?

9. Se ingresa en la Tesorería General de la Seguridad Social el saldo pendiente de pago correspondiente a la nómina del último mes del ejercicio anterior.

   Realice el correspondiente asiento.

10. Realice los asientos contables correspondientes a los siguientes gastos:

   a) Los gastos de material de oficina importan 5.000 u.m. pagadas en efectivo.

   b) Se han comprado mercaderías por 23.000 u.m. Los gastos de transporte importan 2.500 u.m. y se pagan en efectivo. Las mercaderías se pagarán a 30 días.

   c) Los gastos de publicidad ascienden a 15.000 u.m. pagados en efectivo.

   d) Pagamos el alquiler del local social por 16.000 u.m., en efectivo.

   e) Pagamos por limpieza 7.000 u.m. en efectivo.

11. ¿Qué se entiende por cuenta de Ingresos?

12. Para regularizar los ingresos del ejercicio económico, ¿qué cuenta se usa?

13. Los ingresos en efectivo de un ejercicio económico son los siguientes:

   Ventas al contado 165.000 u.m.

   Ventas a crédito 234.000 u.m.

   Descuentos sobre compras 5.000 u.m.

   Intereses de mis cuentas corrientes 9.000 u.m.

   Por comisiones se cobraron 8.000 u.m.

   Rentas de inversiones financieras temporales 24.000 u.m.

   Se pide contabilizar dichos ingresos en el Diario, poniendo en cada ingreso la cuenta que corresponda, como contrapartida de la de **Caja**, pues suponemos todas las operaciones al contado.

14. Regularice las cuentas de ingresos del ejercicio anterior.

15. Tenemos una máquina de escribir valorada en 25.000 u.m. y la vendemos por esta misma cantidad, cobrando su importe en efectivo. ¿Afectará dicha transacción a alguna cuenta de ingresos?, ¿por qué?

16. Al final de un ejercicio económico nos encontramos con las siguientes cuentas:

   a) **Caja**, 130.000 u.m.

   b) **Almacén**, 156.000 u.m., que es la partida inicial.

   c) **Clientes**, 43.000 u.m.

   d) **Ventas**, 230.000 u.m.

   e) **Comisiones**, 15.000 u.m.

   f) **Ingresos financieros**, 45.000 u.m.

   g) «**Rappels**» **sobre ventas**, 18.000 u.m.

h) **Ingresos de la explotación**, 56.000 u.m.

i) La existencia en almacén al final del ejercicio es de 28.000 u.m.

¿Qué cuentas se deberán regularizar? ¿Cuáles no?

17. Formule el asiento de regularización de cuentas perteneciente al ejercicio anterior.

18. Presente la situación de las cuentas del ejercicio núm. 16 después de la regularización realizada en el ejercicio núm. 17.

19. Una empresa española tiene obligaciones emitidas por *Tram S.A.*, por importe nominal de 5.000.000 de u.m., que rinden un interés anual del 8 %. En 30 de junio vence un semestre y la sociedad pagadora le retiene el impuesto de Rentas de Capital al tipo 24 % de los intereses. Formule los asientos que correspondan.

20. Al finalizar el año, el proveedor *Cables y Filamentos S. A.* me abona en cuenta un «rappel» del 1,5 % de las compras anuales, que importaron 2.340.000 u.m. ¿Qué asiento debe formularse?

Como repaso, formular los apuntes contables de las operaciones que siguen a continuación. En los asientos que debe redactar con los enunciados que siguen, detalle no sólo las cantidades y títulos de cuentas, sino también las explicaciones o conceptos.

21. a) Compramos géneros por 50.000 u.m., pagando la mitad con un T/ del Banco B y quedando a deber el resto.

b) El proveedor de la venta anterior nos manda una L/ por las 25.000 u.m. que le debíamos y se la devolvemos aceptada.

c) Al vencer la L/ anterior, y no disponiendo de efectivo suficiente, endosamos al tenedor de la L/ que teníamos en cartera s/ venta por 18.000 u.m. y le entregamos en efectivo 7.300 u.m. La diferencia, por intereses.

d) Un cliente, previa nuestra conformidad, nos envía un Ch/ a nuestro favor por 16.000 u.m., que ingresamos en el Banco B, para saldar anticipadamente su deuda de 16.500 u.m. La diferencia, por intereses.

e) Entregamos al Banco B unas L/ s/ diversas plazas que teníamos en cartera. Nominal de las L/ 30.000 u.m. Abono del Banco en n/ c/c. 29.600. La diferencia, por intereses.

22. a) Hemos prestado a J. Ramos 25.000 u.m. en efectivo y él nos firma un P/ por el citado importe.

b) Debemos pagar a J. Díaz 35.000 u.m. y le entregamos el P/ del número anterior y 10.000 u.m. en efectivo.

c) J. Díaz nos devuelve el P/ mencionado anteriormente, pues J. Ramos no se lo ha pagado.

d) Pagamos en efectivo a J. Díaz lo que le debíamos.

e) J. Ramos nos envía una L/ aceptada por 25.800 u.m. a pagar dentro de 3 meses. La diferencia, por intereses.

23. a) Hemos vendido géneros a un cliente de Melilla, cobrando la mitad en transferencia al Banco C y quedándonos a deber el resto. Importe de la factura 50.000 u.m.

b) Para pagar a su vencimiento lo que nos debía el cliente anterior, nos manda un Ch/ de 14.000 u.m. que ingresamos en el Banco C y una L/ aceptada a 60 d/v. por 12.000, compensando la diferencia los gastos de negociación y aplazamiento del cobro.

c) Entregamos la L/ anterior al Banco C, que nos abona en cuenta 11.070 u.m., siendo el resto gastos de negociación e intereses.

d) Recibimos nota del Banco C, que nos devuelve impagada la L/ anterior, cargándonos además 150 u.m. por gastos, que repercutimos al cliente, a quien escribimos para que nos envíe el total.

e) Hemos recibido carta del anterior cliente, excusándose y enviándonos un Ch/ de 12.150 u.m. por saldo, que ingresamos en c/c. del Banco C.

Operaciones finales: resultados del ejercicio

La contabilidad tiene como una de sus finalidades esenciales suministrar datos suficientes para poder conocer la marcha de la empresa y orientar de este modo las actuaciones de la gerencia. Uno de los datos más importantes es el conocimiento de los **resultados** que se han conseguido a lo largo del ejercicio.

Cuentas diferenciales

Las cuentas de **Costes** o **Gastos** e **Ingresos** en la teoría clásica de la Contabilidad se conocen con la denominación de **Cuentas diferenciales**, por recoger los motivos, debidamente clasificados, de las diferencias que se van produciendo en el neto del patrimonio. Estas diferencias surgen como consecuencia de los hechos económico-administrativos, de tipo modificativo.

Dicha teoría considera que la cuenta diferencial básica es la cuenta de **Pérdidas y ganancias**, de la cual las distintas cuentas de **Costes** o **Gastos** e **Ingresos** se dice que son divisionarias.

Modernamente se ha invertido el razonamiento y se considera que las distintas cuentas de **Costes** o **Gastos** e **Ingresos** recogen los motivos de las diferencias, las cuales se agrupan o integran en la cuenta de **Pérdidas y ganancias**.

Esta cuenta se divide por lo menos en tres: la de **Explotación**, la de **Resultados financieros**, que recoge todos los gastos e ingresos de carácter financiero, así como los resultados obtenidos por la enajenación de títulos valores que estaban contabilizados como inversiones financieras temporales, y la de **Resultados extraordinarios**, que recoge los considerados así.

Cuenta clásica de Pérdidas y ganancias

El convenio base de la práctica contable es que la cuenta de **Capital** ha de permanecer estática (sin movimiento) durante el ejercicio, a no ser que haya nueva aportación de medios económicos (dinero y demás valores) por parte de los propietarios, o que éstos retiren algo de lo que han aportado. Ahora bien, la igualdad fundamental de la partida doble (Activo – Pasivo = Neto) se ha de mantener a lo largo del ejercicio. Siendo el **Neto** la diferencia entre Activo y Pasivo, y modificándose tanto uno como otro a consecuencia de las operacioncs de la empresa, también el **Neto** se modifica constantemente. El **Neto**, al iniciar una empresa —como ya sabemos— es igual a **Capital**, pero luego a lo largo del ejercicio hemos de pensar que el Neto es igual al Capital más o menos las alteraciones que hayan producido las operaciones de la empresa. Estas alteraciones se recogen en la cuenta de **Pérdidas y ganancias**, que presenta el siguiente esquema:

DEBE (cargos)	Pérdidas y ganancias	(Abonos) HABER
Consumos Gastos Devolución de ingresos	Ingresos Reintegro de gastos	

Así, pues, **Neto** = **Capital** + **Pérdidas y ganancias**.

Conforme se ha indicado en el apartado *Normalización de los planes de cuentas*, los resultados se determinan mediante un estadillo complementario, en el que se comparan las compras, las ventas y las existencias de los productos con que se especula. Recordaremos que, en síntesis, los apuntes contables son:

D	Compras	H
Existencias iniciales Compras Gastos de compras	Abonos y devoluciones de compras	

D	Ventas	H
Gastos de ventas Abonos y devoluciones de ventas	Ventas	

Operaciones finales: resultados del ejercicio

La cuenta de **Compras** tendrá como saldo el montante del coste neto de éstas, más la existencia anterior; si le restamos el valor de las existencias finales, la diferencia será, como ya sabemos, el coste de las ventas. Formularemos por este importe el asiento de:

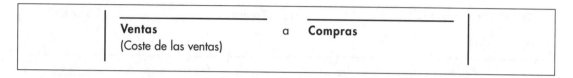

```
Ventas                          a    Compras
(Coste de las ventas)
```

Si al iniciar el ejercicio teníamos existencias por 4.000 u.m. y durante el ejercicio compramos por importe de 15.000 u.m. es evidente que la suma representa la totalidad de las adquisiciones que hemos tenido en el período; pero, si al final del ejercicio nos quedan 6.000 u.m., deducimos que las existencias que hemos entregado al vender, tenían un importe de 13.000, como sigue:

	Existencias iniciales	4.000 u.m.
	Compras del ejercicio	15.000 u.m.
	Suma	19.000 u.m.
menos	Existencias finales	− 6.000 u.m.
	Coste de lo vendido	13.000 u.m.

El coste de las ventas se carga a la cuenta de **Ventas** con abono a la cuenta de **Compras**; con este asiento la cuenta de **Compras** queda con un saldo igual a las existencias a fin de ejercicio. La cuenta de **Ventas** presentaba un saldo igual al importe neto a ella; si ahora pasamos de éstas el asiento anterior, su nuevo saldo será el beneficio o pérdida de la especulación. Si las ventas han importado 18.000 u.m. netas, éste será el saldo acreedor de la cuenta de **Ventas** y al cargarle el coste de lo vendido el nuevo saldo será el beneficio (18.000 − 13.000 = 5.000).

Veamos un ejemplo con cifras algo mayores:

D	Compras	H	D	Ventas	H
Existencias iniciales 4.310.080 Compras 25.656.906 Gtos. id. 1.673.060 _____ 31.640.046	Abonos 412.130		Gtos. ventas 135.212 Abonos ventas 1.439.638 _____ 15.74.850	Ventas 36.715.986	
Saldo deudor: 31.227.916			Saldo acreedor: 35.141.136		

Las existencias finales son de 3.186.000; luego el coste de las ventas será de 31.227.916 – 3.186.000 = 28.041.916.

28.041.916	Ventas	a	Compras	28.041.916

El nuevo saldo de **Ventas** será de 35.141.136 – 28.041.916 = 7.099.220 que representa el beneficio bruto que pasará a la cuenta de **Pérdidas y ganancias** mediante el asiento de

7.099.220	Ventas	a	Pérdidas y ganancias	7.099.220

En el apartado *Normalización de los planes de cuentas* hemos visto otras formas de llevar las cuentas de la especulación cuando no se sigue el PGC. La cuenta de **Pérdidas y ganancias** puede derivarse estableciendo cuentas para cada uno de los conceptos que la integran, dando lugar a las cuentas de **Gastos** (cargos) y **Productos** (abonos) o de **Costes** o **Gastos** e **Ingresos**, denominadas diferenciales porque recogen analíticamente los motivos de las diferencias que sucesivamente van produciéndose en el neto del patrimonio. El saldo de la cuenta indica el beneficio del ejercicio si es acreedor (H > D) y pérdida si es deudor (D > H).

Cuenta ecónomica de fin de ejercicio

Hemos presentado la cuenta de **Pérdidas y ganancias** como un resumen de los saldos a regularizar de las distintas cuentas.

A veces, es preferible darle otra forma, denominada **Cuenta económica del ejercicio**, que comprende:

- **Costes o gastos**, constituidos por la suma de:
  a. Las existencias activas iniciales.
  b. Los costes y gastos propios del ejercicio.
- **Ingresos o productos**, integrados por:
  a. Las existencias activas finales.
  b. Los productos propios del ejercicio.

En su presentación práctica, es como sigue:

1) Existencias iniciales .... u.m.
2) Compras y costes del ejercicio (a sumar) .... u.m.

   Suma ....
3) Existencias finales a deducir ....
4) Diferencia: Coste de las ventas del ejercicio ....
5) Ventas líquidas del ejercicio ....
6) Nueva diferencia resultado especulativo o margen ....
7) A deducir: Gastos y quebrantos (con detalle) ....
8) Beneficio típico del ejercicio o pérdida ....

9) Operaciones extraordinarias ⟨ quebrantos ....

   beneficios ....

Pérdida o beneficio neto .... u.m.

NOTA: Para establecer las cifras de los conceptos 2 y 5 es preciso analizar la cuenta de Mercaderías, si no se han llevado las cuentas separadas de **Compras** y **Ventas**, como en el PGC.

La comparación entre 4) y 5) da el margen comercial, llamado también beneficio bruto y resultado especulativo. Normalmente 4) < 5); pero, si fuese 4) > 5) ya tendríamos una pérdida originada por vender por debajo del costo. Si la diferencia 6) es favorable, esto es beneficio bruto y le restamos los gastos de 7), la nueva diferencia es el beneficio típico, esto es, de las operaciones normales. Si 6) > 7) tenemos beneficio; pérdida si 6) < 7). Cuando la diferencia 6) ya es negativa, esto es, pérdida inicial, a ella se suman los gastos 7) para tener la pérdida de la especulación normal.

Las operaciones extraordinarias pueden arrojar quebrantos o beneficios que sumar o restar según proceda. Puede también presentarse una cuenta análoga, comprendiendo sólo hasta el epígrafe 6, para cada proceso especulativo que desarrolla la empresa. Luego, en la cuenta resumen de **Pérdidas y ganancias** se recogen los resultados especulativos de cadaactividad con los gastos, regularizaciones y demás partidas propias de dicha cuenta.

Cuenta de Resultados de explotación, según el PGC

La cuenta de **Resultados de explotación** recoge, al final del ejercicio, todos los daños y lucros que han ido apareciendo como consecuencia de la gestión **normal** de la empresa.

La cuenta de **Resultados de explotación** recoge en el Debe el total de costes y gastos habidos y en el Haber el total de beneficios e ingresos.

En el PGC se considera un coste del ejercicio la existencia de mercaderías que había al iniciar el ejercicio, y como ingreso la existencia que ha quedado al final. También se considera coste, la totalidad de las compras del ejercicio.

Al actuar de esta forma, siguiendo las directrices de la teoría contable llamada «al balance dinámico», lo que hacemos es recoger en la cuenta de **Resultados de explotación** los flujos que han determinado el beneficio bruto de la actuación comercial, presentando su detalle. Si una empresa tenía al iniciar el ejercicio existencias por 3.782.000 u.m., ha comprado en el año por importe de 17.893.700 u.m., ha realizado ventas por 19.285.500 u.m. y al final del ejercicio le quedan mercaderías por importe de 4.100.700 u.m., de una forma analítica podemos establecer el siguiente cuadro demostrativo del beneficio comercial:

Existencias iniciales	3.782.000 u.m.
Compras del ejercicio	17.893.700 u.m.
Suma de lo invertido en mercaderías	21.675.700 u.m.
Existencias que quedan al final	– 4.100.700 u.m.
Coste de lo vendido	17.575.000 u.m.
Importe de las ventas hechas	19.285.500 u.m.
Beneficio obtenido	1.710.500 u.m.

Estos mismos datos se presentan en la cuenta de **Resultados de explotación**, del modo que sigue:

D	Resultados de explotación		H
Existencia inicial	3.782.000	Ventas del año	19.285.500
Compras del año	17.893.700	Existencias finales	4.100.700
	y además		
Otros gastos y costes		Otros ingresos	

Si no se aplica el PGC y se lleva la cuenta única de **Mercaderías**, la cuenta de **Pérdidas y ganancias** recibe en su Debe o en su Haber, según haya pérdida o beneficio, una sola partida correspondiente al resultado de la actividad comercial. En el ejemplo anterior, y en este supuesto de no llevar el PGC, se haría sólo el asiento de **Mercaderías** a **Pérdidas y ganancias** por 1.710.500 u.m., que es el beneficio determinado en un estado o nota complementaria. Por tanto —siguiendo el PGC—, al final del ejercicio todas las cuentas que representan gastos y las que representen beneficio deberán **Regularizarse**; o sea, pasar los saldos de dichas cuentas diferenciales a la general de **Pérdidas y ganancias**. Esto se hará mediante el correspondiente apunte en cada una de ellas, con lo cual dichas cuentas diferenciales habrán desaparecido y en su lugar quedará la cuenta de **Pérdidas y ganancias**.

Asientos de regularización de las cuentas de gastos e ingresos

---

Pérdidas y ganancias	a	Variación de existencias
		(si saldo inicial > a saldo final de existencias)
	a	Compras
	a	Gastos de personal
	a	Gastos financieros
	a	Tributos
	a	Servicios exteriores
	a	Otros servicios
	a	Dotaciones para amortizaciones
	a	Devoluciones de ventas de envases y embalajes
	a	Insolvencias definitivas
	a	«Rappels» sobre ventas
Por todos los costes y gastos del ejercicio.		

La cuenta de **Tributos** en ciertos sitios no recoge el impuesto sobre los Beneficios de Sociedades, que se deducirá de los beneficios al proceder a su reparto, como veremos más adelante en este mismo capítulo.

En ciertos países hay un impuesto sobre la Renta de las Sociedades y demás Entidades, conocido como Impuesto de Sociedades, que grava los beneficios de cada período anual. Este impuesto, en su concepción fiscal, no es un gasto de la sociedad que pueda cargarse a la cuenta de **Pérdidas** y **ganancias,** sino una parte del beneficio que el Estado, como si fuese un socio, tiene derecho a percibir al proceder al reparto de beneficios. No obstante, es práctica internacional extendida considerarlo un impuesto de la empresa.

Variación de existencias		
(si saldo inicial > a saldo final de existencias)		
Ventas		
Ingresos accesorios de la explotación		
Ingresos financieros		
«Rappels» por compras	a	**Pérdidas y ganancias**
Por todos los ingresos del ejercicio.		

Con estos dos asientos habremos regularizado los gastos y beneficios, presentando la cuenta de **Resultados de explotación** los movimientos de las detalladas en ellos.

D	Resultado de explotación	H
1) Existencias iniciales 2) Compras 3) Gastos de personal 4) Gastos financieros 5) Tributos 6) Servicios exteriores 7) Otros servicios 8) Amortizaciones 9) Devoluciones de ventas de envases y embalajes 10) Insolvencias definitivas 11) «Rappels» sobre ventas	1) Existencias finales 2) Ventas 3) Ingresos accesorios de la explotación 4) Ingresos financieros 5) «Rappels» por compras	

Esta cuenta la presentan algunos contables subdividida en otras dos: **Resultados de operaciones mercantiles** y **Explotación general**.

En tal caso, la primera recoge algunos de los saldos de la anterior, para presentar el beneficio bruto de la actividad mercantil, como sigue:

D	Resultados de operaciones mercantiles	H
1) Existencias iniciales 2) Compras 11) «Rappels» sobre ventas	1) Existencias finales 2) Ventas 5) «Rappels» por compras	

y entonces, la cuenta de **Resultados de explotación** recoge el saldo de la anterior y además los restantes conceptos:

D	Resultados de explotación	H
Saldo de Resultado de operaciones mercantiles (si presenta pérdida) Conceptos de Costes y Gastos 3) 4), 5), 6), 7), 8), 9) y10) de la anterior	Saldo de Resultado de operaciones mercantiles (si presenta beneficio) Conceptos de ingresos 3) y 4) de la anterior	

Además de la cuenta de **Resultados de explotación**, también recogen los resultados del ejercicio las cuentas de **Resultados financieros** y la cuenta de **Resultados extraordinarios**.

Cuenta de Resultados financieros

Como ya se ha mencionado anteriormente, en la cuenta de **Resultados financieros** se incluyen todos los gastos e ingresos de carácter financiero, así como los resultados obtenidos por la enajenación de títulos valores que estaban contabilizados como inversiones financieras temporales.

El resultado obtenido de la enajenación de inversiones financieras a largo plazo, es decir, las contabilizadas en el inmovilizado financiero, no se incluye en este resultado sino en el de **Resultados extraordinarios**.

Ejemplo de operaciones.
- Compra de 1.500 acciones de 1.000 u.m. nominales cada una al cambio de 120 %:

1.800.000	Acciones con cotización oficial	a	Caja	1.800.000

- Venta de 500 de las anteriores acciones al cambio de 135 %:

675.000	Caja	a	Acciones con cotización oficial	675.000

- Venta de 450 de las anteriores acciones al cambio de 180 %:

810.000	Caja	a	Acciones con cotización oficial	810.000

Al final del ejercicio se desea saber el resultado de la cartera de valores:

D	Acciones con cotización oficial				H
Compra	1.800.000	1.800.000	**Venta**	675.000	
			Venta	810.000	
Saldo Acreedor (Beneficio)		345.000	**Existencias finales a precio de coste**	660.000	2.145.000
		2.145.000			2.145.000

El asiento que deberemos realizar para regularizar dicha cuenta será:

345.000	**Acciones con cotización oficial**	a	**Ingresos por participaciones en capital**	345.000

Cuenta de Resultados extraordinarios

Recoge esta cuenta las pérdidas o ganancias habidas durante el ejercicio, originadas por la gestión de la empresa en operaciones ajenas al tráfico normal.

Se cargará dicha cuenta, entre otros, por los siguientes conceptos:

- Por las pérdidas de carácter extraordinario que aparezcan en los valores que componen el inmovilizado.

Ejemplo. Un incendio destruye una parte del mobiliario que no está asegurado, valorado en 140.000 u.m.

140.000	**Pérdidas procedentes del inmovilizado**	a	**Mobiliario**	140.000

Si el mobiliario estaba asegurado, la compañía aseguradora estaría obligada a pagar —de acuerdo con las normas establecidas en la correspondiente póliza o contrato— la oportuna indemnización. En este supuesto no tendríamos ningún daño extraordinario, sino en el caso de que la compañía pagase una cantidad inferior a los daños reales. Las primas pagadas a la compañía aseguradora son un gasto normal del ejercicio. Supongamos que ha habido el incendio y que estaba bien asegurado el mobiliario. Cuando valoremos el daño, la compañía nos deberá su importe y contabilizaremos:

140.000	**Deudores**	a	**Mobiliario**	140.000
	Cía. Aseguradora P. Importe de daños producidos en el mobiliario en el incendio del día ... y que están cubiertos por la póliza núm. ...			

También pudo ocurrir que la compañía, por defectos de la póliza, sólo se aviniera a pagar 110.000 u.m. En este supuesto, cobraríamos menos del valor del daño y la diferencia sería un gasto extraordinario. Contabilizaríamos así:

110.000	**Tesorería**			
	Cobrado de la Cía. Aseguradora P. por liquidación del siniestro del día ...			
30.000	**Pérdidas procedentes del inmovilizado**			
	Diferencia a nuestro cargo entre el valor del daño y la indemnización percibida.			
		a	**Deudores**	140.000
	Cancelación del cargo a la Cía. P. según liquidación.			

Ejemplo. Una inundación deja inservibles dos máquinas valoradas en 520.000 u.m.

520.000	**Pérdidas procedentes del inmovilizado**	a	**Maquinaria**	520.000

• Las pérdidas sufridas en fianzas y depósitos entregados para responder del cumplimiento de una obligación, si ésta no se cumple.

Ejemplo. Hemos avalado una letra de 50.000 u.m. girada a cargo de Juan Ruiperea, quien no ha pagado por ser insolvente, y la hemos tenido que pagar nosotros.

50.000	**Pérdidas procedentes del inmovilizado**	a	**Caja**	50.000
	Pago de l/avalada a J. Ruiperea por insolvencia de éste.			

• Por la dotación anual a la provisión de depreciación de terrenos.

Ejemplo. Tenemos un solar junto al río y éste se está comiendo el terreno; evaluamos el valor del solar desaparecido en 100.000 u.m.

100.000	**Dotación a la provisión del inmovilizado material**	a	**Terrenos y bienes naturales**	100.000

• Por las ganancias de carácter extraordinario que aparezcan como consecuencia de los valores que componen el inmovilizado.

Ejemplo. Se vende un inmueble cuyo valor contable es de 1.000.000 u.m. por 1.500.000 u.m.

1.500.000	**Tesorería**	a	**Inmuebles**	1.000.000
		a	**Beneficios en enajenación del inmovilizado**	500.000

Cuenta de Pérdidas y ganancias, en el Plan General de Contabilidad

Tiene por misión refundir en una sola cifra los resultados totales de la empresa durante el ejercicio; así, mediante esta cuenta se agruparán las cuentas de **Resultados de explotación, financieros** y **extraordinarios**.

El resultado se obtiene entre los ingresos que figuran en el Haber y los gastos y pérdidas que figuran en el Debe. Si la diferencia es positiva se anota el saldo en el Debe, con lo que la cuenta queda saldada a dicho nivel. Si es negativa se anota en el Haber.

Ejemplo.

D	Resultados de Explotación		H	D	Resultados financieros		H
Gastos	240.000	Ingresos	300.000	Gastos	150.000	Ingresos	200.000
Beneficios de explotación	60.000			Beneficio financiero	50.000		
	300.000						

D	Resultados de Explotación		H
Gastos	100.000	Ingresos	60.000
		Pérdidas extraordinarias	40.000
			100.000

- Esquema de la cuenta de Pérdidas y ganancias:

Resultados de explotación	60.000
Resultados financieros positivos	50.000
Resultado de las actividades ordinarias	110.000
Resultados extraordinarios (negativos)	– 40.000
Resultado del ejercicio de Pérdidas y ganancias	70.000

Ejemplo de operaciones.

Al llegar al final del ejercicio encontramos los siguientes saldos en las cuentas diferenciales.

- DEUDORES: **Arrendamientos** 8.000 u.m.; **Transportes** 4.000 u.m.; **Otros servicios** 10.000 u.m.; **Tributos** 3.000 u.m.; **Gastos de personal** 14.000 u.m.; **Gastos financieros** 8.000 u.m.; **Amortización del inmovilizado material** 2.500 u.m.; **Gastos extraordinarios** 1.200 u.m.; **«Rappels» sobre ventas** 1.000 u.m.
- ACREEDORES: **«Rappels» por compras** 1.500 u.m.; **Ingresos por comisiones** 5.000 u.m.; **Ingresos financieros** 11.000 u.m.; **Ingresos de participaciones en capital** 7.000 u.m.

La existencia inicial de **Mercaderías** es de 8.000 u.m. y la final de 5.000 u.m., las compras ascienden a 5.500 u.m. y las ventas a 9.000 u.m.

Se deben regularizar dichas cuentas y hallar la pérdida o ganancia neta del ejercicio.

Una vez tenemos el inventario final, hemos de proceder a dar de baja las existencias iniciales y dar de alta, al efecto de reflejar su importe en el Activo del balance, las existencias finales. Para ello se ha de utilizar la cuenta de **Variación de existencias**, que es una cuenta del grupo 6, la cual una vez determinado el saldo de la variación se regularizará junto con el resto de cuentas 6 y 7 contra la cuenta de **Pérdidas y ganancias**.

8.000	**Variación de existencias** Por la existencia inicial.	a	**Mercaderías**	8.000
5.000	**Mercaderías** Por la existencia final.	a	**Variación de existencias**	5.000

D	Variación de existencias	H
8.000		5.000
	Saldo deudor	3.000
		8.000
		8.000

Con la **Variación de existencias** más las Compras tenemos los consumos, 3.000 + 5.500 = 8.500, o lo que es igual:

> **Existencias iniciales + Compras − Existencias finales = consumos**
> **8.000 + 5.500 − 5.000 = 8.500**

• Regularización de las cuentas diferenciales:

60.200	**Pérdidas y ganancias**	a	**Variación de existencias**	3.000
		a	**Compras**	5.500
		a	**Arrendamientos**	8.000
		a	**Transportes**	4.000
		a	**Otros servicios**	10.000
		a	**Tributos**	3.000
		a	**Gastos de personal**	14.000
		a	**Gastos financieros**	8.000
		a	**Amortizaciónes del inmovilizado material**	2.500
		a	**Gastos extraordinarios**	1.200
		a	**«Rappels» sobre ventas**	1.000
1.500	**«Rappels» por compras**			
9.000	**Ventas**			
5.000	**Ingresos por comisiones**			
11.000	**Ingresos financieros**			
7.000	**Ingresos por participaciones en capital**			
		a	**Pérdidas y ganancias**	33.500

Con lo que el resultado del ejercicio es:

D	Pérdidas y ganancias	H
60.200		33.500
	Saldo deudor	26.700
		60.200

Este ejercicio ha tenido una pérdida neta de 26.700 u.m.

El saldo deudor de la cuenta de **Pérdidas y ganancias** indica pérdidas. El saldo acreedor de la cuenta de Pérdidas y ganancias indica ganancia; en este caso antes de realizar el cierre definitivo del ejercicio se ha de calcular el impuesto sobre el resultado que hay que liquidar a la Hacienda Pública. Este gasto se contabiliza en la cuenta Impuestos sobre beneficio, la cual se salda, como el resto de cuentas de gastos contra la cuenta de **Pérdidas y ganancias**, determinándose así el beneficio neto del ejercicio.

Al resultado obtenido antes del cálculo del mencionado impuesto se le denomina Beneficio antes de impuestos, el cual se convierte en Resultado del ejercicio (beneficios) una vez se le ha restado el importe del gasto por el impuesto sobre sociedades correspondiente.

La forma de proceder y el tipo impositivo a aplicar para obtener el gasto por este impuesto lo determinan las leyes de cada país.

Siguiendo con el ejemplo, si queremos desglosar la cuenta de **Pérdidas y ganancias** en las cuentas de resultados mencionadas con anterioridad tendremos que hacer lo siguiente:

D	Cuenta de Resultados de explotación		H
Variación de existencias	3.000	«Rappels» por compras	1.500
Compras	5.500	Ventas	9.000
Arrendamientos	8.000	Ingresos por comisiones	5.000
Transportes	4.000		
Otros servicios	10.000		
Tributos	3.000		
Gastos de personal	14.000		
Amortización inmovilizado material	2.500		
«Rappels» sobre ventas	1.000		
Gastos de explotación	51.000	Ingresos de explotación	15.500
		Pérdidas de explotación	35.500
	51.000		51.000

D	Cuenta de Resultados financieros		H
Gastos financieros	8.000	Ingresos financieros	11.000
Beneficios financieros	10.000	Ingresos financieros por	
		participaciones en capital	7.000
	18.000		18.000

D	Cuenta de Resultados extraordinarios		H
Gastos extraordinarios	1.200	Pérdidas extraordinarias	1.200
	1.200		1.200

En resumen:

Pérdidas de explotación	– 35.000
Resultados financieros positivos	+ 10.000
Resultados actividades ordinarias	– 25.500
Resultados extraordinarios	– 1.200
Resultado del ejercicio (pérdidas)	– 26.700

Si el resultado antes de impuestos es de pérdidas, no procede realizar el cálculo del gasto por el impuesto sobre los resultados.

Distribución de los resultados

Vamos a suponer ahora que una empresa ha tenido al final del ejercicio un **beneficio**, representado por el saldo acreedor de la cuenta de **Pérdidas y ganancias**. El empresario, frente a este beneficio, tiene varias posibilidades de actuación; veamos las más usuales.

- **Dejar todo el beneficio en la empresa**
  De esta forma se tienen más fondos con los que trabajar. En este sentido es evidente que en el momento en que se decida esta posibilidad deberemos aumentar la cuenta de **Capital**. ¿Cómo aumentamos la cuenta de **Capital**? Pues cerrando la de **Pérdidas y ganancias** y pasando su saldo a la de **Capital**. Esto representa un cargo a la cuenta de **Pérdidas y ganancias** y un abono a la cuenta de **Capital**.
  El asiento en el libro diario será:

Pérdidas y ganancias	a	Capital
Por aumento del Capital con los beneficios del ejercicio.		

▪ Retirar del negocio el beneficio obtenido

En este caso la empresa deberá entregar a su propietario, en efectivo o en un cheque bancario, el importe total de los beneficios, quedando por tanto sin variar la cuenta de **Capital**.

¿Qué anotaciones producirá esta decisión del empresario? Una disminución del dinero que la empresa tiene en la Caja o en el Banco y la cancelación del saldo de la cuenta de **Pérdidas y ganancias**.

Esto representa un cargo a la cuenta de **Pérdidas y ganancias** y un abono a la cuenta de **Caja** o **Bancos**.

El asiento en el libro Diario será:

Pérdidas y ganancias	a	Caja o Bancos
Distribución del beneficio.		

▪ Optar por una solución intermedia

El empresario también puede decidirse por dejar parte del beneficio en la empresa y retirar el resto (es lo más corriente). En este caso, las operaciones que se deberán efectuar serían:

- Un cargo a la cuenta de Pérdidas y ganancias por el total.
- Un abono a la cuenta de Capital por la cantidad que decida dejar en la empresa.
- Un abono a la cuenta de Caja o Bancos por la cantidad que decida retirar de la empresa.

El asiento en el libro Diario sería:

Pérdidas y ganancias		
Distribución del beneficio.		
	a	Capital
Por aumento del Capital.		
	a	Caja o Bancos
Retirado por el propietario.		

Cuentas de Reservas

Ya hemos hablando de ellas pero, juzgamos conveniente insistir en el tema por su entronque con lo tratado ahora. Las empresas, si tienen la forma de sociedad, cuando aumentan el **capital** deben hacerlo siguiendo formalidades y unos trámites legales determinados. Hacienda les obliga a tributar por este aumento del capital; por ello es corriente que cuando las empresas tienen un beneficio y deciden no repartirlo, o sea, dejarlo en la empresa, en vez de aumentar la cuenta de **Capital** de forma oficial, creen una cuenta llamada **Reservas** a la que pasan los beneficios no repartidos.

¿Qué representa esta cuenta? **Reservas** es una cuenta de **Neto**. Refleja los beneficios que la empresa ha tenido y no ha repartido. Se abona la cuenta por la cantidad asignada a ella y se carga cuando disminuye dicha cuenta. La creación de la cuenta se hará pasando a ella parte o el total del saldo de **Pérdidas y ganancias**. El asiento al que dará lugar es:

Pérdidas y ganancias	a	**Reservas**
Por traspaso de beneficios del ejercicio a Reservas.		

Al hablar de la distribución de los resultados hemos supuesto que al final del ejercicio habíamos conseguido ganancias; pero, también puede suceder que cerremos el ejercicio con pérdidas. Para saldarlas podemos usar reservas acumuladas en ejercicios anteriores, disminuir el saldo de **Capital** o pedir a los socios nuevas aportaciones dinerarias. La reducción del capital puede efectuarse con facilidad si se trata de un comerciante individual; tratándose de compañías mercantiles requiere ciertos trámites legales y formales, que se estudian en el apartado **Contabilidad de Sociedades** del capítulo 10. El asiento al que daría lugar es:

Capital	a	**Pérdidas y ganancias**
Disminución del capital por absorber las pérdidas sufridas en el ejercicio.		

En general, en las sociedades se formulan asientos muy similares. En caso de haber habido beneficios, el saldo acreedor de la cuenta de **Pérdidas y ganancias** se salda con abono a **Reservas**, por las cantidades no distribuidas, y **Socios c/c.** o **Dividendos a pagar**, por las cantidades que retirarán los socios.

Si se han producido pérdidas, el saldo deudor de la cuenta de **Pérdidas y ganancias** puede dejarse en cuenta, confiando poder compensarlo en un ejercicio posterior, cancelarlo con encargo a **Reservas**, que es lo más corriente, o proceder a disminuir el **Capital**.

Correlación entre las cuentas de balance y el resultado

El PGC enlaza las variaciones patrimoniales que presentan de un ejercicio a otro las cuentas de los Grupos 1 al 5 que, como sabemos, reflejan la situación de los distintos elementos que componen el patrimonio, con el resultado de las cuentas que representan gastos e ingresos, como tendremos la ocasión de comprobar al desarrollar más adelante un corto ciclo contable. Avanzamos, de momento, el esquema de esta interesante comprobación:

Total de los saldos deudores de las cuentas de los Gupos 1 al 5 (Activo) + ...

Total de los saldos acreedores de las cuentas de los Gupos 1 al 5 (Pasivo) – ....

BENEFICIO NETO (+) PÉRDIDA NETA (–) ....

+ Todas las cuentas del Grupo 7, con excepción de las 708 y 709 ....

– Todas las cuentas del Grupo 6, con excepción de las 608 y 609 ....

± Variación de existencias ....

± Los restantes conceptos de abono y cargo

(excluidos los anteriormente citados) ....

RESULTADOS DE EXPLOTACIÓN ....

± Resultados ajenos a la explotación (Saldo resultados financieros y extraordinarios)

= BENEFICIO NETO o PÉRDIDA NETA ....

EJERCICIOS

1. ¿Qué cuentas recogen los resultados del ejercicio?

2. Presente la cuenta de Pérdidas y ganancias del ejercicio, indicando si ha habido beneficio o pérdida, con los datos que a continuación le damos:

Existencias iniciales de mercaderías	168.000 u.m.
Compras de mercaderías	248.000 u.m.
Existencias finales de mercaderías	175.000 u.m.
Ventas de mercaderías	430.000 u.m.
Gastos de explotación	120.000 u.m.
Ingresos de explotación	202.000 u.m.

3. Cuál ha sido el importe de las ventas, sabiendo que el stock inicial de mercaderías es 100.000 u.m., las compras 200.000 u.m., los gastos de explotación 102.000 u.m., los ingresos 187.000 u.m., las existencias finales de mercaderías 150.000 u.m., y el resultado de la cuenta de **Pérdidas y ganancias** da un saldo acreedor de 274.000 u.m.

4. Las cuentas de gastos de explotación tienen un saldo deudor de 130.000 u.m., las de ingresos de explotación tienen uno acreedor de 414.000 u.m., las cuentas de gastos extraordinarios uno deudor de 104.000 u.m. y las cuentas de ingresos financieros uno acreedor de 122.000 u.m.

Se desea saber la pérdida o ganancia del ejercicio.

5. El contable ha presentado el estado de **Pérdidas y ganancias** siguiente:

Resultados financieros	84.000 u.m. saldo deudor.
Resultados de explotación	184.000 u.m. saldo acreedor.
Resultados extraordinarios	5.000 u.m. saldo acreedor.
Pérdidas y ganancias (beneficio neto)	105.000 u.m.

Pero ha tenido el error de no regularizar las amortizaciones del ejercicio que ascienden a 35.000 u.m.

Se pide regularizar estas amortizaciones mediante la cuenta que corresponda y modificar el estado de **Pérdidas y ganancias** para que refleje la verdadera situación.

6. Una empresa cierra su ejercicio económico con un beneficio neto de 234.000 u.m., y decide distribuir este resultado de la siguiente manera: el 30 % aumentará su capital social, el 10 % irá a parar a la cuenta de **Reservas** y la cantidad restante se repartirá entre los socios. Realice el asiento contable que refleje esta distribución de los resultados.

7. Al analizar la cuenta de **Pérdidas y ganancias** del ejercicio, nos encontramos con una serie de gastos; indique cuáles son gastos de ventas y cuáles gastos de administración:

Material de oficina	3.000 u.m.
Agua y electricidad	12.000 u.m.
Comisiones	8.000 u.m.
Minutas viajes	23.000 u.m.
Reparaciones camiones	10.000 u.m.

Alquiler almacén	54.000 u.m.
Gastos publicidad	34.000 u.m.
Sueldos vendedores	77.000 u.m.

8. La contabilidad de un comerciante individual presenta al final del año los siguientes saldos:

   Caja 30.000 u.m.; **Clientes** 43.000 u.m.; **Ventas** 68.000 u.m.; **Compras** 43.000 u.m.; **Almacén** 20.000 u.m.; **Mobiliario** 23.000 u.m.; **Depreciación mobiliario** 2.300 u.m.; **Gastos limpieza** 2.000 u.m.; **Alquiler local** 12.000 u.m.; **Publicidad** 15.000 u.m.; **Sueldos personal** 20.000 u.m.; **Gastos viaje** 4.000 u.m. Pase a la cuenta de **Pérdidas y ganancias** las cuentas que considere pertinentes.

   NOTA: la cuenta de Almacén se ha deducido ya de las Compras del ejercicio, pues no había existencias iniciales. El saldo de Almacén representa el stock final.

9. Una empresa comercial ha registrado durante el ejercicio económico los siguientes gastos e ingresos:

   Gastos personal 134.000 u.m.; **Gastos transporte** 43.000 u.m.; **Compras mercaderías** 856.000 u.m.; **Ventas mercaderías** 1.432.000 u.m.; **Impuestos** 23.000 u.m.; **Gastos financieros** 6.500 u.m.; **Ingresos por servicios de ejercicios anteriores** 9.000 u.m.; **Ingresos accesorios a la explotación** 40.000 u.m.; **Existencias iniciales en almacén** 450.000 u.m.; **Existencias finales en almacén** 720.000 u.m.

   Indique cuál ha sido el resultado de la cuenta de **Pérdidas y ganancias**.

10. Entre los saldos de una empresa comercial aparecen los siguientes:

    Mobiliario 200.000 u.m.; **Maquinaria** 430.000 u.m.; **Instalación industrial** 600.000 u.m.; **Vehículos** 450.000 u.m.; **Amortización acumulada del inmovilizado material de mobiliario** 20.000 u.m.; **Amortización acumulada del inmovilizado material de maquinaria** 43.000 u.m.; **Amortización acumulada del inmovilizado material de vehículos** 45.000 u.m.; **Amortización acumulada del inmovilizado material de instalaciones industriales** 60.000 u.m.

    Las amortizaciones que se deben realizar al final del presente ejercicio son: Mobiliario un 10 % sobre el coste de compra; Instalación un 10 % sobre el coste de compra; Vehículos un 10 % sobre coste pendiente de amortización; Maquinaria un 8 % sobre coste pendiente de amortización.

    Realice los asientos necesarios para que quede constancia de estas amortizaciones y regularícelas mediante la cuenta pertinente.

Cuentas de orden, transitorias y estadísticas

En contabilidad se utilizan, ocasionalmente y sin ser obligatorias, cuentas que no reflejan ni elementos patrimoniales ni flujos de gastos e ingresos, sino situaciones especiales que pueden ser muy diversas. A continuación, daremos una idea básica de las más usuales, debiendo advertir que no es conveniente abusar de su utilización porque a veces ofuscan los balances.

La contabilidad ha de mostrar también los compromisos adquiridos —cuando interese como información contable—; el porqué de unos determinados movimientos patrimoniales para lo cual la información ha de completarse con datos de operaciones efectuadas. Las necesidades de la organización contable exigen a veces que se registre en los libros una actuación eventual o transitoria de ciertos valores; en otras, hay que simplificar la comprensión de los movimientos de algunos bienes y facilitar la comprobación y control de la actuación de las personas que administran el patrimonio empresarial. Para ello se utilizan cuentas especiales que seguidamente estudiaremos. En el PGC las cuentas de esta índole están distribuidas según la naturaleza de los valores que comprenden entre los diversos grupos, dejando sólo en el grupo 0 las cuentas de valores nominales que en este capítulo estudiamos; queda, no obstante, la posibilidad de situar en este grupo las de orden y de presupuesto.

Cuentas de periodificación

Tienen por misión contabilizar desfases producidos, por no coincidir la fecha del cierre del ejercicio o de un balance provisional trimestral, semestral, etc., con la fecha del devengo de la operación.

Veamos algunos ejemplos orientativos. Suponga que va a cerrarse el ejercicio el día 31 de diciembre y comprueba que en la cuenta de conservación se ha contabilizado la totalidad de un contrato de mantenimiento de una máquina suscrito y pagado con fecha 1 de octubre y vencimiento el 30 de septiembre siguiente, en este caso al ejercicio que se cierra sólo le corresponde un trimestre de ese gasto, por lo tanto deberemos anular el importe de los otros tres trimestres con cargo a la cuenta de **Gastos anticipados** y abono a la original de **Gastos de reparaciones**. Al empezar el nuevo ejercicio se ha de proceder a anular este asiento, es decir, se ha de cargar la cuenta de **Gastos por reparaciones** y abonar la cuenta de **Gastos anticipados**. Con ello habremos conseguido imputar a cada ejercicio el gasto que realmente le corresponde.

Otro ejemplo. Al finalizar el ejercicio se comprueba que se han cobrado por anticipado unos intereses por un crédito concedido a un deudor que corresponden al ejercicio siguiente, en este caso se debe cargar la cuenta de **Ingresos financieros** (abonada en su momento cuando se realizó el cobro con cargo a tesorería) y abonar la cuenta de **Intereses cobrados por anticipado**. Al empezar el nuevo ejercicio se procerá a anular el asiento anterior, es decir, cargar la cuenta de **Intereses cobrados por anticipado** con abono a la cuenta de **Ingresos financieros** a fin de imputar cada de ingreso al ejercicio que en realidad le corresponde.

Como principales conceptos a recoger en sendas cuentas de periodificación, se encuentran:

> - Gastos anticipados
> - Intereses pagados por anticipado
>
> - Ingresos anticipados
> - Intereses cobrados por anticipado

Cuenta de provisiones

Provisiones, son la expresión contable de pérdidas ciertas no realizadas o de cobertura de gastos futuros. Se abonan por las provisiones acordadas con cargo a los Resultados del ejercicio. Se cargan por los importes que se disponga para cubrir las pérdidas o gastos previstos, cuando se produzcan. Su saldo, acreedor normalmente, indicará la cantidad acumulada para atender el daño o quebranto específico que la cuenta representa. Si, accidentalmente, la cuenta presentase saldo deudor, eso significará que el daño ha sido mayor que la provisión acordada; este saldo deudor deberá ser cancelado por la cuenta de **Pérdidas y ganancias** del ejercicio.

Así, si pensamos que dentro de tres años tendremos que hacer una reparación extraordinaria a una máquina que calculamos anticipadamente nos va a costar 135.000 u.m., en cada uno de los tres ejercicios estableceremos una provisión de 45.000 u.m. Análogamente, podemos prever que no cobraremos el 5 % de nuestras ventas. Si en un año hemos vendido por importe de 20.000.000 u.m., deberemos establecer una provisión por incobrables de 100.000 u.m. Entre los conceptos a recoger en estas cuentas se encuentran:

- Provisión para responsabilidades: por litigios en curso, por indemnizaciones públicas, por incumplimientos de contrato, etcétera.
- Reparaciones extraordinarias.
- Depreciación del inmovilizado.
- Depreciación de existencias.
- Insolvencias y otras operaciones de tráfico.

Suponga que cada cinco años hay que hacer una reparación extraordinaria en un equipo, que importa 4.100.000 u.m., y que se quiere dotar la correspondiente provisión. Cada año se formulará el asiento:

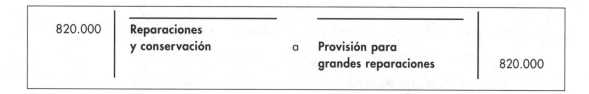

| 820.000 | Reparaciones y conservación | a | Provisión para grandes reparaciones | 820.000 |

Al cabo de los cinco años, cuando se realice la reparación, ésta se cargará a **Provisión para grandes reparaciones**. La diferencia, si la hubiere, se cargará a la cuenta de **Reparaciones y conservación** del ejercicio por la cuenta de **Pérdidas y ganancias** del ejercicio. La diferencia, que generalmente se presenta, es debida a que resulta muy difícil acertar anticipadamente en la cuantificación de un hecho futuro.

Cuentas transitorias, intermedias o provisionales

Se abren para dejar constancia contable de situaciones accidentales, saldándose al desaparecer la provisionalidad. Podemos encontrar entre otras las siguientes:

- **Mercaderías en camino**
  Es la cuenta que se destina usualmente para dar razón de las expediciones cuyo riesgo ya hemos asumido, pero que no han llegado todavía a nuestro poder; se utiliza, por lo general, sólo en los casos en que la expedición proviene de puntos lejanos o va a tardar algún tiempo en llegar y entretanto va produciendo gastos que aumentan el coste de compra. Se carga por el coste de la compra y de los gastos que se van produciendo mientras estén en ruta o en camino. A la recepción de los bienes que la misma representa, se abona con cargo a **Existencias** o a **Compras** según el procedimiento contable que hayamos seguido. En ocasiones, a esta cuenta se le da el título de **Compras en camino** o el de **Compras en trámite**.
  Supongamos que compramos en Nueva York 4.000 kg de un artículo X, que nos cuestan a 60 u.m. el kilo, y que nos embarcan la mercancía a nuestro riesgo el día 4 de un mes. Tres días después recibimos nota de nuestro agente de Aduanas y Transportes facturándonos 20.000 u.m. por gastos de salida. El día 10, recibimos el cargo de

31.000 u.m. por prima de un seguro. El 19, nos avisan de que la mercancía ha sido desembarcada en el puerto y el Agente nos carga 52.000 u.m. por gastos de descarga y almacenamiento. El día 24, retiran la mercancía del almacén del puerto y la cargan en un camión que recibimos el 26 junto con la factura del transportista por 40.000 u.m. Formularemos, en los respectivos días, los siguientes asientos, que presentamos en forma esquemática:

	——————— día 4 ———————			
240.000	**Mercaderías en camino**	a	**Proveedores**	240.000
	——————— día 7 ———————			
20.000	**Mercaderías en camino**	a	**Acreedores varios**	20.000
	——————— día 10 ———————			
31.000	**Mercaderías en camino**	a	**Acreedores varios**	31.000
	——————— día 19 ———————			
52.000	**Mercaderías en camino**	a	**Acreedores varios**	52.000
	——————— día 26 ———————			
40.000	**Mercaderías en camino**	a	**Acreedores varios**	40.000
	——————— día 26 ———————			
383.000	**Compras**	a	**Mercaderías en camino**	383.000

- **Instalaciones, maquinaria, obras, etc., en curso**
Tiene por objeto dar razón del curso de construcción del elemento de que se trate. Se irá cargando de todos los costes y gastos hasta completar la instalación, terminar la obra o concluir la maquinaria. Su suma del Debe indicará el coste total y se saldará mediante el asiento: **Maquinaria** (o lo que sea) a **Maquinaria en montaje** (o lo que sea).

Cuentas de orden

Recogen situaciones de derecho que pueden luego transformarse o no en una mutación patrimonial. Por ejemplo, la contabilización de compromisos desde el momento de la firma del contrato hasta el momento de su conclusión. No debe abusarse de su uso, pues estas situaciones especiales puede recogerse en registros auxiliares.

Estas cuentas aparecerán siempre dobles: una deudora y otra acreedora, ya que no hay obligaciones sin derechos; con saldos iguales aunque contrarios, no afectando a la valoración del neto, pero señalando la posibilidad de una variación.

Suponga que la firma de un contrato de construcción de una determinada máquina importa 35.000.000 u.m. Este contrato puede reflejarse mediante un asiento de **Compradores de máquinas** a **Máquinas a construir**, por 35.000.000 u.m. Cuando la operación llega a buen fin y se hace entrega de la máquina, se cancelarán las dos cuentas de orden anteriores mediante los asientos de:

35.000.000	Clientes	a	Compradores de máquinas	35.000.000
35.000.000	Máquinas a construir	a	Ventas	35.000.000

Al quedar la venta definitivamente establecida, se presenta ya un **Cliente** deudor; a su cuenta cargaremos y hemos de anular el cargo hecho a la cuenta de orden **Compradores de máquinas**, mediante un abono. Asimismo, ahora la venta ya es en firme, por lo que hemos de abonar a la cuenta de **Ventas** y cancelar el abono que habíamos hecho a la de **Máquinas a construir**. Anuladas las cuentas de orden, nos queda como si hubiésemos hecho en definitiva el asiento de **Clientes** a **Ventas**.

Cuentas de valores nominales

Reflejan bienes del patrimonio sujetos a determinadas contingencias jurídicas, que les dotan de particular régimen contable. Actúan también, como las anteriores, mediante una cuenta deudora y otra acreedora.

Podemos encontrar, como principales, las siguientes parejas de cuentas, cuyos títulos explican ya con precisión su contenido:

• **Valores recibidos en garantía** y **Garantías recibidas**
• **Valores en depósito** y **Depositantes**.
• **Deudores por aval** y **Efectos avalados**.

Ejemplo. Hemos avalado una letra a cargo de nuestro amigo José Repérez, que importa un total de 400.000 u.m. Al firmar el aval debemos contabilizar:

		día ...		
400.000	Deudores por aval	a	Efectos avalados	400.000
	N/aval dado a José Repérez.			

Cuando, al vencimiento de la letra, tengamos conocimiento de que José Repérez ha pagado a satisfacción la letra, anularemos el asiento anterior mediante:

400.000	───────────── día ... ───────────── **Efectos avalados** a **Deudores por aval** Cancelación de aval dado a José Repérez.	400.000

Puede ocurrir que, al vencimiento, el avalado no pague y entonces el tenedor de la letra reclame el pago al avalista (que en este caso somos nosotros). Nosotros estamos obligados a pagar por cuenta de Repérez, con lo que este señor pasará a ser nuestro deudor. Tenemos que formular los asientos siguientes, en vez del anterior:

400.000	───────────── día ... ───────────── **Efectos avalados** a **Tesorería** Pago por cuenta de José Repérez de la L/ que le avalamos.	400.000
400.000	───────────── mismo día ───────────── **Deudores** a **Deudores por aval** José Repérez. Cargo de la L/ que hemos pagado por su cuenta.	400.000

Más adelante, cuando logremos cobrar de Repérez, haremos:

400.000	───────────── día ... ───────────── **Tesorería** a **Deudores**	400.000

Y, si no pudiésemos cobrar de Repérez, al agotar todas las posibilidades de cobro, la deuda sería para nosotros una pérdida, por lo que en vez del asiento anterior formularíamos el de:

400.000	───────────── día ... ───────────── **Pérdidas y ganancias** a **Deudores** Importe de la deuda de José Repérez que ha resultado insolvente.	400.000

Cuentas compensadoras

Tienen por misión servir de contrapeso a un exceso o a un defecto de valoración que presente otra cuenta.

Consideramos el caso de los **deudores morosos**. Es evidente que el derecho que se tiene sobre los bienes de un deudor moroso es el importe nominal de su deuda; pero el valor de realización de este derecho depende de su solvencia y de la justificación jurídica del derecho. Si se mantiene en el Activo el importe nominal de la deuda se exagera este Activo ya que posiblemente no se cobrará todo el importe. Por otra parte, si se da baja como pérdida, se deprecia la posibilidad de cobro que se tiene mientras no se demuestre la insolvencia total y en este caso no se refleja la esperanza de cobro. Se pueden armonizar las dos posiciones actuando de la forma siguiente:

• Reflejamos en la contabilidad la posibilidad de cobro por el asiento:

Deudores efectos comerciales impagados	a	Deudores

• Consideramos como una pérdida la deuda mediante el asiento:

Dotación a la provisión para insolvencias de tráfico (Pérdidas y ganancias)	a	Provisión para insolvencias de tráfico

Cuentas de tránsito contable y estadísticas

Son las que se establecen para mejor control de las operaciones realizadas o para obtener detalles de las mismas.

Suponga que se ha establecido una descentralización por secciones llevando un Registro de **Ventas** y otro de **Caja**. Las ventas al contado afectarán simultáneamente a las dos secciones y las correspondientes operaciones quedarán registradas en los dos auxiliares. Las cuentas de Amortización acumulada explicadas en el apartado *El inmovilizado y la amorti-*

zación, constituyen un ejemplo de cuentas compensadoras, ya que su importe acreedor significa una disminución del total activo de la cuenta del grupo inmovilizado a que se refieran. Para un eficaz control podemos establecer que aparecerá una cuenta de tránsito titulada **Ventas contado** tanto en uno como en otro registro auxiliar.

Al formular los asientos periódicos totalizando las operaciones de un libro y otro, esta cuenta quedará saldada (y si no queda así habrá que investigar por qué no). Si en el mes se han hecho ventas al contado por 49.000 u.m. encontraremos en los asientos del mes siguiente:

49.000	**Caja** Por los cobros del mes:	a	**Ventas contado**	49.000
785.000 49.000	**Clientes** Ventas a crédito, fras. ...... **Ventas contado** Fras. núms. .... Por las del mes.	a	**Ventas**	834.000

Otro ejemplo. Se pagan todas las facturas de los proveedores mediante talones bancarios que no se abonan a las cuentas de los bancos mientras no se tenga aviso de su compensación. Puede establecerse una cuenta de tránsito de **Cheques extendidos**.

Supongamos que el día 10 de cada mes es el día de pago y que prepara cheques por importe de 2.546.000 u.m. para cancelar facturas de proveedores y que ha ido entregando contra presentación de los oportunos recibos.

Formulará el asiento de:

2.546.000	**Proveedores**	a	**Cheques extendidos**	2.546.000
	Cheques extendidos para pago de las fras. que siguen: Sr. D. ... fra. núm. c/cheque núm.			

A medida que se reciban los avisos bancarios se formulará:

Cheques extendidos	a	Banco B c/c.

Esta cuenta de **Cheques extendidos** es una cuenta intermedia o de tránsito que quedará cancelada cuando todos los cheques cursados hayan sido compensados; mientras tanto, indicará los que están en circulación pendientes de pago.

Cuentas de presupuesto (o de situaciones futuras)

En general, son todas aquellas que se llevan para registrar proyectos o presupuestos de actuación futura y el sucesivo cumplimiento de los mismos, así como posibles derechos y obligaciones. Actúan como las cuentas de orden.

Supongamos que se proyecta una reforma en la que se va a invertir 5.000.000 u.m. Este presupuesto puede reflejarse en contabilidad mediante:

5.000.000	Presupuesto inversiones	a	Gastos a realizar	5.000.000

y a medida que los gastos se efectúen:

Gastos a realizar	a	Tesorería

El saldo de la cuenta de **Gastos a realizar** indicará las cantidades que todavía no han sido invertidas. La diferencia entre el saldo deudor de **Presupuesto inversiones** y el acreedor de **Gastos a realizar**, lo que ya ha sido invertido. Al terminar la reforma, si se ha cumplido el presupuesto, la cuenta de **Gastos a realizar** quedará saldada. La cuenta **Presupuesto inversiones** se saldará dando entrada en el patrimonio a la clase de bien en que se ha materializado la inversión. Por ejemplo, un edificio-fábrica, mediante:

5.000.000	Construcciones	a	Presupuesto inversiones	5.000.000

Formule los asientos de Diario correspondientes a las siguientes operaciones:

1. El día 23 de diciembre paga por anticipado el importe de un seguro de incendios, que empezará a regir el día 1 de enero, por importe de 89.700 u.m. Como cierra el ejercicio el día 31 de diciembre, este pago no ha de afectar a la cuenta de **Pérdidas y ganancias** del ejercicio.

2. El día 31 de diciembre, al cerrar el ejercicio, se encuentra con los siguientes casos:

   a) Han vencido, pero no se han cobrado, 35.000 u.m. de intereses de un préstamo que tiene hecho a José Veray.

   b) Han vencido, pero no se han pagado, 47.000 u.m. de intereses de un préstamo que le ha hecho el Banco B.

   c) Ha cobrado 325.000 u.m. a cuenta de unas mercaderías que no han sido entregadas todavía, pues lo serán durante el mes de enero.

3. Ha adquirido un terreno arcilloso por 17.000.000 u.m. y se dedica a extraer la capa útil para fabricar ladrillos. Calcula y prevé que el terreno, dentro de 10 años, quedará depreciado y valdrá sólo 5.000.000 de u.m., por lo que quiere cada año establecer la correspondiente provisión.

4. Ha comprado en Dinamarca una partida de quesos. El día 27 de septiembre le anunciaron su envío y recibe factura que, al cambio del día, importa 352.000 u.m. de su país. El día 28 recibe factura del corresponsal en Copenhague por gastos de expedición, que importa 27.400 u.m. El día 7 de octubre el agente de Aduanas en el puerto por usted designado, donde ha sido desembarcada la expedición, le anuncia su envío por camión y acompaña factura por 58.300 u.m. Y el día 2 de noviembre entra en almacén la partida de queso, sin otros gastos. Desea reflejar la situación transitoria de la compra, con las sucesivas fases del proceso de compra hasta la llegada a su almacén.

5. Le están construyendo por administración un edificio-fábrica y en sucesivos meses entrega al contratista las cantidades que siguen: marzo, 278.000 u.m.; abril, 5.783.000 u.m.; mayo, 2.597.000 u.m.; junio, 1.859.500 u.m.; julio, 943.765 u.m.; en octubre se termina la obra y paga el resto, 2.538.000 u.m.

6. Su cajero deposita, como garantía de su gestión, valores mobiliarios por importe de 1.500.000 u.m., que quedan en su poder.

7. Recibe un préstamo del Banco Ideal y en garantía entrega 12.000.000 u.m. de acciones de su propiedad de *Tram S. A.* que tiene contabilizadas a coste

por 17.459.000 u.m. No tiene intención de alterar el saldo de la cuenta de **Títulos de cotización oficial** donde tiene cargados los valores, pero sí reflejar en su contabilidad el depósito de garantía que ha constituido.

8. Concede un aval por 2.000.000 de u.m. a una letra que el Banco B. ha girado contra su amigo D. Ricardo Olmo.

9. Al revisar la situación de sus deudores encuentra que son posibles insolventes: D. Pedro Basilla, que le debe 47.893 u.m.; D. Roberto González, que le debe 63.274 u.m., D. Luis Prado, que no paga una factura a su cargo de 32.000 u.m.; y D. Justo García, que ha dejado de pagar facturas por 115.785 u.m.

10. Proyecta construir un nuevo edificio social y acepta un presupuesto por 25.780.000 u.m. En los meses que se indica ha hecho los pagos siguientes: al aceptar el presupuesto en marzo 1.780.000 u.m.; en abril, 6.000.000; en mayo, 6.000.000; en junio 6.000.000; en octubre 2.000.000; en noviembre 2.000.000 y, en diciembre, por liquidación definitiva, 3.765.000, pues se ha sobrepasado por revisión de precios el presupuesto convenido.

El balance de situación

Si al iniciar un período contable establecemos un inventario y determinamos su valor Neto, que representaremos por N_0, es lógico que si al terminar el período formulamos otro inventario se presentará un nuevo Neto que representaremos por N_1. La diferencia $N_1 - N_0$ nos señala el beneficio o pérdida del período; si el Neto ha aumentado, hemos ganado; si el Neto ha disminuido, hemos perdido. Esta sencilla comparación es suficiente para saber, en resumen, el resultado de la actividad empresarial en un período; pero nos interesa conocer cómo se ha formado el resultado y, para ello, hemos de comparar las modificaciones de las distintas masas patrimoniales y los flujos operacionales del período que han quedado inscritos en las cuentas. Esto lo hemos estudiado en el apartado *Cuentas de ingresos*, cuyo contenido ampliaremos seguidamente.

Confección del balance de situación

Supongamos que un comerciante al iniciar un ejercicio establece su inventario, que queda resumido en el siguiente **balance de situación**:

ACTIVO		PASIVO EXIGIBLE	
Tesorería	5.000	Acreedores varios	26.000
Mercaderías	22.000		
Clientes	17.000		
Instalaciones técnicas	13.000		
	57.000		26.000

RESUMEN	
Suma del Activo	57.000
Suma del Pasivo	26.000
(N₀) Capital neto	31.000

Y que al terminar el ejercicio establece nuevamente otro inventario, que queda resumido en las siguientes cifras:

ACTIVO		PASIVO EXIGIBLE	
Tesorería	7.000	Acreedores varios	27.000
Mercaderías	31.000		
Clientes	14.000		
Instalaciones técnicas	12.000		
	64.000		27.000

RESUMEN	
Suma del Activo	64.000
Suma del Pasivo	27.000
(N₁) Capital neto	37.000

Si al principio del año tenía un capital neto de 31.000 y al final tiene 37.000, es evidente que en el curso del ejercicio el capital ha aumentado en 6.000. Si no ha retirado dinero del negocio para sus atenciones personales, ni ha hecho nuevas aportaciones de dinero, es evidente que ha ganado en el ejercicio estas 6.000 u.m. La sencilla comparación de dos inventarios nos permite saber, en forma global, lo que se ha ganado o se ha perdido en el período comprendido entre los inventarios que se comparan. Pero la anterior comparación no nos indica en qué hemos ganado dinero ni en qué lo hemos gastado; para ello hay que proceder al estudio de las cuentas que representan gastos e ingresos, así como las que afectan a compras y ventas.

La diferencia resultante entre los beneficios de las operaciones especulativas (compras y ventas) y los gastos de la empresa, ha de ser igual a la diferencia que presentan dos inventarios sucesivos. En las páginas que siguen estudiaremos esto.

Para conocer y analizar los resultados al final del ejercicio procede realizar:

- Un balance de comprobación de sumas y saldos, para determinar los saldos de todas las cuentas.
- Un inventario detallado, que muestra la situación real de los distintos bienes, derechos y obligaciones de la empresa.

EJEMPLO DE BALANCE DE SITUACIÓN

ACTIVO

DISPONIBLE — 275.000

Caja	20.000
Bancos	250.000
Moneda extranjera	5.000

REALIZABLE CIERTO — 600.000

Clientes	300.000
Deudores	70.000
Efectos comerciales activos	120.000
Acciones	110.000

REALIZABLE CONDICIONADO — 500.000

Productos elaborados	250.000
Productos en curso de fabricación	100.000
Primeras materias	150.000

INMOVILIZADO — 3.750.000

Material	200.000
Mobiliario	50.000
Maquinaria	1.000.000
Instalaciones	500.000
Edificios	2.000.000

TOTAL DEL ACTIVO — 5.125.000

PASIVO

EXIGIBLE A CORTO PLAZO — 650.000

Proveedores	450.000
Acreedores	150.000
Efectos comerciales pasivos	50.000

EXIGIBLE A LARGO PLAZO — 1.175.000

Crédito bancario	1.000.000
Préstamos	175.000

NO EXIGIBLE — 3.200.000

Capital	3.000.000
Reservas	200.000

PÉRDIDAS Y GANANCIAS — 100.000

	100.000

TOTAL DEL PASIVO — 5.125.000

- Los asientos de regularización, reflejando el beneficio o pérdida de cada cuenta que lo haya producido.

Una vez realizado lo anterior, podemos confeccionar el **balance de situación,** que constituye un documento básico de la contabilidad; en el fondo es un resumen del inventario al que se ha añadido el resultado del ejercicio o período de tiempo transcurrido entre dos inventarios sucesivos. De hecho, la contabilidad lo que hace es mantener el balance al día. La contabilidad es dinámica y el balance estático; es, por decirlo en términos comparativos, como si la contabilidad fuera una película y el balance una fotografía de un momento dado.

Recordemos que la parte del balance denominado Pasivo constituye la enumeración de los recursos de que dispone la empresa o entidad en un momento determinado, clasificados por sus distintos orígenes o procedencias. La parte del balance denominado Activo describe la forma en que se están utilizando o se han invertido estos recursos en un momento determinado. La cuenta de **Pérdidas y ganancias** equilibra **Activo** y **Pasivo** y figurará por ello en el Activo si ha habido pérdidas y en el Pasivo si ha habido beneficios.

En la página anterior presentamos un balance de situación confeccionado siguiendo un orden de disponibilidades en el Activo y de exigibilidades en el Pasivo. El modelo de balance que adopta el PGC sigue el criterio de agrupar las cuentas según los grupos a que pertenecen y que ya se han estudiado. El balance de situación es, simplemente, el resumen del inventario, presentando cada una de sus cuentas con los correspondientes importes, pero sin el detalle del contenido de cada cuenta. Generalmente se presenta en forma apaisada, dedicando la página izquierda al Activo y la derecha al Pasivo. También se puede presentar en una sola página, colocando arriba el Activo y abajo el Pasivo.

Balance general comparativo

El balance general está formado por:

- El balance de comprobación de sumas y saldos.
- El balance de situación.
- La representación de todas las cuentas diferenciales resumidas en la cuenta de **Pérdidas y ganancias**.

Presenta en su forma más usual las siguientes columnas:

1. Títulos de las cuentas.
2. Sumas del Debe de cada cuenta.
3. Sumas del Haber de cada cuenta.
4. Saldos Deudores de cada cuenta.
5. Saldos Acreedores de cada cuenta.
6. Importes activos de inventario correspondiente a cada clase correlativa con cada cuenta.
7. Importes pasivos de inventario, con igual correlación.
8. Pérdidas.
9. Ganancias.

Para realizar este balance se debe comparar, para cada cuenta, la cifra que presenta el saldo del balance de comprobación de fin de período, con lo que nos da el inventario a la misma fecha, deduciendo las diferencias de acuerdo a las reglas siguientes:

- Saldo deudor de una cuenta igual al importe de la partida correlativa que figura en el Activo. No hay diferencia a registrar; por tanto, no se ha producido ni pérdida ni ganancia en la respectiva cuenta.
- Si tenemos un saldo acreedor de una cuenta igual al importe pasivo de dicha cuenta, no hay diferencia.
- Saldo deudor de importe mayor que su correspondiente partida activa. La diferencia es **pérdida**.
- Saldo deudor de importe menor que su correspondiente partida activa. La diferencia es **ganancia**.
- Todo saldo deudor sin ninguna partida de inventario significa **pérdida**.
- Todo saldo acreedor sin ninguna partida de inventario significa **ganancia**.
- Cuando un saldo deudor corresponde a una partida pasiva, la suma de ambos representa **pérdida**.
- Cuando un saldo acreedor corresponde a una partida pasiva mayor, la diferencia representa **pérdida**.
- Cuando a un saldo acreedor le corresponde en el inventario una partida pasiva de inferior cuantía, la diferencia es **ganancia**.
- Si a un saldo acreedor le corresponde en el inventario una partida activa, la suma de los dos representa **ganancia**.
- Si la cuenta está saldada y hay una existencia activa, el importe de ésta es **ganancia**.
- Si la cuenta está saldada y hay en Inventario una partida pasiva, el importe de ésta es **pérdida**.

Al preparar el estado y cuadrar las sumas debe observarse:

- Que la suma de saldos **deudores** ha de ser igual a la de saldos **acreedores**.
- Que añadiendo a la suma del Pasivo el **neto** patrimonial final ha de ser igual a la del Activo de inventario. Si situamos el neto inicial igualamos añadiendo el Resultado del ejercicio. En el caso de un negocio en quiebra el neto tiene sentido negativo, que llamamos déficit y figura en la columna Activo. La regla se mantiene si tenemos en cuenta los signos de las magnitudes que sumamos.
- Que la diferencia entre las sumas de las columnas que han acumulado las distintas pérdidas y ganancias ha de ser igual al aumento experimentado por el Neto.

Todas estas comparaciones se resumen en el siguiente simbolismo aritmético. Representamos por (– Sd) los saldos Deudores; por (+ Sh), los saldos Acreedores; por + A, las partidas activas, y por (– P), las partidas pasivas. El beneficio (+ g) o la pérdida (– p) vendrá determinado por la siguiente suma algebraica de los importes que figuran en las respectivas columnas del estado explicado.

$$+ g \text{ ó } - p = + A - P + Sh - Sd$$

Colocamos el signo positivo ante las cantidades del Activo porque éste representa valores que se poseen, derechos. El Pasivo tiene signo negativo, por representar exigibilidad, obligaciones, lo contrario del Activo, y ya sabemos que + **Activo – Pasivo** = + **Neto**. Los saldos deudores van con signo negativo porque, admitida la separación administrativo-contable entre el patrimonio en sí considerado y el propietario, las cuentas reflejan la relación entre ambos, y es evidente que las cuentas con saldo deudor indican responsabilidad del patrimonio frente a su propietario, en tanto que las que presentan saldo acreedor, derechos de aquél sobre éste. Dicho de otra forma: el patrimonio debe al propietario el conjunto de saldos deudores y acredita de éste los saldos acreedores: + **H – D** = **Responsabilidad total del patrimonio** ante el propietario, para cubrir la cual el negocio dispone del Neto.

Puede presentarse la misma idea en el siguiente cuadro esquemático:

SALDOS		INVENTARIO		DIFERENCIAS	
Debe	**Haber**	**Activo**	**Pasivo**	**Pérdidas**	**Ganancias**
–	+	+	–	–	+
(menos)	(más)	(más)	(menos)	(menos)	(más)

En el caso de un negocio en quiebra el neto tiene sentido negativo, que llamamos déficit y figura en la columna Activo.
La regla se mantiene si tenemos en cuenta los signos de las magnitudes que sumamos.

partiendo del cual se formula la siguiente regla práctica para determinar los beneficios y pérdidas: se suman algebraicamente las cantidades que para cada cuenta figuren en las columnas de saldos e inventario, anteponiéndoles los signos señalados, pasando el resultado a la columna de diferencias que corresponda al signo del mismo. Para ello hay que tener en cuenta que si ambas partidas (saldos e inventario) tienen el mismo signo, deben sumarse, y pasar la suma a la columna de resultados del mismo signo; si tienen signo contrario, se restan sus importes, pasando la diferencia a la columna del signo de la mayor que nos haya servido de minuendo. El resultado con signo negativo indica pérdida; con signo positivo señala ganancia.

Este es un simbolismo práctico que se adopta para entendernos. En los impresos que se utilizan, los signos más y menos no aparecen sino que se sobreentienden. El negocio ha desarrollado su contabilidad en la que aparecerán los saldos deudores y acreedores de las cuentas; los saldos deudores, insistimos, significan la responsabilidad que el propio negocio y las personas que lo administran han contraído frente a los propietarios del mismo, y aunque pueden ser unas mismas personas en las empresas individuales, esta diferenciación entre propietario y gerentes se hace más y más evidente en las grandes sociedades; los saldos deudores representan las partidas a cargo de los que administran el negocio e, inversamente, los saldos acreedores lo contrario. El inventario es el reflejo de la situación real del negocio en un momento dado y representa lo que tiene quien dirige y administra el negocio para hacer frente a la responsabilidad que ha contraído. La comparación de cada partida entre lo que debe tener y lo que realmente tiene, nos va señalando los motivos de pérdida o de ganancia; y el conjunto de todas las modificaciones, el beneficio o pérdida resultante. Los signos puestos en cada una de las columnas, nos facilitan la operatoria matemática de estas comparaciones.

Al preparar el estado y cuadrar las sumas debe observarse:

- Que la suma de saldos deudores ha de igualarse con la de saldos acreedores.
- Que añadiendo a la suma del Pasivo el neto patrimonial ha de ser igual a la del Activo de inventario.
- Que la diferencia entre la suma de daños y la suma de lucros ha de ser igual al incremento experimentado por el neto patrimonial, si han sumado más los lucros. Si hubiese sido mayor la suma de daños el neto patrimonial habría disminuido.

El estado o minuta de Pérdidas y ganancias queda formado transcribiendo las dos últimas columnas.

Cierre y reapertura de libros

Las anotaciones que se hacen en los diversos libros para dejar constancia del paso de un ejercicio a otro, constituyen el cierre de libros o de la contabilidad de un ejercicio y reapertura de las operaciones que forman el ejercicio siguiente.

Si por cesar en sus actividades la empresa no procediera a reabrir la contabilidad, se denomina **cierre y finiquito**.

Los procedimientos más usuales para proceder a cerrar los libros de un ejercicio son los siguientes:

1. Anotar en el Diario y en el Mayor todas las operaciones.
2. Resumir en el Diario las operaciones de cierre, y cerrar cuenta por cuenta en el Mayor.
3. Efectuar las operaciones de cierre únicamente por el libro de Inventarios y Balances y anotaciones auxiliares.

El procedimiento más utilizado es anotar en los libros Diario y Mayor todas las operaciones. Consiste en cargar los saldos de inventario a todas las cuentas que figuran en el Pasivo del mismo, y abonar los importes que figuran en las cuentas de su Activo. Con ello tendremos que las sumas, en las cuentas de Mayor, arrojan igual total en su Debe y en su Haber. Después se traza una doble línea por debajo de las sumas, que señalará el final del ejercicio.

BALANCE GENERAL DE SUMAS Y SALDOS

Título de las cuentas	SUMAS DEL		SALDOS		INVENTARIO		DIFERENCIAS	
	Debe	Haber	Deudor −	Acreedor +	Activo +	Pasivo −	Pérdidas −	Ganancias +
Caja	260.000	113.000	147.000		147.000			
Bancos	218.000	64.000	154.000		154.000			
Variación de existencias de mercaderías	124.000	254.000	124.000	244.000	138.000			14.000
Ventas	10.000	254.000		244.000				244.000
Compras	50.000	4.000	46.000				46.000	
«Rappels» por compras		3.000		3.000				3.000
«Rappels» sobre ventas	2.000		2.000				2.000	
Efectos comerciales a cobrar	58.000	19.000	39.000		39.000			
Beneficios por operaciones con acciones y obligaciones propias	135.000		135.000		157.000			22.000
Gastos de primer establecimiento	80.000		80.000		69.000		11.000	
Gastos extraordinarios	37.000		37.000				37.000	
Clientes	77.000	28.000	49.000		49.000			
Mobiliario	298.000	78.000	220.000		220.000			
Inmuebles	2.657.000	657.000	2.000.000		2.000.000			
Instalación	415.000		415.000		415.000			
Proveedores	48.000	104.000		56.000		56.000		
Efectos comerciales a pagar	13.000	97.000		84.000		84.000		
Capital		3.000.000		3.000.000		3.000.000		
Reservas		200.000		200.000		200.000		
Gastos generales	139.000		139.000				139.000	
Sumas	4.621.000	4.621.000	3.587.000	3.587.000	3.388.000	3.340.000	235.000	283.000
RESULTADO FINAL						48.000	48.000	
	4.621.000	4.621.000	3.587.000	3.587.000	3.388.000	3.388.000	283.000	283.000

El asiento será:

CUENTAS DE PASIVO	a	CUENTAS DE ACTIVO

Estas denominaciones han de sustituirse en la práctica real por los títulos y por todas y cada una de las cuentas con los importes que figuran, como se ha dicho, en el inventario de fin de ejercicio.

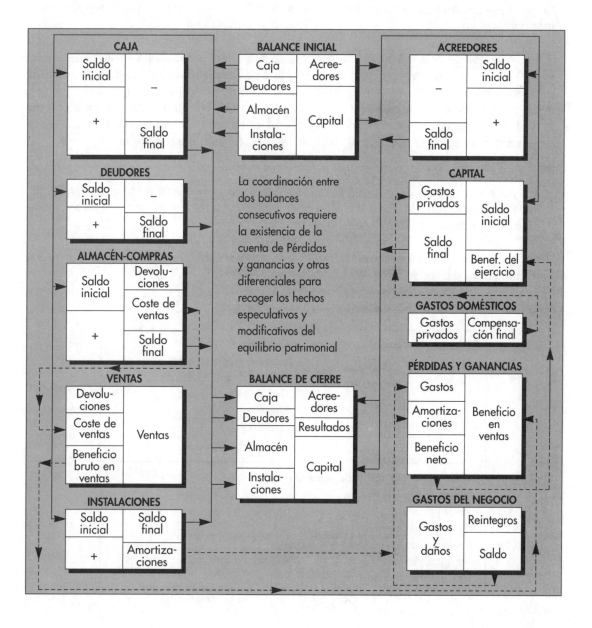

La coordinación entre dos balances consecutivos requiere la existencia de la cuenta de Pérdidas y ganancias y otras diferenciales para recoger los hechos especulativos y modificativos del equilibrio patrimonial

Cerradas así las cuentas, se empezará el nuevo ejercicio formulando en el Diario un asiento inverso al que sirvió para efectuar el cierre; es decir, cargando a todo el Activo y abonando a todo el Pasivo, según el inventario-balance con que se inicia un nuevo ejercicio. Al pasar el asiento de cierre al Mayor, y sumar las columnas de Debe y las de Haber, encontraremos que en cada cuenta —si no se ha producido error— ambos lados totalizarán sumas iguales, debajo de las cuales, como señal de haber concluido el ejercicio, se acostumbra a pasar una doble raya.

- **Cierre y reapertura simplificados**
  Algunos contables, especialmente si se desarrollan las cuentas de Mayor en hojas sueltas escritas a máquina, siguen otro procedimiento que ahorra trabajo de repetición, y que consiste en:

  • Los asientos de regularización de cuentas se formulan como se ha explicado, con lo cual todas las cuentas que no han quedado saldadas, presentarán un saldo igual al inventario de cierre de ejercicio, que es el mismo de apertura del siguiente.
  • En el Diario no se formula asiento de cierre de cuentas, poniendo sólo una nota en que se dice: «En este folio se concluyen las operaciones del ejercicio cerrado en .... según los saldos de cuentas que figuran en el inventario de esta misma fecha».
  • En el Diario se formula el asiento de apertura cargando a todas las cuentas del Activo y abonando a todas las del Pasivo.
  • En las cuentas de Mayor se pasa una simple línea para separar los ejercicios y en cada cuenta se pasa la apertura, sin haber pasado los saldos de cierre ni haber igualado las columnas de Debe y de Haber.

Con los datos del balance general que hemos presentado, los asientos de cierre del Diario quedarían del modo siguiente:

235.000	**Pérdidas y ganancias**	a	**Compras**	46.000
		a	**«Rappels» sobre ventas**	2.000
		a	**Gastos de primer establecimiento**	11.000
		a	**Gastos extraordinarios**	37.000
		a	**Gastos generales**	139.000
	Por los costes, gastos y quebrantos del ejercicio.			

día 31

14.000	**Variación de existencias de mercaderías**			
	Aumento de las existencias			
244.000	**Ventas**			
3.000	**«Rappels» por compras**			
22.000	**Beneficios por operaciones con acciones**			
	y obligaciones propias	a	**Pérdidas y ganancias**	283.000
	Por los ingresos y beneficios del ejercicio.			

```
──────────────────── día 31 ────────────────────
48.000    Pérdidas y ganancias        a   Resultados ejercicio              48.000
          Traspaso del beneficio neto.
──────────────────── día 31 ────────────────────
56.000    Proveedores
84.000    Acreedores, efectos
          comerciales a pagar
48.000    Resultados ejercicio
200.000   Reservas
3.000.000 Capital                      a   Caja                            147.000
                                       a   Bancos                          154.000
                                       a   Variación de existencias
                                           de mercaderías                  138.000
                                       a   Clientes, efectos comerciales a cobrar   39 000
                                       a   Beneficios por operaciones, acciones
                                           y obligaciones propias          157.000
                                       a   Gastos de primer establecimiento  69.000
                                       a   Clientes                         49.000
                                       a   Mobiliario                      220.000
                                       a   Inmuebles                     2.000.000
                                       a   Instalación                     415.000
          Por cierre de cuentas según saldos de inventario a esta fecha.
```

Y al abrir la contabilidad del nuevo ejercicio formularíamos el asiento inverso al anterior, como aparece a continuación, al que seguirán luego los asientos del nuevo ejercicio.

```
──────────────────── día 1 ────────────────────
147.000   Caja
154.000   Bancos
138.000   Variación de existencias
          de mercaderías
39.000    Efectos comerciales a cobrar
157.000   Beneficios por operaciones,
          acciones y obligaciones propias
69.000    Gastos de primer
          establecimiento
49.000    Clientes
220.000   Mobiliario
2.000.000 Inmuebles
415.000   Instalación                  a   Proveedores                      56.000
                                       a   Efectos comerciales a pagar      84.000
                                       a   Resultados ejercicio             48.000
                                       a   Reservas                        200.000
                                       a   Capital                       3.000.000
          Por reapertura de cuentas s/inventario.
```

Como puede verse hemos pasado al Diario los asientos correspondientes a la regulari-zación de cuentas que ya hemos estudiado y seguidamente el asiento de cierre que reco-ge en su **Debe** todos los saldos de las cuentas del Pasivo del Inventario y en su **Haber** los correspondientes a las cuentas del Activo. Al pasar este asiento a las cuentas del Mayor todas las cuentas quedarán saldadas.

Por ejemplo, si tomamos como modelo la cuenta de Caja, antes del cierre, tendríamos (en esquema):

DEBE		Caja	HABER
Suma anterior	260.000	Suma anterior	113.000
		Saldo por cierre	147.000
	260.000		260.000
Reapertura	147.000		

Y en la cuenta de Prooveedores, encontraríamos:

DEBE		Proveedores	HABER
Suma anterior	48.000	Suma anterior	104.000
Saldo por cierre	56.000		
	104.000		104.000
		Reapertura	56.000

Análogamente ocurriría en las demás cuentas.

Actuando de esta forma hemos seguido el primero de los procedimientos señalados. El segundo y tercer procedimiento son sencillas simplificaciones del anterior, que facilitan su resolución.

En el segundo no se formula en el Diario el asiento de cierre, pero sí se pasan las correspondientes partidas a cada una de las cuentas, cerrándolas y reabriéndolas como en el anterior procedimiento.

En el tercero, no se pasan los asientos en el Diario, y las cuentas se dejan como en el ejemplo que sigue:

DEBE		Caja		HABER
Sumas	260.000	Sumas		113.000
Saldo por reapertura	147.000			

DEBE		Proveedores		HABER
Sumas	48.000	Sumas		104.000
		Saldo por reapertura		56.000

Resumiendo las operaciones en el Diario y detallándolas en el Mayor

En el procedimiento anterior, las cifras del inventario se anotan tres veces consecutivas en los libros: primero, en el libro de Inventarios y Balances, y luego, otras dos en el Diario, en el asiento de cierre y en el de reapertura. Las operaciones indicadas pueden abreviarse tomando las notas para cancelar las cuentas del Mayor directamente del libro de Inventarios y Balances y practicando en el Mayor las mismas operaciones del caso anterior. En el Diario se anota el valor global del inventario, mediante un asiento de **Varios** a **Varios**, o de **Pasivo** a **Activo**, sin detalle de cuentas. Los títulos Pasivo y Activo son simbólicos, sin referirse a una cuenta única de tal título, sino al conjunto de todas ellas, que figuran en inventario. Por ejemplo:

3.388.000	**31 diciembre**			3.388.000
	Pasivo	a	**Activo**	
	Saldos de cuentas por cierre del ejercicio según inventario balance núm. ...... de esta fecha.			

El procedimiento admite también la posibilidad de hacer intervenir como puente la cuenta de Capital haciendo un asiento de Capital a Activo y otro de Pasivo a Capital. Otras dos variantes más, también son posibles, con la finalidad de registrar una sola vez en el Diario, los valores del inventario. Estriba una de ellas en efectuar el asiento de cierre en el Diario, al igual que en el primer procedimiento, y utilizar el asiento resumido para la reapertura, que sería:

3.388.000	**1 de enero**			3.388.000
	Activo	a	**Pasivo**	
	Suma total de las cuentas activas y pasivas del inventario de esta fecha, que constituyen saldos deudores y acreedores del Mayor.			

La otra, sería la operación inversa a la explicada.

Por el libro de Inventarios y Balances únicamente

En este procedimiento, terminadas las operaciones de regularización de cuentas, se supone que los saldos de las mismas son iguales a los que figuran en el inventario, y partiendo de la idea de que las sumas de las cuentas saldadas no tienen ya ningún valor contable, no se realiza el asiento de cierre en libro alguno, ni se suman las columnas del Diario ni las de las cuentas del Mayor, cerrándolas únicamente pasando una doble raya al pie de la última anotación. El asiento de reapertura se puede realizar detallado o resumido.

El procedimiento puede extremarse aún más, dejando los libros principales sin ninguna anotación después de las correspondientes a las operaciones normales del último día del ejercicio. La regularización y la determinación del resultado del ejercicio se formulan en anotaciones accesorias, no quedando antecedentes de dichas operaciones en el libro Diario, reseñando sólo la minuta de Pérdidas y ganancias en el libro de Inventarios y Balances. No queda con este procedimiento más constancia del cierre que la doble raya, que se pasa en todas las cuentas después de la última anotación normal.

Cierre de los libros auxiliares

En los libros auxiliares el cierre debe adaptarse a la especial estructura de éstos.

- **Libro de Caja**

  Cuando se lleva por folio doble, tiene igual estructura que el libro Mayor. Para cerrarlo, pone como última partida del Haber la cantidad que hay en existencia, anotando como explicación Saldo a cuenta nueva, según arqueo. Se sumarán las columnas de Cobros y Pagos, que quedarán balanceadas, y se anularán con una raya transversal las líneas no ocupadas de uno de los dos folios hasta igualar la altura del otro. Cuando se lleva a folio único, se suele sumar separadamente las sumas de Cobros y las de Pagos, inscribiendo al pie de la de éstas la existencia última, para balancear su suma como la de Cobros.

DEBE o COBROS		Caja	PAGOS o HABER
Suma anterior	495.365,80	Suma anterior	405.115,80
	39.452,80		27.345,90
			44.234,80
			1.209,75
			2.156,65
			965,40
		Suma pagos	530.567,90
		Dic. 31 s/ a cta./nueva	38.657,55
	569.225,45		569.225,45
Enero, 1 s/ant.	38.657,55		

	Cobros	Pagos	Saldos
Sumas anteriores	529.772,65	444.655,40	75.117,25
		27.345,90	47.771,35
		44.234,80	3.536,55
	39.452,80		42.989,35
		1.209,75	41.779,60
		2.156,65	39.622,95
		965,40	38.657,55
Sumas	569.225,45	530.567,90	38.657,55
Saldo a cta. nueva		38.657,55	
	569.225,45	569.225,45	
Existencias anteriores	38.657,55		38.657,55

- **Libros de Compras y Ventas**

Al llegar al fin de año no se acostumbra a hacer en ellos ninguna anotación, sino a inscribir su suma. Muchas veces la totalización de sumas se hace por meses o trimestres, en cuyo caso en la última página se coloca un resumen; por ejemplo:

Sumas primer trimestre	456.789,56
Sumas segundo trimestre	346.897,65
Sumas tercer trimestre	1.123.005,54
Sumas cuarto trimestre	200.786,40
Sumas del ejercicio	2.127.479,15

- **Cuentas personales**

Se cierran como las cuentas del Mayor.

- **Almacén o Existencias**

Se suman las partidas de entrada y salida, y se comprueba si su diferencia coincide con la que figura en la columna de existencias. Se cierra trazando simplemente una doble raya debajo de las últimas anotaciones, e iniciando un nuevo ejercicio al colocar como primera partida la existencia del mes o ejercicio anterior. Es corriente abrir nuevas cuentas, a cada ejercicio, en hojas, libros o fichas independientes, para las cuentas personales y de existencias.

- **Libros Registros**

  Basta colocar en el centro de la página, en forma que destaque, el título del nuevo ejercicio para indicar la separación de uno a otro, para continuar el registro normalmente. Es buena práctica empezar página nueva, anulando con una raya transversal la parte no utilizada de la última página del ejercicio que finalice.

Presentación americana de la cuenta de resultados

Muchas empresas han adoptado la presentación de los resultados a una sola columna, conocida como presentación americana:

1. **Existencias iniciales**	....
2. **Compras y costes del ejercicio**	....
(pueden detallarse en columna interior)	
	_____
Suma	....
3. **Existencias finales a deducir**	....
	_____
4. **Diferencia: Coste de las ventas**	....
5. **Ventas netas del ejercicio**	....
	_____
6. **Resultado bruto del tráfico**	....
7. **A deducir:**	....
Gastos normales del ejercicio	....
(detallados en columna interior)	....
	_____
8. **Beneficio normal de la explotación**	....
9. **Operaciones extraordinarias:**	....
a) Beneficios (a detallar)	....
b) Quebrantos (a detallar)	....
	_____
Beneficio neto	....
	========

El estado anterior puede formularse también por períodos inferiores al ejercicio (mes o trimestre) y en este caso la columna de importes se subdivide en dos: datos del mes y datos acumulados del ejercicio.

Conceptos	Datos del mes de ...	Suma acumulada del ejercicio
1. Existencias iniciales 2. Compras y costes, etc.		

Al preparar los datos acumulados del ejercicio, deben tenerse en cuenta las siguientes observaciones:

- Las existencias iniciales de la columna «datos del mes...» serán las del primer día del mes en cuestión.
- Las existencias iniciales de la columna «suma acumulada del ejercicio» serán las del primer día del ejercicio.
- En cada uno de los conceptos «compras y costes», «gastos», etc., que representan flujos, en la columna «datos del mes...» figurarán solamente los de cada uno de los meses.
- En la columna «suma acumulada», como su nombre indica, la suma de las compras, de los gastos, etc., de todos los meses que han transcurrido.
- En el concepto existencias finales debe siempre figurar el importe que resulte del recuento o inventario que se haga al final de cada mes, trimestre, o período que se haya escogido.

También se puede formular comparativamente en el de otro ejercicio.

Se presentan a la izquierda unas columnas con los datos de los ejercicios o meses anteriores y a la derecha los del mes o ejercicio en curso.

Importes año anterior	Conceptos	Importes año actual

Las empresas que han preparado un presupuesto pueden formularlo comparando los datos previstos con los reales. Si la empresa desarrolla varios procesos especulativos, ha de preparar una cuenta análoga, comprensiva hasta el concepto núm. 6, para cada uno. El resumen presentará entonces: *6 a) Resultado bruto en...; 6 b) Resultado bruto en...*; etc., y continuará con los demás conceptos.

EJERCICIOS

1. Una empresa tiene los siguientes elementos patrimoniales: Bancos, Caja, Clientes, Proveedores, Efectos comerciales a cobrar, Efectos comerciales a pagar, Mercaderías, Mobiliario, Maquinaria, Elementos de transporte, Acciones, Hipotecas, Reservas, Capital. Separe las cuentas de Activo de las de Pasivo.

2. Clasifique las cuentas del ejercicio anterior en orden a su disponibilidad en el Activo (disponible, realizable, inmovilizado) y en orden a su exigibilidad en el Pasivo (exigible, no exigible).

3. Un comerciante individual inicia un negocio con los siguientes elementos patrimoniales: **Caja** 800.000 u.m.; **Mercaderías** 300.000 u.m.; **Maquinaria** 600.000 u.m.; **Mobiliario** 134.000 u.m.; **Clientes** 112.000 u.m.; **Proveedores** 96.000 u.m..

   Realiza las siguientes operaciones: vende géneros a crédito por 70.000 u.m.; paga por gastos 6.000 u.m.; paga a un proveedor 26.000 u.m.. al contado; alquila un almacén por 30.000 u.m.. anuales que paga en efectivo.

   Redacte los asientos contables de dichas operaciones y realice el balance de situación. La existencia final de mercaderías es 250.000 u.m..

4. Realice el balance general partiendo de los saldos de Mayor y de los valores de inventario que a continuación le damos:

Título de las cuentas	Saldos de Mayor	Datos de Inventario
Caja	500.000 u.m.	500.000 u.m.
Bancos	1.300.000 u.m.	1.300.000 u.m.
Deudores varios	160.000 u.m.	150.000 u.m.[1]
Clientes	190.000 u.m.	190.000 u.m.
Proveedores	240.000 u.m.	220.000 u.m.[2]
Acreedores	300.000 u.m.	300.000 u.m.
Gastos varios	80.000 u.m.	
Instalación	1.500.000 u.m.	1.500.000 u.m.
Efectos com. a cobrar	420.000 u.m.	420.000 u.m.
Capital	3.510.000 u.m.	3.510.000 u.m.
Pérdidas y ganancias		*(determine el Saldo)*

[1] Hay un insolvente. [2] No habíamos contabilizado una bonificación.

Los saldos están mezclados los deudores con los acreedores, así como los valores de Activo y Pasivo. Para realizar el balance deberá en primer lugar separarlos en sus respectivas columnas guardando el mismo orden.

5. Formule los asientos de regularización y la minuta de Pérdidas y ganancias partiendo de los datos suministrados por el balance general anterior.

6. Prepare el cuadro de Balance general con los datos que a continuación le damos:

Los saldos del balance de Comprobación, antes de las operaciones del cierre del ejercicio, son:

Bancos 1.730.000 u.m.; **Almacén** 900.000 u.m.; **Mobiliario** 800.000 u.m.; **Maquinaria** 1.200.000 u.m.; **Efectos comerciales a cobrar** 370.000 u.m.; **Efectos comerciales a pagar** 120.000 u.m.; **Acreedores** 312.000 u.m.; **Proveedores** 920.000 u.m.; **Hacienda pública** (saldo acreedor) 60.000 u.m.; **Comisiones** (saldo deudor) 10.000 u.m.; **Amortización acumulada de maquinaria** 150.000 u.m.; **Capital** 3.448.000 u.m.; **Amortización acumulada del mobiliario** (en ejercicios anteriores no se había hecho).

Al formular el inventario de fin de ejercicio tenemos: El recuento del almacén da una existencia de 750.000 (3); los efectos comerciales activos en circulación tiene un valor de 270.000 u.m., y los pasivos por 120.000 u.m.; y las demás cuentas sin variación, salvo que se debe amortizar un 12 % la maquinaria sobre el valor residual, y el mobiliario se amortiza en un 10 % sobre el valor de coste. Se supone que la cuenta de Almacén se ha llevado por el antiguo método especulativo.

Las diferencias en existencias pueden haberse producido por mala contabilización, por hurtos en almacén o por otras causas que habrían de ser objeto de investigación.

Para el ejercicio sólo interesa que hay diferencias y que han de ser objeto de regularización contable.

Al existir una diferencia en **Efectos comerciales a cobrar** hemos procedido a una cuidada revisión de todas las operaciones de dicha cuenta y descubrimos que un cobrador se apropió del importe de una letra que pagó correctamente el librado. Sin perjuicio de las acciones judiciales contra el cobrador, este importe lo consideramos una pérdida.

La cuenta de **Hacienda pública** representa impuestos retenidos pendientes de ingresar al Tesoro público.

7. Formule los asientos de regularización del ejercicio núm. 6 así como el nuevo balance de situación.

8. Indique cuál es el resultado de la explotación de una tienda que se dedica a la venta de frutos secos, así como la ganancia o pérdida habida en cada una de las partidas:

Cuentas	Saldos deudores de la cuenta de Mayor que se ha llevado en forma especulativa	Valor de la existencia final según inventario
Almendras	60.000 u.m.	72.230 u.m.
Avellanas	40.500 u.m.	38.118 u.m.
Nueces	33.250 u.m.	40.000 u.m.
Higos	10.000 u.m.	sin existencias
Piñones	14.000 u.m.	7.394 u.m.
Cacahuetes	9.000 u.m.	16.210 u.m.

9. Indique ahora cuál sería el resultado de la explotación de la anterior tienda con los datos siguientes, habiendo desarrollado las cuentas según el PGC.

Cuentas	Saldos iniciales	Compras	Saldos finales	Ventas
Almendras	70.000	18.432	42.230	64.430
Avellanas	40.500	12.543	28.118	42.543
Nueces	23.250	8.134	30.000	7.213
Higos	8.000	—	—	10.000
Piñones	14.000	—	6.000	4.200
Cacahuetes	9.000	4.000	6.210	6.477

Para resolverlo debe preparar un estado con las columnas anteriores y dos más a la derecha destinadas a recoger la ganancia o la pérdida de cada línea. Recuerde que el resultado es igual a:

(Saldos iniciales + compras) – (Saldos finales – ventas).

Los saldos representan la valoración de las existencias.

10. La tienda anterior tiene unos acreedores por valor de 18.324 u.m. y posee unos efectos activos en circulación por 12.240 u.m. ¿Afectan dichas cuentas al valor de la explotación hallado en el ejercicio núm. 9?

CAPÍTULO 5

Presentación de los estados financieros

Las cuentas anuales: el balance y su anexo

La determinación del valor del patrimonio y del rédito conseguido en el ejercicio económico es la información que ofrece el balance de situación o balance-inventario. Este balance ofrece, pues, una visión global del patrimonio de la empresa en su conjunto. El balance aparece ordenado en dos grandes masas patrimoniales: Activo y Pasivo.

El Activo informa del empleo dado a los recursos financieros, es decir, presenta la estructura económica de la explotación.

El Pasivo indica los distintos recursos financieros propios y ajenos que han permitido adquirir los elementos activos.

El Plan General de Contabilidad ordena el balance de situación en la forma que se indica en los apartados siguientes.

Activo

- **Inmovilizado**

  Se agrupan bajo esta rúbrica las inversiones permanentes y los gastos diferidos. Figuran, pues, en este grupo todos los elementos destinados a asegurar la vida de la empresa, así como aquellos gastos que van a ser eliminados a través de varios ejercicios económicos. Los elementos que integran el inmovilizado se ordenan, a su vez, en subgrupos:

  - **Gastos de establecimiento**. Representa el Activo ficticio surgido por la constitución de la empresa, por la emisión de obligaciones y bonos, etcétera.
  - **Inmovilizado material**. Reúne aquellos elementos tangibles o de naturaleza corpórea que se encuentran vinculados a la unidad económica, de manera que tienden a ser permanentes.

- **Inmovilizado inmaterial**. Incluye los derechos susceptibles de valoración económica y que tienen por misión asegurar la continuidad de la empresa, tales como concesiones administrativas, propiedad industrial, etcétera.
- **Inmovilizado financiero**. Incluye los valores mobiliarios que constituyen inversiones financieras en otras empresas, préstamos concedidos y fianzas constituidas que tengan carácter de inversiones acíclicas, o sea, con posible reintegro al cabo de varios ejercicios. Si el reintegro es un ejercicio, los correspondientes importes se incluyen en el circulante.
- **Existencias**. Mercaderías y demás materiales análogos propiedad de la empresa.

■ **Deudores**

Registra los derechos de cobro a favor de la explotación. Se incluyen en este grupo las cuentas de Clientes, Anticipos a proveedores, Efectos comerciales a cobrar, etcétera.

■ **Cuentas financieras**

Incluye los saldos a favor de la empresa derivados de derechos de cobro a corto plazo por operaciones ajenas al tráfico empresarial, incluyéndose, además, los medios líquidos disponibles. Se añaden las cuentas representativas de inversiones financieras a corto plazo, entre ellas: Caja, Bancos e instituciones de crédito, cuentas corrientes vista, etcétera.

■ **Situaciones transitorias de financiación**

Se inscriben en este grupo los saldos a favor de la empresa, procedentes de desembolsos pendientes de acciones suscritas.

■ **Ajustes por periodificación**

Registra las cuentas suspensivas referentes a pagos anticipados e ingresos acumulados.

■ **Cuentas de orden y especiales**

Se representan en el mismo documento, pero fuera del balance propiamente dicho.

Pasivo

■ **Capital y Reservas**

En esta rúbrica aparecerá representado el capital de la empresa, así como todas las reservas acumuladas.

■ **Subvenciones en capital**

Se representarán en este grupo las subvenciones recibidas para colaborar en la financiación del establecimiento o estructura básica de la empresa.

■ **Provisiones**

Figuran aquí las establecidas para reparaciones y obras extraordinarias, así como para responsabilidades. Las restantes provisiones aparecerán en el Activo, disminuyendo los saldos de las cuentas que compensan.

- **Deudas a largo plazo**

  Registra los saldos derivados de deudas contraídas por la empresa a un plazo superior a doce meses.

- **Deudas a corto plazo**

  Registra las obligaciones de pago contraídas por la empresa a un plazo inferior a doce meses.

- **Ajustes por periodificación**

  Se refiere este grupo a los pagos acumulados y a los ingresos anticipados.

- **Resultados**

  Figurará la cuenta de Pérdidas y ganancias, cuando el resultado global de la gestión es positivo, o sea, cuando hay beneficio. En el caso de que haya pérdidas, éstas aparecerán con signo negativo o restando.

- **Cuentas de orden y especiales**

  Estas cuentas figurarán al final del balance, pero fuera propiamente del mismo.

El anexo al balance: la Memoria

En la Memoria que acompaña al balance, se comentarán de forma breve el modelo y los documentos complementarios para facilitar su correcta interpretación, de modo que permita obtener información clara y exacta de la situación económica y financiera de la empresa. En particular, se incluirá en la Memoria la información indicada a continuación, referente a las cuentas que se expresan, siempre que éstas luzcan en el balance. Recuerde que las cifras que anteceden a cada título de cuenta corresponden a su código numérico del PGC. En los ejemplos de asientos de Diario el código aparece entre paréntesis antes de cada título:

100. **CAPITAL SOCIAL**. Tratándose de sociedades anónimas o comanditarias por acciones, número e importe de las distintas clases de acciones: ordinarias, preferentes, con derechos restringidos. Detallándose la estructura del capital en las compañías colectivas y comandatarias.

112. **RESERVA LEGAL**. Importe de la constituida en cumplimiento de lo dispuesto el artículo 106 de la Ley de Sociedades Anónimas.

121. **RESULTADOS NEGATIVOS DE EJERCICIOS ANTERIORES**:

Año	.... u.m.
Año	.... u.m.
TOTAL, igual balance	.... u.m.

150, 151, 155. **OBLIGACIONES Y BONOS**. Detalle por razón de la naturaleza de los empréstitos:

Obligaciones y bonos	Importe a reembolsar o cancelar	
	TOTAL en balance	Antes de los 12 meses
Simples		
Simples, convertibles		
Con garantía hipotecaria		
Convertibles, con garantía hipotecaria		
Con garantía del Estado, de la provincia o del municipio, o con prenda de efectos públicos		
Convertibles, con garantía del Estado, de la provincia o del municipio, o con prenda de efectos públicos		
Con otras garantías		
Convertibles, con otras garantías	_____	_____
TOTALES	══════	══════

160, 161, 162, 163, 170, 171. **PRÉSTAMOS A LARGO PLAZO**. Detalle por su naturaleza:

Préstamos recibidos	Importes a reembolsar	
	TOTAL en balance	Antes de los 12 meses
A largo plazo, empresas del grupo,		
A largo plazo, empresas del grupo, con garantía hipotecaria a pignoraticia		
A largo plazo, empresas fuera del grupo		
A largo plazo, empresas fuera del grupo, con garantía hipotecaría o pignoraticia	_____	_____
TOTALES	══════	══════

164, 165, 172, 173, 174. **ACREEDORES A LARGO PLAZO**. Detalle:

Saldos de acreedores	Saldos pendientes	
	TOTAL en balance	Vencimienos hasta 12 meses
A largo plazo, empresas del grupo		
A largo plazo, empresas fuera del grupo	————	————
TOTALES	════	════

400, 401, 402, 403, 406, 407. **PROVEEDORES**. Empresas del grupo, cuenta de Proveedores, ... u.m.

En el caso de que en alguna de estas cuentas figurasen partidas con vencimiento superior a doce meses, serán desglosadas, incluyéndolas, también bajo el concepto de Proveedores, entre las deudas a largo plazo.

520, 526. **PRÉSTAMOS RECIBIDOS A CORTO PLAZO**. De las empresas del grupo, ... u.m.

500, 501, 505, 506, 510, 511, 512, 513, 514, 515, 516, 517, 551, 552. **ACREEDORES NO COMERCIALES**:

Conceptos	Importes
Acreedores empresas del grupo	
Cuentas corrientes no bancarias, empresas del grupo	
Cuentas corrientes no bancarias con socios y administradores	————
TOTAL	════

129. **PÉRDIDAS Y GANANCIAS.** Aplicación de resultados.

282. **AMORTIZACIÓN ACUMULADA DEL INMOVILIZADO MATERIAL.** Detalle de la amortización acumulada relativa a cada una de las cuentas del subgrupo 22, y de las respectivas dotaciones del ejercicio.

281. **AMORTIZACIÓN ACUMULADA DEL INMOVILIZADO INMATERIAL.** Detalle de la amortización acumulada relativa a cada una de las cuentas del subgrupo 21, y de las respectivas dotaciones del ejercicio.

240, 243, 250. **TÍTULOS CON COTIZACIÓN OFICIAL:**

Conceptos	Importes
Acciones empresas del grupo	
Obligaciones y bonos empresas del grupo	
Acciones empresas fuera del grupo	
TOTAL, igual balance	

241, 243, 251, 252. **TÍTULOS SIN COTIZACIÓN OFICIAL:**

Conceptos	Importes
Acciones empresas del grupo	
Obligaciones y bonos empresas del grupo	
Acciones empresas fuera del grupo	
Acciones sociedades de empresas	
TOTAL, igual balance	

244, 245, 254, 255. **PRÉSTAMOS A LARGO PLAZO:**

Préstamos concedidos a largo plazo	Importes a cobrar	
	TOTAL en balance	Vencimienos hasta 18 meses
A largo plazo, empresas del grupo		
A largo plazo, al personal y a empresas fuera del grupo		
TOTAL		

430. CLIENTES. Con vencimiento dentro del término de doce meses, ... u.m (del total asignado). Empresas del grupo, cuenta de cliente, ... u.m., de las cuales, tienen su vencimiento dentro del término de doce meses.

431, 441. EFECTOS COMERCIALES A COBRAR. Con vencimiento superior a doce meses ... u.m.

534, 535. PRÉSTAMOS A CORTO PLAZO. A empresas del grupo, ... u.m.

540, 545, 550, 551. OTRAS INVERSIONES FINANCIERAS TEMPORALES:

Conceptos	Importes
Cuentas corrientes no bancarias, con empresas del grupo	
Cuentas corrientes no bancarias con socios y administradores	
TOTAL	

Pérdidas y ganancias

Esta cuenta, según el PGC, equivale a la suma algebraica de los saldos de las cuentas de los grupos 6 y 7 a final del ejercicio, a fin de determinar el resultado final de la empresa. Si el saldo de esta cuenta es acreedor, es que la empresa ha tenido beneficio en el ejercicio económico; si, por el contrario, el saldo es deudor, es que el ejercicio económico se ha cerrado con pérdidas. El beneficio obtenido, deduciendo previamente los impuestos, se aplicará a Reservas y una parte del mismo se distribuirá entre los socios o partícipes de la empresa, según se acuerde. Supongamos que una sociedad anónima ha obtenido en el ejercicio un beneficio de 32.000.000 u.m. y que la asamblea de accionistas acuerda la siguiente distribución: al pago de impuestos, 10.560.000 u.m.; a Reserva legal, el 10 % del beneficio líquido; a Reserva estatutaria, otro tanto; a retribuir a los administradores, el 5 %; a dividendo a las acciones, 16.000.000 u.m. y el resto, a Remanente. Se formulará el siguiente asiento:

32.000.000	**Pérdidas y ganancias** (129)	a	**Hacienda Pública, acreedor por conceptos fiscales** (475)	10.560.000
		a	**Reserva legal** (112)	2.144.000
		a	**Reservas estatuarias** (116)	2.144.000
		a	**Cuenta corriente con socios y administradores** (553)	1.072.000
		a	**Dividendo activo a pagar** (525)	16.000.000
		a	**Remanente** (120)	80.000

En el caso de que hubiese tenido pérdidas por 4.000.000, se formularía el asiento:

4.000.000	**Resultados negativos** **de ejercicios anteriores** (121)	a **Pérdidas y ganancias** (129)	4.000.000

Recuerde que la decisión sobre la imputación de resultados favorables (saldo acreedor de pérdidas y ganancias) a distintos objetivos es atribución del propietario o de la Junta de Socios. Además esta imputación depende de las disposiciones legales y de los pactos sociales establecidos, así como de las posibilidades de reparto que puedan existir. En el asiento que acabamos de formular reconocemos el derecho de los accionistas y de los administradores (cuentas 525 y 553) a cobrar una parte de los beneficios, pero para poder pagarlos es necesario tener dinero disponible; una vez reconocido el derecho vendrá el pago, que se contabilizará, por ejemplo:

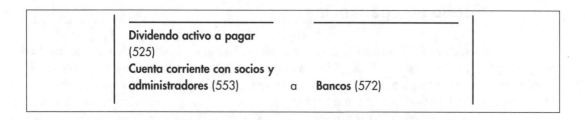

Dividendo activo a pagar (525) **Cuenta corriente con socios y** **administradores** (553)	a **Bancos** (572)	

En la distribución de beneficios puede destinarse una parte a Reservas, lo que constituye lo que se llama autofinanciación, aumentando la capacidad financiera de la empresa. Lo que se destina a Reservas no genera salida monetaria, salvo que por un acuerdo posterior se decida disponer de ellas.

Aunque la cuenta de Pérdidas y ganancias se trata como una única cuenta, se puede presentar como mínimo en tres formas de resultados (explotación, financiero y extraordinario), que tratarán los distintos niveles de obtención del resultado, la configuración de la naturaleza y el contenido de los mismos.

La cuenta de Explotación

La cuenta de Explotación, tal como la define el Plan General de Contabilidad, recoge los «flujos reales originados por la gestión de la empresa». Esto, dicho con otras palabras, quiere decir que es la cuenta que recoge al final del ejercicio económico todas las compras de mercaderías y gastos ordinarios que hayan aparecido a lo largo del ejercicio, así como todas las ventas de mercancías e ingresos ordinarios que se hubiesen efectuado durante el mismo.

Resultados financieros

Este resultado recoge todos los gastos e ingresos de índole financiera, así como los resultados obtenidos por la enajenación de valores mobiliarios, derechos de suscripción, etc., que estaban contenidos en las inversiones financieras temporales; no se incluirán aquí los resultados obtenidos por las inversiones financieras a largo plazo, por no considerarse vinculados a la actividad financiera de la empresa sino a políticas no financieras, como dominio de otra sociedad, participación, etc.). A continuación expondremos ejemplos de situaciones que pasarían a formar parte de este tipo de resultado.

Una empresa posee acciones valoradas al precio de compra de 450.000 u.m. y las vende por valor de 680.000 u.m.; el asiento a realizar sería el siguiente:

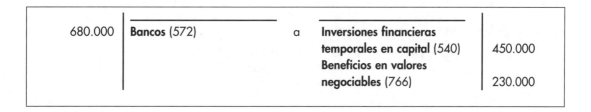

| 680.000 | **Bancos** (572) | a | **Inversiones financieras temporales en capital** (540) | 450.000 |
| | | | **Beneficios en valores negociables** (766) | 230.000 |

Al final del ejercicio económico las cuentas que componen los resultados financieros se regularizarán traspasando su saldo a la cuenta de Pérdidas y ganancias.

Resultados extraordinarios

Según el Plan General de Contabilidad en los resultados extraordinarios se recogerán los beneficios y pérdidas generados por la actividad empresarial, ajenos a la gestión normal de la empresa. En ellos figurarán las diferencias positivas y negativas derivadas de la venta de elementos del inmovilizado, ya sean del inmaterial, del material o del financiero; las pérdidas que dichos Activos puedan sufrir algunas diferentes a las producidas por la depreciación normal (amortizaciones o provisiones por depreciación recogidas en el resultado de explotación); los resultados extraordinarios propiamente dichos y, finalmente, los resultados de ejercicios anteriores. El Plan General de Contabilidad establece como norma general que una pérdida o gasto se considerará una partida extraordinaria únicamente si se origina por hechos o transacciones que, teniendo en cuenta el sector de actividad en el cual opera la empresa, cumplen las dos condiciones siguientes:

1. Caen fuera de las actividades ordinarias y típicas de la empresa.
2. No se espera, de forma razonable, que ocurran con frecuencia.

A título indicativo se pueden señalar los daños producidos por inundaciones, incendios y otros accidentes, sanciones y multas fiscales o penales, etcétera.

Vamos a exponer algún ejemplo para ver el funcionamiento de dichas cuentas.

Una empresa deposita en concepto de fianza a un año la cantidad de 50.000 u.m. en efectivo, para responder del cumplimiento de una obligación contraída; al finalizar el año, por no haber podido hacer frente a la obligación, se pierde la fianza.

Esto da lugar a dos asientos contables; el primero, en el momento de depositar la fianza:

50.000	**Fianzas constituidas a corto plazo** (565)	a	**Caja** (570)	50.000

y el segundo en el momento de la pérdida de la fianza por incumplimiento de la obligación contraída:

50.000	**Gastos extraordinarios** (678)	a	**Fianzas constituidas a corto plazo** (565)	50.000

Al finalizar el ejercicio económico, las cuentas que componen los resultados extraordinarios se regularizarán traspasando su saldo a la cuenta de Pérdidas y ganancias.

EJERCICIOS

1. ¿Qué es el inmovilizado inmaterial de la empresa? Presente ejemplos.

2. ¿Afectan al valor neto del patrimonio las cuentas comprendidas dentro del grupo Cuentas de orden y especiales?

3. Una empresa recibe la aportación por un socio de una máquina que adiciona a su patrimonio; el valor de dicha máquina es de 94.000 u.m. ¿Mediante qué cuentas se reflejará en la contabilidad de la empresa dicha donación?

4. Al declararse un incendio en una empresa, se estropea mobiliario por valor de 187.000 u.m. y maquinaria por valor de 786.000 u.m.; ninguno de ambos conceptos estaba asegurado. Indicar cómo se reflejará esta pérdida en la contabilidad.

5. La cuenta de Obligaciones y bonos a corto plazo (500) de una empresa presenta al final de un ejercicio económico el siguiente saldo acreedor:

189.000 u.m. La existencia actual de títulos es de 165.000 u.m. ¿Cuál sería el asiento contable necesario para regularizar dicha cuenta?

6. Por la cuenta de Pérdidas y ganancias, ¿qué cuentas se saldan?

7. Si el saldo de la cuenta de Pérdidas y ganancias es deudor, por valor de 654.000 u.m., al finalizar un ejercicio económico, ¿qué representará para la empresa?

8. Si una empresa finaliza un ejercicio económico con beneficio, ¿qué distintas posibilidades de reparto tiene?

9. Si una empresa reparte entre los socios todo el beneficio conseguido en un ejercicio económico, ¿está realizando autofinanciación?

10. Una empresa comercial ha registrado durante el ejercicio económico los siguientes gastos e ingresos: Compras 45.000 u.m., Ventas 187.000 u.m., Gastos de transporte 15.000 u.m., Sueldos y salarios 56.000 u.m., Descuentos sobre compras por pronto pago 10.000 u.m., Comisiones 19.000 u.m., Tributos 13.000 u.m.

Indicar cuál ha sido el resultado de la cuenta de explotación.

El cuadro de financiamiento

El cuadro de financiamiento describe cómo, a lo largo del ejercicio económico, los recursos financieros de que ha dispuesto la empresa. Es el resumen analítico, agrupado por conceptos de cobros y pagos de una empresa durante un período determinado.

Flujos básicos del cuadro de financiamiento

El cuadro de financiamiento expresa los flujos dinerarios, que pueden agruparse siguiendo distintos criterios. Muchos autores recomiendan, como mínimo, reflejar los que siguen.

Recursos propios y ajenos reembolsables a largo plazo

- Autofinanciación producida por la propia explotación; esto es, beneficios no repartidos que se constituyen en reservas.
- Ingresos por cesión de inmovilizado.
- Aportaciones de los propietarios, socios o accionistas en concepto de capital.
- Empréstitos y otros créditos a largo plazo.
- Las cantidades percibidas por estos conceptos constituyen financiación de la empresa. Deberán deducirse los reembolsos y restituciones que puedan presentarse.

Inversiones definitivas o de larga duración

- Adquisiciones de toda clase de bienes que constituyen el equipo básico de la empresa, comprendidos en el término contable de Inmovilizado (material, inmaterial, etc.).
- Adquisición de títulos de participación y de dominio en otras empresas: inmovilizado financiero. Deberán deducirse las desinversiones y las amortizaciones.

CUADRO DE FINANCIAMIENTO ANUAL. EJERCICIO ...

APLICACIONES E INVERSIONES PERMANENTES DE LOS RECURSOS	Flujos corrientes	RECURSOS PERMANENTES OBTENIDOS EN EL EJERCICIO	Flujos corrientes
Grupo 1. FINANCIACIÓN BÁSICA		**Grupo 1. FINANCIACIÓN BÁSICA**	
Subgrupos		**Subgrupos**	
15. Empréstitos y otras emisiones análogas		10. Capital	
16. Deudas a largo plazo con empresas del grupo y asociadas		11. Reservas	
17. Deudas a largo plazo por préstamos recibidos y otros conceptos		12. Resultados pendientes de aplicación	
18. Fianzas y depósitos recibidos a largo plazo		13. Ingresos a distribuir en varios ejercicios	
19. Situaciones transitorias de financiación		14. Provisiones para riesgos y gastos	
		15. Empréstitos y otras emisiones análogas	
		16. Deudas a largo plazo con empresas del grupo y asociadas	
		17. Deudas a largo plazo por préstamos recibidos y otros conceptos	
		18. Fianzas y depósitos recibidos a largo plazo	
		19. Situaciones transitorias de financiación	
		190. Accionistas por desembolsos no exigidos	
		191. Accionistas por desembolsos no exigidos, empresas del grupo	
		192. Accionistas por desembolsos no exigidos, empresas asociadas	
		193. Accionistas por aportaciones no dinerarias pendientes	
		194. Accionistas por aportaciones no dinerarias pendientes, empresas del grupo	
		195. Accionistas por aportaciones no dinerarias pendientes, empresas asociadas	
		196. Socios, parte no desembolsada.	
		198. Acciones propias en situaciones especiales	
		199. Acciones propias para reducción de capital	
Grupo 2. INMOVILIZADO		**Grupo 2. INMOVILIZADO**	
Subgrupos		**Subgrupos**	
20. Gastos de establecimiento		20. Gastos de establecimiento	
21. Inmovilizaciones inmateriales		21. Inmovilizaciones inmateriales	
22. Inmovilizaciones materiales		22. Inmovilizaciones materiales	
23. Inmovilizaciones materiales en curso		23. Inmovilizaciones materiales en curso	
24. Inversiones financieras en empresas del grupo y asociadas		24. Inversiones financieras en empresas de grupo y asociadas	
25. Otras inversiones financieras permanentes		25. Otras inversiones financieras permanentes	
26. Fianzas y depósitos constituidos a largo plazo		26. Fianzas y depósitos constituidos a largo plazo	
27. Gastos a distribuir en varios ejercicios		27. Gastos a distribuir en varios ejercicios	
		28. Amortización acumulada del inmovilizado	
		29. Provisiones de inmovilizado	
TOTAL DE LAS APLICACIONES E INVERSIONES PERMANENTES DE LOS RECURSOS		**TOTAL DE LOS RECURSOS PERMANENTES OBTENIDOS EN EL EJERCICIO**	

CUADRO DE FINANCIAMIENTO ANUAL. EJERCICIO ...

VARIACIONES ACTIVAS DEL CIRCULANTE

	Flujos corrientes

Grupo 3. EXISTENCIAS

Subgrupos
- 30. Comerciales ....
- 31. Materias primas ....
- 32. Otros aprovisionamientos ....
- 33. Productos en curso ....
- 34. Productos semiterminados ....
- 35. Productos terminados ....
- 36. Subproductos, residuos y materiales recuperados ....

Grupo 4. ACREEDORES Y DEUDORES POR OPERACIONES DE TRÁFICO

Subgrupos
- 40. Proveedores ....
- 41. Acreedores varios ....
- 43. Clientes ....
- 44. Deudores varios ....
- 46. Personal ....
- 47. Administraciones públicas ....
- 48. Ajustes por periodificación ....

Grupo 5. CUENTAS FINANCIERAS

Subgrupos
- 53. Inversiones financieras a corto plazo en empresas del grupo y asociadas ....
- 54. Otras inversiones financieras temporales ....
- 55. Otras cuentas no bancarias ....
- 56. Fianzas y depósitos recibidos y constituidos a corto plazo ....
- 57. Tesorería ....
- 58. Ajustes por periodificación ....

TOTAL DE LAS VARIACIONES ACTIVAS DEL CIRCULANTE ....

VARIACIONES PASIVAS DEL CIRCULANTE

	Flujos corrientes

Grupo 3. EXISTENCIAS

Subgrupos
- 39. Provisiones por depreciación de existencias ....

Grupo 4. ACREEDORES Y DEUDORES POR OPERACIONES DE TRÁFICO

Subgrupos
- 40. Proveedores ....
- 41. Acreedores varios ....
- 43. Clientes ....
- 44. Deudores varios ....
- 46. Personal ....
- 47. Administraciones públicas ....
- 48. Ajustes por periodificación ....
- 49. Provisiones por operaciones de tráfico ....

Grupo 5. CUENTAS FINANCIERAS

Subgrupos
- 50. Empréstitos y otras emisiones análogas a corto plazo ....
- 51. Deudas a corto plazo con empresas del grupo y asociadas ....
- 52. Deudas a corto plazo por préstamos recibidos y otros conceptos ....
- 56. Fianzas y depósitos recibidos y constituidos a corto plazo ....
- 57. Tesorería ....
- 58. Ajustes por periodificación ....
- 59. Provisiones financieros ....

TOTAL DE LAS VARIACIONES PASIVAS DEL CIRCULANTE ....

Recursos e inversiones a corto plazo

Comprende todos los movimientos dinerarios a corto plazo; en particular:

* Movimiento de existencias de productos y materias.
* Créditos sobre los clientes y otros deudores.
* Débitos frente a proveedores y otros acreedores.
* Tesorería, por pago de gastos y recepción de ingresos.

El Plan General de Contabilidad presenta el cuadro de financiamiento en términos de flujo de la financiación básica que ha tenido entrada en la empresa y de su inversión o empleo, así como de las variaciones del circulante, y todo ello referido al período. Como es de ver en el modelo que se acompaña, la primera y segunda parte establece la comparación de los flujos corrientes del grupo primero y segundo del Plan General de Contabilidad.

La primera parte representa la suma de las partidas que figurarán en el Debe de los respectivos grupos o cuentas.

La segunda parte recoge las partidas que aparecerán en el Haber de los grupos señalados.

Por ejemplo, si Inmovilizaciones materiales ha aumentado a lo largo del ejercicio, porque hemos comprado un Inmueble valorado en 10.000.000 u.m., nosotros en la cuenta de Inmovilizado (grupo 2), encontraremos en el Debe un aumento de 10.000.000. Este aumento es el que pasaremos a los flujos corrientes de la primera parte y precisamente (22) Inmovilizaciones materiales. Si en el mismo ejercicio se han contabilizado amortizaciones por valor de 500.000 que encontraremos reflejados en un aumento en el Haber de la amortización acumulada, este aumento lo reflejaremos en el cuadro de financiamiento anual situándolo en la segunda parte en (28). Amortización acumulada del inmovilizado.

En resumen, diremos que la primera parte representa el Debe de las cuentas de Financiación básica e Inmovilizado, en tanto que la segunda representa el Haber de los mismos grupos.

Análogamente ocurre con la tercera parte, que presenta ya la aclaración de variaciones activas del circulante y variaciones pasivas del circulante, correspondiendo las primeras también a las anotaciones que han recibido en su Debe las correspondientes cuentas de los grupos 3, 4 y 5, y son variaciones pasivas del circulante las anotaciones que aparecerán en el Haber en las respectivas cuentas de los grupos 3, 4 y 5. Sin embargo, es de observar que el grupo 3 en el modelo oficial aparece única y exclusivamente en la variación activa del circulante, lo que obliga a que si, por ejemplo, disminuyeran las existencias, tal como aparece en el modelo, tendremos que situar en esta tercera parte con signo negativo la correspondiente disminución. Hay algún contable experimentado que considera que si han disminuido las existencias del grupo 3, deberemos situarlo en las variaciones pasivas de esta tercera parte. También se acepta, como haremos en el ejemplo que sigue, situar para cada cuenta sendas columnas separando los aumentos y las disminuciones.

Se haga de una forma u otra el cuadro de financiamiento significa una guía muy útil para el análisis financiero de la empresa.

Cómo se prepara un cuadro de financiamiento

Al establecer el cuadro de financiamiento pueden seguirse dos métodos:

1. Determinación de flujos por acumulación de los importes correspondientes a cada una de las contrapartidas de las operaciones reflejadas en las cuentas de Tesorería. Obtendremos así todos los desplazamientos dinerarios de la empresa hacia otros entes y de éstos hacia la empresa (flujos dinerarios externos). A ellos se agregarán la dotación de amortizaciones y la constitución de provisiones, que son flujos internos.
2. Por comparación directa entre los saldos definitivos de las distintas rúbricas patrimoniales entre dos momentos sucesivos en el tiempo. Así, si la cuenta de Construcciones a principio de ejercicio presenta un saldo de 30.050.000 u.m., y al final del mismo el saldo es de 35.450.000 u.m., diremos que ha habido un incremento en esta inmovilización de 5.400.000 u.m.; si la cuenta de Deudas a largo plazo presenta, respectivamente, los saldos de 3.670.000 y 2.600.000 u.m., deduciremos que la financiación por este concepto ha disminuido en 1.070.000 u.m.

Como los balances inicial y final de un período aparecen cuadrados (Sumas Debe = Sumas Haber), la comparación de sus saldos igualmente ha de cuadrar; es decir, al sumar las diferencias en un sentido y en otro ha de producirse una igualdad, quedando reflejado en el correspondiente estado la cuantía en que las distintas masas patrimoniales se han movido en el ejercicio en su forma global, como vemos en el ejemplo que más adelante se expone. Para preparar el cuadro de financiamiento de un período determinado se utiliza un estado como el modelo siguiente:

Cuentas	Situación Inicial	Situación final	Aumento	Disminuciones
A	B	C	D	E

Se trasladan a las columnas B y C los correspondientes datos de los respectivos balances, determinando para cada cuenta las diferencias que se inscriben, según corresponda, en las columnas D o E. Éstas luego pasan a integrar las partidas del cuadro de financiamiento propiamente dicho.

Ejemplo de preparación de un cuadro de financiamiento

Vamos a facilitar la comprensión del lector preparando un cuadro de financiamiento. Para ello, como hemos indicado anteriormente, hay que recoger el balance inicial del ejercicio y compararlo con el balance final, llevando los datos de uno y otro a las correspondientes columnas, que es lo que aparece en el ejemplo que sigue.

CUADRO DE FINANCIAMIENTO

Cuentas	Datos iniciales del ejercicio	Datos finales del ejercicio	Diferencias	
			Aumento	Disminución
ACTIVO				
221. Construcciones	35.400.000	35.400.000		
223. Maquinaria	18.650.000	24.150.000	5.500.000	
228. Elementos de transporte	4.130.000	5.220.000	1.090.000	
226. Mobiliario	16.960.000	17.480.000	520.000	
28. Amortización acumulada del inmovilizado	(20.530.000)	(25.618.500)	(5.088.000)	
212. Propiedad industrial	6.135.000	4.135.000		2.000.000
240. Participaciones en empresas del grupo	20.620.000	10.000.000		10.620.000
244. Créditos a largo plazo a empresas del grupo	15.000.000	15.000.000		
200. Gastos de constitución	5.300.000	4.770.000		530.000
300. Comerciales (existencias)	28.770.000	32.150.000	3.380.000	
430. Clientes	30.510.000	28.200.000		2.310.000
431. Clientes, efectos comerciales	15.720.000	15.000.000		720.000
534. Créditos a corto plazo a empresas del grupo	8.410.000	6.000.000		2.410.000
570. Caja, moneda nacional	350.000	510.000	160.000	
572. Bancos e instituciones de crédito c/c. vista	8.141.000	6.000.000		2.141.000
Sumas	193.566.000	178.396.500	5.561.500	20.731.000
PASIVO				
100. Capital social	65.000.000	65.000.000		
112. Reserva legal	8. 600.000	9.700.000	1.100.000	
116. Reservas estatutarias	14.000.000	16.200.000	2.200.000	
117. Reservas voluntarias	16.540.000	16.800.000	260.000	
160. Deudas a largo plazo con empresas del grupo	22.680.000	20.000.000		2.680.000
400. Proveedores	40.530.000	24.426.500		16.103.500
475. Hacienda Pública, acreedor por conceptos fiscales	3.312.000	4.120.000	808.000	
410. Acreedores por prestaciones de servicios	8.544.000	4.150.000		4.394.000
129. Pérdidas y ganancias	14.360.000	18.000.000	3.640.000	
Sumas	193.566.000	178.396.500	8.008.000	23.177.500

Una cantidad escrita entre paréntesis significa que es negativa; lo cual se puede indicar también con un signo menos o en números rojos. La práctica contable, especialmente de origen estadounidense, ha introducido esta forma de expresión de los números negativos por entender que el paréntesis era más claro que el signo menos y que cuando se trabaja con copias mecanografiadas no puede utilizarse el procedimiento de los números rojos.

Una vez se han inscrito los datos iniciales y finales del ejercicio para cada una de las cuentas del balance hemos de sacar las diferencias situando en sendas columnas independientes las que representen aumento y las que representen disminución. Siguiendo los postulados de la partida doble, tanto las columnas de datos finales como de datos iniciales, deben cuadrar, y que las diferencias que se produzcan en las cuentas del Activo han de ser del mismo importe que las diferencias que se produzcan en las cuentas de Pasivo.

Así, restando en el ejemplo verán que la diferencia es igual a 15.169.000 u.m. Una vez cuadrada la preparatoria que acabamos de presentar, estamos ya en condiciones de pasar las correspondientes diferencias al estado que nos marca el Plan General de Contablilidad, recordando que la primera parte comprende las disminuciones de la financiación básica más los aumentos del inmovilizado.

La segunda parte integra los aumentos de la financiación básica más la disminución del inmovilizado, y la tercera, las modificaciones de los grupos 3, 4 y 5. Las diferencias recogidas en el cuadro anterior, presentadas según el PGC, dan lugar a los siguientes estados:

- **Primera parte**

  Aplicaciones e inversiones permanentes de los recursos (son las disminuciones de la financiación básica más los aumentos del inmovilizado).

Grupo 1. Financiación básica
160. **Deudas a largo plazo a empresas del grupo**   2.680.000

Grupo 2. Inmovilizado
223. **Maquinaria**   5.500.000
228. **Elementos de transporte**   1.090.000
226. **Mobiliario**   520.000

**Total de las aplicaciones e
inversiones permanentes de los recursos**   9.790.000

- **Segunda parte**

  Recursos permanentes obtenidos en el ejercicio (son los aumentos de la financiación básica más la disminución del inmovilizado).

Grupo 1. Financiación básica

112. Reserva legal	1.100.000
116. Reservas estatutarias	2.200.000
117. Reservas voluntarias	260.000

Grupo 2. Inmovilizado

212. Propiedad industrial	2.000.000
240. Participaciones en empresas del grupo	10.620.000
200. Gastos de constitución	530.000
28. Amortización acumulada del inmovilizado	5.088.500
	21.798.500

- **Tercera parte**
  A) *Variaciones activas del circulante*
  (Son las modificaciones de los grupos 3, 4 y 5 del Activo).

Cuentas	Aumento	Disminución
Grupo 3. Existencias		
304. Comerciales	3.380.000	
Grupo 4. Acreedores y deudores por operaciones de tráfico		
430. Clientes		2.310.000
431. Clientes, efectos comerciales a cobrar		720.000
Grupo 5. Cuentas financieras		
534. Créditos a corto plazo a empresas del grupo		2.410.000
570. Caja	160.000	
572. Bancos		2.141.000
Total de las variaciones activas del circulante	3.540.000	7.581.000

B) *Variaciones pasivas del circulante*
(Son las modificaciones de los grupos 3, 4 y 5 del Pasivo).
No se incluye en el cuadro la cuenta de Pérdidas y ganancias, cuyo destino depende de la aprobación por los socios de la oportuna propuesta de distribución, que produ-

cirá efectos en el siguiente ejercicio. (Saldo de esta cuenta 3.640.000 u.m., que se presenta como un aumento provisional de la financiación.)

Cuentas	Aumento	Disminución
Grupo 4. Acreedores y deudores por operaciones de tráfico		
400. Proveedores		
475. Hacienda Pública,		
acreedor por conceptos fiscales	808.000	16.103.500
Grupo 5. Cuentas financieras		
410. Acreedores varios		4.394.000
	808.000	20.497.500

Utilidad del cuadro de financiamiento

Los cuadros de financiamiento son el primer paso para el análisis financiero de una empresa. El análisis cuidadoso de sus datos nos permite conocer qué se ha hecho con el dinero. Los franceses tienen una frase muy bonita para definir los cuadros de financiamiento; dicen «que sirve para indicar de **dónde viene** y a **dónde va** el dinero que la empresa maneja».

En el ejemplo podemos ver que en la primera parte ha habido una inversión total de 9.790.000 u.m., las cuales se han producido de la siguiente forma: devolución de préstamos a largo plazo por 2.680.000 u.m. Parte del dinero que hemos obtenido y que ya veremos cómo procede de las demás operaciones del negocio en la cuantía señalada, se ha destinado a amortizar préstamos que teníamos. Asimismo, hemos aumentado nuestra inversión en maquinaria en 5.500.000 u.m., en elementos de transporte en 1.030.000 u.m. y en mobiliario y enseres en 520.000 u.m. Estas han sido unas inversiones que hemos hecho con carácter permanente en el negocio.

Para conseguir esto, ¿qué hemos hecho? Hemos obtenido unos recursos, y así nos encontramos que en el grupo 1, las cuentas 112, 116 y 117 reflejan aumentos en las reservas procedentes de la distribución de beneficios del ejercicio anterior. Existe también otra financiación correspondiente a la amortización acumulada, cuenta 28, y a la amortización de la cuenta 200. La disminución en las cuentas 212 y 240 sólo tiene sentido pensando que habríamos procedido a la enajenación de parte de lo que teníamos invertido en este tipo de valores patrimoniales.

En total hemos liberado de inversiones permanentes un importe de 12.008.500 u.m. (21.798.500 – 9.790.000).

En la tercera parte separamos para mejor comprensión las variaciones de las cuentas activas de las variaciones de las cuentas pasivas y situamos en cada caso lo que representan aumento o disminución de las respectivas cuentas.

Podemos comprobar que un cuadro se corresponde con el otro pensando que los aumentos de Activo desde el punto de vista de la financiación son equivalentes a la disminución de Pasivo, y recíprocamente las disminuciones de Activo han de sumarse a los aumentos de Pasivo, con lo cual obtenemos el cuadro de comprobación numérica siguiente:

Disminución de Pasivo	20.497.500
Aumento de Activo	3.540.000
SUMA	24.037.500
Disminución de Activo	7.581.000
Aumento de Pasivo	808.000
SUMA	8.389.000
Con lo que la diferencia entre las dos sumas es de	24.037.500
	− 8.389.000
	15.648.500

A éste hemos de restarle el saldo provisional de la cuenta de Pérdidas y ganancias, que no puede situarse en cuentas hasta que se haya decidido su destino. Si restamos de la cantidad anterior las 3.640.000 u.m., nos quedan 12.008.500 u.m., que es precisamente la diferencia que teníamos entre la primera y segunda parte. Podemos sacar otras consecuencias de los saldos de este cuadro; así, si los clientes han disminuido en 2.310.000 u.m., significa que ahora en conjunto la suma de clientes nos debe menos dinero; eso dará lugar a investigar por qué nos deben menos dinero: ¿han disminuido nuestras ventas o hemos mejorado nuestro sistema de cobro? Lo mismo podemos decir de los efectos a cobrar. Han disminuido los créditos a corto plazo, lo que significa que nos han devuelto dinero que teníamos invertido en este sentido. También ha disminuido la disponibilidad en Bancos, hemos disminuido lo que debíamos a proveedores, hemos saneado, en este aspecto, nuestras deudas.

A medida que el lector medite sobre el significado de las distintas cuentas que aparecen en un cuadro de financiamiento y vaya teniendo experiencia de la vida de los negocios, podrá deducir consecuencias para guiar el negocio, porque lo que se ha de buscar siempre en una empresa, además de obtener beneficio, es tener un equilibrio financiero suficiente para poder hacer frente, como hemos visto en otros capítulos, a las exigencias de los acreedores.

En resumen, el cuadro de financiamiento de una empresa expresa los movimientos de los flujos dinerarios, cobros y pagos, así como el origen de los cobros y el destino de los pagos.

EJERCICIOS

1. ¿Qué expresa el cuadro de financiamiento de una empresa?

2. ¿Qué recursos e inversiones a corto plazo puede tener la empresa?

3. Una empresa presenta los siguientes balances a principio y fin de un ejercicio económico:

ACTIVO	1-1	31-12
Tesorería	50.000	80.000
Inmovilizado	1.800.000	1.450.000
Existencias	750.000	520.00D
Clientes	250.000	340.000
	2.850.000	2.390.000
PASIVO		
Capital	1.000.000	1.000.000
Acreedores a largo plazo	1.100.000	980.000
Acreedores a corto plazo	350.000	278.000
Pérdidas y ganancias	400.000	132.000
Total	2.850.000	2.390.000

Hallar los flujos del ejercicio económico.

4. Una empresa presenta la siguiente situación inicial y final de un ejercicio:

ACTIVO	1-1	31-12
Disponible	1.640.000	1.850.000
Realizable	852.000	742.000
Existencias	742.000	850.000
	3.234.000	3.442.000
PASIVO		
Exigible a corto plazo	345.000	240.000
Exigible a largo plazo	1.300.000	1.300.000
No exigible	1.589.000	1.589.000
Resultados		313.000
Total	3.234.000	3.442.000

Formar el estado de origen y aplicación de recursos del ejercicio.

5. La empresa *Metac, S. A.* presenta los siguientes balances de principio y fin de ejercicio económico.

ACTIVO	1-1	31-12
Bancos	16.000	21.000
Deudores	19.000	18.000
Clientes	26.000	28.600
Mercaderías	48.000	48.400
Efectos comerciales a cobrar	62.000	71.000
Mobiliario	84.000	86.000
Acciones	16.000	13.000
Maquinaria	40.000	36.000
Total	311.000	322.000
PASIVO		
Proveedores	12.000	13.000
Efectos comerciales a pagar	21.000	20.400
Deudas a largo plazo	38.000	36.000
Deudas a corto plazo	14.000	22.400
Capital	226.000	220.000
Pérdidas y ganancias		10.200
Total	311.000	322.000

Elaborar el cuadro de financiamiento de esta empresa, de acuerdo con el Plan General de Contabilidad.

6. Elaborar de acuerdo con el Plan General de Contabilidad el cuadro de financiamiento del ejercicio 3.

7. De acuerdo con el Plan General de Contabilidad, presentar el cuadro de financiamiento del ejercicio 4.

8. Teniendo a la vista los datos que figuran en el ejemplo del texto, conteste a las siguientes cuestiones:
   a) Durante el ejercicio, ¿ha aumentado o disminuido la inmovilización?

   b) ¿Qué ha ocurrido con los recursos permanentes?

   c) La posición del circulante de la empresa, ¿ha mejorado o empeorado?

   d) El inmovilizado material, en su valor neto, ¿ha sufrido un incremento o una disminución?, ¿en qué cuantía?

Directriz de la contabilidad

Cada día se hace más evidente la necesidad de lograr una unificación en la legislación económica internacional. Para conseguirlo, los órganos rectores de los diferentes estados reunidos en jornadas de estudio y trabajo analizan previamente y fijan después unas directrices a las que han de irse ajustando las reglamentaciones de cada Estado en particular. Se dictan para ello unas normas a fin de regular las cuentas de ciertas formas de sociedades.

Dichas normas afectan por lo general a las cuentas anuales de las sociedades anónimas, comanditarias por acciones y de responsabilidad limitada, quedando exceptuadas por su objeto las sociedades de inversión y las de participación financiera.

Cuentas anuales

Según la directriz que compendiamos, las cuentas anuales que se normalizan son:

- El balance.
- La cuenta de Pérdidas y ganancias.
- La Memoria, que tiene por finalidad ampliar la información numérica de los estados anteriores, presentando indicaciones al menos sobre los puntos siguientes:
  - Criterios de valoración aplicados y, en su caso, correcciones de valor realizado.
  - Empresas en las que se tiene participación, expresando la fracción de capital poseído, así como el importe de los capitales propios y del resultado del último ejercicio de la empresa de que se trate.
  - Acciones suscritas durante el ejercicio.
  - La existencia de partes beneficiarias, obligaciones convertibles y títulos o derechos similares.

– Deudas con vencimiento superior a cinco años, así como deudas cubiertas con garantías reales.
– Compromisos financieros que no figuren en el balance, así como los compromisos existentes en materia de pensiones y con empresas del grupo.
– Desglose del importe neto de la cifra de negocios.
– Número medio del personal humano empleado durante el ejercicio desglosado por categorías.
– Si no se han conseguido los criterios generales de valoración, de qué modo el criterio seguido afecta a los resultados y si puede afectar a la carga fiscal futura.
– Diferencia entre la carga fiscal imputada al ejercicio y a los anteriores y la carga fiscal ya pagada o pendiente de pago por dichos ejercicios, en la medida que esta diferencia puede afectar al futuro.
– El importe de las remuneraciones devengadas en el ejercicio por miembros de los órganos de administración, dirección o vigilancia, en razón de sus funciones, así como los compromisos originados o contraídos en materia de pensiones de jubilación de los antiguos miembros de los referidos órganos.
– El importe total de los anticipos y de los créditos concedidos a los miembros de los órganos de administración, dirección o vigilancia, con indicación precisa de sus condiciones.
• El informe de gestión, que deberá contener, como mínimo, una exposición fiel sobre la evolución de los negocios y la situación de la sociedad, incluyendo indicaciones sobre:
– Los acontecimientos importantes acaecidos después del cierre del ejercicio.
– La evolución previsible de la sociedad.
– Las actividades en materia de investigación y desarrollo.
– Informe sobre la situación de las acciones propias.

Los cuatro documentos a que se refiere esta directriz que acabamos de enumerar forman una unidad, entendiéndose por tal que no pueden ser examinados ni reproducidos fragmentariamente, sino que han de ser estudiados y analizados en su conjunto. Han de establecerse con claridad para dar una imagen fiel del patrimonio, de la situación financiera y de los resultados de la sociedad.

Se entiende por dar una imagen fiel del patrimonio que de su análisis se desprenda la realidad de la situación patrimonial de la empresa: es decir, que cada rúbrica o partida del balance refleje, como en las conocidas declaraciones judiciales, «la verdad, sólo la verdad y nada más que la verdad» del contenido valorado de cada una de ellas, habiendo recogido, con criterios objetivos que garanticen los intereses de terceros, todos los bienes y derechos de la empresa (Activo) y reconocido todas las cargas (Pasivo), plasmando en su diferencia el neto patrimonial. La clasificación de las partidas, como veremos, tiende, además, a situar en el tiempo los vencimientos de débitos y créditos para permitir el estudio de la situación financiera.

La imagen fiel de esta situación financiera se obtiene, en principio, colocando, en los grandes grupos de inmovilizaciones, circulante y exigible, lo que a cada uno corresponde, sin mezclar ni confundir las cuentas. La cuenta de Pérdidas y ganancias recoge los resultados de la sociedad, pudiendo asegurar que son los que la misma refleja y que su procedencia se desprende de sus componentes analíticos.

Reglas generales de contabilidad

La estructura del balance y de la cuenta de Pérdidas y ganancias, en cuanto a la forma elegida para su presentación, no podrá ser modificada de un ejercicio a otro, salvo causa justificada que se explicará en la Memoria. En cada una de las partidas del balance y de la cuenta de Pérdidas y ganancias figurará también la cifra correspondiente al ejercicio precedente, a efectos comparativos. Se prohíben compensaciones entre partidas del Activo y del Pasivo. Por ejemplo, si tenemos que los clientes por facturación normal nos deben 16.457.349 u.m. y, al mismo tiempo, algunos clientes son acreedores por anticipos hechos, descuentos concedidos después de cobrar facturas, etc., cuyos créditos importan en total 2.674.298 u.m., no podemos hacer figurar en el balance: Clientes, saldo deudor, 13.783.051 u.m., sino que en el Activo deberá figurar la primera partida, y en el Pasivo, la segunda. También se prohíben compensaciones entre partidas de gastos e ingresos. Si, por ejemplo, hemos cobrado por intereses cargados a nuestros clientes 985.234 u.m., y hemos pagado por intereses de negociación 3.752.738 u.m., tampoco podemos presentar una cuenta de Explotación en cuyo Debe aparezca: Gastos financieros 2.767.504 u.m., sino que en el Debe de la misma habrá de figurar: Intereses de negociación de efectos 3.752.738, y en el Haber: Otros ingresos financieros 985.234 u.m.

Estructura del balance

El Modelo Normal, al que se deben adaptar las sociedades anónimas, las sociedades de responsabilidad limitada y las sociedades en comandita por acciones, es el siguiente:

MODELO NORMAL DE BALANCE			
Núm. de cuenta	ACTIVO	Ejercicio N	Ejercicio N-1
190,191,192,193 194,195,196	A) Accionistas (socios) por desembolsos no exigidos		
	B) Inmovilizado		
20	I. Gastos de establecimiento		
	II. Inmovilizaciones inmateriales		
210	1. Gastos de investigación y desarrollo		
211,212	2. Concesiones, patentes, licencias, marcas y similares		
213	3. Fondo de comercio		
214	4. Derechos		
215	5. Aplicaciones informáticas		
219	6. Anticipos		

Núm. de cuenta	ACTIVO (continuación)	Ejercicio N	Ejercicio N-1
(291)	7. Provisiones		
(281)	8. Amortizaciones		
	III. Inmovilizaciones materiales		
220,221	1. Terrenos y construcciones		
222,223	2. Instalaciones técnicas y maquinaria		
224,225,226	3. Otras instalaciones, utillaje y mobiliario		
23	4. Anticipos e Inmovilizaciones materiales en curso		
227,228,229	5. Otro inmovilizado		
(292)	6. Provisiones		
(282)	7. Amortizaciones		
	IV. Inmovilizaciones financieras		
240	1. Participaciones en empresas del grupo		
242,244,246	2. Créditos a empresas del grupo		
241	3. Participaciones en empresas asociadas		
243,245,247	4. Créditos a empresas asociadas		
250,251,256	5. Cartera de valores a largo plazo		
252,253,254,257, 258	6. Otros créditos		
260,265	7. Depósitos y fianzas constituidos a largo plazo		
(293),(294),(295), (296),(297),(298)	8. Provisiones		
198	V. Acciones propias		
27	**C) Gastos a distribuir en varios ejercicios**		
	D) Activo circulante		
558	I. Accionistas por desembolsos exigidos		
	II. Existencias		
30	1. Comerciales		
31,32	2. Materias primas y otros aprovisionamientos		
33,34	3. Productos en curso y semiterminados		
35	4. Productos terminados		
36	5. Subproductos, residuos y materiales recuperados		
407	6. Anticipos		
(39)	7. Provisiones		
	III. Deudores		
430,431,435,(436)	1. Clientes por ventas y prestaciones de servicios		
432,551	2. Empresas del grupo, deudores		
433,552	3. Empresas asociadas, deudores		
44,553	4. Deudores varios		
460,544	5. Personal		

Núm. de cuenta	ACTIVO (continuación)	Ejercicio N	Ejercicio N-1
470,471,472,474	6. Administraciones públicas		
(490),(493),(494)	7. Provisiones		
	IV. Inversiones financieras temporales		
530,(538)	1. Participaciones en empresas del grupo		
532, 534,536	2. Créditos a empresas del grupo		
531,(539)	3. Participaciones en empresas asociadas		
533,535,537	4. Créditos a empresas asociadas		
540,541,546,(549)	5. Cartera de valores a corto plazo		
542,543,545,547	6. Otros créditos		
548			
565,566	7. Depósitos y fianzas constituidos a corto plazo		
(593),(594),(595),	8. Provisiones		
(596),(597),(598)			
	V. Acciones propias a corto plazo		
57	VI. Tesorería		
480,580	VII. Ajustes por periodificación		
	TOTAL GENERAL (A+B+C+D)		

Núm. de cuenta	PASIVO	Ejercicio N	Ejercicio N-1
	A) Fondos propios		
10	I. Capital suscrito		
110	II. Prima de emisión		
111	III. Reserva de revalorización		
	IV. Reservas		
112	1. Reserva legal		
115	2. Reservas para acciones propias		
115	3. Reservas para acciones de la sociedad dominante		
116	4. Reservas estatutarias		
113,117,118	5. Otras reservas		
	V. Resultados de ejercicios anteriores		
120	1. Remanente		
(121)	2. Resultados negativos de ejercicios anteriores		
122	3. Aportación de socios para compensación de pérdidas		
129	VI. Pérdidas y ganancias (beneficio o pérdida)		
(557)	VII. Dividendo a cuenta entregado en el ejercicio		
	B) Ingresos a distribuir en varios ejercicios		
130,131	1. Subvenciones de capital		

Núm. de cuenta	PASIVO (continuación)	Ejercicio N	Ejercicio N-1
136	2. Diferencias positivas de cambio		
135	3. Otros ingresos a distribuir en varios ejercicios		
	C) Provisiones para riesgos y gastos		
140	1. Provisiones para pensiones y obligaciones similares		
141	2. Provisiones para impuestos		
142,143	3. Otras provisiones		
144	4. Fondo de reversión		
	D) Acreedores a largo plazo		
	I. Emisión de obligaciones y otros valores negociables		
150	1. Obligaciones no convertibles		
151	2. Obligaciones convertibles		
155	3. Otras deudas representadas en valores negociables		
170	II. Deudas con entidades de crédito		
	III. Deudas con empresas del grupo y asociadas		
160,162,164	1. Deudas con empresas del grupo		
161,163,165	2. Deudas con empresas asociadas		
	IV. Otros acreedores		
174	1. Deudas representadas por efectos a pagar		
171,172,173	2. Otras deudas		
180,185	3. Fianzas y depósitos recibidos a largo plazo		
	V. Desembolsos pendientes sobre acciones no exigidos		
248	1. De empresas del grupo		
249	2. De empresas asociadas		
259	3. De otras empresas		
	E) Acreedores a corto plazo		
	I. Emisión de obligaciones y otros valores negociables		
500	1. Obligaciones no convertibles		
501	2. Obligaciones convertibles		
505	3. Otras deudas representadas en valores negociables		
506	4. Intereses de obligaciones y otros valores		
	II. Deudas con entidades de crédito		
520	1. Préstamos y otras deudas		
526	2. Deudas por intereses		

Núm. de cuenta	PASIVO (continuación)	Ejercicio N	Ejercicio N-1
	III. Deudas con empresas del grupo y asociadas a corto plazo		
402,510,512,514, 516,551	1. Deudas con empresas del grupo		
403,511,513,515, 517,552	2. Deudas con empresas asociadas		
	IV. Acreedores comerciales		
437	1. Anticipos recibidos por pedidos		
400,(406),410,419	2. Deudas por compras o prestaciones de servicios		
401,411	3. Deudas representadas por efectos a pagar		
	V. Otras deudas no comerciales		
475,476,477,479	1. Administraciones públicas		
524	2. Deudas representadas por efectos a pagar		
509,521,523,525 527,553,555,556	3. Otras deudas		
465	4. Remuneraciones pendientes de pago		
560,561	5. Fianzas y depósitos recibidos a corto plazo		
499	VI. Provisiones para operaciones de tráfico		
485,585	VII. Ajustes por periodificación		
	TOTAL GENERAL (A+B+C+D+E)		

Puede simplificarse el esquema para sociedades medianas y pequeñas que no sobrepasen los límites de capital y cifras de negocio que en su caso se establezcan, pudiéndose utilizar en este caso los Modelos Abreviados tanto para el balance como para la cuenta de Pérdidas y ganancias.

MODELO ABREVIADO DE BALANCE			
Núm. de cuenta	**ACTIVO**	**Ejercicio N**	**Ejercicio N-1**
190,191,192,193 194,195,196	**A) Accionistas (socios) por desembolsos no exigidos**		
	B) Inmovilizado		
20	I. Gastos de establecimiento		
21,(281),(291)	II. Inmovilizaciones inmateriales		
22,23,(282),(292)	III. Inmovilizaciones materiales		
240,241,242,243, 244,245,246,247, 250,251,252,253,	IV. Inmovilizaciones financieras		

Núm. de cuenta	ACTIVO (continuación)	Ejercicio N	Ejercicio N-1
254,256,257,258, 26,(293),(294),(295), (296),(297),(298)			
198	V. Acciones propias		
27	C) Gastos a distribuir en varios ejercicios		
	D) Activo circulante		
558	I. Accionistas por desembolsos exigidos		
30,31,32,33,34 35,36,(39),407	II. Existencias		
430,431,432,433, 435,(436),44,460, 470,471,472,474, (490),(493),(494), 544,551,552,553,	III. Deudores		
43,540,541,542, 543,545,546,547, 548,(549),565,	IV. Inversiones financieras temporales		
	V. Acciones propias a corto plazo		
57	VI. Tesorería		
480,580	VII. Ajustes por periodificación		
	TOTAL GENERAL (A+B+C+D)		

Núm. de cuenta	PASIVO	Ejercicio N	Ejercicio N-1
	A) Fondos propios		
10	I. Capital suscrito		
110	II. Prima de emisión		
111	III. Reserva de revalorización		
112,113,114,115, 116,117,118	IV. Reservas		
120,(121),122	V. Resultados de ejercicios anteriores		
129	VI. Pérdidas y ganancias (beneficio o pérdida)		
(557)	VII. Dividendo a cuenta entregado en el ejercicio		
13	B) Ingresos a distribuir en varios ejercicios		
14	C) Provisiones para riesgos y gastos		
15,16,17,18 248,249,259	D) Acreedores a largo plazo		

Núm. de cuenta	PASIVO (continuación)	Ejercicio N	Ejercicio N-1
400,401,402,403, (406), 41, 437,465 475,476,477,479, 485,499,50,51,52, 551,552,553,555, 556,560,561,585	**E) Acreedores a corto plazo** **TOTAL GENERAL (A+B+C+D+E)**		

Estructura de la cuenta de Pérdidas y ganancias

La estructura de la cuenta de Pérdidas y ganancias se presenta en la forma adecuada para realizar el análisis de rentabilidades y para el cálculo de valor añadido que genera la empresa.

Las sociedades anónimas, las sociedades de responsabilidad limitada y las sociedades en comandita por acciones, se deben adaptar al **Modelo Normal**, que es el siguiente:

CUENTA DE PÉRDIDAS Y GANANCIAS			
Núm. de cuenta	**DEBE**	**Ejercicio N**	**Ejercicio N-1**
	A) GASTOS		
71	1. Reducción de existencias de productos terminados y en curso de fabricación		
600,(6080), (6090),610*	2. Aprovisionamientos: a) Consumo de mercaderías		
601,602,(6081), (6082),(6091), (6092),611*,612*	b) Consumo de materias primas y otras materias consumibles		
607	c) Otros gastos externos 3. Gastos de personal		
640,641	a) Sueldos, salarios y asimilados		
642,643,649	b) Cargas sociales		
68	4. Dotaciones para amortizaciones de inmovilizado 5. Variación de las provisiones de tráfico		
693, (793)	a) Variación de provisiones de existencias		
650,694,(794)	b) Variación de provisiones y pérdidas de créditos incobrables		
695,(795)	c) Variación de otras provisiones de tráfico 6. Otros gastos de explotación		
62	a) Servicios exteriores		

Núm. de cuenta	DEBE (continuación)	Ejercicio N	Ejercicio N-1
631, 634, (636) (639)	b) Tributos		
651,659	c) Otros gastos de gestión corriente		
690	d) Dotación fondo de reversión		
	I. BENEFICIOS DE EXPLOTACIÓN **(B1+B2+B3+B4-A1-A2-A3-A4-A5-A6)**		
	7. Gastos financieros y asimilados		
6610,6615,6620 6630,6640,6650	a) Por deudas con empresas del grupo		
6611,6616,6621, 6631,6641,6651	b) Por deudas con empresas asociadas		
6613,6618,6622 6623,6632,6633,6643, 6653,669,666,667	c) Por deudas con terceros y gastos asimilados d) Pérdidas de inversiones financieras		
6963,6965,6966, 697,698,699,(7963) (7965),(7966),(797), (798), (799)	8. Variación de las provisiones de inversiones financieras		
668	9. Diferencias negativas de cambio		
	II. RESULTADOS FINANCIEROS POSITIVOS **(B5+B6+B7+B8-A7-A8-A9)** **III. BENEFICIOS DE LAS ACTIVIDADES ORDINARIAS** **(AI+AII-BI-BII)**		
691,692,6960, 6961,(791),(792), (7960),(7961)	10. Variación de las provisiones de inmovilizado inmaterial, material y cartera de control		
670,671,672, 673	11. Pérdidas procedentes del inmovilizado inmaterial, material y cartera de control		
674	12. Pérdidas por operaciones con acciones propias y obligaciones propias		
678	13. Gastos extraordinarios		
679	14. Gastos y pérdidas de otros ejercicios		
	IV. RESULTADOS EXTRAORDINARIOS POSITIVOS **(B9+B10+B11+B12+B13-A10-A11-A12-A13-A14)** **V. BENEFICIOS ANTES DE IMPUESTOS** **(AIII+AIV-BIII-BIV)**		

Núm. de cuenta	DEBE (continuación)	Ejercicio N	Ejercicio N-1
630**,633,(638)	15. Impuesto sobre Sociedades 16. Otros impuestos **VI. RESULTADO DEL EJERCICIO (BENEFICIOS)** **(AV-A15-A16)**		

(*) Con signo positivo o negativo según su saldo
(**) Estas cuentas pueden tener saldo acreedor y, por tanto, la partida A15 puede tener saldo negativo

Núm. de cuenta	HABER	Ejercicio N	Ejercicio N-1
	B) INGRESOS 1. Importe neto de la cifra de negocios		
700,701,702,703, 704	a) Ventas		
705	b) Prestaciones de servicios		
(708),(709)	c) Devoluciones y «rappels» sobre ventas		
71,713	2. Aumento de las existencias de productos terminados y en curso de fabricación		
73	3. Trabajos efectuados por la empresa para el inmovilizado		
75	a) Ingresos accesorios y otros de gestión corriente		
74	b) Subvenciones		
790	c) Exceso de provisiones de riesgos y gastos		
	I. PÉRDIDAS DE EXPLOTACIÓN **(A1+A2+A3+A4+A5+A6-B1-B2-B3-B4)**		
	5. Ingresos de participaciones en capital		
7600	a) En empresas del grupo		
7601	b) En empresas asociadas		
7603	c) En empresas fuera del grupo		
	6. Ingresos de otros valores mobiliarios y de créditos del activo inmovilizado		
7610,7620	a) De empresas del grupo		
7611,7621	b) De empresas asociadas		
7613,7623	c) De empresas fuera del grupo		
	7. Otros intereses e ingresos asimilados		
7630,7650	a) De empresas del grupo		
7631,7651	b) De empresas asociadas		
7633,7635,769	c) Otros intereses		

Núm. de cuenta	HABER (continuación)	Ejercicio N	Ejercicio N-1
766	d) Beneficios en inversiones financieras temporales		
768	8. Diferencias positivas de cambio		
	II. RESULTADOS FINANCIEROS NEGATIVOS A7+A8+A9+A10-B5-B6-B7-B8)		
	III. PÉRDIDAS DE LAS ACTIVIDADES ORDINARIAS (BI+BII-AI-AII).		
770,771,772	9. Beneficios en enajenación de inmovilizado inmaterial, material y cartera de control		
774	10. Beneficios por operaciones con acciones y obligaciones propias		
775	11. Subvenciones de capital transferidas al resultado del ejercicio		
778	12. Ingresos extraordinarios		
779	13. Ingresos y beneficios de otros ejercicios		
	IV. RESULTADOS EXTRAORDINARIOS NEGATIVOS (A11+A12+A13+A14+A15-B9-B10-B11-B12-B13) V. PÉRDIDAS ANTES DE IMPUESTOS (BIII+BIV-AIII-AIV) VI. RESULTADO DEL EJERCICIO (PÉRDIDAS) (BV+A16+A17)		

CUENTA DE PÉRDIDAS Y GANANCIAS ABREVIADA			
Núm. de cuenta	**DEBE**	**Ejercicio N**	**Ejercicio N-1**
	A) GASTOS		
60,61*,71*	1. Consumos de explotación		
	2. Gastos de personal		
640,641	a) Sueldos , salarios y asimilados		
642,643,649	b) Cargas sociales		
68	3. Dotaciones para amortizaciones de inmovilizado		
650,693,694, 695 (793), (794), (795)	4. Variación de las provisiones de tráfico y pérdidas de créditos incobrables		
62,631,634, (636),(639),651, 659,690	5. Otros gastos de explotación		

Núm. de cuenta	DEBE (continuación)	Ejercicio N	Ejercicio N-1
	I. BENEFICIOS DE EXPLOTACIÓN (B1-A1-A2-A3-A4-A5).		
	6. Gastos financieros por deudas a largo plazo		
6610,6615,6620 6630,6640,6650	a) Deudas con empresas del grupo		
6611,6616,6621, 6631,6641,6651	b) Deudas con empresas asociadas		
6613,6618,6622 6623,6632,6633, 6643,6653,669	c) Por otras deudas		
666,667	d) Pérdidas de inversiones financieras		
6963,6965,6966 (7963),(7965),(7966) (797), (798),(799)	7. Variación de las provisiones de inversiones financieras		
668	8. Diferencias negativas de cambio		
	II. RESULTADOS FINANCIEROS POSITIVOS (B2+B3-A6-A7-A8)		
	III. BENEFICIOS DE LAS ACTIVIDADES ORDINARIAS (AI+AII-BI-BII)		
691,692,6960, 6961,(791), (792),(7960), (7961)	9. Variación de las provisiones del inmovilizado inmaterial, material y cartera de control		
670,671,672, 673	10. Pérdidas procedentes del inmovilizado inmaterial, material y cartera de control		
674	11. Pérdidas por operaciones con acciones y obligaciones propias		
678	12. Gastos extraordinarios		
679	13. Gastos y pérdidas de otros ejercicios		
	IV. RESULTADOS EXTRAORDINARIOS POSITIVOS (B4+B5+B6+B7+B8-A9-A10-A11-A12-A13)		
	V. BENEFICIOS ANTES DE IMPUESTOS (AIII+AIV-BIII-BIV)		
630**,633,(638)	14. Impuesto sobre sociedades 15. Otros impuestos		

Núm. de cuenta	DEBE (continuación)	Ejercicio N	Ejercicio N-1
	VI. RESULTADO DEL EJERCICIO (BENEFICIOS) **(AV-A14-A15)**		

(*) Con signo positivo o negativo, según su saldo.

(**) Esta cuenta puede tener saldo acreedor y, por tanto, la partida A14 puede tener signo negativo.

Núm. de cuenta	HABER	Ejercicio N	Ejercicio N-1

70
73,74,75,790
	B) INGRESOS
	1. Ingresos de explotación
	  a) Importe neto de la cifra de negocios
	  b) Otros ingresos de explotación		

	I. PÉRDIDAS DE EXPLOTACIÓN **(A1+A2+A3+A4+A5-B1)**		

7600,7610,
7620,7630,7650
7601,7611,
7621,7631,7651,
7603,7613,7623
7633,7653,769
766
768
	2. Ingresos financieros
	  a) En empresas del grupo
	
	  b) En empresas asociadas
	
	  c) Otros
	
	  d) Beneficios en inversiones financieras
	3. Diferencias positivas de cambio		

	II. RESULTADOS FINANCIEROS NEGATIVOS **(A6+A7+A8-B2-B3)** **III. PERDIDAS DE LAS ACTIVIDADES ORDINARIAS** **(BI+BII-AI-AII)**		
770,771,772 773 774 775 778 779	4. Beneficios en enajenación del inmovilizado inmaterial, material y cartera de control 5. Beneficios por operaciones con acciones y obligaciones propias 6. Subvenciones de capital transferidas al resultado del ejercicio 7. Ingresos extraordinarios 8. Ingresos y beneficios de otros ejercicios		
	IV. RESULTADOS EXTRAORDINARIOS NEGATIVOS **(A9+A10+A11+A12+A13-B4-B5-B6-B7-B8)**		

Núm. de cuenta	HABER (continuación)	Ejercicio N	Ejercicio N-1
	V. PÉRDIDAS ANTES DE IMPUESTOS (BIII+BIV-AIII-AIV) **VI. RESULTADO DEL EJERCICIO (PÉRDIDAS)** (BV+A14+A15)		

Con esta normalización a escala internacional se persigue facilitar la información económica derivada de la contabilidad, para que los balances y documentos complementarios sean más fácilmente entendidos por financieros e inversionistas de cualquier país, por aplicar las sociedades europeas unos mismos criterios en la preparación y presentación de los correspondientes informes contables.

Disposiciones particulares

En la Memoria deberá hacerse constar las excepciones que se produzcan, justificándolas adecuadamente. Está autorizada la revaloración de las partidas del balance motivadas por la inflación monetaria, sujetándose a las reglas particulares que cada Estado haya adoptado al respecto.

En todo caso, en la Memoria deberá explicarse el procedimiento de revalorización seguido y sus efectos sobre el patrimonio y los resultados; asimismo, se señalarán sus efectos fiscales.

Normas de valoración

Hemos de observar, no obstante, que por lo que hace referencia a los Gastos de establecimiento, Gastos de investigación y desarrollo y Fondo de comercio, se establece la norma de su amortización en cinco años y la prohibición de reparto de resultados mientras no se amorticen.

EJERCICIOS

1. Presentar con arreglo al esquema del art. 9º de la Cuarta Directriz de la CEE el balance de una sociedad anónima (en miles de u.m). Para cada cuenta se dan dos datos: el primero de fin de ejercicio; el segundo, del ejercicio anterior.

Empréstitos pendientes de amortizar 15.000-15.000; Edificios y construcciones 35.400-35.400; Maquinaria e instalaciones 24.150-18.650; Capital social 50.000-50.000; Elementos de transporte 5.220-4.130; Mobiliario y enseres 17.480-16.960; Bancos c/c. 6.000-8.141; Reservas legales 9.700-8.600; Reservas estatutarias 16.200-14.000; Caja 510-530; Deudas a n/cº a largo plazo 20.000-22.680; Créditos a n/f. a largo plazo 15.000-15.000; Accionistas pendientes de desembolso 0-5.000; Amortización acumulada de Inmovilizado material 25.618-20.530; Propiedad industrial 4.135-6.135; Reservas voluntarias 16.800-16.540; Proveedores 24.426-40.530; Débitos fiscales 4.120-3.312; Participaciones en empresas 10.000-20.620; Gastos de constitución 4.770-5.300; Acreedores varios 4.150-8.544; Beneficio del ejercicio 18.000-14.360; Existencias comerciales 32.150-28.770; Clientes 28.200-30.510; Efectos comerciales a cobrar 15.000-15.720; Créditos a n/f. a corto plazo 6.000-8.140.

2. Una sociedad anónima presenta los siguientes datos para establecer su cuenta de Resultados anual:

Cifra de negocios bruto 40.000; Abonos y bonificaciones en ésta 830.

Costes de producción: Costes de materiales 15.000; Costes de personal 5.000; Servicios exteriores 2.000; Amortizaciones 800; Otros costes 700.

Costes de distribución: Personal 2.000; Transportes 2.500; Otros costes de distribución 4.500; Gastos generales administrativos 6.000; Otros ingresos de explotación 1.800; Intereses percibidos 430; Intereses pagados 2.030; Impuesto sobre los resultados 150.

Sólo se mencionan los datos que afectan a la sociedad; pueden aparecer partidas del esquema sin cantidades, así como detalles de algunas partidas globalizadas en el esquema (p. ej., costes de producción). Al preparar estos esquemas hemos de pensar que pueden aparecer líneas del modelo sin cifra.

CAPÍTULO 6

Procedimientos de control interno y auditoría

Proceso de registro contable

La práctica de la contabilidad constituye un todo que enlaza los documentos con los balances, los hechos con las cuentas; por ello hay que estudiar la ligazón necesaria entre el hecho administrativo que queda reflejado en unos documentos del tráfico, con las anotaciones que dan lugar a las cuentas que se integran en el balance, suma y compendio del trabajo contable, que luego ha de completarse con el análisis de los datos y resultados. Esto es el proceso de registro contable, constituido por las sucesivas labores administrativas que requiere la contabilidad.

Aspectos analítico y sintético de la contabilidad

La contabilidad facilita datos para guiar la correcta gestión empresarial. Para ello no es suficiente la labor de síntesis que confluye en el balance, sino que debe completarse con una labor de análisis, desglosando y clasificando con arreglo a criterios adecuados las partidas de las cuentas, a efectos de poder estudiar con el detalle preciso las operaciones. La labor de síntesis está confiada a las cuentas y al balance. La de análisis, a los libros auxiliares y a las estadísticas, que se completan con informes críticos y estudios comparativos.

Finalidad de la contabilidad auxiliar

Hay varios criterios acerca de la finalidad de la contabilidad auxiliar. El antiguo suponía que el objetivo de la contabilidad era sólo presentar el balance a fin de cada ejercicio y conocer los deudores y acreedores, así como la situación patrimonial. Siguiendo este criterio los libros auxiliares son una preparación del Diario, recopilando los datos de las operaciones que luego pasan a constituir asientos en aquel libro principal. El criterio moderno reconoce, además, que todos los libros constituyen el conjunto unitario de la contabilidad; y así los libros y estados numéricos auxiliares cumplen varios objetivos, como son:

• Reunir los datos de operaciones homogéneas, para permitir luego por síntesis formular los asientos en los libros principales.
• Constituir por sí mismos instrumentos contables de análisis de los hechos registrados. Con este fin se les dota de un rayado adecuado para clasificar las cuentas con facilidad.

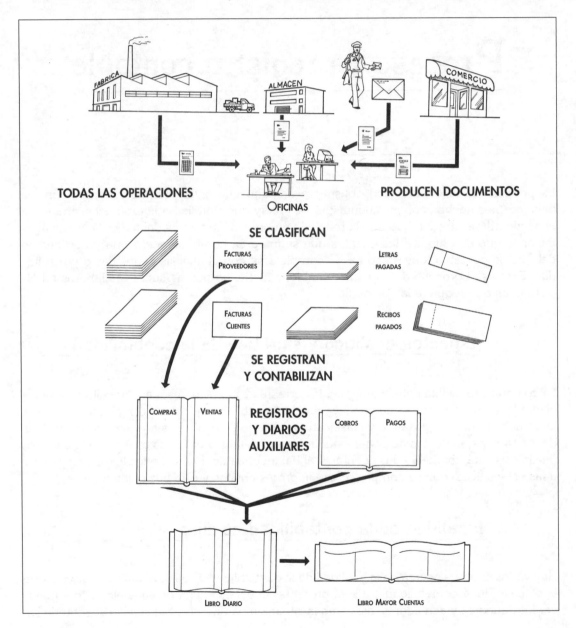

De esta forma es posible obtener la situación de la empresa y los resultados en el balance, y conocer las circunstancias de cada operación a través de libros registros y estadísticas auxiliares. Son dos aspectos de una misma labor necesarios para iluminar una correcta gestión empresarial y justificarla.

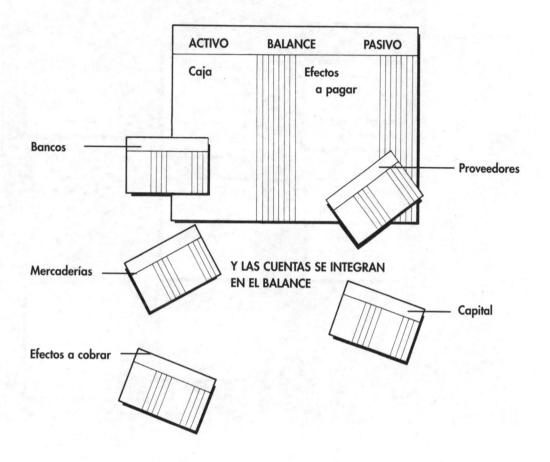

Los comprobantes

Los comprobantes son la base de toda anotación contable, dando origen a los asientos; su correcta ordenación es fundamental. En cada comprobante, normalmente, se inscribe un sello que permite al jefe de contabilidad ordenar su correcta contabilización.

Cuando se trata de comprobantes análogos, que se repiten continuamente, no es necesario el sello; se sustituye por las instrucciones contenidas en el Plan General de Contabilidad que prepara el técnico contable para cada empresa en particular, desarrollando y aplicando los principios generales del procedimiento contable.

Los comprobantes han de guardarse cuidadosamente archivados, para poder encontrarlos siempre que se desee o se necesite justificar una anotación contable.

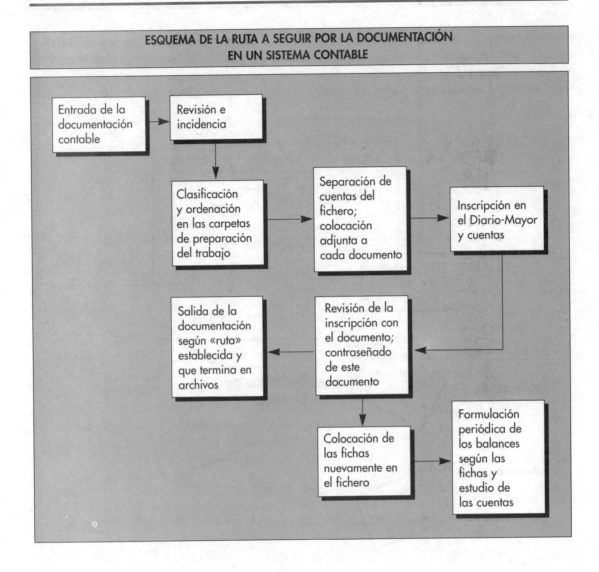

ESQUEMA DE LA RUTA A SEGUIR POR LA DOCUMENTACIÓN EN UN SISTEMA CONTABLE

- Entrada de la documentación contable
- Revisión e incidencia
- Clasificación y ordenación en las carpetas de preparación del trabajo
- Separación de cuentas del fichero; colocación adjunta a cada documento
- Inscripción en el Diario-Mayor y cuentas
- Salida de la documentación según «ruta» establecida y que termina en archivos
- Revisión de la inscripción con el documento; contraseñado de este documento
- Colocación de las fichas nuevamente en el fichero
- Formulación periódica de los balances según las fichas y estudio de las cuentas

La labor contable: fases

- Conocimiento de los hechos a contabilizar, que se obtiene a través de:
  - correspondencia del negocio;
  - documentación recibida, amparando operaciones;
  - copia de los documentos expedidos para igual caso;
  - contratos, escrituras y demás documentos concernientes a actos y convenios de la empresa;
  - información ocular de los empleados;
  - notas de orden interno y órdenes verbales.

  El principio general que debe aplicarse es que todo acto y hecho administrativo ha de quedar amparado y justificado por uno o más documentos; que en su defecto, la información personal y verbal ha de estar confrontada por más de un empleado y vertida en una nota de régimen interno.

La documentación producida, deberá ser recogida por la sección de contabilidad, o por las distintas secciones en que se divide la labor contable, para producir la fase siguiente.

• Registro y anotación ordenada de los hechos en los libros borradores, auxiliares y registros de la empresa, previa clasificación de los documentos.

Algunos documentos pueden dar lugar a una o más anotaciones; por ello es conveniente que estos documentos vayan sellados por un cajetín donde se señale, por persona competente, los registros o libros donde ha de ser anotado.

Los documentos han de seguir un curso normal administrativo, desde su ingreso en la empresa hasta su archivo, curso que se conoce con el nombre de «ruta», que ha de estar prevista en el plan de ordenación administrativa.

• Proceder a refundir las anotaciones procedentes de los apuntes auxiliares para dar lugar a los asientos del Diario. Este proceso es una labor preparatoria del Diario.

Procedimientos para la preparación de los asientos

Los procedimientos más utilizados son:

▪ **Por libros preparadores**

Se utilizan como tales los libros auxiliares y registros clasificados según la índole de las operaciones homogéneas que registran; pueden ser, entre otros los de Caja y Bancos, Compras, Ventas, Registro de efectos aceptados, Registro de giros negociados, donde se anotan las operaciones a medida que llegan los justificantes a la Sección de Contabilidad y un libro de Operaciones diversas como Borrador suplementario.

Si a estos libros auxiliares se les dota de adecuados rayados es factible reducir en gran medida la labor de formular los asientos, pues las operaciones que más se repiten quedarán anotadas en dichos auxiliares clasificando las cuentas afectadas, siendo posible la formulación de asientos resumidos por los totales de cada columna. Al pensar el rayado que se va a dar a estos auxiliares ha de procurarse que los datos aparezcan clasificados en columnas, correspondiendo cada una a un concepto general de cargo o abono. Por ejemplo: en el auxiliar de Compras no bastará con anotar el importe de ésta, sino que habrá que especificar el importe de la factura del proveedor, los gastos satisfechos por nuestra cuenta, separar los envases (si fueran recuperables, pues constituyen un depósito), etc. Datos parecidos hemos de considerar en Ventas.

BORRADOR DE VENTAS								
Fecha	Núm.	CLIENTE	Plaza	Importe total	Mercancías	Envases	Suplidos	DEVOLUCIONES

▪ Por minuta preparatoria

Independientemente de llevar los libros auxiliares que se consideren convenientes, el empleado que intervenga en una operación, al recoger el justificante de ésta, formula unos volantes de operaciones que se remiten al contable. Esos volantes llevan la anotación del día de la operación, y una reseña escueta de ella, al pie de la cual el contable cuida de anotar las cuentas afectadas y la cuantía de cada cargo y abono. A medida que realiza esta operación el contable clasifica los «partes de operaciones» con arreglo a un plan; por ejemplo, para un comercio podría ser Compras contado – Compras plazo – Ventas contado – Ventas plazo – Cobros clientes – Pagos proveedores – Pago de efectos – Cobro de efectos – Gastos, Varios.

Al final de cada sesión de trabajo resume en hojas sueltas, que pueden tener el mismo rayado que el Diario u otro especial, los datos de las distintas notas, formulando asientos compuestos que engloben las distintas operaciones de la misma especie efectuadas en una misma sesión laboral. Los partes de operaciones pueden sustituirse por los mismos documentos justificativos de la operación, con ventaja y ahorro de trabajo; en este caso, al recibirlos el contable, estampa en ellos un sello en tinta con las indicaciones de Cargo a ... importes; Abono ... a importes; número de asiento y fecha», o bien pega unos volantitos con las mismas indicaciones. Una vez formulado el asiento, el justificante sigue el curso que se le haya señalado hasta su archivo.

PARTE DE OPERACIONES

Minuta día ....

Cargos: Abonos:

Cuenta	Sub-cuenta	Contra-partida	Operación núm.	Impor-tes	Sumas por cuentas	Cuenta	Sub-cuenta	Contra-partida	Operación núm.	Impor-tes	Sumas por cuentas

Los partes de operaciones se reseñarán clasificados por cuentas y siguiendo siempre el mismo orden de cuentas.

Sección ....   Fecha ....

Operación:

Justificantes se acompañan: Signos de control:

Núm.

Cargar a: Abonar a:

Enlaces

Hay que considerar los enlaces que deben establecerse entre los distintos libros, a efectos de comprobación de las anotaciones y también para señalar el orden de operaciones. Para que aquella comprobación pueda ser eficaz debe procurarse que las anotaciones en cada libro no sean una mera copia de lo que en otros consta; por ello ha de aprovecharse en su grado máximo los documentos justificantes de las operaciones. Los Registros pueden servir para esta labor de comprobación si se tiene cuidado de buscar que los datos de sus columnas, representando movimientos u operaciones, coincidan con las sumas de alguna cuenta del Mayor o de los Auxiliares.

El Registro de Compras puede comprobarnos el Debe de Mercaderías; el de Ventas, el Haber; el Balance de **cuentas corrientes**, la cuenta del mismo nombre en el Mayor; el libro de Caja, la cuenta de este nombre, los Registros de efectos, las cuentas de los mismos; la libreta de gastos, la cuenta de gastos generales. Desarrollando la permanencia de inventario, el fichero de Almacén nos comprobará el saldo de la cuenta de **Mercaderías**.

Estas comprobaciones han de establecerse en el mayor grado posible para tener la certeza de no haber incurrido en errores al desarrollar la labor contable. No obstante, debe evitarse un trabajo de comprobación exhaustivo que no compense el resultado. En cada caso particular debe estudiarse el proceso operatorio del negocio y por ello aquí limitamos nuestra explicación a la enumeración de las posibilidades que existen.

La práctica del trabajo contable

Todos los procedimientos de organización contable se basan en análogos principios prácticos. Un proceso usual es el siguiente: deben analizarse las operaciones que la empresa efectúa, separando las típicas de las extraordinarias o atípicas, que es el nombre que les da la legislación fiscal. Las primeras dan lugar a trámite normalizado usual, en tanto que las segundas pueden ser objeto de análisis particular cada vez que se presenten.

Cada operación se refleja en unos documentos; unos proceden del exterior y otros se originan en la propia empresa. Para una misma operación pueden aparecer distintos documentos, que han de ser cotejados entre sí, determinando su validez para las anotaciones contables. Estos documentos han de ser clasificados, produciendo su registro en adecuados libros o relaciones, que pueden ser hojas sueltas o movibles, cuidando luego de su archivo. Estas anotaciones en registros y libros auxiliares se totalizan para luego derivar las anotaciones en los libros principales: Diario y Mayor.

En una empresa comercial, por ejemplo, podemos encontrar las operaciones típicas con su desarrollo esquemático que muestra el cuadro de la página siguiente.

Todos los cobros que se efectúan de clientes y los pagos a proveedores, como los efectuados a otras personas con cuenta abierta, han de ser pasados también a las respectivas cuentas. Las notas anteriores son básicas, debiendo el contable adaptarlas a las necesidades de cada empresa en particular.

Operación		Documento y trámite
Compras	Al contado	La factura de los géneros ha de ser conformada por el encargado de recibir los artículos. Se anota en el registro de Compras y en el libro de Caja.
	A crédito	Se conforma como en el caso anterior. Se anota en el registro de Compras y en la c/c. del Proveedor. Ambos supuestos producen anotación en las fichas de existencias.
Devoluciones		Trámite análogo, pero en sentido inverso.
Ventas	Al contado en tiendas	Los volantes de los dependientes se han de totalizar diariamente. Inscripciones en el libro de Caja por contados. Baja en los ficheros de Existencias. Registro globalizado de Ventas al contado.
	Al contado con factura	Es análogo, pero el registro de Ventas al contado puede individualizarse anotando cada factura según sus copias o por las matrices de talonarios. Deben cotejarse las facturas con los recibos extendidos para su cobro, cuando no se incluya el recibí en la propia factura.
	A crédito	Las facturas producidas, además de registrarse, han de producir anotación en la c/c. del cliente. Deben darse de baja los artículos salidos de las fichas de Existencias. Los albaranes de salida conformados han de ser origen de las facturas.
	Devoluciones y bonificaciones en ventas	Análogo, pero inverso al núm. 3.
	Cobro	El documento de cobro ha de ser extendido por persona independiente del cajero. Debe comprobarse el registro de documentos extendidos con las anotaciones producidas en el libro de Caja. Mediante columnado múltiple se tendrá un desglose de cobros, origen del asiento del Diario.
	Pagos	Todos los pagos han de venir justificados por un comprobante adecuado, que habrá de ser antes visado por el jefe de contabilidad, gerente o persona delegada por ellos. Las anotaciones del libro de Caja realizadas a la vista del documento, adecuadamente desglosadas, son origen del asiento de Diario.
	Bancos	Las notas de cargo y abono que nos envían, junto con las matrices de talones extendidos, son origen de las anotaciones en las c/c. de Bancos, que pueden presentar un desarrollo análogo al libro de Caja.

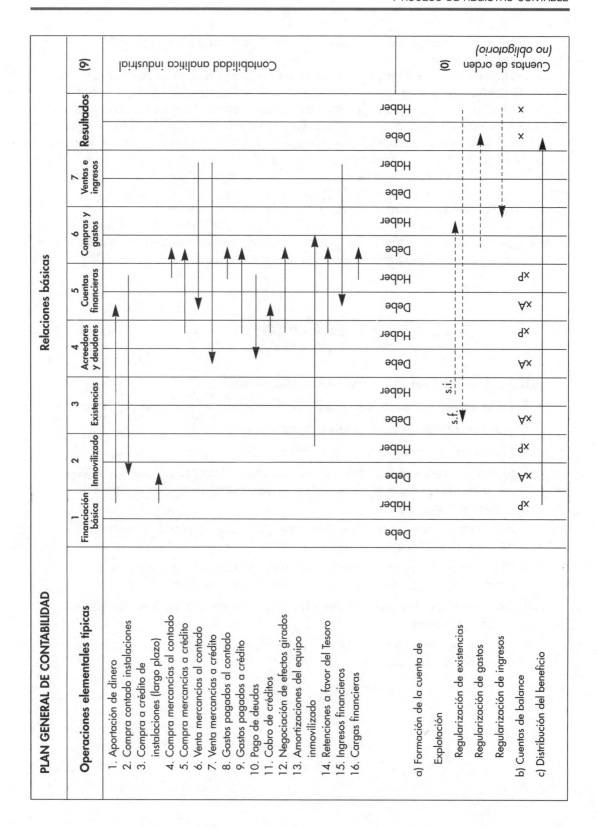

Presentamos a continuación el esquema básico de cargos y abonos en el PGC, para las operaciones más usuales.

Las flechas indican el asiento típico que se ha de formular para cada operación; el origen de la flecha indica el grupo a que corresponde la cuenta que ha de ser abonada; la punta, la que ha de ser cargada. Se dice también que indican **origen** y **destino** del movimiento financiero-patrimonial determinado en cada operación. Por ejemplo, la operación 5, que es una compra a crédito; ha de abonarse al grupo 4 (Acreedores, deudores por operaciones de tráfico) y en concreto a la cuenta (400) **Proveedores**, y ha de ser cargada la cuenta (600) **Compras** del grupo 6. Cuando se pague (operación 10), deberá cargarse la (400) **Proveedores**, que es del grupo 4, para abonarse a la (570) **Caja** del subgrupo (57) **Tesorería,** que pertenece al grupo (5) **Cuentas financieras**.

El esquema sirve para recordar los grupos fundamentales afectados por una determinada operación; una vez conocido el grupo, se examina el detalle de las cuentas de éste para hallar la adecuada para reflejar una operación concreta.

EJERCICIOS

1. ¿Qué se entiende por «Ruta» de los documentos?

2. En la moderna contabilidad, ¿qué objetivos cumplen los libros auxiliares?

3. ¿Cuáles son las fases de la labor contable?

4. ¿Para qué sirven los libros preparadores?

5. Si una empresa comercial efectúa una compra al contado, ¿qué documentos debe tener y qué trámite deben seguir éstos, para que la operación quede bien anotada?

6. Indique qué documentos se deben extender y qué trámite deben seguir los mismos, si se efectúa una venta a crédito.

7. El Registro de Compras puede comprobar el Debe de la cuenta. Y el Registro de Ventas puede comprobar el Haber ¿de qué cuenta?

8. ¿Mediante qué documentos tomamos conocimiento de los hechos que se deben contabilizar?

9. Indique qué datos deberían figurar en el libro auxiliar de Ventas, al efectuar una venta de mercaderías.

Organigramas y diagramas

Entre los diversos instrumentos auxiliares con que cuenta el cuadro directivo para organizar una empresa, destacan por su importancia práctica, por un lado, los **organigramas**, como medios de representación de la estructura empresarial, y, de otro, los **diagramas** de proceso que representan las diversas operaciones que intervienen en una tarea. El **organigrama** es un gráfico estático que representa bajo forma de documento de conjunto la estructura de la empresa, o de una parte de la misma. El **diagrama** es un gráfico dinámico que representa las diversas operaciones que intervienen en una tarea.

El organigrama permite ver las distintas relaciones, dependencias y conexiones que pueden existir entre los departamentos y servicios; en cierto modo puede considerarse una fotografía instantánea, ya que sólo refleja la estructura de la organización formal en un momento determinado. Un organigrama que no esté puesto al día no tiene valor. El organigrama es una representación estática de la empresa; el diagrama trata de reflejar las relaciones dinámicas de la misma.

Organigrama funcional de la empresa

El organigrama funcional es aquel que recoge todas las diversas funciones que pueden darse dentro de una empresa. En la preparación de los organigramas deben seguirse ciertas normas para asegurar la uniformidad de su presentación y evitar el confusionismo en su interpretación. Más adelante daremos las oportunas nociones para poder prepararlos.

En las páginas siguientes se muestran algunos ejemplos de organigramas funcionales.

Explicación de los organigramas

Cada uno de los espacios acotados, círculos y rectángulos indican la existencia de una sección o departamento de la empresa. Las líneas que los unen señalan relaciones de

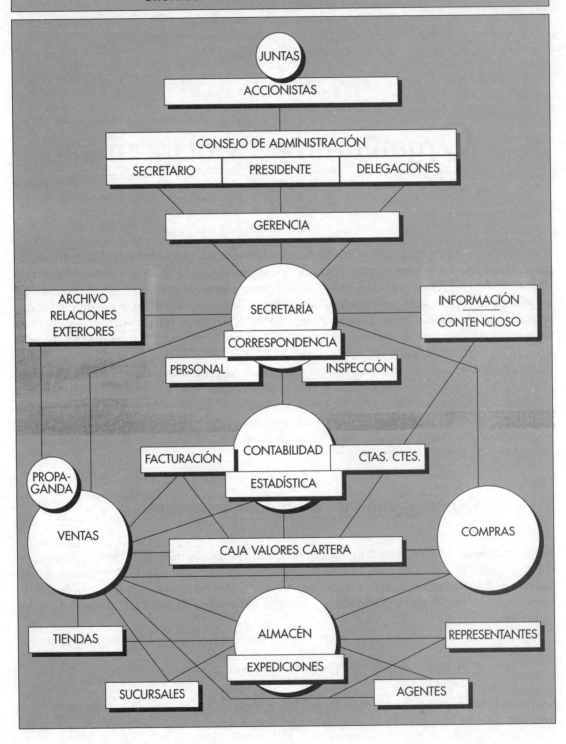

ORGANIGRAMA TIPO A
ORGANIGRAMA DE UNA EMPRESA COMERCIAL

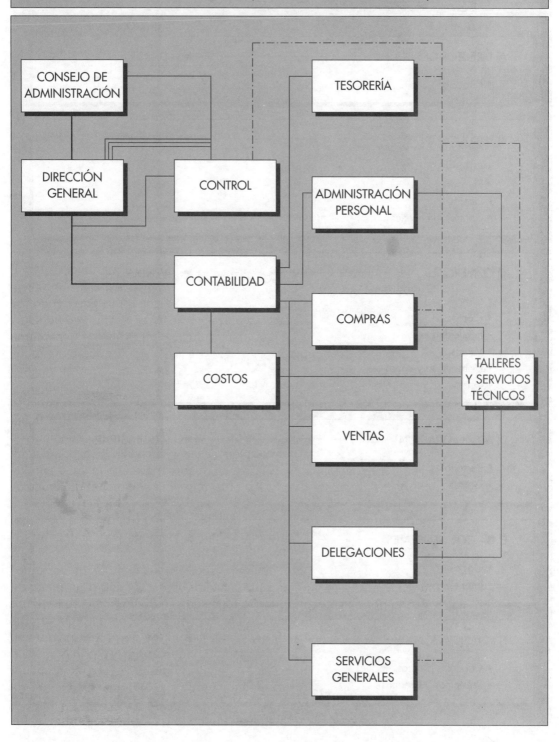

ORGANIGRAMA TIPO B
UN ORGANIGRAMA (A EFECTOS ADMINISTRATIVOS)

CONSEJO DE ADMINISTRACIÓN

TESORERÍA

DIRECCIÓN GENERAL

CONTROL

ADMINISTRACIÓN PERSONAL

CONTABILIDAD

COMPRAS

COSTOS

TALLERES Y SERVICIOS TÉCNICOS

VENTAS

DELEGACIONES

SERVICIOS GENERALES

ORGANIGRAMA TIPO C
EJEMPLO DE UNA ORGANIZACIÓN FUNCIONAL

DEPARTAMENTO	FUNCIÓN PROPIA

A) DIRECTOR GENERAL ⟶ DIRIGIR

- Dirección

B) PRODUCCIÓN ⟶ PRODUCIR

- Dirección
- Personal
- Gastos
- Control Almacenes

C) COMERCIAL ⟶ VENDER

- Dirección
- Promoción
- Publicidad
- Ventas
- Distribución y cobro
- Gastos

D) ADMINISTRACIÓN ⟶ ADMINISTRAR

- Personal
- Gastos

E) GASTOS GENERALES ⟶ SERVIR

- Gastos
- Impuestos y Arbitrios

F) FINANCIACIÓN ⟶ DOTAR DE CAPITALES Y CRÉDITO

- Capitales propios
- Préstamos y Créditos

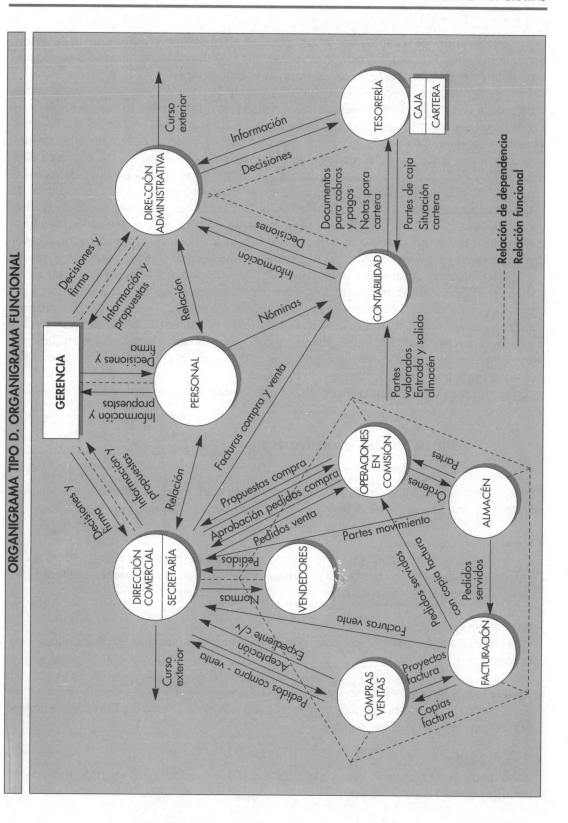

ORGANIGRAMA TIPO D. ORGANIGRAMA FUNCIONAL

dependencia entre los distintos departamentos. El ejemplo que presentamos está extraído de la realidad de una determinada empresa, pero puede no ser adaptable a otras, porque cada empresa se caracteriza por su propia organización.

El organigrama ha de completarse con un manual de instrucciones en el cual se explicará a cada uno de los departamentos qué actividad va a desarrollar y las relaciones entre los distintos departamentos, así como sus enlaces; esto es materia propia de una especialización en organización comercial, por lo que sólo daremos ligeras nociones de la cuestión presentando distintos ejemplos de organigrama, cada uno de ellos de una empresa diferente dentro de lo que pudiéramos ofrecer. El lector ha de sacar sus propias ideas; así el organigrama tipo A es mucho más complejo que el organigrama tipo B; este último es esquemáticamente el de una empresa industrial, en tanto que el tipo A es una empresa comercial más complicada. El tipo C presenta, de otra forma, una organización, señalando fundamentalmente cuál es la misión de cada uno de los departamentos creados. El cuadro tipo D es un organigrama funcional, pero al mismo tiempo constituye un diagrama.

Establece los departamentos principales de una empresa comercial en la cual se da particular importancia al desarrollo de la dirección comercial. Las líneas puntilladas indican relación de dependencia entre los distintos departamentos, en tanto que los trazos seguidos expresan la distinta documentación a través de la cual se ponen en relación los distintos departamentos. Hemos de volver a indicar que con los diagramas y ejemplos que presentamos sólo queremos dar una pequeña orientación sobre esta interesante materia que es la organización particular de una empresa.

Cada empresa, como hemos dicho ya, se caracteriza por su organización propia.

Objetivos del organigrama

El organigrama tiene una finalidad informativa: permitir conocer cuál es la estructura orgánica de una entidad; este propósito informativo permite alcanzar diversos fines:

- **Para el personal directivo**
  Es un medio que facilita el conocimiento de su campo de acción y de los cauces a través de los cuales tienen que desarrollarse sus relaciones con las restantes unidades que integran la respectiva organización.

- **Para el personal de la empresa**
  Es el medio que les permite de forma sencilla conocer su posición relativa dentro de la organización.

- **Para los especialistas en organización y métodos**
  Es el punto de partida para conocer la estructura actual de la empresa, y todas las cuestiones que dicha estructura plantea.

- **Para el público**
  Es el medio más adecuado para tener una visión de conjunto de la estructura del organismo o entidad de que se trate.

Requisitos del organigrama

Para que el organigrama cumpla su fin informativo debe reunir las condiciones de:

- **Exactitud**. Reflejar verazmente la estructura de la organización.
- **Realidad**. Que represente la estructura jerárquica de la entidad en el presente.
- **Comprensibilidad**. Que la representación gráfica pueda entenderse por las personas a las que con ella se trata de informar.
- **Sencillez**. El gráfico debe estar integrado únicamente por los elementos indispensables para facilitar la información que se pretende.

Ventajas del organigrama

- Conocimiento de la estructura de la empresa.
- Posibilidad de revisión de los puestos de trabajo cuando sea conveniente.
- Estudio de las anomalías detectadas en el funcionamiento de una empresa.
- Posibilidad de trazar un plan de reforma de esas anomalías con una visión de conjunto de toda la actividad empresarial.

Dificultades del organigrama

- **Inexactitud**

Es decir, que el organigrama presente la estructura de la empresa no como es, sino como debería ser, con lo cual su utilización es nula. Si presentamos el organigrama como debería ser es para establecer luego las correspondientes reformas y hacer que la realidad se adapte a lo mejor; ahora bien, si descubrimos que el organigrama es falso, pero la realidad funciona bien, entonces será preferible cambiar el organigrama.

- **Confusionismo**

Es decir, que la expresión gráfica sea tan compleja que impida su comprensión, con lo cual pierde toda su eficacia como documento informativo. Para evitar esto se ha de aplicar la regla de Descartes para atacar los problemas complejos estudiando sus partes componentes, es decir, buscar los elementos componentes y establecer organigramas parciales de cada una de las partes.

El diagrama del proceso

Es la representación gráfica y ordenada de todas las operaciones de una tarea, constituyendo una panorámica general de todo un proceso administrativo. Para la construcción del diagrama se usan unos símbolos que representan a los datos sujetos a estudio y proporcionan además un medio para hacer más fácilmente clasificaciones uniformes. Aunque no existe un total acuerdo sobre los símbolos más corrientes, a continuación presentamos los más utilizados y su significación:

Operación
Se realiza una operación cuando se modifica intencionadamente un objeto en sus características físicas o químicas o cuando se prepara para otra operación, inspección o almacenamiento. La operación también tiene lugar cuando se recibe o da información o cuando se hace un trabajo de planificación o cálculo.

Almacenamiento (Archivo)
Esta operación se produce siempre que es preciso conservar un documento, carta, impreso, etc. sin que pueda retirarse a menos que haya autorización para ello. También puede utilizarse este símbolo para poder apreciar cuándo una actividad o parte de un procedimiento caen fuera de perspectiva de la investigación inmediata. Este símbolo se modifica en ocasiones para indicar la forma en que está almacenado el objeto.

Almacenaje temporal

Destruido

Transporte
El transporte tiene lugar cuando un objeto se traslada de un sitio a otro, excepto en el caso de que dicho movimiento sea causado por la operación que se realiza, o por el empleado en su propio puesto de trabajo al ejecutarla.

Inspección
La inspección tiene lugar cuando se examina, verifica o mide el objeto en cuestión, comprobando, por ejemplo, si el documento está completo.

Demora
Se produce cuando las condiciones de la tarea no permiten pasar a la fase siguiente, como, por ejemplo, sucede cuando varias cartas están a la espera de firma.

Actividad al margen de estudio
Esta actividad puede ser una operación, un transporte, una inspección, una demora, un almacenamiento o un conjunto de las anteriores, que la persona que realiza el estudio no considera necesario ni práctico hacer en aquel momento.

DIAGRAMA DEL PROCESO

RESUMEN

	Actual		Propuesta		Diferencia	
	Nº	Tiempo	Nº	Tiempo	Nº	Tiempo
◯ Operaciones						
⇨ Transportes						
☐ Inspecciones						
◗ Demoras						
▽ Almacenamientos						
Distancia recorrida						

TAREA

☐ Empleado.

☒ Material solicitado.

El diagrama empieza en la mesa de A.

El diagrama termina en el cesto de papeles de salida.

Realizado por _____
_____

Fecha _____

Distancia en m	Tiempo en min	Operación	Transporte	Demora	Inspección	Almacenamiento	Método actual o propuesto
		◯	⇨	◗	☐	▽	
		◯	⇨	◗	☐	▽	
		◯	⇨	◗	☐	▽	
		◯	⇨	◗	☐	▽	
		◯	⇨	◗	☐	▽	
		◯	⇨	◗	☐	▽	
		◯	⇨	◗	☐	▽	
		◯	⇨	◗	☐	▽	
		◯	⇨	◗	☐	▽	
		◯	⇨	◗	☐	▽	
		◯	⇨	◗	☐	▽	
		◯	⇨	◗	☐	▽	
		◯	⇨	◗	☐	▽	

Explicación de la hoja diagrama del proceso

Esta hoja sirve para el análisis de un proceso determinado. Cada una de las tareas elementales que lo constituyen se expresa en la columna «método actual o propuesto», como veremos en los diagramas que presentaremos en otras unidades; los círculos correspondientes a la clase de operación se unen con una línea continua; entonces se ve si son operaciones a realizar con algo o se trata simplemente de transporte, de una espera o de una inspección.

Clases de diagramas

Los gráficos y diagramas son instrumentos de análisis del trabajo, utilizados para presentar información de una manera ordenada.

- **Gráfico de distribución del trabajo**
  Expone quién realiza las cosas. La información para un gráfico de distribución del trabajo proviene de listas de actividad o de gráficos horarios laborales de varias clases.

- **Diagrama de trabajo individual**
  Muestra las actividades sucesivas de una persona.

- **Diagrama de trámite**;
  Muestra las etapas sucesivas dentro del mismo.

- **Diagrama de orden operativo**
  Muestra la secuencia de todas las operaciones, traslados, retrasos, inspecciones y clasificación de un proceso.

- **Diagrama de procedimiento de operaciones e inspecciones**
  Registra solamente éstas.

- **Gráfico específico**
  Muestra detalladamente un ciclo completo o los pormenores de una actividad representada por un símbolo en el diagrama de orden de operaciones.

- **Diagrama de procedimiento para operario de máquina**
  Une las actividades de ambos.

- **Diagrama de distribución de impresos**
  Muestra el camino que siguen las múltiples copias que puede tener un impreso. Además destaca el empleo que se les da a los diversos modelos.

Aunque el tema es altamente interesante, no podemos entrar en más detalles dada la finalidad de la presente obra. El estudio completo de gráficos y diagramas corresponde a un curso de especialización en organización de empresas.

EJERCICIOS

1. ¿Qué es un diagrama?

2. Formule un organigrama funcional de una empresa cualquiera o de una parte de la misma.

3. ¿Cuáles son los requisitos que debe reunir un organigrama?

4. Indicar qué significan los siguientes símbolos: $\bigcirc \Rightarrow \triangle \triangledown \bigcirc$

5. ¿Cuál es la misión de un diagrama de orden operativo?

6. El organigrama que presenta el gerente de una empresa data de hace seis años atrás; durante este tiempo la estructura jerárquica de la empresa ha sufrido dos modificaciones. ¿Qué requisito no cumple dicho organigrama?

7. Diferencia entre organigrama y diagrama.

8. ¿Qué es un diagrama del trabajo individual?. Coja una hoja de papel. En su margen izquierdo, dedique una columna a las horas del día, dividiéndolas en períodos de 15 minutos. Durante un día, desde que se levante hasta que se acueste, vaya registrando sus diversas actividades. Habrá formulado su diagrama personal de actividad diaria de un día determinado. Claro que este diagrama quizá no tenga para usted ninguna importancia, pero lo que podemos hacer es mejorarlo, para lo cual estableceremos el diagrama de su actividad profesional o estudiantil. Para ello puede dividir la hoja en períodos de quince minutos y registrar lo que hace usted durante el día a medida que lo va efectuando.

9. El lector a través de su propio trabajo o por sus relaciones familiares estará en contacto con alguna empresa o con una sección de una empresa. Si se lo permiten, podría estudiar cómo está organizada la empresa y tratar de plasmar en una hoja de papel, como figura en el ejemplo A), los distintos departamentos de la empresa marcando la relación entre ellos. Si esto le resulta imposible de realizar trate de hacer lo siguiente: fíjese en el diagrama A) y formule otro similar simplificando aquellos departamentos que considera no son absolutamente imprescindibles, en el supuesto de que sea una empresa más sencilla.

La organización contable

La organización contable estudia los métodos y procedimientos aplicables a las funciones de registro de la administración empresarial, para poder conseguir los fines por ella perseguidos. Su ámbito de acción no se limita a la sección de Contabilidad, sino que se extiende a todas las secciones de una empresa, encauzando desde sus orígenes los datos y documentos que luego han de servir para formular las anotaciones en los libros y registros contables. En todas las secciones interviene en aquello que afecta o puede afectar a la función de registro que específicamente corresponde a la Contabilidad. Quedan como campo propio de la organización comercial, financiera, de ventas, etc. los demás aspectos. Por ejemplo, en la sección de Compras la organización contable atenderá al registro de las compras efectuadas a los proveedores; en la sección de Almacén se preocupará de tomar nota de las existencias, etcétera.

Elementos de la organización contable

El elemento personal está representado por el jefe de contabilidad, los contables y los auxiliares. La aplicación de una organización requiere como base la selección del personal, que ha de realizarse buscando para cada misión a la persona que reúna las mejores condiciones relativas para cumplirla y facilitando los medios para que perfeccione su labor, capacitándole y simplificando ésta al máximo, para que resulte lo más sencilla posible.

El elemento material está constituido por el conjunto de instrumentos contables, que son:

- los documentos y justificantes de operaciones;
- los registros y estados auxiliares;
- los libros de contabilidad;
- las máquinas, muebles y utensilios que coadyuvan en la labor contable;
- las cuentas, inventarios y balances;
- los comentarios, memorias, informes y estudios aclaratorios de los datos contables;

El elemento formal está constituido por la norma que expresa las relaciones entre los elementos personales y materiales.

Al planear una organización contable se habrá de señalar:

- instrumentos materiales a utilizar;
- personal y su función individual;
- normas de actuación.

Fases preparatorias para la realización del plan contable

La creación o modificación de una organización contable requiere una serie de estudios:

- Estudio del negocio en sus aspectos:
  - jurídico;
  - técnico;
  - comercial;
  - financiero;
  - fiscal;
  - personal.
- Establecimiento del plan contable, señalando:
  - división de secciones;
  - operaciones de cada una;
  - determinación de los documentos y justificantes contables que se originan y trámite de los mismos;
  - fijación de los registros, libros auxiliares y demás instrumentos contables a utilizar;
  - establecimiento del plan de cuentas, señalando motivos de cargo y abono, coordinación y enlaces entre ellas;
  - ordenación de la marcha de la contabilidad y distribución del trabajo;
  - determinación de medios de control;
  - forma de determinación de resultados y presentación de los estados de situación;
  - elementos de orientación y análisis: estadísticas, gráficos, estados contables e informes que deben suministrarse a la dirección, a distintas secciones, a los accionistas, al público, etcétera.

Criterios generales para organizar la contabilidad de una empresa

- **Criterio de concentración**

  En la sección de Contabilidad se concentran todos los registros auxiliares, cuentas y estados correspondientes a todas las operaciones de la empresa. Esta sección de Contabilidad puede presentar la estructura llamada vertical o bien la llamada ramificada. Se dice que existe una estructura vertical de la contabilidad cuando hay un libro Diario único que comprende todas las operaciones de la empresa. Hablamos de estructura ramificada cuando en cada una de las secciones de la empresa hay un registro o diario auxiliar donde se anotan las operaciones y los resúmenes de estos diarios auxiliares o registros de cada sección; son los que luego se centralizan en el Diario central.

- **Criterio de personificación de funciones**

La descentralización administrativa lleva a considerar a cada sección o departamento de la empresa como una persona diferente del resto de secciones o departamentos. Cada sección está encargada de la parte de valores patrimoniales que le afectan, cuidando la Contabilidad central únicamente de llevar cuentas a las distintas secciones. Cada sección lleva su propia contabilidad, clasificando los valores recibidos y las operaciones en tantas cuentas como sean necesarias, cuyo desarrollo se lleva en un Mayor, en el cual aparece siempre una cuenta o varias de «coordinación» (estas cuentas tienen en la práctica títulos adecuados a sus funciones específicas) representando la parte del patrimonio asignado al resto de las secciones.

El departamento de Almacén, por ejemplo, llevará únicamente cuenta de existencias, o de existencias y resultados si lleva la permanencia de inventario. Las operaciones en que interviene serán Compras y Ventas; las compras ocasionarán los cargos a las cuentas que representan las entradas de mercaderías, con abono a Coordinación.

Las ventas serán cargadas a Coordinación y abonadas a la cuenta de Ventas que indica la salida de mercaderías.

Cada departamento lleva su contabilidad independientemente y formará igualmente sus balances. La situación general de la empresa quedará reflejada por la unión de todos los balances parciales; las cuentas de Coordinación desaparecerán cuando se verifique la fusión de balances, pues aparecerán saldadas.

- **Criterio de centralización**

Se basa en que cada sección de la empresa tiene necesidad de llevar sus propios registros e iniciar la labor contable. Cada sección, al mismo tiempo que crea los comprobantes de operaciones, cuida de anotar en libros y registros adecuados los datos cuyos resúmenes pasan diariamente a la sección de Contabilidad, para cuidar de centralizarlos en los libros principales. La centralización presenta dos variantes, según como se organice el movimiento de documentación: el procedimiento de cúspide y el sistema de paralelas. En el **procedimiento de cúspide**, cada sección remite los justificantes de las operaciones en que ha intervenido Contabilidad, la cual cuida de comprobar si están de acuerdo con los resúmenes que la misma sección le ha remitido, y cuando afectan a otra sección los traspasa para que tomen conocimiento.

Por el **sistema de paralelas**, cada una de las secciones que están interesadas en una operación se ponen directamente en contacto transfiriéndose los justificantes, y Contabilidad recibe simultáneamente anotaciones concordantes de las distintas secciones.

Así, por ejemplo, en una venta al contado, almacén pasará directamente a caja la nota de salida, para que se haga el ingreso, previo a la entrega de la mercancía. Almacén, en su hoja de operaciones, hará constar la venta. Caja, a su vez, hará constar el cobro procedente de la venta al contado, limitándose Contabilidad a comprobar las relaciones de una sección con otra y su concordancia.

La descentralización adquiere su máxima intensidad en el procedimiento titulado de Diarios múltiples, en el que incluso el Diario aparece descentralizado, cuidando cada

Sección de registrar en la parte de Diario que le corresponde las operaciones y figurando sólo en un Diario central un resumen periódico esquemático, para poder reflejar la situación de cuentas en el Mayor. En otro capítulo hablaremos nuevamente del tema y de los avances de la mecanización contable y la aplicación de computadores.

Justificantes

Todos los movimientos de valores han de quedar justificados para poder ser objeto de normal contabilización. Los justificantes son los documentos que amparan y dan razón de los hechos administrativos, sirviendo de descargo a los consignatarios y agentes por las operaciones en que han intervenido, entregando o recibiendo valores patrimoniales, contrayendo obligaciones, cancelando derechos. El principio general es que ningún agente puede justificar por sí mismo sus propios actos, y que todo acto administrativo ha de quedar amparado por justificante adecuado que garantice la legalidad del mismo. Así pues, hay que señalar siempre, qué justificantes son suficientes y requisitos de los mismos, como medida indispensable para poder controlar, verificar y censurar las operaciones efectuadas.

Verificación y censura

Establecer un plan orgánico de actuación administrativa supone como último escalón señalar cuándo, cómo y quién ha de comprobar la buena aplicación del mismo.

La mejor maquinaria necesita de vez en cuando ajustes y reparaciones; la maquinaria administrativa no puede ser una excepción. En todo plan orgánico pueden aparecer fallos, debidos al personal o a los medios de que dispone, que han de ser puestos al descubierto para solventarlos, exigiendo el cumplimiento de la norma si ésta se considera acertada y falla el personal o modificando aquélla, según la experiencia de éste, si se considera oportuno. El control, insistimos, que es censura y verificación, comprobación e intervención, tiene como finalidad precisar las responsabilidades de los diferentes servicios y obligar al cumplimiento de la norma administrativa, recogiendo experiencia para ir modificándola y adaptándola a las necesidades de la empresa en su evolución funcional.

Forma práctica de organizar la contabilidad de una empresa

Después del estudio del negocio en todos sus diferentes aspectos, debe formularse el plan a seguir, redactándolo con estilo sencillo y claro, pero con todos los detalles necesarios para que pueda ser asimilado por las personas que deben aplicarlo.

Se empezará por hacer un breve preámbulo acerca del método general que vaya a aplicarse y sus ventajas, y cómo se eluden los inconvenientes; seguidamente se expondrán las operaciones a contabilizar dividiéndolas por secciones y fases, explicando para cada una las particularidades más interesantes.

A continuación se expondrán las normas de actuación de cada sección, documentos que originan, marcha rotatoria de los mismos, registros a establecer, con los modelos oportunos de cada uno. Seguirá la organización de la Contabilidad principal, con cuadro de cuentas, de diagramas de coordinación, libros a utilizar y forma de realizar las anotaciones normales, con ejemplos.

Luego se explicarán los mecanismos comprobatorios implantados y el modo de proceder en la liquidación del ejercicio, indicando llanamente cómo se determinan los resultados, la formación de la cuenta de Pérdidas y ganancias, del balance de situación final y demás estados financieros. Conviene añadir un estudio fiscal, señalando las obligaciones de esa índole de la empresa y la forma de cumplir con ellas.

Se especificará, además, la distribución del trabajo contable entre el personal de la sección de Contabilidad y el orden en que deben efectuarse los distintos trabajos de la misma. El Plan debe quedar sujeto a posibles objeciones, que deben concretarse por escrito por parte del personal afectado. Recogidas todas las objeciones presentadas y réplicas, se formulará definitivamente el Plan, señalando el modo y forma de su aplicación práctica.

Contabilidad por áreas de responsabilidad

Entre las muchas técnicas puestas en práctica recientemente en los países económicamente más adelantados, destaca en el campo contable el análisis por áreas de responsabilidad.

La idea motriz de esta técnica es muy simple. El balance general presenta en conjunto la situación patrimonial: la cuenta de Pérdidas y ganancias refleja globalmente los resultados de un período y, dentro de ella, la cuenta de Explotación los correspondientes a la actividad normal o típica de la empresa. Uno y otro documento se encuadran dentro del concepto de control general de la actividad empresarial, señalando en qué medida se cumplen sus objetivos, también generales, de conservar el patrimonio, mantener un equilibrio financiero-patrimonial y alcanzar unos resultados halagüeños. Ahora bien, podemos establecer objetivos concretos, delimitados, y cada uno de estos objetivos determinará un área de responsabilidad de gestión. Cada área de éstas se considera contablemente como si fuese una unidad independiente y se organiza la contabilidad para ofrecer analíticamente los datos correspondientes a cada área, departamento, unidad de producción o sección de la empresa. Se trata, resumiendo, de desglosar el balance general en tantos balances parciales como áreas o departamentos se establezcan; se trata también de presentar tantas cuentas de Explotación y de Pérdidas y ganancias como áreas establecidas haya, de modo que los dirigentes de cada departamento se responsabilicen de una gestión determinada.

Supongamos que la empresa XX establece tres departamentos de gestión cuya eficacia ha de ser controlada independientemente. El PGC nos presenta cargos y abonos a cuentas generales que confluyen, como sabemos, en el balance general y en la cuenta de Explotación. ¿Cómo podemos establecer varias cuentas de Explotación? Sencillamente, clasificando en origen los datos a contabilizar por departamentos y modificando el plan general de cuentas para que al clasificar el gasto o el ingreso, la inversión y la desinversión no se apunten en la cuenta general sino en una subcuenta adecuada. El procedimiento generalmente seguido es el de situar antes del Código de cada cuenta un guarismo (o una letra del alfabeto) que represente al departamento o área. Así, como tenemos tres departamentos que queremos controlar independientemente, pondremos el prefijo uno a las cuentas del primero: el dos a las del segundo, y así sucesivamente, de modo que la cuenta 1.64 reflejará los gastos del personal del departamento primero; dentro de ella, 1.640, los sueldos y salarios del mismo departamento. El código 2.64 recogerá los gastos de personal del segundo departamento. Análogamente, 3.631 indicará que en dicha cuenta se cargarán los Tributos del departamento tercero; 2.629, el material de oficina del departamento segundo. Si se prefiere se puede invertir el orden, y escribir el guarismo representativo del departamento como sufijo. En tal caso, 640-1 reflejará los sueldos y salarios del personal del departamento primero.

Pueden existir gastos que sigan sin distribuir o clasificar; para ellos se puede utilizar el prefijo 0; de este modo, 0.682 significaría Amortización del inmovilizado material no afecto a los departamentos cuya eficacia se analiza separadamente.

Agrupando todas las cuentas de costes e ingresos con el prefijo uno, tendremos la cuenta de Explotación del departamento primero; haciendo lo mismo con las que tenga el prefijo, dos, la del departamento segundo, etc. Igualmente podemos separar las cuentas de los grupos 1 a 5, que las del 6 y 7. Naturalmente, el establecimiento de áreas de responsabilidad (departamentos, factorías, sectores o como se las denomine) depende de la organización que se dé a la empresa y de los objetivos fijados.

Visión actual de la moderna contabilidad

La contabilidad es un proceso de información, tiene sus propios recursos, actividades y objetivos formando un sistema propio en el seno de las unidades económicas. Pero, por qué decimos que la contabilidad es un proceso de información? Pues porque la finalidad básica que buscamos con todas las anotaciones y registros de un sistema contable es ofrecer información al dirigente empresarial de la situación patrimonial y de todos los movimientos que este patrimonio ha tenido y que se reflejan por sus resultados en una cuenta de Explotación y de Pérdidas y ganancias. Esta información interna del patrimonio empresarial ha de conjugarse con otras informaciones para que se puedan tomar decisiones con conocimiento de causa.

La información que ofrece la contabilidad se refleja en sus cuentas y balances, pero para llegar a esta información, a estas cuentas, a estos balances es necesario que el propio sistema o proceso de información reciba a su vez información de lo que está sucediendo en la vida y realidad del patrimonio empresarial; así, la empresa cobra, paga, compra, vende, etc. Cada operación que la empresa realiza da lugar a una unidad de información y esta unidad de información recibe en la terminología internacional el nombre de *in-put*, dándose el nombre de *output* a los resultados que se obtienen del proceso de información. Los problemas a los que se va a enfrentar el organizador contable serán:

- Averiguar qué informaciones necesitan el dirigente empresarial y los distintos eslabones de la cadena de mando de una empresa. Asimismo, qué otra información podemos ofrecer al exterior de la empresa si queremos conseguir, por ejemplo, que nos concedan un crédito. Todo el proceso contable se ha de organizar para poder ofrecer esta información diversa.
- De otro lado, ha de concretar qué operaciones realiza la empresa y de estas operaciones qué datos contables se originan; así, por ejemplo, si vendemos unos artículos, los datos contables de la venta serán:
  - qué hemos vendido;
  - a quién le hemos vendido;
  - por qué importe;
  - si se ha vendido al contado o a crédito.

  Estos datos son necesarios para poder elaborar la información que tiene como base la clasificación de los datos obtenidos; es decir, que nosotros hemos de agrupar todas las operaciones análogas. Por un lado, todas las ventas, todas las compras, las compras de cada clase de mercaderías, las compras al contado, las compras a crédito, las ventas por clases de mercaderías, las ventas también al contado, las ventas también a crédito, etcétera.
- Una vez establecida una clasificación de los datos, estos datos han de estar sujetos a un proceso según la información que busquemos. Si, por ejemplo, buscamos la información global de la situación patrimonial de la empresa y cómo se ha modificado partiendo de la situación inicial, tendremos los datos agrupados mediante los asientos de Diario y luego anotados en cada una de las cuentas que han sido afectadas por las operaciones. El dato compra o venta se transmite así a unas cuentas de Mayor, a unas cuentas que expresan los movimientos habidos y cuyo saldo refleja la situación a que se ha llegado.

La información contable debe reunir las siguientes condiciones:

- Ha de ser **relevante** (o adecuada) para las necesidades comunes del usuario en el establecimiento de políticas, mantenimiento de controles y toma de decisiones.
  Como los usuarios de la información que ofrece la contabilidad pueden tener intereses conflictivos, así como diferentes grados de acceso a los datos originales que entran en el sistema, si es necesario, el sistema debe poner los medios para rehacer y verificar la información.
- Debe **registrar**, medir y reseñar los hechos económicos de forma imparcial y objetiva; para ello la contabilidad se vale de la unidad de valor.
  El sistema financiero de la contabilidad precisa, necesariamente, utilizar la unidad de valor para, como veremos, poder actuar con términos homogéneos; pero la información contable puede establecer sistemas independientes de información basados en unidades físicas.
  Así, con independencia del sistema financiero contable general, cada empresa tiene que llevar un control físico de sus inventarios, pues para la toma de según qué decisiones a la empresa le podrá importar tanto saber que tiene 1.000.000 u.m. en determinada mercancía como saber que dispone de tantos kilos o toneladas de una determinada materia.

Funciones de un sistema de contabilidad

La contabilidad es un sistema cuantitativo que requiere tres funciones principales: la acumulación, la medida y la comunicación de los datos económicos. El sistema contable acumula datos y provee de procedimientos para alcanzar y procesar masas de datos. Estos procesos acumulativos principalmente comprenden el registro y análisis de los hechos. Estos registros son esencialmente, por naturaleza, históricos. Los registros utilizados para la función acumuladora son generalmente nombrados registros, diarios, mayores, libros de cuentas y balances. La Gerencia tiene la principal responsabilidad de asegurar que los estados financieros de la firma son meticulosos y dignos de confianza.

Criterios que deben regir la actividad contable

En la práctica contable se deben seguir unos criterios que estandarizan la forma y el camino a través de los cuales los datos económicos son registrados.

La reforma parcial y adaptación de la legislación mercantil a las directivas de la Comunidad Europea, recogida en la ley 19/1989 define en su artículo 38 los principios contables que deben regir la actividad contable y en su artículo 34 el concepto de imagen fiel estando ambos desarrollados en la parte primera del Plan General de Contabilidad.

La aplicación de los principios contables debe dar como resultado la expresión de la imagen fiel del patrimonio, de la situación financiera y de los resultados de la empresa.

La contabilidad de la empresa se desarrollará aplicando de forma obligatoria los siguientes principios contables:

1. **Principio de prudencia**: el contable únicamente debe reconocer las pérdidas y no anticipar las ganancias en el momento de cerrar el ejercicio.
2. **Principio de empresa en funcionamiento**: Se deberá tratar siempre la gestión de la empresa como si ésta tuviese una duración ilimitada en el tiempo.
3. **Principio de registro**: Los hechos económicos o administrativos deben registrarse en el momento en que nazcan los derechos u obligaciones que los mismos originen.
4. **Principio de precio de adquisición**: Como norma general, todos los bienes, derechos y obligaciones se contabilizarán por su precio de adquisición o coste de producción.
5. **Principio del devengo**: la imputación de ingresos y gastos deberá realizarse en función de la corriente real que los mismos ocasionen independientemente de la del momento en que se produzca la corriente monetaria o financiera (cobros o pagos) derivada de dichos ingresos y gastos.
6. **Principio de correlación de ingresos y gastos**: el resultado del ejercicio estará compuesto por los ingresos de dicho período menos los gastos del mismo realizados para la obtención del mencionado resultado, así como los beneficios y quebrantos no relacionados claramente con la actividad típica de la empresa.
7. **Principio de no compensación**: En ningún caso podrán compensarse las partidas del activo y del pasivo del balance ni las de gastos e ingresos que integran la cuen-

ta de Pérdidas y ganancias. Necesariamente se valorarán separadamente los elementos integrantes de las distintas partidas del Activo y del Pasivo.

8. **Principio de uniformidad**: Adoptado un criterio en la aplicación de los principios contables dentro de las alternativas, que en cada caso éstos permitan, deberá mantenerse en el tiempo y aplicarse a todos los elementos patrimoniales que tengan las mismas características en tanto no se alteren los supuestos que motivaron la elección de dicho criterio.

9. **Principio de importancia relativa**: Podrá admitirse la no aplicación estricta de algunos de los principios contables, siempre y cuando la importancia relativa en términos cuantitativos de la variación que tal hecho produzca sea escasamente significativa y en consecuencia no altere la imagen fiel de la situación patrimonial, financiera y de los resultados de la empresa.

En los supuestos de conflictos entre principios contables obligatorios se adaptará aquel que mejor refleje la imagen fiel de la situación patrimonial, financiera y de los resultados de la empresa.

Sin perjuicio de lo expresado anteriormente el principio de prudencia tendrá carácter de prevalencia sobre los demás principios.

Con esta normalización a escala internacional se persigue facilitar la información económica derivada de la contabilidad para que los balances y documentos complementarios sean más fácilmente entendidos por financieros e inversionistas de cualquier país, por aplicar las sociedades europeas unos mismos criterios en la preparación y presentación de los correspondientes informes contables.

EJERCICIOS

1. ¿Qué es la organización contable?

2. ¿Cuáles son los instrumentos contables?

3. ¿Qué se entiende por organización vertical al organizar la contabilidad de una empresa?

4. Si en una empresa cada sección lleva su propia contabilidad, quedando reflejada la situación de la empresa en la fusión de los balances de las secciones, ¿qué criterio de organización contable está siguiendo?

5. La centralización contable presenta dos variables, ¿cuáles son?

6. Si una empresa quiere adoptar un plan contable, ¿qué camino debe seguir?

7. Indicar algún documento que pueda servir de base para contabilizar la entrada de mercaderías en almacén, adquiridas al contado.

8. Indicar qué documento puede servir de base para contabilizar el pago de sus sueldos al personal.

9. Indicar tres operaciones de la empresa, y los documentos que las amparan.

10. Con referencia a la pregunta núm. 9, indicar ¿en qué sección se verificará el documento base de la contabilización, esto es, se dará autenticidad interna al mismo?

Organización contable-administrativa de tesorería y cartera

Muchos de los procesos y procedimientos que explicaremos a continuación son útiles a las grandes empresas o sociedades que necesitan de una mejor organización, y no al pequeño o mediano empresario.

Métodos de organización de tesorería

Tesorería es la sección que tiene por objeto llevar el movimiento de fondos, o sea, los cobros y pagos, tanto en efectivo como por medio de las cuentas bancarias a la vista. Los métodos más utilizados para la organización de tesorería son:

- **a.** Cobros y pagos directos.
- **b.** Cobros y pagos por instrumentos bancarios.
- **c.** Sistema mixto.

En el supuesto **a.**, Caja cuidará de realizar por sí misma y por medio de su personal todos los cobros y pagos que a la empresa afecten. En el supuesto **b.**, los cobros y pagos se centralizan en una o varias cuentas bancarias, exceptuando los llamados gastos menudos. En el tercer sistema, los cobros y pagos hasta determinado límite son satisfechos a través de la propia Caja en efectivo; los que sobrepasen dicho límite se realizan a través de los Bancos. Debe desecharse realizar los cobros y pagos de forma indiferente, unas veces por Caja y otras por Bancos, porque dificulta el control de los mismos. Hay que normalizar este aspecto.

A continuación explicaremos cómo desarrollar los procedimientos enunciados.

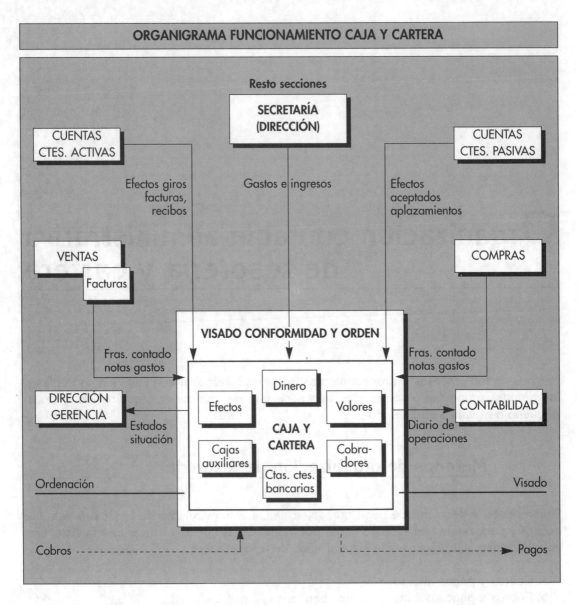

ORGANIGRAMA FUNCIONAMIENTO CAJA Y CARTERA

Cobros y pagos directos

La función propia de la Caja puede ser llevada por una o varias personas diferentes; depende del número de operaciones que tengan que efectuarse. El instrumento principal de registro de operaciones es el libro o borrador de Caja o Diario de Caja, el cual puede presentar varios rayados, siendo los más corrientes:

a) Rayado clásico, o doble folio.

b) Rayado a folio único, con saldo constante.

c) Rayado con columnas de desglose.

d) Hojas de Cobros y Pagos, con contrapartidas y de control.

MODELOS DE RAYADO DE LIBRO DE CAJA

A FOLIO DOBLE

COBROS

Fecha	Nº Sección	Concepto	Cuenta	Folio	Parcial	Total

PAGOS

Fecha	Nº Sección	Concepto	Cuenta	Folio	Parcial	Total

A FOLIO SIMPLE

Fecha	Comprobante		Sección	Concepto	Cuenta	Folio	Cobros	Pagos	Saldo
	Clase	Nº							

En el rayado de desglose, a continuación de las columnas de **Cobros** y **Pagos**, insertaremos tantas otras como conceptos divisionarios establezcamos.

VOLANTE DE ORDENACIÓN PAGOS

	u.m.
Justificante	
A favor de:	
Cargo en cta. a:	
Páguese	Asentado

SELLO DE ORDENACIÓN PAGOS

Páguese con cargo a:

_____

_____

Fecha _____

SELLO PARA INUTILIZAR COMPROBANTE

PAGADO

INDUSTRIAS GOX, S.A.

26-X-8... **CAJA** nº. 950

GRANADA

Talón 2487965   *Bancaya*

Cuando en una empresa se ha implantado el sistema de cobros y pagos directos, todo talón de cuenta corriente bancaria que se expida o todo ingreso en cuenta bancaria ha de ser objeto de registro en el correspondiente libro de Caja. Los talones expedidos entregados como pago requieren una doble anotación: en Cobros, como si su importe lo hubiese percibido la misma empresa, ingresándolo en Caja; y en pagos, como si se hubiese entregado dinero en efectivo en vez del talón.

El libro de Caja en este caso controla las cuentas bancarias, que luego han de ser desarrolladas, pudiéndolo ser en un solo libro de columnado múltiple (si hay pocas cuentas), o bien en varias cuentas individuales, que es lo más frecuente. Los comprobantes han de quedar debidamente archivados en Caja para poder en cualquier momento justificar los pagos realizados y los cobros efectuados.

Cobros y pagos por Bancos

Admite dos variantes:

1. Que el pago se realice siempre mediante talones.
2. Que el pago lo realice el Banco directamente contra los documentos cobratorios de los acreedores, previamente aceptados por la empresa.

Por lo que respecta a los cobros, se realizarán siempre mediante entrega al Banco de los documentos: recibos o efectos (letras de cambio que pueden ser negociadas en firme o entregadas al cobro condicional). En este caso, la cuenta de Caja desaparece, siendo sustituida por las cuentas bancarias. Puede abrirse cuenta a cada Banco en particular o crear una cuenta general de Bancos, desarrollada en columnado múltiple.

Sistema mixto

Resulta de la unión de los dos anteriores, puede desarrollarse en un libro de Caja, con columna doble para Caja y para Bancos. Es conveniente señalar una norma fija de límite o separación entre los pagos en efectivo y en talones para facilitar la comprobación de operaciones.

Descentralización de Caja: cobros

Cada una de las Cajas auxiliares llevará su hoja de cobros independiente, que se iniciará con la consignación o entrega diaria que para empezar las operaciones reciba de la Caja central. Como este sistema se aplica preferentemente en las ventas directas al público, debe combinarse con la utilización de aparatos registradores.

Descentralización general de Caja

Cada una de las Cajas auxiliares, en este caso, actúa como si fuese Caja única, con sus propias hojas o libros de operaciones. La Caja central puede limitarse a recoger cada día la suma total de cobros y pagos de cada una, o bien los saldos resultantes.

Relaciones con contabilidad

Puede realizarse por simple resumen o por copia de operaciones. En este último caso, Caja anota, por decalco, en duplicado, todas las operaciones, procediendo o no al desglose de ellas por cuentas o secciones, cuya copia, una vez comprobado el saldo, se remite a contabilidad para que ésta la registre en sus libros principales.

Cuando Caja no verifica el desglose de operaciones, debe hacerlo Contabilidad. En el primer caso, Caja, una vez hecho el registro de cobros y pagos y de totalizarlo, procede al desglose por secciones y cursa a Contabilidad únicamente nota del Resumen de operaciones.

Aplazamientos y estados de disponibilidad

Cualquiera que sea el procedimiento adoptado, debe implantarse el previo aviso de pagos y cobros a Caja siempre que sea posible. Cada sección debe pasar nota a Caja de las obligaciones contraídas o de los débitos a vencer, los cuales se totalizan en dicha sección en estados adecuados. Con ellos a la vista, Caja estudiará la forma de poder hacer frente a los compromisos adquiridos, creando unos estados comparativos de cobros y pagos para poder coordinarlos.

VOLANTE DE AVISO	
Para el día	Núm.
Previsión de u.m.:	
A favor de:	
Contra[1]:	
Autorizado por Sección:	
Aplazado para el . . .	Firma:
El Cajero	

[1] Justificante a entregar

Para esta misión se dispone de un ficherito de tamaño pequeño, con juego de guías mensuales y diarias. Con un juego de doce meses y sesenta días hay suficiente, teniendo cada día y mes su correspondiente carpeta archivadora.

Se tienen ordenadas las carpetas mensuales, y en los dos primeros meses se ordenan asimismo las carpetas diarias. Así tenemos a la vista sesenta días y todo un año. Para cada orden de pago o previsión de cobro se le cursa al cajero un pequeño volante, el cual se archiva dentro de la carpeta que corresponda a su vencimiento. Si el documento vence dentro de los primeros sesenta días, se colocará en la carpeta del día que corresponda. Si es a más largo plazo, dentro del mes a que afecte, yendo todos juntos los del mismo mes, aunque por orden de días. De este modo, para conocer los pagos y cobros previstos para determinada fecha, nos basta con retirar del fichero la carpeta correspondiente y mirar los volantes de previsión que contiene. Estos volantes se imprimen en papel o tinta de diferente color, distinguiendo a simple vista los anuncios de cobro de los de pago.

El control de cantidades puede llevarse por método numérico.

En cada carpetita se coloca una hoja de reseña de «avisos», con dos columnas: una, para el importe del aviso, y otra, para los acumuladores, en la parte correspondiente a los cobros previstos, y otras dos, para los pagos. A medida que se archivan se realizarán las anotaciones que corresponden, teniendo la suma de disponibilidades y exigibilidades previstas para cada fecha.

RAYADO PARA TOTALIZAR NUMÉRICAMENTE AVISOS DE COBRO O DE PAGO							
núm.	Documento	Titular	Cobros			Pagos	
			Parcial	Total		Parcial	Total

Estas hojas, por períodos decenales, quincenales o el que se prefiera, se van totalizando periódicamente para información de Caja y Gerencia.

- **Registro de firmas**

  Es conveniente que Caja compruebe siempre las firmas puestas al pie de los documentos que le sirven de descargo, teniendo a su disposición un fichero adecuado.

Método de organización de la cartera de efectos

La cartera de efectos llevará registros separados para:

- Giros
- Efectos comerciales a cobrar o negociar
- Efectos comerciales a pagar

El registro de Efectos comerciales a cobrar o negociar puede descomponerse en uno de entradas y otro de salidas de efectos, o bien adaptarse un mismo libro a ambos cometidos.

La sección de Giros ha de mantener relación constante con la sección de cuentas corrientes; en muchas empresas los giros corresponden a la sección de Cuentas Corrientes, quien extiende los correspondientes documentos, que luego entrega a la sección de Cartera, la cual previo registro los cede a los Bancos que han de cuidar su cobro.

REGISTRO DE LETRAS GIRADAS Y EFECTOS A NEGOCIAR

Número de orden	Fecha de la letra	Deudores	Plaza	Cantidad	Cambio	Líquido	Vencimiento	Endosado a	Fecha de salida

Registro de entrada

Clase del Efecto	Núm. del Efecto	Núm. del Registro	Fecha Registro	Librador	Fecha del documento	Orden de	Cargo

Registro de salida

Cedente	Vencimiento	Cantidad	Cambio	Líquido	Endosado	Con fecha	Al cambio	Líquido

CUENTA CORRIENTE CON EL BANCO CON COLUMNAS PARA LETRAS ENTREGADAS

Fecha	Concepto	Cuenta de Efectivo				Cuenta de riesgo		
		Debe		Haber	Saldo	Debe	Haber	Saldo
			Totales	Totales		Remesas de letras para cobrar	Letras cobradas o devueltas	Letras en tramitación de cobro

El registro de giros puede eliminarse, siendo sustituido por las listas de efectos entregados a Bancos y por las facturas de negociación que estos Bancos remiten. Para mejor control en este caso, la cuenta de los clientes presenta disposición especial, quedando constancia del giro y de su pago.

Los efectos extendidos pueden enviarse para su aceptación previa, y entonces aparece un registro de aceptaciones cursadas, donde se anotan todos los efectos que se remitan a dicho fin y su devolución conforme, pasando luego al Registro de Efectos comerciales a cobrar o negociar, que puede estar descompuesto en dos: uno de efectos sobre la plaza y otro de efectos sobre otras plazas, que puede descomponerse en «efectos sobre plazas nacionales» y «sobre el extranjero», subdividido a su vez por países o por divisas (moneda extranjera) su importe.

Los efectos aceptados deben guardarse archivados y clasificados por fechas de sus vencimientos, en carpetas adecuadas, de donde se van retirando a medida que se acercan sus vencimientos, con anticipación de uno o dos días para entregarlos a Caja, cuando tengan que ser cobrados por ella, o bien con mayor anticipación cuando han de ser cedidos a Bancos.

Los efectos devueltos impagados dan lugar a la creación de un expediente especial, debiendo ser registrados en el libro adecuado, donde se vayan anotando todas las vicisitudes posteriores hasta obtener la resolución definitiva.

Las funciones que debe llevar a cabo la sección de Cartera son:

- Extender los documentos o recibirlos, cualquiera que sea su origen.
- Registrarlos.
- Remitirlos a la aceptación, si fuese necesario este trámite.
- Archivarlos debidamente clasificados.
- Entregarlos a Caja o Bancos para su liquidación.

Para los que resulten impagados el trámite es el siguiente:

- Recepción y registro.
- Trámites convenientes a su protesto, reclamación, etcétera.
- Resolución por:
  - protesto y devolución a cedente.
  - protesto y ejecución bienes deudor.
  - protesto o insolvencia del deudor.
  - cobro posterior o devolución sin protesto.

Este modelo puede desdoblarse en dos. La primera parte es la cuenta corriente de efectivo normal, que presentará el saldo según los cargos y abonos que se hayan producido.Las columnas **cuentas de riesgo** van a reflejar el volumen de letras que han sido entregadas para cobrar o negociadas en firme y no están en poder del Banco. Es algo difícil de llevar porque los Bancos no acostumbran a comunicar el cobro realizado de letras y sí únicamente producir las devoluciones de las que resulten impagadas, a veces con notorio retraso. Algunas empresas siguen la costumbre de considerar cobradas todas las letras que han tenido vencimiento y no han sido devueltas en el plazo de quince días; para ello es conveniente llevar un fichero de vencimientos donde se anotan las letras entregadas a los Bancos según los vencimientos de las mismas (una ficha para cada vencimiento).

La cuenta de riesgo puede sustituirse por la información del propio Banco, al que se le preguntará periódicamente de manera directa el estado de la cuenta de riesgo. La vigilancia de los riesgos negociados tiene gran importancia porque señala el crédito que el Banco nos ha dispuesto, que viene limitado por la llamada clasificación bancaria o límite de riesgo.

El trámite de los efectos comerciales a pagar requiere que se cumplan las siguientes fases:

- Aceptación, que puede ser domiciliando el pago en un establecimiento bancario para que se proceda por compensación a liquidarlo, o sin domiciliación expresa, para pagarlo a su vencimiento.
- En defecto de la aceptación, ha de existir el aviso del librador.
- Cumplidos los trámites anteriores, se procede a su registro, en adecuado libro o fichero de vencimientos.
- Comunicación a Caja o a Banco del efecto aceptado y su vencimiento a los efectos de su pago.

Cartera de valores

Se recogerán aquí las inversiones realizadas por la empresa en acciones o títulos de entidades privadas o públicas.

La cartera de valores requerirá:

- Registro de entrada.
- Fichas o cuentas de existencias.
- Registro de salidas.

Las fichas o cuentas de existencias pueden resumirse por saldos y por sumas de movimientos en estados adecuados para mejor información. Los valores producen intereses y dividendos que se perciben periódicamente, bien en plazos regulares o no. Es interesante crear un fichero de vencimiento de cupones, creando carpetas para cada vencimiento y hojas de vencimiento, donde se detallen las características de cada grupo de valores y forma de percibir los intereses que devenguen.

Los depósitos también requieren especial registro. Si se verifica especulación con los mismos, se llevará un libro auxiliar de valores mobiliarios para desarrollar la cuenta general del Mayor y conocer para cada clase de valores los motivos de pérdida o ganancia.

Muchas empresas son partidarias hoy en día de depositar los valores que poseen en una entidad bancaria o de crédito. Cuando así se actúa, el Banco o Caja de ahorros que cuida de la administración de la cartera, comunica a la empresa propietaria todas las modificaciones que van experimentando y presenta a fin de ejercicio un estado adecuado de la situación de la misma. En este caso el depositante se limita a conservar adecuadamente archivados los justificantes que le remite el Banco.

EJERCICIOS

1. Teniendo a la vista el esquema de organización de Caja y Cartera presentado en esta lección, prepare sendos esquemas en el supuesto de que sean departamentos separados los siguientes:
   – Caja (propiamente dicha) y Bancos.
   – Cartera de Efectos comerciales a cobrar o negociar.
   – Cartera de valores.

   Para resolverlo, sólo es necesario que usted se fije en que los efectos y valores van a ser objeto de la actividad de la sección de Cartera, quedando el resto para la sección de Caja.

2. Llevando un libro de **Caja-pagos** con columnas de desglose (modelo B de este capitulo, teniendo en cuenta la nota de su pie), anote las siguientes operaciones del mes de mayo:

   a) Día 2. Pago a Juan Sierra 6.300 u.m. importe de su factura del mes anterior por reparaciones en el camión de reparto en efectivo.
   b) Día 2. Pago por talón núm. 976354 del Banco B. 45.315 u.m. al proveedor Luis Tapias, su factura del mes de febrero.
   c) Día 2. Pago 312 u.m. en efectivo por portes mercancías recibidas hoy.
   d) Día 3. Pago 48.765 u.m. por semanales de hoy.
   e) Día 3. Pago 3.712 u.m. licencia fiscal impuesto industrial.
   f) Día 3. Pago 75 u.m. Recargo Cámara de Comercio impuesto industrial.
   g) Día 4. Pago 160.312 u.m. en talón núm. 976355 Banco B. primer plazo de una máquina que recibiré el mes de octubre próximo.
   h) Día 4. Pago gastos limpieza 246 u.m.
   i) Día 4. Pago recibo luz 1.995 u.m.
   j) Día 4. Ingreso en Banco B. 50.000 u.m. en efectivo.
   k) Día 5. Pago 4.160 u.m. a D. Juan Ruiz a cuenta sus comisiones.
   l) Día 5. Pago 32.120 u.m. a Juan García por máquina vendida, al contado.

3. En su opinión, ¿qué trámites deben normalizarse para que el cajero quede controlado en sus operaciones?

4. ¿Quién debe visar las facturas de proveedores antes de que el cajero las pague?

5. ¿Qué misión tiene la sección de Tesorería de la empresa?

6. Mencionar las operaciones principales que efectúa la sección de Cuentas corrientes de clientes.

7. ¿Qué documentos deben servir de base para el pago a un proveedor de una factura mediante L/ que está domiciliada en el Banco B.?

8. ¿Qué sucesivas operaciones deben realizarse para el pago por Caja de una compra al contado?

9. Suponemos que todavía recordará lo estudiado sobre valores mobiliarios; le pedimos formule por el PGC el registro contable de las operaciones siguientes:

Día 4. Compramos en Bolsa 500 acciones de *TAMA, S. A.* El valor nominal de cada una es de 5.000 u.m. Se cotizan al cambio de 135 y los gastos han ascendido a 7.000 u.m. Todo se ha pagado al contado mediante talón c/ n/cta. cte. en el Banco B.

Día 15. Vendemos las anteriores acciones al cambio de 137 y los gastos a n/c$^{\circ}$ ascienden a 6.500 u.m.

Contabilice, además, adecuadamente el resultado de la operación.

10. Ha percibido unos dividendos correspondientes a acciones que posee de la *S. A. K. M. K.* por importe de 74.365 u.m., pero le deducen un impuesto sobre los mismos del 15 %. Contabilícelo.

La previsión financiera

Los datos contables expresan lo que ha sucedido. Su análisis ha de permitir tomar decisiones de futuro. Se enlaza así el registro contable con la previsión presupuestaria. Uno de los puntos más delicados es la previsión financiera, estableciendo para el futuro las situaciones de Caja que se prevén. Esto requiere unos estudios de economía de empresa que esbozaremos en las páginas que siguen.

El dinero y sus funciones dentro del patrimonio

La teoría económica asigna al dinero una serie de funciones que éste también cumple en el seno de una empresa, individualmente considerada, aunque haya algunas diferencias que resultan de las características particulares de cada una de ellas.

Una de sus funciones esenciales es la de ser «unidad de valor», homogeneizando los bienes y obligaciones patrimoniales al representarlos por su equivalente en dinero, en un momento y circunstancias dados. Decimos que el dinero es unidad de valor porque expresamos en dinero las distintas valoraciones o precios que damos a las cosas.

Como «instrumento de cambio», el dinero adquiere importancia excepcional, interviene en todas las mutaciones que la empresa realiza, bien valorando las respectivas prestaciones, bien facilitando su mutación: todas las cosas se cambian por dinero. Esta función es importante, pero no esencial. Las transformaciones podrían realizarse por trueque, pero la movilidad de los bienes económicos quedaría muy disminuida.

Supóngase que usted es un agricultor que ha cosechado 20 toneladas de trigo y no quiere comer únicamente pan sino que para atender a sus necesidades y a las de su familia necesita consumir además de trigo también prendas de vestir y otros artículos. Si existiese solamente el trueque, usted tendría que ir con su trigo a casa del sastre y ofrecerle una cantidad a cambio, por ejemplo, de un traje; pero si el sastre no quisiera trigo y le interesasen las patatas, usted para poderle ofrecer esas patatas tendría que cambiar su trigo por patatas y éstas por el traje. También podría ser que el sastre lo que desease adquirir fuera unas herramientas para trabajar mejor y que el herrero que tuviera que facilitárselas no desease patatas ni trigo sino que desease carbón; entonces quizá nosotros nos veríamos obligados a ver si podríamos cambiar el trigo que teníamos y las patatas por carbón para poder ofrecer el carbón al herrero y que éste facilitase al sastre las herramientas oportunas a cambio de que el sastre nos confeccionase el traje que necesitamos.

La intervención del dinero agiliza la operatoria económica porque cada uno cambia por dinero lo que tiene y luego con dinero adquiere lo que necesita. Así, el dinero es un medio universal de cambio. Como «medio de pago» el dinero alcanza en el orden de las relaciones crediticias su más alta expresión. El dinero es el medio universal de pago de las obligaciones contraídas; de consiguiente, la empresa ha de procurar tener disponible dinero y no otra cosa en el momento en que venzan las obligaciones a su cargo. La carencia de tal disponibilidad produce la morosidad de la empresa. Para disponer de este dinero debe producir la transformación de mercancías en créditos y de éstos en dinero dentro de plazos adecuados. Como consecuencia de haberse utilizado el dinero como medio universal de cambio, resulta que todas las obligaciones de pago que contraemos las podemos liquidar con dinero; por ello se dice que el dinero es medio de pago.

El dinero cumple otra finalidad: la de «acumular valor». Una parte del dinero recibido en cada transacción no debe ser objeto de inmediata transformación en las cosas o bienes que constituyen el potencial económico y el inmovilizado; estas partes han de irse ahorrando dentro de la empresa, conservando valores de inversión móvil, acumulándose hasta el momento en que sea necesaria su inversión o convenga utilizarla. Esta función del dinero es alterada por los movimientos de la coyuntura económica, pues el dinero conserva ante las alteraciones de la coyuntura solamente un valor nominal, y lo interesante es conservar un valor efectivo. La acumulación realizada puede aparentemente constituir durante largos períodos una mayor disponibilidad: debe vigilarse su inversión transitoria. Si se realiza prematuramente su inversión, puede resultar inmovilizable cuando haya necesidad de dedicarla a su verdadero fin. En todo estudio de la situación patrimonial de una empresa debe tenerse en cuenta tal posibilidad, relacionando el potencial financiero con las necesidades de reposición de mercancías y de renovación de inmovilizado.

Coordinación financiera

Veamos en el siguiente esquema el mecanismo de un caso particular; la suma de todos los casos particulares, correspondientes al conjunto de operaciones, da la tónica del mecanismo de movilidad de los medios de pago de una empresa.

El esquema superior de la página siguiente se refiere a un caso extremadamente favorable, que no siempre se produce. Cuando el crédito concedido es menos amplio que el obtenido, constantemente la empresa tendrá un excedente de potencial financiero, que incluso —en determinadas circunstancias y con mucha circunspección— puede ser invertido en operaciones a corto plazo, mediante lo que se llama «operaciones suplementarias de dinero sobrante». La empresa, en tal caso, trabaja con el dinero de sus proveedores y acreedores, no sólo en las operaciones normales de su actividad, sino en otras ocasionales.

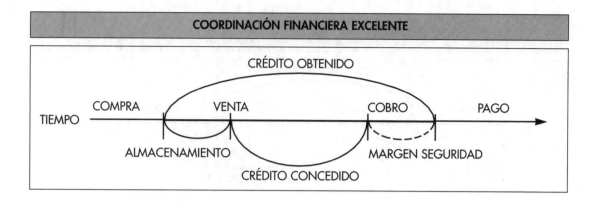

COORDINACIÓN FINANCIERA EXCELENTE

Cuando el crédito concedido es más amplio que el obtenido, la diferencia debe ser cubierta por el propio potencial financiero; es decir, que la empresa inicialmente ha de tener disponibilidades dinerarias ya sean procedentes del neto patrimonial —caso éste en que el potencial financiero será superior al exigible— o se obtengan movilizando el potencial financiero no dinerario mediante créditos bancarios y operaciones de cesión de efectos.

La función del dinero como medio de pago obliga a la empresa a tener en su poder constantemente una disponibilidad, que vendrá influida por el volumen de operaciones que realice y por las relaciones, en cuanto a plazo, que entre sí mantengan el tiempo de almacenamiento, el crédito obtenido de los acreedores, el concedido a deudores y la posibilidad de obtener facilidades bancarias. Estas serán mayores cuando sólo se trate de suplir el mayor crédito concedido a compradores, como en el ejemplo siguiente:

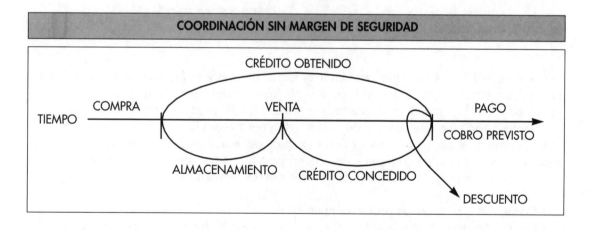

COORDINACIÓN SIN MARGEN DE SEGURIDAD

En otros casos, como en el gráfico superior que presentamos en la página siguiente, las facilidades bancarias contribuyen con el propio potencial financiero a suplir en el tiempo la falta de conexión del vencimiento de compras con el de las ventas. Al ceder al Banco los efectos, se opera con el crédito propio y además con el de los clientes, si los efectos están aceptados.

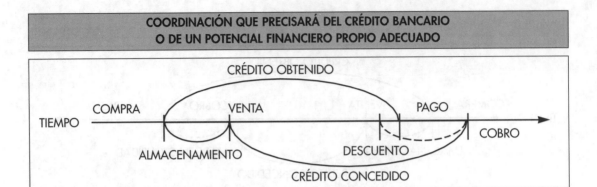

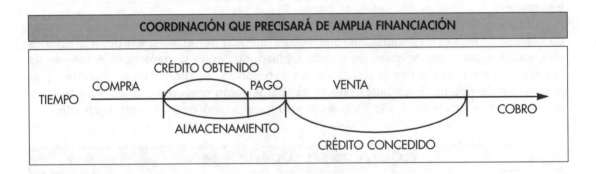

El descuento bancario normal no es apropiado cuando se trata de suplir una falta de movilidad en la rotación del stock; en tal caso para suplir la falta de potencial financiero la empresa debe recurrir a lograr créditos especulativos, con garantía de los propios stocks o de otros valores.

En todos los casos hay que coordinar el factor tiempo y el factor cuantía de cobros y pagos; el conocimiento de los índices de rotación parcial de cada mercancía es interesante para poder estimar para cada grupo de ellas y para el conjunto del stock los momentos promedios de venta y de cobro del género vendido.

En resumen, el dinero es la expresión más para del potencial financiero, que es el regulador de toda actividad económica de una empresa. Las mayores preocupaciones de los dirigentes se concentran alrededor de los tres puntos siguientes.

- Conseguir dinero en los plazos convenientes.
- Invertir dinero para que sea factible su movilización a tiempo y lograr una productividad de la inversión.
- Conservar un potencial financiero sano y proporcionado al movimiento de los demás valores activos.

Hemos de concretar que la coordinación financiera requiere un meticuloso estudio comparativo de los plazos de crédito obtenidos de los proveedores y de los concedidos a los clientes, así como el costo del descuento, complementado con el análisis del plazo necesario para completar el ciclo de transformación de potencial financiero económico y su reconversión.

La dinámica del equilibrio financiero

El problema de determinar a priori la futura posición de equilibrio financiero de una empresa es, en principio, indeterminado porque resulta de la conjunción de distintas variables que no obedecen a una ley fija, pues pueden ser alteradas por la acción de la gerencia de la empresa o por efectos externos. Sin embargo, puede prepararse un modelo o una pluralidad de modelos que permitan orientar a la gerencia sobre los efectos financieros de una determinada política de cobros y pagos.

Para poder preparar el modelo hemos de acudir al análisis del ritmo de cobros y pagos, esencialmente determinado por:

- ventas que se realizan;
- modalidades de cobro de las mismas,
- reposición de existencias y tendencia al aumento o a la disminución de las mismas;
- forma de pago de las compras;
- volumen y periodicidad de los gastos normales;
- gastos extraordinarios;
- renovación del inmovilizado, aumento y disminución del mismo.

El análisis de las operaciones de la empresa permitirá plantear un «modelo» referido a los movimientos esenciales de las cuentas financieras, descubriendo una relación que hemos de suponer constante de gastos y de ingresos, según el promedio diario de ventas y compras, o una serie de supuestos en esta relación.

Supongamos que hemos determinado que las operaciones de cobros y pagos se corresponden con el siguiente esquema anual:

- **Cobros.** 5 % al contado; 70 % en letras contra el cliente que podemos negociar a los 15 días de la venta; 15 % en recibos cobrables a los 30 días y 10 % en recibos cobrables a los 60 días.
- **Pagos.** Coste de reposición de las ventas el 90 %, pagando el 25 % de las compras al contado, otro 25 % a 30 días y el resto a 60 días. Fíjese que las compras para reponer lo vendido representan el 90 % de lo vendido, y que luego estas compras las pagamos en cuanto a su 25 % al contado. Si tomamos como base de análisis la cifra de ventas, resulta que de lo que cobramos, su 22,5 % (el 25 % de 90) va a necesitarse para pagar la parte de contado de la reposición; el 22,5 % de las ventas se destinará al pago a 60 días y el 45 % restante para el pago aplazado por 60 días.
- **Ventas.** Variables entre 15 y 20 millones mensuales.
- **Gastos fijos.** 800.000 u.m. al mes, de las cuales la mitad suponemos repartidas más o menos regularmente durante el mes y el resto incide sobre fin de mes. Gastos variables, 2 % de las ventas, liquidables al mes siguiente.

Si queremos prever la situación financiera quincenalmente, de los datos anteriores deducimos partiendo de cero:

PREVISIÓN QUINCENAL		
Período	**Cobros**	**Pagos**
Primera quincena	5 % de las ventas en la misma.	25 % de las compras = 22,5 % de las ventas. Gastos fijos, 200.000 u.m.
Segunda quincena	5 % de las ventas en la misma. 70 % de las ventas de la anterior.	25 % de las compras en la misma. Gastos fijos, 600.000 u.m.
Tercera quincena	5 % de las ventas en la misma. 70 % de las ventas de la anterior. 15 % de las ventas de la primera.	25 % de las compras en la misma. 25 % de las compras en la primera. Gastos fijos, 200.000 u.m. Gastos variables: 2 % de ventas en la primera.
Cuarta quincena	5 % de las ventas en la misma. 70 % de las ventas en la tercera. 15 % de las ventas en la segunda. 10 % de las ventas en la primera.	25 % de las compras en la misma. 25 % de las compras en la segunda. 50 % de las compras en la primera. Gastos fijos, 600.000 u.m. Gastos variables: 2 % de ventas en la segunda.

Visto el anterior proyecto de relación entre cobros y pagos, proyecto que en cada caso tendrá que hacerse estudiando la experiencia de pasados ejercicios y estableciendo suposiciones de lo que va a ocurrir ahora, vamos a hacer la transformación de los porcentajes de compra y porcentaje de venta, supuesto un coeficiente constante de reposición del 90 % de las ventas y una venta quincenal de un millón de u.m. Este porcentaje en cada caso ha de fijarse teniendo en cuenta la experiencia. Supuesta también la existencia de una regularidad de las ventas, podemos preparar el siguiente cuadro porcentual de equilibrio financiero con relación a las ventas, al cual después tendremos que agregar los gastos fijos.

Según este cuadro, resulta que en la primera quincena cobraremos un 5 % de las ventas que efectuamos y, en cambio, tendremos que pagar el 22,50 % de las mismas. Se producirá un déficit del 17,50 %, o sea, que si nosotros en la primera quincena vendemos por importe de un millón de u.m. y procedemos a la reposición prevista en las condiciones seña-ladas, nos faltarán 175.000 u.m. más los gastos fijos del período, en total 375.000 u.m. En la segunda quincena, por la forma como hemos previsto compras y gastos, resulta que ten-dremos un gran superávit de dinero del 52,50 %, o sea, en esta segunda quincena tendre-mos un superávit de 525.000 u.m., supuesto que mantenemos el nivel de ventas, pero como los gastos fijos son 600.000 u.m, todavía tendremos un déficit de 75.000 u.m., défi-cit que acumulado al del período anterior nos da una suma de 450.000 u.m. En la terce-ra quincena ya tenemos un aumento de disponibilidad del 43 %, es decir, 430.000 u.m., que restando las 200.000 u.m. de gastos fijos nos quedará una diferencia de 230.000 u.m., y como llevábamos acumulado un déficit de 450.000 u.m., aún tendremos un déficit de 220.000 u.m. A partir de la cuarta quincena estabilizamos nuestras di- ferencias en una mejora del 8 % por cada quincena. Si ahora vendemos nosotros 10.000.000 de u.m. quin-cenales, obtendremos un superávit de 800.000 u.m., y como los gastos fijos son de 600.000 u.m., tendremos un superávit de 200.000 en cada quincena. Planeando distintos volúmenes de venta podremos ver cuál es la venta mínima necesaria que hemos de efec-tuar para poder cubrir todos los gastos.

DIFERENCIAS PORCENTUALES ENTRE COBROS Y PAGOS			
Período	Cobros	Pagos	Diferencias
Primera quincena	5 %	22,5 %	– 17,5 %
Segunda quincena	75 %	22,5 %	+ 52,5 %
Tercera quincena	90 %	47,– %	+ 43,– %
Cuarta quincena	100 %	92,– %	+ 8,– %
Quinta quincena	100 %	92,– %	+ 8,– %

Este sencillo cuadro puede permitirnos formular una serie de reflexiones. En primer lugar deducimos que una vez alcanzado el ritmo total de cobros y pagos, a partir de la cuarta quincena, siguiendo la marcha normal del negocio, los gastos fijos y extraordina-rios no pueden sobrepasar el 8 % de las ventas; de sobrepasar, se producirá el desequili-brio financiero, que puede cubrirse mediante créditos. Cualquier modificación en el ritmo de ventas repercute. Si las ventas aumentan, en la primera quincena del aumento puede producirse un déficit. Cabe prevenirlo mediante la modificación en las condiciones de compra o mediante créditos a corto plazo. El aumento de ventas producirá una euforia financiera durante la segunda y la tercera quincena y mientras se mantenga podemos tener un sobrante de disponibilidad que cabe permita aumentar los «stocks» o realizar algunos gastos extraordinarios, vigilando la cifra de ventas, pues de disminuir éstas el sen-tido del equilibrio financiero se invierte.

Los gastos fijos representan, para una venta de 16.000.000 el 5 %, pasando a ser del 4 % para una venta de 20.000.000. El excedente financiero para repartos y gastos extraordinarios queda limitado entre el 3 y el 4 % de las ventas. Si las ventas descienden a diez millones desaparece totalmente el excedente financiero.

Para prever las modificaciones que puede producir la venta sobre el equilibrio financiero, puede recurrirse a una disposición gráfica, que vamos a tratar de explicar en forma sencilla. Se dispone un cuadro en el que a la izquierda se señalen las sucesivas quincenas y las divisiones a su derecha representen importes. A medida que se van obteniendo los datos quincenales y teniendo en cuenta que los cobros y pagos que hemos indicado repercuten en cada quincena, se van estableciendo para cada una líneas horizontales progresivas, que representan los cobros y pagos que van a incidir en cada período.

Supongamos que se realizan las siguientes operaciones:

EQUILIBRIO FINANCIERO CON RELACIÓN A LAS VENTAS		
Período	Ventas	Compras
Primera quincena	7.000.000	6.000.000
Segunda quincena	9.000.000	8.000.000
Tercera quincena	9.000.000	8.500.000
Cuarta quincena	8.500.000	7.500.000
Quinta quincena	10.000.000	9.000.000

Manteniendo el ritmo de gastos fijos señalados, presentaríamos el siguiente gráfico:

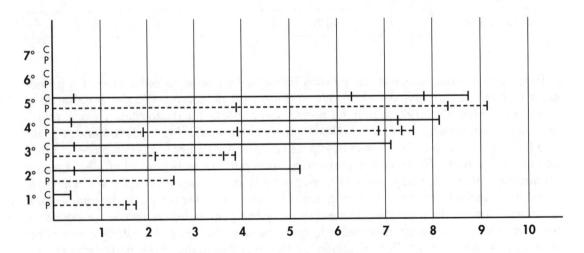

Para poder presentar el gráfico hay que determinar numéricamente las correspondientes magnitudes. En el ejemplo los cálculos son como sigue:

Primera quincena	**Cobros**	5 % s/7.000.000	350.000 u.m.
	Pagos	25 % s/6.000.000 Gastos fijos	1.500.000 u.m. 200.000 u.m. 1.700.000 u.m.
Segunda quincena	**Cobros**	5 % s/9.000.000 70 % s/7.000.000	450.000 u.m. 4.900.000 u.m. 5.350.000 u.m.
	Pagos	25 % s/8.000.000 Gastos fijos	2.000.000 u.m. 600.000 u.m. 2.600.000 u.m.
Tercera quincena	**Cobros**	5 % s/9.000.000 70 % s/9.000.000 15 % s/7.000.000	450.000 u.m. 6.300.000 u.m. 1.050.000 u.m. 7.800.000 u.m.
	Pagos	25 % s/8.500.000 25 % s/6.000.000 Gastos fijos 2 % s/7.000.000	2.125.000 u.m. 1.500.000 u.m. 200.000 u.m. 140.000 u.m. 3.965.000 u.m.
Cuarta quincena	**Cobros**	5 % s/8.500.000 70 % s/9.000.000 15 % s/9.000.000 10 % s/7.000.000	425.000 u.m. 6.300.000 u.m. 1.350.000 u.m. 700.000 u.m. 8.775.000 u.m.
	Pagos	25 % s/7.500.000 25 % s/8.000.000 50 % s/6.000.000 Gastos fijos 2 % s/9.000.000	1.875.000 u.m. 2.000.000 u.m. 3.000.000 u.m. 600.000 u.m. 180.000 u.m. 7.655.000 u.m.

Quinta quincena	Cobros	5 % s/10.000.000	500.000 u.m.
		70 % s/8.500.000	5.950.000 u.m.
		15 % s/9.000.000	1.350.000 u.m.
		10 % s/9.000.000	900.000 u.m.
			8.700.000 u.m.
	Pagos	25 % s/9.000.000	2.250.000 u.m.
		25 % s/8.500.000	2.125.000 u.m.
		50 % s/8.000.000	4.000.000 u.m.
		Gastos fijos	200.000 u.m.
		2 % s/9.000.000	180.000 u.m.
			8.755.000 u.m.

El gráfico nos indica, por comparación entre la longitud de las líneas de cobros y pagos, la fluidez de Tesorería en cada quincena, según los cobros y pagos derivados de la venta y de la reposición de stocks y gastos normales. Hemos de agregar a la línea de gastos los extraordinarios que se vayan previendo y los recursos crediticios, así como la financiación inicial para tener una visión clara de cómo se mantendrá y se modificará el equilibrio financiero. De nada sirve el análisis de un balance, que representa la posición estática de cuentas en un momento dado, si no va acompañado de un estudio de la proyección de los equilibrios patrimoniales. La comparación directa de la disponibilidad y de la exigibilidad según balance no es suficiente para tener una clara visión del futuro de la empresa.

El cuadro porcentual de equilibrio financiero con relación a las ventas también puede ser presentado gráficamente partiendo del supuesto de continuidad del tipo de reposición de ventas. En el gráfico se representan aisladamente cada uno y los importes parciales de cobros y pagos (contados, descuentos letras, pagos a 30 días, a 60 días, etc.) y la incidencia total, acumulando, representando la suma de cobros y la cifra de pagos porcentajes en función de las ventas. Las dos líneas representan porcentajes de la venta tomada como tipo.

Plan financiero

El plan financiero trata de resolver anticipadamente, previéndolas, las necesidades de capital de una empresa, tanto para su fundación como para su sucesivo desarrollo. De aquí que existan dos clases de planes financieros, que vamos a estudiar a continuación.

El **plan financiero de fundación** comprende:

- el cálculo del capital necesario;
- el modo y forma de obtenerlo;
- cómo invertirlo para obtener una proporcionalidad entre las masas patrimoniales adecuada a los fines empresariales.

El **plan financiero normal** o **de explotación** se basa en el estudio de:

- posibilidades previstas de venta, que requiere el estudio del mercado;
- capacidades planeadas de producción y de venta, así como previsión de los stocks necesarios para garantizar una continuidad de servicio;
- créditos a obtener de los proveedores y a conceder a los clientes;
- coordinación en el tiempo de los cobros y pagos y de la rotación del circulante.

Se presenta mediante el presupuesto general de inversiones y el presupuesto general de ingresos.

El «presupuesto general de ingresos» recoge:

- Cantidades de dinero obtenidas por aportaciones propias. Importes y fechas.
- Aportaciones ajenas a largo plazo, con igual detalle.
- Cobros de ventas y enajenaciones en general:
  - al contado;
  - a crédito: anticipando el cobro mediante facilidades financieras o bancarias, aguardando el vencimiento.

Deben preverse los distintos orígenes del cobro, o sea, el producto vendido, el servicio prestado o la enajenación patrimonial que corresponda. Las ventas dependen de la producción y de la situación del mercado. La base de esta previsión es el estudio del mercado, de una parte, y del ritmo de producción, de otra.

El «presupuesto general de pagos» ha de comprender:

- Intereses y cuotas de amortización de empréstitos y demás aportaciones ajenas a largo plazo.
- Adquisiciones de bienes y estructura fija.
- Compras de materias, materiales y demás consumos.
- Pagos de salarios y gastos.

En cada uno de los sucesivos apartados ha de estudiarse la cuantía y la fecha del pago correspondiente a cada una de las operaciones, que, como hemos dicho, depende de las facilidades crediticias. Ingresos y pagos se influyen mutuamente, en un equilibrio constantemente variado, tanto por los programas internos como por la situación económica externa o general. El problema es, en general, indeterminado. Ha de estudiarse estadísticamente con los datos que ofrece la contabilidad histórica y la presupuestaria.

Para una operación individual, la coordinación económico-financiera podría representarse mediante el esquema de la página siguiente.

Debe advertirse que difícilmente las distintas fases aparecen en el orden del esquema, pues el «ciclo productivo» no se corresponde con el «ciclo financiero», ni con el «comercial». Por ejemplo: puede cobrarse una venta antes de iniciar la fabricación de lo que se va a vender, así como existir un ciclo de reposición diferente para cada elemento del coste. Aparecen, pues, dos ciclos independientes; el de la producción y el de la financiación, que deben armonizarse dentro del conjunto de disposiciones que va tomando la Dirección de la empresa. Además, el ciclo financiero de cobros y pagos queda mediati-

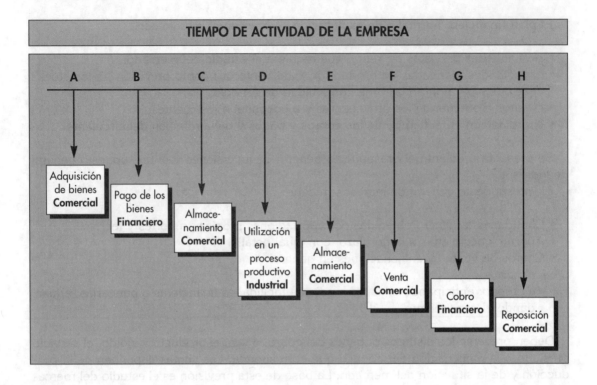

zado por la inversión del crédito de funcionamiento que permite anticipar el momento del cobro de las ventas o diferir, según los casos, el del pago de las compras. Queremos indicar con esto que, por ejemplo, hemos realizado ventas para cobrar dentro de dos meses, pero que si estos créditos están materializados en letras de cambio que podemos presentar al descuento a través de un Banco, podemos anticipar el cobro al adelantarnos su importe el Banco. En el supuesto contrario, aunque hayamos hecho una adquisición a pagar, por ejemplo, dentro de 90 días, también a veces podemos negociar con el proveedor la prórroga. Hemos de señalar que la dirección de la empresa ha de tener una vigilancia constante de los movimientos de cobros y pagos para ir actuando y realizando las gestiones oportunas y conseguir el objetivo de tener disponible el suficiente dinero en el momento oportuno, para cubrir los compromisos contraídos.

La finalidad del esquema que antecede sólo es la de que el lector se percate de que en la actividad de la empresa hay operaciones de carácter financiero que pueden seguir distintos ritmos que las demás. Por ejemplo, supongamos unas ventas quincenales de 6.000.000 u.m., que se venden en las condiciones siguientes: 50 % al contado, 20 % a 30 días, 20 % a 60 días y que reponemos de una forma sistemática el 80 % de las ventas haciendo pedidos a medida que vamos vendiendo, cuyos pedidos pagaremos a 60 días, y que además tenemos unos gastos cada quincena de 900.000 u.m. Se observará que durante las primeras tres quincenas, por el hecho de que cobramos antes de reponer, tenemos un superávit y que luego este superávit quincenal se estabiliza en la cifra de 300.000 u.m. Claro, que para poder empezar a vender tenemos que haber comprado anteriormente y es posible que estos 9.000.000 u.m. que aparecen de superávit al final de la cuarta quincena tengan que estar destinados a pagar o a cancelar los créditos obte-

MOVIMIENTO DE CAJA EN MILES DE U.M.

OPERACIÓN	1º q.	2º q.	3º q.	4º q.	5º q.	6º q.	7º q.	8º q.	9º q.	10º q.
Ventas 1º q.	+ 3.000	+ 1.200		+ 1.800						
Gastos 1º q.	– 900									
Reposición				– 4.800						
Ventas 2º q.		+ 3.000	+ 1.200		+ 1.800					
Gastos 2º q.		– 900								
Reposición					– 4.800					
Ventas 3º q.			+ 3.000	+ 1.200		+ 1.800				
Gastos 3º q.			– 900							
Reposición						– 4.800				
Ventas 4º q.				+ 3.000	+ 1.200		+ 1.800			
Gastos 4º q.				– 900						
Reposición							– 4.800			
Ventas 5º q.					+ 3.000	+ 1.200		+ 1.800		
Gastos 5º q.					– 900					
Reposición								– 4.800		
Ventas 6º q						+ 3.000	+ 1.200		+ 1.800	
Gastos 6º q.						– 900				
Reposición									– 4.800	
Ventas 7º q.							+ 3.000	+ 1.200		
Gastos 7º q.							– 900			
Reposición										
Acumulado	+ 2.100	+ 3.300 + 5.400	+ 3.300 + 8.700	+ 300 + 9.000	+ 300 + 9.300	+ 300 + 9.600	+ 300 + 9.900			

nidos anteriormente para poder tener existencias y empezar la venta. También hemos de considerar el supuesto de que las ventas no sean regulares. En el ejemplo, para facilitarlo, hemos partido de una regularidad de ventas. Podíamos igualmente preparar el cuadro si las ventas que vamos haciendo fuesen distintas en cada quincena. La cuestión siempre es la misma: situar en las correspondientes columnas de cada quincena, o semana, o mes, según como hagamos el cuadro, todos los compromisos de pago que tenemos, así como las previsiones de ingresos. Las cantidades precedidas del signo (+) significan cobros; las que llevan el signo (–) representan pagos.

EJERCICIOS

1. Sobre una línea recta acotada que representará el tiempo, establezca sendos gráficos representativos de la coordinación financiera con los datos siguientes:

   a) Las compras se realizan pagándolas a 120 días.

   Las mercancías recibidas tienen un tiempo promedio de almacenamiento de 20 días y se venden a crédito cobrándolas a los 90 días. ¿Requerirá financiación bancaria externa esta operatoria?

   b) Las compras se pagan a 90 días. El período de almacenamiento promedio es de 30 días y se vende a crédito a 120 días. ¿Requerirá financiación bancaria?

   c) En el supuesto anterior, usted puede ceder al Banco con anticipación de 70 días al vencimiento los efectos que produce como consecuencia de las ventas.

   d) La competencia se endurece y el período de almacenamiento pasa a ser de 45 días y llega a conceder hasta 180 días de crédito. ¿Le será suficiente poder descontar las L/ con 60 días de anticipo?

2. En cada uno de los casos anteriores suponga usted que hace una sola operación de compra por 2.000.000 u.m., que vende por 2.500.000 u.m. Indique su posición financiera (prescindiendo de los gastos del negocio) al término de cada ciclo o rotación.

3. Las operaciones de cobros y pagos de una empresa que constituyen la dinámica de su equilibrio patrimonial corresponden al siguiente esquema: cobros, 10 % al contado; 70 % en letras contra el cliente que negociamos a los 15 días de la venta; 10 % en recibos cobrables a los 30 días y el resto en recibos cobrables a los 60 días. Pagos: Coste de reposición de las ventas, el 80 % de éstas, pagando el 30 % de las compras al contado, otro 25 % a 30 días y el resto a 60 días. Ventas promedio de 20.000.000 u.m. al mes.

Gastos fijos: 3.600.000 u.m. al mes, de los cuales se pagan en la primera quincena 1.000.000 u.m. y el resto en la segunda quincena.

Con los datos anteriores prepare según el modelo del texto unos cuadros de previsión financiera derivada de las operaciones de compraventa y gastos de explotación.

4. Señale el superávit o déficit de Tesorería que tendrá al final de cada uno de los tres primeros meses del año, partiendo del supuesto de que al iniciarlo tenía una disponibilidad de 500.000 u.m.

5. Con los mismos datos indique el beneficio que tendría en el primer semestre y al finalizar el año.

Organización contable-administrativa del almacén

La sección de Almacén ha de funcionar en íntima compenetración con la sección de Compras y con la sección de Ventas.

Hemos de distinguir el trámite de los pedidos para almacén o stock de los que correspondan a compras para ventas en firme, es decir, compras que se hacen de artículos que han sido solicitados por los clientes y que no teníamos en existencia en almacén.

En el primer supuesto, cuando la sección de Compras pase un pedido deberá trasladar la correspondiente copia a Almacén, para que en todo momento sepa esta sección lo que se ha pedido y cuándo ha de recibirlo, y así poder examinar adecuadamente la mercancía al recibirla para dar su conformidad a la entrada.

Esta copia de pedido recibe el nombre de **Hoja de ruta** de pedidos cursados, la cual es devuelta a Compras una vez entrada la mercancía con la conformidad o con las correspondientes observaciones. Esta hoja de ruta a veces va por duplicado a Almacén, pasando un ejemplar a Ventas y otro a Compras, quien lo envía luego a la sección de Contabilidad. Además existe el registro de entradas, que puede servir a contabilidad como Diario-auxiliar.

La sección de Amacén debe notificar a la sección de Compras, con tiempo suficiente, las necesidades de reposición de artículos cuando vea por los ficheros que las existencias se acercan al «stock» mínimo.

En el segundo caso, cuando se reciba el pedido del cliente y no haya existencias en almacén, o como también se dice «no hay en stock», la sección de Ventas ha de mandar a la sección de Almacén orden de suministro, correspondiente a los pedidos aceptados de clientes, con instrucciones para su despacho.

Esta orden constituye la Hoja de ruta de pedidos a servir, la cual una vez cumplimentada por almacén pasa a la sección de facturación, devolviéndose a la sección de Ventas con la señal de cumplimentación.

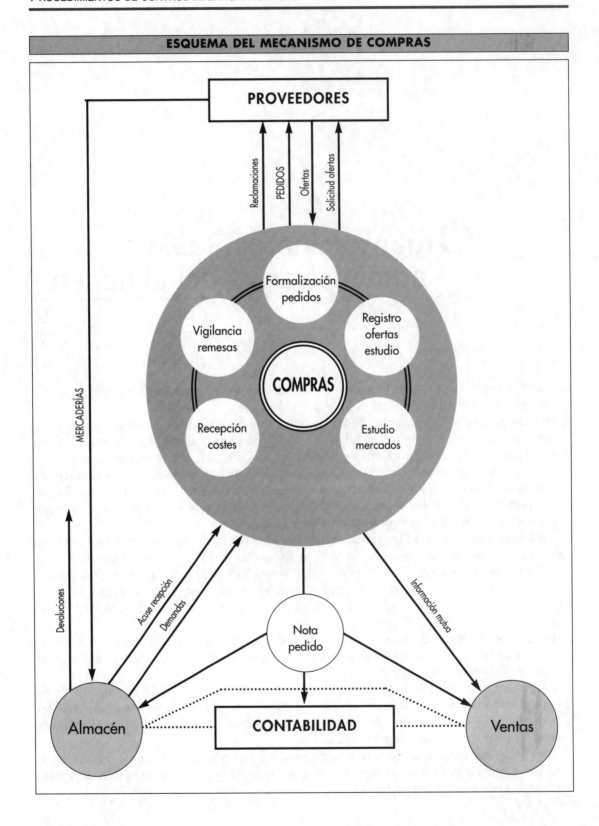

ESQUEMA DEL MECANISMO DE COMPRAS

PROVEEDORES

Reclamaciones

PEDIDOS

Ofertas

Solicitud ofertas

Formalización pedidos

Registro ofertas estudio

Vigilancia remesas

COMPRAS

Recepción costes

Estudio mercados

MERCADERÍAS

Devoluciones

Acuse recepción

Demandas

Nota pedido

Información mutua

Almacén

CONTABILIDAD

Ventas

ESQUEMA DEL MECANISMO DE VENTAS

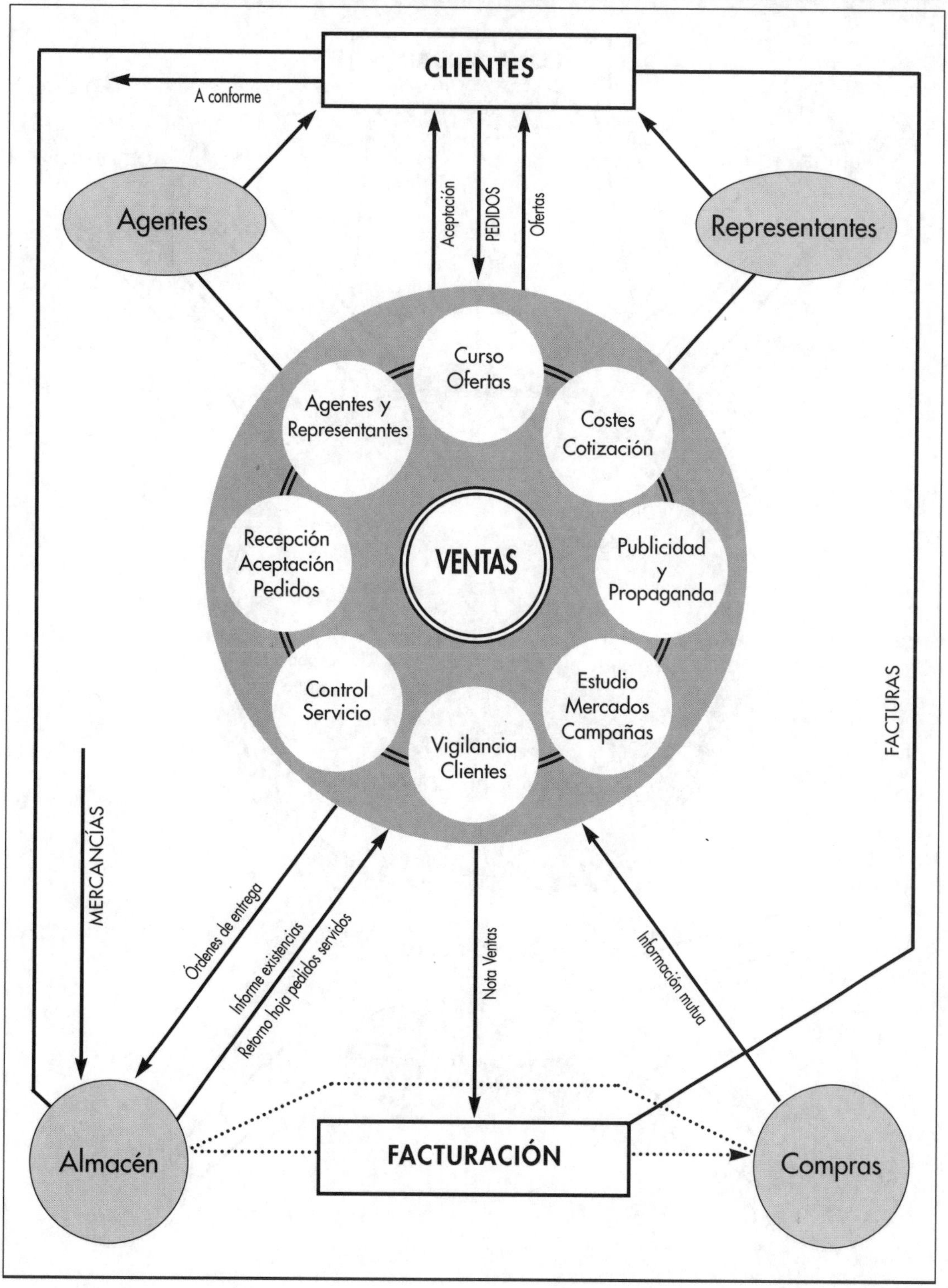

CLIENTES

A conforme

Agentes

Representantes

Aceptación

PEDIDOS

Ofertas

Curso
Ofertas

Agentes y
Representantes

Costes
Cotización

Recepción
Aceptación
Pedidos

VENTAS

Publicidad
y
Propaganda

Control
Servicio

Estudio
Mercados
Campañas

Vigilancia
Clientes

FACTURAS

MERCANCÍAS

Órdenes de entrega

Informe existencias

Retorno hoja pedidos servidos

Nota Ventas

Información mutua

Almacén

FACTURACIÓN

Compras

ESQUEMA DE RELACIONES DE ALMACÉN Y EXPEDICIONES

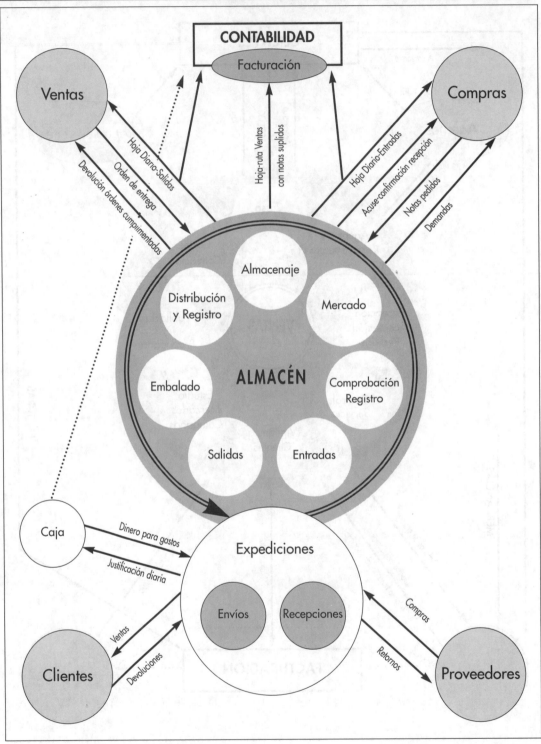

Explicación de los anteriores esquemas

Los esquemas de compras, almacén, expediciones y ventas tienen el mismo simbolismo. En su parte central reflejamos el conjunto del departamento y en círculos menores cada una de las secciones que pueden constituirse dentro del departamento. No todas las empresas tendrán todas las secciones. Los vectores o flechas que salen de cada una de estas partes centrales indican los documentos o la relación que se establece entre cada departamento.

Instrumentos de Registro

Pueden estar constituidos por libros, generalmente de hojas movibles y ficheros, aunque para algunos tipos de Registro se siguen utilizando los libros encuadernados. Los más usados son:

- Registro de entradas en almacén.
- Cuentas de existencias.
- Registro de salidas de almacén.
- Registro de expediciones.
- Registro de devoluciones a proveedores.
- Registro de devoluciones de clientes.
- Registro de referencias y costes.
- Carpetas de órdenes y pedidos.
- Copiador de facturas.

Control de entradas y salidas

Está formado por hojas sueltas, que suelen formularse por triplicado. Toda entrada y salida de almacén requerirá un documento y comprobación por parte de los empleados a quienes se haya confiado esta misión, registrándose seguidamente en dichas hojas todas las características que interesen según la clase de mercancía de que se trate.

El ejemplar número 1 pasa a la sección de contabilidad, pudiendo hacer las veces de Diario de entradas y salidas. El número 2 pasa a la sección de Compras, si se trata de entradas de artículos, y a la de Ventas, si son salidas. El número 3 queda archivado en la sección de Almacén, sirviendo para las anotaciones en las fichas de existencias. Los ejemplares que se remiten a compras o a ventas deben ir acompañados de las hojas de ruta.

Cuentas de existencias

En su conjunto forman el libro de existencias o de almacén, destinado a dar razón en todo momento de las cantidades de mercancía de cada clase que se tienen en existencia, así como del movimiento particular de las mismas.

Estas cuentas se desarrollan por lo general en fichas, que se guardan en ficheros adecuados.

HOJA-CUENTA INDIVIDUAL DE ALMACÉN																		

ENTRADAS								SALIDAS							
Núm.	Comprobado	Fecha	Procedencia	Pedido	Factura	Cantidad		Núm.	Comprobado	Fecha	Destino	Pedido	Factura	Cantidad		Existencia
						B/.	Kilos							B/.	Kilos	
			Reproducción hoja entrada								Reproducción hoja salida					

Coloraciones diferentes

Ha de procurarse que todos los documentos que se utilizan en la organización de almacén sean de papel de colores distintos, utilizando siempre los mismos colores para secciones o clases de documentos, con la finalidad de que su clasificación y su ruta resulte fácil.

Facturación

La facturación se efectúa a la vista de las hojas de ruta cumplimentadas; en algunos casos puede prepararse ya por decalco al cursar la orden de suministro a almacén, bastando terminar de complementarla al servir el pedido. De las facturas es usual sacar una copia para archivar junto con la correspondencia del cliente, o en carpeta adecuada al mismo, pudiendo servir en ciertos casos para comprobación de cuentas personales. A veces se sacan dos copias de la factura, una se archiva por riguroso orden de numeración, con lo cual se obtiene un dosier de las facturas enviadas a los clientes, que sustituye al Registro de facturas de ventas. Otra copia se archiva en el expediente o carpeta de cada cliente para conocer lo servido a cada uno de ellos.

Presentamos asimismo las cabeceras de unas hojas de registro para dejar constancia escrita del detalle de las facturas. Pueden simplificarse o ampliarse según interese reflejar en estos libros de registro o en estas hojas de movimiento más o menos datos de los contenidos en la factura o en los documentos que amparan las operaciones que se están realizando.

HOJA DE MOVIMIENTO

ALMACÉN

ENTRADAS
SALIDAS

Núm.	Comprobado por	Fecha doc.	Destino o Procedencia	Pedido núm.	Fra.	Cantidad		Artículo	Observaciones
						Bultos	Kilos		

COPIA QUE PASA A CONTABILIDAD

ALMACÉN a Contabilidad

ENTRADAS
SALIDAS

Núm.	Diario	Ctas.	Fecha doc.	Destino o Procedencia	Pedido núm.	Fra.	Cantidad		Artículo	Importe Factura	Gastos	Suma
							Bultos	Kilos				

REGISTRO DE FACTURA											
Núm.	Fecha	Cliente	PLAZA	Domicilio	Importe total	Ventas neto	Envases	Impuestos	Suplidos	Devolución envases	OBSERVACIONES
					u.m.	u.m.	u.m.	u.m.		u.m.	
		sumas anteriores									

FACTURAS DE ... ENERO ...											
Núm. Fac.	Día	Nombre	Domicilio	Población	Condiciones	Pesetas	Febrero 30	Abonos	Marzo 60	Abonos	Abril 90

Métodos de organización de almacén

Para la organización contable de la sección de Almacén se pueden utilizar diferentes procedimientos, los cuales difieren en los libros que se usen para el registro de las operaciones que afecten al almacén. A continuación explicaremos algunos de ellos:

▪ **Primer procedimiento**
Se utilizan tres libros:

1. El de facturas efectivas o de cuenta firme, que constituye el Diario de Ventas.
2. El de mercancías en consignación.
3. El de comisiones a agentes, viajantes, representantes y comisionistas.

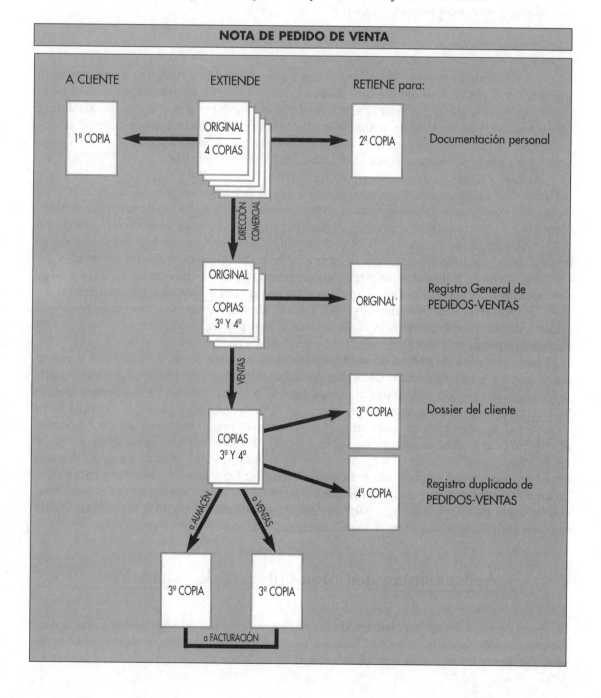

NOTA DE PEDIDO DE VENTA

A CLIENTE — EXTIENDE — RETIENE para:

1ª COPIA	ORIGINAL / 4 COPIAS	2ª COPIA — Documentación personal

DIRECCIÓN COMERCIAL

ORIGINAL / COPIAS 3ª Y 4ª → ORIGINAL · Registro General de PEDIDOS-VENTAS

VENTAS

COPIAS 3ª Y 4ª
→ 3ª COPIA — Dossier del cliente
→ 4ª COPIA — Registro duplicado de PEDIDOS-VENTAS

a ALMACÉN — a VENTAS

3ª COPIA — 3ª COPIA

a FACTURACIÓN

Las facturas hechas con las notas de Ventas se extienden por duplicado. Una se cursa al cliente y otra pasa al archivo, en la carpeta individual del cliente.

- **Segundo procedimiento**
En el procedimiento anterior puede suprimirse el Diario de Ventas. Para ello es suficiente obtener una copia más de las facturas, colocarlas en riguroso orden de fechas, numerándolas, y encuadernar estas copias.

- **Tercer procedimiento**
Desglose de Ventas-contado.
En los dos procedimientos anteriores no se ha hecho distinción alguna entre ventas al contado y a plazo, suponiendo que ambas siguen el mismo trámite de anotación en el libro de Ventas, conjuntamente; de ahí, traslado al Diario general y al Mayor auxiliar de Clientes, además del Mayor Central, bien en cuentas individuales, bien en cuentas colectivas, saldando las cuentas de las ventas al contado por el asiento procedente del Diario de Caja, donde se habrá efectuado el cobro al mismo comprador.

Para evitar recargar los libros con asientos que pueden suprimirse, se sigue la norma de registrar unitariamente las ventas al contado en el Diario de Caja, acreditando directamente por su suma total la cuenta de ventas; esta forma presenta el inconveniente de no dejar rastro de la venta en las cuentas de clientes, perdiéndose un valioso dato para el control de la clientela. Se remedia el inconveniente destinando un Diario especial a las ventas al contado, del cual se sacan las anotaciones para las fichas de los clientes y sirve de comprobación directa al Diario de Caja a base del cual se realizan los asientos en los libros principales. Las devoluciones de clientes, si son numerosas, precisan llevar un registro de las mismas, contrario al de ventas; si son pocas, pueden registrarse en el de ventas, por notas sustractivas.

El esquema **nota de pedido de venta** significa que del pedido de venta se van a extender el original y cuatro copias. Cada una de las copias tiene una finalidad distinta; la primera copia del pedido se entrega al cliente para que tenga constancia del pedido que se ha hecho; el vendedor conserva el original y las otras tres copias. La segunda copia la va a retener el agente vendedor para su particular archivo, pasando a la **dirección comercial** el original y las copias tercera y cuarta. El original pasará al **registro general de ventas** y las copias tercera y cuarta se entregan a las de **ventas**, la cual pasará la tercera copia a **almacén**, que cumplimentará la venta y una vez cumplimentada la pasará a **ventas** para proceder a la facturación, pasando definitivamente al dosier o expediente del cliente. Una cuarta copia puede conservarse para un registro duplicado de pedidos de ventas. Puede también simplificarse el proceso, lo que dejamos a la elección del lector.

Aplicación de distintos criterios de valoración

El cargo de las cuentas de existencias se hace siempre al coste de compra, comprendiendo los gastos de la misma. El abono por las ventas o salidas puede cuantificarse según distintos criterios; los más usuales son:

- **Precio de coste cronológico,** conocido también por el anagrama inglés fifo (*first in, first out*: primero entrado, primero salido). En este procedimiento se parte de la idea de que las salidas de material se realizan en el mismo orden que entraron, por esto también se le conoce con la denominación de precio o coste más antiguo.

De acuerdo con esta premisa las salidas se valoran al precio de coste más antiguo, siempre que nos sea posible. Supongamos que se han efectuado las operaciones siguientes:

Entradas	Salidas	Existencias
a) 1.000 kg a 50,– u.m.		1.000 kg
	a') 800 kg	200 kg
b) 500 kg a 52,– u.m.		700 kg
	b') 550 kg	150 kg
c) 800 kg a 49,5 u.m.		950 kg

Los precios asignados a cada salida serían:
- En a') el de 50 u.m. porque la primera partida comprada tiene este precio y cuando se sirve la partida a') había suficiente existencias para cubrir la salida; además, no había habido ninguna otra entrada. El stock que ahora queda, 200 kg, también se valorará a 50 u.m./kg = 10.000 u.m.
- Al hacer la entrega de la partida b') encontramos que sólo había 200 kg procedentes de la partida a) y 500 kg de la b); por tanto, al sevir 500 kg servimos 200 kg al costo de 50 u.m. y 350 kg al coste de 52, quedando agotada la primera entrada. Ahora todo el stock procede de la segunda partida entrada y se valorará a 52 u.m./kg = 7.800 u.m.
- Al entrar la tercera partida, tenemos que el stock está constituido por los 150 kg anteriores y los 800 kg ahora recibidos, al precio de 49,50 u.m. El valor del stock estará formado por la suma de las dos partidas: 7.800 + (800 x 49,50) = 47.400 u.m.

Para la mejor aplicación de este procedimiento, algunas empresas siguen el sistema de llevar ficha de existencias separadas para cada partida entrada. Una variante estriba en separar también físicamente en almacén las distintas partidas y dar a cada salida su precio según la partida de que proceda.
- **Precio de coste promedio.** Se calcula a cada nueva entrada el precio medio de las existencias en almacén, computando siempre la entrada última con las existencias anteriores.
- Tomando los datos del ejemplo anterior, tenemos. Entraron 1.000 kg a 50 u.m./kg Mientras no haya nueva entrada será éste el precio de coste aplicado a cada salida. Al producirse la segunda entrada de 500 kg, a 52 u.m. tenemos que determinar el nuevo coste según sigue:

Nuevo precio promedio de coste: 36.000: 700 = 51,428 u.m.

Existencia antes de la entrada	200 kg x 50 u.m. =	10.000 u.m.
Nueva compra	500 kg x 52 u.m. =	26.000 u.m.
Nueva existencia	700 kg por importe de	36.000 u.m.

Nuevo precio promedio de costo: 36.000 : 700 = 51,428 u.m.

La salida b') ahora no deberá valorarse ni al precio de 50 u.m. de la primera compra ni al de 52 u.m. de la segunda, sino al de 51,428 u.m., que resulta ser el promedio ponderado de la nueva existencia. Al recibir la tercera entrada, el nuevo precio promedio será:

Existencia anterior	150 kg x 51,428 u.m. =	7.714,20 u.m.
Compra c)	800 kg x 49,500 u.m. =	39.600,– u.m.
950 kg		47.314,20 u.m.

Nuevo precio promedio de costo: 47.314,20 : 950 = 49,804 u.m.

Fíjese que el precio medio o promedio de las existencias queda modificado a cada nueva compra.

El inconveniente que tiene este procedimiento es la molestia de determinar a cada compra o entrada el nuevo precio; pero las modernas máquinas contables tienen ya programado la realización de estos cálculos, que hacen e inscriben en cuestión de segundos.

- **Por el último coste** (lifo, *last in, first out*, última entrada, primera salida). Según este criterio cada salida se valora por el coste de la última partida entrada. Se fundamenta este criterio en que este último precio es el más actual y que en épocas de subida de precios hemos de tratar de conocer el beneficio no con relación al coste histórico, sino con referencia al precio de reposición de los stocks, y el coste último es el más próximo, si siguen ascendiendo los precios.

En el ejemplo que antes hemos puesto hay un aumento de precios de la primera a la segunda compra, pero luego hay un descenso. Los avatares de los movimientos de los precios, cuando son previsibles, abonan la aplicación de este criterio. En el caso que hemos expuesto, aplicando este sistema, la salida a') se valorará a 50 u.m.; la b'), a 52 u.m.

Las existencias quedarán valoradas a precios antiguos, y si al hacer el inventario las valoramos a precios actuales aparecerán unas diferencias que los partidarios del sistema dicen no son beneficios, sino regularizaciones de precios que se han de mantener en una cuenta especial de «Diferencias de inventario» o de «Reserva por revalorización de existencias».

Las cuentas de **Diferencia de inventario** y **Reserva por revalorización de existencias** no están contenidas en nuestro PGC, pues todavía en la legislación fiscal positiva no se han recogido de la forma conveniente los problemas que a la contabilidad presenta la inflación monetaria, tema éste que será objeto de un estudio más detallado en otro capítulo de este texto.

* **Por el precio de reposición**. Queriendo cubrir los efectos de la continuada subida de precios, cuando ésta se produce, modernamente algunos autores recomiendan abonar las salidas por el probable precio de reposición conocido por el anagrama inglés **nifo** (*next in, first out*: próxima entrada...). En este supuesto el precio de salida no aparece en los antecedentes de la ficha contable, debe recabarse cada vez información al servicio comercial del precio a que comprarla. El procedimiento es todavía poco utilizado porque requiere un contacto entre la sección de Contabilidad y las secciones comerciales de la empresa, y que éstas tengan información no de los precios a que han comprado, sino de los precios a que comprarían, precios que en realidad están siempre sujetos a revisión, porque el precio real de una compra no se sabe hasta que dicha compra se efectúa.

  Damos información del sistema para que el lector sepa que existe, pero no se lo recomendamos, a pesar de que para algunos significa una defensa contra los efectos de la inflación, siempre y cuando la diferencia entre el precio de coste de cada partida que se vende y el de reposición pueda destinarse y se abone a una cuenta de **Diferencias de valoración de existencias** y no se conceptúe beneficio.

* **Por el coste más alto**, conocido con el anagrama **hifo** (*highost in...* más alto entrado...). Con este criterio se valoran las salidas al coste de compra más alto del período. Así, en el ejemplo anterior, la salida b') se valoraría a 52 u.m., y si luego hubiese una salida c'), aunque hubiera bajado el precio, seguiría valorándose a 52 u.m.

  Se pueden observar los efectos sobre la valoración de las existencias residuales. Cuando aplicamos el coste más antiguo, las existencias quedan valoradas por los últimos costes.

  Algunos contables, no obstante, no realizan la diferenciación que se ha hecho en el ejemplo y valoran toda la existencia al precio último: 49,50 u.m. Se produce entonces una diferencia, que queda absorbida dentro del resultado de la cuenta de Explotación. Si hemos calculado partida por partida, el beneficio, en este caso la suma de beneficios parciales, no coincidirá con el beneficio de la cuenta de Explotación, como se ve en los siguientes ejemplos.

  En el supuesto de que tanto la partida a') como la partida b') las hemos vendido a 60 u.m./kg, tendríamos:

Entradas	Salidas	Existencias
a) 50.000 u.m.	a') 48.000 u.m.	8.000 u.m.
b) 26.000 u.m.	b') 33.000 u.m.	4.800 u.m.
c) 39.600 u.m.		

D	Cuenta de Explotación		H
Compra	50.000 u.m.	Venta	48.000 u.m.
»	26.000 u.m.	»	33.000 u.m.
»	39.600 u.m.	Existencia final	47.025 u.m.
		950 kg x 49,5 u.m.	
	115.600 u.m.		128.025 u.m.
	12.425 Beneficio		

La suma de beneficios parciales asciende a 12.800 u.m.; la cuenta de Explotación, por efecto de la baja del costo de las existencias, nos da 12.425. Diferencia 375, que es precisamente el producto de multiplicar la existencia después de la salida b'), esto es, antes de la entrada c), por la diferencia de precios entre el coste de la entrada b) y el de la c): 150 kg x 2,5 u.m. El beneficio de la cuenta de Explotación depende, por tanto, del criterio que se aplique a la valoración de las existencias finales. En cambio, si valoramos la existencia final, en cuanto a 150 kg al costo de 52 u.m., y 800 al de 49,5, el beneficio de la cuenta de Explotación será de 12.800 u.m., coincidiendo en este caso con la suma de beneficios parciales.

Cuando aplicamos el precio de coste promedio y valoramos por el mismo las existencias, no se producen diferencias entre los beneficios calculados partida por partida y el beneficio global que presente la cuenta de Explotación. Al aplicar el **lifo**, como hemos indicado antes, se producen diferencias.

Cuantifiquemos en u.m. por este criterio las operaciones anteriores:

Entradas	Salidas	Existencias
a) 50.000 u.m.		
	a') 48.000 u.m.	8.000 u.m.
b) 26.000 u.m.		
	b') 33.000 u.m.	4.800 u.m.
c) 39.600 u.m.		

D	Cuenta de Explotación		H
Compra	50.000 u.m.	Venta	48.000 u.m.
»	26.000 u.m.	»	33.000 u.m.
»	39.600 u.m.	Existencias finales	
		950 x 49,5	47.025 u.m.
	12.425 Beneficio		

Suma de beneficios parciales, 12.400 u.m.; beneficio según cuenta, 12.425 u.m. Estas diferencias pueden tener signo diferente según la evolución que hayan tenido los precios de compra y los de venta.

Finalmente, puede considerarse lo que ocurre cuando se valoran las existencias finales por el procedimiento **nifo**; supongamos que el precio de posible reposición es de 55 u.m./kg, la cuenta de Explotación, en síntesis, quedaría así:

Suma de compras	115.600	
Suma de ventas		81.000
Existencias finales:		
950 kg a 55 u.m.		52.250
	115.600	133.250
Diferencia, presunto beneficio		17.650

¿Hemos ganado esta cantidad? Evidentemente, no, pues aquí se incluye la inflación o aumento que se da en el precio de las existencias. Para prevenir esta ilusoria ganancia se recomienda, al hacer estudios de rentabilidad, valorar también las compras no por lo que costaron, sino por el precio de reposición, en cuyo caso tendríamos:

Suma de compra, revalorizada	126.500	
Suma de ventas	81.000	
Existencias finales, revalorizadas		52.250
	126.500	133.250
Beneficio con este criterio		6.750

El beneficio depende del criterio de valoración utilizado. Este criterio ha de ser lógico, coherente y consistente. Si valoramos por el precio promedio y calculamos a cada operación su diferencia, la suma total de ésta será igual al beneficio que arrojará la cuenta. Lo mismo ocurrirá si aplicamos el sistema de precio antiguo. En cambio, no ocurre esto cuando aplicamos un sistema **lifo** o **nifo**, en cuyos supuestos se presentan unas diferencias entre el resultado que arroja la cuenta de Explotación global y el resultado precalculado separando operación por operación los beneficios tenidos, como es de ver en los ejemplos que presentamos a continuación. Hemos de señalar que el PGC siguiendo normas internacionales señala:

– «Para la valoración de los bienes comprendidos en el grupo 3 (existencias en general de artículos comerciales) se aplicará el precio de adquisición o de mercado si éste fuese menor.

– »Cuando existan distintos precios de entrada, sería deseable la identificación de las diferentes partidas por razón de su adquisición, a efectos de asignarles valor independiente, y en su defecto se adoptarán con carácter general el sistema de precio promedio ponderado.

– »Los métodos **lifo, nifo** u otro análogo son aceptables como criterios valorativos y pueden adoptarse si la empresa los considera más convenientes para su gestión.»

Es decir, que en general se señala como sistema recomendable el precio promedio ponderado, autorizando los demás. Este tema se amplia en el apartado *Contabilidad de sociedades* del capítulo 10.

EJERCICIOS

1. Entre Almacén y Compras ¿qué relaciones documentales establecería usted? ¿Y entre Ventas y Almacén?

2. Preparar un rayado de ficha para registro de movimientos de almacén.

3. Requisitos esenciales que han de constar en una nota de pedido cursada por la sección de Compras.

4. Del esquema que presentamos de la sección Ventas deduzca las funciones de este departamento.

5. Qué operaciones se deben realizar para pasar a un registro totalizador de facturas las copias de ventas a clientes.

6. Qué operaciones se deben realizar para dar la conformidad a la entrada en almacén de un producto adquirido a un proveedor.

7. Registrar en una hoja de movimiento de almacén las siguientes entradas y salidas por precios históricos:

   a) Entrada de 2.000 m. tubo grosor «A» el día 1-2, vendido por Delia, S. A. núm. pedido 123; precio unitario 20 u.m.

   b) Entrada 1.500 m. tubo grosor «B», el día 2-2, vendido por Delia, S. A., núm. pedido 135; precio unitario 16 u.m.

   c) Entrada 1.000 tubo grosor «C», el día 3-2, vendido por Delia, S. A., núm. pedido 136; precio unitario 22 u.m.

   d) Salida, el día 4-2, de 1.500 m. tubo grosor «A», comprado por Lancia, S. A., precio unitario 26 u.m., núm. pedido 139.

   e) Salida, el día 6-2, de 750 m. tubo grosor «B», comprado por Texalt, S. A.; precio unitario 19 u.m., núm. pedido 140.

8. Qué datos considera esenciales para contabilidad de los que constan en una factura de ventas.

9. Suponiendo que todas las operaciones del núm. 7 son a crédito, formule los correspondientes asientos de Diario.

10. Qué criterio de valoración recomienda el PGC.

11. En un artículo X se han efectuado las operaciones siguientes:

1) Compra de 10.000 kg a 50 u.m.

2) Venta de 2.000 kg a 70 u.m.

3) Venta de 1.825 kg a 69 u.m.

4) Compra de 5.000 kg a 55 u.m.

5) Venta de 4 000 kg a 72 u.m.

6) Venta de 3.000 kg a 73 u.m.

7) Compra de 8.000 kg a 57 u.m.

8) Venta de 5.000 kg a 75 u.m.

9) Venta de 2.000 kg a 75 u.m.

Partiendo de los datos anteriores resuelva los siguientes supuestos:
a) Preparar una ficha de almacén en que se haga constar movimientos en cantidades ponderales y sus importes en u.m., valorando las salidas por el precio más antiguo.

b) Otra igual en que se aplique para la valoración el precio promedio.

c) Otra aplicando el precio más moderno o último precio entrado.

d) Formule para cada caso las correspondientes cuentas de Explotación.

e) Determine el beneficio de cada operación de venta en los supuestos a, b y c, en el siguiente cuadro:

Venta	Importe cobrado	Criterio a)		Criterio b)		Criterio c)	
		coste	beneficio	coste	beneficio	coste	beneficio
2							
3							
5							
6							
8							
9							
sumas							

Previsión de los movimientos de almacén

En cualquier tipo de empresa no solamente se inmoviliza el equipo industrial, sino que también en su monto total se inmovilizan mercaderías y productos; por ello la gestión de existencias se considera una modalidad de la selección de inversiones.

Recordaremos que la idea de inmovilización económica surge en el seno de la empresa, al considerar que hay inversiones que permanecen en el patrimonio durante bastantes años o ejercicios.

Por ejemplo, si nosotros instalamos una fábrica y compramos máquinas, estas máquinas, normalmente, están durante varios años en funcionamiento. A lo largo del tiempo se va obteniendo la recuperación del dinero invertido en las máquinas, esto es, de la inversión inicial, mediante el mecanismo llamado amortización. Se dice, por tanto, que todo aquello que constituye la estructura fija de una empresa forma parte de su Inmovilizado.

Ahora bien, una empresa para mantener determinado ritmo de ventas ha de mantener también una inversión adecuada en mercaderías. Nosotros, al entrar en una tienda, vemos las estanterías llenas de género y aunque están más o menos llenas de género, siempre mantendrán el nível mínimo necesario de existencias para poder atender las demandas que realicen los clientes. Por tanto, hablaremos de que las mercaderías —aun cuando por su naturaleza estricta forman parte del circulante, porque cada una de las partidas de mercaderías puede ser que estén durante poco tiempo en el almacén—, en conjunto, forman un bloque de existencias. Si se trata de una fábrica, habrá una existencia de materias primeras necesarias para garantizar su suministro o fabricación.

Es por lo expuesto anteriormente que podemos afirmar, desde el punto de vista financiero, que mercaderías y productos también pueden ser considerados un inmovilizado especial.

La gestión de existencias

La correcta gestión del almacén supone mantener un equilibrio entre:

- El ritmo de producción en relación con el ritmo de ventas; un mayor stock adecuadamente diversificado reduce el riesgo de pérdida de ventas.
- Las posibilidades de financiación del stock y rentabilidad de la inversión, pues un mayor stock representa una mayor inmovilización y los beneficios de la mayor venta quizá no compensen los costes de la mayor inmovilización.
- Estudiar el coste de almacenamiento, que es variable y a medida que se modifican las existencias que se guardan.

Para este equilibrio es necesario establecer la adecuada política de gestión de stocks, que comprende, por una parte, el control de existencias y la vigilancia del movimiento de las mismas, y, de otra, los problemas de renovación y sustitución de las mercaderías vendidas o consumidas y el mantenimiento de stocks económicos, que es tanto como decir el estudio de la economicidad de la inversión en productos, en materias primas y en proceso de producción.

El control supone el análisis de cada uno de los artículos en stock para clasificarlos en «Artículos a reponer», pudiéndose establecer el criterio de aumentar, sostener o disminuir el stock ya sea en forma definitiva o estacional, según los ciclos previstos de la demanda y de la oferta; «Artículos a eliminar», indicando el proceso a seguir para ello (liquidación paulatina, rápida, forzada, etc.); «Nuevos artículos», «Artículos de venta ocasional», «Artículos de venta permanente» y «Artículos de venta cíclica». Al decir venta significamos igualmente consumo interno. Esta clasificación permitirá conocer las grandes líneas del movimiento de los stocks, que es básica para sentar una política de control.

Los flujos de compra y consumo o venta determinan el nivel de existencias; lo ideal es que éstas sean el mínimo, evitando la posibilidad de agotamiento a cero si no hay seguridad de reposición en aquellos productos o artículos que no se quieran eliminar, pues aparece el peligro de perturbar el ritmo de producción, o de relación con la clientela, o de tener que hacer acopios forzados en condiciones desventajosas. Establecida la anterior clasificación es necesario señalar para cada artículo los topes mínimo y máximo de existencias a mantener, teniendo en cuenta, si se trata de artículos de rotación normal con uso o venta constante o cíclica, que el análisis de los flujos de venta permite determinar la existencia media y los topes señalados. Para algunos artículos o productos es necesario tener existencias de seguridad, como medida de protección, previendo la posibilidad de retraso en las entregas o aumento en las demandas. Deben evitarse las existencias en exceso, pues representan un aumento del coste por inmovilización de capital; además, se corre el riesgo de mayor deterioro, si no están bien conservadas, o cambios de modas y gustos del consumidor.

En resumen, una política de stocks queda condicionada, en general, por los siguientes estudios:

- Estimación de necesidades para períodos más o menos largos, según la posibilidad de reposición. Así, por ejemplo, para una mercadería de importación, si el trámite normal de la misma supone que desde el momento que solicitamos el pedido hasta la recepción van a pasar diez meses, tendremos que estimar las necesidades por lo menos para un período de un año. Si se trata de productos sujetos a ciclos o campañas, la estimación de necesidades tendrá que tener en cuenta la duración del período de campaña.

- Programación de ventas y si se trata de una empresa industrial de los consumos para fabricación.
- Margen de seguridad que consideramos necesario.
- Variaciones en los precios de adquisición o producción.
- Coste de almacenamiento y riesgos de la inversión.
- Costes de hacer un pedido.
- Riesgos de la conservación del producto o artículo. Estos riesgos pueden depender de la propia naturaleza del producto —la fruta fresca, por ejemplo, no puede conservarse indefinidamente— o de circunstancias del mercado: un artículo puede pasar de moda o perder utilización rentable.

Cada uno de los apartados que anteceden puede dar lugar a un análisis muy profundo de posibilidades, que dependen de los artículos en que cada empresa trate. Es un tema que escapa al campo de la contabilidad, incluso de la organización, para entrar dentro de las especializaciones de estudios de economía y gestión empresarial, que se ha de referir a cada uno de los tipos de empresa que estudiemos. Esos problemas no se presentan igualmente en una harinera que en una fábrica de azúcar, que en una venta de muebles o en un bazar que venda muchos artículos o en la pequeña tienda de ultramarinos de la esquina. Es por esta razón que nosotros sólo damos una noción muy vaga de estos problemas, estudiando algo más alguno de sus aspectos.

Costes de almacenamiento e inversión en stocks

Las existencias en almacén son origen de gastos y costes por:

- Interés del dinero invertido.
- Seguro de las existencias para cubrir los riesgos asegurables.
- Gastos anuales del almacén, que comprenden: personal, alquiler o, en su caso, gastos de conservación, impuestos, amortización, iluminación, limpieza, mantenimiento, vigilancia de stocks, etcétera.
- Amortización del mobiliario, maquinaria e instalaciones del almacén.
- Riesgos y mermas propias y de antiguamiento o pérdida de actualidad como artículo vendible.

La valoración de estas partidas en algunos casos es independiente del montante de los inventarios (por ej., iluminación, limpieza, alquiler); en otros puede referirse a un porcentaje del valor invertido (por ej., interés). Para los primeros tendremos que establecer el presupuesto de gastos anuales y referirlo al inventario medio, aunque hay quien es partidario de aplicar un criterio de prudencia y referirlo al inventario mínimo.

Aquí también ha de aplicarse el criterio de economicidad, procurando que las instalaciones, amplitud del almacén, personal, etc. sean los adecuados, sin excesos que resultaran antieconómicos.

Coordinación de ventas

Debe haber un enlace lógico entre la venta y la producción, si se trata de una empresa industrial, o entre la venta y la adquisición, si se trata de una empresa simplemente comercial. Se realiza a través de una oficina de coordinación de ventas, cuya tarea consiste en:

- Decidir si determinados pedidos han de servirse del almacén o de la producción, o, en su caso, adquiriendo directamente al proveedor y sirviéndoselos al cliente.
- Determinar las preferencias.
- Acordar entre sí los intereses de las diversas secciones de ventas y convenir los plazos de entregas.
- Cuidarse del almacenaje óptimo, combinando los intereses de la producción con los de la venta y con los financieros.

El trabajo de esta oficina está basado en el fichero de coordinación, que tiene que suministrar las siguientes informaciones:

- Existencia en almacén de productos acabados.
- Ídem de pedidos de clientes pendientes de suministro.
- Ídem de productos en curso de fabricación.
- Ídem de productos en programa de fabricación.

La diferencia entre los dos primeros datos expresa la existencia disponible; añadiéndole la suma de los otros dos, tendremos la existencia a disponer en tal o cual plazo.

Punto de pedido

Corresponde a la cantidad de existencias que deben determinar la formulación de un pedido; se denomina también existencia mínima, y debe ser tal que deje cubiertas las necesidades de los servicios usuarios del artículo, durante el plazo de entrega del pedido que se formula. Puede determinarse con carácter general para cada artículo o grupo de artículos, mediante el siguiente cálculo:

$$E\ \text{mínima} = \frac{c}{n} d + s$$

en el que c representa el consumo anual; n, 12 meses o 365 días, según que d (plazo de demora en la recepción) se establezca con una u otra unidad, y s, existencia de seguridad. Al establecer d hay que tener en cuenta todos los plazos y gestiones a realizar: tiempo de estudio de ofertas y formulación de pedido, tiempo del proveedor en la preparación, tiempo de transporte, tiempo de recepción, tiempo de controles cuantitativos y cualitativos, tiempo de almacenamiento; es decir, desde el momento en que se nota la falta del artículo hasta que se pueda tener la reposición dispuesta para ser utilizada consumida o vendida.

Supongamos que anualmente se consumen de un producto 4.200 unidades y que hay un suministro regular durante el año. La experiencia nos ha demostrado que desde que detectamos la falta de dicho artículo hasta que obtenemos su reposición transcurre 1 mes. La aplicación de la primera parte de la fórmula anterior da:

$$E = \frac{4.200}{12} \times 1 = 350 \text{ unidades}$$

Hemos de cursar pedido cuando haya un mínimo de 350 unidades. A esta cifra hemos de agregar la existencia de seguridad; por ejemplo, 50. Entonces en la ficha de existencias señalaremos que hemos de cursar el pedido cuando quedan 400 unidades. Si se trata de artículos de compra estacional, es decir, que solamente se pueden comprar en determinados períodos, hay que prever las ventas correspondientes al tiempo que va a transcurrir desde que podamos formalizar un pedido a otro. También se presenta el caso de artículos de venta estacional e irregular. En este caso conviene preparar un cuadro de compras y ventas previstas con saldo previsto de existencias, por períodos más o menos dilatados según el artículo de que se trate.

ARTÍCULO XXX							
Fecha	Concepto	Salidas		Entradas		Existencias	
		Prev.	Real	Prev.	Real	Prev.	Real
Enero 1	Stock inicial					300	300
Enero	Venta	800	750				
	Compra			700	600	200	150
Febrero	Venta	950					
	Compra			1.000		250	
Marzo	Venta	750					
	Compra			1.000		500	

La ficha nos indica lo que hemos previsto y lo que ha sucedido para ir tomando, sobre la marcha, las oportunas disposiciones. Como vemos, partimos de una existencia real de 300 unidades y vamos anotando las previsiones, que han sido para el mes de enero una compra de 700 unidades y una venta de 800, para el mes de febrero una compra de 1.000 unidades y una venta de 950 y para el mes de marzo una compra de 1.000 unidades y una venta de 750. Al final de cada mes indicaremos las compras y ventas reales en las columnas previstas para ello. Mediante esta ficha comprobaremos, pues, las diferencias habidas entre las previsiones en materia de compras y ventas, y la realidad.

EJERCICIOS

1. Una factoría necesita para su consumo un aprovisionamiento mensual de 300 quintales de un producto X que se conserva durante nueve meses. Es un producto agrícola que en su zona se recolecta en los meses de julio y agosto. El mes de junio no se fabrica y se dedica a revisión y reparación general de las instalaciones. ¿Qué cantidad debe acopiar para hacer frente al consumo de toda la campaña?

2. El coste de compra es de 3,20 u.m./kg, ¿qué inmovilización en producto X tendrá a finales del mes de agosto? ¿A qué ritmo mensual disminuirá?

3. Si se pudiese adquirir el producto regularmente en el mercado al precio de 3,70 u.m./kg, ¿qué datos ha de tener en cuenta para decidir comprar durante la recolección o no?

4. Si el producto X fuese de importación y hubiese la posibilidad de compras regulares en los meses de agosto, diciembre y abril, ¿qué compras haría para mantener el ritmo de fabricación y mantener una reserva de seguridad suficiente para cubrir un posible desfase de un mes en la recepción del producto?

5. Señale el «punto de pedido» para el siguiente supuesto:

   a) Consumo anual: 8.400 unidades, distribuido regularmente.

   b) Tiempo de trámite desde notar la falta hasta recibir la mercancía: 45 días.

   c) Existencia de seguridad 60 unidades.

6. Ventas del producto B en cada mes: 80, 70, 60, 40, 30, 30, 30, 40, 60, 80, 80, 90. Existencia de seguridad: 40 t. Si al iniciar el ejercicio tenía en almacén 65 t y puede hacer compras con facilidad, establezca un programa de compras mínimo.

7. El coste del producto A es de 2.100 u.m. por t. En el mes de enero se prevé que los precios se mantendrán hasta mayo inclusive, en que se pro-

ducirá un aumento del 15 %, volviéndose a mantener los precios hasta fin de año. Establezca una previsión financiera para las compras anuales.

8. Se trata de una empresa comercial que hace las ventas mensuales indicadas en el número 6 y al coste señalado en el número 7. Vende con un margen de beneficio sobre costos del 22 %. Formule el presupuesto de ingresos de cada mes del año.

9. Si los gastos ascienden en promedio cada mes a 13.600 u.m., establezca la previsión de beneficios.

10. Rectifique las previsiones anteriores a partir del mes de mayo en vista de:

   a) se ha producido un aumento del 18 % en el coste;

   b) los gastos aumentan su promedio a 17.600 u.m.;

   c) el margen queda establecido en el 20 %.

Organización
contable-administrativa
de cuentas personales

La finalidad de esta sección es llevar el movimiento de las cuentas con los clientes, proveedores, comisionistas y representantes; es decir, con todas aquellas entidades o personas que mantengan relaciones de crédito y débito con la empresa.

Se exceptúan de esta sección las cuentas bancarias que son generalmente llevadas por la sección de Caja.

Instrumentos de registro

Los instrumentos de registro son las cuentas personales abiertas a cada individuo en particular, las cuales se agrupan en libros encuadernados, de hojas movibles, visibles o no, y ficheros de colocación vertical u horizontal.

Los libros de hojas movibles y las fichas son utilizados preferentemente; en algunas empresas en lugar de estos libros se tienen los listados de los ordenadores de proceso de datos.

Esta sección no tiene apenas problemas de organización. La clasificación de las cuentas individuales, según características comunes y agrupación en libros, según dichas características, es el único aspecto que requiere particular atención. Pueden crearse cuentas básicas de Clientes, Proveedores y demás de los grupos 4 y 5 del Plan General de Contabilidad, subdividiéndose por zonas, regiones, provincias, naciones, etc., y dentro de cada subdivisión establecer una adecuada clasificación para facilitar la rápida localización de cualquier cuenta.

Documentos de cargo y descargo

Las notas, hojas-resúmenes, cartas o documentos que sirven para el cargo o abono en cuentas han de pasar previamente por la sección administrativa que haya originado la operación, para tener la conformidad al cargo o abono, pues éstos han de ser consecuencia de una entrega o recepción de valores que afectará a Caja, Almacén, Cartera o a otro departamento.

Existen dos formas de organizar las inscripciones en cuentas corrientes: por medio de los documentos originales y por los resúmenes de operaciones de las demás secciones.

- **Por medio de los documentos originales**

En este caso el recibo, giro, factura o documento justificante de la operación es intervenido primero por la sección de Contrapartida y luego sigue ruta a Cuentas corrientes, para que ésta pueda proceder a las oportunas anotaciones. Cuando el documento tiene su origen en la propia empresa es sustituido por una copia del mismo para no demorar el curso o envío del original.

Supongamos que hemos adquirido una partida de género que ha entrado en almacén, el cual ha dado su conformidad a la recepción del género, porque estaba ya anunciada su entrada según nota recibida de la sección de Compras, en cuya nota se habrá indicado la cantidad exacta o aproximada de géneros a recibir y las condiciones de la compra del mismo. La empresa recibirá como justificante de la entrada una factura del proveedor. Esta factura tendrá que ser intervenida y después conformada por la sección de Almacén señalando que el género ha entrado en el mismo, y según la organización que demos también vendrá intervenido o conformado por la sección de Compras para indicar que las condiciones de la factura están de acuerdo con el pedido que en su día se efectuó. Una vez hechas estas comprobaciones es cuando la factura se traspasa a Cuenta corriente, para hacer entonces la oportuna anotación de cuentas.

- **Por los resúmenes de operaciones de las demás secciones**

Una copia de los resúmenes de cobros, pagos, compras, ventas, negociaciones, etc., que constituyen cada uno de los Diario-auxiliar o registro de las demás secciones y que éstas cursan a Contabilidad para la formulación de los asientos centralizadores, pasa a Cuentas Corrientes, a los efectos de su anotación en cuentas individuales.

Control de anotaciones

El control de anotaciones puede realizarse:

- **Por doble anotación en cuentas paralelas**

A cada persona se le abren dos cuentas, una de detalle y otra sin detalle, llamada de posiciones. Cada cuenta es llevada independientemente, partiendo para una de los propios justificantes y para la otra de los resúmenes a que acabamos de hacer mención. Los balances periódicos han der ser coincidentes.

- **Por revisión diaria de anotaciones**

  Las hojas o cuentas movidas cada día son separadas o señaladas por alguna señal visible, y al fin de la jornada se establece una nota resumen de cargos y abonos efectuados a confrontar con otras secciones o a revisar de nuevo con los justificantes.

- **Por balances de comprobación**

  Los balances de la sección de Cuentas corrientes han de coincidir con los de cuentas generales del Mayor.

- **Por extractos de cuentas**

  Se envían a las personas con quienes se mantiene cuenta abierta periódicamente copia de la misma, recabando su conformidad o reparo. Es éste otro medio de comprobación que tiene el inconveniente de que no puede realizarse diariamente, sinó de tanto en tanto; por ejemplo, cada mes, cada trimestre, cada semestre o cada año, o cuando se considere adecuado.

- **Por compensación directa de partidas**

  Se crea la norma de que las partidas de cargo o abono han de ser siempre compensadas por otras de igual importe. Así, si hay una factura de venta por una cantidad, supongamos 5.500 u.m., el giro ha de ser de la misma cantidad. Al verificarse la anotación de una partida compensadora, se procede a relacionar por medio de números, letras u otro símbolo las partidas compensadas; cuando no se produzca la anterior coincidencia, se ha de investigar la causa.

  Por ejemplo, en la siguiente cuenta de Proveedores se pueden ver operaciones compensadas:

Proveedor XX					
Aceptación giro	/1/	45.000	S/fra. 3510	1	45.000
Aceptación giro	/3/	12.000	S/fra. 3815	2	32.000
Su giro a n/cargo		15.000	S/fra. 3901	3	12.000

La operación 1 es una compra de mercaderías a crédito, por lo que anotamos en el haber la cuenta de Proveedores la cantidad que les debemos (1). Al remitirnos el proveedor una letra y aceptarla se anulará la deuda (/1/) y aparecerá el abono en la cuenta de Efectos comerciales a pagar.

En la operación 2 la deuda con el proveedor no está todavía saldada, por ello no hay compensación (2).

La operación 3 queda compensada al aceptar el giro para su pago (/3/). La operación referente a las 15.000 u.m. de un efecto comercial a nuestro cargo no corresponde a ninguna compra a crédito que debamos a los proveedores, por ello deberemos investigar a qué se refiere dicho efecto.

Rayados

Cada cuenta deberá tener rayados adecuados a la índole de operaciones que reseñe; por ejemplo, si es con interés o sin él; si en moneda nacional o en moneda extranjera; si es en cuenta de crédito o no, etc. Por lo tanto, en cada caso concreto se requerirá un rayado idóneo.

Intervención para límite de riesgos

Entre los registros y ficheros complementarios merece especial mención el de Límite de crédito o riesgos aceptables. En él se abre ficha o cuenta a cada persona señalando el máximo de crédito que se le puede conceder, indicando en todo momento la parte disponible. Puede hacerse figurar este dato en la propia cabecera de la cuenta corriente con igual eficacia que si se lleva este fichero.

En algunos casos la intervención de cuentas corrientes es previa a la realización de cualquier operación, pues la nota ésta pasa a dicha sección para que se compruebe si su importe cabe dentro de los límites del riesgo aceptable o del crédito a conceder, o cuando se trata de depósitos previos, entregas anticipadas y otras modalidades similares, si la operación a realizar es posible sin sobrepasar la garantía recibida, el anticipo efectuado, etcétera.

Es conveniente dotar entonces al rayado de cuentas corrientes de una columna especial de operaciones intervenidas o autorizadas para dejar constancia de las mismas y evitar que la rapidez de una operación haga que se autoricen mayores riesgos de los establecidos en el intervalo que medie entre la autorización de una operación y la recepción del documento con el cumplimiento para su cargo o abono en cuenta.

Supresión de las cuentas de clientes y proveedores

Son bastantes las empresas que aplican el sistema estadounidense de suprimir las cuentas individuales de clientes y proveedores, partiendo de la idea de que no existe realmente entre una empresa y sus clientes y proveedores, en la mayoría de los casos, una cuenta corriente, sino simplemente una sucesión de relaciones comerciales motivadas por distintas e independientes operaciones de compra y venta, que se liquida separadamente y que cada una de ellas sigue sus propias vicisitudes.

Aún en el supuesto de venta a crédito, no hay un crédito mútuo, sino pagos aplazados para cada operación y cada una de estas operaciones tiene vida jurídico-comercial independiente de las demás.

Esta idea ha dado lugar también a que cada vez sea más frecuente que los vendedores establezcan factura a cargo de sus clientes, operación por operación, y extiendan recibos o giros para su cobro, en el plazo o plazos convenidos, también para cada una de las operaciones.

En este supuesto las facturas de compras y ventas se ordenan por vencimientos y se sustituyen las cuentas personales por cuentas representativas de cada vencimiento; por ejemplo, Facturas a pagar a fin de noviembre, Facturas a cobrar a fin de diciembre, Ventas vto. octubre, etc. De esta forma tales cuentas permiten el análisis rápido de la situación financiera de la empresa.

Decimos que esta forma de llevar las cuentas permite el análisis rápido de la situación financiera de la empresa, porque en realidad tenemos tantas cuentas de clientes y tantas cuentas de proveedores representadas por subcuentas auxiliares como meses tenemos ante nosotros, y así en vez de tener una cuenta que nos diga **Clientes** 40.000.000, tendremos una serie de subcuentas que nos dirán, por ejemplo:

- **Clientes vto. marzo** 15.000.000
- **Clientes vto. abril** 14.000.000
- **Clientes vto. mayo** 6.000.000
- **Clientes vto. junio** 2.000.000
- **Clientes vto. julio** 3.000.000

Por otra parte, nos podemos encontrar que la cuenta de **Proveedores** 35.000.000 está representada por la siguiente serie de subcuentas:

- **Proveedores vto. marzo** 10.000.000
- **Proveedores vto. abril** 7.000.000
- **Proveedores vto. mayo** 13.000.000
- **Proveedores vto. junio** 5.000.000
- **Proveedores vto. julio** 1.000.000

Esto nos permite establecer una comparación directa, y así veremos que en el mes de marzo tenemos un superávit de 5.000.000, que acumulando hasta abril es de doce millones, que quedan reducidos a cinco a final de mayo, etcétera.

Presentando de esta forma estas subcuentas podemos conocer mejor la situación financiera. De esta misma forma podemos ordenar los **Efectos a pagar** y los **Efectos comerciales a cobrar.**

El descargo a las cuentas se hace al cobrar o al hacer la negociación. No obstante, interesa conocer la importancia relativa de cada cliente o proveedor, para lo cual se llevan fichas-registro de operaciones que se suman a fin de año.

Control de la solvencia de saldos

Un importante cometido asignado a esta sección es el de la previsión de retrasos en el cobro, para lo cual ha de establecerse una vigilancia constante del detalle de fichas de clientes, comprobando qué variaciones experimenta su saldo, su justificación si hay devoluciones o no de efectos girados y la antigüedad de los saldos. Esta inspección constante ha de determinar las oportunas acciones para reclamar en debida forma el pago de los saldos retrasados.

EJERCICIOS

1. ¿Qué cuentas pueden llevarse en la sección de Cuentas corrientes?

2. La clasificación alfabética tiene como base los nombres o razones sociales del cliente o proveedor.

   Señalar la palabra de orden que serviría de base para el archivo en las siguientes razones sociales:

   a) José de la Rosa Martínez

   b) Pedro de Juan González

   c) José Antonio Martínez

   d) Nacional de Carburantes Especiales, S. A.

   e) C. A. de Maderas de Guinea

   f) La Hispano de Transportes, S. A.

   g) Sociedad Colectiva Vda. de Hernández e Hijos

   h) TRANSFISA: Transferencias Financieras, S. A.

3. Indicar cuál sería la base para establecer límites de riesgo a los clientes.

4. Hacer una relación de los documentos de cargo o de abono que se utilizarían para justificar las siguientes operaciones que han de contabilizarse:

   a) el cliente Julio Marín compra mercaderías por 53.678 u.m.;

   b) el proveedor Federico Rico nos vende mercaderías;

   c) pagamos al proveedor Juan Martín L/ de 45.000 u.m. que estaba domiciliada en el Banco B., según aviso de éste;

   d) giramos L/ a cargo de varios clientes que negociamos en el Banco B. El Banco B. devuelve impagada L/ a cargo de n/cliente M. Carmen de Escobedo por 4.500 u.m.

5. Indicar según el Plan General de Contabilidad qué cuenta recoge:

   a) las comisiones a favor de la empresa;

   b) las comisiones dadas por la empresa.

6. Indicar de las siguientes cuentas su naturaleza y el significado de su saldo según el Plan General de Contabilidad:

   a) Deudores.

   b) Acreedores.

   c) Proveedores,

   d) Efectos comerciales a pagar.

   e) Deudores de dudoso cobro.

   f) Efectos comerciales impagados.

7. Si una empresa suprime las cuentas de Clientes y Proveedores, ¿qué documentos sustitutivos deberá llevar?

8. Una empresa trabaja con 18 clientes; en el libro Diario hace una vez al mes un asiento globalizado poniendo en cuenta general de Clientes. ¿Debe esta empresa llevar algún registro más de sus clientes? Indicar cuál.

9. Se compran al proveedor José Ruiz Pérez 4.000 kg del producto XX a 36 u.m. el kilo, que se pagarán a dos meses fecha factura. Los gastos de transporte ascienden a 12.300 u.m., que Transportes Gómez, S. A. nos factura a treinta días. Señale el coste de la compra por kilogramo y el asiento de Diario que formulará.

10. Vendemos a Juan Valdeosa 3.000 kg del producto comprado antes a 45 u.m. el kilo, con factura a 90 días. Los gastos de transporte a n/c° importan 9.200 u.m. Indicar:

   a) importe facturado al cliente;

   b) neto de la venta;

   c) beneficio que se deduce de estas operaciones si el resto de la partida la vendemos al contado, sin gastos, a 41 u.m. el kilo.

   Formule, además, el asiento de Diario.

CAPÍTULO 7

Instrumentos para la contabilidad

Procedimientos modernos para realizar el registro contable

Hemos presentado antes las líneas generales del método clásico o italiano, el cual resulta en la práctica insuficiente para las grandes empresas. Los técnicos han ido ensayando multitud de procedimientos para mejorar la eficacia del trabajo que efectúan los contables. A continuación daremos una breve idea de los métodos modernos que han conducido al auge actual de la mecanización contable.

Diarios múltiples o sistema centralizador

Se basa este sistema en la sustitución del libro Diario por tantos Diarios-registro o Diarios-auxiliares como secciones se considere conveniente establecer en la organización administrativa de la empresa. Cada Diario puede tener un rayado diferente, adecuado a la índole de las operaciones que ha de reseñar, pudiendo tener columnas de desglose para separar en cada operación las cuentas de cargo y abono.

Esquema de la organización contable en el sistema centralizador

Los principales Diario-registro pueden ser: Diario de Caja-cobros, Diario de Caja-pagos, Diario de Compras y de sus devoluciones, Diario de Ventas y de sus devoluciones, Diario de Efectos comerciales a cobrar, Diario de Efectos comerciales a pagar, Diario de operaciones varias, entre otros muchos.

ESQUEMA DE LA ORGANIZACIÓN CONTABLE EN EL SISTEMA CENTRALIZADO

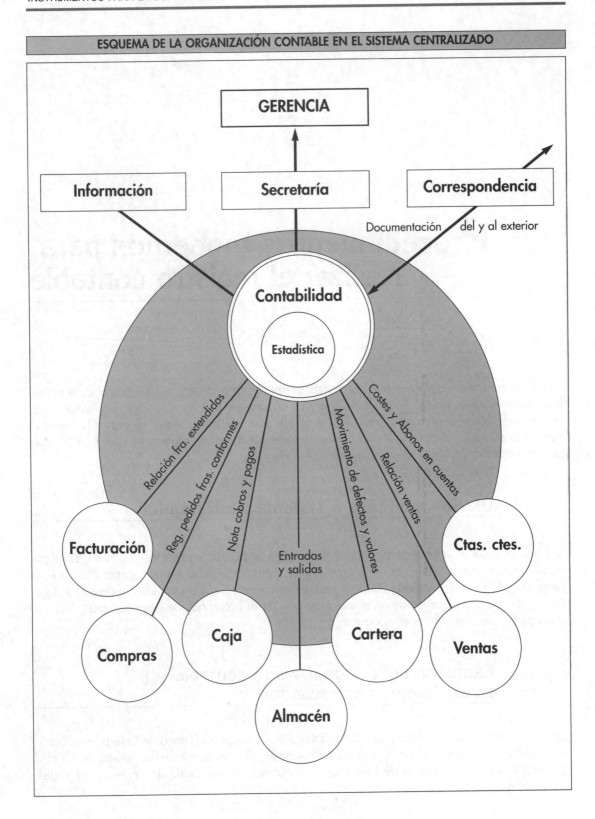

GERENCIA

Información

Secretaría

Correspondencia

Documentación del y al exterior

Contabilidad

Estadística

Relación fra. extendidas

Reg. pedidos fras. conformes

Nota cobros y pagos

Entradas y salidas

Movimiento de defectos y valores

Relación ventas

Costes y Abonos en cuentas

Facturación

Compras

Caja

Almacén

Cartera

Ventas

Ctas. ctes.

La creación de Diarios múltiples permite que luego el Diario central adquiera el carácter de libro centralizador, donde se reflejan por totales el conjunto de operaciones de cada Diario-registro o Diario-auxiliar.

División y clasificación de operaciones

Para cada empresa ha de estudiarse la que resulte más adecuada, pudiendo orientar el esquema siguiente:

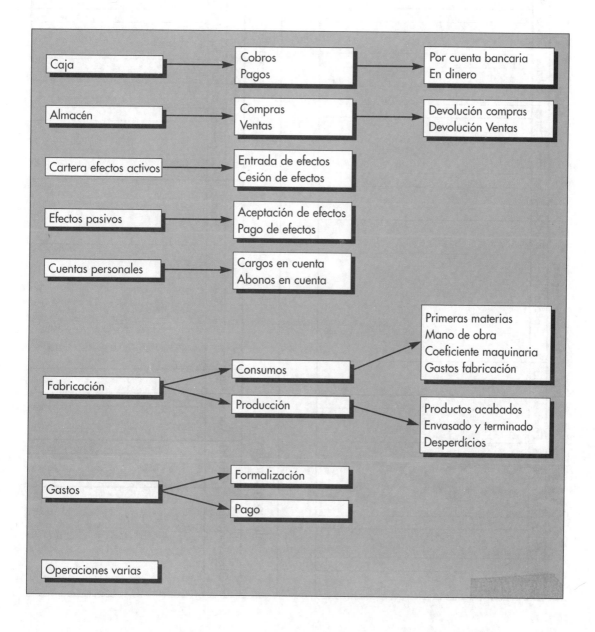

Cargo a			Almacén-Entradas			Abono a					Observaciones
Varios	Ventas	Mercaderías	Envases	Día	Explicación	Folio	Clientes	Proveedores	Suplidos	Gastos	Varios	

Almacén-Salidas

Fecha: ....

Observaciones	Clientes	Varios	Fra.	Cliente		Abono a				Observaciones
				Nombre	Plaza	Mercaderías	Envases	Suplidos	Varios	

La idea general es que cada sección debe llevar su propio Diario, eliminando aquellos Diarios cuyas anotaciones constituyan una duplicidad de trabajos por presentar simplemente la contrapartida de otras secciones. Así, en el esquema que hemos presentado, los cargos y abonos en cuentas de la sección de Cuentas personales, forzosamente tendrán que aparecer en alguna de las demás secciones en forma de contrapartida. Un cargo en cuenta personal podrá estar motivado por haber pagado dinero (Caja), por haber cedido Mercancías (Almacén), por haber aceptado algún efecto (Efectos pasivos), etc. Los abonos pueden corresponder a la compra de mercancías (Almacén de compras), al cobro de dinero (Caja, Cobros), al giro de alguna letra (Efectos comerciales en cartera), etcétera.

Eliminando operaciones comunes, el esquema anterior queda reducido como sigue:

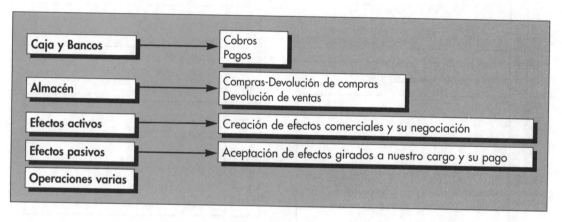

Se requiere además un Diario central o general, pudiéndose suprimir, si se desea, el de Operaciones varias, por pasar directamente a dicho Diario central las anotaciones correspondientes a operaciones que no corresponden a un Diario específico.

El libro Mayor puede ser único, pasando a sus cuentas los totales de las operaciones reseñadas en cada Diario-auxiliar, según nota de la respectiva sección; también puede utilizarse un Diario-Mayor centralizador, pero es más frecuente tener un Mayor general donde se reseñan las cuentas del Diario central, y Mayores y ficheros auxiliares donde se desarrollan las cuentas personales, las de gastos y demás de detalle que puedan convenir.

El Diario central en la práctica se utiliza para resumir en él, cada mes por lo general, todas las operaciones de la empresa, pasando desde él las anotaciones necesarias a las cuentas del Mayor general; además, día por día, desde los distintos Diarios-auxiliares se pasan las anotaciones a los Mayores de desglose o de desarrollo.

En la determinación del número de Diarios a utilizar debe tenerse presente lo siguiente:

- Deben crearse los Diarios-auxiliares necesarios según las operaciones que verifique el negocio y teniendo presente la intensidad de éstas.
- Cada libro debe contener un grupo concreto de operaciones.
- Debe evitarse la duplicidad de anotaciones siempre que sea posible.
- Las operaciones no deben mezclarse en un mismo libro bajo ningún concepto; es decir, cada libro contiene sólo una clase de operaciones.
- Cada libro debe contener todas las operaciones del grupo que le sea asignado.
- Cada Diario será llevado por la correspondiente sección.

Fecha	Núm.	Nominal del efecto	LIBRADO	Plaza librado	CEDIDO A		Fecha cesión	Vencimiento	ABONO A		Observaciones
						Forma			Clientes		

Observaciones	CARGO A		Núm.	Fecha documento	Librador	Operación que lo motiva	Total	Aceptado el	Vence el	Pagado por	Tenedor	Observaciones
		Día										

- Debe procurarse organizar el trabajo de forma que las inscripciones en los Diarios se hagan directamente desde los justificantes de operaciones, eliminando borradores, relaciones previas, tanteos, etcétera.

El Diario central o general

Es posible, para redactar los asientos en el Diario central o general, totalizar la suma de las distintas columnas de cada Diario-auxiliar para obtener la cuantía de los cargos y abonos de cuentas.

La existencia en ellos de una columna titulada **Diversos** determina la necesidad de hacer aparte el desglose de las operaciones en ella contenidas para señalar las cuentas afectadas.

Obtenidas las cuentas de cargo y abono que corresponden a las operaciones totalizadas en cada uno de los Diarios-auxiliares, se formula en el Diario central un asiento por cada auxiliar, inscribiendo cantidades deudoras, cuentas deudoras, cuentas acreedoras y cantidades acreedoras, sin más explicación que la referencia al auxiliar de procedencia.

Este Diario central tiene la estructura del Diario clásico; de él se pasan los asientos a las cuentas del Mayor, que presentarán un mínimo de anotaciones por cada mes. Cuando las cuentas sean pocas, puede adaptarse el método de Diario-Mayor para centralizar las operaciones.

Las fichas

Los sistemas antiguos de teneduría daban preponderancia al uso del libro encuadernado y foliado, para el registro de las anotaciones contables. Los sistemas modernos preconizan la mayor utilización de hojas sueltas, conservadas ya en ficheros, ya en libros de hojas movibles y sustituibles.

Las ventajas son las siguientes:

- Clasificación metódica de las operaciones y de las anotaciones.
- Facilidad de modificar en cualquier momento el sistema de clasificación.
- Facilidad de ejecución material del trabajo.
- Economía de tiempo al efectuar las anotaciones.
- Facilidades para la formación de balances, estadísticas y cuadros resúmenes de operaciones.
- Independencia de las distintas partes de la contabilidad.
- Posibilidad de mecanización de la contabilidad.

Los inconvenientes que pueden achacárseles se evitan mediante un cuidadoso archivo de los justificantes y documentos probatorios.

Las fichas y hojas movibles (libros de encuadernación especial) presentan los mismos rayados que los libros encuadernados.

Los Libros-fichero o visibles

Se denomina así a ciertos libros de hojas cambiables que las presentan dispuestas en escalera, de forma que sobresalgan unas de otras un pequeño espacio, presentando escalonadamente los títulos, con la finalidad de agilizar la búsqueda.

El Diario-Mayor

Se han realizado varias tentativas para suprimir el Mayor, juntándolo con el Diario, preparando un rayado que permita tener en un solo libro los datos de los dos principales.

Esquemas del Diario-Mayor

El prototipo es el denominado Diario-Mayor Americano, cuya idea en realidad pertenece al francés Degranges, que lo aplicó al poner en práctica su teoría de las cinco cuentas. Este libro está dispuesto a doble página, de forma que la de la izquierda sea el libro Diario, con el rayado de partida doble que se utilice, y la de la derecha corresponda al Mayor, por medio de varios pares de columnas representando cada par al Debe y Haber de una cuenta. Modernamente se ha modificado el rayado, dándole la disposición central del Diario, conteniendo a sus lados las columnas correspondientes a las cuentas. Ambas formas de Diario-Mayor las podemos ver en los dibujos aquí representados.

ESQUEMAS DE DIARIO-MAYOR										

Folio	Conceptos	DEBE	HABER	CAJA		MERCADERÍAS		CLIENTES			
				D	H	D	H	D	H		
	Día15 Cobro de J. Ruiz s/fra. 309	5.000	5.000	5.000					5.000		

DEBE MAYOR			DIARIO		HABER MAYOR		
CLIENTES	MERCADERÍAS	CAJA	——— Día 15 ———		CAJA	MERCADERÍAS	CLIENTES
		5.000	5.000	Caja a clientes Cobro de J. Ruiz s/fra. 309	5.000		5.000

Decalco

Este sistema permite efectuar simultáneamente las anotaciones en el Diario y en el Mayor, o sea en el Diario y directamente en las cuentas. Para ello, con adecuado dispositivo, el libro Diario es una hoja suelta o encuadernada, sobre la cual se superpone una hoja de papel carbón y encima la hoja-ficha correspondiente a la cuenta o subcuenta del Mayor. Al hacer la inscripción en la cuenta queda también inscrita la anotación en el Diario, en la hoja de fondo.

Las ventajas del sistema son:

- Ahorro de tiempo al escribir simultáneamente en la hoja del Diario y en cada cuenta.
- Posibilidad de desglose de trabajos por descentralización.
- Posibilidad de utilizar personal auxiliar para una mayoría de anotaciones que sólo requieren atención y meticulosidad.
- Evitar errores de traspaso.
- Las cuentas se encuentran en todo momento en disposición de hacer el balance.
- Ofrecer datos al día a la gerencia, lo que le permite tener una visión clara de la situación del negocio.
- Fácil control del rendimiento del trabajo.
- Se adapta a cualquier empresa.

Explicamos a continuación el método de decalco **Dimacal**, pues aunque existen varios procedimientos distintos, todos son similares. Dicho método se basa en la utilización de un libro Diario-Mayor encuadernado, forrado y foliado (previamente legalizado), cuya parte de Diario está prevista para su utilización por decalco y cuya parte de Mayor, dividida en 10 columnas que corresponden a agrupaciones de cuentas de carácter homogéneo, ofrece un balance de situación permanente. El decalco hace posible el desarrollo analítico de estos grupos en cuentas y subcuentas. Las hojas presentan el siguiente rayado:

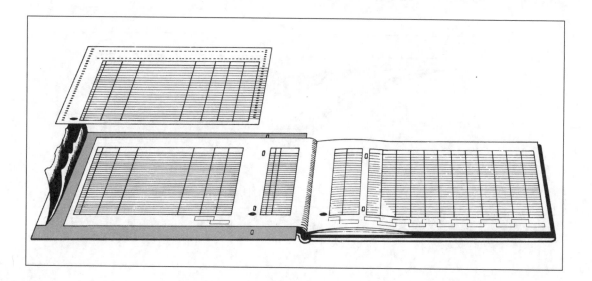

La parte que forma el Diario presenta las siguientes columnas:

Número del asiento	Debe entenderse número del renglón en que se anota cada una de las cuentas que intervienen en el asiento.
Fecha	La del asiento.
Cuenta deudora	Para indicar el número o título de la cuenta de cargo.
Concepto	Se indica aquí el concepto del asiento.
Cuenta acreedora	Para indicar el número o título de la cuenta de abono.
Debe-Haber	Para el registro de los importes deudores o acreedores correspondientes.

La parte del libro que forma el Mayor está compuesta por diez dobles columnas numeradas del 1 al 10, con sus títulos en blanco y que responden al concepto general de **Cuentas de Mayor.** Efectivamente, a cada columna corresponderá una cuenta de Mayor o una agrupación de cuentas de la misma naturaleza.

El elemento indispensable para conseguir la correcta superposición de las fichas de cuentas y subcuentas sobre el Diario, así como la sujeción de los calcos, es la **tablilla de contabilización** (ver gráfico). Está constituida por una chapa de aluminio anodizado de dimensiones adecuadas y provista de cuatro pivotes metálicos remachados a la misma. Estos pivotes permitirán la fijación de las fichas sobre el Diario mediante su inserción en los taladros de que disponen dichos elementos. Su distancia está calculada de tal forma que, cualquiera que sea la posición que deban ocupar las fichas con respecto al Diario, siempre quedarán sujetas por dos pivotes. En la parte izquierda de la tablilla se fijará el juego de papel carbón que, constituido por dos hojas de calco especial, está provisto de una banda adhesiva que facilita esta operación.

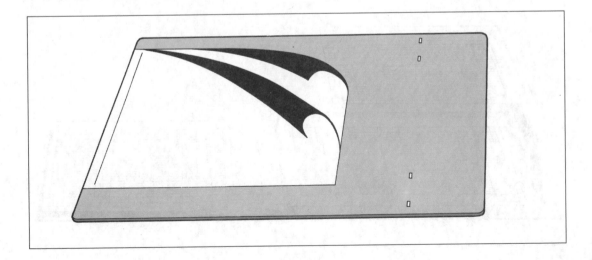

EJERCICIOS

1. ¿En qué se basa el sistema de Diarios múltiples?

2. ¿Cuáles son los principales Diarios-registro que deben aparecer en un sistema de Diarios múltiples?

3. En el procedimiento de decalco, ¿dónde se hace la anotación directa?

4. ¿Cuáles son las ventajas que proporciona el registro simultáneo de las anotaciones contables en las fichas y Diario?

5. ¿Cuáles son las diferencias existentes entre el sistema tradicional de anotación del registro contable y el método de Decalco?

6. Los asientos que aparecen en los libros auxiliares deben reflejar concordancia con los asientos que aparecen ¿en qué libro?

7. Una empresa comercial tiene abiertas las siguientes cuentas en el Mayor: **Caja, Clientes, Mercaderías, Proveedores, Capital, Gastos generales, Efectos comerciales a cobrar, Efectos comerciales a pagar**, y quiere adoptar el método de decalco para llevar las anotaciones contables. ¿Qué elementos necesita comprar para realizar el registro?

8. El contable realiza el asiento de **Mercaderías** a **Proveedores**, ¿qué comprobante necesitará para realizar dicho asiento?

9. Una empresa realiza el día 4 de mayo las siguientes operaciones:

    a) Compra mercaderías clase C al Sr. Gómez por 4.000 u.m., a pagar dentro de 30 días.

    b) Paga una factura de 3.000 u.m. al Sr. Flores.

    c) Cobra 6.000 u.m. del cliente Sr. Letona.

    d) Envía al Sr. Letona mercaderías clase A por valor de 3.500 u.m.; clase B por valor de 5.400 u.m.; clase C por valor de 4.700 u.m. y clase D por valor de 8.500 u.m., con factura a 30 días.

    Realice en las fichas que considere pertinentes las anteriores operaciones.

10. El Mayor principal de la cuenta de **Clientes** presenta los totales siguientes: Suma del Debe 165.000 u.m.; suma del Haber 87.000 u.m.; la relación nominal de las fichas de clientes presenta un saldo de 80.000 u.m. de signo deudor. ¿Dónde estuvo el error, dado que el balance de cuentas cuadraba?

Procedimientos mecanizados

La creciente utilización de máquinas para auxiliar la labor contable ha dado lugar a la mecanización de operaciones y a la denominada automatización de la contabilidad, que no es otra cosa que la sustitución del trabajo manuscrito por el mecánico, en intensidad variable según la empresa de que se trate, la envergadura del negocio y el volumen de operaciones. En la contabilidad mecanizada se adoptan las ventajas de los métodos ya conocidos.

En sus líneas generales, la aplicación de una organización moderna a cualquier empresa ha de basarse en:

- **Aplicación de la permanencia en inventario.**
- **División de la labor contable por secciones**, según el criterio del procedimiento de Diarios múltiples.
- **Empleo del decalco, fichas y hojas movibles**, al menos parcialmente.
- **Concentración de anotaciones** y su sintetización para formar el Mayor central, desarrollándolo en Mayores auxiliares, enlazados con los propios registros de sección o Diarios auxiliares.
- **Clasificación decimal simboliconumérica de las cuentas**, adaptando el Plan General de Contabilidad a la especialidad del negocio, manteniendo un mínimo de cuentas básicas que desarrolla por derivación.
- **Ordenación de comprobantes y archivos sistemáticos.**
- **Sincronización de la labor de unas secciones con otras**, rutas de progresión de documentos y labor y normas de actuación concreta.

Estas normas se aplican con toda intensidad en la contabilidad mecanizada, con la ventaja de suprimir en lo posible todo trabajo manuscrito y los cálculos mentales, reemplazándolos por las escrituras mecanográficas y el cálculo automático, procedimientos en los que los errores son menores.

Historia de la mecanización

Deberíamos empezar la historia por los primeros logros obtenidos por el hombre en materia de cálculo, desde los dedos con los cuales los egipcios llegaron a contar hasta 9.999, pasando por los cantos rodados (en latín vulgar, *calculi*), las cuentas puestas sobre líneas trazadas en la arena o encima de un tablero de arcilla o madera que usaron caldeos, griegos y romanos; siguiendo con los ábacos, tableros con cuentas ensartadas que usaron romanos, árabes y godos, y que se emplean todavía hoy en China, y las reglas de cálculo, inventadas en 1650 por el inglés William Oughtred, hasta las máquinas propiamente dichas. Entre éstas tenemos:

- Sumadora de Blaise Pascal, quien construyó en 1640, a sus dieciocho años, una caja de sumar para abreviar su trabajo de totalizar las listas de recaudación de su padre.
- Calculadora de Leibniz, creada en 1673 para las cuatro operaciones aritméticas; difundió el sistema binario de numeración, empleado en calculadoras electrónicas.
- Aritmómetro de Thomas, para multiplicar y dividir por sumas y restas sucesivas, respectivamente, creado por Thomas en 1820.
- Calculadora del sueco Odhner, creada en 1875.
- Registradora de operaciones de caja de James J. Ritt, creada en 1879.
- Sumadora de Burrough's, creada en 1884.
- Calculadora por tablas de Pitágoras creada en 1889 por el francés León Bollée.
- Sumadora del americano doctor Hermann Hollerith, creada en 1890 como parte del equipo de tres máquinas ideadas para trabajos estadísticos de censo.
- Calculadora de tabla de Pitágoras eléctrica, creada por el alemán Selling en 1894.
- Calculadora automática Mudas, creada en 1908.
- Calculadora de fichas perforadas creada por la empresa IBM en 1932, basada en la tabla de Pitágoras eléctrica.
- Calculadoras gigantes UNIVAC e IBM, creadas en 1944. Calculadoras electrónicas de fichas perforadas, creadas en 1948.
- Calculadora electrónica con cinta perforada y transistores, creada en 1956.
- Calculadoras medias para fichas perforadas a tambor magnético, creadas en 1956.
- Computadoras electrónicas y equipos integrados de procesamiento de datos, desarrollados extensamente a partir de 1960.

Justificación de su empleo

La mecanización de la labor contable se justifica por los siguientes motivos:

- **Aumento del rendimiento del trabajo,** con la disminución del coste del servicio de contabilidad.
- **Mayor claridad en las anotaciones,** compatible con una mayor rapidez en la ejecución del trabajo manual que compartan las anotaciones en todo registro.
- **Unificación en la presentación de los trabajos,** lograda por tipificación mecánica.

- **Una mayor seguridad en las anotaciones,** evitando errores personales.
- **Mayor facilidad para obtener estadísticas, resúmenes,** etcétera.
- **Aplicación de métodos de control** que se hacen más fáciles en la mecanización que con el trabajo manuscrito.
- **Descargar al personal de contabilidad del trabajo de copia, traslado, reproducción,** etc., permitiéndole dedicar más intensamente su atención al estudio del negocio, del patrimonio y demás relaciones con la administración.

El error no se excluye totalmente, pues si bien la máquina no se equivoca, sí puede sufrir confusión el encargado de manejarla o quien prepare la documentación; de todas formas, este error es de más fácil localización y siempre se evitan los de suma, traspaso e inscripción.

La mecanización no supone anulación de la capacidad intelectual del individuo sino su racionalización. En todo trabajo hay una parte de cantidad y otra de calidad; la primera viene simplificada por la máquina, en tanto que la segunda queda privativa del elemento humano que la maneja. Para aplicar con éxito la mecanización es necesaria la formación especializada de la persona, para que esté en condiciones de dar el máximo rendimiento. Para ello hay que proceder a la selección del personal colocándolo en aquellas labores más en consonancia con su forma de ser y su grado de formación profesional.

Estudio previo a la mecanización de la empresa

Antes de decidir en una empresa la mecanización de la contabilidad y el tipo a aplicar, es necesario hacer un estudio completo de ésta, sobre todo de los siguientes aspectos:

- Estudio de coste relativo. La adopción de maquinaria de la clase que sea representa siempre una inversión de bastante consideración; debe estudiarse previamente si la amortización de la misma y sus gastos de mantenimiento representan un coste asumible o no por la empresa, y si no existe ventaja económica entre la adopción de la máquina y un procedimiento manual. Ha de existir en la empresa un volumen de operaciones a realizar por la máquina suficientemente elevado para que ésta pueda estar productiva la mayor parte de la jornada laboral, ya que de otra forma nos encontraremos con una inversión improductiva.
- Disposición del lugar de trabajo donde se va a utilizar. Éste ha de ser adecuado para que la función de la máquina se desenvuelva cómodamente.
- Estudio del trabajo que va a realizar la máquina. Con distribución de operaciones, ajuste de la documentación y su ordenación, así como el curso a seguir por los comprobantes, para que se extraiga el máximo provecho de la utilidad de la máquina; la organización total de la empresa debe adaptarse a la mecanización.
- Dificultad que ofrece su manejo y posibilidad de formación técnica del personal para manejarla.
- Ventajas e inconvenientes relativos a los distintos tipos de máquinas con relación a la organización adoptada.
- Posibilidad de alquilarla o de comprarla y en este caso forma de pago.

Grados de mecanización

Existen diferentes grados de mecanización, de los que se destacan tres:

- Mecanización de la labor de cálculo y formulación de comprobantes (máquina de escribir, sumadoras y calculadoras).
- Mecanización de la labor de formulación de asientos y pase a auxiliares (máquina de escribir plana, máquinas convencionales de contabilidad).
- Mecanización integral (computadores).

Circunstancias a tener en cuenta antes de la adquisición de máquinas:

- **El coste**
El coste del ahorro de personal que representa ha de compararse con el coste de amortización y entretenimiento de la máquina, y con el mayor sueldo que posiblemente hay que dar al personal que la maneja.

- **La posibilidad de que sea una inversión improductiva**
Es imprescindible realizar un análisis previo para tener la seguridad de que hay suficiente trabajo para darle a la máquina, sin que ésta permanezca durante largos ratos inactiva.

- **La necesaria reorganización de la empresa**
La mecanización en grados elevados exige que la organización de la empresa se supedite y sincronice a la máquina.

Clases de máquinas y trabajos que efectúan

La competencia entre los fabricantes de instrumentos y máquinas administrativas ha dado origen a la aparición de máquinas de marcas distintas, que necesariamente deben diferenciarse para presentar ventajas comparativas. Los progresos técnicos son así incorporados en grado creciente y diferente por los distintos fabricantes, tratando de construir unas máquinas con personalidad propia. La tarea de descubrir cuál es la que mejor se adapta a un trabajo o a un conjunto administrativo resulta compleja y difícil. Ha de observarse que, a medida que las máquinas son más complejas, la totalidad de la estructura administrativa ha de ser racionalmente estudiada para que aquella máquina o conjunto de máquinas pueda rendir una utilidad óptima. En líneas generales podemos señalar la existencia de varias clases de máquinas utilizables en contabilidad:

- Las que hacen una sola operación (sólo sumar, sólo multiplicar, etc.) o varios tipos de operaciones.
- Las calculadoras que al mismo tiempo son máquinas de escribir.
- Las máquinas de contabilidad propiamente dichas.
- Las máquinas estadísticas de fichas perforadas y las de selección automática.

- Las modernas computadoras o de proceso de cálculo, que presentan una gama muy amplia.

Las máquinas de suma y resta son muy empleadas en contabilidad, por cuanto la mayor parte de la labor contable se basa en la suma. Una modificación de la sumadora es la máquina de balances, que selecciona al mismo tiempo las partidas de Debe y Haber, sumándolas por separado y permitiendo luego extraer la diferencia también de forma mecánica.

Luego existen sumadoras múltiples, que pueden arrastrar simultáneamente cantidades correspondientes a distintos conceptos de desglose y selección.

Las máquinas de calcular se emplean para realizar las operaciones hechas en facturas, en estadísticas, en costes, existiendo también inscriptoras que registran los datos numéricos y los resultados, permitiendo fácilmente la comprobación de los mismos.

La máquina facturadora consiste en un acoplamiento de la máquina de sumar, de calcular y de escribir. La factura se escribe como si se tratase de una carta corriente, pero, al hacer los números de la cantidad y el precio, la misma máquina proporciona los resultados, importes, descuentos, taras, etc., dando también sumado su total. Algunas más sencillas sólo llevan dispositivo de sumas, realizando la inscripción de las partidas y las sumas de las mismas.

Existen también máquinas especiales para el cálculo de intereses, facturaciones bancarias, clasificación de documentos, extractos de cuentas, etc. Las máquinas permiten confeccionar copias, por lo que simultáneamente pueden formularse documentos diversos con finalidades múltiples y variadas.

La máquina de contabilidad es una combinación de la máquina de escribir con diferentes dispositivos sumatorios, clasificando y sumando automáticamente las cantidades inscritas; puede ser de escritura sobre superficie plana, especial para hacerlo en libros encuadernados, y de rodillo, como las máquinas de escribir corrientes, para hacerlo en hojas sueltas.

- **La máquina de escribir normal:** sirve para escribir sobre hojas y fichas sueltas.
- **La máquina de escribir sobre superficie plana:** sirve para escribir sobre libros y ha caído en desuso.
- **Las sumadoras y calculadoras:** facilitan la labor de efectuar sumas y el cálculo en general.
- **Las sumadoras múltiples:** desglosan las cantidades deudoras de las acreedoras de varias cuentas a la vez.
- **Las facturadoras:** permiten escribir el texto de la factura y, tras anotar las cantidades, calculan y escriben los importes, con los descuentos, recargos e incluso preparan las relaciones, de forma variada, para el traslado de los datos a las máquinas de contabilidad.
- **Las de contabilidad de rodillo:** son máquinas de escribir con sumadoras múltiples, que tras anotar la explicación y cantidades, clasifican automáticamente las cantidades escritas, las suma, resta y acumula según las instrucciones programadas.
- **Las computadoras:** centros automáticos de contabilidad que a partir de la entrada de datos operacionales formulan todas las cuentas, estados, balances y estadísticas según su capacidad y programas establecidos.

Método general de contabilidad mecánica

La mayoría de los métodos de contabilidad mecánica se basan en el sistema de Diarios múltiples y su aplicación por decalco. Recuerde que el procedimiento de Diarios múltiples se basa en dividir el libro Diario en tantos libros como grupos de operaciones análogas se establezcan en la empresa; periódicamente se resumen estos libros preparatorios en el Diario centralizador. Los Diarios múltiples suelen estar formados por hojas sueltas; son simples registros de grupos de operaciones, por ejemplo: Diario de Pagos efectivos, Diario de Cobros efectivos, Diario de Bancos, Diario de Almacén, etc. Las anotaciones en estos diarios sirven para adeudar o acreditar las cuentas de Mayor representativas de ellos. La aplicación del decalco permite escribir simultáneamente la ficha del Mayor y el Diario. Para operar se pone el Diario referente a la operación que queremos contabilizar en la máquina de contabilidad. Este Diario lleva una hoja de calco incorporada que cubre las cuatro últimas columnas (Fecha, Concepto, Debe, Haber); a continuación se van superponiendo sucesivamente las distintas fichas del Mayor, en cada una de las cuales escribimos mecánicamente el detalle de la operación.

Este sistema se basa en una clasificación previa de los comprobantes antes de su contabilización. De este modo se pasan primero todas las subcuentas pertenecientes a una misma cuenta de Mayor; se obtiene el total que deberá asentarse en esta última y así sucesivamente. Exige, pues, una delicada y engorrosa clasificación de comprobantes, puesto que éstos hay que clasificarlos tantas veces como cuentas de Mayor aparecen en la contabilidad; hay que tener presente que el número de comprobantes a contabilizar es en la inmensa mayoría de los casos bastante elevado, por lo que supone un trabajo adicional muy considerable. Es aconsejable poner una estampilla señalando la cuenta de cargo o abono o adjuntar un volante con estos datos.

Por ejemplo, en un día hemos realizado solamente ocho vales correspondientes a las siguientes operaciones, en cada una de las cuales indicamos el cargo y abono correspondiente en el supuesto de que llevamos solamente las cuentas principales o de tres cifras del Plan General de Contabilidad.

Operaciones	Cuentas de	
	Cargo	Abono
1. Venta al contado a Julio Rodríguez	570	700
2. Venta al contado a Juan Gómez	570	700
3. Cobro factura de una venta a crédito el mes anterior a Pedro Romero, cuyo importe ingreso en el Banco B.	572	430
4. Compra a crédito a Marina Martínez	600	400
5. Compra al contado de Mercaderías que pago con cheque contra el Banco B.	600	572
6. Pago gastos material de oficina	629	570
7. Pago al proveedor Julio González su fra. del mes anterior con cheque del Banco B.	400	572
8. El proveedor Julio González me concede un «rappel»	400	609

Tendremos que pasar primero todos los cargos correspondientes a la cuenta 570, después todos los que correspondan a la 572, a la 600, a la 400 y a la 629. Luego tendremos que pasar los abonos; primero lo que corresponda a la 400 y después, sucesivamente, los de la 430, 572, 609 y 700. En el ejemplo, como se trata solamente de ocho operaciones, es fácil, pero si en lugar de ocho tenemos delante doscientas o trescientas operaciones, la tarea de clasificación se complica.

EJERCICIOS

1. ¿Qué se entiende por mecanización?

2. Una empresa quiere mecanizar su departamento de contabilidad, ¿cómo deberá estar organizado dicho departamento para que pueda adoptar la mecanización con éxito?

3. ¿De qué factores depende el grado de mecanización de cada empresa?

4. Al mecanizar una empresa, ¿con qué se deberá comparar el ahorro del coste de personal?

5. Indique qué clase de trabajo realizan las siguientes máquinas:

   a) Las sumadoras.

   b) Las facturadoras.

   c) Las máquinas programadoras.

6. Un comerciante quiere mecanizar su negocio, pide asesoramiento y le indican las siguientes ventajas:

   a) Al implantar la mecanización desaparecen toda clase de errores.

   b) Se consigue una mayor claridad, rendimiento y rapidez en el trabajo.

   c) Disminuye el coste del servicio de contabilidad por reducción de empleados.

   d) No se necesita, para su manejo, personal especializado.

   ¿Son ciertas estas ventajas?

7. Para escribir sobre los libros de contabilidad encuadernados, ¿qué máquina se debe usar?

8. La computadora, ¿a qué grado de mecanización pertenece?

9. Una empresa que quiera adaptar un grado medio de mecanización, ¿deberá primero seguir los criterios de algún plan de cuentas?

10. ¿Cuál es el sistema de codificación más usado en los planes de cuentas?

La contabilidad computerizada

Hacia 1880 el doctor Hermann Hollerith desarrolló un procedimiento práctico para almacenar datos en tarjetas perforadas que pudieran ser leídas por las computadoras y máquinas impresoras.

Hollerith diseñó este sistema para la Oficina del Censo de Estados Unidos, que lo usó para completar el censo en 1890, necesitando sólo una tercera parte del tiempo empleado para el censo de 1880.

En 1937 el doctor Howard H. Aiken, de la Universidad de Harvard, publicó los proyectos generales de una calculadora digital automática de gran escala. Siete años más tarde, después de un gran trabajo de los estudiantes graduados en Harvard y de los ingenieros de la International Busines Machines Corporation (IBM), se concluyó el Mark I, basado en el diseño de Aiken. Aceptaba instrucciones y datos en fichas perforadas, luego programaba las operaciones lógicas y aritméticas según las instrucciones dadas en los datos. El Mark I usaba relés electromagnéticos y contadores mecánicos, pero el primer computador digital electrónico (llamado ENIAC) se desarrolló alrededor de la misma época en la Universidad de Pennsylvania para el ejército estadounidense.

Este fue el principio de una serie de adelantos en la tecnología del computador que asumió las proporciones de una explosión tecnológica y científica.

El primer computador eficaz, capaz de ser comercializado, se puso a la venta en 1951 y no mucho después una computadora empezó a trabajar programando datos de un negocio.

Actualmente se distinguen fundamentalmente cuatro generaciones de computadores, caracterizados por su tecnología, aunque el cada vez nás acelerado avance dentro del mundo de la informática hace que ésta sea una relación abierta:

• La primera es la de los tubos de vacío y los relés electromagnéticos.

- La segunda generación, aparecida hacia 1960, comprende los computadores transistorizados con memorias de ferritas; en estos computadores se utilizan las cintas magnéticas de forma masiva con memorias externas.
- Los primeros computadores de la tercera generación salieron al mercado hacia el año 1965; en ellos se emplean circuitos integrados, la velocidad es del orden de millones de sumas por segundo, se utilizan ampliamente las memorias externas de gran capacidad y acceso directo. Actualmente, ya nos encontramos de lleno ante la cuarta generación, que ha permitido aplicar sus principios a toda clase de contabilidades. Esta cuarta generación está marcada por la aparición del **chip**, que son unos circuitos integrados de sílice que tienen un milímetro cuadrado y que han dado lugar a la aparición de las llamadas microcomputadoras o también microprocesadores.

Partes de una computadora

En una computadora u ordenador podemos distinguir las siguientes partes:

- Unidades de entrada (*input*) y salida (*output*), es decir, de enlace con el exterior; mediante ellas se introducen en el computador los datos y el programa utilizados, y se extraen los resultados.
- Unidad de almacenamiento o memoria, en la que se conserva el programa, los datos y los resultados intermedios y finales.
- Unidad aritmética y lógica, que es la que realiza las operaciones correspondientes.
- Unidad de control, que supervisa y gobierna la sucesión de operaciones que deben realizarse y que organiza la utilización de las otras unidades de acuerdo con las especificaciones del programa.

El **programa** es el conjunto de instrucciones a ejecutar y se almacena en la memoria. Una instrucción consta de un código, que indica el tipo de operación a efectuar y una, dos o tres informaciones más, que normalmente son las direcciones de los operandos, es decir, una indicación precisa del lugar que éstos ocupan en la memoria interna.

Una vez cargado el programa en la memoria y dadas las órdenes oportunas para la ejecución de éste, analiza dichas órdenes y, en consecuencia, cierra y abre circuitos y envía impulsos eléctricos con el fin de que la unidad aritmética y lógica ejecute la operación correspondiente.

Nociones de álgebra binaria

El diseño de los elementos básicos de la computadora se fundamenta en el álgebra binaria. Todos los códigos utilizados en las computadoras tienen una estructura binaria que es la conveniente para las distintas formas en las que pueden materializarse la información (datos y programa) dentro del computador, como la existencia o no de impulsos eléctricos, estados magnéticos positivos y negativos, perforación o no perforación, etc. Así, pues, dentro de la computadora sólo tenemos dos estados posibles: uno, el contacto eléctrico, y otro, la falta de contacto eléctrico; debemos, pues, intentar representar la información por un código en el que sólo intervengan dos símbolos; para una mejor comprensión haremos una breve explicación del sistema de numeración binario. Hasta ahora siempre hemos utilizado un sistema de numeración decimal basado en la existencia de 10 símbolos o dígitos: 0, 1, 2, 3, 4, 5, 6, 7, 8, 9, y en el hecho de que la posición relativa de cada dígito expresa el producto de dicho dígito por la potencia de 10 correspondiente. Así, pues, el número 1.972 expresa: $1 \times 10^3 + 9 \times 10^2 + 7 \times 10^1 + 2 \times 10^0$, es decir, 1.000 + 900 + 70 + 2; el número 423.586 expresará: $4 \times 10^5 + 2 \times 10^4 + 3 \times 10^3 + 5 \times 10^2 + 8 \times 10^1 + 6 \times 10^0 = 400.000 + 20.000 + 3.000 + 500 + 80 + 6$, etcétera.

Pensando ahora en un sistema de numeración binario, con únicamente dos símbolos: 0 y 1, podemos expresar una cifra cualquiera basándonos en la posición relativa de estos símbolos; por ejemplo, el número 1.001 escrito en sistema binario representará: $1 \times 2^3 + 0 \times 2^2 + 0 \times 2^1 + 1 \times 2^0 = 1 \times 8 + 0 + 0 + 1 = 9$, el número nueve del sistema decimal.

Para una mejor comprensión expondremos una serie de cifras decimales y su expresión en el sistema binario.

No hay que olvidar que las potencias de 2 tienen el siguiente valor: $2^0 = 1$; $2^1 = 2$; $2^2 = 4$; $2^3 = 8$; $2^4 = 16$; $2^5 = 32$; $2^6 = 64$, etcétera.

Decimales	Descomposición en potencias de 2	Binarios
0	0×2^0	0
1	1×2^0	1
2	$1 \times 2^1 + 0 \times 2^0$	10
3	$1 \times 2^1 + 1 \times 2^0$	11
4	$1 \times 2^2 + 0 \times 2^1 + 0 \times 2^0$	100
5	$1 \times 2^2 + 0 \times 2^1 + 1 \times 2^0$	101
6	$1 \times 2^2 + 1 \times 2^1 + 0 \times 2^0$	110
7	$1 \times 2^2 + 1 \times 2^1 + 1 \times 2^0$	111
8	$1 \times 2^3 + 0 \times 2^2 + 0 \times 2^1 + 0 \times 2^0$	1000
9	$1 \times 2^3 + 0 \times 2^2 + 0 \times 2^1 + 1 \times 2^0$	1001

Otra explicación para comprender esta materia puede ser la de la tabla siguiente. Por ejemplo, el número 7 (decimal) es igual a 4 + 2 + 1 y en notación binaria 111. El uno de la derecha vale por 1; el segundo uno vale por 2, y el tercer uno vale por 4. Todo ello sumado es lo que nos da 7 y el valor de cada notación binaria tiene su equivalente en la columna de las potencias de 2.

Con este sistema de combinación de elementos binarios la entrada de datos en el computador es sencilla, pues cada vez que exista una perforación (si entramos datos por tarjetas perforadas) se producirá un impulso eléctrico, mientras que si no hay perforación el impulso no se produce, quedando así, pues, representados los dos símbolos que exige el sistema binario.

Núm. decimal	Núm. binario reflejado por →	Potencias de 2 y su valor decimal							
		7 = 128	6 = 64	5 = 32	4 = 16	3 = 8	2 = 4	1 = 2	0 = 1
0	0								0
1	1								1
2	10							1	0
3	11							1	1
4	100						1	0	0
5	101						1	0	1
6	110						1	1	0
7	111						1	1	1
8	1000					1	0	0	0
9	1001					1	0	0	1
10	1010					1	0	1	0

Métodos de introducción de datos y extracción de resultados

La introducción de datos y la extracción de resultados del computador se puede efectuar por los siguientes medios.

- Lectura y perforación de tarjetas. Las tarjetas son cartulinas idealmente divididas en filas y en columnas; en cada columna se puede representar un carácter efectuando perforaciones en una o varias filas; pueden perforarse mediante máquinas provistas de un teclado análogo al de escribir.

- Lectura y perforación de cinta de papel. El soporte es parecido al que se emplea en los télex, representándose un carácter por un grupo de perforaciones dispuestas transversalmente a la longitud de la cinta; ésta se perfora mediante máquinas especiales.
- Impresión. Se emplean dispositivos variados; en uno de los más corrientes, el papel pasa frente a una cadena de tipos que se desplaza continuamente. Cuando un carácter pasa frente a la posición que le corresponde, el papel es golpeado por un martillo y se produce así la impresión a gran velocidad.
- Caracteres magnéticos de forma especial e impresos en tinta magnetizable.
- Caracteres óptimos de forma especial, impresos con tintas normales.
- Pantallas de rayos catódicos, parecidas a las de televisión, capaces de representar gráficos y a través de las que puede introducirse información mediante lápices eléctricos.
- **Plotters** o trazadores, que dibujan gráficos sobre un papel.

Vocabulario de la computadora

El vocabulario de la computadora se está ampliando con cada nueva generación que aparece en escena; definiremos algunos de los más fundamentales conceptos:

- **Hardware**

  Es el componente físico de la computadora; se refiere a los mecanismos mecánicos magnéticos, eléctricos y electrónicos que lo forman.

- **Software**

  Se designa así a los trabajos intelectuales, o sea, la colección de programas (instrucciones del computador) necesarios para resolver los problemas que se quieran plantear.

  Han aparecido una serie de lenguajes simbólicos que establecen un puente de unión entre el hombre y la máquina. Los principales lenguajes del computador, en uso hoy en día para aplicaciones comerciales, son el **fortran** (*Fórmula translator*), orientado a las aplicaciones técnico-científicas; el **cobol** (*Common Business Oriented Language*), que se utiliza para el tratamiento de la información comercial y de gestión; el **algol** (*Algorilhm Oriented Language*), que es de aplicación científica y se utiliza predominantemente en la CEI, y el **basic** (*Beginner's Allparpose Symbolic Instruction Code*).

Sistemas de proceso electrónico de datos (EDP)

El proceso electrónico de datos (EDP) es quizás el mayor desarrollo tecnológico que afecta a los negocios en los últimos años. El sistema EDP proporciona una gran velocidad en las operaciones, exactitud, seguridad y versatilidad, cualidades inalcanzables a través de los otros medios que existen actualmente. El sistema acepta datos, los procesa según las instrucciones proporcionadas por los programadores y operadores, e imprime o expone los resultados. Cada uno de los diversos ingenios interconectados que son los componentes del sistema realiza funciones particulares, tales como recibir datos, procesar datos, almacenar datos e instrucciones y proveer la salida en diversas formas. La figura muestra los cinco componentes básicos de un sistema EDP. En esta figura las rayas continuas indican el flujo de los datos a través de las diversas unidades; las líneas discontinuas indican mandatos que controlan los movimientos de entrada y salida.

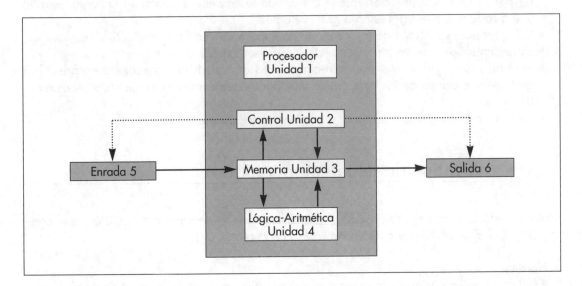

Un sistema EDP puede aceptar los datos en diversas formas, que dependen de los particulares ingenios de entrada del sistema. La unidad central de procesos (CPU) del sistema contiene una unidad de memoria, que almacena instrucciones y datos para transmitirlos y usarlos según se necesiten. Esta principal unidad de almacén (o núcleo de abastecimiento) es la memoria central del sistema, que contiene varios millones de datos que pueden ser localizados rápidamente y procesados. Las unidades extras de memoria (que generalmente usan soportes magnéticos) pueden usarse para dar el consiguiente acceso a tablas de datos muy grandes, tales como balances para una compañía con muchos miles de cuentas de clientes.

La CPU también contiene una unidad de control, la cual coordina y dirige los procesos del computador. Los circuitos en la unidad de control y los programas (instrucciones), suministrados por los diseñadores o los utilitarios del sistema, controlan el flujo de información a través del CPU y especifican las operaciones que deben programarse con los datos.

La unidad lógica-aritmética del CPU programa todos los cálculos y operaciones lógicas necesarias para sacar adelante el proceso. El tiempo necesario para una sola operación en los modernos computadores se mide en cientos de nanosegundos (1 nanosegundo = 0,0000001 segundos). Esto significa que decenas de millones de datos son enviados fuera de la memoria, procesados y devueltos a la memoria cada segundo, a medida que la CPU va llevando a cabo sus instrucciones.

Los mecanismos de salida, incluidos en el sistema EDP, pueden también presentar variedad de formas. Impresores de gran velocidad capaces de imprimir 1.600 o más líneas por minuto se usan comúnmente para convertir los datos del computador en palabras y números convencionales. Otros mecanismos de salida pueden usarse para reproducir los datos en cintas magnéticas. A veces se usan en terminales remotas pantallas de exhibición visual como acceso directo a la salida de la computadora.

Un típico sistema EDP tiene los siguientes componentes:

- El panel de control, desde el cual el operador puede encender o apagar el sistema, y guardar un control del curso de la operación de la máquina.
- El panel terminal, que puede usarse por el operador para tipificar las instrucciones e introducirlas en el sistema. Este terminal puede usarse para sacar fuera mensajes preprogramados para el operador; por ejemplo, para advertirle que prepare una cinta magnética de la unidad de memoria para un trabajo inmediato.
- La unidad de proceso central, que contiene el control, el núcleo de memoria y las unidades lógico-aritméticas.
- Unidades de cinta magnética que pueden utilizarse para la salida, la entrada o como almacén auxiliar (memoria) durante la operación. Se puede acceder a los datos de la cinta solamente siguiendo a través de la secuencia de datos en el orden en el cual fueron almacenados.
- Unidades de discos magnéticos, que pueden usarse de la misma manera que las unidades de cintas, pero en los cuales se puede acceder a algún dato almacenado directamente sin buscar a través de todo el archivo por riguroso orden.
- Impresoras de gran velocidad usadas para la preparación de relaciones, análisis, documentos, etcétera.

El hombre se comunica con la computadora a través de instrucciones o programas. Los lenguajes de la computadora proporcionan el puente de comunicación entre el usuario y la máquina. Sólo especialistas preparados pueden comunicarse con la computadora en «su propio lenguaje» (el código que usa para los datos e instrucciones en sus operaciones internas).

Utilidad de la computadora

Una de las mayores utilidades de las computadoras en los negocios, hoy en día, es el proceso y control del inventario. Puede instalarse un sistema EDP para almacenar y procesar información corriente acerca del stock de mercaderías en el inventario. En cuanto los pedidos se hayan fijado, las remesas se hayan recibido y las demandas se hayan satisfecho por el stock, inmediatamente se comunica la información a la computadora. La computadora guarda sus relaciones de inventario en unidades auxiliares de almacenamiento o memoria. Estas relaciones pueden actualizarse diariamente. La velocidad con la cual la computadora realiza los cálculos y procesa los datos hace posible saber de día en día cuál es el estado del inventario. Con el apropiado programa de instrucciones, el sistema EDP puede programar las operaciones aritméticas y lógicas para producir las siguientes salidas útiles en el control y proceso del inventario:

- Una relación de los artículos corrientes del inventario, su coste, su localización en el almacén y el tiempo que se supone que permanecerá en stock cada artículo.

- Informes que muestran el estado de las cuentas de los clientes y de las cuentas a pagar.
- Relaciones identificando las mercancías que tienen una mejor ventaja y las que tienen un bajo movimiento; análisis de ventas, comparando las ventas actuales con las anteriores, o proyectando directrices comunes para el futuro.
- Pedidos de compras impresos para artículos necesarios que completen el stock acompañados de relaciones sobre suministradores, costes, etcétera.
- Facturas impresas para enviar a los clientes, por los artículos expedidos.
- Expedición de notas impresas mostrando el nombre de los compradores, el número de pedido, dirección, artículos comprados, precios, descuentos e información similar.

Si una computadora se va a usar para este tipo de trabajo, los programadores deben preparar una exposición detallada de instrucciones, diciéndole a la computadora lo que debe hacer exactamente en cada posibilidad concebible. Antes de intentar escribir un programa, el programador normalmente prepara un diagrama de flujo, que recoja la naturaleza del proceso que se va a hacer y que muestre el orden en el cual las diversas operaciones se vayan a realizar.

La figura de la página siguiente muestra un diagrama de flujo para un problema de inventario de unas líneas aéreas. Constantemente se van haciendo y cancelando reservas por los clientes en un gran número de oficinas. Así, pues, la posibilidad de asientos cambia de minuto a minuto. Sin embargo, cada uno de los vendedores repartidos por diferentes lugares y cada uno de los operadores de los teléfonos de información, debe ser capaz de dar información actual de las reservas de plaza. Cada gran línea aérea usa ahora sistemas de computación para mantener esta clase de control minuto a minuto y para reproducirlo en su inventario de reservas de plazas. Se usan terminales remotas para dar a los agentes y operadores acceso a la salida y entrada de la computadora.

Conceptos básicos de la computadora

- **Lenguaje programado de computadora**
  Es una estricta y definida exposición de símbolos que la computadora (usando ciertos programas) puede traducir en su propio lenguaje máquina (el código que usa para operaciones internas). Un **programa** es una exposición básica de las instrucciones necesarias para decirle a la computadora qué operaciones se suponen que debe programar en el proceso de entrada almacén de datos y en la salida. La capacidad de almacenar un programa y de seguir sus instrucciones (incluyendo el tomar decisiones lógicas), a través de una compleja operación de proceso de datos, es lo que hace a un computador diferente de una máquina de calcular. El programa de origen es un programa escrito en un lenguaje programado. Cuando este programa de origen es entrado en la computadora, éste sigue las instrucciones de otro programa almacenado (llamado un ensamblador o un compilador) para traducir el programa de origen en un programa objeto, esto es, el programa del lenguaje de la máquina almacenado dentro de la memoria del computador en forma de pulsaciones eléctricas; es este patrón de pulsaciones lo que ahora guiará las operaciones de la computadora.

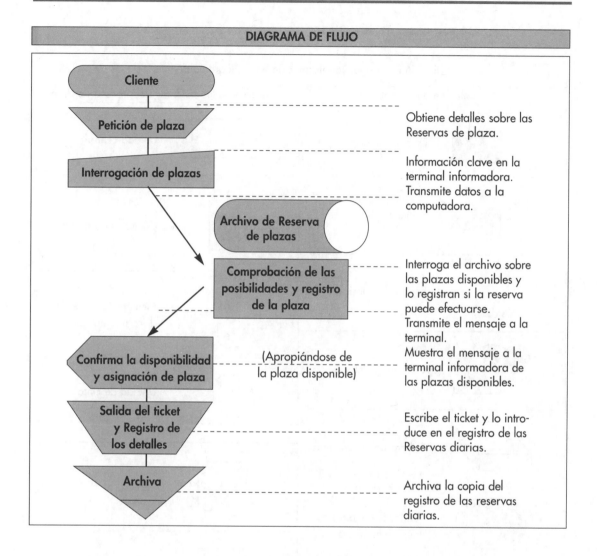

DIAGRAMA DE FLUJO

Cliente

Petición de plaza — Obtiene detalles sobre las Reservas de plaza.

Interrogación de plazas — Información clave en la terminal informadora. Transmite datos a la computadora.

Archivo de Reserva de plazas

Comprobación de las posibilidades y registro de la plaza — Interroga el archivo sobre las plazas disponibles y lo registran si la reserva puede efectuarse. Transmite el mensaje a la terminal.

Confirma la disponibilidad y asignación de plaza — (Apropiándose de la plaza disponible) — Muestra el mensaje a la terminal informadora de las plazas disponibles.

Salida del ticket y Registro de los detalles — Escribe el ticket y lo introduce en el registro de las Reservas diarias.

Archiva — Archiva la copia del registro de las reservas diarias.

- **Organigrama**

Es una representación gráfica usada para definir, analizar o resolver un problema. En el diagrama, los símbolos se usan para representar operaciones, flujos de datos y accesorios (ver figura). Organigrama del sistema es un diagrama de flujo que muestra el sentido o dirección completo de datos y operaciones que se deben programar a cada paso en la solución de problemas particulares. El diagrama de flujo debe ser traducido a un programa antes de que pueda usarse para dar instrucciones a una computadora.

- **Fichero**

Es una colección de registros relacionados, almacenados de alguna manera, que pueda ser leída por los mecanismos de entradas de la computadora. En el control de inventario, por ejemplo, una línea de una factura forma un campo, una factura completa forma un registro y una exposición completa de facturas forma un fichero. Otros ficheros contienen pedidos de compras, totales a recibir, totales a pagar, etcétera.

SÍMBOLOS PRINCIPALES DE USO EN UN DIAGRAMA DE FLUJO

Dirección que sigue la información en el diagrama de flujo

Símbolos de documentos	Símbolos de los sistemas del proceso de datos
Documento origen	Unidad central
Relación	Controles de salida
Forma de transición	Memoria auxiliar de disco magnético
Cinta magnética	Unidad de cinta magnética
Fichero de documentos	Impresora
Verificación y otras operaciones clave	Grabadora de cinta magnética
Clasificación, ordenación	Información, interrogación
Operaciones de cálculo de la máquina	Máquina auxiliar
Operación de máquina auxiliar	

- **Acceso en serie**

Es una técnica para almacenar y volver a ver datos en el orden en el cual los datos aparecen en un fichero. Por ejemplo, si la computadora debe introducir algún dato en (o sacar algún dato de) la factura número 432, debe escudriñar a través de las 431 facturas precedentes en la fila, antes de que encuentre la que está buscando. Acceso directo es una técnica que permite a la computadora ir directamente a alguna relación sin tener que escudriñar a través del resto del fichero. Como analogía, piense en el mecanismo del acceso directo como un índice que le permite encontrar un artículo sin buscar a través del libro entero, página por página, para encontrar lo que se necesita (técnica de acceso en serie).

- **Tiempo de ciclo**

Es el tiempo que pasa desde el momento en que el programa y los datos se introducen en la computadora hasta que los resultados han salido. En muchos casos, el programa y los datos se han preparado en discos magnéticos, los cuales, salvo que se tenga un gran número de ellas en dicha entrada, pueden introducirse en el computador a la vez; a esto se le llama procedimiento por lotes. La entrada se prepara **offline** (indirecta) y se da a los mecanismos de entrada de la computadora cuando ésta está preparada para realizar trabajos particulares.

Si el usuario tuviese una terminal **online** (directa), que es una entrada directa para la computadora, puede darle directamente la entrada la computadora y recibir la salida en cuanto el proceso se haya completado. Esto posibilita escribir programas en los cuales la computadora hace algún proceso y aporta algunos resultados; luego espera nuevas instrucciones antes de continuar. En otras palabras, el usuario puede interactuar con el programa de la computadora, tomando decisiones acerca de la operación en puntos programados.

Esto posibilita el funcionamiento en tiempo real de la computadora, en el cual los resultados del proceso de éste son accesibles lo suficientemente rápido como para que puedan ser usados para guiar los hechos que alimentan la entrada. Por ejemplo, el dependiente de los pasajes de la línea aérea tiene una terminal **online** y coge información acerca de los asientos posibles actualmente, lo suficientemente rápido para guiarle en la venta de billetes a un cliente particular. Este es un sistema de tiempo real. Incluso si un sistema de control de inventario sólo proporciona relaciones del sumario diarias como resultado de un proceso por lotes, éste puede ser suficientemente rápido como para proporcionar un control de tiempo real de los procedimientos de inventario de la mayoría de las compañías.

En el caso de que una única computadora haga el servicio de muchas terminales **online**, la mayoría de tales sistemas usan el tiempo compartido. Es una colocación de notas que permite a la computadora dividir su tiempo entre todos los usuarios en línea según una secuencia catalogada. Esta computadora lleva a cabo cualquier proceso requerido en la primera terminal y reserva sus resultados. Entonces vuelve su atención a la segunda terminal y lleva a cabo alguna instrucción que haya entrado allí, y así sucesivamente. Como la computadora es mucho más rápida que las personas con las cuales está actuando, puede manejar docenas de terminales a la vez y dar incluso la sensación a cada usuario en particular que está respondiendo inmediatamente a sus entradas.

La contabilidad por medio de computadoras

El uso de la computadora en el proceso de datos ha incrementado ampliamente la capacidad de una empresa de procesar cantidades de datos a gran velocidad, con eficiencia, exactitud y economía.

La informática está evolucionando rápidamente, por lo que los empresarios modifican continuamente sus procedimientos para sacar provecho de las crecientes capacidades de estos equipos.

Hasta ahora las computadoras se han puesto a trabajar principalmente en el proceso de datos de operaciones repetitivas de gran volumen, tales como cuentas a pagar, cuentas a cobrar, inventario y nóminas. Se han usado para llevar a término operaciones de proceso de datos a gran velocidad, y para imprimir varios documentos de negocios y resúmenes. Estas relaciones son de gran valor para la dirección. Por primera vez es posible, para la dirección de una gran negocio, tener cada día una relación al corriente de la situación exacta de los inventarios o de las cuentas de la compañía. Las computadoras pueden proporcionar una gran ayuda en la toma de decisiones. Además, actualmente pueden realizar todos los trabajos de contabilidad.

El uso de la computadora no modifica los principios básicos de la contabilidad; lo que hace es utilizar las ventajas de la máquina para obtener más rápidamente los resultados de una elaboración contable y combinar sus datos guardados en las memorias, según los programas que se establecen, para alcanzar una mayor información, con rapidez y exactitud. Sigue siendo fundamental el conocimiento de las motivos de cargo y abono. Cada operación determina cargos y abonos en dos o más cuentas, cuyos totales, operación por operación, se igualan. Siempre Debe = Haber.

El ordenador, según el programa que se establezca, recoge en adecuados listados los cargos y abonos realizados en cada cuenta y subcuentas de desarrollo, determina los saldos y formula automáticamente los correspondientes balances. Además, puede establecer toda clase de comparaciones entre partidas y saldos de distintas cuentas para dar la información que, según programa, se le pida.

Para establecer un sistema total de proceso de datos aplicado a la contabilidad-estadística, como soporte de una buena administración, es necesario estudiar todo el sistema de información y la actividad de la empresa mediante la colaboración de distintos especialistas en áreas especificas de trabajo.

Por lo general se coordina la labor de:

- **Director del centro de procesos de datos**
  Tiene como misión:
  - Confeccionar los planes generales de mecanización. Adaptar el trabajo del centro a la política que piensa seguir la dirección de la empresa.
  - Dirigir y controlar la relación entre el centro y los usuarios.
  - Establecer las prioridades de mecanización, marcando el ritmo de transformación de la organización anterior a la que precisa el proceso electrónico de datos (EDP) y, consecuentemente, decidir o colaborar en decidir la oportunidad de la sucesiva aplicación de programas.
  - Coordinar la labor de los demás especialistas y del personal.

■ **Técnico de sistemas**

Le compete:

- Selección de equipos y valoración de las necesidades de su ampliación o cambio.
- Formación del personal y su previa selección.
- Establece las técnicas y métodos de trabajo; fija los controles y marca los estándares de rendimiento.
- Desarrolla los análisis de oportunidad.
- Evalúa los elementos necesarios para desarrollar cada aplicación y controla los resultados de ésta.

■ **Analista**

Básicamente tiene como cometido:

- Analizar y proyectar los documentos y flujos de entrada al proceso, y los correspondientes flujos de salida (**inputs** y **outputs**).
- Definir y crear los ficheros a utilizar.
- Analizar el proceso para concretar las unidades de tratamiento necesarias.
- Confeccionar los algoritmos de cada unidad de tratamiento y los correspondientes juegos de ensayo.
- Elegir el lenguaje de programación.
- Establecer los métodos de utilización de los elementos del centro de proceso de datos de que se dispone; es decir, los métodos de explotación de todo el sistema.
- Prever controles y seguridades en el proceso.
- Prever y establecer las medidas necesarias para la salvaguardia de los datos, función ésta cada día más importante.

■ **Programador**

Establece la aplicación de los estudios anteriores a un equipo preciso para atender las necesidades de información de una determinada empresa en un momento también determinado; para ello y en función del equipo disponible:
- Establece los programas de utilización y las rutinas del sistema.
- Codifica el programa en el lenguaje de programación indicado.
- Depura el programa según los juegos de ensayo indicado.
- Crea la especificación de operatoria de cada programa.

■ **Operador**

Lleva a cabo la labor de hacer funcionar el centro, y para ello:
- Maneja los equipos informáticos.
- Gestiona los recursos de que dispone según las especificaciones que le han sido cursadas.
- Atiende la llegada de **inputs**, que introduce en los mecanismos del Centro, y controla el funcionamiento de éste hasta la obtención de los **outputs**, que cursa adecuadamente, o bien almacena en las bases de datos a disposición de los usuarios.
- Atiende, maneja y controla los equipos periféricos.
- Igualmente los soportes de datos con ellos relacionados.
- Vigila el funcionamiento de los equipos y corrige anomalías por sí mismo o con la colaboración de programadores y analistas.

Los sistemas de EDP

Para diseñar un sistema de procesamiento de datos para una determinada empresa debe empezarse por definir con precisión el trabajo que ha de efectuarse. Es decir, determinar qué **outputs** finales desea obtener la dirección de la empresa. Los **outputs** son los informes, listados, estados y otros papeles escritos que van a surgir del proceso. Seguidamente, hay que establecer los **inputs**, o sea, los datos y documentos que va a suministrarse a la computadora para que los elabore o procese, mediante el diseño de los documentos que van a llegar a la computadora y de los procedimientos establecidos para la recopilación de datos. Finalmente, se establecen los programas del ordenador, de los cuales han de surgir los **outputs** requeridos.

El análisis de sistemas empieza por la preparación del diagrama de circulación, que muestra gráficamente el tránsito de los datos a través de las operaciones del proceso, desde su entrada en éste hasta que se logra el **output** deseado. Se completa con el diagrama de bloque o esquema detallado de las diferentes operaciones a efectuar para desarrollar el anterior diagrama. Se le llama también flujograma.

De los dos surge el programa o relación secuencial y ordenada de las instrucciones de operación que se dan a la computadora para señalarle lo que debe hacer y en qué orden. El programa ha de ser reiteradamente probado y aplicar las correcciones que sean necesarias hasta conseguir su perfecto funcionamiento. Para ello es necesario durante este período la prueba en paralelo, es decir seguir llevando con el antiguo sistema el proceso contable mientras el sistema informático es depurado de errores.

Aplicaciones de la informática a la contabilidad

Los fabricantes de ordenadores se han preocupado de preparar programas estándar para constituir el software inicial de la aplicación de computadoras a la empresa. Los que se pueden considerar básicos son:

- Facturación.
- Clientes, proveedores y en general cuentas personales.
- Control de existencias y gestión de stocks.
- Preparación de nóminas.
- Gestión y previsión de tesorería. Contabilidad general.
- Contabilidad analítica.
- Cálculos e información estadística sobre:
  - Amortizaciones.
  - Fondo de maniobra.
  - Umbral de rentabilidad.
  - Cashflow.
  - Resúmenes y análisis de compras, ingresos, ventas, gastos y costes.
  - Determinación de «ratios».
- Preparación de declaraciones fiscales.

Y otros, que se complementan con programas más especializados, como pueden ser:

• Control de vencimientos de cuentas a pagar y cuentas a cobrar.
• Control de antigüedad de saldos deudores y acreedores.
• Simulación de operaciones futuras para el estudio de alternativas y toma de decisiones.
• Periodificación de ingresos y gastos.
• Formulación de balances a distintos niveles.
• Balance de explotación, con periodificación inferior al año con sus anexos.
• Cierre de ejercicio y reapertura del siguiente con reflejo al nivel que se desee del detalle del saldo.

Los centros de cálculo independientes ofrecen una amplia gama de servicios informáticos a las empresas que no poseen equipos procesadores propios. Toda clase de información puede ser procesada mediante los recursos de la informática.

Descripción esquemática de los elementos del EDP

La informática ha presentado en los últimos años un desarrollo formidable y tiene por objeto el tratamiento automático de la información. Aplicada a la contabilidad, en cuanto a información especializada para la toma de decisiones por parte de la gerencia, refunde a los datos que confluyen en el balance y cuentas de resultados toda una compleja información estadística, según las necesidades de cada empresa. La idea de fundir en un mismo sistema la información numérica que requiere el dirigente empresarial no es nueva. La hallamos ya en tratados publicados a mediados del siglo XIX. Las necesidades de información hicieron surgir la idea de refundir la contabilidad y la estadística no sólo en el orden administrativo, sino también en el orden práctico y teórico, habilitando la documentación primaria para que sirva a la vez para anotaciones puramente contables y registros e información estadística, uniendo en un conjunto indivisible su mecanismo técnico y su funcionamiento, compenetrándose contabilidad y estadística en sus métodos y procedimientos; este objetivo se ha conseguido satisfactoriamente mediante los procesos electrónicos de datos, o sea, mediante la utilización de las computadoras, que son dispositivos de cálculo electrónico mediante los cuales conseguimos el tratamiento automático de la información y su plasmación en soportes y registros adecuados.

Unidad central de proceso

Como ya se ha indicado anteriormente, la computadora está constituida fundamentalmente por una unidad central de proceso, compuesta por una unidad de control, una memoria y una unidad aritmético-lógica, a la cual, mediante canales adecuados, se suministran datos de entrada, que se elaboran para ofrecer información. Veamos muy esquemáticamente sus elementos y funciones:

▪ Sus funciones:
 • Almacena programas y datos.

- Ejecuta operaciones aritméticas y lógicas.
- Controla y supervisa el sistema integral.
- Controla la secuencia de ejecución de instrucciones.
- Controla el movimiento de datos desde las unidades periféricas de entrada de datos a la memoria.

- Componentes:
  - Un dispositivo o memoria para almacenar programas y datos.
  - Otro que ejerce las funciones de control.
  - Dispositivo para ejecutar las operaciones.
  - Canales o dispositivos para la conexión con los periféricos.

- La memoria almacena, como se ha indicado, datos y programas para su ejecución y está dividida en celdas. Las celdas recogen datos, es decir, se graba en ellas información que sobrepone al contenido de la misma y puede ser leída sin destruir su contenido. Para leer el contenido de una celda y grabar algo en ella se requiere un tiempo pequeñísimo denominado ciclo de memoria. La memoria se define por su capa- cidad o tamaño (K), que es el número de celdas que contiene.

- La unidad de control dirige las actividades de la computadora y determina la secuencia de ejecución de las instrucciones. Asimismo, interpreta la instrucción a ejecutar y encarga su ejecución a la unidad aritmético-lógica, si le corresponde, o los canales, si es de entrada o salida de datos, y establece la comunicación entre la unidad aritmético-lógica y la memoria principal.

- La unidad aritmético-lógica ejecuta las instrucciones de tipo aritmético (suma, resta, multiplicación, división) y las instrucciones de tipo lógico, como comparar si un número es mayor que otro y tomar decisiones. Actúa según las órdenes enviadas por el secuenciador (que es un integrante de la unidad de control) y manejando los datos que intervienen en una operación de dos en dos a altísimas velocidades, para lo cual toma los datos a operar (u operandos de la instrucción que se está ejecutando), realiza las operaciones y ofrece la solución. Todas las operaciones se efectúan a base de conectando circuitos electrónicos.

- Los canales establecen los enlaces entre la unidad central del proceso y los periféricos para hacer efectivas las instrucciones de entrada o salida ordenadas por la unidad de control. Pueden ser de entrada o de salida según la dirección de la información. Los multiplexores transmiten la información carácter a carácter desde un carácter hacia una unidad o viceversa, pasando inmediatamente a la siguiente unidad. Los sectores transmiten la información en bloques de caracteres. Los mixtos son combinación de los dos anteriores.

Soportes de datos

Son los elementos físicos donde se guarda la información (ficha, cinta magnética, cinta de papel, disco magnético, tambor magnético, celda magnética, casete, etc.). Los soportes de datos convierten los datos e instrucciones en algo inteligible por la computadora y dan agilidad a la entrada de datos a ésta. Sirven para disponer de un dispositivo para la información de salida de un proceso y para poder almacenar datos e instrucciones fuera del procesador y que podrán ser de nuevo utilizados cuando se necesiten; también permiten poder almacenar datos e instrucciones para acceder a ellos a medida que el proceso los necesite y para disponer de un almacén interno dentro del procesador.

El sistema operativo

Un **sistema operativo** es el conjunto de programas que controlan y supervisan un determinado número de operaciones. En él distinguiremos el **hardware**, o conjunto de dispositivos físicos que componen el sistema, y el **software**, que es el conjunto de programas especializados que permiten simplificar la programación del ordenador. El sistema operativo tiene las siguientes funciones:

- Traduce el lenguaje simbólico en lenguaje máquina. Supervisa la ejecución de los programas.
- Controla y administra las colas.
- Organiza y administra los archivos.
- Transcribe datos desde distintos soportes a distintos códigos.
- Ayuda a encontrar los errores de un programa.

El **sistema operativo** está constituido por programas de control y programas de servicio. El sistema está dividido en componentes y éstos en módulos que se conservan en bibliotecas de programas.

Al desarrollar un sistema se alcanzan distintos niveles de información que se compendian en el siguiente cuadro:

BIT	BYTE	CAMPO	REGISTRO	FICHERO
Elemento de información más pequeño	Conjunto de BITS — alfabéticos — numéricos — especiales	Conjunto de BITS	Conjunto de Campos	Conjunto de Registros

El **campo** o **item** es un conjunto de caracteres capaces de expresar por sí mismos una información unitaria e independiente. Los campos pueden ser divididos en subcampos.

El **registro** puede ser lógico, o conjunto de campos de información referentes a un concepto que constituye la unidad de información, o registro físico, que es la información contenida en una unidad de almacenamiento que se transfiere de una operación de lectura o escritura.

Los **ficheros** permanentes son inalterables a través de los distintos procesos en que intervienen, y pueden ser:

- Constantes o maestros, que tienen campos de datos perennes o que varían con poca frecuencia.
- De situación, que se actualizan frecuentemente, como el de existencias en almacén.
- Históricos, que sirven para obtener datos estadísticos y preparación de informes.

Los ficheros de movimiento o de transacciones contienen los resultantes de las transacciones o modificaciones. Sirven para actualizar los maestros y con ellos producir la información final. Los ficheros de maniobra o de trabajo contienen información referente a resultados intermedios del proceso.

Un bloque o **registro** físico es la información contenida entre dos marcas especiales propias de cada soporte, y que se lee o graba en una sola operación de entrada-salida del periférico correspondiente. Los ficheros pueden ir dotados de etiquetas (*labels*), que son registros de una longitud determinada que contienen información general propia del fichero correspondiente.

Un **fichero** es una colección organizada de registros que presentan entre sí una unidad lógica y que pueden ser consultados individualmente de forma iterativa y sistemática. Hay varios tipos de organización de ficheros: secuencial, aleatoria, indexada, que deben estudiarse en obras especializadas, y se complementan con los punteros y los índices.

La informática constituye actualmente una especialización que requiere particular estudio. Lo dicho hasta ahora constituye solamente un índice de materias a asimilar.

CAPÍTULO 8

Interpretación de los estados financieros

Análisis de balances

El análisis de balances se fundamenta en la obtención de una serie de datos de la actividad empresarial, a través del estudio sistemático de todas las partidas que integran las cuentas anuales de la empresa, para formar un juicio crítico de su situación y evolución. Este análisis se puede desarrollar desde varios puntos de vista, según sea el objetivo buscado; así, el análisis puede ser económico, financiero, contable, etc. Para que estos análisis puedan ser efectivos, es necesario disponer de los siguientes documentos:

- Un balance general.
- La cuenta resuntiva de Pérdidas y ganancias y las cuentas de Explotación de cada sector empresarial.
- La Memoria del ejercicio.
- El cuadro de obtención y aplicación de recursos o de financiamiento.
- Anexos estadísticos. Dentro de estos anexos se pueden citar análisis de las inmovilizaciones, de sus amortizaciones y provisiones, detalle de las plusvalías y minusvalías latentes en los bienes inventariados, fianzas y garantías recibidas y dadas, cifra de negocios, seguros concertados, etcétera.

Todos los documentos reseñados han de cumplir una condición básica: tener la certeza de que sus datos son exactos y veraces. Para tener la certeza de que el balance y sus documentos complementarios son exactos, se debe, con anterioridad al análisis, hacer una revisión de las cuentas en ellos representadas. La revisión tiene como objetivo esencial asegurarse de que los datos contenidos en los libros de contabilidad y sintetizados en el balance, cuentas de resultados y demás estados han sido sometidos a un proceso sistemático de control a fin de corregir los errores, duplicidades, omisiones, posibles fraudes, etc. También es necesario, como paso previo al análisis de balances, conocer si las cifras contables que se van a analizar son actuales. Como consecuencia del proceso inflacionista se puede encontrar que los elementos que componen el patrimonio estén valorados en unidades monetarias de distinto poder adquisitivo, imponiéndose procedimientos especiales de actualización y corrección de valores, de los que luego daremos una sucinta idea.

Análisis del balance en el tiempo y en el espacio

El análisis que hay que efectuar con los datos contenidos en el balance debe estar enfocado desde dos puntos de vista: uno estático, que llevará a determinar la auténtica situación de la empresa en todos sus aspectos, y otro dinámico, estudiando el pasado de la empresa que ha llevado al presente actual, para poder realizar predicciones sobre su futuro. Es conveniente orientar el estudio del balance en tres vertientes fundamentales:

- Con relación al pasado, comparando varios balances pertenecientes a períodos sucesivos; ésta es la llamada comparación en el tiempo.
- Con referencia al futuro; esto es, viendo en qué medida se ha alcanzado las metas previstas
- Relacionando los datos obtenidos en la empresa con otros datos provenientes de empresas que operen en el mismo sector; esto dará una comparación en el espacio.

Aspectos que comprende el análisis de balances

Se pueden estudiar los balances desde diferentes enfoques:

- En su aspecto contable se determina si los documentos presentados reúnen las condiciones necesarias de claridad, ordenación, estructura, etc., que los haga válidos para su estudio.
- En su aspecto económico se estudia a través del balance la rentabilidad de la empresa, la solidez de las inversiones, los resultados obtenidos, etcétera.
- El aspecto financiero se concreta analizando las disponibilidades y exigibilidades de la empresa y las previsiones de tesorería.
- En su aspecto jurídico hemos de estudiar el origen de los fondos de financiación, estudio del capital obtenido y responsabilidad de éste.
- Finalmente, en el aspecto provisional hemos de conjugar datos económicos externos, para opinar sobre las posibilidades futuras del desarrollo empresarial.

Para el estudio del balance en cualquiera de sus aspectos, éste ha de cumplir una serie de requisitos:

- **Síntesis**
  Debe dar una visión rápida y exacta de la empresa. La síntesis del balance debe estar armonizada con el desarrollo analítico, sin recurrir a un detalle excesivo; hay que lograr un punto de equilibrio entre síntesis y análisis.

- **Orden**

  Las partidas del balance se ordenan con arreglo a criterios específicos; el Plan General de Contabilidad agrupa las partidas de Activo en orden a su menor disponibilidad y las de Pasivo en orden a su menor exigibilidad.

- **Claridad**

  Para que el balance sea claro, los títulos de las cuentas deben corresponder exactamente a las características esenciales de los valores agrupados en cada cuenta o partida del balance.

- **Precisión**

  Cada título ha de corresponder con precisión a la realidad de los valores en él contenidos.

- **Permanencia**

  El balance debe ser constante en la disposición de sus elementos y en el modo de valorarlos a través de los distintos ejercicios.

Masas patrimoniales

Las cuentas que forman el balance, y que representan a los elementos patrimoniales de la empresa, se pueden agrupar tomando como base características o finalidades comunes, dando lugar a las llamadas masas patrimoniales. Un criterio de agrupación es su disponibilidad inmediata o no; otro, la inmovilización de las partidas, etc. Así se encuentra el **Disponible**, constituido por el dinero existente en Caja y Bancos, y el **Realizable cierto**, formado por el conjunto de créditos a favor de la empresa, transformables en dinero a la fecha de su vencimiento. Ambas masas patrimoniales se agrupan bajo la denominación de **potencial financiero**. Las mercaderías y valores análogos constituyen la base de las operaciones económicas a que la empresa se dedica; también se convierten en dinero, pero para ello es necesario encontrar un comprador y realizar la venta. Estas partidas forman, por ello, parte del **Realizable condicionado**, integrando el potencial económico de la empresa. Los valores agrupados bajo la masa patrimonial de **Inmovilizado**, por ser necesaria su permanencia para el cumplimiento de los objetivos de la empresa, forman el **potencial de supervivencia**. Estas tres masas activas o potenciales deben cubrir la Exigibilidad o Pasivo de terceros. Junto al **Exigible** forma el Pasivo, el **No exigible** formado por Capital y Reservas, llamado **Neto patrimonial**. Este Exigible se clasifica también según su vencimiento en **Exigible a largo plazo** y **Exigible a corto plazo**. No hay unanimidad en cuanto a la denominación según los plazos. Un criterio bastante aceptado es el siguiente:

Exigible inmediato	hasta 90 días
Exigible a corto plazo	hasta 12 meses
Exigible a largo plazo	más de 12 meses

En el PGC la cuenta 170 considera a largo plazo los préstamos a más de 1 año. En la cuenta 534 se aceptan como préstamos a corto plazo los inferiores a 12 meses. Los conceptos de inmovilizado y circulante son relativos. En un patrimonio nada es fijo, todo es mutable; ahora bien, cuando se hace una inversión se tiene una idea formada sobre su permanencia en el patrimonio. Esto es, fundamentalmente, lo que distingue al inmovilizado del circulante.

Compramos, por ejemplo, una máquina que necesitamos en un proceso productivo. Normalmente la máquina permanecerá en el patrimonio durante varios ejercicios, sujeta a un proceso de amortización. Diremos que la maquinaria forma parte del inmovilizado, pero no de una manera absoluta. En cualquier momento, si se considera conveniente a los planes de la empresa, la máquina puede venderse, cambiarse por otra, etc. La intención al adquirirla era la de permanencia; luego, las conveniencias del negocio irán decidiendo lo que se hace con la máquina.

Adquirimos, es otro supuesto, unas mercaderías que confiamos vender dentro de un tiempo prudencial; se trata de una partida de circulante, aunque puede darse el caso de que no haya comprador y la partida permanezca en el patrimonio meses o incluso años.

Lo que usualmente ocurre en cada partida y la idea que de ello tengamos, es lo que básicamente nos sirve para diferenciar los conceptos de circulante y de inmovilizado (que nunca es absoluto).

Capital normal

El capital normal es el que se considera necesario, en condiciones corrientes de la actividad de una determinada empresa, para desarrollar un cierto volumen de operaciones. Queda determinado por la suma representada por las unidades dinerarias de los valores que es necesario comprometer en la empresa, para atender a los fines previstos en el correspondiente proyecto, y estará integrado por los conceptos siguientes:

- **Capital de inversión**
  - Coste de la organización, planteamiento y fundación de la empresa.
  - Adquisición de bienes e inmovilización en ella, constituyendo su equipo de trabajo.
  - Gastos de establecimiento y constitución de la empresa.

- **Capital de explotación**
  - Inversión en materias primas y productos, como stock permanente.
  - Diferencia que pueda existir entre el crédito concedido a los clientes y el recibido de los proveedores.
  - Gastos de establecimiento y constitución de la empresa.
  - Gastos a sufragar en el período de instalación, puesta en marcha y maduración, carente de ingresos o siendo éstos inferiores a los costos.
  - Gastos análogos, proporcionales a la producción.

Al **capital de inversión** se le da también el nombre de capital fijo o inmovilizado. Al de **explotación**, el de circulante. La suma del capital fijo más el capital circulante determinan los fondos necesarios para subvenir a una determinada explotación económica; pero la cifra así obtenida es sólo una cifra orientativa que puede quedar modificada por varios factores, como son:

- Variaciones en el volumen de producción y de venta.
- Condiciones de compra y venta establecidas.
- Facilidades crediticias positivas y negativas.
- Modificaciones en los costes y en los ingresos.
- Variaciones estacionales, según fluctuaciones que afectan a los conceptos anteriores.

Estos fondos de financiación pueden ser suministrados a la empresa como capital propio, en forma de empréstitos a largo plazo, como créditos financieros, comerciales y bancarios, o como participaciones y como subvenciones.

Hemos de recordar que el capital propio es el aportado por quienes van a ser considerados «propietarios» del negocio y asume la plena responsabilidad por los resultados. Si hay déficit puede perderse todo.

Los empréstitos son préstamos a largo plazo que terceras personas conceden a la empresa. Deberán ser reintegrados en la forma y plazos convenidos, y devengan un interés pactado.

Los créditos comerciales son facilitados por los proveedores que entregan productos y mercaderías sin cobrar al contado.

Los créditos financieros y los bancarios muchas veces en la práctica se confunden. Son todos los prestamos recibidos que no figuren en los apartados anteriores.

Las participaciones son aportaciones de dinero a la empresa, que asumen el riesgo de los resultados, pero cuyos aportantes no toman sin embargo la responsabilidad de su dirección.

Las subvenciones (generalmente de entidades públicas) son entregas de dinero a fondo perdido, para contribuir a dotar los fondos necesarios para llevar adelante una empresa a la que se reconoce alguna trascendencia político-social.

Al realizar el estudio del capital necesario estableceremos de una parte la suma de fondos que son precisos y, de otra, los modos de financiación. Una fórmula simplificada de este capital normal es:

$$Cn = I + E + V(n - n') + gn$$

Donde:
Cn   = Capital normal
I   = Inmovilizaciones de toda clase
E   = promedio de existencias a precio de coste
V   = promedio de ventas mensuales
(n–n') = diferencia en meses en el plazo concedido a clientes
              y el obtenido de proveedores
gn   = gastos mensuales en el período n

En la práctica suele dar buen resultado preparar un cuadro numérico, con sendas columnas para recoger las cantidades a invertir y su financiación en distintos períodos, según el siguiente esquema:

Operación de inversión o de financiación	Cantidades a invertir y a obtener							
	a 30 días		a 90 días		a 180 días		a ...	
	I	F	I	F	I	F	I	F

Las columnas de vencimientos se distribuyen según convenga. La cifra obtenida es una orientación para preparar la financiación.

También puede utilizarse otro modelo con una hoja para I (inversión) y otra para F (financiación).

Supongamos que queremos establecer la cifra de capital normal en un negocio en que se dan las siguientes circunstancias:

Inversión necesaria en maquinaria, herramientas, inmuebles, fábrica y otro inmovilizado	6.500.000 u.m.
Existencias necesarias para poder mantener una cifra de ventas proporcionada	3.200.000 u.m.
Ventas mensuales	2.800.000 u.m.
Se conceden 90 días de crédito y se obtienen 120 días para el pago a proveedores.	
Gastos mensuales	240.000 u.m.
Adaptando la fórmula obtenemos la siguiente cifra orientativa del capital normal.	
Maquinaria	6.500.000 u.m.
Existencias	+ 3.200.000 u.m.
Rotación créditos 2.800.000 x (−1)	− 2.800.000 u.m.
Gastos	+ 240.000 u.m.
SUMA	7.140.000 u.m.

INVERSIONES (EN MILES DE U.M.)

Operación	Inmediato	30 d.	60 d.	90 d.	120 d.	150 d.	180 d.	7º mes	8º mes	9º mes	10º mes
Compra mercaderías	1.000	2.000		2.000			1.000	1.000	1.000	1.000	1.000
Compra maquinaria	2.000	1.000	1.000	3.000	1.000		2.000				
Gastos	200	200	200	200	200	200	200	200	200	200	200
Suma	3.200	3.200	1.200	5.200	1.200	200	3.200	1.200	1.200	1.200	1.200
Suma acumulada	3.200	6.400	7.600	12.800	14.000	14.200	17.400	18.600	19.800	21.000	

FINANCIACIÓN (EN MILES DE U.M.) Y DIFERENCIA ENTRE INVERSIÓN Y FINANCIACIÓN

Operación	Inmediato	30 d.	60 d.	90 d.	120 d.	150 d.	180 d.	7º mes	8º mes	9º mes	10º mes
Vta. prev. 1er mes			1.000								
» 2º »				500	1.000						
» 3º »					500	500	500				
» 4º »						500	500	500			
» 5º »							500	500	500		
» 6º »								500	500	500	
» 7º »									500	500	500
» 8º »										500	500
» 9º »											
Suma mes			1.000	500	1.500	1.000	1.500	1.500	1.500	1.500	1.000
Suma acumulada				1.500	3.000	4.000	5.500	7.000	8.500	10.000	
Diferencia a cubrir	3.200	6.400	6.600	11.300	11.000	10.200	11.900	11.600	11.300	11.000	

Para preparar el cuadro numérico de detalle, se han de ordenar las operaciones de cobro y pago a efectuar, inscribiendo las correspondientes partidas, en miles o millones de u.m., en las columnas I o F. Por ejemplo, nos situamos en el momento de iniciar un negocio y tenemos los datos que aparecen en el cuadro de la página anterior.

Compraremos 5.000.000 u.m. de mercaderías, que pagaremos con un millón al contado, dos a 30 días y el resto a 90 días; a partir del tercer mes compraremos un millón mensual con vencimiento a tres meses; adquiriremos 10.000.000 u.m. de maquinaria, que pagaremos mediante dos millones al contado; un millón a 30 días, un millón a 60 días, tres millones a 90 días y un millón a 120 días. El resto en el sexto mes. Cada mes tenemos 200.000 u.m. de gastos a pagar al contado. Prevemos vender en el primer mes, nada; en el segundo, 1.000.000 u.m. con cobro a 30 días; en el tercero, 1.500.000 u.m, de lo que hemos cobrado 500.000 u.m. al contado y el resto a 30 días, y luego cada mes la misma cifra cobrándola por terceras partes una al contado y las otras a 30 y 60 días.

El cuadro de necesidades de financiación quedaría como en el modelo, partiendo de cuyos datos tendremos que determinar las aportaciones de los propietarios o socios.

Con el cuadro anterior vemos que la máxima diferencia se produce en el sexto mes con 11.900.000 u.m. y que luego, ya cada mes, recuperamos 300.000 u.m., que podemos destinar a pago de beneficios, o a ampliar instalaciones y existencias. Según este cuadro, necesitamos una financiación de 11.900.000 u.m. y si establecemos unos posibles imprevistos de un 9 %, podemos redondear en 13.000.000 u.m., que será el capital normal a aportar por los socios, pudiendo establecer su entrega escalonada según necesidades.

Variaciones en el capital normal

Partiendo de una situación patrimonial inicial o de fundación, una empresa, al desarrollar sus actividades, puede encontrarse en uno de los siguientes supuestos:

- Haber conseguido una situación de equilibrio financiero no perturbado, teniendo un capital fijo adecuado a la dimensión de la empresa, y un circulante proporcionando al volumen de operaciones que realiza y a las condiciones crediticias con que trabaja.
- Hallarse la empresa en un período de expansión de sus operaciones en que requiera:
  – Un aumento de sus instalaciones fijas (cambio de estructura) para atender a un mayor volumen de producción.
  – Sin necesidad de cambiar de estructura ni de ampliar sus instalaciones, precisar de un flujo más intenso en sus rotaciones para atender a un mayor volumen de demanda, teniendo que ampliar sus inversiones en capital circulante.
  – Necesitar de las dos clases de ampliaciones.

Por ejemplo, supongamos una empresa que tiene un capital fijo (instalaciones y equipo industrial) que importa 1.000.000 u.m., complementado por un circulante que asciende a 2.000.000 u.m. (capital total: 3.000.000 u.m.), y que con tales elementos realiza una venta trimestral de toda su producción, que asciende a 5.000.000 u.m. El aumento de la demanda permite prever que la empresa podría llegar a una venta trimestral de 9.000.000 u.m. Si su capacidad industrial no es bastante, será necesario ampliar sus instalaciones fijas, por ejemplo, hasta 2.300.000 u.m. Ahora bien, cuando vendía por valor de 5.000.000 u.m. trimestrales (promedio mensual: 1.666.666 u.m.), si la empresa concedía un plazo de pago de 30 días, el promedio de sus saldos deudores oscilaría alrededor del promedio mensual de ventas, y debería tener una existencia de reserva proporcionada; suponiendo, además, que pagase a sus proveedores también a un mes fecha, tendría un volumen de créditos equivalente al costo de materias y suministros consumidos en un mes, y si éstos representan el 30 % del precio de venta, sería alrededor de 500.000 u.m.: así su circulante podría estar distribuido como sigue:

Saldos de clientes	1.666.667		
– Saldos de proveedores	– 500.000	1.166.667	
Valor stocks		833.333	2.000.000

Manteniendo la misma proporcionalidad entre compras, ventas y fabricación, hipótesis que hacemos para facilitar la comprensión del supuesto, pero que en la práctica podría no darse, al vender por valor de 9.000.000 u.m., su circulante tendría que estar formado así:

Saldos de clientes (9.000.000 : 3)	3.000.000		
– Saldos de proveedores (30 % s/3.000.000)	900.000	2.100.000	
Valor stocks		1.500.000	3.600.000

El coste de las ventas de un mes es de 900.000 u.m., que representa el 30 % de la venta mensual. Se deberá a los proveedores, en promedio, lo comprado en un mes. Tendríamos la siguiente situación comparativa:

Para una venta trimestral de	5.000.000	9.000.000
Necesita:		
Capital fijo	1.000.000	2.300.000
Capital circulante	2.000.000	3.600.000
Capital total	3.000.000	5.900.000

Cuando una empresa amplía sus actividades, necesita aportaciones adicionales de capital, o nuevas financiaciones.

Por reducción del mercado la empresa puede tener sobrante de capital, en cuyo caso debe procederse al retorno de éste o buscar nuevas posibilidades de inversión que prometan ser productivas.

- **Valor contable de un patrimonio**

Se denomina así la valoración que resulta según los datos ciertos que ofrece la contabilidad, determinados con arreglo a unos criterios previamente establecidos, como pueden ser los del PGC para el balance de fin de ejercicio. La denominada valoración histórica sigue el criterio de mantener el valor de cada elemento patrimonial, según su coste en el momento en que se incorporó cada elemento al patrimonio.

Así, si en el mes de agosto del año ...6 adquirimos un inmueble por 2.000.000 u.m., éste será su valor histórico mientras el inmueble permanezca formando parte del inventario patrimonial.

La valoración es actualizada, cuando se rectifica el valor histórico en función de las modificaciones que la unidad monetaria ha tenido en su poder adquisitivo. Generalmente, esta actualización está regulada por disposiciones legales. Si una ley establece, por ejemplo, que la unidad monetaria del año ...6 equivale a 1,41 u.m. del año ...8, este 1,41 se denomina coeficiente de corrección monetaria. En este caso, en el año ...8, aquel inmueble podía valorarse en 2.820.000 u.m., o sea, 2.000.000 x 1,41.

Se aplica el valor en venta cuando las distintas partidas no se valoran por el coste histórico, sino por el probable valor en venta. Supongamos que en agosto del año ...1 adquirimos 1.000 kg de un producto X a 750 u.m./kg, y que al formular el inventario en 31 de diciembre del mismo año, aquel producto X se vende a 700 u.m./kg, quedando en almacén 300 kg. Siguiendo este criterio se valorarían por 210.000 u.m. (300 kg x 700 u.m.).

El valor de reposición tiene en cuenta lo que costaría volver a adquirir o fabricar el artículo, producto o elemento de que se trate. Así, tenemos el inmueble adquirido en agosto del año ...4 por 2.000.000 u.m. Si construirlo en diciembre del año ...8 costaría, es un supuesto, 3.900.000 u.m., valorando por el coste de reposición sería éste el importe por el que se situaría en inventario. Para valorar por el coste de reposición, es necesario tener una información fidedigna y exacta de los costes y precios de compra en cada momento en que se ha de formular el inventario. En ocasiones, para fijar el coste de reposición se tiene presente la evolución futura de los precios, lo que tiene el inconveniente de que tratamos de ser adivinos.

Por ejemplo, en septiembre del año ...1 hemos comprado un producto a 675 u.m./kg; al llegar el día del inventario, el posible precio de compra es de 709 u.m., o sea, que en cuatro meses ha aumentado un 5 %, pero seguimos teniendo en almacén aquel producto, que pensamos consumir en abril, reponiendo entonces la existencia. ¿Puede alguien asegurar en diciembre que el precio seguirá aumentando en igual proporción y, por tanto, el precio de reposición habrá de ser fijado en 744 u.m.? Puede, evidentemente, hacerse así, pero entramos en el terreno de las previsiones y en ocasiones de la imaginación.

Es muy aventurado intentar prever por anticipado los movimientos coyunturales, las alteraciones del poder adquisitivo y la evolución de un determinado precio que depende de diversas circunstancias.

- **Valor bursátil de un patrimonio**

  Es el que resulta de aplicar al número de títulos que constituyen el capital desembolsado por la cotización de Bolsa.

  Por ejemplo, una sociedad anónima tiene un capital de cincuenta millones de u.m., representado por 50.000 acciones de 1.000 u.m. nominales cada una. Con independencia de cual sea el valor patrimonial resultante de su contabilidad o de su balance actualizado, se determina su valor bursátil multiplicando por el cambio o cotización. Supongamos que se cotizan a 182 %, el valor nominal de los títulos, en este supuesto, tendríamos 50.000.000 u.m. x 182 % = 91.000.000 u.m.

- **Valor en renta de un patrimonio**

  Se determina por capitalización, a un tipo de interés establecido, de los rendimientos que ha producido.

  Supongamos que una empresa ha producido beneficios según el siguiente cuadro:

Año	Beneficios	Beneficio promedio
...1	546.000 u.m.	
...2	648.000 u.m.	
...3	617.000 u.m.	614.400
...4	589.000 u.m.	
...5	672.000 u.m.	

  y que la tasa de capitalización la fijamos al 8 %. Partiendo del promedio del quinquenio, diríamos que aquel patrimonio tiene un valor promedio por capitalización de 614.400 x 100 : 8 = 7.680.000 u.m. Puede referirse a la capitalización de los beneficios de un solo ejercicio, al promedio de un trienio o de otro número de ejercicios.

- **Valoración del goodwill o regalía del fondo de comercio**

  Una empresa en marcha puede tener una capacidad de generar beneficios por los esfuerzos anteriormente realizados, publicidad efectuada, organización montada, etc., cuyos datos no se reflejan en contabilidad.

  La capitalización de beneficios los tienen en cuenta y a la diferencia entre el valor que se da a una empresa en su conjunto y el valor patrimonial deducido de su balance patrimonial, intrínsecamente considerado, se le denomina fondo de comercio. Éste puede definirse como el valor actual de una renta de n años del superbeneficio obtenido a una rentabilidad financiera normal con un incremento por el riesgo, por ejemplo, del 50 %. Es decir, que si una inversión segura en obligaciones o valores análogos da el 8 %, la rentabilidad industrial hemos de situarla en el 12 %. Algunos autores reducen el incremento al 30 o al 25 %.

  Supongamos un negocio que tiene invertido un capital neto de 6.500.000 u.m., que denominamos valor intrínseco determinado, por la formulación con criterio objetivo del correspondiente balance. El negocio ha dado un beneficio neto de 1.122.000 u.m. (impuestos excluidos). El 12 % del capital promedio (6.500.000) son 780.000. El superbeneficio es sólo de 342.000 u.m.

Hay varias fórmulas para calcular el valor actual. Aceptaremos una plusvalía de sólo tres años, es decir, que el goodwill o fondo de comercio sea igual a tres años de superbeneficio descontados al interés compuestos del 12 %, o sea:

$$V= \frac{c}{(1 + i)} + \frac{c}{(1 + i)^2} + \frac{c}{(1 + i)^3}$$

$$V= \frac{342.000}{1,12} + \frac{342.000}{1,254} + \frac{342.000}{1,405} = 821.500 \text{ u.m.}$$

que representa el 12,64 % sobre el nominal: el valor de la acción sería de 112,64 %. El valor del goodwill se modifica si varía la tasa de capitalización o el número de términos, datos que han de establecerse según la situación coyuntural.

El valor sería:

Valor intrínseco	6.500.000 u.m.
Plusvalía o goodwill	821.500 u.m.
Valor total	7.321.500 u.m.

Reglas formuladas para valorar una empresa en marcha

El problema de determinar el goodwill o el valor de una empresa en marcha es muy complejo y ha dado lugar a una copiosa literatura especializada.

Las consideraciones y resoluciones son las siguientes:

- **En cuanto a los fundamentos en que reposa el valor de una empresa**
  - El valor económico de una empresa corresponde al valor de su sustancia (o valor intrínseco), corregido en función de su capacidad de reproducir rentabilidad, estando presentado tal valor por la masa de los elementos de Activo (bienes y derechos), agrupados en una estructura económica que una persona física o moral pone en marcha para utilizarlo para sus fines.
  - Constituyendo la capacidad de producir beneficios de la sustancia la condición *sine qua non* de la formación del valor de la empresa, conviene, cuando se procede a una evaluación, apreciar (y, dado el caso, corregir) el valor sustancial en función de su rendimiento.

- Rectificar el valor sustancial con el fin de deducir el valor de la empresa en su conjunto; consiste en determinar la plusvalía o, eventualmente, la minusvalía incorporal (goodwill positivo o negativo).
- En caso de renta normal, el valor sustancial se confunde con el valor de rendimiento, traduciéndose un superbeneficio por un goodwill positivo, mientras que un déficit lo produce negativo.
- En definitiva, todo valor se expresa por un precio.

- **Método de cálculo**
  - Para el valor sustancial:
    - La determinación comprende dos etapas: el inventario de la masa de los bienes del Activo y su elevación.
  - Para el goodwill, los factores que intervienen en su cálculo son:
    - El beneficio duraderamente realizable. Este se basa en el potencial de explotación de la empresa y en sus perspectivas futuras.
    - Para fijar la tasa de capitalización se parte del tipo de interés pagado en el país a los capitales que no corren riesgos jurídicos de colocación.
    - Duración de la renta del goodwill, que puede ser estimada alrededor de tres años cuando el superbeneficio depende, sobre todo, de factores subjetivos, y de cinco a ocho años cuando está principalmente condicionado por factores objetivos.

- **Determinación del valor intrínseco de los partes de la empresa**
  Recomienda la Comisión Especial de la UEC la aplicación de un procedimiento simplificado mediante la utilización de la fórmula siguiente:

$$W = \frac{K + Ra_n}{2 - V^n}$$

Donde:
  W = valor buscado de la empresa.
  K = valor sustancial.
  R = renta futura.
  a_n = valor actual de una renta pagadera en el plazo «n».

$$V^n = \frac{1}{(1 + i)^n} \quad \text{factor de descuento en «n» años}$$

- **Ejemplo de aplicación de la fórmula**
  Supongamos que queremos valorar un negocio en marcha y que hemos establecido un balance actualizado que nos da un valor intrínseco de 24.730.000 u.m. y que el promedio de beneficios de los últimos tres años, más un incremento del 10 %, es de 4.000.000 u.m. Entonces:

K = Neto patrimonial (Activo real – Pasivo exigible) una vez analizado el balance-inventario y depuradas todas las partidas: 24.730.000.

i = Se establece la capitalización al 51 %.

n = Se admite la duración de la renta de goodwill en cuatro años.

Para el cálculo de a_n y de V^n utilizaremos las tablas financieras:

$V^n = 0,8227025$
$a_n = 3,5459509$

Aplicando la fórmula tenemos:

$$W = \frac{24.730.000 + 4.000.000 \times 3,5459509}{2 - 0,8227025} = 33.053.000 \text{ u.m.}$$

luego el goodwill o plusvalía es igual a (33.050.000 – 24.730.000) = 8.320.000 u.m. Puede aceptarse también que K es igual al Activo real, en cuyo supuesto a W debe restarse el Pasivo exigible para determinar el valor empresarial.

Pasivo contingente

El balance refleja en su Pasivo, usualmente, los débitos ciertos. Las cuentas de provisión, definidas en el PGC, reflejan coberturas de situaciones latentes de reponsabilidades futuras ciertas, o de pérdidas no realizadas puestas de manifiesto o en expectativa al formular el balance. En general, las provisiones forman parte del **Pasivo contingente**, que tiene un sentido más general para comprender a todos los quebrantos, riesgos e incertidumbres a los que la empresa está sujeta y que pueden manifestarse en un futuro más o menos próximo. Cuando estudiamos un balance no basta con asegurarse de que las partidas de su Pasivo responden a obligaciones ciertas y que las provisiones están prudentemente determinadas. Hemos de estudiar los riesgos y responsabilidades dimanantes de la actividad empresarial y determinar qué obligaciones de pago pueden presentarse, si se dan circunstancias tales que los riesgos y responsabilidades latentes puedan devenir ciertas.

Por ejemplo, una empresa en funcionamiento tiene una plantilla de 70 empleados. Mientras la empresa siga su buena marcha quizá podemos dejar de pensar en la denominada hipoteca laboral. Si pensamos en cerrar la empresa, en liquidarla, hemos de indemnizar adecuadamente aquel personal según las normas laborales al uso; el importe de estas indemnizaciones es una hipoteca laboral sobre el conjunto del Activo que normalmente no está recogido en el Pasivo del balance, pero que en determinadas situaciones hay que estudiar y valorar.

Otro ejemplo. La empresa tiene unos recipientes a presión que funcionan normalmente. Un aciago día explosiona uno de ellos, derriba una pared medianera y produce daños a una empresa vecina, que estaremos obligados a indemnizar.

Será bueno estudiar, en cada caso, si hay adecuados seguros concertados proveyendo responsabilidades y cuáles no se cubren. Un análisis actual de la empresa, supone estudiar si las provisiones y reservas establecidas son suficientes para cubrir todas las contingencias que puedan presentarse y valorar la posible incidencia de éstas.

Así, el Neto de un balance arroja la cifra de 143.000.000 u.m. y si se prevé una posible crisis que obligue a cerrar el negocio, habrá que pensar que en tal supuesto se tendrá que indemnizar al personal. Si esta partida no está prevista, la hemos de valorar atendiendo a lo dispuesto en el correspondiente convenio laboral. Supongamos que hay 51 empleados y que la cesación de actividad representaría pagar un total de indemnizaciones de 41.000.000 u.m. Éste sería el importe de la hipoteca laboral contingente (un elemento del Pasivo no reflejado en el balance que aparecerá en el caso de cierre). Entonces el Neto objetivamente considerado es de (143.000.000 – 41.000.000) = 102.000.000 u.m.

Concepto de valor añadido o valor agregado

La empresa, para ofrecer un producto o servicio, recibe a su vez servicios y productos de otras empresas. A la diferencia entre el valor atribuido a los servicios y productos recibidos de otras empresas, a cuyo conjunto se denomina también prestaciones externas, y el valor asignado al conjunto de productos y servicios que cede a otras empresas, se denomina **valor añadido** o **agregado**, que queda expresado en su forma elemental como la diferencia entre los ingresos obtenidos y los costes satisfechos a otras empresas. También se dice que es el coste de los servicios prestados por la empresa más el beneficio obtenido por la actividad normal de la empresa.

Ventas netas del ejercicio
– Insolvencias

                            Ingreso neto _____

Variación de existencias de productos (+ o –)
                    Producto del ejercicio _____

Consumo de materias del ejercicio, según:
Compras de materias primas y auxiliares
Variación de ellas en el ejercicio (+ o –)
                        Consumo neto _____

Servicios exteriores
Tributos
Gastos diversos externos
           Costes externos de bienes y servicios _____

        Valor añadido (Producto – Costes externos) _____

Al efectuar el análisis económico de una explotación conviene estudiar este agregado, para lo que puede servir el esquema de la página anterior.

En muchos países se aplica un Impuesto sobre el Valor Añadido (IVA) regulando las correspondientes disposiciones fiscales su determinación reglamentaria.

EJERCICIOS

1. ¿Qué partidas forman el potencial económico de la empresa?

2. Las cuentas de Existencias y Mercaderías, ¿pertenecen al Activo fijo o al circulante?

3. Clasificar los siguientes conceptos en exigible inmediato, a corto o a largo plazo:

   a) una letra de vencimiento dentro de 15 días;

   b) una fianza recibida a devolver a un año;

   c) un préstamo recibido a dos años;

   d) una deuda con la Hacienda Pública, a pagar dentro de tres meses;

   e) una hipoteca a devolver dentro de diez años.

4. ¿Qué partidas forman el Neto patrimonial?

5. Indicar cuál es el valor bursátil de una empresa que posee un capital de 75.000.000 u.m., representado por 75.000 acciones de 1.000 u.m. nominales cada una, sabiendo que su cotización actual en Bolsa es del 167 %.

6. a) El valor contable del negocio o Neto patrimonial a que se refiere el balance del ejercicio número 1 del apartado *Directriz de la contabilidad* del capítulo 5.

   b) Determinar el valor por capitalización de beneficios a la tasa del 6 %, según la cuenta de Explotación del ejercicio 2 del apartado *Directriz de la contabilidad* del capítulo 5.

7. Establezca las distintas valoraciones que puede dar, al formular el inventario, a una partida de 45 t de un producto B, que se adquirió el último mes de julio al precio de 370 u.m./kg.

   a) Sabiendo que los precios en general en estos meses han subido un 7 %.

   b) Si su precio de venta ahora es de 405 u.m.

   c) Si volverlo a fabricar costaría a 385 u.m.

d) Si no se repondrá hasta dentro de otros seis meses y entretanto se prevé un alza general de precios del 10 % sobre el coste actual de fabricación.

8. a) Una sociedad anónima tiene un capital de 30.000.000 u.m., representado por acciones de 5.000 u.m. cada una. Determinar su valor bursátil si sus acciones se cotizan en Bolsa a los siguientes cambios: 98, 105, 147, 168, 205, 239.

b) Otra sociedad anónima ha obtenido en promedio beneficios anuales por importe de 7.849.000 u.m.; siendo la tasa de capitalización del 8 %, establecer su valoración.

9. Aplicando la fórmula de la UEC, determinar el valor de una sociedad anónima según los siguientes datos: tasa de capitalización al 5 %, duración de la renta de goodwill, cuatro años; promedio de beneficio, 6.000.000 u.m.; Activo neto, 183.765.000; Pasivo exigible, 146.894.000.

Análisis de
la situación financiera

El estudio del balance, desde el punto de vista financiero, tiene como objetivo fundamental comprobar la capacidad de cada empresa para poder cumplir sus obligaciones de pago.

Bajo este prisma, el Activo es según el grado de liquidez o capacidad de sus partidas capaz de convertirse en dinero efectivo, mientras que el Pasivo según la mayor o menor exigibilidad dineraria de sus partidas en el tiempo.

En el campo del análisis financiero, la palabra **capital** se emplea tanto para designar los medios de financiación o fuentes u orígenes de los fondos de la empresa como el patrimonio de ésta, es decir, los bienes que posee la empresa, aunque es preferible utilizar el término fondos dinerarios para los medios de financiación.

Así, podemos dividir el Activo en capital fijo o inmovilizado y capital circulante, y el Pasivo en capital no exigible y financiación exigible.

El capital fijo está formado por los valores que se han integrado en el patrimonio de la empresa con idea de permanencia. Por el contrario, todos los elementos que integran el capital circulante son aquellos que tienden a renovarse constantemente, debido a las características propias del tipo de empresa, que en algunos casos exige una gran movilidad.

El análisis financiero trata de determinar la forma más beneficiosa de obtener los capitales necesarios para el desarrollo de la empresa y regular la actividad de ésta de forma que se mantenga su equilibrio financiero.

Bajo este prisma financiero, el Activo está formado por los objetos de inversión que constituyen los elementos necesarios para el funcionamiento de la empresa, mientras que el Pasivo está compuesto por los medios de financiación, o sea, por el origen de los fondos que han permitido obtener los medios de explotación.

Financiación inicial de la empresa

La financiación inicial de la empresa se obtiene del capital invertido por aquellas personas que se integran en ella con carácter de propietarios. La primera aportación la efectúan sus promotores o fundadores, seguida de otras de la misma especie efectuadas por las demás personas o socios interesados en la empresa. Se designa a estas aportaciones con la denominación de **Capital propio.**

Esta financiación propia es una de las principales fuentes de financiación de la empresa, pero para el normal desarrollo de la función empresarial, esta financiación se debe incrementar con las ganancias obtenidas del negocio y no repartidas; esto es, constituidas en reserva, lo que se denomina autofinanciación. Se complementa con otros medios facilitados por entes ajenos a la empresa, como son los empréstitos y demás fuentes de financiación ajena, créditos en general.

Mantenimiento dinámico del equilibrio financiero

Existe equilibrio financiero cuando la empresa es capaz de hacer frente a sus respectivos vencimientos, a las obligaciones que tiene contraídas. El capital financiero obtenido por la empresa se transforma, como hemos dicho, en capital económico, formado por los stocks necesarios para la actividad empresarial, y en capital inmovilizado integrado por los elementos indispensables, de estructura fija, necesarios para el desarrollo del negocio.

El potencial económico y el potencial inmovilizado se deberán transformar otra vez en capital financiero, mediante la actividad empresarial; el primero mediante la venta de los stocks y el segundo mediante la amortización de los bienes que lo componen.

La rotación de los potenciales de la empresa ha de efectuarse permitiendo el equilibrio financiero y la estabilidad en el tiempo. Para ello se requieren las siguientes condiciones:

- Que la realización de los stocks comerciales se efectúe en un plazo igual o inferior al crédito obtenido de los proveedores, salvo que la diferencia negativa de los plazos se salve mediante el descuento de letras a cargo de los clientes.
- Que al efectuar la venta del potencial económico se recupere su costo y demás gastos imputables a las mercancías vendidas.
- Que sea posible renovar las partidas vendidas con el importe de la venta.

Sin estas tres condiciones, la capacidad financiera de la empresa irá decayendo hasta aparecer un desequilibrio que podrá acabar en la suspensión de pagos.

Los ciclos de recuperación de tesorería

Al dotar a la explotación de recursos económicos se realiza su financiación (dotación de dinero), que se transforma en los diferentes bienes que integran el Activo: inversión en maquinaria, inmuebles, materias primas, etc. Las operaciones de la empresa actúan de forma diferente sobre cada uno de los bienes que integran el patrimonio, haciendo variar constantemente la composición del Activo y del Pasivo. La existencia de estas diferentes velocidades de rotación plantea los problemas del ciclo corto y del ciclo largo, tanto en la financiación de la empresa como en la explotación. El límite entre el ciclo corto y el ciclo largo queda artificiosamente delimitado con el concepto de ejercicio económico anual.

Los costes del ciclo corto se incorporan íntegramente a la cuenta de Explotación anual; los costos de inversiones de ciclo largo se integran en aquella cuenta a través del mecanismo de la amortización contable.

Son costes de ciclo corto aquellos gastos cuyo efecto se manifiesta dentro del propio ejercicio; así, los salarios del personal, el consumo de luz eléctrica, la compra de pequeño material para escritorio, etc. Estos gastos son cargados a las correspondientes cuentas de Gastos, que son saldadas por el Debe de la cuenta de Pérdidas y ganancias del ejercicio (cuenta 129 del PGC).

La compra de maquinaria constituye un caso típico de inversión de ciclo largo. Su importe aparece en el Activo del balance, pero de ejercicio en ejercicio va disminuyendo por las cantidades que se abonan en la cuenta Fondo de amortización acumulada. La dotación anual al Fondo de amortización, como ya sabemos, se carga al Debe de la cuenta de Pérdidas y ganancias.

Con referencia al Activo, es necesario conocer la duración de empleo de los bienes y valores que la empresa posee: es decir, investigar en cuánto tiempo una suma de dinero transformada, esto es, invertida en material, herramientas, instalaciones, etc., o sea, en todos los bienes necesarios para realizar el objeto empresarial, volverá después de la oportuna venta o aplicación a la caja de la empresa bajo la forma de dinero nuevamente disponible. Se ha de estudiar el ciclo de recuperación del dinero que se va invirtiendo.

Se deben ordenar las partidas del Activo, desde un punto de vista financiero, de acuerdo con su grado de liquidez creciente, es decir, comenzando por las que tardan más en volver a transformarse en dinero líquido y acabando con las sumas disponibles en caja y bancos.

Normalmente, el dinero que invertimos en mercaderías se recupera más rápidamente que el dinero que se invierte en maquinaria para fabricar otros productos, pues si compramos mercaderías no es para tenerlas almacenadas de forma indefinida, sino para venderlas en el más breve plazo posible.

Cuando vendemos las mercaderías y concedemos crédito a nuestros clientes, éstos, al vencimiento, pagarán la venta que hemos hecho. Este período de rotación es generalmente corto, dependiendo de las modalidades de cada negocio, pero normalmente se recupera en un plazo relativamente breve, en tanto que si compramos maquinaria, esta maquinaria puede durar 5, 6 o más años, según la clase de que se trate, recuperándose a través del proceso de amortización ya estudiado; normalmente su rotación ocupa un tiempo superior al de las mercaderías.

Las partidas del Pasivo se ordenarán de acuerdo con su exigibilidad creciente, es decir, comenzando por las sumas a pagar a más largo plazo. Se empezará por los capitales propios que tienen una exigibilidad nula, siguiendo con las deudas a largo y corto plazo.

Dentro del Activo, los capitales inmovilizados tienen un grado escaso de liquidez, o sea, segregan disponibilidades de una forma muy lenta, mediante la amortización anual que se determina en cada período por la depreciación que el tiempo hace sufrir a las inmovilizaciones. Las amortizaciones figuran en las cargas de Explotación, lo que reduce los beneficios susceptibles de distribuirse y permite conservar en la empresa las sumas que le han de permitir, llegado un determinado momento, renovar las inmovilizaciones que ya hayan devenido inútiles, bien sea por el uso, por la antigüedad o por los cambios relativos de la técnica.

Los capitales circulantes se transforman en disponibilidades mucho más rápidamente que los capitales inmovilizados, pero la duración de esta transformación varía según las empresas; esta duración depende del grado de liquidez en las diferentes fases, de la aptitud de las partidas que componen los capitales circulantes para pasar de una fase a otra más líquida, para convertirse finalmente en dinero disponible.

La duración del ciclo está en función, sobre todo, de la naturaleza de la empresa, de los plazos de fabricación y de los hábitos comerciales del sector considerado (en especial de los plazos de pago).

Es importante conocer el grado de exigibilidad de las partidas del Pasivo; las deudas a corto plazo deben ser siempre objeto de una inmediata atención. Al transformarse rápidamente en exigibles, su vencimiento debe coincidir con la obtención de disponibilidades facilitadas por el ciclo de los capitales circulantes.

Fondo de rotación

En general, las deudas a corto plazo deben financiar a los capitales circulantes de la empresa y las deudas a largo plazo y capitales propios a las inmovilizaciones, pero sucede a veces que entre los capitales circulantes existen partidas cuya rotación habitual es demasiado lenta y no pueden hacerse disponibles tan rápidamente como lo exigen las deudas a corto plazo; por ello, es necesario un margen de garantía para que los capitales circulantes sean superiores a las deudas contraídas a corto plazo.

Por esta razón una parte de los capitales circulantes no debe financiarse con los créditos a corto plazo, sino con los capitales permanentes (capitales propios y deudas a largo plazo).

La parte de los capitales circulantes no financiada con créditos a corto plazo, sino con capitales permanentes, se llama fondo de rotación:

> **Fondo de rotación o fondo de maniobra = Capitales circulantes – Deudas a corto plazo**

O también:

> **Fondo de rotación = Capitales permanentes – Inmovilizaciones**

La cuantía del fondo de rotación depende de la naturaleza de la empresa que se considere; cuanto más rapido sea el ciclo de los capitales circulantes, más rápidamente se transformarán en disponibilidades para hacer frente a los vencimientos de las deudas a corto plazo y, por tanto, el fondo de rotación podrá ser menor.

Veamos un ejemplo:

ACTIVO		PASIVO	
Caja	10	Proveedores	55
Mercaderías	50		
Clientes	30		
Instalaciones	70		
Suma	160	Suma	55
		NETO	
		Capital y Reservas	105
		Suma	160

El circulante está representado por la suma de las cuentas de Mercaderías más Clientes más Caja. Las deudas contra la empresa, por el saldo de Proveedores. Por tanto, el fondo de rotación estaría representado por la diferencia (50 + 30 +10 – 55 = 35).

Si el ciclo de capitales circulantes es rápido, encontraremos que el balance incrementará su disponibilidad en dinero y disminuirán los saldos de Clientes y Mercaderías, si seguimos manteniendo las condiciones de compra a nuestros proveedores. Hay que vigilar la evolución de los datos para controlar feacientemente si la empresa va mejor o peor y tomar las oportunas decisiones.

Principales ratios financieros

Los ratios son relaciones que existen entre las diversas partidas que integran el balance, así como entre las partidas del balance y las cuentas de resultados. Analizando pues el balance y la cuenta de resultados se puede establecer un cierto número de ratios financieros. Se pueden dividir en cuatro categorías:

- Ratios de estructura del balance, que son las relaciones entre las diversas partidas del balance.
- Ratios de rotación, que son las relaciones entre algunas partidas del balance y las ventas.
- Ratios de resultados y de rendimiento financiero, que comparan los resultados con diversas partidas del balance.
- Ratios proyectivos, que relacionan datos contables con previsiones y perspectivas.

Ratios de estructura

- **Ratio de liquidez general o de solvencia técnica**
  Activo circulante / Deudas a corto plazo o pasivo circulante.
  (Se lee: Activo circulante *dividido por* deudas a corto plazo o pasivo circulante).
  Cuando el ratio es superior a uno, las deudas a corto plazo son menos importantes que los Activos circulantes. Así, cuanto mayor es esta relación, mayor es la liquidez general de la empresa. Por tanto, la empresa está en condiciones de hacer frente con más desahogo financiero a sus compromisos de pago. Sin embargo, no hay que abusar de tener un exceso de disponibilidades porque según la cita clásica «el dinero en Caja no cría dinero», ya que el beneficio se obtiene de unas adecuadas inversiones. La habilidad del gerente ha de demostrarse en mantener un desahogo financiero suficiente para hacer frente a sus compromisos de pago y además unas inversiones rentables. Cada ratio da una orientación.
  Los ratios no tienen interés en sí mismos. Lo interesante, esencialmente, es estudiar la evolución que experimentan y lo que tiene que hacer el gerente es analizar esta evolución para sacar conclusiones, según su propia experiencia, de la empresa que está dirigiendo.
  Supongamos el siguiente balance:

ACTIVO			
1.	Edificios	5.000.000	
2.	Maquinaria y equipo	14.500.000	
3.	Instalaciones comerciales	8.600.000	
4.	Gastos de constitución	1.400.000	29.500.000
5.	Mercaderías y productos		18.700.000
6.	Clientes	12.800.000	
7.	Efectos comerciales a cobrar	4.900.000	
8.	Otros deudores a corto plazo	300.000	18.000.000
9.	Caja y Bancos c/c. vista	3.500.000	
10.	Deudores vto. inmediato	1.500.000	5.000.000
			71.200.000
PASIVO			
15.	Capital propio	20.000.000	
16.	Reservas	10.000.000	
17.	Resultados	3.000.000	33.000.000
11.	Préstamos a largo plazo	4.000.000	
12.	Proveedores	25.200.000	
13.	Otros deudores	6.000.000	
14.	Préstamos bancarios a corto plazo	3.000.000	38.200.000
			71.200.000

PRINCIPALES RATIOS FINANCIEROS

LIQUIDEZ

1. $\text{de Circulante} = \dfrac{\text{Activo circulante}}{\text{Pasivo circulante}}$

2. $\text{Ácido Test} = \dfrac{\text{Realizable + Disponible}}{\text{Deudas a corto plazo}}$

EXISTENCIAS

3. $\text{Rotación Activo circulante} = \dfrac{\text{Ventas}}{\text{Activo circulante}}$

4. $\text{Rotación de Existencias} = \dfrac{\text{Venta}}{\text{Existencias}}$

RENTABILIDADES

5. $\text{Rentabilidad Empresa} = \dfrac{\text{Resultado Neto}}{\text{Neto Patrimonial}}$

6. $\text{Rendimiento de Explotación} = \dfrac{\text{Resultado Neto}}{\text{Ventas}}$

7. $\text{Productividad Empresa} = \dfrac{\text{Resultado Neto}}{\text{Activo Total}}$

El Activo circulante es la suma de las partidas 5 a 10 inclusive (41.700.000). Deudas a corto plazo, en principio, es la suma de las partidas 12 y 14 = 34.200.000. Cociente o ratio, 1,22, superior a uno; por tanto, puede considerarse, en principio, la situación de solvencia buena, aunque debería profundizarse en el estudio de las posibilidades de venta de los productos y de cobro de los saldos de las partidas 6, 7 y 10.

- **Ratio de liquidez reducida o ratio de tesorería o ácido test**
  Capitales circulantes – Existencias / Deudas a corto plazo.
  Este ratio no debe ser muy superior a uno porque en tal supuesto la empresa tiene fondos improductivos durante períodos continuados. Si partimos de los datos anteriores tendríamos:

> Activo, suma de partidas 6 a 10 = 23.000.000
>
> Ratio = 0,675
>
> Pasivo, suma de partidas 12 y 14 = 34.200.000

Comparando los ratios 1 y 2, deducimos que se debe mantener el ritmo de ventas para poder hacer frente a los compromisos de pago, pues, cuando hemos eliminado del dividendo las existencias el ratio es inferior a uno, es decir, tenemos compromisos de pago adquiridos a los que no podemos hacer frente con la disponibilidad efectiva que tenemos.

- **Ratio de solvencia total o de independencia financiera**
  Capitales propios / Deudas totales.
  Indica la importancia de las sumas prestadas a la empresa con relación a las que le pertenecen en propiedad. Es un ratio que compara entre sí las dos masas del Pasivo (exigibilidad y no exigibilidad). Un ratio igual a uno indica equilibrio, siendo tanto más favorable la situación cuanto mayor sea este ratio.
  Con los datos anteriores tenemos 33 : 38,2 = 0,86
  El ratio 3 al ser inferior a la unidad demuestra que la financiación propia es inferior a la ajena y, por tanto, no hay una excesiva solidez financiera.
  Para entender la importancia de este ratio, hemos de volver a considerar el significado de los capitales propios y el de las deudas totales. La suma de las dos partidas constituye el Pasivo total en sentido amplio de la empresa, que está respaldado por todas las inversiones que figuran en el Activo.
  Es evidente que cuando menos representen las deudas totales con relación a este Activo total, más garantías habrá, porque, aun en el supuesto de que el Activo estuviese sobrevalorado, hasta que esta sobrevaloración no absorba la totalidad de los capitales propios (que son los que asumen el riesgo total del negocio) no habrá dificultades en satisfacer las deudas totales.
  Así, en el ejemplo que hemos presentado en el ratio 1 tenemos que, frente a un capital propio de 33.000.000, hay un capital ajeno de 38.200.000. Su suma es igual al total del Activo. Si en este Activo hubiese una exageración de valoraciones y, por ejemplo,

encontrásemos que Mercaderías no valen sino la mitad, que de clientes hay 10.000.000 que son insolventes y que de los Efectos comerciales activos hay un millón que son cobrables, estas partidas reducirían en 20.350.000 la suma del Activo; pero como esta disminución sería inferior al Capital propio más Reservas y Resultados, todavía el resto que quedaría del Activo sería suficiente para hacer frente a los préstamos representados por las partidas 11, 12, 13 y 14.

Ratios de rotación

- **Ratio de rotación de las existencias globales**
Ventas a precio de coste / Existencias globales a precio de coste.
Durante el año hemos vendido 66.000.000 u.m., cuyo coste era de 45.922.000 u.m., que dividido por las existencias da el cociente o ratio de 2,45; significa que la renovación de existencias globalmente consideradas ha sido en el año casi dos veces y media. A veces se le da a este ratio otra expresión, denominada de **alcance de existencias,** resultante de dividir los días del año por el ratio (365: 2,45 = 149), que significa que las existencias, supuesta una venta regular a lo largo del ejercicio, cubren las necesidades de ciento cuarenta y nueve días. Cuanto mayor es el ratio 4, más halagüeñas son las perspectivas del negocio, si se vende con beneficios.
En el supuesto de una actividad normal, las ventas presentan un margen de utilidad y el beneficio bruto total es igual al margen multiplicado por la velocidad de rotación.
Si vendemos por 66.000.000 u.m. lo que nos costó 45.922.000 u.m., el coste representa el 69,579 % del precio de venta y el margen s/venta será del 30,421 %, equivalente al 43,72 % s/coste. Como la rotación es del 2,45, tenemos: 18.700.000 x 2,45 x 43,72 % = 20.030.318 u.m., que nos da el beneficio bruto (66.000.000 – 45.922.000 = = 20.078.000), con una ligera desviación por haber trabajado con pocos decimales. En los estudios de este tipo no se busca la total exactitud, siendo suficiente una aproximación orientativa; por ello no apuramos los decimales (¿qué significación tiene una desviación de 48.000 u.m. frente a más de 20.000.000 u.m. de margen?)
Aun sin necesidad de conocer cuál es el margen, lo que debe buscarse siempre es que este ratio o velocidad de rotación sea lo mayor posible, porque esta velocidad permite renovar las existencias, con lo que hay menos riesgo de obsolescencia y se obtienen mejores beneficios.

- **Ratio de rotación de productos acabados**
Ventas a precio de coste / Existencias productos acabados a precio de coste.
Es una modificación del anterior aplicable a empresas industriales.

- **Ratio de créditos clientes**
Clientes + Efectos a cobrar + Efectos descontados y no vencidos / Ventas anuales comprendido el impuesto sobre éstas.
Este ratio requiere el conocimiento de un dato que generalmente no aparece en los balances, aunque puede contabilizarse mediante cuentas de orden: el de los riesgos en curso por efectos descontados, es decir, el monto de los efectos que hemos cedido a los

Bancos y que todavía no han vencido. Este importe depende de las fechas de negociación y del crédito concedido a los clientes. Supongamos que la empresa que estudiamos tiene en esta rúbrica 9.000.000 u.m. El cálculo del ratio sería:

Dividendo:			Coeficientes	
Saldos de clientes		12.800.000	0,194	
Efectos comerciales a cobrar		4.900.000	0,074	
Efectos descontados pendientes		9.000.000	0,136	26.700.000
Divisor:				
Ventas				66.000.000
		Ratio	0,404	

La evolución de este dato y su estructura interna indicará las modificaciones en la política de financiación de la empresa. Si descomponemos el ratio buscando la proporcionalidad entre las ventas y cada uno de los ratios, tenemos los coeficientes que se indican en el ejemplo.

Si luego estos coeficientes se modifican y, por ejemplo, vemos que Efectos descontados pendientes pasa de 0,136 o 0,20, esto indicará que nosotros anticipamos el descuento de efectos con más rapidez que antes y que, por tanto, tendremos, probablemente, unos mayores gastos de financiación.

Ratios de resultados y rendimiento financiero

■ **Ratio de rentabilidad de los capitales permanentes**
Beneficio + Intereses de los créditos / Capitales permanentes.
Beneficio es lo que ha producido el negocio en su estructura financiera actual. Los intereses son la cuantía pagada por el disfrute de capitales ajenos; por tanto, si todo el capital fuese propio, el beneficio que se obtendría sería la suma de las dos partidas, que se utiliza como numerador. Esta suma retribuye al conjunto de capital propio más los préstamos recibidos, que es el denominador. El cociente indica la rentabilidad que produce el negocio a la suma de capitales invertidos.

La cuenta de Pérdidas y ganancias, fusionando la cuenta de Explotación de la empresa que estudiamos, es la siguiente:

100,00 %	Ventas		66.000.000 u.m.
69,58 %	Coste de las ventas		45.992.000 u.m.
30,42 %	Margen Bruto		20.078.000 u.m.

		GASTOS:		
	9,02 %	Personal	5.956.000	
	1,06 %	Gastos financieros	2.050.000	
	0,76 %	Tributos	500.000	
	3,48 %	Servicios exteriores	2.300.000	
	1,43 %	Transportes	942.000	
	5,73 %	Gastos diversos	2.780.000	
25,88 %	3,66 %	Amortizaciones	2.550.000	17.078.000 u.m.
4,54 %		Beneficio		3.000.000 u.m.

- **Ratio de rentabilidad de los capitales propios**
  Beneficio neto / Capitales propios.
  3.000.000 : 30.000.000 = 0,1, es decir, el capital propio ha tenido un rendimiento del 10 %.

Comentarios de los ratios analíticos del balance

Aparte del análisis porcentual, que es altamente interesante ver cómo va evolucionando, conviene desglosar los gastos financieros en gastos de negociación de las letras e intereses de préstamos, aunque para un primer análisis pueden estudiarse conjuntamente, porque tanto uno como otro retribuyen financiación ajena.

Supongamos que de este conjunto de gastos que ascienden a 2.050.000 u.m. hay 1.300.000 u.m. que corresponden a negociación y 750.000 u.m. a intereses de préstamos. El ratio 7 será en su numerador 3.000.000 + 2.050.000 = 5.050.000, y en su denominador la suma de capital propio y préstamos ajenos que asciende a 37.000.000 u.m.; el cociente en porcentaje es 13,65 %.

Esta tasa, que es la tasa de rentabilidad del negocio, ha de compararse con lo que pagamos por capital, teniendo en cuenta el tiempo que estos capitales ajenos han estado invertidos.

Según los datos hemos pagado por intereses 750.000 u.m., que corresponde a un capital prestado al final de ejercicio de 7.000.000 u.m. Por lo tanto, a continuación tenemos que ver si estos 7.000.000 han estado invertidos durante todo el ejercicio o solamente durante una parte de éste

Supongamos, para seguir en el terreno del ejemplo, que estos 7.000.000 u.m. solamente han estado invertidos medio año; por tanto, 750.000 partido por 7.000.000 nos da 0,107, que representa un interés anual del 21,4 %.

Resulta que el rendimiento promedio del negocio es inferior a la tasa de los intereses que pagamos por financiación recibida en forma de préstamos. De ello podemos deducir que convendrá irlos eliminando.

RATIOS ANALÍTICOS DEL BALANCE

Ratios	Fórmulas	Comentarios
Ratio de Tesorería Disponible + Realizable dividido por Exigible corto	$\dfrac{D+R}{Ec}$	Indica la posibilidad de hacer frente a los pagos dentro del corto plazo, supuesta la continuidad normal de las operaciones.
Ratio Deudas Neto dividido por Exigible corto + Exigible largo	$\dfrac{N}{Ec+El}$	Al relacionar el capital neto con la exigibilidad demuestra la proporcionalidad de la financiación propia.
Ratio Ventas Suma de ventas dividido por clientes deudores	$\dfrac{\Sigma V}{d}\quad \dfrac{\Sigma V}{d+R}$	Tiene por finalidad conocer la velocidad operativa con relación a dos interesantes aspectos del circulante.
Ratio Stock Suma de ventas dividido por Stock	$\dfrac{\Sigma V}{St}$	Es una modificación del anterior, teniendo en cuenta solamente la velocidad de transformación de las existentes.
Ratio Inmovilización Disponible + realizable dividido por Inmovilizado	$\dfrac{D+R}{I}\quad \dfrac{I}{N+El}\quad \dfrac{\Sigma V}{I}$	Se presenta de varias formas para poder analizar el coeficiente de inversión fija del negocio en relación al circulante, a la financiación a largo plazo y a las ventas. Con él se trata de medir la movilidad financiera de la empresa.
Ratio Mercaderías Stock dividido por clientes deudores	$\dfrac{St}{d}$	Poco usado, trata de comparar los dos aspectos del circulante que más directamente se influyen entre sí.
Ratio Capital Ventas dividido por Neto	$\dfrac{V}{N}$	En las ventas se obtiene un margen de beneficio; cuanto mayor es la proporcionalidad entre ventas y capital, tanto mayor resultará, a igualdad de margen, la rentabilidad de la inversión.
Ratio rentabilidad Ventas Beneficio bruto dividido por Ventas	$\dfrac{Bb}{V}\quad \dfrac{G}{V}$	Su finalidad es comparar la evolución de los gastos y del beneficio bruto en relación con las ventas.
Ratio rentabilidad Capital Beneficio bruto dividido por Neto	$\dfrac{B}{N}\quad \dfrac{B}{N'}$	Mide la varibilidad del dividendo.
Ratio riesgo financiero Riesgos negociados dividido por Neto	$\dfrac{R'}{N}\quad \dfrac{i}{n}$	Mide proporcionalmente los giros descontados con relación al capital (garantía de los giros) y la modificación de los deudores.

D = Disponible; R = Realizable; I = Inmovilizado; Ec = Exigible corto; El = Exigible largo; N = Neto; N' = Neto + Aportaciones socios; i = impagados; n = negociaciones; G = Gastos; B = Beneficio neto; Bb = Beneficio bruto; V = Ventas; St = Stock; d = clientes deudores; R' = Riesgos negociados; Σ = suma.

Tabla resuntiva de ratios

En la práctica se preparan para cada empresa tablas de análisis por ratios. Unos ejemplos se presentan a continuación. Aparte la comparación con estándares previstos es interesante el estudio de la evolución de cada ratio. Para ello se preparan sendas columnas en las que se recogen los correspondientes a sucesivos balances periódicos. El año es un período demasiado largo para poder tomar decisiones; se recomienda formular balances, aunque sean provisionales, de mes en mes o de trimestre en trimestre y efectuar el análisis en estos períodos.

Ratios proyectivos

Son todas las relaciones y coeficientes que podemos establecer comparando los datos del balance y de la cuenta de Resultados con previsiones establecidas. Dentro de estos ratios podemos estudiar el ROI (deducido de la frase inglesa **return on investiments** = rendimiento de inversiones), que compara el **cash-flow** neto (beneficios netos más amortizaciones) con las inversiones realizadas, y en particular puede referirse a una determinada inversión con realización a sus beneficios y amortizaciones.

En el ejemplo que vamos exponiendo vemos cómo las amortizaciones ascienden a 2.550.000 u.m. y los resultados a 3.000.000 u.m.; tenemos que el **cash-flow** será de 5.550.000 u.m. Éste es el **cash-flow** bruto, pero como sobre los resultados gravita un impuesto, tenemos que examinar si este impuesto ha sido cargado dentro de los gastos o no, pues hay sobre este particular los dos criterios. Vamos a suponer que se ha seguido el criterio de que las cifras sean resultados netos; en tal caso el **cash-flow** es el que hemos indicado.

De momento no vamos a entrar en un análisis muy meticuloso del ROI, pero podemos señalar *grosso modo*, por ejemplo, que si hacemos una inversión en el negocio con carácter fijo de 39.500.000 u.m., dividiendo esta cifra por el **cash-flow** tenemos un cociente de 5,31, es decir, que en el supuesto de continuación del negocio con el mismo ritmo actual estamos en condiciones de sustituir todas nuestras inversiones en el plazo de cinco años y cuatro meses.

Una determinada empresa no está obligada a utilizar los ratios mencionados aquí. Además, es posible que ella establezca otros adecuados a sus necesidades particulares; lo importante es establecer un plan de ratios expresivo y bien definido. Hemos ofrecido una visión general del análisis por ratios que el lector deberá ampliar en otras fuentes si desea luego profundizar en la especialización profesional de analista financiero.

En el análisis por ratio lo interesante es el estudio de la evolución de cada uno de ellos, pues indican si mejora o no la estructura económica y financiera de la empresa. También, cuando sea posible, es conveniente poder comparar los ratios de una empresa con otras que operen en el mismo ramo y en otros ramos.

En algunos países se ha establecido un banco de datos de análisis financiero de balances, resultantes de la determinación de ratios promedios de empresas (sin citarlas), agrupados por ramos. Con ello tenemos un punto de comparación indicativo de si una empresa se halla mejor o peor que el promedio. No olvide que siempre el Activo neto ha de ser superior al Pasivo exigible, pues, en otro caso, la empresa se hallaría en estado de quiebra.

El balance de flujos de liquidez

El análisis del balance presentado anteriormente parte del estudio de las rúbricas tradicionales agrupándolas según su liquidez, pero estableciendo para este concepto una estructura rígida a corto plazo, largo plazo, exigible a corto plazo, exigible a largo plazo y no exigible.

Una visión estrictamente financiera del balance ha de partir de considerar que cada una de sus partidas no es otra cosa que la materialización en un momento dado de una corriente (flujo) de cobros y pagos, que han de tener lugar en una sucesión de momentos futuros. Entonces, cada partida ha de estar representada por el valor actual descontado de esta corriente o flujo de ingresos y pagos. El dinero que hay en Caja y en cuentas bancarias disponible es una cantidad totalmente líquida porque es dinero disponible ya. El saldo de la cuenta corriente de Clientes representa una corriente de cobros que tendrán lugar a los respectivos vencimientos (supuesta la solvencia de dichos clientes y que cumplirán su compromiso de pago). Lo invertido en una máquina representa a una corriente de futuros ingresos que van a permitir recuperar su valor por el cargo a costes de su importe a través del mecanismo de la amortización contable. Las mercancías en almacén son una expectativa de ventas que han de producir unos ingresos de dinero supeditados a las condiciones ofrecidas a los clientes. Lo que debemos a los proveedores son obligaciones futuras de pago. Planteada así la cuestión, deducimos que el balance tradicional presenta unos equilibrios de masas activas y pasivas heterogéneas en cuanto a su liquidez, y que cabe desmenuzar estableciendo, desde el punto de vista de su liquidez, sendos estados contables de previsiones de cobros y pagos en distintas fechas.

Estos estados contables serán simples previsiones de pago y cobro para el período tal o cual. Adelantando por este camino se ha lanzado la idea de presentar un balance único de liquidez partiendo de los valores actuales de los distintos flujos que están representados en cada una de las rúbricas del balance, y establecer la sucesiva comparación de estos balances para deducir las modificaciones experimentadas en la situación de liquidez. Para una exposición rígidamente científica de la cuestión, son necesarios conocimientos de matemáticas financieras superiores; no obstante, trataremos de exponer las ideas básicas del proceso sin apartarnos de las matemáticas elementales. Hemos de empezar por recordar qué valor actual o valor descontado de un capital es el que resulta de reducir a su nominal los intereses por el tiempo que falta hasta su vencimiento, cuyos intereses pueden calcularse, para períodos cortos de tiempo, por la fórmula del descuento simple, o por la del descuento compuesto si se trata de períodos de tiempo superiores al año.

La fórmula base del descuento simple es:

$$d = c \, i \, n : 360$$

en la que **d** = descuento, **c** = capital a descontar, **i** = tasa de descuento por unidad de capital referido al año, **n** = número de días a que alcanza el descuento.

Valor actual o efectivo

$$E = c - d = c\,(1 - i\,n/360)$$

¿Cuál es el valor efectivo de un capital de 58.000 u.m. que vence dentro de 180 días, si la tasa de descuento es del 8 % anual y se aplica el año comercial? Aplicando la fórmula será:

$$E = 58.000 \left(1 - 0,08 \times \frac{180}{360} \right) = 55.680 \text{ u. m.}$$

Siguiendo con la idea del balance de liquidez o de valores actuales descontados, si teníamos un crédito que vence dentro de 180 días por importe de 58.000 u.m. lo reflejaríamos en nuestro balance no por su importe nominal, sino por su importe efectivo de 55.680 u.m., supuesto que adoptemos la tasa de descuento del 8 %.

$$E = \frac{c}{(1 + i)^n}$$

n = número de años de descuento. El valor de $(1 + i)$ se obtiene por cálculo directo o bien mediante las tablas financieras. ¿Cuál es el valor actual, descontado al 5 % de un capital de 5.000.000 u.m. que vence dentro de seis años?

$$E = 5.000.000 : 1,3400956 = 3.731.077 \text{ u.m.}$$

Un crédito por valor nominal de 5.000.000 u.m. con vencimiento a seis años no se reflejaría en un balance de liquidez si admitimos la tasa del 5 % por un valor actual de 3.731.077 u.m. La formulación del balance de liquidez plantea la espinosa cuestión de determinar la tasa de descuento.

Se recomienda la tasa interna de liquidez que es propia de cada empresa y que sólo puede determinarse mediante aplicación de complicadas fórmulas resueltas por computadora, pues se han de tener en cuenta los ciclos de las distintas rotaciones económicas de todas las inversiones y desinversiones para deducir aquella rentabilidad; dadas estas dificultades, para una aproximación al tema puede sustituirse por la tasa normal de descuento externo, dato que se consigue del mercado bancario y que varía según las épocas. Las tasas que hemos utilizado en los ejemplos son puramente arbitrarias a efectos sólo de mostrar la forma de cálculo.

Otra cuestión a determinar es el plazo de vencimiento de cada una de las partidas que integran el balance. Así, en las cuentas de clientes hemos de determinar el vencimiento de cada partida. En las existencias tendríamos que determinar, también partida por partida, la posible liquidez de cada una. En la maquinaria, los plazos de restitución a través de la amortización de cada elemento, etcétera. Puede estudiarse el vencimiento medio de las partidas de cada rúbrica patrimonial, al que daremos el nombre de diferimiento medio, calculado por muestreo de las principales partidas. Una vez conocidos los condicionantes que acabamos de exponer, estamos en condiciones de preparar el balance de liquidez. Para ello se establece, tanto para el Activo como para el Pasivo, un balance con tres columnas de valores:

- cuantía, según contabilidad;
- diferimiento medio;
- situación de liquidez.

La primera columna recogerá los datos que resultan de las cuentas del Mayor. La segunda, el vencimiento o diferimiento medio de los flujos que están implícitos en cada rúbrica patrimonial. La tercera será la resultante de aplicar a los datos de la primera el correspondiente descuento por el plazo que falta para su liquidez.

Veamos el ejemplo siguiente en que aplicamos la tasa del 5 % anual:

ACTIVO			
Cuentas del Mayor		Vencimiento	Resultante
Inmovilizado material	75.000	7 años	53.301
Existencias	35.000	6 meses	34.125
Clientes	20.000	3 meses	19.750
Efectos comerciales a cobrar	10.000	75 días	9.896
Tesorería	5.000	0 días	5.000
	145.000		122.072

A continuación presentamos los cálculo de los datos de la tercera columna

$$\frac{75.000}{(1 + 0,5)^7} = 53.301$$

$$\text{Descuento} = \frac{35.000 \times 0,05 \times 180}{360} = 875$$

$$\text{Valor de liquidez} = 35.000 - 875 = 34.125$$

Recuerde que aplicamos la fórmula del descuento a interés compuesto para los plazos superiores a un año, y la del descuento simple en los inferiores a un año.

PASIVO			
Cuentas del Mayor		Vencimiento	Resultante
Proveedores	40.000	3 meses	39.500
Efectos comerciales a pagar	20.000	45 días	19.875
Préstamos a largo plazo	35.000	3 años	30.234
	95.000		89.609
Capital y Reservas	50.000	Diferencia	32.463
	145.000		122.072

La aplicación de la contabilidad de la liquidez o balance a valores actuales descontados da una nueva visión de la situación patrimonial. El estudio de las posibilidades de liquidez de las rúbricas patrimoniales puede hacer modificar profundamente los resultados de un análisis contable. Es una nueva técnica que conviene aplicar como contraste a otros estudios de balance comparando la evolución en el tiempo de los balances así establecidos.

Atención, no debe confundirse el balance de flujos de liquidez o de valores actuales descontados, con el balance de liquidación. Este se refiere a los valores que hemos asignado a cada partida en el supuesto de liquidación de la empresa en un momento dado, lo que dependerá de la coyuntura del mercado; el de flujos de liquidez sigue considerando la viabilidad de la empresa y su continuidad, y sólo aplica criterios financieros de descuento a los flujos dinerarios que normalmente se espera han de producirse en la futura actividad de la empresa.

Esta técnica de análisis del balance sólo es de aplicación a grandes empresas y difícilmente puede darnos resultados apreciables cuando la aplicamos a pequeñas o medianas empresas.

Se deben tener unos conocimientos superiores de economía de empresa para llevar a la práctica el análisis y deducir posteriormente opiniones que determinarán decisiones en la gestión.

EJERCICIOS

1. ¿Cuáles son las fuentes de financiación de la empresa?

2. Las cuentas de inmovilizado, ¿de qué forma segregan disponibilidades?

3. ¿Qué le puede ocurrir a una empresa que no amortice su inmovilizado?

4. ¿A qué se llama fondo de rotación de la empresa?

5. Clasificar los siguientes elementos patrimoniales indicando si forman parte del disponible, del realizable, del exigible, etcétera:

   a) materias primas;

   b) útiles y herramientas;

   c) fondo de comercio;

   d) patentes;

   e) embalajes;

   f) material automóvil;

   g) deuda pública;

   h) fianzas y depósitos constituidos;

   i) préstamos a largo plazo;

   j) reservas voluntarias;

   k) efectos comerciales a cobrar.

6. Se ha obtenido un préstamo de 1.000.000 u.m. a devolver en seis meses, con el cual se ha financiado la compra de una finca rústica que quiere explotarse como tal, que nos cuesta 850.000 u.m. Indicar si la inversión fue correcta o no y el porqué.

7. Una empresa presenta el siguiente balance:

ACTIVO		PASIVO	
Bancos	400.000	Capital	900.000
Mercaderías	300.000	Reservas	300.000
Clientes	240.000	Préstamos a corto plazo	150.000
Edificios	300.000	Acreedores	50.000
Fianzas a corto plazo	60.000	Resultados	200.000
Elementos de transporte	160.000		
Instalaciones	140.000		
TOTAL	1.600.000	**TOTAL**	1.600.000

Hallar los ratios de liquidez general, de tesorería y de independencia financiera.

8. ¿Qué condiciones debe reunir un préstamo para ser económicamente rentable obtenerlo?

9. indicar qué representa para una empresa tener un ratio de Tesorería = 5 y un ratio de solvencia total = 0,8.

10. Una empresa tiene el siguiente balance:

ACTIVO		PASIVO	
Tesorería	5.000	Capital	200.000
Clientes	145.000	Proveedores	300.000
Mercancías	100.000		
Resultados anteriores	250.000		

¿En qué situación jurídico-financiera se halla?

11. Formular el balance de liquidez financiera del siguiente balance, teniendo en cuenta los datos que luego se dirán:

Activo: Tesorería, 10.000; Deudores, 30.000; Efectos comerciales a cobrar, 25.000; Productos terminados, 60.000; Materias primas, 10.000; Inmovilizado material, 150.000.

Pasivo: Acreedores comerciales, 65.000; Efectos comerciales a pagar, 55.000; Préstamos a largo plazo, 80.000; Capital y Reservas, ... (determínelos previa ordenación de las partidas).

El análisis de los ciclos de rotación ha permitido establecer los siguientes plazos de diferimiento: Deudores, 200 días; Efectos a cobrar, 120 días; Productos terminados, 240 días; Materias primas, 300 días; Inmovilizado material, 6 años; Acreedores, 60 días; Efectos a pagar, 45 días; Préstamos a largo plazo, 3 años. La tasa de descuento a aplicar es del 10 %.

12. Proceder a un nuevo análisis, si resulta que los plazos de diferimiento son los siguientes: Deudores, 120 días; Efectos comerciales a cobrar, 90 días; Productos terminados, 120 días; Materias primas, 180 días; Inmovilizado material, 8 años; Acreedores, 90 días; Efectos comerciales a pagar, 30 días; Préstamos a largo plazo, 5 años. Aplicando la tasa de descuento.

13. ¿Qué conclusiones se extrae de la comparación de las dos situaciones anteriormente determinadas?

Análisis de la situación económica

Para analizar la rentabilidad de la empresa hay que determinar las distintas fuentes de beneficios e interpretar estos resultados. Estas distintas rentabilidades son:

- rentabilidad obtenida por la explotación del objeto del negocio;
- rentabilidad de inversiones accesorias al objeto principal de la empresa, o sea, el beneficio obtenido de aquellos bienes del Activo que sin ser imprescindibles para el desarrollo de la empresa en sí, ésta los posee, por ejemplo: valores mobiliarios, préstamos concedidos, etc., y de ellos obtiene un rendimiento o a veces un quebranto.

La rentabilidad de la empresa

La rentabilidad de la empresa, pues, se divide en beneficio de la explotación normal y beneficios extraordinarios. Ahora bien, el beneficio de la empresa ha de distribuirse y una parte del mismo se asigna y entrega a los accionistas o socios. Estos suelen pensar no en el beneficio total que la empresa o sociedad obtiene, sino automáticamente en los dividendos netos que perciben por las acciones que poseen, lo que es otro aspecto limitado del estudio de la rentabilidad de la empresa.

El beneficio de la explotación se determina por la diferencia:

$$\text{Ventas} - \text{Costes} = \text{Beneficio de la explotación}$$

Se puede aumentar este beneficio bien incrementando las ventas, bien disminuyendo los costes. El incremento de las ventas viene limitado por dos factores: el límite de producción de la empresa y las posibilidades de absorción por el mercado de los productos que se ofrecen. El concepto Costes en términos generales comprende tanto el coste de las compras de lo que se ha vendido como todos los gastos para poder desarrollar una actividad. Por lo que a veces la igualdad se presenta de la forma siguiente:

> **Ventas (V) – Costes compras (C) – Gastos ejercicio (G) = Beneficio de la explotación (B)**

También ha de tenerse presente que el precio de venta depende de las variaciones que el mercado consumidor presente.

Valor añadido

En el campo de la fiscalidad internacional se ha instaurado el **Impuesto sobre el Valor Añadido,** que en el fondo es un impuesto sobre el uso y consumo que grava la totalidad del valor acumulado, si bien cada empresa solamente ha de liquidar el valor «añadido» o agregado por ella misma.

No debe confundirse el beneficio de la empresa con el **valor añadido** por la actividad de una empresa. El valor añadido en su formulación más sencilla es la diferencia entre los ingresos netos de la empresa y las prestaciones externas recibidas en el período. Los gastos del personal adscrito a la empresa, las amortizaciones de su inmovilizado, las provisiones y los intereses al capital propio, no se consideran prestaciones externas.

La empresa, para ofrecer un producto o prestar un servicio económico, tiene un equipo y estructura propios y adquiere materias, productos y servicios del exterior; estas adquisiciones constituyen los costes externos. La retribución al personal propio, amortizaciones y los intereses (si se cargan a Pérdidas y ganancias) del propio capital, son costes que denominaremos internos. Estos costes internos más el beneficio neto reflejan el valor añadido.

Supongamos una empresa que presenta la siguiente cuenta de Resultados:

Ventas netas		48.600
Consumo de materias	36.700	
Personal	5.420	
Servicios exteriores	1.926	
Gastos financieros	183	
Amortizaciones	428	
Total costes	44.657	
BENEFICIO	3.943	

Para establecer el valor añadido presentamos los mismos datos de la forma siguiente:

Ingreso o Ventas netas		48.600
Costes externos		
Consumo de materias	36.700	
Servicios exteriores	1.926	
Gastos financieros	183	– 38.809
Valor añadido		9.791
Costes internos		
Personal	5.420	
Amortizaciones	428	– 5.848
BENEFICIO		3.943

Se consideran costes internos aquellos que se producen por retribución o renovación de los elementos materiales, financieros y personales adscritos de forma permanente a la empresa y que constituyen su estructura. Recordamos que el consumo de materias se deduce de la comparación entre los stocks inicial y final y las compras del período.

Stock inicial	12.600
Compras	+ 38.200
Suma	50.800
Stock final	– 14.100
CONSUMO DE MATERIAS	36.700

El consumo de materias, como se ve en el ejemplo anterior, es el coste de las ventas del período, determinado por la comparación entre el stock inicial más las compras, menos el stock final. Este dato es interesante para el conocimiento de la marcha del negocio, y la diferencia entre el consumo de materias y las ventas presenta el que llamamos beneficio bruto o margen comercial. En el caso del ejemplo anterior tenemos:

Ingreso o ventas netas	48.600
– Consumo materias	– 36.700
Diferencia igual a	11.900

que será el margen bruto. Este margen bruto menos los gustos externos e internos da también el beneficio, con lo que tenemos otra forma de presentación como sigue:

Beneficio bruto			11.900
A deducir; costes trabajos y suministros	1.630		
Gastos financieros	183		
Transportes	296		
Suma	2.109	– 2.019	
Costes internos:			
Personal	5.420		
Amortización	428		
Suma	5.848	– 5.848	7.957
BENEFICIO			3.943

La determinación de los costes internos presupone la delimitación concreta del ámbito empresarial: equipo e instalaciones de trabajo propias, personal adscrito a la empresa, capitales propios, etcétera.

Análisis del punto muerto

La vida económica de una empresa, recordaremos, está dividida en períodos delimitados que llamamos ejercicios económicos. Generalmente cada ejercicio económico comprende las operaciones de un año que puede ser año natural, cuando abarca desde el primero de enero al 31 de diciembre de un mismo año, o año especial, cuando comprende un período de doce meses completos o 365 días, que no se inicia precisamente el día 1 de enero.

Así, una sociedad, si no hay disposicón legal en contra que le afecte, puede iniciar su ejercicio económico el día 1 de abril y cerrarlo el día 31 de marzo del año siguiente, o abrirlo en cualquier otra fecha; por ejemplo el día 12 de junio de un año y cerrarlo el día 11 de junio del siguiente. El ejercicio es fraccionado si no comprende un año completo.

Normalmente, el ejercicio económico se hace coincidir con el año natural. Esto no es obligatorio y alguna razón de conveniencia puede determinar, como acabamos de decir, que se tenga un ejercicio económico no coincidente con el año natural; así ocurre con las industrias de temporada. El año agrícola, en algunas regiones, se hace iniciar el día primero de octubre para terminarlo el día 30 de septiembre del año siguiente. Cuando no se aplica el año natural, por lo general se busca hacer el cierre del ejercicio en el momento en que la actividad económica es menos intensa.

Al término de cada ejercicio hemos de presentar el balance con su cuenta de Pérdidas y ganancias que arrojará un determinado resultado. Podemos considerar que este resultado, dentro de cada ejercicio, se va formando día a día por la integración de los beneficios y quebrantos de las operaciones que se van efectuando. La empresa, al preparar su presupuesto o cálculo anticipado de beneficios y gastos de un ejercicio, ha de establecer los gastos y consumos de éste, los cuales pueden clasificarse en dos grandes grupos: gastos fijos, llamados también de estructura, y gastos variables, que generalmente son proporcionales a las operaciones activas que se realizan. Los gastos fijos del ejercicio presentan un montante que ha de ser cubierto, necesariamente, por la diferencia entre las ventas realizadas y los costes variables de las mismas, que denominamos margen.

Así, si presuponemos vender durante un ejercicio 25.000.000 u.m., distribuidos a lo largo de los meses según queda marcado en el gráfico, con unos gastos variables de 20.000.000 u.m., que representan el 80 % de la cifra anterior, el margen que nos quedará será del 20 %. Este margen, en el caso del ejemplo, representará un beneficio bruto de 5.000.000 u.m. que ha de cubrir los gastos. Ahora bien, si el presupuesto de gastos fijos es de 4.000.000 u.m., tendremos un beneficio de 1.000.000 u.m.

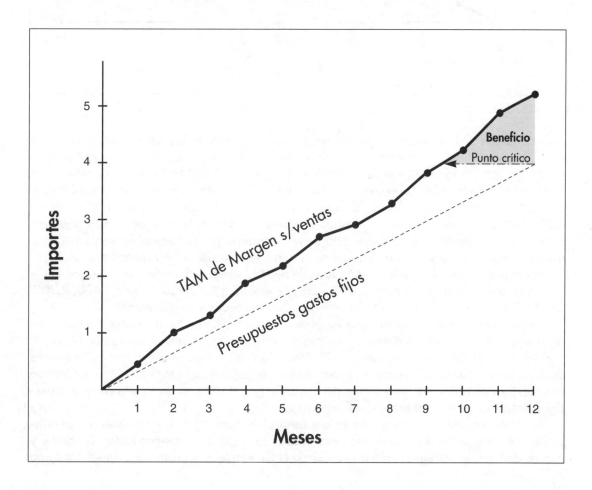

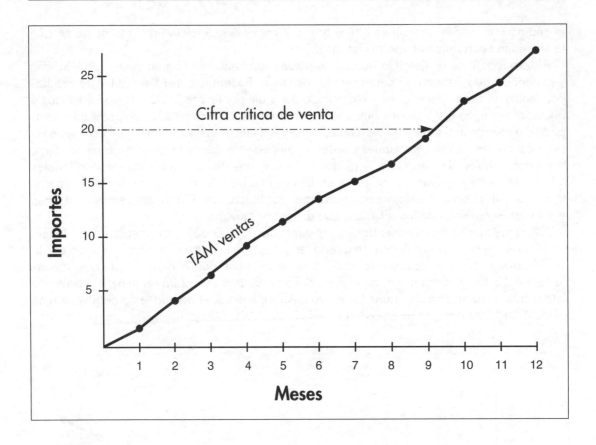

Si cada ejercicio económico es una unidad diferenciada de las demás, en el ejercicio que comentaremos no empezaremos a tener beneficios hasta que el margen en las ventas haya cubierto los gastos fijos. Necesitamos vender 20.000.000 u.m. para cubrir con su margen bruto los 4.000.000 u.m. de gastos del ejercicio; efectivamente, 20.000.000 u.m. de ventas ocasionarían 16.000.000 u.m. costes y gastos variables con un margen de 4.000.000 u.m. igual al importe presupuestado de gastos. A la cifra de ventas que permite cubrir los gastos fijos del ejercicio se la denomina **punto crítico de venta** o **punto muerto**. Según sea el ritmo de venta, el volumen se alcanzará más o menos pronto.

Supongamos que las ventas se han ido produciendo según el ritmo mensual que sigue (cifras en miles de u.m.): 1.850; 2.200; 2.500; 2.400; 2.300; 1.950; 1.600; 1.400; 2.700; 2.600; 2.300 2.100; total 25.900 (sobrepasando el presupuesto de ventas).

Si calculamos para los sucesivos meses el TAM (Total Anual Móvil) sumando las cifras de ventas hasta cada mes, hallaremos que hasta el noveno mes acumulamos 18.900.000 u.m. y al final del décimo mes alcanzamos 21.500.000 u.m. Como el punto crítico lo hemos establecido en 20.000.000 u.m. a vender, dentro de este décimo mes se habrá alcanzado la cobertura de todos los gastos fijos del ejercicio por el margen bruto de ventas y a partir de entonces se acumularán beneficios netos.

Así, pues, se denomina punto muerto o umbral de rentabilidad, y también punto crítico, al volumen de ventas necesario para igualar los costes de los productos vendidos y gastos del ejercicio apareciendo un equilibrio entre ingresos y costes. En aquel punto no existen ni pérdidas ni ganancias. El punto muerto puede disminuirse incrementando el precio de venta de los productos vendidos, con lo cual el volumen de ventas para igualar los costes de fabricación disminuirá, o bien reduciendo los costes proporcionales de los productos fabricados, o por último, disminuyendo los costes fijos. Estas posibilidades están condicionadas por el mercado.

Hemos de recordar que los gastos variables son aquellos que tienden a guardar proporción con la cifra de ventas, como es el coste de las materias vendidas. Los gastos de estructura o gastos fijos son aquellos que tienen una tendencia a mantener su cuantía, cualquiera que sea la cifra de operaciones; por ejemplo, el alquiler de local.

Estudiaremos un esquema de cuenta de Resultados como sigue:

Ventas	400.000
Costes variables de fabricación $1/3 = 33,333\%$	– 133.333
Margen de fabricación	266.667
Gastos variables de ventas $1/6 = 16,666\%$	– 66.667
Margen s/ventas 50 %	200.000
Gastos fijos	200.000
No hay beneficio ni pérdida.	

En este supuesto el beneficio del período estará determinado por la diferencia entre el 50 % de las ventas (margen s/ventas) y la suma de gastos fijos. Esto permite establecer la previsión de beneficios en función de la cifra de negocios (ventas) para diferentes cuotas de ventas.

Por ejemplo:

Ventas	Margen s/ventas	Costes fijos	Resultados previsto	
			–	+
200.000	100.000	200.000	100.000	
300.000	150.000	200.000	50.000	
400.000	200.000	200.000		
500.000	250.000	200.000		50.000
600.000	300.000	200.000		100.000
700.000	350.000	200.000		150.000
			(Pérdida)	(Beneficio)

Uno de los métodos para determinar el punto muerto es el basado en los márgenes de ventas, entendiendo por margen de venta, como ya sabemos, la diferencia entre las ventas realizadas y los costes variables imputables a dichas ventas.

El punto muerto se produce cuando:

> **Suma de márgenes de ventas = Suma de gastos fijos del período**

El punto muerto se calculará dividiendo los costes fijos por el margen de ventas dado en tanto por uno. La fórmula del punto muerto o también llamado **Umbral de Rentabilidad** es:

$$\text{Cifra de ventas del Umbral de Rentabilidad} = \frac{\text{Gastos fijos}}{1 - \dfrac{\text{Gastos variables en porcentaje de ventas}}{100}}$$

Por ejemplo, se quiere conocer el nivel necesario para que una empresa empiece a obtener beneficios, sabiendo que las ventas anuales ascienden a 600.000 u.m., los gastos variables de fabricación a 200.000 u.m., los gastos variables de ventas a 100.000 u.m. y los gastos fijos a 200.000 u.m.

Ventas	600.000	100,–	%
Costes variables fabricación	– 200.000	33,333	%
Margen fabricación	400.000	66,666	%
Gastos variables ventas	– 100.000	16,666	%
Margen comercial	300.000	50,–	%
Gastos fijos	– 200.000	33,333	%
Resultado	100.000	16,666	%

Vemos que los gastos variables representan el 50 % de las ventas con lo cual ya podemos aplicar la fórmula descrita:

Cifra de ventas de Umbral de Rentabilidad =

$$\frac{200.000}{1 - \dfrac{50}{100}} = \frac{200.000}{1 - 0,5} = 400.000 \text{ u.m.}$$

Con unas ventas de 400.000 u.m. no se producirá ni beneficio, es decir, el beneficio será cero.

Ventas	400.000	100,–	%
Costes variables fabricación	– 133.333	33,33	%
Margen fabricación	266.667	66,66	%
Gastos variables ventas	– 66.667	16,67	%
Margen comercial	200.000	50,–	%
Gastos fijos	– 200.000	50,–	%
Resultado	0		

Análisis de los componentes de la cuenta de resultados

El beneficio de la empresa viene dado por la diferencia entre gastos e ingresos en un período de tiempo considerado.

Es importante dentro del análisis del resultado de la empresa la división entre resultado interno y resultado externo.

La definición dada en el primer párrafo de este punto se aplica al resultado externo, estando incluidos en gastos todos los ocasionados, por el concepto o actividad empresarial que sea; por ejemplo, estarían imputados como gastos los motivados por la compra de materias primas, aunque parte de ellas se encuentren en período de semielaboración.

El resultado interno es el beneficio producido por las ventas del período, detrayendo solamente los gastos imputables a los productos vendidos.

El resultado interno lo proporciona la contabilidad de costes o contabilidad interna de la empresa, mientras que el resultado externo lo dará la contabilidad financiera o contabilidad económica.

Examen de la situación económica

Corresponde este tema a un curso especializado de analista financiero que requiere el conocimiento más profundo de temas de economía de la empresa y matemáticas superiores. Para guía del lector, exponemos lo fundamental de este tema con un ejemplo.

Un caso de análisis económico financiero

Este análisis puede ser muy complejo. El profesional que lo haga ha de conocer el negocio y meditar las comparaciones que establezca, que pueden ser muchas. Para dar una idea, presentamos un análisis extraído de un caso real que hemos simplificado un poco para adaptarlo a nuestros lectores. El análisis que se formula se basa en los documentos:

a. Balance de situación de dos ejercicios sucesivos.
b. Estado de Pérdidas y ganancias.
c. Distribución de beneficios del último ejercicio.
d. Otros datos. Cifras del negocio de los dos ejercicios.

BALANCE DE SITUACIÓN (DATOS EN MILES DE U.M.)		
ACTIVO	**Ejercicio 1**	**Ejercicio 2**
Caja y Bancos	243	312
Clientes deudores	7.254	7.866
Accionistas, pendiente de desembolso		2.000
Almacenes: Existencias	7.365	9.664
Edificios y construcciones	3.000	3.300
Mobiliario e instalación	1.500	1.650
Gastos de constitución	1.140	1.140
Patentes y marcas	2.568	2.295
Totales	23.070	28.227
PASIVO	**Ejercicio 1**	**Ejercicio 2**
Proveedores acreedores	5.976	7.920
Obligaciones en circulación	6.840	6.240
Capital (en acciones de mil pesetas) .	6.000	9.000
Reservas	1.680	1.800
Amortización acumulada	960	1.545[1]
Resultados del ejercicio	1.614	1.722
Totales	23.070	28.227

[1] Estas partidas ocasionarán pagos que suman 1.590.

En el ejercicio se ha producido un aumento de capital por 3.000.000 u.m. con efectos desde el 1 de julio, quedando sin embargo pendientes de desembolso por los accionistas 2.000.000 u.m.

ESTADO DE PÉRDIDAS Y GANANCIAS

HABER

Beneficio en ventas		6.900
Intereses c/c.		6
Prima emisión acciones		450
		7.356

DEBE

Gastos generales		4.365
Amortizaciones del período:		
de Mobiliario e Instalaciones	180	
de Edificios	60	
de Patentes y marcas	231	
de Gastos constitución	114	585
Cancelación Patentes inútiles (no amortizadas)		273
Intereses obligaciones		411
		5.634
Beneficio		1.722
Existencias iniciales		7.365
Compras		50.773
		58.138
Existencias finales		9.664
		48.474
Ventas		55.374
Beneficio bruto en ventas		6.900

DISTRIBUCIÓN DE BENEFICIOS	
Impuestos a pagar	600 [1]
Fondo de Reserva	112
Dividendos a pagar	
6 % s/ 6.000	360 [1]
3 % s/ 1.000	30 [1]
Amortización obligaciones con cargo a beneficios	600 [1 2]
Remanente	20

[1] Estas partidas ocasionarán pagos que suman 1.590.

[2] Obliga a crear simultáneamente una reserva especial.

· La suma de estas partidas, menos la primera, 1.122 u.m., representa el beneficio neto. En algunos casos el valor teórico se determina por capitalización de los beneficios netos de la sociedad. Se consideran beneficios netos los distribuidos en forma de dividendos más las reservas constituidas en cada ejercicio. Se asimilan a reservas las cantidades destinadas a amortizar pérdidas anteriores. También se puede decir que el beneficio neto es el beneficio bruto menos los impuestos a pagar con cargo a dichos beneficios.

En la distribución de beneficios presentada en el documento c el beneficio neto es de 1.122 u.m.

En el ejemplo tenemos que el promedio de un trienio de beneficios netos es de 1.416. Si lo capitalizamos al tipo del 8 % obtendremos: 1.416 x 100 : 8 = 17.825 u.m.; que será el valor por capitalización de la sociedad que tiene un capital nominal de 9.000; luego referido a porcentaje sería 17.825 x 100 : 9.000 = 198,05 %.

Pero existen dos clases de acciones: unas totalmente desembolsadas, cuyo valor será 1.000 x 198,05 % = 1.980,50, y otras que sólo han desembolsado 1/3, por tanto, deben 666,66 u.m. cada una. Para éstas el valor por capitalización será de 1.980,50 − 666,66 = 1.313,84.

Esta es otra forma que en algunos casos también se aplica para fijar la valoración en el Impuesto sobre el patrimonio de las personas físicas.

OTROS DATOS		
	Ejercicio 1	Ejercicio 2
Ventas	46.808	55.374
Devoluciones y bonificaciones	870	1.320
Promedio beneficios netos trienio		1.416

Se emitieron obligaciones por 7.500.000 u.m. en ejercicio anterior al 1 del ejemplo.

- **Valor teórico de la acción**
  Según la distribución de beneficios, pasan a reservas 112.000 u.m.; pero como se amortizan con cargo a beneficios obligaciones por 600.000 u.m., se ha debido crear un Fondo de Reserva para amortización de obligaciones, con lo que el aumento de las Reservas es de 712.000 u.m.
  Así, el aumento del valor de la acción con relación al capital nominal a fin de ejercicio será de:

$$\frac{712.000 \times 100}{9.000.000} = 7,9\,\%$$

en el supuesto que los accionistas desembolsen normalmente el capital suscrito. También puede hacerse el cálculo con relación al capital desembolsado (7.000.000) y entonces resulta el 10,17 %. El primer porcentaje es lo que denominamos capitalización interna de beneficio, que es el aumento que experimenta el capital por la acumulación de reservas.

Una vez aplicado el resultado del ejercicio, el valor teórico de 100 u.m nominales sería:

$$\text{Neto patrimonial:}$$
$$9.000.000 + 1.800.000 + 712.000 = 11.512.000$$
$$11.512.000 \times 100 : 9.000.000 = 127,9\,\%$$

O sea, que una acción de 1.000 u.m. totalmente desembolsada vale 1.279 u.m. y una acción sólo desembolsada por 1/3 = 426,3 u.m. El valor teórico de una acción resulta de la división de la suma del neto patrimonial por el importe del capital nominal. Este cociente representa, por consiguiente, el valor que tendría la acción en el supuesto que en este momento se liquidase la sociedad y se transformara todo el Activo y todo el Pasivo en dinero líquido. Este dato se exige en algunas declaraciones del Impuesto sobre el patrimonio de las personas físicas. Para una valoración más real tendríamos que revisar las valoraciones situándolas en valores liquidativos o valor intrínseco actual y luego tener en cuenta la posibilidad de una plusvalía o goodwill del negocio.

- **Disponibilidad y exigibilidad a corto plazo**
  Ha de establecerse esta comparación primero según el balance y luego su proyección, teniendo en cuenta las condiciones de compra y venta y los gastos a realizar en el período a que se refiera el estudio.

Disponibilidad		Exigibilidad	
Caja y Bancos	312	Acreedores	7.920
Deudores	7.866		
Accionistas	2.000		
	10.178		7.920

Fíjese que la suma de acreedores es prácticamente igual a la suma de deudores más Caja y Bancos, y como en los deudores pueden producirse algunos retrasos de cobro, comparando directamente la disponibilidad, encontramos que Caja y Bancos más deudores suman 8.178.000 y los acreedores son 7.920.000. Hay un margen de sólo 258.000 que es un poco más del 3 % de los deudores; bastará, por tanto, que tengamos algunas devoluciones de efectos girados o un pequeño fallo en el cobro de los deudores para que se produzca una inestabilidad financiera. Así, pues, debe tenerse presente que la disponibilidad de Deudores puede quedar reducida por los impagados y morosos, por lo que no tenemos un margen de desahogo más que contando con que los accionistas procedan al desembolso de las acciones de la ampliación de capital.

No es suficiente para el análisis en profundidad la comparación de los datos que ofrece un balance que representa la situación estática del patrimonio en un momento determinado. Hay que tratar de conocer la proyección de este balance en un plazo más o menos corto; por ejemplo, podemos estudiar qué va a pasar en los próximos meses, para lo cual a las sumas anteriores de disponibilidad y exigibilidad hay que agregar los posibles ingresos y los posibles pagos que se van a producir en este período, como hacemos en el caso siguiente:

Disponibilidad		Exigibilidad	
Suma anterior	10.178	Suma anterior	7.920
Ventas cobradas en 2 meses	9.230	Compras pagadas en 2 meses	8.068
		Gastos id.	726
		Intereses de obligaciones	57
	19.408		16.771
		Pagos a efectuar por	
		la distribución de resultados	1.590
			18.361

Si no aumenta el stock y sólo repone ventas, sigue teniendo un margen inferior al 10 % de la exigibilidad, que puede considerarse escaso.

La política de compras, así como la de pagos, afecta a la comparación del disponible y del exigible. No es suficiente efectuar la comparación de los datos del balance, sino que debe tenerse en cuenta lo que se denomina equilibrio financiero dinámico, analizando los ingresos, gastos y compromisos para un determinado período próximo, para el que habremos preparado el correspondiente presupuesto financiero.

PRESUPUESTO FINANCIERO		
Fondos afectos al negocio:		
Capital desembolsado (6.000 + 1.000)	7.000	
Reservas (incluida la distribución del resultado)	2.512[1]	
Obligaciones en circulación	5.640[2]	15.152
Inmovilaciones:		
Edificio	3.300	
Mobiliario e instalación	1.650	
Inmaterial	3.435	
	8.385	
− Amortizaciones	− 1.545	6.840
Diferencia que es el Capital circulante		8.312

[1] Las reservas iniciales se incrementan con la parte de beneficios que se constituyen en reservas.

[2] Recuerde que se han amortizado obligaciones con cargo a beneficios.

La empresa presenta un capital circulante propio superior al inmovilizado, por lo que en principio su equilibrio es satisfactorio, habiendo mejorado durante el ejercicio estudiado. Es interesante comparar las ventas con este capital circulante. Para los dos ejercicios tenemos (redondeando):

$$54.000 : 8.300 = 6,5$$
$$46.000 : 7.800 = 5,9$$

La variación es relativamente poco importante, como se ve.

La venta de este último ha sido de 54.000; partido por 8.300, que es el capital circulante antes calculado (redondeando), da el cociente 6,5. Los datos que resultan para el ejercicio anterior son los de ventas 46.000 : 7.800, según los datos que figuran en el balance del año anterior:

Capital	6.000
Reservas	1.680
De los beneficios	1.120
Suma	7.800

La empresa ha equilibrado en el ejercicio su rotación, habiendo aumentado proporcionalmente el circulante con la ampliación de capital, con ligera mejoría del correspondiente ratio.

- **Estudio de las amortizaciones**

Para este estudio, generalmente, con el balance y la cuenta de resultados no se tienen suficientes datos. Se ha de solicitar el detalle de las amortizaciones efectuadas en las distintas rúbricas y fechas de las inversiones. Con los datos que poseemos podemos, sin embargo, deducir la política seguida en general.

Cuenta	Valor inicial del ejercicio	% de amortización	Amortización del ejercicio
Edificio	3.000	2	60
Mobiliario	1.500	12	180
Gastos constitución	1.140	10	114
Patentes y marcas	2.568[1]	9	231
	8.208		585

[1] No resulta exacto; debe estudiarse, patente por patente, el tipo aplicado.

Obsérvese que la amortización de un ejercicio asciende a 585 u.m. y que en ejercicios anteriores se han acumulado 960 u.m. Convendría analizar la evolución, año por año, de los importes de las inmovilizaciones y amortizaciones practicadas. En el estudio de las amortizaciones es muy conveniente examinar los años de vida útil que pueden quedar a cada uno de los elementos importantes del inmovilizado y deducir si se va a tener que producir o no la renovación de los mismos antes del agotamiento de su vida útil. Debe tenerse en cuenta también la posibilidad de que los avances tecnológicos produzcan la obsolescencia de los elementos que se están amortizando; esto es, su inutilidad productiva por haber quedado anticuados. A la obsolescencia se le denomina también antiguamiento.

- **Reservas**

Existen reservas expresas que figuran en el balance. La autofinanciación que representan en el último ejercicio puede expresarse por el cociente 712 : 8.800 (Reservas del ejercicio capital + Reservas anteriores), que es igual a 8,8 %. El dividendo, 712, surge de la distribución de resultado presentada en **c** Fondo de reserva normal, 112 + Fondo de reserva especial por amortización de obligaciones, 600.

El divisor surge del balance (**a**) de situación presentado anteriormente en la columna del Ejercicio 2, así:

Capital nominal	9.000
Accionistas, pendiente desembolsado	2.000
Capital desembolsado	7.000
Reservas	1.800
	8.800

Las reservas totales anteriores divididas por el capital anterior (1.800 : 6.000) representan el 30 %. Si la empresa, pongamos por caso, ha desarrollado su actividad durante diez años, el promedio anual sería del 3 %.

Si en el ejercicio estudiado ha pasado a ser del 8,8 %, podemos deducir que ha aumentado considerablemente su poder de autofinanciación.

Para deducir si es bueno o malo hay que compararlo con otras empresas. Como regla general se ha de buscar que este resultado sea superior a la tasa de inflación monetaria.

■ **Cash-flow**

Hemos de añadir a las reservas las amortizaciones efectuadas, cuya suma es 1.297. Porcentualmente (1.297 x 100: 8.800) es de 14,75 %; puede considerarse bueno o no según el resultado de compararlo con el nivel medio de las empresas del ramo.

■ **Crédito y solvencia de deudores**

Si hemos averiguado, por el análisis del sistema de una empresa supuesta, que el promedio de plazo de crédito concedido en la venta es de 40 días, las ventas por período crediticio serían: Venta anual, 9 períodos (365 : 40), que resulta ser, redondeado, de 6.000.000 u.m. Los saldos deudores importan 7.866.000 u.m., que representan su 131,1 %; por tanto, podemos deducir que hay un retraso en la movilidad financiera de las ventas. Tendríamos que estudiar la política de descuento bancario que ha seguido la empresa. Si vendemos a plazo de 40 días, normalmente la acumulación de saldos deudores no ha de ser mayor a las ventas de este período.

Si el índice anterior es superior a 100, hay retraso; si es inferior, es que conseguimos movilizar el crédito concedido.

Deberíamos también solicitar datos sobre las devoluciones de efectos por impagos y examinar si entre los saldos deudores hay morosos e insolventes pendientes de regularización y si hay saldos particularmente retrasados.

■ **Rotaciones y ratios**

Hemos de calcular los señalados anteriormente. No insistiremos en este apartado.

- **Rentabilidad**
Rentabilidad de los fondos a largo plazo invertidos:

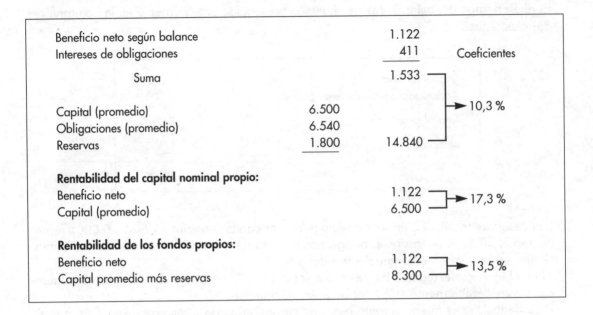

Beneficio neto según balance		1.122	
Intereses de obligaciones		411	Coeficientes
Suma		1.533	
Capital (promedio)	6.500		10,3 %
Obligaciones (promedio)	6.540		
Reservas	1.800	14.840	

Rentabilidad del capital nominal propio:

Beneficio neto	1.122	17,3 %
Capital (promedio)	6.500	

Rentabilidad de los fondos propios:

Beneficio neto	1.122	13,5 %
Capital promedio más reservas	8.300	

Aparecen aquí los tres tipos de coeficientes de rentabilidad que más frecuentemente se estudian; el primero señala la relación entre el beneficio más los intereses pagados, que es la suma de pagos por conceptos financieros, en comparación con la totalidad de fondos invertidos en el negocio; que, como sabemos, están formados por el capital más los préstamos a largo plazo más las reservas.

El segundo compara el beneficio neto del negocio con el capital neto invertido y el tercero compara el mismo beneficio neto con el capital invertido más las reservas, es decir, la totalidad del neto patrimonial. Del estudio comparativo de los tres coeficientes podemos deducir que es beneficioso para la sociedad el haber conseguido crédito en forma de obligaciones que devengan el 6 %, pues pagando intereses inferiores a la rentabilidad total del negocio se incrementa la rentabilidad de la propia inversión.

- **Rentabilidad para el accionista**
Según la distribución de resultados, es sólo del 6 % menos los impuestos a su cargo, pero hemos de tener en cuenta la constitución de reservas que incrementan el valor neto de la acción. Es lo que hemos señalado anteriormente como rentabilidad del capital propio.

Pueden efectuarse otros análisis; los expuestos son los principales. Por sí mismos tienen poco valor. La comparación del resultado de sucesivos análisis da valor a estos estudios, pues se investiga la evolución del negocio para prever la tendencia futura y tomar las determinaciones adecuadas. Si es posible, la comparación con los datos de otras empresas es altamente interesante.

EJERCICIOS

1. Determine el valor añadido y el beneficio de una empresa con los datos siguientes:

COSTES		
Ventas netas		53.900
Consumo materias	37.200	
Gastos personal	6.380	
Sumas exteriores	1.900	
Transportes	350	
Gastos financieros	185	
Amortizaciones	530	

2. Exprese los distintos sumandos de los Costes en porcentaje de la cifra de ventas.

3. Indique la cifra de cash-flow del período.

4. Una empresa prevé en un año una venta de 2.256.000 u.m./mes de productos cuyo coste variable es de 1.162.432 u.m. Se supone una venta regular durante el ejercicio. Los gastos fijos anuales ascienden a 8.020.000 u.m. Establecer el punto crítico y el mes en que se alcanzará.

5. Los balances inicial y de cierre de un ejercicio de una sociedad presentan los datos que siguen (en miles de u.m.):

ACTIVO	B Cierre	A Inicial
Maquinaria	3.539	3.730
Útiles y herramientas	652	962
Equipo transporte	466	490
Instalaciones	2.963	3.243
Inmuebles	1.116	1.116
Caja y Bancos	7.991	9.599
Efectos activos	22.709	21.477
Clientes	31.553	29.982
Fianzas a corto plazo	106	117
Almacenes	43.567	41.702
SUMA	114.662	112.418

PASIVO	B Cierre	A Inicial
Capital	45.000	45.000
Reservas	48.906	43.259
Proveedores	3.516	7.892
Pagos a efectuar	455	2.840
SUMA	97.877	98.991
Proveedores	16.785	13.427

El beneficio anterior que refleja el balance inicial se distribuyó como sigue:

Impuestos a pagar s/resultados	4.490	
Reservas	5.647	
Dividendo en efectivo	2.700	
Previsiones	590	13.427

En el curso del ejercicio se presenta el pago de un impuesto anterior, previsto, por 590.000 u.m. La cuenta de Pérdidas y ganancias es como sigue:

HABER		
Ventas	82.560	
Ingresos varios	3.302	85.862
DEBE		
Coste de ventas	47.657	
Gastos de personal	9.706	
Impuestos	2.409	
Servicios externos	4.727	
Gastos de administración	3.326	
Gastos financieros	447	
Amortizaciones	805	69.077
	Resultado Beneficios	16.785

Con los datos que anteceden, formule el cuadro de financiación del último ejercicio.

CAPÍTULO 9

Instrumentos para el control interno y auditoría

Previsión y control contable

El empresario toma decisiones en el presente que van a influir en el futuro. Para dirigir con acierto un negocio hay que plantearse objetivos que se concretan fundamentalmente en la previsión del desarrollo empresarial: ¿qué vamos a hacer?, ¿cómo lo vamos a hacer?, ¿qué necesitamos? Estas son tres preguntas que en todo momento ha de tener ante sí el empresario, quien, como sabemos, coordina de forma continuada los factores de producción para tratar de alcanzar un beneficio prestando un servicio.

La empresa actúa porque el empresario y sus colaboradores toman decisiones continuadas y cada una de estas decisiones es resultado de una comparación entre la situación actual en el negocio y los objetivos que trata de obtener. Al conjunto de los estudios que hagamos para prever anticipadamente el desarrollo de un negocio es lo que llamamos **previsión**.

En toda actividad, sea de la índole que sea, es conveniente de vez en cuando plantearse una serie de cuestiones para meditar sobre ellas: ¿dónde estoy?, ¿a dónde voy?, ¿a dónde quiero ir? Esta meditación nos dará ideas para dirigir el rumbo del negocio, buscando obtener los mejores resultados de las oportunidades que depare la coyuntura del momento.

Requisitos de la previsión de la actividad empresarial

Para formular una buena previsión del desarrollo empresarial se requiere:

- Un conocimiento del pasado de la actividad empresarial, obtenido mediante el análisis comparativo de las realizaciones efectuadas y de la evolución económica de la empresa a lo largo del tiempo.

- Un conocimiento óptimo de las condiciones actuales de la empresa y del mercado en donde desarrolla sus actividades, así como de las modificaciones que pueden acaecer tanto en la empresa como en su mercado.
- A partir de las premisas anteriores, establecer un plan a seguir, estudiando varias alternativas, por si el desarrollo económico de la empresa sigue uno u otro de los varios caminos previstos.

El programa a seguir por la empresa, plasmado en un plan y evaluado contablemente de forma numérica, da lugar al presupuesto general de la empresa para un período determinado.

Cada una de las actividades y funciones de la empresa puede dar origen a un presupuesto diferente y la coordinación de los diferentes presupuestos a la gestión general programada.

Clases de previsión

Entre las distintas previsiones que podemos establecer en el desarrollo empresarial y que darán la base para la formulación de los presupuestos, están la de resultados, la de tesorería, la de ventas, la de las compras y fabricación, la de renovación y ampliación de equipos y la de recursos humanos.

Sus características son las siguientes:

- **Previsión de resultados**
  Es la estimación de los beneficios o pérdidas para un período determinado, señalando los orígenes y cuantía de las distintas partidas de la cuenta de Pérdidas y ganancias prevista, así como la evolución a lo largo del ejercicio económico de cada una de las partidas al objeto de irlas comparando con los datos reales y, al constatar las diferencias, tomar las decisiones oportunas.

- **Previsión de tesorería**
  Es la estimación de los Cobros y Pagos a realizar en cada período en los que se divida el futuro de la actividad de la empresa, con objeto de conocer las necesidades de Tesorería y poder planear la financiación de las operaciones normales y extraordinarias de la actividad empresarial.

- **Previsión de las ventas**
  Estimación de las planeadas a lo largo del ejercicio o en un período del mismo, debiendo establecerse la previsión por sectores, artículos, zonas, etcétera.

- **Previsión de las compras y fabricación en función de las ventas previstas y de la capacidad de producción de la empresa**
  Si se tratase de una empresa transformadora, prever las compras de materias primas y demás artículos necesarios para el funcionamiento empresarial, con la finalidad de no quedar dasabastecido ni mantener excesivo inmovilizado.

- **Previsión del desarrollo industrial, renovación y ampliación de equipos**
  Esta estimación deberá enlazarse con la previsión de tesorería, de ventas y fabricación para conocer si se podrá disponer del flujo monetario necesario para la renovación y ampliación de equipos.

- **Previsión de la obtención, adiestramiento y promoción de recursos humanos para poder así asegurar la continuidad de la eficiencia de la empresa**
  Las previsiones, al establecer valoraciones para los actos a realizar, crean los estándares de trabajo, tipos de referencia o unidades comparativas que son los elementos en que se funda el control presupuestario.

Medios de control del plan previsto

Como medios para el control del plan provisional establecido por la empresa se pueden enumerar: los ratios, los estándares o tipos, la evolución de las previsiones, los presupuestos independientes, los gráficos (Gantt, Pert, etc.), las estadísticas paracontables y la contabilidad presupuestaria, que son materia de cursos de especialización profesional.

La previsión se basa en la experiencia, es decir, en datos históricos, conjugados con la proyección en el futuro de la actividad empresarial programada. Es necesario que las previsiones puedan convertirse en objetivos posibles, estableciendo normas de referencia para la dirección y para sus mandos subordinados; para ello, hay que conciliar dentro de la empresa la política general que establece las directrices de la evolución empresarial, con las posibilidades externas deducidas de un buen estudio de mercado y las posibilidades internas determinadas por el conjunto de medios materiales y humanos con los que cuenta la empresa.

Bases de control presupuestario

El control presupuestario se basa en:

- Estudio de los medios de acción de la empresa, en su relación con el mercado y la coyuntura.
- Formación del presupuesto y del plan de actuación que pueda referirse a:
  - Todas las actividades de la empresa.
  - A un determinado grupo de las mismas.
  - A una actuación específica.
- Registro estadístico-contable del plan desde su inicio.
- Contabilización y anotación adecuada de las operaciones en su realización.
- Comparación de la previsión con la realidad.

Un control presupuestario es ineficaz si no se complementa con un informe que explique las desviaciones o diferencias entre la realidad y lo previsto, analice sus causas y sugiera medidas para subsanar las desviaciones.

Control contable

El control contable se basa en el estudio de los libros y documentos de una empresa con el fin de tener la seguridad de que las cifras que en ellos aparecen son rigurosamente exactas. Y que las cuentas que en ellos figuran reflejan fielmente la situación de la empresa. El control contable intenta, además, recoger toda clase de informes posibles a fin de formular una crítica del pasado y proponer para el futuro las modificaciones que se juzguen necesarias, en cualquiera de las funciones de la empresa, o sea, en sus políticas de producción, aprovisionamiento, comercial, de inversiones, administrativa, financiera, etcétera.

Principios del control contable

- Justificación por escrito de los hechos sujetos a registro.
- Registro cronológico de los hechos.
- División del trabajo y mutuo control.
- Especialización y control del personal.
- Contabilización rápida y metódica de toda la operatoria.

Cuestiones a las que debe contestar el control contable

- ¿Qué se pretende controlar?
- ¿Para qué controlar?
- ¿Es conveniente controlar?
- ¿Hasta qué límite hay que controlar?
- ¿Qué técnicas de control han de adoptarse?
- ¿Dónde controlar y cómo?
- ¿Quién va a efectuar el control?
- ¿Cuánto costará el control?
- ¿Ha de aplicarse un control permanente, frecuente o esporádico?
- ¿Control directo o indirecto?
- ¿Control previo, concomitante o posterior?
- ¿Control operacional, documental y contable o mixto?
- ¿Control cualitativo, cuantitativo, valorativo o mixto?
- ¿Cuál será la real eficacia del control?

Como habrá observado el lector, las cuestiones que acabamos de enumerar son complejas y tratan de delimitar el campo del control contable y la eficacia que se busca con él. No podemos, lamentándolo, extendernos en este momento en el tema, porque nos obligaría a desarrollar un curso total de auditoria contable y administrativa que debe ser objeto de una especialización profesional; no obstante, daremos unas pequeñas indicaciones de algunos aspectos del control.

Clases de control según su finalidad

- **Control formal**

  Controlando la existencia de los documentos que justifican las anotaciones contables. Se limitará el control formal, por consiguiente, a examinar si todas y cada una de las anotaciones contables presentan el correspondiente justificante, notificando cualquier anomalía que se presente.

- **Control de validez**

  Controlando la validez de todos los documentos justificantes de las operaciones contables, viendo si contienen todas las formalidades necesarias. El control de validez profundiza algo más y determinará si cada uno de los justificantes es correcto; es decir, que si un pago está justificado por una letra de cambio, hemos de cerciorarnos de que la letra de cambio es auténtica y que reúne los requisitos de validez, firmas, fechas, reintegros, etc. Si hay una factura de compra: que realmente corresponde a un proveedor, que este proveedor existe y que está legitimado para hacer operaciones con la empresa.

- **Control de actuación**

  Implica no solamente un control de validez, sino la comparación de los documentos con las normas establecidas; por ejemplo, en una compra de mercaderías hay que ver si las mercancías adquiridas corresponden a las que estaban presupuestadas en lo concerniente a calidad, precio y cantidad, y comprobar si los documentos justificativos de dichas compras tienen las firmas de las personas autorizadas para ellas. Este control permite detectar cualquier tipo de anomalía y solucionarla.

Control interno y control externo

La diferencia entre control interno y externo estriba en las personas encargadas de su ejecución. Si el control se efectúa de una forma permanente y por personal totalmente vinculado a la empresa, se trata de control interno; cuando el trabajo de revisión y comprobación está adscrito, sea de forma permanente o esporádica, a personal ajeno a la empresa, el control será por lo tanto externo. Cada uno de ellos ejecuta un control muy diferente, pues su pertenencia o no a la empresa condiciona su esquema de trabajo.

El censor de cuentas o auditor es normalmente un especialista ajeno a la empresa que se dedica a la comprobación sistemática de los libros de cuentas, comprobantes y otros registros financieros y legales, con el propósito de determinar la exactitud e integridad de la contabilidad y mostrar la verdadera situación financiera y el resultado de las operaciones de la empresa.

El controlador interno puede ser un alto funcionario de la empresa, bajo cuyo mando están todos los servicios contables, estadísticos, de inspección y similares, sirviéndose de ellos para controlar la actuación de la empresa y poder así realizar planes de futuro con una base documental sólida.

Diversos aspectos de la realización del control contable

El **control antecedente** se manifiesta previsoriamente mediante la adopción de presupuestos, planes de trabajo, etc., o sea, de todo trabajo que suponga un estudio *a priori* de un acto administrativo y de los resultados que del mismo pueden obtenerse.

El **control concomitante** consiste en la acción y efecto de obligar y compeler a las personas actuantes en las empresas a poner en práctica, a obrar y ejercitar los actos administrativos del modo y forma determinado por la dirección de la empresa.

El **control consecuente** se manifiesta con posterioridad a la ejecución de un acto por la contabilización del mismo, la comprobación de su registro, la rendición de cuentas y su revisión.

El **control de operaciones** forma parte del control antecedente y se refiere a los trámites previos a la contabilización, que se deben verificar para establecer la normalidad y legalidad de una operación.

En líneas generales, respecto a una operación debe quedar constancia de:

- Que ha sido ordenada por quien tenía autorización para ello.
- Que se han confeccionado los comprobantes necesarios.
- Que su ejecución ha seguido las normas administrativas necesarias.
- Que los movimientos de los valores patrimoniales, que el acto ha producido, son reales y concuerdan con la índole de éste.
- Que los resultados del acto quedan dentro de las previsiones establecidas.

Cada acto da lugar a un expediente administrativo que contiene:

- La orden en virtud de la cual se produce el acto.
- Los comprobantes de su ejecución.
- La justificación de sus resultados.

El **control de resultados** se verifica principalmente por comparación de los balances y estados de situación patrimonial en diversos ejercicios: es un control consecuente.

El **control de gestión** consiste en someter de modo constante a un análisis los datos contables para informar permanentemente a la dirección de la empresa, facilitándole la toma de decisiones a tiempo. A continuación se señalan los puntos que debe abarcar el control de gestión:

- La producción.
- Aprovisionamiento y stocks.
- Ventas.
- Financiación y administración.
- Rentabilidad.

La eficacia del control de gestión estriba en los informes analíticos que se suministren de los datos contables, depurándolos para que la gerencia pueda asimilarlos rápidamente. Los datos contables han de converger en estados numéricos que permitan estudiar la evolución absoluta, comparativa y por ratios, tanto en cifras globales como en detalle, según centros de producción y actividades independientes. El informe mensual del control de gestión ha de surgir del propio balance de comprobación y saldos mensual. Este informe ha de comprender los datos estrictos del mes, la acumulación del ejercicio y las correspondientes comparaciones con uno o dos ejercicios anteriores y con los planes presupuestarios, si se formulan.

El control de gestión utiliza como base los documentos siguientes:

- Balance de las cuentas de inventario para seguir las modificaciones de la situación del patrimonio.
- Balance de cuentas de gestión para conocer la evolución de compras, ventas, producción, costos e ingresos.
- Estado de financiación y presupuesto de tesorería.
- El cuadro analítico de explotación, que permite analizar la rentabilidad de la unidad de la explotación y de cada sector productivo en que se prepare.

Principales análisis del control de gestión

A título de sugerencia, exponemos a continuación algunos puntos que han de investigarse a través del control de gestión:

- **Actividad comercial**
  - Examinar si se alcanzan las cifras previstas.
  - Examinar los incrementos con relación al mismo mes de los dos años anteriores.
  - Ver si el total anual móvil (TAM) sigue la tendencia señalada por el estándar. El total anual móvil de cada mes es la suma de las cifras de los doce meses; a veces se sustituyen por el promedio anual móvil o progresivo (PAM), que es el cociente de dividir la suma anterior por doce meses. En algunas empresas se usa el promedio trimestral.
  - Analizar la evolución de las ventas por zonas y productos, y comprobar si se cumplen o no las cuotas presupuestarias.
  - Comprobar la situación de la cartera de pedidos y su comparación con épocas pretéritas y con la capacidad de producción.
  - Observar los períodos de espera en el cumplimiento de pedidos. Estadística de reclamaciones, clasificada por motivos.
  - Analizar las cuentas de los clientes y comprobar si los habituales siguen como tales, si sus cifras aumentan o disminuyen; si hay clientes esporádicos o no, si aumenta su número, etcétera.
  - Análisis de los pedidos anulados y de las devoluciones, retornos y dejes de cuenta.
  - Análisis de la evolución de los gastos comerciales.
  - Examinar los indicadores, ratios y gráficos establecidos para esta actividad.

- **Actividad fabril o técnica**
  - Examen del volumen de producción.
  - Análisis de los trabajos en curso.

- Investigación de los trabajos rechazados.
- Comprobación de la distribución del personal y de la correlación entre altas y bajas y cifras de producción.
- Análisis del coste.
- Investigación de los accidentes y ausencias de trabajo.
- Examinar los demás indicadores establecidos.

■ **Actividad financiera**
- Análisis de los ratios que indiquen la estabilidad financiera de la empresa.
- Estudio de la evolución del fondo de maniobra.
- Evolución de los créditos y los débitos.
- Volumen de riesgos negociados y de impagados.

■ **Resumen económico**
- Estudio de la rentabilidad y su tendencia hacia el objetivo.
- Análisis del punto muerto y del TAM de beneficios.
- Análisis de los componentes de la cuenta de resultados.
- Estudio de la evolución de los márgenes de beneficio bruto en las ventas y operaciones activas, así como de los gastos fijos, proporcionales, variables y semivariables.

EJERCICIOS

Los temas de este capítulo orientan al lector acerca del amplio campo que presenta la previsión. Se trata, fundamentalmente, de conceptos para reflexionar sobre ellos y aplicar sus conclusiones cuando se enfrente con la realidad.

Le pedimos que conteste a las siguientes cuestiones:

1. Determine el punto crítico de venta con los datos siguientes:

Presupuesto de gastos fijos del ejercicio	6.250.000 u.m.
Gastos proporcionales a la venta, incluido el coste de las ventas	35.397.000 u.m.
Ventas previstas	43.700.000 u.m.

2. Prepare un gráfico acumulado de las ventas reales, que han sido, en los sucesivos meses, en miles de u.m.: 3.600, 3.753, 3.990, 4.380, 4.268, 4.096, 3.250, 3.185, 3.056, 3.320, 3.470 y 3.720.

3. Si se ha mantenido el porcentaje de gastos proporcionales y el volumen total de gastos fijos del ejercicio 1, presente la cuenta de Pérdidas y ganancias.

4. Para el siguiente ejercicio se prevé que las ventas aumentarán un 18 %, que el coste de las mercaderías vendidas será del 61 % de la venta, que los gastos proporcionales ascenderán al 19 % de la venta y los gastos fijos a 8.500.000 u.m. Determine el nuevo punto crítico.

5. En el ejercicio 1 se ha previsto que la venta sería regular a lo largo del año. Indique, para el mes de junio inclusive, la diferencia entre la previsión y la venta realizada, así como la situación de Explotación si también los gastos fijos y proporcionales se han repartido uniformemente a lo largo del semestre.

Contabilidad presupuestaria

La **Gestión presupuestaria** consiste en la previsión hecha en función de las condiciones internas y externas de la empresa, de una serie de operaciones administrativas, que se esperan para un período determinado, al término del cual se comparan las previsiones con las realidades conseguidas para conocer las diferencias entre los programas previstos y los resultados realmente obtenidos. Estas diferencias se conocen por el nombre de desviaciones.

El análisis de estas **desviaciones** es una prudente medida de control empresarial. No basta con señalar las diferencias, hay que investigar las causas que las han producido; es decir, determinar por qué la realidad no concuerda con lo previsto.

Se trata de dar una explicación lógica a las desviaciones producidas. Conociendo su porqué se estará en condiciones de tomar, luego, nuevas decisiones para mejorar la actuación realizada.

Los planes y programas presupuestarios deben estar traducidos en cifras; esto es, deben aparecer debidamente valoradas las necesidades o inversiones que el proyecto requiere y también los medios precisos con los que se cuenta para cumplir los objetivos previstos.

El método presupuestario considera a la empresa un todo, ya que los elementos que la componen se encuentran entrelazados y una alteración en uno de ellos conlleva cambios en los otros.

El procedimiento presupuestario está compuesto por tres etapas:

- **Previsión**. Es el estudio previo de la decisión.
- **Presupuesto**. Es la definición de los objetivos y la valoración de los medios necesarios para alcanzar la previsión.
- **Control**. Es la comparación entre objetivos y realizaciones con el fin de valorar la consecución de los objetivos y las medidas correctivas a tomar.

Clasificación de los presupuestos

- **Generales y parciales**

Los primeros abarcan la totalidad de las operaciones de la empresa, mientras que los segundos consideran sólo a una parte de ellas. En la mayor parte de empresas se preparan presupuestos parciales referidos a distintas actividades; por ejemplo, pueden presentarse el presupuesto de ventas, el presupuesto de gastos de publicidad, el presupuesto de compras. Cada uno de ellos ha de quedar estudiado separadamente, aunque coordinándolos entre sí, porque, por ejemplo, el presupuesto de compras estará influido por el presupuesto de ventas; a su vez, el presupuesto de publicidad depende de la cifra de ventas que quiera alcanzarse y del mercado al cual nos dirijamos.

El resumen de todos los presupuestos parciales que pueden prepararse en una empresa debería dar lugar al presupuesto general, pero insistimos en que este presupuesto general no es muy frecuente.

- **Iniciales, de gestión y de liquidación**

Los iniciales son los efectuados para el cálculo de los gastos e ingresos necesarios para la puesta en marcha de una empresa o de una sección de ésta. Los de gestión son los que prevén las operaciones normales a llevar a cabo en un período determinado. Los de liquidación son los realizados para el caso de liquidación de la empresa. Al presupuesto inicial también se le da el nombre de presupuesto de instalación.

- **Ordinarios y extraordinarios**

Los ordinarios comprenden hechos normales en la vida de la empresa. Los extraordinarios se refieren a operaciones raras o poco frecuentes o de especial importancia para la empresa. Supongamos que la empresa va a lanzar al mercado un nuevo producto y ha planeado una campaña publicitaria para darlo a conocer y tratar de introducirlo rápidamente. Este presupuesto publicitario puede ser considerado un presupuesto extraordinario o de lanzamiento del producto, que debe tratarse y estudiarse separadamente del presupuesto de publicidad que vaya realizando la empresa, para dejar constancia en el mercado de sus demás producciones ya conocidas. Igualmente puede ocurrir que el lanzamiento del nuevo producto presuponga tener que hacer una nueva fábrica o cambiar una parte de la maquinaria, en cuyo caso también hablaríamos del presupuesto extraordinario correspondiente a las nuevas instalaciones.

Según la índole de operaciones que comprenden se clasificarán en: **Comerciales**, **Financieros**, etc. Cuya propia definición nos marcará el contenido de cada uno de los presupuestos; así el presupuesto comercial puede referirse a las compras y ventas a realizar, en tanto que el presupuesto financiero se referirá en su esencia a los cobros y pagos de un período determinado.

- **Limitativos y orientativos**

En los primeros, las cifras asignadas en los presupuestos tienen el carácter de limitación para la gestión empresarial, mientras que en los segundos, las cifras en ellos consignadas no lo tienen. Un presupuesto limitativo significa siempre la prohibición de sobrepasar sus cifras y se aplica normalmente a los presupuestos de gastos o a los presupuestos que representen inversiones. Estamos en la idea de un presupuesto limitativo si señalamos: publicidad a efectuar, 20.000.000 u.m., lo que significa que toda la campaña publicitaria no podrá sobrepasar esta cifra.

- **Voluntarios, forzados, de secciones independientes y proporcionales**
  En los voluntarios, la dirección de la empresa actúa libremente sobre los ingresos y los gastos. En los forzados hay una limitación de ingresos por causas ajenas a la empresa y hay que ajustar los gastos a ellos. En los de secciones independientes los gastos e ingresos pueden irse realizando sin que exista una dependencia recíproca entre ellos. En los proporcionales, la cifra de los gastos es una parte proporcional de los ingresos.
  Es muy frecuente en los presupuestos de publicidad destinar a éstos un porcentaje de las ventas ya efectuadas; en este caso diremos que el presupuesto de publicidad es proporcional a las ventas, con lo cual el gasto de publicidad se transforma en un gasto variable, como el coste de las materias invertidas.

Formación, estructura y situación presupuestaria

Los presupuestos se pueden formar:

- Estableciendo las necesidades o gastos a cubrir, y luego determinando cómo obtener los ingresos necesarios para cubrirlos.
- Determinando la cifra de ingresos con la que se cuenta y distribuyéndola según las necesidades más perentorias.

La estructura del presupuesto consta de tres partes:

- Recursos o ingresos.
- Necesidades o gastos.
- Resumen. Comparación entre recursos y necesidades, apareciendo las siguientes situaciones presupuestarias.
  - *Superávit inicial,* cuando se han previsto mayores ingresos que gastos.
  - *Déficit inicial,* cuando los gastos previstos son superiores a los ingresos previstos.
  - *Equilibrio,* si se prevén iguales cifras de gastos que de ingresos.

La puesta en práctica de las previsiones presupuestadas lleva a la obtención de unos ingresos y a la realización de unos gastos coincidentes o no con los previstos, con lo cual al liquidar el presupuesto aparece una situación presupuestaria final que puede ser:

- de superávit si los ingresos fueron mayores que los presupuestados o los gastos;
- de déficit si los gastos fueron mayores que los presupuestados o los ingresos menores;
- de equilibrio entre ambos si ingresos y gastos coincidieran.

Ejemplo. Presupuesto para el primer trimestre del año ...1 de la empresa *OMEGA*.

INGRESOS PREVISTOS

1. Financieros		
Intereses ctas./ctes	1.500	
Intereses a cargo de deudores por demoras en el pago	1.900	3.400
2. Gestoriales		
Cobros de deudores	87.500	87.500
3. Comerciales		
Ventas al contado	99.000	
Comisiones	26.000	125.000
4. Extraordinarios		
Derechos de traspaso de un local	135.000	135.000
Ingresos presupuestarios		350.900

GASTOS PREVISTOS

1. Financieros		
Quebrantos en la negociación de giros	1.800	
Intereses de demoras a Acreedores	1.200	3.000
2. Gestoriales		
Gastos administración	40.000	
Pagos de efectos a n/Cº	95.000	135.000
3. Comerciales		
Reposición de existencias	103 000	103.000
4. Extraordinarios		
Previsto nueva instalación	80.000	80.000
Gastos presupuestados		321.000

RESUMEN

Ingresos previstos	350.900	
Gastos previstos	321.000	
Excedente presupuestario o superávit de Caja	29.900	

Principios presupuestarios

Presupuestar es valorar anticipadamente lo que se piensa hacer. Es el programa cuantificado que ha de ser fruto de un estudio concienzudo de las condiciones con que se va a encontrar la empresa. Los presupuestos han de cumplir las siguientes condiciones:

- Referirse a un período corto de duración, para que puedan preverse racionalmente los hechos que en él se puedan realizar.
- Todas las partidas han de estar referidas a la misma unidad de valor.
- Ha de comprender todos los actos y circunstancias que puedan influir en el conjunto de operaciones que se trata de prever.
- Las partidas y los hechos han de valorarse con la mayor aproximación posible.
- En la liquidación del presupuesto han de tenerse en cuenta las partidas contraídas y no liquidadas, que han de afectar a la situación de Caja del presupuesto siguiente o a un período pospresupuestario.

Las motivaciones del presupuesto

Uno de los objetivos del presupuesto es ayudar a la dirección de la empresa a prever el futuro empresarial. La gestión presupuestaria obliga a la dirección a precisar sus objetivos a corto y a largo plazo. Al realizarse planes de inversión y de financiación paralelamente a planes de previsiones de ventas a largo plazo, es posible exponer toda una línea a seguir en el camino empresarial. El presupuesto orienta también a la dirección acerca de las condiciones y desarrollo del mercado en el que se desenvuelve la empresa y de las condiciones internas de la empresa frente a ese mercado potencial.

Cuentas de previsiones y presupuestos

Son todas aquellas que tienen por misión reflejar contablemente el cálculo anticipado de una operación o de una serie de ellas, y presentar las alteraciones que la realidad de las cosas ha producido al efectuar la aplicación práctica de la serie de actos y gestiones que fueron previstas en el presupuesto. Los presupuestos a efectos contables son la representación gráfica valorada y anticipada de unas operaciones administrativas, las cuales pueden producir unas modificaciones en el patrimonio, o necesariamente han de producirlas; así, que debe existir una concordancia entre el sistema de cuentas de presupuesto y las cuentas de valores patrimoniales. Por ello, cuando se trate de presentar un plan de cuentas presupuestarias, hay que cuidar de determinar el movimiento de las cuentas presupuestarias en función del que luego han de tener las demás cuentas de valores, cuando las operaciones previstas tengan lugar.

El origen de toda contabilidad presupuestaria es la previsión de ventas. La estimación de las ventas futuras en el período que se considera, fija los límites de los demás presupuestos de la empresa. Para conocer la posible cifra de ventas se puede actuar a partir de la propia experiencia o mediante el análisis científico del mercado; generalmente deben conjuntarse ambos métodos. Del presupuesto de ventas se deriva el presupuesto de producción. Cada una de las funciones de la empresa, así como sus actividades, puede dar lugar a un presupuesto diferente y la coordinación de los distintos presupuestos a la gestión general o planificación.

La contabilidad que podemos llamar clásica o usual es una contabilidad retrospectiva; la contabilidad presupuestaria es una contabilidad anticipada, preventiva del futuro, prospectiva. El primer objetivo de la contabilidad por presupuestos es lograr que la dirección de la empresa considere el futuro de éste para obtener una idea clara del fin que persigue.

Antes de realizar un presupuesto se deberá de hacer un minucioso examen de la empresa, teniendo en cuenta todos los factores susceptibles de intervenir durante el período presupuestario, ya que, una vez hecho el presupuesto, deberá permanecer inmutable si las condiciones de la explotación permanecen invariables.

La contabilidad presupuestaria generalmente no se desarrolla en las empresas comerciales e industriales. En cambio es propio de las entidades administrativas como puede ser un ayuntamiento, una diputación, una cámara de comercio. En la práctica de las empresas especulativas no se desarrolla mediante las cuentas de la contabilidad general, sino que se formula la contabilidad histórica o financiera, con arreglo al plan de cuentas aprobada, y luego se van comparando los datos reflejados en la contabilidad financiera con los que tendrían que haberse acumulado según la contabilidad presupuestaria.

Por ejemplo, si hemos establecido un programa de ventas, según el cual en el mes de enero pensamos realizar ventas por 2.000.000 u.m.; en el mes de febrero, 2.200.000 u.m.; en el mes de marzo, 2.400.000 u.m., tendremos una hoja de presupuesto de ventas prevista, en la cual estableceremos en la primera columna la cifra de cada mes y en una segunda columna la cifra de ventas que vaya arralando la contabilidad financiera de la empresa, deduciendo luego las diferencias. En forma análoga hemos señalado la cifra de ventas global.

Es conveniente que establezcamos la cifra de ventas por sectores o clases de mercancías, es decir, que el presupuesto lo mismo puede establecerse señalando ventas en Madrid capital, ventas en Madrid comunidad autónoma, etc. Con lo cual habremos establecido una división geográfica de ventas que establece el presupuesto con las ventas del producto **a**, ventas del producto **b**, ventas del producto **c**, y luego comparar las ventas de cada dato presupuestario con la correspondiente venta de la realidad. Las diferencias que se van produciendo no tienen efectos contables, sino que son datos para meditar y estudiar la evolución de las ventas. Así, si en el mes de febrero hemos dicho que venderíamos 2.200.000 u.m. y solamente hemos vendido 1.800.000 u.m., tenemos que analizar el porqué de la diferencia, en dónde se ha producido la diferencia, en qué clase de artículo, en qué zona y tratar de derminar sus causas. Si llegamos, por ejemplo, a la conclusión de que en el artículo **b** es donde se ha producido el desfase de ventas, tendremos que estudiar con ayuda de las secciones comerciales de la empresa qué le ocurre al producto **b**: ¿es que han salido nuevos productos de competencia?, ¿es que nuestro precio es más alto que el de la competencia?, ¿es que ha cambiado la moda? Volvemos a repetir que las diferencias entre una previsión y una realidad son motivo de reflexión y para esto se señalan. No tiene sentido decir simplemente: hemos vendido 400.000 u.m. menos y seguidamente no explicar las causas de esa baja de ventas. Al contrario, hay que saber qué pasa, para tomar después las medidas necesarias para mejorar la actuación.

No recomendamos realizar una contabilidad presupuestaria con asientos de Diario y cuentas de Mayor como algunos aconsejan. Entendemos que la contabilidad presupuestaria es más práctica, más rápida y mejor si tenemos establecidos presupuestos para distintas actividades de la empresa y comparamos luego lo presupuestado con lo que se ha realizado.

Si el presupuesto nos dice, por ejemplo, que teníamos que cobrar 87.000 u.m. de deudores, para fijar esta cantidad tenemos que establecer una relación de los deudores, de quienes hemos de cobrar, mediante el análisis de las cuentas con vencimiento en el período a que se refiere el presupuesto; luego, al comparar el presupuesto con lo que habíamos cobrado, tendremos que determinar qué deudores han fallado y por qué se ha producido el fallo. La contabilidad presupuestaria en su moderna concepción consiste en una serie de estadísticas comparativas que se van preparando entre las cifras previstas y las cifras que se han obtenido.

Algo diferente sería si tratásemos en este momento de desarrollar la contabilidad presupuestaria de una entidad recreativa.

Presupuestos base cero

En años recientes ha aparecido en el campo gerencial, con fuerza ascendente, la técnica del **presupuesto base cero,** cuya filosofía rompe con las rutinas establecidas y plantea en cada ejercicio toda la problemática de costes/rendimientos.

Romper las rutinas significa que al establecer los presupuestos de un ejercicio no se toman como punto de partida los niveles de gastos e ingresos del ejercicio anterior. Se analizan estos datos como referencia histórica; pero, la planificación, programación y presupuestación de las actividades se plantea como si la empresa no tuviera historia, con una visión nueva, proyectiva de la actividad a desarrollar. Esto obliga a un análisis en profundidad de todas las decisiones que han de tomarse, las que se agrupan por actividades homogéneas tendentes a una acción concreta y con un resultado visible y valorable.

Cada directivo, en la esfera de su responsabilidad, ha de justificar con detalle cada una de sus necesidades presupuestarias y demostrar el porqué de cada gasto programado y su rentabilidad. Luego, el comité de presupuestos ha de establecer la necesaria coordinación de los presupuestos sectoriales y una escala de prioridades según los objetivos que la empresa se marque. Costes y gastos no se consideran por sí mismos, sino en relación a los rendimientos que se pretende obtener. La función de la contabilidad en el presupuesto base cero es la de dar información de la realización de las previsiones presupuestarias, estableciendo un análisis permanente de su eficacia.

Contabilidad de una entidad no especulativa, a base de presupuesto

- **Contabilidad del patrimonio**
  Es sencilla, deben abrirse cuentas a cada uno de los valores que lo componen, registrando por permanencia de Inventario las altas y bajas que en él hubiere, las cuales afec-

tarán directamente, como contrapartida a la cuenta de Patrimonio o a una transitoria de Alteraciones patrimoniales o título análogo, que será saldada por aquélla al final de cada ejercicio.

- **Contabilidad del presupuesto**

Se divide en dos partes: de Ingresos y de Gastos, constituyendo dos ramas independientes dentro de unos mismos instrumentos contables. La formación del presupuesto requiere gran elaboración. En general, cada sección, siguiendo las instrucciones generales recibidas de la sección central del presupuesto, cuida de redactar el particular de las operaciones (ingresos y gastos) que le afectan; la sección central ha de cuidar de compaginar todos los particulares para formar el proyecto de presupuestos que luego será aprobado, con los retoques del caso, por el órgano componente (junta directiva, consejo, etc.), creándose en consecuencia la pieza principal de la contabilidad, que ha de ser llevada a la práctica por las distintas secciones y registrada por Intervención–Contabilidad.

Para la contabilización se siguen las directrices que se exponen a continuación:

- Se crea una cuenta por cada uno de los capítulos del Presupuesto de ingresos, que se carga inicialmente por la cantidad presupuestada; como contrapartida general de todos ellos aparece una cuenta de Presupuestos de ingresos que se abona inicialmente del monto total presupuestado.

El presupuesto de ingresos motivará un asiento de:

Recibos de cuotas, presupuestadas	...	
Cuotas de entrada, presupuestadas		
Subvenciones, presupuestadas		
Prestaciones, presupuestadas		
Resultas, presupuestadas		
	a	**Presupuesto ingresos año ...**

- Recíprocamente, se establece una cuenta para cada capítulo del presupuesto de gastos, abonándola de la cantidad presupuestada y apareciendo como contrapartida de todos los gastos una de Presupuestado de gastos, que se carga inicialmente por todos los presupuestados.

El presupuesto de gastos determina el siguiente asiento:

	Presupuesto gastos año ...	...	a	Personal presupuestado
			a	Alquiler presupuestado
			a	Alumbrado presupuestado
			a	Calefacción presupuestada
			a	Servicios, etc., presupuestados
			a	Imprevistos presupuestados
			a	Resultas presupuestadas
			a	Inversiones presupuestadas

- Para evitar la confusión de las cuentas de presupuesto con otras ha de hacerse constar en el título dicha palabra o una abreviatura de la misma.
- En el Mayor se abre cuenta a cada capítulo, pudiéndose usar columnas suplementarias (Mayor de columnado múltiple) para el desarrollo de los artículos de cada capítulo.
- El desarrollo de las cuentas ha de llevarse hasta la creación de una ficha-cuenta por cada partida, que puede presentar el detalle con arreglo a uno de los modelos que ofrecemos a continuación:

Fecha	DETALLE	Autorización presupuestada	CONTRAÍDO		Saldo disponible	OBSERVACIONES
			Parciales	Totales		

| Fecha... | DETALLE | Gastos contraídos | Núm. Libramiento | Pagos | Pendiente de abono | Fecha... | DETALLE | Importes librados | Justificados | Pendiente de justificar | Observaciones |
| | | | | | | | | | | | |

La marcha contable admite dos variantes:

- Contabilización por registros auxiliares de toda operación que no motive inmediatamente un cobro o pago.
- Contabilización en los libros principales de las fases del contraído y del realizado.

En el primer caso, en los libros principales (Diario y Mayor) no aparece ningún asiento hasta el momento de verificar el cobro o el pago con cargo a presupuesto. La percepción de los ingresos parciales motivará un asiento de:

Tesorería o depositaría fondos a	Capítulo tal presupuesto ingresos

El pago de gastos otro de:

Capítulo tal presupuesto gastos a	Depositaría

Los reintegros, asientos contrarios.
En el segundo supuesto, las combinaciones posibles son varias, dependiendo de la índole de operaciones y de la entidad de que se trata. Como normas generales vamos a explicar algún supuesto.
En el momento de autorizar un gasto se haría:

Capítulo tal presupuesto gastos a	Gastos autorizados

Las contabilidades del Presupuesto y del Patrimonio pueden ser llevadas en sendos libros independientes.
Supongamos, no obstante, que deseamos llevar una contabilidad presupuestaria completa e independiente de la contabilidad financiera. Partiremos del siguiente presupuesto, que adrede presentamos muy simplificado para ver mejor la mecánica de asientos y cuentas:

Ingresos presupuestados	
Cobros de ventas	250.000 u.m.
Pagos presupuestados	
Por Compras	150.000 u.m.
Por Personal	40.000 u.m.
Por Publicidad	25.000 u.m.
Por gastos diversos	6.500 u.m.

formalizando los siguientes asientos de apertura de la contabilidad presupuestaria:

	——— día 1 ———			
250.000	**Presupuestos ingresos**	a	**Cobros por ventas presupuestados**	250.000
	——— día 1 ———			
150.000	**Compras a efectuar**			
40.000	**Gastos generales presupuestados**			
25.000	**Gastos publicidad presupuestados**			
6.500	**Gastos diversos presupuestados**	a	**Presupuesto de gastos**	221.500

Sucesivamente se efectúan las operaciones siguientes:

Día 3. – Compramos mercaderías por 100.000 u.m.
Día 3. – Ventas al contado por 65.000 u.m.

que contabilizamos así:

	——— día 3 ———			
100.000	**Presupuesto de gastos**	a	**Compras a efectuar**	100.000
	——— día 3 ———			
65.000	**Cobros por ventas presupuestadas**	a	**Presupuesto de ingresos**	65.000

Día 4. – Comprometemos gastos de publicidad del período por 15.000 u.m.

	——————— día 4 ———————			
15.000	**Presupuesto gastos**	a	**Gastos publicidad presupuestados**	15.000

Día 5. – Pagamos al personal 18.000 u.m.; por gastos administrativos varios, 4.000, y por transportes, 2.000.

	——————— día 5 ———————			
24.000	**Presupuesto de gastos**	a	**Gastos personal presupuestados**	18.000
		a	**Gastos diversos presupuestados**	6.000

Día 6. – Vendemos otra partida de mercaderías por 55.000 u.m.

	——————— día 6 ———————			
55.000	**Cobros por ventas presupuestadas**	a	**Presupuesto de ingresos**	55.000

Cuando el gasto se formalizara:

	——— ... ———		
Gastos autorizados	a		o
	a	**Acreedores**	

Al extender el libramiento y ordenar el pago:

——— ... ———		
Acreedores	a	**Libramientos extendidos**

Y, finalmente, al efectuar el pago:

——— ... ———		
Libramientos extendidos	a	**Tesorería**

En ocasiones se libran cantidades a justificar por el correspondiente servicio; en este caso, una vez hecho el primer asiento de:

——— ... ———		
Capítulo tal presupuesto gastos	a	**Gastos autorizados**

se haría:

Libramientos a justificar	a	Libramientos extendidos

Al entregar el dinero correspondiente:

Libramientos extendidos	a	Tesorería

y al realizar la oportuna justificación:

Gastos autorizados tesorería (si hubiera sobrante)	a	Libramientos a justificar

Para los ingresos puede hacerse lo siguiente.
En el momento de crear el documento, mediante el cual se efectúa el cobro (p. ej., recibos):

Recibos a cobrar	a	Cobros pendientes

Al realizar el cobro:

Tesorería	a	Recibos a cobrar

simultaneándolo con otro de:

Cobros pendientes	a	Capítulo tal presupuesto ingresos

Si ahora, para saber la situación presupuestaria pasamos los asientos a las correspondientes cuentas y formulamos un balance de comprobación, tendremos en esquema:

Presupuesto de ingresos		Presupuesto de gastos		Cobros por ventas presupuestadas	
250.000	65.000	100.000	221.500	65.000	250.000
	55.000	15.000		55.000	
		24.000			

Compras a efectuar presupuestadas		Gastos de personal presupuestados		Gastos de publicidad presupuestados	
150.000	100.000	40.000	18.000	25.000	15.000

Gastos diversos presupuestados	
6.500	6.000

	Sumas		Saldos	
Cuentas de presupuestos	D	H	D	H
1. Presupuesto de ingresos	250.000	120.000	130.000	
2. Presupuesto de gastos	139.000	221.500		82.500
3. Cobros por ventas presupuestadas.	120.000	250.000		130.000
4. Compras a efectuar presupuestada	150.000	100.000	50.000	
5. Gastos de personal presupuestados	40.000	18.000	22.000	
6. Gastos de publicidad presupuestados	25.000	15.000	10.000	
7. Gastos diversos presupuestados	6.500	6.000	500	
Totales	730.500	730.500	212.500	212.500

Ahora hemos de saber lo que significan cada uno de los datos de las cuentas para deducir consecuencias.

- **Presupuestos de ingresos.** Se había previsto un total de 250.000 u.m. y se han registrado ya 120.000, por lo que falta ingresar 130.000.
- **Presupuesto de gastos.** Recíprocamente, de los 221.500 presupuestados ya se han gastado 139.000, por lo que falta efectuar gastos por 82.500 u.m.

Estas dos cuentas son globales. El detalle que necesitamos nos lo darán las otras cuentas que las desarrollan.

- **Cobros por ventas presupuestadas.** Se habían previsto 250.000 y ya hemos alcanzado 120.000, faltando 130.000 (como hay un solo concepto de ingreso, ha de coincidir el saldo con la cuenta 1, aunque con signo contrario).
- **Compras a efectuar presupuestadas.** Previsión por 150.000. Realizado 100.000. Pendiente 50.000.
- **Gastos de personal presupuestados.** Previsión por 40.000. Realizado 18.000. Pendiente 22.000.
- **Gastos de publicidad presupuestados.** Previsión por 25.000. Realizado 15.000. Pendiente 10.000.
- **Gastos diversos presupuestados.** Previsión por 6.500. Realizado 6.000. Pendiente 500.

Las sumas del conjunto de las cuentas de gastos coinciden con los globales de la cuenta 2. Los saldos, mientras no se termine el período, sólo indican lo que todavía no se ha gastado o ingresado, según sea la cuenta. Cuando se termine el período cabe establecer la liquidación presupuestaria.

Supongamos que seguimos anotando las operaciones del período y que al final tenemos el siguiente balance de sumas y saldos:

Cuentas	Sumas		Saldos	
	D	H	D	H
1. Presupuesto de ingresos	250.000	310.000		60.000
2. Presupuesto de gastos	255.000	221.500	33.500	
3. Cobros por venta presupuestados	310.000	250.000	60.000	
4. Compras a efectuar presupuestasas	150.000	180.000		30.000
5. Gastos de personal presupuestados	40.000	38.000	2.000	
6. Gastos de publicidad presupuestados	25.000	29.000		4.000
7. Gastos varios presupuestados	6.500	8.000		1.500
Totales	1.036.500	1.036.500	95.500	95.500

Los saldos deudores en las cuentas de desglose de gastos significan gastos no efectuados; los saldos acreedores de las mismas, que se ha sobrepasado la cifra presupuestada. En las cuentas de desarrollo de ingresos, los saldos acreedores indicarían lo que falta para alcanzar lo presupuestado; el saldo deudor, que se ha rebasado la cuota o cifra presupuestada. Las cuentas 1 y 2, lo contrario, en su suma. Por consiguiente:

- **Cuenta 1.** Presupuesto global de ingresos 250.000 y hemos alcanzado 310.000, con un superávit de 60.000, que queda justificado por el saldo deudor de la cuenta 3.
- **Cuenta 2.** Presupuesto global de gasto 221.500, que hemos sobrepasado en 33.500.
- **Cuenta 4.** Habíamos previsto comprar 150.000 y hemos hecho compras por 180.000, tenemos un exceso de 30.000.
- **Cuenta 5.** Presupuesto de 40.000, gastado 38.000, hemos ahorrado 2.000.
- **Cuenta 6.** Presupuesto de 25.000, gastado 29.000, hemos sobrepasado la cifra en 4.000.
- **Cuenta 7.** Presupuesto de 6.500, gastado 8.000, hemos sobrepasado la cifra en 1.500.

Y, en resumen, comparando los saldos de las cuentas 1 y 2, tenemos:

Exceso de ingresos	60.000
Exceso de gastos	33.500
Diferencia favorable o superávit	26.500

No es necesario, en este tipo de contabilidad, hacer asiento de cierre, pero si se desea sólo deberán cargarse las cuentas por los saldos acreedores del balance y abonar por los deudores.

EJERCICIOS

1. Partiendo del siguiente presupuesto:

INGRESOS

Cobros por ventas previstas	100.000 u.m.

COSTES Y GASTOS

Compras a pagar	65.000 u.m.
Gastos de personal	15.000 u.m.
Gastos de propaganda	10.000 u.m.
Gastos varios	2.500 u.m.

que corresponde a la previsión de una quincena de una empresa comercial que al empezar el mes tiene en Tesorería 13.000 u.m. y unas existencias comerciales por 10.000 u.m. Vende sólo al contado y compra pagando a los de siete días. Seguidamente formaliza las siguientes operaciones:

Día 3 Compra mercaderías a pagar el día 10 por 40.000 u.m.

Día 4 Vende al contado mercaderías por 25.000 u.m.

Día 5 Encarga publicidad por 5.000 u.m. a pagar el día 20.

Día 8 Paga al personal 6.000 u.m.

Día 9 Venta al contado por 10.000 u.m.

Día 10 Paga gastos de transporte de la anterior venta por 500 u.m.

Día 11 Vende otra partida de mercaderías por 28.000 u.m. al contado.

Día 11 Paga gastos varios por 1.500.

Día 12 Compra, en las mismas condiciones, mercaderías por 16.000 u.m.

Día 13 Venta mercaderías por 20.000 u.m. que cobra el día 15.

Día 14 Pago gastos varios por 500 u.m.

Día 15 Paga al personal 7.000 u.m.

Prepare un esquema de cuentas para reflejar los movimientos presupuestarios y fije la situación de los mismos después de registrar las operaciones del día 15.

Control presupuestario integral

Un plan presupuestario integral normalmente se formaliza mediante una serie de cuentas especiales del plan, llevadas paralelamente a la contabilidad económico-patrimonial de la empresa. Estas cuentas afectan sólo a los conceptos que se sujetan a racionalización y análisis. La contabilidad del plan y la historia de la empresa deben guardar la debida concordancia, pero por lo general, constituyen sistemas contables independientes, habiendo caído en desuso la práctica de llevar en unos mismos libros la contabilidad histórica y la presupuestaria; una y otra se establecen a través del curso de los justificantes de operaciones.

El control integral

El control presupuestario puede afectar únicamente al proceso especulativo de las operaciones empresariales o extenderse, además, a las operaciones financieras. El control presupuestario se desarrolla en adecuadas cuentas que no están previstas en el Plan General de Contabilidad.

En la práctica, en la mayoría de los casos el control presupuestario se lleva en un departamento u oficina independiente de la contabilidad. Ésta se desarrolla con arreglo a las normas del PGC y sus datos y balances pasan a la oficina del presupuesto, donde se comparan los datos históricos con los previstos. En el primer supuesto el presupuesto abarcará los conceptos siguientes:

- **Gastos**
  Se clasificarán en fijos, proporcionales y variables, según se produzcan por una cuantía que sea independiente de las vicisitudes del proceso comercial o industrial, varíen en función de las ventas u operaciones activas o sus modificaciones procedan de otras cir-

cunstancias, dependientes o no de la voluntad de los dirigentes de la empresa. Dentro de cada grupo se establecen los conceptos clasificatorios que sean adecuados y convenientes. Así, por ejemplo, el alquiler del local se pagará igual si se vende mucho o poco en él; será un gasto fijo. Será proporcional, por ejemplo, una comisión sobre la venta. Hay gastos que por su propia naturaleza quedan clasificados; otros dependen de los criterios que se sigan en la política de gastos. Por ejemplo, en la publicidad se puede seguir el criterio de gastar en ella un porcentaje de la cifra de ventas; en este caso, tendremos un gasto proporcional. Pero podemos seguir el criterio de destinar a la misma una cantidad fija mensual.

Hay gastos discrecionales que dependen de las decisiones de la gerencia; por ejemplo, renovar la pintura de la fachada, que se presta a un amplio margen de discrecionalidad, desde que se pueda considerar conveniente hasta que sea necesario.

Los gastos que por su propia naturaleza son gastos fijos, se conocen también con el nombre de gastos de estructura y son gastos irreducibles si su cuantía no puede rebajarse para poder mantener la funcionalidad de la empresa.

- **Compras**
  Se indicarán los importes globales por cada tipo de mercadería y las fechas oportunas para realizar su adquisición.

- **Ventas**
  Se señalarán los importes globales para cada tipo de mercadería.

- **Existencias**
  Variaciones de stocks en función de las compras y las ventas.
  Si nos decidimos para formular el registro contable del presupuesto se hará siguiendo el esquema siguiente.
  Al establecer el presupuesto cuantificado:

Presupuesto gastos e inversiones	...	
	a	**Gastos a realizar**
	a	**Compras a efectuar**
Ventas proyectadas	...	
	a	**Presupuesto ingresos**

La cuenta de Gastos a realizar conviene desglosarla por conceptos al igual que la de Compras a efectuar o previstas y la de Ventas.

Generalmente, se prefiere mantener como sistema contable autónomo las cuentas presupuestarias, y a medida que se va desarrollando el plan, se anota en la contabilidad presupuestaria; se formula otro asiento de:

	Gastos realizados	a	Presupuesto gastos e inversiones	

Así, si pagamos 5.000.000 u.m. por gastos de personal, dentro del presupuesto que estamos desarrollando, haremos en la contabilidad financiera:

5.000.000	Gastos personal (64)	a	Tesorería (57)	5.000.000

y en las cuentas de presupuesto:

5.000.000	Gastos realizados	a	Presupuesto de gastos e inversiones	5.000.000

La cuenta Presupuestos de gastos e inversiones presentará un saldo que representa en bloque lo que todavía no se ha gastado. La cuenta de Presupuestos de gastos e inversiones también puede subdividirse en dos cuentas generales: Presupuesto de gastos y Presupuesto de inversiones. La comparación de los saldos detallados de Gastos realizados con Gastos a realizar representará lo que ha ocurrido en cada concepto de gastos.

Supuesto de contabilidad presupuestaria

▪ Previsiones establecidas

Compras del período	800.000 u.m.
Ventas del período	1.300.000 u.m.
Gastos del período	300.000 u.m.
Renovación máquinas	150.000 u.m.

▪ Operaciones efectuadas

Las compras del período han sido por valor de 450.000 u.m. y se han contraído gastos por 160.000 u.m.; las ventas del período importan 945.000 u.m.

Contabilizar estas operaciones:

1. Al abrir la contabilidad presupuestaria se harían los asientos siguientes:

		...		
1.250.000	Presupuesto gastos e inversiones	a	Compras a efectuar	800.000
		a	Gastos a realizar	300.000
		a	Maquinaria a renovar	150.000
		...		
1.300.000	Ventas proyectadas	a	Presupuesto ingresos	1.300.000

2. Al efectuar las compras y los gastos:

		...		
450.000	Compras efectuadas	a	Presupuesto de gastos e inversión	450.000
		...		
160.000	Gastos realizados	a	Presupuesto de gastos e inversión	160.000

3. Al efectuar las ventas:

		...		
945.000	Presupuestos ingresos	a	Ventas efectuadas	945.000

Los saldos de las cuentas de Presupuesto indicarán lo que queda pendiente de realizar; las cuentas de Compras efectuadas, Ventas efectuadas, Gastos realizados, etc., habrán de coincidir con los datos que arrojen las correspondientes cuentas de la contabilidad según el Plan General de Contabilidad.

Instrumentos de registro del control presupuestario

Las tablas y cuadros estadísticos con sus correspondientes análisis y la contabilidad presupuestaria son los instrumentos principales del registro presupuestario. Al establecer la confrontación entre previsiones y realizaciones, y obtener las desviaciones, se necesita que la información obtenida sea útil y para ello es necesario que sea rápida. La empresa debe establecer por lo menos un control mensual, de esta forma los responsables recuerdan los hechos sobre los que se informa.

De los cuadros de comparación que se establecen se deducen desviaciones que es necesario clasificar de acuerdo con los siguientes puntos:

- Comunicar la información solamente a la persona interesada.
- No hacer resaltar más informaciones que las que se salen de lo normal.
- Deberes y responsabilidades de las personas a las que afecta el presupuesto.
- Duración del período presupuestario.
- Procedimiento para la aprobación y revisión de los presupuestos.
- Fechas en las que deberán estar terminadas las estimaciones y los informes relacionados con los presupuestos.
- Procedimiento para hacer cumplir el presupuesto.

Presupuestos funcionales

En los presupuestos, el objetivo final que se persigue es el de desarrollar un balance general y un estado de Pérdidas y ganancias basados en determinadas predicciones. Pero en el proceso de crear estos presupuestos de síntesis, cada elemento que entra en los mismos tiene que predecirse y plantearse adecuadamente y hay que organizar en un todo unificado los presupuestos departamentales, particulares o funcionales.

Casi todas las empresas industriales tienen las mismas funciones básicas y necesitan preparar por lo menos los siguientes presupuestos:

- presupuesto de ventas;
- presupuesto de producción;
- presupuesto de compras;
- presupuesto de mano de obra;
- presupuesto de gastos generales de fabricación;
- presupuesto de gastos de distribución;
- presupuesto de gastos de administración. Estos presupuestos servirán de apoyo del estado de Pérdidas y ganancias previsto.

Y como puntos de apoyo del balance general previsto se deberán preparar igualmente los siguientes presupuestos:

- presupuesto de caja y financiero;
- presupuesto de las distribuciones de capital.

El establecimiento de los documentos de síntesis a partir de los presupuestos particulares de cada departamento o de cada función de la empresa puede no ser más que una etapa en el procedimiento de conjunto, reservándose la dirección general en este momento la posibilidad de un examen general de la situación provisional a la vista de la política general por ella definida. Si se estima que esta política general no aparece suficientemente considerada en los presupuestos, se devolverán éstos a los servicios interesados para que establezcan modificaciones bien en los objetivos, bien en los medios.

Ejemplo de ejercicio presupuestario

La sociedad *Allende, S. A.* presenta la siguiente situación a final de diciembre del año ...1:

BALANCE			
ACTIVO		**PASIVO**	
Inmovilizaciones netas	30.000	Capital y reservas	36.000
Stocks materias primas	10.000	Resultados	6.000
Stocks productos acabados	15.000	Deudas largo plazo	24.000
Clientes	21.000	Acreedore	19.000
Tesorería	9.000		
Total	85.000	**Total**	85.000

Para el próximo ejercicio se han establecido los siguientes presupuestos:

- **Presupuesto Ventas**
  Facturaciones 260.000 (las ventas de diciembre del año ...1, que se cobrarán en enero del año ...2, se elevan a 20.000).

- **Presupuesto Gastos Distribución**
  Gastos 50.000 (8.000 a pagar en enero del año ...2, amortizaciones 10.000).

- **Presupuesto Gastos Producción**
  Materias primas utilizadas 36.000, mano de obra directa 75.000, gastos 50.000 (10.000 a pagar en enero del año ...2), amortizaciones 6.000.

- **Presupuesto Dirección**
  Gastos Dirección 20.000 (3.000 a pagar en enero del año ...2), amortizaciones 3.000.

- **Presupuesto Aprovisionamiento**
  Compras de materias primas 80.000 (15.000 a pagar en enero del año ...2). Productos acabados sin variación.

- **Presupuesto Inversiones**
  Inversiones año ...2, 14.000 u.m.

- **Presupuesto financiación**
  Préstamos a largo plazo 15.000.

El Impuesto sobre Sociedades es el 30 % sobre los beneficios de los resultados del año ...1 que se reparten el año ...2; pasa a la cuenta de reservas 3.000 u.m. y el resto se reparte entre los socios. Se pide: realizar el cuadro de tesorería previsional, la cuenta de explotación previsional, el balance previsional y la cuenta de resultados extraordinarios previsional.

TESORERÍA PREVISIONAL

Cobros		Pagos	
Saldo inicial	9.000	Acreedores	19.000
Ventas	240.000	Gastos producción	40.000
Cobros clientes	21.000	Gastos distribución	42.000
Préstamos a largo plazo	15.000	Gastos dirección	17.000
		Materias primas	65.000
		Mano de obra	75.000
		Inversiones	14.000
		Dividendos e impuestos	3.000
		Saldo total Tesorería	10.000
Total	285.000	**Total**	285.000

EXPLOTACIÓN PREVISIONAL

Gastos		Ingresos	
Stocks materias primas	10.000	Stock final materiales	54.000
Materias primas compradas	80.000	Ventas	260.000
Mano de obra directa	75.000		
Gastos producción	50.000		
Gastos distribución	50.000		
Gastos dirección	20.000		
Amortizaciones	19.000		
Resultados	10.000		
Total	314.000	**Total**	314.000

BALANCE PREVISIONAL

Inmovilizado neto	25.000	Capital y Reservas	39.000
Stock materias primas	54.000	Resultados	10.000
Stock productos acabados	15.000	Deudas a largo plazo	39.000
Clientes	20.000	Acreedores	36.000
Tesorería	10.000		
	124.000		124.000

Inmovilizado neto final:
Inmovilizaciones netas iniciales (30.000) + Inversiones (14.000) − Amortizaciones (19.000) = 25.000.

Stock final de materias primas:
Stock inicial (10.000) + compras (80.000) − Materias primas utilizadas (36.000) = 54.000.

Capital y Reservas finales:
Capital y reservas iniciales (36.000) + Dividendos e impuestos (3.000) = 39.000.

Acreedores finales:
Resultado resto del ejercicio (8.000) + Préstamos a largo plazo (15.000) + Stock materias primas (10.000) + Dividendos e impuestos (3.000) = 36.000.

RESULTADOS EXTRAORDINARIOS PREVISIONALES

Previsión Impuesto Sobre Sociedades	2.000	Resultado Explotación	10.000
Resultado resto del ejercicio	8.000		
	10.000		10.000

EJERCICIOS

1. La empresa *AMME, S. A.* presenta el siguiente balance a 31 de diciembre:

ACTIVO		PASIVO	
Tesorería	69.000	Capital	462.000
Clientes	375.000	Deudas largo plazo	120.000
Materias primas	96.000	Proveedores	330.000
Productos acabados	132.000	Otros acreedores	48.000
Inmovilizado	315.000	Gastos a pagar	27.000
Total	**987.000**	**Total**	**987.000**

De los diferentes presupuestos establecidos se obtienen los siguientes datos: Inversiones a realizar, 45.000; Venta de inmovilizado, 9.000; Materias primas compradas cada mes, 113.750; Presupuesto de ventas, media mensual, 270.000; total 3.240.000 u.m.

Del presupuesto de producción: Materiales utilizados, 1.404.000; Mano de obra directa, 795.000; Gastos, 930.000; Amortizaciones, 30.000; Otros datos: los poveedores cobran a 90 días a fin de mes; el crédito concedido a los clientes es de 45 días. Realizar el presupuesto resumido de Tesorería y el balance previsional.

2. Una empresa presenta a 31 de diciembre del año ...1 las siguientes cuentas, entre otras: Tesorería, 450.000; Beneficio, 1.500.000; Empréstito, 3.000.000. El 28 de febrero debe realizar el reembolso de una parte del empréstito por 500.000 u.m. Las ventas de noviembre del año ...1 han sido de 3.800.000, las de diciembre de 3.000.000. Las previsiones para el primer trimestre del año ...2 son: enero 3.500.000, febrero de 4.000.000, marzo 3.000.000. Ventas se cobra el 60 % al contado, el 25 % a 30 días y el 15 % a dos meses.

Las compras de noviembre del año ...1 han sido de 2.000.000 y las de diciembre de 2.000.000, las entregas de los proveedores previstas para el año ...2 son: enero 1.800.000, febrero 1.700.000, marzo 2.400.000; los gastos se pagan el mes que se producen, los gastos fijos son 500.000 u.m. mensuales.

Existen unos gastos proporcionales que se elevan al 20 % de las ventas de cada mes. Establecer el presupuesto de cobros, de pagos y de tesorería para el primer trimestre del año.

Contabilidad analítica

Esta rama contable tiene por objeto el análisis de los componentes del coste de producción y su control. Nos limitaremos en este capítulo a señalar sus directrices básicas.

Objetivos del control contable de costes

- Conocer los consumos realizados o previstos para conseguir un producto.
- Medir la producción y valorarla.
- Medir la productividad de la empresa en conjunto o por secciones.
- Establecer provisiones y controlarlas: prever los resultados y comprobarlos.
- Distribuir equitativamente el producto bruto entre los factores de la producción.
- Establecer comparaciones y análisis para estudiar el grado de eficiencia de distintas secciones de una empresa en tiempos distintos o de unas empresas con relación a otras.
- Poder decidir la política de ventas de una empresa y las variaciones a establecer en los programas de producción según las situaciones esperadas.

Formación del coste industrial

El coste total de la producción de un período estará formado por las materias y materiales consumidos, la amortización del equipo industrial o alquiler en su caso, el entretenimiento del mismo, los salarios y sueldos del personal; el interés de los capitales ajenos que hayan financiado el proceso, impuestos y contribuciones, primas de seguros, consumos de energía y demás prestaciones.

El coste total puede también concebirse como una suma de costes básicos o primarios, considerando como tales los que se manifiestan directamente en un lugar de trabajo, más o menos simple según la organización de la empresa, para iniciar en él un proceso de producción y venta:

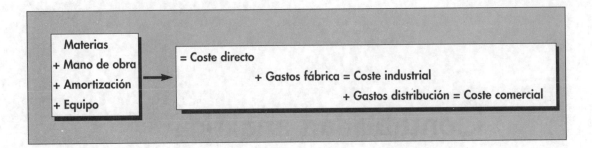

Añadiendo a este último los gustos financieros, de administración general y de dirección, obtendremos el coste total. Cada uno de los consumos puede tener el carácter de coste directo o de coste indirecto, según el grado de análisis que apliquemos.

Una explotación industrial es un conjunto orgánicamente estructurado de lugares de trabajo, y en cada uno de ellos se origina un coste primario o suma de clases de costes que en él se consumen.

Además, entre las distintas secciones o lugares de trabajo pueden aparecer intercambios de servicios y productos, dando origen de este modo a los costes secundarios o valor de los bienes y servicios que un lugar de trabajo suministra a otro dentro de la misma empresa.

Los lugares de trabajo o centros de costes son principales si en ellos se elaboran los productos propios de la actividad de la empresa, y son auxiliares cuando producen para el consumo interno.

El coste total de un producto resulta del pase de una cantidad de materia a través de distintos centros de trabajo y puede considerarse integrado por un coste básico de la materia consumida más la parte proporcional de todos los costes correspondientes a los lugares de trabajo que hayan intervenido en su elaboración.

Clasificación contable de costes

Contablemente los **costes** deben subdividirse según:

- La especie de los costes o costes primarios por clases de prestaciones: materias, salarios, impuestos, amortizaciones, seguros, etcétera.
- El origen de costes y centros de acumulación de consumos. Esto implica la descomposición del conjunto de la industria en diversas secciones o centros. Esta clasificación, a la par que delimita las esferas de responsabilidad, facilita el control continuo de la gestión industrial.

- Los artículos, productos o fases a que se aplican los costes. Este triple análisis nos permite conocer:
  - Consumos totales por cada clase de prestación.
  - Consumos en cada centro de trabajo o departamento.
  - Consumos correspondientes a cada producto o fase.

En resumen, el **coste industrial** comprende:

- Las materias, donde podemos distinguir:
  - La materia prima, propiamente considerada, o sea, los materiales destinados a ser transformados, ya procedan del exterior, ya de otras secciones o lugares de trabajo de la propia empresa y que son la base del producto terminado.
  - Las demás materias necesarias para obtener el producto acabado.
  - Los accesorios, objetos, piezas y productos no fabricados por la sección o lugar de trabajo, que se incorporan en forma diferenciada al producto terminado.
  - Combustibles, lubricantes, etcétera.
  - Productos semielaborados procedentes de otras secciones.
  - Los envases y embalajes.
- La maquinaria y el utillaje se integran en los costes por:
  - Cuota o amortización.
  - Consumos requeridos para su entretenimiento.
  - Gastos de reparación.
  - Provisión de daños.
- Trabajo personal (mano de obra):
  - Por aplicación directa.
  - Por aplicación indirecta.
  - Por trabajo improductivo.
  - Seguros y cargas anexas.
  - Riesgos y eventualidades.
- Consumos de los servicios de fábrica, entre los que podemos hallar:
  - Transporte de los materiales adquiridos si no se ha computado en el coste de entrada de cada partida.
  - Coste de almacenaje, custodia y seguro de los stocks.
  - Arrendamiento de bienes de equipo material o inmaterial.
  - Reparación y conservación de edificios.
  - Alquileres.
  - Fuerza motriz, alumbrado, calefacción, acondicionamiento ambiental, agua, etc.
  - Seguros.
  - Impuestos.
  - Otros.

En el **coste de distribución** hallamos: remuneración de agentes y gastos de éstos; publicidad; oficina de ventas; reparto y almacenaje; seguros; impuestos. En general, todas las relaciones con el almacenamiento, venta, entrega al cliente y servicio posventa, incluyendo la investigación del mercado y la prospección de la venta. Por su parte, el **coste financiero** comprende intereses, gastos de cobranza, descuentos financieros y otros análogos.

Clases de costes

Corrientemente existen varias acepciones del vocablo coste, con adecuados calificativos, que seguidamente compendiamos:

- Existe un **coste general de ejercicio** o **de un período dado,** que abarca a todos los gastos y consumos invertidos en el conjunto de procesos productivos que han tenido lugar en el período de tiempo que se considera. Este coste general no requiere una contabilidad analítica y puede ser ofrecido por una sencilla contabilidad financiera. No permite el análisis de la eficiencia técnica de los procesos industriales y por ello ha dejado paso a otros conceptos más analíticos.
- Se denomina **coste consuntivo** o **real** al calculado *a posteriori* según la cuantía de las inversiones o consumos que han sido necesarios para obtener un producto o una serie de productos.
- Es **coste preventivo** o **anticipado** el señalado *a priori*, mediante presupuesto o escandallo previo, determinando los consumos previstos y el importe de los mismos, cuya cuantía se precisa según la experiencia de resultados anteriores o de pruebas realizadas, y partiendo siempre de hipótesis preestablecidas.
- Los **costes primarios** o **especies de costes** son cada uno de los componentes que integran un producto o prestación. Las especies de costes constituyen el primer paso analítico necesario para poder llegar al conjunto del mismo. Estos costes primarios surgen en la contabilidad en distintos lugares de aplicación u origen de costes, que son cada uno de los centros de trabajo, lugares, departamentos, oficinas, talleres o máquinas donde se manifiestan los costes primarios. No nos basta con saber que hemos pagado por mano de obra de una industria, en un mes 50.000 u.m., pongamos por ejemplo, sino que, como la explotación industrial que consideramos estará constituida por una pluralidad de secciones, de departamentos, de obradores, nos interesa saber de aquella cantidad total cuánto se ha gastado en cada una de estas secciones, lo que puede corresponder a fases diferenciadas del trabajo industrial.
- Como consecuencia, tenemos los **costes secundarios por lugares de trabajo,** los cuales han de ser aplicados a todos los servicios y productos que han sido elaborados o han recibido tratamiento, o cualquier otra clase de prestación del lugar de trabajo considerado.
- Así, si admitimos una empresa sencilla con un torno y una fresadora para producir varios artículos, interesa saber lo que cuesta tornear la pieza y luego lo que cuesta el fresado, por hora de trabajo de cada sección, para luego distribuir este coste entre los artículos que hayan sido torneados o fresados. Surge entonces el **coste aplicado**, o sea, la parte de coste de funcionamiento de una sección o departamento que ha sido integrado ya en un artículo o grupo de artículos.
- Los **costes totales** comprenden a todos los componentes que pueden atribuirse a una producción o a parte de ella.
- El **coste contable del ejercicio,** o coste del ejercicio, corresponde al conjunto de las inversiones consumidas durante el ejercicio y registradas en la contabilidad para hacer frente a toda la producción obtenida en éste.

Costes directos e indirectos

La producción técnica puede concebirse como el paso de unas materias a través de grupos de trabajo coordinados en el interior de la empresa para transformarse en productos. Concebida así la producción, el coste se forma por el de aquellas materias más todos los incrementos correspondientes a los gastos y consumos de los grupos internos de la empresa que las transforman. Estos gastos y consumos pueden ser mensurables directamente en sus efectos de incremento del coste inicial de las materias o bien no reunir esta cualidad, apareciendo entonces la división práctica, aunque no científica, de los costes directos y de los costes indirectos.

En cada unidad de trabajo o sección homogénea A, B, etc., se incrementan al coste de la materia unos consumos de forma directa que luego determinaremos. Dentro del proceso interno pueden existir otros consumos (los de unidad de servicio C) que no se reflejan en un incremento directo de la materia, pero que son costes del proceso y, por tanto, componentes del coste total a considerar.

En resumen, los costes directos comprenden cuantos bienes y trabajos consumidos en un proceso de producción pueden ser determinados y valorados con facilidad, por existir una relación conocida entre los consumos y el producto obtenido, pudiéndose distinguir de manera clara cada uno de los consumos que corresponderá a cada uno de los productos o procesos de producción estudiados. Todos los demás bienes y trabajos consumidos cuya dependencia o relación directa con el producto no pueda establecerse en forma diáfana y clara, pueden incluirse dentro del concepto de costes indirectos.

En la práctica, la distinción entre costes directos e indirectos depende del sistema establecido en una explotación.

Con un control riguroso de destino de cada consumo y una depurada estructura de procesos, casi todos los consumos podrían atribuirse directamente a un determinado proceso; pero el análisis de costes por sí mismo ha de estar dotado de economicidad, y en aras de ventajas prácticas (optimación de esfuerzos) el análisis ha de detenerse en el momento en que el coste del mismo es superior a las ventajas que puedan derivarse de un conocimiento más exacto del detalle de costes directos.

Costes fijos y variables

El coste de producción viene influido por el grado de elasticidad de la empresa industrial. Para constituir una empresa es necesario agrupar elementos personales y materiales en una combinación propia de cada empresa y que determina la estructura de ésta. Dicha combinación de elementos productivos puede trabajar a ritmos distintos, ocasionando distintos flujos de ingresos y gastos, dentro de un límite o capacidad máxima de producción. La estructura de una empresa es relativamente rígida y la variabilidad de su ritmo de trabajo trata de acomodar su capacidad de producción a la intensidad variable de la demanda.

La rigidez estructural de la empresa establece una serie de costes primarios, que no pueden disminuirse, aunque la empresa disminuya la intensidad de su ritmo de trabajo: son los llamados costes fijos. Si una empresa tiene veinte obreros, cinco máquinas y un local, tendrá los salarios de los obreros (en su mínimo), el alquiler del local, las contribuciones fijas, la limpieza y conservación de las máquinas, el seguro de sus instalaciones y otros gastos fijos, que tendrá que satisfacer aunque no trabaje o trabaje poco.

Otros consumos se adaptan a la variabilidad del ritmo de trabajo, constituyendo los costes variables, que son proporcionales cuando presentan tendencia a modificarse manteniendo una relación constante con el ritmo de trabajo y producción; son decrecientes si al aumentar la producción aumentan en proporción menor, crecientes en el caso opuesto. Pueden reconocerse también **costes semivariables**. Los costes fijos varían cuando se modifica la estructura de la empresa o la combinación de trabajo utilizada, pudiendo ser reversible o no. Cuando un coste es irreducible, aun llegado al límite de una producción cero, tenemos el **coste de inacción**.

Coste medio

El coste medio resulta de comparar en un período dado de tiempo la producción total con el coste total de la misma; supone una regularidad en el mantenimiento de unas condiciones de trabajo determinadas.

Bases de cálculo y de análisis

El cálculo exacto de los costes significa la configuración y presupuestación precisa de todos los costes primarios en su valor económico, en su origen y en su aplicación.

Esto requiere un triple análisis estadístico-contable que nos ha de permitir conocer:

- Consumos totales por cada clase de prestación: costes primarios.
- Consumos en cada lugar de trabajo: origen de costes.
- Consumos correspondientes a cada producción o fase: aplicación.

Cada una de estas agrupaciones, a su vez, se subclasifica de la siguiente manera:

- **Costes primarios**
  Clases de consumos: materiales; mano de obra; intereses; amortización; otros consumos y prestaciones.

- **Origen de costes**
  Lugares de trabajo o centros contables de análisis de la actividad. Principales, que dan lugar a productos acabados o semiacabados vendibles, o bien Auxiliares, que facilitan consumos y prestaciones internas.

- **Aplicación del coste por unidades de producción**
  Unidades de productos de tiempo de utilización de un servicio: por procesos, por partidas, etcétera.

El escandallo

El escandallo es un cálculo anticipado del coste probable de una producción; es, pues, el presupuesto unitario de inversiones necesarias y valoradas para conseguir un producto. Como todo presupuesto, ha de basarse en la experiencia, en pruebas y en conocimientos técnicos de los encargados de formularlo.

El escandallo puede ser únicamente:

- **Técnico:** señala el consumo en unidades técnicas de esfuerzos y valores necesarios para conseguir un producto.
- **Económico:** da valores a dichos consumos para poder presentar en unidades monetarias un resultado concreto del coste.

Para la formación del escandallo necesitamos saber y ordenar, en estado a propósito, los datos siguientes:

- Cantidad e importe de los materiales necesarios para elaborar el producto.
- Importe de la mano de obra directa que tendrá que ser utilizada.
- Uso de maquinaria. Canon horario de entretenimiento, reparación y amortización de la maquinaria.
- Prorratas de los gastos de fabricación que se imputarán al producto en cuestión.

La suma de las anteriores partidas nos ofrecerá el precio de coste industrial supuesto. Los gastos y consumos que han de aplicarse por prorrateo deben clasificarse en gastos fijos y proporcionales; estos últimos han de determinarse en relación a una unidad de comparación que facilite los cálculos; por ejemplo, kilo de materia, hora-hombre, hora-máquina, y estimarlos en función de grados diversos de producción, lo que da lugar a escandallos múltiples.

Los factores que modifican los costes de escandallo que han de estudiarse comparativamente son:

- Variación en el número de elementos que hayan intervenido en la producción.
- Variación en el coste de dichos elementos.
- Variación en su rendimiento.
- Variación en la organización de los procesos técnicos y productivos.
- El volumen de producción.

Para la debida formación de los escandallos cada producción ha de quedar descompuesta en fases y en cada una debe determinarse la cuantía de los elementos del coste que le afectan.

Es conveniente establecer luego, en cada fase, la proporción porcentual de cada uno de los factores de la producción que en ella intervienen y asimismo la proporcionalidad entre el coste de cada fase y el coste total, de modo que la utilización razonada de estos índices permita proceder al cálculo rápido de los costes, cuando alguno de los elementos varíe, sin necesidad de rectificar todos los cálculos del escandallo.

Los costes estándar

Se pueden admitir tres acepciones:

- Como modelo que puede conseguirse con una buena explotación de las instalaciones.
- Como un ideal que representa la esperanza o al menos la posibilidad de alcanzarla.
- Como una simple medida de referencia de los costes reales que se vayan produciendo con relación a unas condiciones de explotación previamente calculadas.

Su finalidad es hacer posible la comparación de su importe con el coste real conocido ulteriormente, y así poner de manifiesto una diferencia cuyo análisis permitirá saber las causas por las cuales la explotación no se ha ajustado a lo proyectado. Los estándares, desde el control de la gestión, representan aquellos objetivos que deben ser alcanzados residiendo su utilidad en la mayor o menor medida en que esos objetivos deben conseguirse.

Sistema monista de coordinación de cuentas

En contabilidades industriales complejas la coordinación puede establecerse por los lugares de trabajo o departamentos de coste, teniendo en cuenta las sugerencias que siguen:

- Los cargos a las cuentas de compras y costes primarios deben formarse a medida que la empresa haga las adquisiciones o contraiga el gasto.
- Periódicamente han de descargarse las cuentas de costes primarios:
  - Los consumos de materias primas se cargan a la cuenta de Elaboración o de Semiproductos, la cual puede tener una cuenta accesoria de Producción inútil.
  - Los salarios y demás costes primarios han de distribuirse entre los distintos lugares de trabajo, para conocer el coste de prestación de servicio de cada uno de estos lugares. Los varios lugares de trabajo principal pueden ser, inicialmente, resumidos en una sola cuenta de **Costes de transformación** o en varias; pueden existir tantas cuentas por lugares auxiliares de trabajo como sea conveniente. Al hacer la distribución deben separarse los gastos y consumos que corresponden a Administración y Distribución.
- Realizada esta distribución, la cuenta de Elaboración habrá recogido sólo el consumo de materias, y las cuentas de cada lugar de trabajo los consumos de salarios y otros costes y gastos, arrojando el coste de todos los servicios en cada uno de estos lugares.
- A medida que se van completando partidas de productos acabados, se descargan las cuentas de Elaboración por los costes históricos que les corresponden.

Sistema monista moderado

En este esquema la labor de imputación y distribución de costes se encomiencia a estadísticas auxiliares, realizando las anotaciones contables con arreglo a lo siguiente:

- Los cargos a las cuentas de costes primarios se realizan como en el anterior.
- A medida que, según los partes de fabricación, se van consumiendo, se hacen los cargos a una cuenta general de Distribución de costes.
- Se establece una estadística de costes para contabilidad por lugares y por clases de costes.
- Con los datos resultantes de ésta se realiza el abono a la cuenta general de Distribución de costes, con cargo a cada sección de costes.
- Seguidamente es necesario determinar la cuota por sección que corresponde a cada proceso de elaboración, realizando los oportunos descargos a las cuentas de Lugares de costes y los cargos a las cuentas de Elaboración, para terminar con el cargo a Productos terminados de los costes históricos imputados a cada partida de productos acabados.

La cuenta Distribución de costes puede sustituirse por adecuados cuadros estadísticos que agrupen los costes primarios y realicen su distribución a las cuentas de Aplicación.

El sistema dualista

El sistema dualista puro mantiene la separación de la contabilidad financiera o externa, llamada también comercial, de la propiamente industrial, interna o del coste.

La contabilidad externa puede estar organizada con una sola cuenta de Fabricación, o mediante varias cuentas de reflejo de las transformaciones industriales.

La contabilidad interna requiere dos grupos de datos estadísticos o contables. El control de los stocks de toda clase de materias, productos semielaborados o producción en curso y de movimiento de materias, fabricación y pruductos acabados.

Para cada período de costes se considera inicialmente el stock de materias y materiales, considerando como consumo en el mismo a las compras de cada clase de materias y materiales, cuyo dato nos da la contabilidad comercial, más (o menos) la rectificación en stock.

El centro de la contabilidad de costes es también el estado de Fabricación, que recoge en su Debe, por una parte, el consumo de Materias y materiales, generalmente a costo estándar, y los costos de toda índole que nos acusa la estadística de que hablaremos más adelante.

Pero este cargo total a Fabricación ha de quedar rectificado por las variaciones que haya en el stock de semiproductos en curso de elaboración. El Haber de esta cuenta lo constituye el coste de norma o estándar de las entregas hechas de productos acabados.

Al actuar con costes de norma tanto en la cuenta de Movimiento de materias como en la de Fabricación, puede haber unas diferencias que han de llevarse a la cuenta de Resultado interno. Para conocer el resultado hemos de agregar el beneficio que nos arroje la cuenta de Ventas; para conocer el coste de éstas podemos partir del coste de fabricación por productos entregados en el período, rectificado por la diferencia en el stock de productos acabados.

Si queremos detener la contabilidad interna en el proceso de costes, éste puede quedar determinado sencillamente por el coste estándar de las partidas entregadas en el período de costes, más las rectificaciones de la cuenta de Movimiento de materiales y la de la propia cuenta de Fabricación.

Ahora bien, en el sistema dualista lo más importante es el cuadro de distribuciones de costes, que comprende dos partes:

- Cuadro de distribución por secciones homogéneas o lugares de trabajo.
- Cuadro de distribución por productos.

Mediante el primer cuadro se hace la imputación a cada lugar de trabajo de los costes primarios o clases de costes, partiendo de los cargos que figuran en la contabilidad mercantil, los cuales son modificados por aquellas partidas que no deben ser imputadas al período de que se trate, o con la inclusión de aquellas otras que no siendo objeto de la contabilidad mercantil, en cambio lo han de ser de la interna por ser costes. Por ejemplo: la amortización puede ser tratada en la contabilidad comercial o financiera como una previsión que sólo afecta el Resultado final; en cambio, siempre en la contabilidad interna ha de ser considerada un elemento del coste. Análoga consideración podríamos hacer respecto al interés, si se acordase cargarlo a costes. Por otra parte, pueden existir cargos en contabilidad financiera, por costes primarios que no sean propios de la contabilidad interna.

En la primera columna figuran las clases de costes con el análisis que se haya acordado. En la segunda los cargos en contabilidad mercantil, como ya se ha dicho, y en la tercera las rectificaciones (que han de ser objeto de análisis separado), para quedar en la cuarta los costes por cada clase que corresponden al período a que se refiera el cuadro estadístico y que deben distribuirse entre las secciones o lugares de trabajo.

La distribución se hará conforme a las normas que hemos señalado al hablar de la Mano de obra y de los Gastos, teniendo en cuenta la realidad de cada empresa y los módulos que sean más adecuados a esta realidad. Esta distribución deberá tener presente los documentos de la organización administrativa de la fábrica o taller, como son, entre otros, las hojas de distribuciones de trabajo, las hojas de consumo de materias, el estudio de las amortizaciones, la distribución de gastos consumidos, etc. En muchas empresas puede ser ventajoso dedicar dos columnas tanto a las columnas segunda, tercera y cuarta como a las de distribuciones, destinando una de ellas a señalar el coste en unidades técnicas (kilos, horas, litros, etc.) y la otra al coste valorado.

Realizada la distribución, totalizando las columnas de distribución obtendremos el total de costes por cada sección de trabajo, debiendo poner atención a separar las secciones principales, cuyo trabajo se incorpora directamente al producto, de las secciones auxiliares o de servicios que deben ser objeto de redistribución en cuadro aparte y que se totaliza al pie de las sumas anteriores, para obtener finalmente el coste por cada sección o lugar de trabajo principal. De existir prestaciones internas entre los lugares de trabajo debe realizarse una nueva redistribución de las mismas.

Una vez terminada la estadística anterior hemos de realizar la imputación a producto, partiendo del principio de que el coste de un producto, como ya hemos dicho repetidamente, es el de la materia y de los materiales invertidos en él, o en la producción que sea, más el coste de las sucesivas manipulaciones que la materia sufre en diversos lugares de trabajo. El criterio general es distribuir el total de coste por sección entre el tiempo total de trabajo y la misma, que puede reducirse a minutos-puntos, para tener entonces el coste por minuto-punto, y asignar a cada producto tantos puntos como minutos ha sido utilizado cada lugar de trabajo para cada producción (u horas, si hacemos punto = hora). El coste que le corresponde es el producto de los puntos por el coste asignado a cada uno de ellos.

El movimiento de cuentas de la contabilidad interna, en vez de presentarse en la forma clásica por Debe y Haber, puede presentarse como cuadro-resumen. Si se desarrollan varias fabricaciones, puede hacerse un cuadro por cada una y otro de totalización.

Desarrollo de un ejemplo por los sistemas monista y dualista

Para comprender la coordinación fundamental de las cuentas de costes vamos a desarrollar por el sistema monista y luego por el dualista un ejemplo simplificado. Una empresa fabrica un solo producto en un proceso único y los datos de un mes cualquiera son los siguientes:

	Existencias iniciales	Existencias finales	Otros datos
Almacén:			
Materias primas	2.488	2.593	
Productos en curso de elaboración	3.319	4.281	
Compras del período Materias primas			3.240
Productos acabados	3.038	2.684	
Saldo anual acreedores	15		
Ventas			8.813
Capital inicial	20.000		
Amortizaciones			1.117
Valor inicial del Inmovilizado	11.170		
* Personal y sus cargas			3.285
* Gastos industriales			1.181
* Gastos generales administración			277
* Impuestos generales			102
* Intereses pagados			4
* Cobros de clientes			8.200
* Pagos a proveedores			2.852
La suma de estas partidas (*) ha sido satisfecha por Caja.			

Vamos a establecer a continuación un **esquema contable monista** que refleje los puntos siguientes:

- Consumo de materias primas.
- Coste total de la producción.
- Coste productos vendidos.
- Beneficio industrial bruto.
- Beneficio neto.

Utilizamos las cuentas siguientes: Tesorería, Proveedores, Clientes, Almacén Materias primas, Almacén Productos acabados, Coste personal, Gastos industriales, Gastos financieros, Amortizaciones, Gastos de administración, Coste de producción en curso, Ventas, Amortización acumulada, Pérdidas y ganancias, Inmovilizado y Capital.

Los asientos contables que habrá que formular serán:

- Apertura para recoger los saldos iniciales.
- Compras del período.
- Pago e imputación de gastos.
- Imputación de amortizaciones.
- Imputación de consumo de primeras materias.
- Traspaso a Producción en curso de los costes del período.
- Traspaso a almacén de productos acabados del coste de los fabricados.
- Ventas.
- Otros cobros y pagos.
- Traspaso a la cuenta de Explotación de las cuentas de Ventas y Coste de Producción acabados, así como de las que reflejan gastos no industriales.

		1		
2.488	Almacén Materias primas			
3.319	Producción en curso			
3.038	Almacén Productos acabados			
11.170	Inmovilizado	a	Proveedores	15
		a	Capital	20.000
		2		
3.240	Almacén Materias primas	a	Proveedores	3.240
		3		
3.285	Personal			
1.181	Gastos industriales			
277	Gastos administrativos			
102	Impuestos			
4	Gastos financieros	a	Tesorería	4.849
		4		
1.117	Amortizaciones	a	Amortización acumulada	1.117

Para determinar el consumo de materias primas hacemos:

Existencias iniciales	2.488	
+ Compras	+ 3.240	
– Existencias finales	– 2.593	3.135

		5		
3.135	**Producción en curso**	a	**Almacén Materias primas**	3.135
		6		
5.583	**Producción en curso**	a	**Personal**	3.285
		a	**Gastos industriales**	1.181
		a	**Amortizaciones**	1.117

Para conocer el coste de los productos pasados a Almacén hemos de restar a la suma de cargos hechos a la cuenta Producción en curso el importe de las existencias finales en la misma, que se habrá determinado por los técnicos mediante el correspondiente inventario.

Producción en curso

(1)	3.319	(7)	7.756
(5)	3.135	Sdo. final 4.281	
(6)	5.583		
	12.037		

		7		
7.756	**Almacén Productos acabados**	a	**Producción en curso**	7.756
		8		
8.813	**Clientes**	a	**Ventas**	8.813
		9 a		
8.200	**Tesorería**	a	**Clientes**	8.200

		9 b		
2.852	**Proveedores**	a	**Tesorería**	2.852

		10 a		
8.813	**Ventas**	a	**Explotación**	8.813

		10 b		
383	**Explotación**	a	**Gastos administración**	277
		a	**Gastos financieros**	4
		a	**Impuestos**	102

Para determinar el coste de productos vendidos haremos:

Almacén productos acabados, saldo inicial	3.038	
Coste de los Productos acabados en el período	+ 7.756	
Saldo final de Productos acabados (Productos acabados)	– 2.684	8.110

		10 c		
8.110	**Explotación**	a	**Almacén Productos Acabados**	8.110

La cuenta de Explotación refleja en su saldo el resultado del período. Y ahora sólo queda establecer un balance de comprobación y saldar entre sí las cuentas resultantes. Podemos establecer otros tipos de coordinación.

El ejemplo presentado es muy sencillo. Si hubiese varios centros o procesos de trabajo, el asiento sería:

Proceso A		
Proceso B		
etcétera		
	a	**Personal**
	a	**Gastos industriales**
	a	**Amortizaciones**

según el reparto que se tiene que hacer para distribuir los costes entre los procesos. Si se fabricasen varios productos, también deberíamos hacer la oportuna distribución de costes y un asiento de:

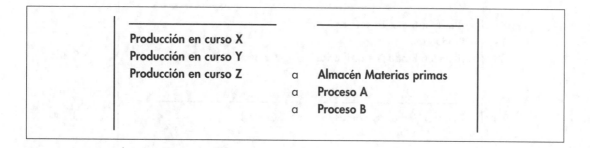

	Producción en curso X			
	Producción en curso Y			
	Producción en curso Z	a	Almacén Materias primas	
		a	Proceso A	
		a	Proceso B	

En el sistema dualista formularemos dos procesos contables separados pero relacionados. En la contabilidad financiera o externa formularíamos asientos como sigue:

18.051	Pérdidas y ganancias	a	Materias primas	2.488
		a	Producción en curso	3.319
		a	Productos acabados	3.038
		a	Amortización	1.117
		a	Personal	3.285
		a	Gastos industriales	1.181
		a	Gastos administrativos	277
		a	Gastos financieros	4
		a	Impuestos	102
		a	Compras	3.240
8.813	Ventas			
2.593	Materias primas			
4.281	Producción en curso			
2.684	Productos acabados	a	Pérdidas y ganancias	18.371

Esta contabilidad presenta el beneficio neto final, pero no presenta análisis de la formación del coste, que es el cometido de la contabilidad analítica. Ésta no recoge los movimientos externos y sí sólo los internos, desarrollando las cuentas del almacén por permanencia de inventario.

En las operaciones en que en el movimiento interno falte contrapartida se lleva una cuenta llamada refleja o de control. Generalmente no se llevan cuentas de gastos no industriales.

Así, con los mismos datos, los asientos a formular son los siguientes:

		1		
2.488	Almacén Materias primas			
3.319	Producción en curso			
3.038	Almacén Productos acabados	a	Control	8.845
		2		
3.240	Almacén Materias primas	a	Control	3.240
		3		
3.285	Personal			
1.181	Gastos industriales			
1.117	Amortizaciones	a	Control	5.583
		4		
8.718	Producción en curso	a	Almacén Materias primas	3.135
			a	Personal	3.285
			a	Gastos industriales	1.181
			a	Amortizaciones	1.117
		5		
7.756	Almacén Productos acabados	a	Producción en curso	7.756
		6		
8.813	Ventas	a	Almacén Productos acabados	8.813
		7		
8.813	Control	a	Ventas	8.813

La cuenta de Ventas presenta el beneficio bruto. Ahora sólo resta hacer un balance de comprobación y saldar entre sí las cuentas. Cabe aquí también establecer la división del asiento 4 por procesos y por artículos, como ya se ha dicho en el sistema monista.

Para finalizar presentamos en las dos páginas siguientes dos esquemas generales: uno monista y otro dualista.

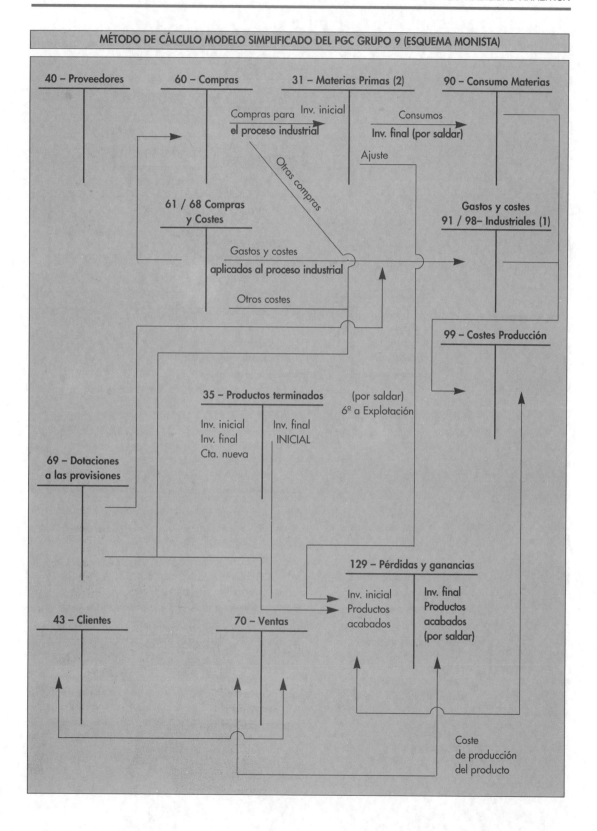

MÉTODO DE CÁLCULO MODELO SIMPLIFICADO DEL PGC GRUPO 9 (ESQUEMA MONISTA)

40 – Proveedores

60 – Compras

31 – Materias Primas (2)

90 – Consumo Materias

Compras para el proceso industrial

Inv. inicial

Consumos
Inv. final (por saldar)

Otras compras

Ajuste

61 / 68 Compras y Costes

Gastos y costes
91 / 98– Industriales (1)

Gastos y costes aplicados al proceso industrial

Otros costes

99 – Costes Producción

35 – Productos terminados

(por saldar)
6º a Explotación

Inv. inicial
Inv. final
Cta. nueva

Inv. final
INICIAL

69 – Dotaciones a las provisiones

129 – Pérdidas y ganancias

43 – Clientes

70 – Ventas

Inv. inicial
Productos
acabados

Inv. final
Productos
acabados
(por saldar)

Coste
de producción
del producto

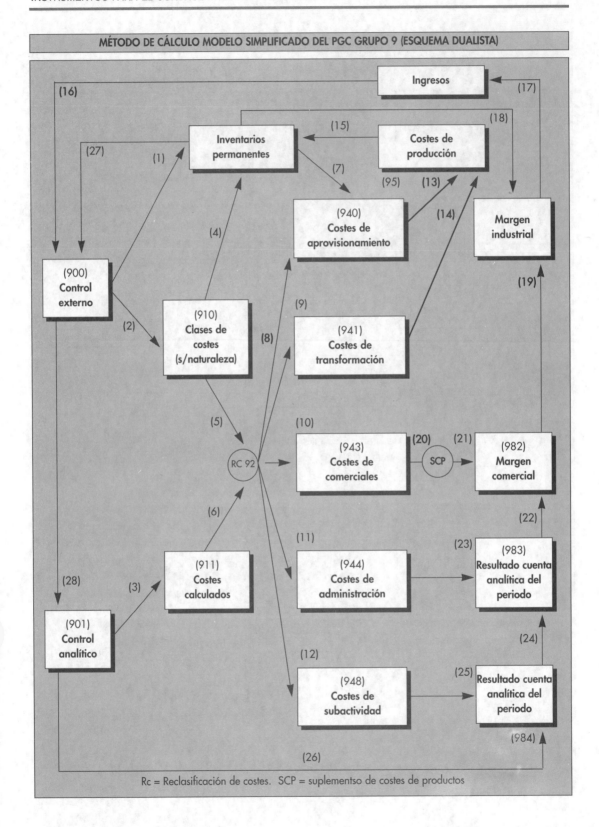

MÉTODO DE CÁLCULO MODELO SIMPLIFICADO DEL PGC GRUPO 9 (ESQUEMA DUALISTA)

GRUPO 9 DEL PGC. TRANSACCIONES A CONTABILIZAR

(1) Reflejo de los Inventarios iniciales de los factores almacenables y de los productos: 93 a 900

(2) Reflejo de los factores corrientes contabilizados en el grupo 6 de la contabilidad general: 91 a 900

(3) Costes de los factores calculados internamente: 911 a 901

(4) Traslado a las cuentas de Inventario permanente de las compras de materiales: 935 a 9100

(5) Reclasificación de los costes de los factores reflejados de la contabilidad general: 92 a 9101/6

(6) Reclasificación de los costes de los factores internamente calculados: 92 a 911

(7) Cálculo de los costes de Aprovisionamiento (costes de los materiales): 940 a 935/910

(8) Cálculo de los Costes de Aprovisionamiento (costes procedentes de la reclasificación): 940 a 91/92

(9) Cálculo de los Costes de transformación: 941 a 91/92

(10) Cálculo de los Costes comerciales: 943 a 91/92

(11) Cálculo de los Costes de administración: 944 a 91/92

(12) Cálculo de los Costes de subactividad: 948 a 91/92

(13) Imputación a los productos de los Costes de aprovisionamiento: 950 a 940

(14) Imputación a los productos de los Costes de transformación: 950 a 941

(15) Entradas en Inventario permanente de los productos terminados: 93 a 95

(16) Reflejo de los ingresos procedentes de las ventas: 900 a 97

(17) Aplicación de los ingresos al cálculo del margen industrial: 97 a 989

(18) Aplicación del coste de la producción vendida al cálculo del margen industrial: 981 a 93

(19) Aplicación del margen industrial al cálculo del margen comercial: 981 a 982

(20) Cálculo del suplemento de costes comerciales por producto o líneas de producto: 943 a 982

(21) Aplicación de los costes comerciales al cálculo del margen comercial: 982 a 943

(22) Aplicación del margen comercial al cálculo del resultado de la Contabilidad analítica de actividad: 982 a 983

(23) Aplicación de los costes de Administración al cálculo del resultado de la Contabilidad analítica de actividad: 983 a 944

(24) Aplicación del resultado de la Contabilidad analítica de actividad al cálculo del resultado de la Contabilidad analítica del período: 983 a 984

(25) Aplicación de los costes de subactividad al cálculo del resultado de la Contabilidad analítica del período:: 984 a 948

(26) Cierre. Traslado a Control analítico del resultado de la Contabilidad analítica del período: 984 a 901

(27) Cierre. Traslado a Control externo de los inventarios finales: 900 a 93

(28) Cierre. Traslado a Control analítico del saldo de la cuenta de Control externo: 900 a 901

Cuando se inscribe una cuenta con sólo dos cifras significa que comprende a todas las del grupo. Para facilitar la interpretación se han supuesto márgenes y resultados positivos.

Los números entre paréntesis son los del esquema dualista.

EJERCICIOS

1. Formular los asientos de Diario por el sistema monista correspondientes a una empresa industrial que fabrica un solo producto en un único proceso para un período cuyos datos son los que siguen, pudiendo deducir de los datos de las cuentas que desarrolle las siguientes magnitudes consumo de materias primas, coste de la producción total, coste de los productos vendidos, beneficio industrial bruto y beneficio neto.

Inventario inicial

Inmovilizado	55.000
Tesorería	6.200
Clientes (saldos deudores)	500
Almacén de materias primas	10.220
Almacén de productos acabados	16.312

No hay saldo en «Curso de elaboración».

Saldo acreedor de proveedores	232

Capital (determínelo, por favor).

Durante el período ha realizado las siguientes operaciones

Compras de materias primas	17.360
Ventas de Productos acabados	42.165

Amortización: 12 % del valor del Inmovilizado.

Pagos de gastos y costes devengados

Personal	16.425
Gastos industriales	5.712
Gastos de administración	1.418
Gastos financieros	319
Impuestos generales	438
Ha pagado a Proveedores	16.100
Ha cobrado de Clientes	38.530

Datos del Inventario final

Almacén de Materias primas	13.216
Almacén de Productos acabados	14.918
En curso de producción	4.032

Los demás datos puede deducirlos de las cuentas desarrolladas.

Previa formulación de los correspondientes esquemas de mayor establezca la cuenta demostrativa del resultado y un balance de comprobación para el cierre del período. Con los mismos datos formule la contabilidad por el sistema dualista, presentando los balances de cierre.

CAPÍTULO 10

Datos complementarios al análisis económico-financiero

La auditoría
o censura de cuentas

Cuando el control contable de la empresa se confía a expertos o técnicos ajenos a ésta, hemos dicho antes que se denomina de **auditoría** o de **censura de cuentas.** Para llevar a cabo una auditoría es necesario dominar varias materias; entre ellas, la economía de la empresa, la técnica mercantil propia de cada negocio, el análisis financiero y matemáticas superiores, la legislación fiscal, la contabilidad en sus diversas facetas; sin embargo, consideramos conveniente que el contable superior tenga unos conocimientos básicos de la materia.

La auditoría de cuentas puede ser total o parcial, según el alcance que tenga, el cual ha de concretarse en el mandato escrito que quien confía el trabajo ha de cursar al auditor o censor jurado de cuentas.

La auditoría de cuentas puede además tener un carácter permanente, periódico o circunstancial, según se mantengan los dispositivos del control externo de un modo o de otro.

La auditoría de cuentas puede ser obligatoria, si se realiza en virtud de una disposición legal que así la imponga, o voluntaria, si es a solicitud de una parte interesada en la empresa, pero sin que exista obligación legal de realizarla.

La labor del censor de cuentas ha de concretarse en un informe, en el que deberá puntualizar todos los extremos resultantes de la revisión, separando los hechos observados de las consideraciones subjetivas que el análisis de éstos sugieran. La auditoría contable o censura de cuentas es otra especialización profesional que ha de ser objeto de estudio extenso en particular.

Sin poder entrar en un amplio desarrollo de la censura de cuentas, expondremos unas generalidades de auditorías que, en resumen, se basan en el conocimiento profundo de todos los mecanismos contables y administrativos.

Práctica de la censura de cuentas o auditorías de cuentas

La auditoría puede ser parcial o completa. Los institutos profesionales que agrupan a los auditores en distintos países han publicado normas fundamentales de actuación, a las que se sujetan los actuantes. Para que sirva de orientación, diremos que antes de iniciar su examen, el censor de cuentas debe asimilar la organización y dinámica de la empresa objeto de inspección y establecer el correspondiente plan de comprobación. En general, para llevar a cabo una auditoría completa deberá estudiarse:

- Características de la empresa: económico-financieras, contables y jurídicas.
- Forma de actuar. Operaciones básicas. Amplitud del negocio, etcétera.
- Finalidad de la revisión. Extensión y profundidad que debe darse a la labor inspectora. Objetivo primordial.
- Errores más frecuentes. Fraudes posibles.
- Desarrollo de la inspección. Todos y cada uno de los puntos que han de ser objeto de revisión. Plan y método.
- Comprobaciones rutinarias y labor elemental preparatoria, que puede encargarse a personal subalterno.
- Observaciones propias. Dictamen.

Veamos seguidamente qué puntos primordiales, dentro de los enunciados, deben examinarse para obtener los datos necesarios y establecer el bosquejo general de la revisión que se va a llevar a término.

- **Características de la empresa**
Este estudio es básico y de él debe partir toda ulterior labor; por consiguiente, debe procurarse obtener el más profundo conocimiento de ésta.
A este efecto es necesario realizar:
- Análisis de los estatutos sociales, escrituras particulares y demás documentos, privados y notariales, que nos permitan determinar la estructura jurídica de la empresa, propiedad de ésta, distribución del capital, obligaciones y derechos de éste, reparto de los beneficios y demás circunstancias. Al efectuar este análisis debe tomarse nota, en síntesis, de los datos que para nuestro objetivo sean interesantes y compulsarlos con las anotaciones contables.
- Examen del libro de Actas, tomando nota de los acuerdos que afecten al movimiento y situación jurídico-financiera del negocio, contrastando su recta contabilización.
- Estudio de la organización de la empresa, determinando las relaciones establecidas entre sus distintas secciones y la situación, en atribuciones y responsabilidades, de su personal, en especial de los elementos directivos.
- Estudio del plan contable que se ha seguido, determinando el alcance y significado de cada una de las cuentas empleadas y si siempre se han utilizado conforme a la recta interpretación de sus títulos.
- Examen comparativo de los balances de los últimos años, determinando la situación económica, disponibilidades, inversiones, gastos y beneficios, y sus variaciones.

- **Forma de actuar. Operaciones básicas. Amplitud del negocio, etcétera**

  En este apartado debe estudiarse con detalle la índole de las operaciones a que se dedica la empresa; cómo se desarrollan éstas; radio de acción del negocio: representantes, sucursales, casas filiales o matrices, operaciones locales, nacionales y con el extranjero, modalidades de compra y venta, plazos de cobro y pago, y demás cuestiones que conduzcan al conocimiento lo más exacto posible de cuanto constituye el propio negocio en sí mismo considerado.

- **Finalidad y objetivo de la revisión**

  Antes de empezar las operaciones peculiares de la revisión, el auditor o censor debe determinar con toda exactitud el objetivo que se persigue con la labor a él encomendada, teniendo en cuenta las causas que la han motivado y los deseos expresados por quienes estén interesados o la hayan solicitado, pues de otra forma se corre el peligro de abrumar al personal de la empresa con peticiones de datos y documentos que luego no han de ser utilizados. El trabajo del auditor ha de ceñirse exclusivamente a lograr los datos necesarios para poder formular un dictamen conciso y extenso, a la vez que concreto, sobre los extremos solicitados. Si se trata de una revisión parcial de las valoraciones de inventario, no deberá, por ejemplo, pretender determinar las causas de las pérdidas y las ganancias; si creyera que tal estudio es conveniente, deberá expresarlo así, o formular las reservas que considere pertinentes, aunque por sistema ha de limitarse a dictaminar sobre la cuestión taxativa para la que sus servicios hayan sido requeridos.

  No obstante, resultando que en la práctica muchas veces quien solicita la revisión no sabe lo que quiere ni lo que le interesa, es misión del auditor, antes de iniciar su actuación, señalarle los diferentes matices que ésta pueda tener, ilustrándole convenientemente, pero no empezará su labor sin que aquél haya manifestado concretamente lo que desea. No debe olvidar el auditor que, en ocasiones, un informe demasiado extenso puede resultar gravoso a la empresa, no sólo por el tiempo que exige, sino porque los resultados pueden no compensar el esfuerzo invertido, y que realiza su labor, no para satisfacer un afán de personal curiosidad, sino para salvaguardar determinados intereses de quien le encarga el trabajo.

- **Errores más frecuentes. Fraudes posibles**

  Determinado el objetivo de la revisión, el auditor, al completar el estudio de la empresa, debe prever qué clase de errores pueden ser los que más frecuentemente se presentan en una contabilidad del tipo examinado. Hacer este estudio preliminar y con carácter general le servirá grandemente para estar bien orientado en el transcurso de su labor; señalar los errores «tipo» es tarea de no pocas dificultades, en la que únicamente la experiencia adquirida puede ser guía eficaz. Al tratar del análisis de los distintos tipos de revisión señalaremos los principales errores que en nuestras revisiones hemos detectado. Pero el auditor o censor de cuentas no ha de sentirse demasiado subyugado por la idea de los errores que pueda haber. El señalarlos anticipadamente puede servirle de guía, pero en ningún caso debe aspirar a encontrar precisamente los errores que él intuyó, sino que en su labor ha de comprobar todos los datos que puedan ser origen de error; es decir, todos los de la contabilidad, pues el error involuntario puede aparecer en cualquier operación y el premeditado estar oculto en el lugar y en la forma más inesperados.

El fraude aparece cuando un error ha sido intencionado, con ánimo de perjudicar a terceras personas o de falsear voluntariamente los datos contables. El fraude ofrece múltiples y variados matices: desde la simple suma de Caja equivocada premeditadamente por un cajero poco escrupuloso, con ánimo de defraudar o hacer coincidir un arqueo, hasta la falsificación de documentos, suplantación de firmas y simulación de operaciones a veces harto complicadas; la malicia humana, aplicada a un innoble afán de lucro, tiene ancho campo de actuación. El fraude tiene sus manifestaciones preferentes en algunos grupos de operaciones y de cuentas a las que, por lo tanto, debe prestarse singular atención. Su determinación se basa en la experiencia del auditor.

- **Puntos que han de ser objeto de revisión, plan y método**

Al estructurar definitivamente el plan de trabajo, hemos de señalar con toda minuciosidad, en nuestro cuaderno de revisión, qué puntos han de ser objeto de especial revisión, las cuentas, operaciones, comprobantes, confrontaciones y selecciones que con los documentos y datos de contabilidad hay que realizar y la coincidencia de resultados que es preciso hallar. El cuaderno de revisión recoge el plan de la labor a efectuar y los datos que van recogiéndose a lo largo de la auditoría.

Fijados ya los distintos puntos en los que debe basarse nuestra labor, en su desarrollo hemos de procurar sujetarnos, lo más exactamente posible, al plan establecido, rectificándolo si la práctica así lo exigiese; pero cuando por derivación se extienda nuestra inspección a aspectos no previstos con anterioridad, hay que volver siempre al plan básico preparado. Operando de otra forma es muy fácil que ante la presencia de nuevos aspectos de la verificación, que momentáneamente reclaman nuestra atención, descuidemos comprobaciones interesantes que habíamos previsto en el sereno y cuidado estudio realizado anticipadamente al preparar el plan de actuación.

En el desarrollo de la revisión es necesario proceder con método. Cada auditor de cuentas tiene sus propios métodos de trabajo, en los cuales se conjugan la experiencia, la técnica y la intuición. La primera se consigue con la práctica, la segunda con el estudio, pero la última es innata de cada individuo. Corresponde al profesional estudioso formar su propio método, basándolo en las cualidades de orden, minuciosidad, análisis, reserva y discreción, que son imprescindibles en este trabajo.

- **Comprobaciones rutinarias y labor preparatoria**

En toda revisión hay una gran cantidad de trabajos rutinarios y preparatorios que no es necesario que realice el auditor personalmente, sino que pueden ser encargados al personal subalterno. El censor, al preparar su plan, ha de tener en cuenta esta posibilidad y señalar en él las labores que puede confiar a sus auxiliares, y las que puede a los propios empleados de la empresa cuya contabilidad ha de revisar. Establecerá, pues, una triple gradación: comprobaciones y datos que puede solicitar de la propia empresa, tareas que puede encargar a sus auxiliares y labor exclusivamente personal. De esta forma podrá lograr un gran adelanto en su trabajo sin detrimento de los resultados finales.

- **Observaciones propias. Dictamen**

En posesión de todos los datos que considere necesarios y después de todas las comprobaciones requeridas por la revisión, el auditor ha de proceder a un trabajo de síntesis, análisis, depuración y selección de los resultados de sus observaciones cuidadosamente anotados en el cuaderno de revisión, con objeto de poder redactar el dictamen que ha de reflejar los resultados de su inspección.

Esta tarea, personalísima, requiere la máxima atención y cuidado sumo, y no debe realizarse sino después de una serena meditación de todo lo observado, estableciendo en el dictamen que formula, concretamente y con toda objetividad, sus puntos de vista respecto al conjunto de anotaciones revisadas y los fundamentos en que éstos se basan.

Clases de informe-dictamen

■ **Informe privado**

Se presenta en el caso de que los servicios del censor de cuentas hayan sido requeridos por parte interesada en la actividad de la empresa, como socio, posible comprador, etc., con la finalidad de asesorarse en aquellos puntos que personalmente no está en condiciones de obtener directamente. Será más o menos extenso, según el contenido del mandato recibido, a cuyos extremos deberá contestar.

■ **Certificado de revisión de balances y estados anuales**

Constituye, sencillamente, una declaración taxativa y formal que hace el censor para que los interesados puedan exhibirla como comprobante de la inspección realizada, garantizando los datos presentados o señalando observaciones y discrepancias en ellos. Damos a continuación una serie de definiciones relacionadas con la censura de cuentas:

- **Informe.** Exposición total y sistemática que hace el censor, conforme a reglas jurídico contables y práctica normativa, ante la persona que le ha encomendado la labor que motiva la comunicación. El informe ha de reunir las siguientes condiciones: claridad, veracidad, imparcialidad, continuidad, unidad y brevedad.
- **Dictamen.** Opinión y juicio que emite un censor sobre una misión económica, financiera o contable que le ha encomendado una persona.
- **Certificación.** Hacer cierto o autentificar un hecho contable por medio de un instrumento (escritura, papel o documento con que se justifica o prueba alguna cosa). La certificación del balance supone siempre su previa censura.

La censura del cierre del ejercicio se desarrolla con arreglo al siguiente índice general:

- Introducción.
  - Mandante.
  - Mandato.
  - Antecedentes utilizados en la censura.
  - Circunstancias económico-jurídicas de la empresa.
- Reseña expositiva de la censura.
  Deben recogerse en esta parte, además de la reseña sistemática de la censura y de la exposición correspondiente, las opiniones que hagan referencia a la significación económica de la empresa, según ya hemos señalado anteriormente.
- Resultado de la censura del ejercicio.

- – Contabilidad.
- – Balance.
- – Cuenta de Pérdidas y ganancias.
- – Memoria.
- – Cuadro de financiamiento.
- • Dictamen o nota de aprobación.
- • Anexo.

Respecto a la redacción de dictámenes y certificados, se recomienda seguir los siguientes modelos:

- • Cuando la contabilidad se lleva con normalidad absoluta, puede aceptarse la redacción que a continuación se expone:

  «Según el resultado definitivo de la auditoría de los libros, comprobantes y escritos de la Empresa ....., así como de las explicaciones dadas por la Gerencia (o personas que las haya facilitado), encontramos conforme con las normas de la buena técnica contable la Contabilidad, el Balance, la cuenta de Pérdidas y ganancias y la Memoria, en la parte que ésta aclara los anteriores, y representan, por tanto, el resultado de las operaciones contabilizadas al ...... de ...... del año ....» Fecha y firma.

- • Caso de no poderse dar la aprobación total, aparecen las reservas, haciendo constar, antes de la fecha y firma:

  «Con reserva de ...».

- • La negativa de aprobación puede tener la siguiente redacción:

  «Según el resultado definitivo de la auditoría de los libros, comprobantes y escritos de la Empresa ......, hemos denegado la nota de aprobación basándonos en las siguientes observaciones ...... con respecto al ejercicio ...» Fecha y firma.

- • El testimonio, en general, presupone la no investigación de los datos certificados, limitándose el censor a una compulsación del instrumento que se le encargó autentificar. Su redactado puede ser a tenor de lo que sigue:

  «**Testimonio:** Que compulsados el balance y la cuenta de Pérdidas y ganancias procedentes con los existentes en los libros legalizados (detallarlos) ...... que lleva la empresa ...... y que figuran en los folios ......, concuerdan sus títulos y cifras con los figurados en los referidos libros. No se ha hecho revisión de la Contabilidad ni de los antecedentes de ésta.» Fecha y firma.

- • Algunos accionistas-censores utilizan el siguiente modelo:

  «Don/doña ...... y don/doña ...... han examinado el balance cerrado en ...... , inscrito en los folios ...... del libro correspondiente, la cuenta de Pérdidas y ganancias de dicho ejercicio, la Memoria del Consejo y la propuesta de distribución de beneficios, así como los libros oficiales de Contabilidad de la empresa ...... que le han sido exhibidos por ...... como comprensivos de todas las operaciones realizadas durante el ejercicio del año ...... y, habiendo obtenido las oportunas explicaciones de ...... con referencia a los expresados antecedentes:

»**Opinan (o informan o certifican)**

»Que los precitados documentos concuerdan con los libros oficiales de Contabilidad, siendo correctos los sistemas de valorización y amortización seguidos en el ejercicio citado, por lo que procede recomendar su aprobación a la Junta General de Señores Accionistas a los efectos prevenidos en el artículo 108 de la ley de 17 de julio de 1951 sobre Régimen Jurídico de las Sociedades Anónimas.

»Se acompaña un ejemplar de los documentos aprobados, autentificado con nuestra firma y rúbrica.» Fecha y firma.

Los modelos que anteceden pueden ser adecuadamente modificados para adaptarlos a cada caso particular.

- **Testimonio técnico**

Si lo hace un auditor es solamente dar fe de que la sociedad ha registrado en sus libros unas determinadas cuentas o un balance; entonces lo procedente es emitir un «testimonio técnico». En este documento el censor sólo garantiza con su firma que el balance, la cuenta de Pérdidas y ganancias, una determinada cuenta u otro documento contable es copia auténtica del que figura registrado en los correspondientes folios de los libros de contabilidad de una empresa, debidamente legalizados.

EJERCICIOS

1. En el libro de Actas figura un acuerdo de ampliación de capital, a 25 de febrero del año ...1 La ampliación era de 25.000.000 u.m. totalmente desembolsadas por los accionistas en el propio acto del acuerdo. Conteste, por favor, a las siguientes cuestiones:

   ¿Qué asiento contable deberá hallar en el Diario? ¿En qué fecha? ¿Cómo tendrá la seguridad de que la emisión ha sido realmente desembolsada?

   Si encuentra en el balance de fin de ejercicio la cuenta del PGC (190) **Accionistas, capital sin desembolsar,** con saldo deudor de 5.000.000, ¿qué observación le sugiere este hecho?

   Si el capital el 1 de enero de ese año era de 50.000.000 u.m. y ha habido el acuerdo reseñado, ¿a cuánto debe ascender el capital después del acuerdo?

2. En el balance aparece la cuenta Banco B. c/c. con un saldo deudor de 48.732 u.m., y en el extracto bancario que envía el banco aparece 78.732. Antes de emitir su informe, ¿qué deberá hacer?

3. ¿Considerará correcto el hecho siguiente?: una mercancía X ha sido coprada a 40 u.m./litro; en existencia hay 5.000 litros, según aforo com-

probado, valorado en 290.000 u.m. Le dicen que lo han hecho así porque los precios subirán.

4. En el mismo balance figura: edificio y construcciones por 83.000.000 u.m., sin separar el costo o valor del solar, y en la cuenta de Explotación hay un cargo por Amortización inmueble al 7 %, 5.810.000. ¿Cuál es su opinión?

5. En la cuenta (627) **Publicidad y propaganda** hay un cargo de 376.862 u.m., correspondiente a un justificante que está extendido por un abogado en ejercicio por el concepto Asesoría y trámite en la ampliación de capital. ¿Lo considera correcto?

6. En la cuenta de Pérdidas y ganancias aparece un cargo por 2.474.000 u.m. con abono a la cuenta (490) **Provisión para insolvencias**, ¿qué justificación pedirá?

7. Está cargado en la cuenta bancaria un talón por un 1.000.000 u. m. que fue extendido al portador y no aparece ningún justificante del pago. Solicita explicaciones y le dicen: se pagó a don Fulano por sus gestiones. ¿Se dará por satisfecho?

8. El saldo deudor de la cuenta de Clientes del balance de fin de ejercicio arroja 48.938.362 u.m. ¿Cómo lo comprobará?

9. Al examinar el detalle de la cuenta (534) **Créditos a corto plazo** encuentra: Saldo deudor de D. A. Z. sin interés con vencimiento a seis años. ¿Qué observaciones se le ocurren?

10. La cuenta de Explotación presenta un saldo acreedor de 292.475.330 u.m. La suma de las facturas de ventas ascienden a 332.895.672 u.m. y le dicen que hay abonos y devoluciones, ¿qué sugerirá?

Contabilidad
de sociedades

La materia propia de esta especialidad es el estudio de las diferencias que se presentan en la contabilidad de las empresas, según las características del sujeto jurídico que las encarna. Estas diferencias afectan primordialmente a las cuentas representantivas del Neto, que son las encargadas de reflejar las relaciones económicas entre el conjunto patrimonial y la persona o personas propietarias. En el presente capítulo vamos a señalar, con carácter general, las normas fundamentales de su contabilización.

Contrato de sociedades y características

Las sociedades surgen del contrato de sociedad, que es aquel por virtud del cual dos o más personas se obligan a poner en un fondo común bienes, industria o alguna de estas cosas para obtener lucro.

Clasificación de las sociedades

Las sociedades pueden clasificarse atendiendo a diversos aspectos, de entre los cuales destacamos los siguientes:

- Según exista un predominio del elemento personal o patrimonial, las sociedades pueden ser:

- Sociedades de personas (Sociedades colectivas).
- Sociedades de capitales (Sociedades anónimas).
- Sociedades mixtas (Sociedades en comandita).
- Si atendemos a la responsabilidad de los socios, ésta puede ser:
- Límitada (Sociedades anónimas, Sociedades de responsabilidad limitada, Sociedades en comandita por acciones).
- Ilimitada (Sociedades colectivas y Sociedades en comandita simple).
- Según la variabilidad del capital, tenemos:
- De capital fijo (Sociedades anónimas, Sociedades colectivas, Sociedades en comandita simple, Sociedades de responsabilidad limitada, Sociedades en comandita por acciones).
- De capital variable (Sociedades anónimas).
- Si tenemos en cuenta la nacionalidad, pueden ser:
- Nacionales.
- Extranjeras.

Características

Las características fundamentales de la sociedad son:

- La concurrencia de varias personas.
- La aportación, por parte de éstas, de bienes, trabajos, iniciativas, conocimientos especiales, etcétera.
- La persecución de un fin común.
- Que surjan para los socios derechos y obligaciones recíprocos con motivo de la constitución social.
- Que se cree una persona jurídica distinta de las personas que concurran a su constitución.
- Que las aportaciones individuales de los socios pierdan su vinculación originaria, salvando pactos y situaciones especiales, al fundirse en el patrimonio social.

Distinción entre Capital y Neto

En contabilidad de sociedades la cuenta de Capital representa sólo al declarado por la sociedad, cumpliendo las disposiciones jurídicas de reglamentaria observancia en cada época. El Neto es la diferencia entre Activo real y Pasivo exigible. El Neto es un concepto más amplio, que comprende al Capital social desembolsado, más las reservas contabilizadas, menos los déficits anteriores no enjugados, más (o menos) los resultados del ejercicio en curso.

Deben distinguirse los conceptos de capital nominal, que es el declarado; capital suscrito, que es la parte del anterior que los socios se comprometen a aportar; capital desembolsado o realmente aportado, y capital reintegrado o amortizado, que corresponde a las devoluciones hechas.

Formación del capital

En todas las empresas, la aportación en concepto de capital está representada por la cuenta de dicho nombre, y cabe distinguir las fases siguientes:

a. Cargo a la cuenta que representa al derecho de la empresa o a los títulos representativos del capital, con abono a la cuenta de Capital.

b. Cargo a las personas que han comprometido su aportación o han suscrito el capital, ya en cuenta individual, ya en cuenta colectiva, con abono a la cuenta cargada en la fase a.

c. Cargo a las cuentas que representen a los distintos valores recibidos por la empresa en pago de las aportaciones comprometidas, con abono a la cuenta cargada en la fase b.

Así se establece una contabilización en cadena que puede simplificarse si algunas de las fases son simultáneas: cuando se efectúen simultáneamente las fases a y b se cargará a la cuenta personal del aportante con abonos a capital; si las tres son simultáneas, será suficiente cargar a los valores recibidos por la empresa para abonar a la cuenta de Capital.

Ejemplo. Constitución en 5 de julio de una sociedad colectiva que tiene un capital de 5.000.000 u.m., que aportarán los socios en la forma siguiente: D. José Ruiz, 3.000.000; D. Julio García, 1.000.000, y D. Ricardo Pérez, 1.000.000. De momento se hace el desembolso en efectivo de las cantidades siguientes, que se ingresan en la c/c. del Banco B.; D. José Ruiz entrega 2.000.000 u.m., D. Julio García 500.000 u.m. y D. Ricardo Pérez 500.000 u.m. El día 20 José Ruiz nos cede maquinaria, que valoramos, de común acuerdo, en 600.000 u.m. y mercaderías en 400.000 u.m., procedentes de un negocio que liquida. El día 30 los demás socios desembolsan el resto de su compromiso de aportación, que se ingresa en el Banco.

Asientos:

	——————— 5 jul. ———————	
5.000.000	**Socios parte no desembolsada** (190) a **Capital social** (100)	5.000.000
	Constitución de la sociedad colectiva Ruiz y Cía. según escritura de esta fecha:	
	José Ruiz, su compromiso de aportación. 3.000.000	
	Julio García, id.. . . . . 1.000.000	
	Ricardo Pérez, id. 1.000.000	
	——————— d. d. ———————	
3.000.000	**Bancos** (572)	
	a **Socios parte no desembolsada** (190)	3.000.000

	José Ruiz, su entrega en Banco Hermes a cuenta		
	de su aportación	2.000.000	
	Julio García, id.	500.000	
	Ricardo Pérez, id.	500.000	

———————————— 20 jul. ————————————

600.000	**Maquinaria** (223)		
	La cedida por José Ruiz de su taller, según se relaciona:		
	....		
400.000	**Mercaderías** (300)		
	Las entregadas por José Ruiz, según sigue:		
	....		
	a	**Socios parte no desembolsada** (192)	1.000.000
	José Ruiz nos traspasa su negocio liberando la totalidad de su compromiso de aportación.		

———————————— 30 jul. ————————————

1.000.000	**Bancos** (572)	a	**Socios parte no desembolsada** (190)	1.000.000
	Ingreso efectivo de D. Julio García.	500.000		
	Id. de Ricardo Pérez.	500.000		

Aun cuando utilizamos una cuenta general de **Socios cuenta aportación**, a veces es recomendable llevar una cuenta para cada socio individualmente. La sociedad limitada presenta esquemas análogos.

Ejemplo. Apertura de una sociedad anónima el 1 de octubre que se constituye con un capital de 10.000.000 u.m., representado por mil acciones de 10.000 u.m. que suscriben totalmente una pluralidad de personas que desembolsan inicialmente su 25 % en dinero ingresado en el Banco B.

———————————— D. 1 oct. ————————————

10.000.000	**Acciones** (198)	a	**Capital social** (100)	10.000.000
	Constitución de la Sociedad *ORE, S. A.*, con un capital de 10.000.000 u.m., representado por 1.000 acciones de 10.000 u.m. c/u, según escritura de esta fecha, otorgada ante el notario D. Manuel Ocaña.			

———————————— d. d. ————————————

10.000.000	**Acciones** (190)	a	**Acciones** (198)	10.000.000

Por suscripción del total de la emisión, según detalle en
la escritura de referencia.

	——————— d. d. ———————	
2.500.000	**Bancos** (572) a **Accionistas** (190)	2.500.000

Ingreso en el Banco B. del desembolso inicial del 25 % del
nominal por los señores accionistas.
O bien:

	——————— 1 oct. ———————	
	a **Capital social** (100)	10.000.000

Constitución de la Sociedad *ORE, S. A.* con un capital
de 10.000.000 u.m., representado por 1.000 acciones de
10.000 u.m. c/u, según escritura de esta fecha, otorgada ante
el notario D. Manuel Ocaña.

2.500.000	**Bancos** (572)	

Ingreso en el Banco B. del desembolso inicial del 25 % del
nominal suscrito.

7.500.000	**Accionistas** (190)	

Pendiente de desembolso por éstos, según la escritura de
constitución.

A 1 de diciembre se pide el desembolso del resto (Accionistas por desembolsos expedidos). A lo largo del mes se hace el ingreso de este resto en nuestra c/c. abierta en el Banco B.

	——————— 1 dic. ———————	
7.500.000	**Accionistas por** **desembolsos exigidos** (558) a **Accionistas** (190)	7.500.000

Se solicita el pago del resto de las acciones suscritas.

	——————— 31 dic. ———————	
7.500.000	**Bancos** (572) a **Accionistas por** **desembolsos exigidos** (558)	7.500.000

Por el ingreso en n/ c/c. del importe de las acciones suscritas
reclamadas.

Deberá llevarse cuenta abierta a cada accionista en particular, para conocer lo que cada uno debe, mientras no haya desembolsado la totalidad de las acciones suscritas.

Empréstitos por cuotas

Las características de esta modalidad de crédito son:

- **Máxima difusión**

  La empresa contrata con el público en general, dividiendo la cuantía total del préstamo que solicita en partes alícuotas de importe reducido, cada una de las cuales se individualiza en un título llamado Obligación, que también puede tomar los nombres de Cédulas, Bonos y otros análogos.

- **Permanencia**

  La cantidad recibida en empréstito quedará integrada dentro de los fondos de disponibilidad de la empresa por un período más o menos largo, previamente determinado, pero superior a varios ejercicios.

  El tenedor de uno o varios títulos no tiene derecho a reclamar la devolución de su inversión, sino con arreglo a las condiciones establecidas y en las fechas de vencimiento de las distintas cuotas de reintegro.

- **Amortización**

  La devolución del préstamo se sujeta, por lo general, a un progresivo sistema de amortización, mediante el cual en cada ejercicio, a partir de uno futuro determinado ya en el momento de la emisión, se produce la devolución de una parte del empréstito, reintegrándose la totalidad dentro del plazo máximo señalado en la emisión.

- **Pago de intereses**

  La empresa debe compensar a los aportantes del dinero del empréstito, pagándoles periódicamente un interés y aquellos otros devengos que se hubiesen pactado con anterioridad.

- **Mutabilidad de las personas prestamistas**

  Los tenedores de obligaciones pueden ceder libremente a terceros todos sus derechos, sin requerir, salvo pacto en contrario, la previa anuencia del prestatario ni su conocimiento.

  Los títulos son generalmente al portador, disfrutando de todas las prerrogativas inherentes a esta condición.

- **Adaptabilidad de su cuantía o posibilidad de amoldar el volumen y atenciones del préstamo al desarrollo del negocio**

  Si se presenta un exceso de disponibilidades dinerarias, la empresa puede acelerar el rescate de las obligaciones; disminuyendo los fondos de rotación si los beneficios son excelentes, la amortización puede constituirse en reserva, transformando el préstamo en capital propio.

  También puede realizarse de forma sucesiva el lanzamiento de la emisión mediante la puesta en circulación de los títulos parcialmente y con ello regular las aportaciones de dinero ajeno.

Carga financiera periódica

Se llama carga financiera de una emisión de obligaciones a la suma de los siguientes factores:

- Intereses del empréstito.
- Gastos de emisión.
- Prima de amortización o de emisión, si la hubiere.
- Amortización anual del empréstito.

Esta carga puede ser constante para todos los ejercicios o variable, dando lugar el estudio de las distintas posibilidades a la exposición de variados sistemas matemáticos, de los que daremos una ligera idea. El problema fundamental es coordinar la carga financiera por ejercicio con la rentabilidad y necesidad de fondos de rotación que la empresa pueda experimentar en cada uno. La puesta en circulación de un empréstito se justifica en el terreno financiero cuando reporta un aumento del Activo permanente —Activo percibible a largo plazo— en igual cantidad, por lo menos, que el valor representado por el nominal de las obligaciones emitidas.

Contabilidad de la emisión de empréstitos

En forma parecida a lo que ya explicamos para las acciones, la contabilización de la emisión directa comprende tres asientos:

- Uno, para registrar el acto de crear las obligaciones.
- Otro, para registrar la suscripción de éstas por el público.
- Y un último, para registrar el desembolso de su importe por los suscriptores.

Estos tres asientos esenciales se adaptan a las distintas modalidades de la emisión y suscripción, de las que vamos a dar una escueta idea.

Si se han emitido a la par, se formulan los asientos de:

a)	
Obligaciones emitidas (197) a **Empréstito año tal** (150)	
Por la emisión de tantas obligaciones de tantas u.m. nominales cada una, en total ... realizada en el día de la fecha, en cumplimiento del acuerdo de la junta de Accionistas del día ... y según escritura número ..., del día ..., otorgada por el notario D. ...	

La suscripción requiere un asiento de:

<table>
<tr><td>b)</td><td></td><td></td><td></td></tr>
<tr><td></td><td>**Obligacionistas** (1971)</td><td>a</td><td>**Obligaciones emitidas** (197)</td></tr>
</table>

Y el desembolso, el de:

<table>
<tr><td>c)</td><td></td><td></td><td></td></tr>
<tr><td></td><td>**Tesorería** (57)</td><td>a</td><td>**Obligacionistas** (1971)</td></tr>
</table>

Este último asiento se descompone en tantos otros análogos como sean menester si el desembolso se hace fraccionadamente. Es preferible suprimir la cuenta-puente **Obligacionista** refundiendo los asientos **b** y **c** en el de **Tesorería** (57) a **Obligaciones emitidas** (197).

Si la emisión se hace bajo la par, por ejemplo al cambio de 95 % que significa que por cada obligación suscrita solamente se desembolsa su 95 %, el valor nominal son 1.000 u.m., y el suscriptor-obligacionista sólo paga 950 u.m., aparece una diferencia llamada indistintamente prima de emisión o prima de reembolso que es un gasto generalmente amortizable en varios ejercicios, pues al ser amortizados los títulos deberán reintegrarse las 1.000 u.m. a cada uno. Supongamos que una sociedad anónima emite obligaciones por 10.000.000 u.m. en títulos de 1.000 u.m., que se suscriben al cambio de 95 %, cuyo neto desembolsan los obligacionistas. Contabilizaríamos:

<table>
<tr><td>9.500.000
500.000</td><td>**Tesorería** (57)
Prima de reembolso (271)
Emisión de mil títulos de 10.000 u.m. c/u al cambio de 95 %,
recibiendo el neto en efectivo.</td><td>a</td><td>**Empréstito año** (150)</td><td>10.000.000</td></tr>
</table>

En la práctica no se presenta el caso de emisión de obligaciones sobre la par.

Contabilidad del pago de intereses

Al vencimiento de cada cupón se hará el asiento de:

<table>
<tr><td>**Intereses de obligaciones**
(6613) [por el nominal del
interés vencido]</td><td></td><td></td></tr>
<tr><td></td><td>a</td><td>**Cupón núm. X, Obligaciones**</td></tr>
</table>

```
                              año ... o Interés a pagar (521)
                              [líquido a pagar]
                          a   Hacienda Pública (475)
                              [retención impuesto]
```

Al pago de los distintos cupones se ha de hacer:

```
        Cupón de Obligaciones
        Núm. X (521)            a   Caja (57)
```

Contabilidad de la amortización

En el momento de tomar el acuerdo se formulará:

```
        Empréstito año ... (150)    a   Obligaciones amortizadas
                                        (5090)
```

y al realizar el pago:

```
        Obligaciones amortizadas
        (5090)                      a   Tesorería (57)
```

Por ejemplo, una sociedad emite un empréstito de 1.000.000 de u.m., dividido en obligaciones de 500 u.m. nominales al 6 % y amortizables en varios años.

La emisión se hace al tipo de 90 % y resultan suscritos y totalmente desembolsados 1.600 títulos. Los gastos de la operación se elevan a 40.000 u.m. Posteriormente se suscribe el resto.

	——— fecha ———		
1.000.000	**Obligaciones emitidas** (197)		
		a **Empréstito A** (150)	1.000.000
	Por la emisión acordada en ... y protocolizada en escritura otorgada por el notario D. ...		
720.000	**Banco** (572)		
80.000	**Prima reembolso obligaciones** (276)	a **Obligaciones emitidas** (195)	800.000
	Suscripción al tipo de 90 % de 1.600 títulos, cuyo neto ingresamos en n/cta. en el Banco X (se repite el asiento con los importes adecuados al completar la suscripción).		
40.000	**Gastos de emisión de obligaciones** (276)	a **Banco** (572)	40.000
	Por los efectuados según liquidación del gestor administrativo D. ... En un año X se amortizan reglamentariamente obligaciones por importe nominal de 100.000 u.m.		
100.000	**Empréstito A** (150)	a **Obligaciones amortizadas** (5090)	100.000
	Amortización por sorteo de 200 obligaciones según acta protocolizada por el notario D. ...		

Modificación del capital

Las modificaciones pueden estar motivadas por:

a. Aumento por nuevas aportaciones de capital.
b. Aumentos por constitución de reservas y su transformación en capital.
c. Disminución del capital por devolución del mismo a sus aportantes.
d. Disminución por causa de pérdidas.

El supuesto **a** es análogo a la formación del capital. En el caso **b** se requiere sólo cargar a las cuentas de reservas que se transformen, con abono a la de Capital. En el caso **d** deberá cargarse a Capital con abono a la cuenta de Déficit acumulado, Pérdidas anteriores o título análogo. En el supuesto **c** hay que distinguir el acuerdo de reducción de capital, el reconocimiento del derecho de los socios a retirar su parte y la devolución de ésta.

El acuerdo de reducción se contabiliza con el cargo a Capital con abono de la cuenta de Capital a reintegrar o título análogo. El reconocimiento del derecho de los socios ocasiona el cargo a esta última cuenta y el abono a la cuenta individual o colectiva que representa a dichos socios. La devolución ocasiona el abono a la cuenta propia de la clase de valores que se den con cargo a la cuenta que representa el derecho de los socios a exigir la devolución.

Ejemplo 1. Una sociedad anónima tiene reservas voluntarias por 23.410.000 u.m. y acuerda pasar a capital 20.000.000 u.m. Se contabilizará:

20.000.000	**Reservas voluntarias** (117)	a **Capital** (100)	20.000.000

Ejemplo 2. Una sociedad anónima ha experimentado pérdidas por 5.000.000 u.m. y acuerda reducir su capital. Formularemos el asiento de:

5.000.000	**Capital** (100)	a **Pérdidas ejercicios anteriores** (121)	5.000.000

Ejemplo 3. Otra sociedad anónima observa que tiene exceso de capital y acuerda reducirlo en 7.500.000 u.m., procediendo a reintegrar esta cantidad en dinero a los accionistas. Lo contabilizaremos de la siguiente forma:

7.500.000	**Capital** (100)	a **Accionistas, cuenta Reintegro** (199)	7.500.000

y luego

7.500.000	**Accionistas, cuenta Reintegro** (199)	a **Bancos** (572)	7.500.000

Como es lógico, este último se formulará por las cantidades parciales que se satisfagan a los accionistas y a medida que se vayan satisfaciendo.

Distribución de beneficios o pérdidas

En la hipótesis de que se hayan producido beneficios en un ejercicio, al hacer su distribución ha de atenderse, como ya sabemos, a la coordinación entre:

- Posibilidades financieras de la empresa.
- Obligaciones de ésta por disposiciones legales.
- Obligaciones con relación al personal de la empresa.
- Apetencias y necesidades de los propietarios.
- Las futuras necesidades de desarrollo y autofinanciación de la empresa.

La distribución implica dos momentos sucesivos:

- El reconocimiento de los derechos sobre el resultado.
- La liquidación de los mismos.

El reconocimiento requiere el cargo a la cuenta de Resultados o de Pérdidas y ganancias, con abono a cuentas que representen: reservas legales, voluntarias, estatutarias; impuestos a pagar, por las obligaciones fiscales; participaciones de obreros y empleados; dividendos a pagar. Posteriormente, la liquidación ocasiona el abono a la cuenta de los valores que se entreguen (comúnmente dinero Caja y Bancos) con cargo a las cuentas que antes hemos abonado.

Si se han producido pérdidas, según las empresas, pueden quedar como un activo ficticio a regularizar en posteriores ejercicios, producir la reducción de reservas u ocasionar la obligación de nuevas aportaciones por parte de los capitalistas. Tales posibilidades, en esquema, se reflejan en un asiento de cargo a reservas, déficit a liquidar, o socios, pérdidas a suplir, con abono a la cuenta de resultados del ejercicio.

EJERCICIOS

1. Una sociedad colectiva se constituye el 15 de julio por D. Antonio García, que aportará 2.500.000 u.m., y D. Pedro González, que aportará 1.500.000 u.m. De momento cada socio pone dinero en la Caja social por 50.000 u.m. El 31 de julio el Sr. González aporta en dinero 450.000 u.m. y el Sr. García cede un negocio según los datos que siguen:

ACTIVO	
Existencias	250.000 u.m.
Clientes	120.000 u.m.
Instalaciones	780.000 u.m.
PASIVO	
Proveedores	100.000 u.m.

El 30 de septiembre cada uno aporta en efectivo lo que faltaba aportar.

2. El 10 de septiembre se constituye una sociedad anónima con un capital de 210.000.000 u.m., suscritos en su totalidad por accionistas que desembolsan de inmediato su 25 % ingresado en nuestra c/c. en Banco B.

   15 octubre. Se solicita un dividendo pasivo de otro 25%.

   31 octubre. Todos los accionistas han desembolsado el dividendo pasivo solicitado, ingresándolo en nuestra c/c. del Banco B.

   1 diciembre. Se acuerda pedir el desembolso del resto.

   31 diciembre. Se ha ingresado en el Banco B. la totalidad del dividendo pasivo solicitado.

3. El 12 de marzo se emite un empréstito por 50.000.000 u.m., representado por títulos-obligaciones de 5.000 u.m. (los títulos pueden tener el valor nominal que acuerde la entidad emisora).

   25 marzo. Se han suscrito 10.000 títulos por su nominal, que ha sido ingresado en nuestra cuenta corriente en el Banco B.

4. 21 abril. Se emite un empréstito por valor de 20.000.000 u.m. en títulos 10.000 u.m.

   5 mayo. Se suscribe la totalidad de la emisión al cambio del 90 %, ingresando en n/cta. cte. del Banco B. los sucriptores, de momento, el 50 % del líquido.

   30 junio. Se ingresa en el mismo Banco el resto.

5. Una sociedad anónima ha tenido un beneficio de 10.036.000 u.m., que acuerda distribuir de la forma siguiente:

Impuestos s/los resultados	3.000.000 u.m.
Dividendo a las acciones	4.000.000 u.m.
Reserva legal	700.000 u.m.
Reserva voluntaria	2.300.000 u.m.
Remanente a cta. nueva	el resto

La inflación monetaria y los datos contables

La unidad monetaria de la mayoría de países no es actualmente una unidad estable. La investigación económica demuestra la existencia en muchos países de una constante desvalorización (pérdida de poder adquisitivo) de la unidad monetaria, de velocidad variable según las épocas, que constituye uno de los síntomas del proceso económico denominado inflación. Como sabemos, la determinación del beneficio se realiza mediante la comparación en momentos sucesivos del valor del patrimonio empresarial, partiendo de una inversión inicial financiada por una aportación neta. En el sucesivo fluir y refluir de valores dentro del patrimonio de la empresa, se produce la llamada reposición de unidades técnicas de la empresa, es decir, de los elementos que la empresa consume y enajena, y el beneficio surge de la comparación entre el precio de venta y el de coste de los elementos enajenados y servicios recibidos para poder, a su vez, prestar servicios (la venta es un servicio).

Supongamos un caso sencillo. Una empresa sin instalaciones ni otro Activo inicial que posee 60.000 unidades monetarias, en dinero, adquiere con esas u.m. 1.000 unidades de un producto X, a un precio unitario de 50 u.m., y las restantes 10.000 u.m. las invierte en gastos necesarios para la venta que seguidamente efectúa a 65 u.m. por unidad, logrando un ingreso de 65.000 u.m. (utilizamos el término unidad monetaria, u.m., para significar que el problema no es de la peseta, ni del peso, ni de una moneda determinada, sino que se ha generalizado). De estos datos se deduce, en contabilidad tradicional, que la empresa ha ganado 5.000 u.m. en esta operación.

En la complejidad de las operaciones económicas y de la vida mercantil no resultan las cosas de un modo tan sencillo, pero, con todo, el ejemplo nos puede servir para reflexionar un poco.

Una empresa no se constituye normalmente para realizar una sola operación o negocio en poco tiempo, sino para realizar una sucesión de operaciones en un tiempo indefinido. Si el negocio presentado fuese único de la empresa y realizado en pocos días, normalmente podríamos admitir que la empresa ha ganado realmente 5.000 u.m., que resulta de la diferencia entre el dinero (u.m.) invertido en la compra y gastos y el producto de la venta. Si la empresa ha de realizar una continuidad de operaciones, al vender la primera partida deberá adquirir otra (reposición técnica) para poder efectuar un nuevo ciclo económico.

Puede ocurrir que al realizarse esta reposición técnica la unidad monetaria haya sufrido una variación en su valor o poder de compra y el precio de coste de una nueva partida, por aquella razón, sea ahora de 58 u.m. y para reponer las 10.000 unidades de X tendrá que gastar 58.000 u.m. de las 65.000 que ha recibido por la venta.

Examinemos la situación de la empresa comparativamente:

SITUACIÓN INICIAL	SITUACIÓN POSTERIOR
60.000 u.m. en dinero, o 1.000 unidades de X, y 10.000 u.m.	65.000 u.m. en dinero, o 1.000 unidades de X, y 7.000 u.m.

Comparando única y exclusivamente el valor dinerario de forma tradicional, tenemos un beneficio en dinero de 5.000 u.m. Si comparamos las unidades de producto y dinero que se poseen antes y después, encontramos una diferencia negativa de 3.000 u.m.

Este es uno de los problemas que tiene actualmente planteado la contabilidad que se intenta presentar en su forma más sencilla.

Aun cuando supongamos que la empresa se ha constituido para una sola operación, es discutible el beneficio obtenido si ha transcurrido entre el momento de la inversión y de la recuperación de dinero tiempo suficiente para que un proceso de desvalorización de la moneda haya hecho sentir su influencia. Este proceso se manifiesta en la totalidad de los objetos y servicios, aunque con intensidad diferente en cada caso, midiéndose por los índices de precios.

En el ejemplo presentado, el empresario ha invertido 60.000 u.m. y recupera luego 65.000. El problema con que se enfrenta el empresario es el siguiente: ¿Puede adquirir con 65.000 u.m. **ahora** lo mismo, en conjunto, que podía adquirir con 60.000 **antes**? La respuesta es diferente según se aplique a distintas posibilidades de compra, pudiéndose medir en su término medio por la comparación de los índices de precios de una y otra época. Veamos el efecto de la desvalorización monetaria sobre el inmovilizado. Es innegable que la tendencia de toda inmovilización es perder utilidad, ya sea por antiguamiento, agotamiento, desgaste o aparición de nuevos adelantos. Al producirse fluctuaciones monetarias el aspecto superficial de la cuestión cambia. La fluctuación monetaria más acusada en las épocas recientes es la inflación, que presenta el efecto característico de la ascensión rápida de los precios y, como consecuencia, un menor poder adquisitivo de la moneda.

En tal caso, vemos que el valor monetario de una instalación no decrece con el tiempo, sino que puede aumentar. En caso de enajenación, los valores residuales de venta o de desecho permanecerán relativamente altos, pero el coste de reposición de la instalación también será superior al previsto.

La inflación repercute, mediante los siguientes efectos, sobre el Inmovilizado:

- La apariencia de unas reservas tácitas por conservar en cuentas unos valores contables inferiores al valor actual del dinero.
- La realidad de una pérdida de poder eficiente de la instalación, puesta de manifiesto en el momento de proceder a su renovación que no puede realizarse sino mediante nuevas aportaciones de dinero, pues las reservas constituidas por las cuotas de amortización, siendo éstas calculadas a base del coste primitivo, resultan inferiores al coste de reposición. En algunos casos, este efecto conduce a la imposibilidad de poder renovar la instalación, que es utilizada hasta sus límites de máximo aprovechamiento, aun sabiendo que la usura de utilización se manifiesta en tal evento por un mayor coste de entretenimiento y conservación de la instalación y a veces con un empeoramiento de la calidad del producto. La apariencia de un mayor valor del Inmovilizado es falsa cuando es consecuencia de la devaluacón del signo monetario. La contabilidad, si no ha sido acomodada mediante procedimientos de revaluación para adaptar los valores contables a los reales, conduce a errores de apreciación.

Partamos, para simplificar el ejemplo, de la idea de que la empresa tiene una sola máquina que le ha costado 500.000 u.m., y que está en el sexto año de uso. La máquina ha de ser amortizada en diez años, con cargo a los costes de cada ejercicio; es admitida por un valor de 250.000 u.m., o sea, el coste menos cinco anualidades de amortización a 50.000 u.m. cada una. Transcurridos cinco años y realizadas otras amortizaciones anuales, tendremos un valor contable cero para la máquina, y por el mecanismo del fondo de amortización, materializado expresamente o no dentro del Activo, tendremos que tener aquellas 500.000 u.m. para invertir en una nueva máquina que sustituya a la ya amortizada; pero si ahora hemos de gastar en esta nueva máquina una cantidad superior de dinero, por haber experimentado un aumento general los precios, no tendremos suficiente con la previsión reflejada en el fondo de amortización acumulada.
En las cuentas tradicionales encontraremos:

POSICIÓN INICIAL
Activo
| Maquinaria | 500.000 | 500.000 |

AL CABO DE CINCO AÑOS
Activo
| Maquinaria (coste) | 500.000 | |
| Amortización acumulada | – 250.000 | 250.000 |

AL CABO DE DIEZ AÑOS
Activo
| Maquinaria (coste) | 500.000 | |
| Amortización acumulada | – 500.000 | — |

Piense que si hay inflación los precios suben. Si en estos diez años los precios se han duplicado, ahora una nueva máquina nos costará, por ejemplo, 1.000.000 u.m., y sólo habremos recuperado, a través de la amortización, 500.000 u.m. Ha fallado la previsión que se había hecho a través de la amortización.

Aparece otro espejismo: mientras la máquina no queda fuera de uso es posible que pueda tener un valor en venta como máquina usada superior a su valor contable; así aquella máquina en su sexto año de uso tendrá un valor contable de 250.000 y quizá nos ofrezcan por ella 350.000; con un análisis superficial parece que podemos ganar 100.000; pero esto es falaz, pues en todo momento la suma de valor de desecho más la amortización acumulada ha de ser igual, cuando menos, al coste de reposición; tenemos 350.000 + 250.000 = 600.000, cuantía que es superior al coste histórico, que se ha indicado era de 500.000, y tenemos una reserva tácita o potencial de 100.000 u.m., pues si ahora la vendiéramos es la cantidad que ganaríamos llevando la contabilidad por el método clásico de valorar el coste histórico.

Con un examen superficial puede decirse que cuando los precios suben, como el valor en venta de algunos elementos del Inmovilizado tiene un precio superior al valor contable, hay una reserva tácita o potencial.

Un examen a fondo previendo las necesidades de la reposición nos lleva a una conclusión opuesta; hay un quebranto potencial representado por la diferencia $R - (Cn + An)$, en que R = coste de reposición, Cn (valor contable en n, siendo n un número determinado de años), An (amortización acumulada en n). La contabilidad tradicional establece el supuesto de $Cn = Co - An$ (Co = Coste inicial).

Rectificación de los valores del Inmovilizado

La homogeneidad del balance en este aspecto puede lograrse mediante la revalorización de los inmovilizados, calculando la depreciación de las instalaciones basándose en ese nuevo valor, lo que presupone, además, la revalorización de las reservas de amortización creadas durante la época de vida de cada elemento de Inmovilizado.

Revaloración

La revalorización persigue un objetivo básico: facilitar que los distintos elementos del Activo que se han incorporado al patrimonio en épocas diferentes y, por tanto, figuran en cuentas valoradas en unidades monetarias de distinto poder adquisitivo, se acerquen a su valor real actual; esto es, se homogenicen en su unidad de valor por la que figuren en cuentas, corrigiendo el promedio de desvalorización monetaria. Con ello no se corrige la desviación entre el valor contable anterior y el posible valor real actual de cada elemento patrimonial en particular, sino que se establecen *in genere* unas correcciones promedio.

Al revalorizar los bienes del Activo, se produce el aumento de las correspondientes rúbricas del Activo al multiplicar los costes originarios por los coeficientes de desvalorización monetaria, deducción hecha, en su caso, de las correspondientes amortizaciones también rectificadas según coeficientes. Un caso excepcional es el de los bienes del Inmovilizado que hayan quedado obsoletos, o el de otros valores que resulten con valores depreciados por otros factores. El aumento se compensa por un fondo de actualización que a efectos fiscales tiene el carácter de una reserva condicionada por las disposiciones que han autorizado su creación. Y desde el punto de vista económico empresarial también tiene el mismo carácter; es una reserva determinada por el proceso de inflación monetaria, que complementa al capital social y a las reservas de toda índole generadas por la autofinanciación.

Producida la revalorización, el Activo refleja más aproximadamente su valor real y las cuentas del neto (capital + reservas + previsiones), también más ajustadamente la realidad del valor patrimonial. Por otra parte, producida la revalorización, las amortizaciones pueden calcularse sobre los nuevos valores y considerar como gasto fiscal a esta amortización revalorizada. Ahí está precisamente la ventaja, pues disminuye la cuantificación del beneficio del ejercicio. El aumento de amortizaciones permite en el futuro aumentar el **cashflow** neto, disminuyendo la necesidad de financiación externa.

Supongamos un ejercicio que presenta, entre otros, los datos siguientes: Inmovilizado 100.000.000 u.m. Amortización cargada a Pérdidas y ganancias, (6 %) 6.000.000 u.m. Beneficio resultante 20.000.000 u.m.

La posible distribución dependerá de los acuerdos en particular de la junta de accionistas. Supongamos que tuviesen que pagar, por ejemplo, el 33 % por impuesto de sociedades y destinar a reserva legal el 10 % del beneficio neto y otro 10 % a reserva estatutaria, dejando el resto para dividendo. Tendríamos la siguiente distribución:

Beneficios	20.000.000 u.m.	
A Impuestos		6.600.000 u.m.
A Reserva legal		1.340.000 u.m.
A Reserva estatutaria		1.340.000 u.m.
A Dividendos		10.720.000 u.m.

Si como consecuencia de la revalorización el Inmovilizado quedase en promedio multiplicado por 4, la amortización con el mismo porcentaje pasaría a ser 24.000.000 u.m., quedando reducido a 2.000.000 u.m. el beneficio contable resultante, con la posible distribución siguiente, si aplicamos los mismos módulos:

Impuestos	660.000 u.m.
Reserva legal	134.000 u.m.
Reserva estatutaria	134.000 u.m.
Dividendos	1.072.000 u.m.

Fíjese que al revalorizar hemos aumentado la autofinanciación representada por la amortización y hemos disminuido los impuestos. También se ha disminuido el dividendo, pero habremos creado un fondo de actualización (que, como sabemos, es una reserva) de 300.000.000 u.m., que podríamos pasar a capital entregando gratis a los accionistas las nuevas acciones.

Si el coeficiente promedio de revalorización fuese solamente 2, tendríamos: amortización cargada 12.000.000 u.m.; beneficio resultante 14.000.000 u.m.; cuota impuestos 4.620.000 u.m.; reserva legal 938.000 u.m.; reserva estatutaria 938.000 u.m., y dividendos 7.504.000 u.m.

Como se puede ver, según el coeficiente de actualización o revalorización que se aplique, los resultados varían. El coeficiente máximo a aplicar será el que resulte del estudio de los índices de precios, datos que publican los Institutos Nacionales de Estadística o los Servicios Estadísticos del Banco Central, según los países. Los índices de precios miden la inflación promedio y la desvalorización de la u.m. Actualizar el Inmovilizado, aumentando con ello la amortización, es una forma de defender la sustancia del patrimonio empresarial.

Procedimientos más usuales de corrección de balances en épocas de inflación

De entre los procedimientos que se han propuesto para corregir las distorsiones valorimétricas de los balances en épocas de inflación, sobresalen actualmente dos criterios:

- Valoración mediante índices de precios, conocido internacionalmente por las iniciales CPP (*cost purchasing power*).
- Valoración mediante el costo de reposición, representado por las iniciales CCA (*current cost accounting*).

La mayoría de auditores son partidarios del primer método, pero una comisión designada en el Reino Unido para estudiar el tema (comité Sandilands) se inclinó por el segundo. Expondremos esquemáticamente los dos procedimientos.

Valoración mediante índice de precios (CCP)

Se subdividen inicialmente las rúbricas del balance en magnitudes contables monetarias y magnitudes contables no monetarias. Las primeras son aquellas que a corto plazo se han de resolver en un movimiento dinerario (cobro o pago). Las segundas son representativas de inversiones a largo plazo y comprenden esencialmente el Inmovilizado. El stock de mercaderías a estos efectos se considera valor no dinerario. Durante el ejercicio, la contabilidad se desarrollará conforme a las normas usuales. La corrección de valor mediante índices adecuados se hará únicamente al final del ejercicio, o por períodos menores si presentamos balances con resultados mensuales, trimestrales o semestrales. En la práctica se opera como se indica a continuación.

Se elige el índice de corrección que puede ser el de coste de vida por carácter general, aunque también es posible adaptar distintos índices; por ejemplo, el de precios mayor

Rúbrica patrimonial (a)	Cuantificación tradicional		Coeficiente (d)	Índice % (e)	Cuantificación por reajuste (f)	Reajuste fluctuación monetaria (g) (f-c)
	a 1º de ejercicio (b)	a fin de ejercicio (c)				
ACTIVO						
Inmovilizado	12.300	12.300	1	124	15.252	2.952
Compras id. en el año		500	0,5	112 [1]	560	60
Mercaderías en stock	5.400	6.000	0,333	108 [2]	6.480	480
Créditos	3.750	4.650	- 0,25	94 [3]	4.371	- 279
	21.450	23.450			26.663	3.213
PASIVO						
Deudas	6.450	6.750	0,25	94	6.345	- 405
Neto	15.000	16.700	1	124	20.318	3.618
Representado por:						
Capital	9.000	9.000	1	124	11.160	2.160
Reservas anteriores	6.000	6.000	1	124	7.440	1.440
Beneficio contable		1.700				18
					18.600	3.618
					1.718 (Diferencia)	

2.160 y 1.440 → 3.600

[1] 100 + (24 × 0,5).
[2] 100 + (24 × 0,3333).
[3] 100 - (24 × 0,25).

El coeficiente (columna d) es la fracción de la desvalorización anual que se asigna a cada rúbrica según la permanencia del valor en el patrimonio, lo que ha de ser objeto de particular estudio de determinación de la rotación de cada partida. 1 significa que la partida permanece todo el ejercicio; 0,5, que permanece seis meses o medio año; etcétera.

La columna «Cuantificación por reajuste» (f) se determina multiplicando la cuantificación a fin de ejercicio (c) por el índice % (e), así:

Compras, 500 × 112 : 100 = 560.

La columna «Reajuste fluctuación monetaria» (g) indica la diferencia entre los datos de las columnas f y c.

para la corrección de stocks y el de coste de vida para las demás partidas monetarias y no monetarias. Se prepara un estado con las siguientes columnas:

- Rúbrica o partida de balance.
- Importe en la contabilidad tradicional.
- Coeficiente de antigüedad.
- Índice de corrección.
- Valor corregido.
- Reajuste.

El coeficiente de antigüedad deberá subdividirse por años, según la fecha de la incorporación al patrimonio de cada partida, e igualmente las cuotas de amortización acumuladas en el correspondiente fondo. Para los stocks, deberá determinarse la permanencia media de éstos en poder de la empresa. Con relación a los créditos, deudas, posición en bancos, etc., la frecuencia media de los cobros y pagos.

El índice de corrección es la relación entre el poder adquisitivo de la u.m. entre los dos momentos medidos por el coeficiente de antigüedad. Así, si al empezar el ejercicio el índice era 500 y al final es de 585, la corrección es igual a 585 x 100 / 500 = 117 %; es decir, 117 u.m. a fin de ejercicio tienen el poder adquisitivo de 100 al principio.

Cuando se ha aplicado el procedimiento en varios ejercicios, el coeficiente de antigüedad del Inmovilizado existente al principio de ejercicio será sólo de una unidad, y fracciones de la misma las adquisiciones realizadas durante éste.

El valor corregido resulta de multiplicar el valor contable tradicional por el correspondiente índice de corrección que surge, como hemos dicho, de la comparación de los índices de precios de los períodos considerados.

Supongamos que durante el ejercicio se ha producido una desvalorización monetaria del 24 %, es decir, que 100 u.m. a primero de año tenían un poder adquisitivo de 124 u.m. a fin de ejercicio. Supongamos, para comprender mejor esta mecánica, que la desvalorización ha sido regular durante todo el ejercicio; es decir, que a fines de junio el índice ha sido 12 %, del 18 % a fin de septiembre. Supongamos también que en el ejercicio anterior ya habíamos procedido a una completa revalorización del Inmovilizado, por lo que tenemos situados sus valores a valor actual a principios del ejercicio; en el mismo terreno de las suposiciones, determinamos que el stock de existencias se renueva en un período de cuatro meses y que la frecuencia media de cobros y pagos es de tres meses y que en los próximos subsistirá la misma tendencia inflacionista. Vamos a preparar el cuadro de rectificación con arreglo a este procedimiento. Según los datos anteriores, a fin de ejercicio se presenta un beneficio en u.m. usuales de 1.700.

Ahora hay que reajustar los valores de Activo y de Pasivo para situarlos tratando de expresar las distintas rúbricas del mismo con el valor correspondiente a final del ejercicio en que habíamos invertido tales valores.

Si créditos y débitos tienen un vencimiento promedio de tres meses, en el momento del cierre del balance tienen un valor específico superior al que tendrán en el momento de ser cancelados, por esto el reajuste es negativo. Incluso aplicando este método hay tratadistas que no consideran prudente la rectificación de estos valores crediticios.

Al comparar la situación neta de fin de ejercicio con la inicial, encontramos un aumento de 1.700 u.m., que equivale al beneficio contable tradicional. Ahora bien, si comparamos

Activo real con Pasivo exigible reajustados, encontraremos una diferencia de 3.618 u.m. Reajustando ahora el capital y las reservas iniciales, estas dos rúbricas se incrementan en 3.600 u.m., de donde deducimos que el incremento en unidades monetarias corregidas al cierre del ejercicio es sólo de 18 u.m. por lo que al saldar la cuenta de Explotación deberíamos realizar el asiento tal como sigue:

1.700	**Pérdidas y ganancias** (Beneficio contable s/contabilidad tradicional).			
		a	**Reserva fluctuación monetaria**	1.682
		a	**Pérdidas y ganancias**	18

Como se puede ver en el asiento que antecede, se destina a **Reserva fluctuación monetaria** la diferencia entre el beneficio contable tradicional y el beneficio real que presenta el reajuste de la fluctuación monetaria. Con este procedimiento tratamos de corregir globalmente el resultado manteniendo la integridad del neto patrimonial.

Contabilidad al coste de reposición (CCA)

La corrección del balance en este procedimiento se realiza mediante la valoración de cada partida del balance final del ejercicio, según los precios corrientes de mercado. Es decir, no se aplica un índice uniforme a todas las partidas según su antigüedad, sino que se procede a valorar cada partida del inventario según su valor actual de reposición. En el CCP (ejemplo anterior) se parte de la idea de que no han existido otros factores determinantes de una nueva valoración, aparte del movimiento inflacionista general. En este procedimiento, CCA, se valora cada elemento patrimonial según su valor actual, sea el que fuere el coeficiente de inflación general.

En el CCP si se ha comprado una máquina tipo 103 en el año ...3 por 700.000 u.m. y hasta el año ...8 ha habido una inflación medida por el coeficiente 1,8 (es un ejemplo), el coste de esta máquina se valora en el año ...8 por 700.000 x 1,8 = 1.260.000 u.m.

En el CCA trataríamos de saber qué cuesta ahora en el mercado una máquina tipo 103 para conocer su coste de reposición y en qué grado de antiguamiento se halla la máquina para darle el valor actual preciso. Este procedimiento es más laborioso, pues debe procederse a una peritación actual de cada elemento del patrimonio.

Necesitamos presentar el inventario con tres columnas de valores:

- Valor contable histórico.
- Valor de reposición.
- Diferencia o reserva para reposición.

Las diferencias entre los valores contables históricos y los valores de reposición se han de llevar a una columna de reserva de reposición y estas diferencias no pueden considerarse beneficios, sino una reserva para la integridad del neto patrimonial. Para determinarla con precisión es necesario rectificar a su vez la cuenta de Explotación según las siguientes normas:

- **Cálculo del coste del producto vendido**
  El stock inicial se valorará según su precio de reposición actual. Las compras se recalculan al precio **nifo** (coste de reposición), aunque algunos tratadistas son partidarios de valorarlas todas por el precio **lifo** (último coste conocido). Los stocks finales se valoran también al coste de reposición o al **lifo**. La diferencia es el coste de ventas.

- **Determinación del resultado**
  La cifra de ventas se establece por la cifra contable, de la que se deduce el coste de ventas antes calculado para obtener un margen bruto deflacionado. Las amortizaciones (si no han sido cargadas a costes ya revalorizados) se suman por la correspondiente cuantía revalorizada. Los demás costes, por los datos de la contabilidad histórica. La diferencia será el resultado deflacionado.
  Cálculo del coste de ventas y del resultado:

Cuentas	A Contabilidad histórica	B Valor reposición
1. Stock inicial	10.800	12.000
2. Compras	34.800	35.700
3. Suma	45.600	47.700
4. Stock final	12.000	13.200
5. Coste de las ventas	33.600	34.500
6. Total ventas realizadas	49.200	49.200
7. Margen bruto	15.600	14.700
8. Menos amortizaciones	− 1.300	− 1.800
9. Otros costes	−12.900	−12.900
10. Diferencias (Beneficio)	+ 1.400	ni beneficio, ni pérdida.
11. Reserva para la integridad del neto patrimonial	1.400	
12. Resultado deflacionado		nulo

La explicación del cuadro demostrativo del resultado es la siguiente.

Se denomina contabilidad histórica a la que refleja los datos que arroja la contabilidad llevada por el procedimiento clásico o tradicional.

Las cifras de la columna valor reposición se establecen según sigue:

1. El stock inicial ha de ser recalculado según los costes de reposición actuales.
2. Las compras se recalculan del mismo modo.
3. Es la suma (1) + (2).
4. El stock final (existencias que quedan al cierre del ejercicio) también se valora de nuevo al precio de reposición.
5. Es la diferencia (3) – (4).
6. El total de ventas realizadas se mantiene por el importe de la facturación hecha.
7. Es la diferencia (6) – (5).
8. Las amortizaciones en la columna contabilidad histórica figuran por su cifra contable. En la columna valor de reposición han de aparecer revalorizadas, para lo cual pueden seguirse tres procedimientos:
   – Multiplicar la cifra contable histórica por el índice o coeficiente que refleja la desvalorización.
   – Considerar los valores actuales de la maquinaria y aplicar a estos valores de reposición los correspondientes tipos de amortización.
   – Aplicar el procedimiento **b** siempre que sea fácil y el **a** en los demás casos. Es más cómodo en la práctica el **a** en los demás casos.
9. Se mantienen en su valor contable.
10. Es la diferencia (7) – [(8) + (9)].

La diferencia entre los resultados de las columnas A y B, que normalmente es A > B, ha de constituir la Reserva para mantener la integridad del Neto patrimonial.

El incremento que presenta la comparación de dos balances sucesivos que en contabilidad tradicional es igual al saldo de la cuenta de Pérdidas y ganancias, ha de ser objeto de una rectificación. La diferencia entre el Neto patrimonial inicial y final del ejercicio se descompone en:

• Beneficio deflacionado, calculado como se acaba de indicar.
• Reserva para integridad del Neto patrimonial.

Supongamos el esquema de balance de la página siguiente. Las columnas (A) y (B) reflejan los datos de la contabilidad histórica o tradicional. (A) son los datos de la apertura de ejercicio y (B) los de cierre. A los efectos de facilitar la comprensión del ejemplo, reducimos a un mínimo las rúbricas o cuentas del balance.

En la práctica se situarán los grupos de cuentas mediante las cuales se desarrolla la contabilidad:

• El Inmovilizado figura en la columna (C) por el valor de reposición determinado mediante adecuado proceso de peritación y valoración. La diferencia C – B pasa a la columna D.
• Análogamente se valoran de nuevo las existencias finales y se establece la diferencia.

- La disponibilidad, como representa dinero o créditos líquidos expresados en dinero de uso legal (u.m.), no se revaloriza.
- Lo mismo ocurre con la exigibilidad representada por las deudas.
- El valor Neto final revalorizado es superior, en el ejemplo, en 6.000 u.m. al que presenta el balance histórico; luego, el incremento que presenta el balance revalorizado tiene que destinarse a corregir las valoraciones del balance.

Rúbricas	A Contabilidad Inicial *	B Tradicional Final	C Valor reposición	D Incrementos
ACTIVO				
1. Inmovilizado	15.600	14.400	19.200	4.800
2. Existencias	10.800	12.000	13.200	1.200
3. Disponibilidad	7.500	9.500	9.500	—
Suma	33.900	35.900	41.900	+ 6.000
PASIVO				
4. Deudas	12.900	13.500	13.500	
5. Valor neto final	21.000	22.400	28.400	+ 6.000
6. Valor neto inicial		21.000	21.000	
7. Incremento en ejercicio		1.400	7.400	

* Una vez distribuido el resultado.

Llevando la contabilidad por el sistema tradicional, la cuenta de **Pérdidas y ganancias** arrojará un saldo de 1.400 que desaparece al rectificar las cifras en la columna B. Deberá contabilizarse de la forma siguiente:

		...		
1.400	Pérdidas y ganancias	a	Reserva para integridad neto patrimonial	1.400

Se procede a la actualización patrimonial mediante.

		...		
4.800 1.200	Inmovilizado Existencias	a	Actualización patrimonial	6.000

La cuenta **Reserva integridad neto patrimonial** es una parte del beneficio contable que se asigna a esta finalidad. La cuenta **Actualización patrimonial** refleja la revalorización simple de las partidas del balance.

Con estos asientos nos queda el balance de cierre rectificado y con él se abre un nuevo ejercicio, durante el cual se llevará la contabilidad por el procedimiento tradicional para proceder, al cierre del ejercicio, nuevamente a realizar unos nuevos ajustes que tendrán que explicarse en el informe anexo al balance.

Una de las dificultades del sistema es que no siempre es fácil conocer los valores de reposición; por ello, algunos tratadistas son partidarios de sustituirlo por la valoración al último precio conocido (**lifo**).

Estado actual de la cuestión

Hasta el momento, no se ha llegado en todos los países a un criterio unánime para resolver el grave problema económico planteado por la inflación. Las asociaciones profesionales de auditores y expertos contables recomiendan distintos procedimientos, y todas formulan el deseo de que en los informes se establezca de forma patente los efectos de la inflación sobre el patrimonio y los resultados, ya que así es más fiable el balance general que tenemos de la empresa.

La actualización patrimonial en su forma simple

Cuando se autoriza una actuación o regularización patrimonial se establecen unos índices o coeficientes de corrección de los valores de coste, según el año en que los distintos elementos patrimoniales a regularizar tuvieron entrada en el patrimonio. Se establece un cuadro justificativo de la actualización por cada elemento patrimonial, o grupo homogéneo de elementos patrimoniales, según el modelo del ejemplo.

Tanto el coste como las amortizaciones efectuadas se multiplican por los coeficientes de corrección, obteniendo las correspondientes cuantías actualizadas. El importe a actualizar o regularizar es la diferencia entre el valor contable tradicional y el nuevo valor.

Supongamos:

- poseemos una máquina adquirida en el año ...1 por 2.000.000 u.m.
- dicha máquina ha sido amortizada al 7,5 % anual
- la correspondiente disposición autorizando la actualización establece la siguiente lista de coeficientes (son arbitrarios, al solo efecto de servir de ejemplo): – año ...1, 3; año ...2, 2,8; año ...3, 2,7; año ...4, 2,55; año ...5, 2,5; año ...6, 2,3; año ...7, 2,0; año ...8, 1,8; año ...9, 1,4; año ..10, 1,25, y año ..11, 1.

Es decir, que tomamos como fecha de actualización a final de 19B0. Tendremos el cuadro numérico de la página siguiente:

Año	Coeficiente	Coste	Coste regularizado	Amortización	Amortización regularizada
...1	3	2.000.000	6.000.000		
...2	2,8			150.000	420.000
...3	2,7			150.000	405.000
...4	2,55			150.000	382.500
...5	2,5			150.000	375.000
...6	2,3			150.000	345.000
...7	2			150.000	300.000
...8	1,8			150.000	270.000
...9	1,4			150.000	210.000
..10	1,25			150.000	187.500
..11	1			150.000	150.000
		2.000.000	6.000.000	1.500.000	3.045.000

Del cuadro que antecede resulta:

Coste histórico	2.000.000
– Amortizaciones contables	1.500.000
Valor actual en cuentas	500.000
Coste actualizado o regularizado	6.000.000
– Amortizaciones actualizadas	3.045.000
Valor actualizado a fin del año ..11	2.955.000
Valor en cuentas o contable	500.000
Diferencia o incremento a actualizar	2.455.000

En el futuro las cuotas de amortización se calcularán sobre el coste regularizado: 7,5 % de 6.000.000 = 450.000, mientras no aparezca una nueva actualización y hasta amortizar el valor actualizado.

La actualización o regularización debe hacerse constar en los libros, mediante el siguiente asiento:

También en algunos casos se establece que el nuevo valor contable, en el ejemplo

1.500.000	**Amortización acumulada** a **Maquinaria**	1.500.000
	Compensación de las amortizaciones efectuadas y acumuladas.	
2.455.000	**Maquinaria** a **Actualización patrimonial Ley ...**	
	Incremento de la misma según estado demostrativo.	2.455.000

2.955.000 u.m., se amortizará durante los ejercicios de vida útil del elemento de que se trate.

EJERCICIOS

1. Presente la oportuna corrección de resultados, por el procedimiento CCP, de una empresa cuyos datos contables resumidos y deducidos de una contabilidad llevada por el procedimiento usual o tradicional son los siguientes:

Cuentas	Importes Al iniciar el ejercicio	Al finalizar el ejercicio
ACTIVO		
Inmovilizado	30.750	30.750
Compras del mismo en el año		1.250
Mercaderías en stock	13.500	15.000
Créditos	9.375	11.625
	53.625	58.625
PASIVO		
Deudas	16.125	16.875
Neto	37.500	41.750

El Neto inicial está representado por: Capital 22.500 + Reservas 15.000 y el beneficio contable del ejercicio que es de 4.250. Las compras para el año de Inmovilización han tenido lugar a últimos del mes de junio. La rotación del stock comercial es de 3 y los créditos y débitos tienen un promedio de vencimiento de tres meses. Durante el ejercicio, el índice de desvalorización se fija en el 24 % anual con evolución regularmente uniforme.

2. Haga lo mismo por el procedimiento CCA, según los datos siguientes:

Cuentas	Contabilidad tradicional		Valor de reposición
	Valor inicial	Valor final	
ACTIVO			
Inmovilizado	4.680	4.320	5.760
Existencias	3.240	3.600	3.960
Disponibilidad	2.250	2.850	2.850
	10.170	10.770	12.570
PASIVO			
Deuda	3.870	4.050	4.050
Neto Inicial	6.300	6.300	6.300
Resultado ejercicio		420	2.220
	10.170	10.770	12.570

Para el cálculo del coste de ventas y resultado, han de tenerse en cuenta los datos siguientes:

Cuentas	Contabilidad tradicional	Valor de reposición
Stock inicial	3.240	3.600
Compras	10.440	10.710
Stock final	3.600	3.960
Facturación	14.760	14.760
Amortizaciones	390	540
Otros costes	3.870	3.870

y formule el asiento de ajuste del resultado y de la actualización patrimonial.

3. Preparar el cuadro de actualización patrimonial de una máquina adquirida en el año ...4 por 4.500.000 u.m., a la que se ha aplicado una amortización lineal del 10 % anual. Utilice los índices del texto. En el año de compra no se produjo amortización.

4 Preparar la actualización patrimonial de una máquina adquirida en el año ...6 por 6.000.000 u.m., a la que se ha aplicado una amortización lineal del 15 % anual. Esta máquina fue reformada en el año ...9 invirtiendo en ella 2.000.000 u.m. y a partir del año ..10 sólo se aplicó la amortización del 12 % sobre la suma de los costes.

Beneficio empresarial en la compraventa con inflación

Al establecer el Impuesto sobre Resultados no se contempla la repercusión de la inflación sobre el beneficio mercantil. Este es un problema muy complejo y para que el lector tenga una idea fundamental del mismo a continuación presentamos unas consideraciones que suponemos le harán meditar, pues la diferencia entre costes de compra y precios de venta, en un período inflacionista, no es totalmente beneficio, aunque tengamos que tributar por él. Los párrafos que siguen sólo pretenden dar una voz de alerta.

El Plan General de Contabilidad indica la posibilidad de que las empresas utilicen para la valoración de sus existencias no solamente el precio promedio, sino el precio **fifo** o **lifo** u otro adecuado, pero sin trascendencia fiscal, y las disposiciones de esta naturaleza pueden mantener otra opinión. La base del beneficio es el esquema siguiente de la cuenta de Pérdidas y ganancias:

Pérdidas y ganancias	
D1 **Existencias iniciales**	H1 **Ventas del período**
D2 **Compras del período**	H2 **Otros ingresos**
D3 **Otros costes y gastos**	H3 **Provisiones de ingresos**
D4 **Amortizaciones**	H4 **Existencias finales**
D5 **Provisiones de costes y gastos**	

La comparación de las partidas (D1+ D2) (H1+ H4) produce la determinación del beneficio bruto, como es sabido. Las partidas D2, D3, H1 y H2 son cuantificadas por equivalentes monetarios en el momento de formalizarse las operaciones. La partida D4 es un coste interno calculado que ha de ser objeto de particular análisis. Las D5 y H3 pueden no ser relevantes. La partida D1 está cuantificada por precios y criterios determinados al iniciar el período, y para dar una imagen fiel ha de corresponder a valores actuales en aquel momento: «el valor real» de que hablaba la antigua redacción del artículo 37 del Código de Comercio.

La valoración de la partida H4, en suma, es la que según el criterio que establezcamos determinará el nivel del resultado o saldo, pero, al valorarla, hemos de dar una imagen fiel y actual del balance y, por tanto, para cumplir este requisito hemos de hacerlo por precios actuales; pero entonces la diferencia que arroja la cuenta no es propiamente un beneficio; es, simplemente, eso: una diferencia de números que contiene en su seno el beneficio real, en unidades monetarias constantes, y una ficción producida por el aumento de precios.

Hay muchos errores conceptuales sobre los conceptos de **lifo** o de **fifo** y se produce en ocasiones una aplicación indebida de estos criterios. Se pueden utilizar estos criterios para la valoración de cada una de las partidas salidas de almacén y determinar el beneficio, partida por partida, por comparación entre el precio de venta y el precio a que se valora el coste de lo vendido. Esto solamente nos va a permitir determinar una suma de diferencias que no será, en resumen, la diferencia que nos acuse la cuenta de Pérdidas y ganancias. Es obligado centrar en unos números el fenómeno que se produce y que, cualquiera que sea el valor que demos a la salida de las ventas para establecer un sistema de determinación de beneficios a lo largo de la actividad empresarial, al presentar el balance final las diferencias pueden quedar absorbidas y lo único que cuenta son las cantidades ingresadas por venta, las cantidades de las compras y las valoraciones que se hayan hecho de las existencias iniciales y de las finales.

Unos ejemplos numéricos podrán ilustrar la cuestión. Partamos de que en una empresa se compra y se vende un solo artículo y que las compras de cada uno de los 12 meses de un año han sido las que figuran en el cuadro 1. Del mismo modo, las ventas son las que figuran en el cuadro 2.

Comparando las correspondientes entradas y salidas llegamos a determinar unas existencias finales según el cuadro 3, que valoramos con distintos criterios. En el cuadro 4, comparamos, mes a mes, las ventas y su coste, también según diferentes criterios. Presentamos en el cuadro 5 la cuenta de Explotación parcial, determinado el beneficio bruto partiendo de un precio promedio, del precio **lifo** y del precio **fifo** y aún en el precio promedio podemos establecer dos variantes según que supongamos que las ventas de cada mes se han realizado antes o después de las compras efectuadas en el mismo mes. Este pequeño detalle hace variar sustancialmente la cuantificación de los precios promedio. Si aplicamos el precio promedio, considerando la venta de cada mes anterior a la entrada del propio mes, el margen bruto es de 7.350. Si consideramos que la venta de cada mes es posterior a la entrada del género del mismo, el beneficio bruto es sólo de 7.241. Si valoramos las existencias finales al último precio, el beneficio bruto es de 7.475. En cambio, si valoramos estas existencias finales por el precio más antiguo de los que todavía están en almacén, el beneficio es sólo de 7.280 y, si valoramos las existencias finales al mismo precio que las iniciales, el beneficio es sólo de 6.422.

En el ejemplo se supone que el precio de coste se ha modificado a lo largo del año de forma un poco irregular, pasando de 34,6 el precio del inventario inicial a 40 pesetas el de la última compra. Resulta un promedio ponderado de todas las compras del período a 37,37. La diferencia de 5,4 entre el precio del stock inicial y el precio de la última compra representa un incremento del 15,6 % a lo largo del período.

La venta de todo el ejercicio se ha producido a un precio promedio de 44,17 % y el incremento del precio de venta en diciembre sólo ha sido de 14,63 %, sobre el del mes de enero.

El stock final de 195 puede considerarse idealmente distribuido en dos partidas: una partida de 180, que es la que ya teníamos al iniciar el ejercicio y otra partida de 15 que se ha incrementado durante el ejercicio. Si razonamos en términos de mantenimiento del stock útil tenemos que pensar que las 180 unidades–objeto que teníamos al principio del ejercicio representan ahora un valor de 7.200 y como en las correspondientes cuentas de explotación hemos cargado la existencia inicial por su importe numerario antiguo de sólo 6.228, hemos producido aquí una deflación de costos de 972 y por tanto, en realidad, las 7.241 que marcamos como beneficio, en el mejor de los casos tendría que deducirse en esta partida de 972, porque de las cantidades recibidas por las ventas tenemos que retirar este importe necesario para poder cubrir la reposición. En este supuesto, el beneficio aparente o ficticio de 7.241 u.m. de la columna 3 del cuadro 5 se descompone en 972 de Reserva de reposición valor stock y 6.269 de Beneficio bruto deflacionado, que opinamos tendría que ser base para la ulterior determinación del beneficio fiscal.

En otros cuadros que se acompañan hemos hecho la determinación mensual del beneficio señalado por una contabilidad auxiliar para cada una de las ventas de cada mes aplicando los distintos criterios.

Si aplicamos el sistema **lifo** resulta que a final de ejercicio hemos tenido un beneficio bruto de 6.441,5 cuando la cuenta de explotación global señalaba un beneficio de 7.475; hay aquí un desajuste de 1.033,5 de los cuales 972 corresponden a la corrección del precio de las 180 unidades iniciales. Cuando hemos aplicado el precio promedio en el sentido de que las entradas se han producido antes de la venta de cada mes, tenemos prácticamente el mismo beneficio porque la diferencia de unas tres u.m. que existe se corresponde con la aproximación que se ha hecho con los precios promedios, por tanto, obedecen a un ajuste de cálculo. Pero si valoramos el stock final al precio inicial, el beneficio es tan sólo de 6.422.

Se presenta, pues, un abanico de resultados que hacen dudar de que la contabilidad, en períodos de inflación, pueda dar una imagen fiel del resultado de la actividad de compraventa en un período, si no nos esforzamos en sustituir criterios de valoración anticuados por otros más acordes cón la realidad económica actual.

Entendemos que hay que dar en el balance, al final del período N1, una imagen fiel del patrimonio a precios actuales, lo que no se consigue valorando la existencia final por **lifo**; pero la diferencia de netos no es beneficio bruto: éste ha de surgir al disminuir tal diferencia por el importe que la aplicación del **lifo** supone de revalorización de las existencias iniciales (teoría de mantenimiento del stock útil) y esta revalorización nunca puede tener la conceptuación de beneficio en términos económicos.

Los cálculos que se acompañan demuestran:

- Que la aplicación de los criterios **lifo**, **fifo** o de precio promedio no son rigurosamente exactos, y pueden dar lugar a matices de aplicación.

- Que la cuenta de Pérdidas y ganancias del PGC lo que realmente afecta es la valoración que se haga de los stocks iniciales o finales, porque las partidas compras del ejercicio y ventas del ejercicio son magnitudes dinerarias concretas y determinadas claramente en la correspondiente facturación.
- Que cabe perfectamente la aplicación del precio promedio, hoy fácil por los adelantos de la electrónica en las fichas de existencia, y que esta aplicación del precio promedio nos da un beneficio que con todo no consideramos real, aunque coincida por partida al desarrollar una contabilidad analítica mensual con el mismo criterio.
- Que aunque se aparte de la actual concepción fiscal del beneficio en la compraventa, los economistas sostienen la opinión de que, ya sea realizada la valoración de las mercancías finales por el precio promedio o por el **lifo**, lo que debe hacerse siempre y en todo caso es la corrección del resultado, pues del margen bruto que nos presenta la cuenta de Pérdidas y ganancias ha de deducirse la revalorización del stock inicial al precio a que se hayan valorado las existencias finales y considerar esta revalorización del stock inicial como una reserva necesaria, no gravable por ningún impuesto, y que debe conservarse en el Pasivo del balance de forma indefinida.
- En fin, que el importe de la venta ha de cubrir como mínimo la reposición y que el beneficio sólo aparece cuando el importe de la venta cubre la reposición o su equivalencia dineraria.

CUADRO 1. COMPRAS EN EL PERÍODO 1			
Mes	**Unidades**	**Coste unitario**	**Importe**
Saldo inicial	180	34,6	6.228
1	50	35	1.750
2	100	37	3.700
3	100	37	3.700
4	60	37,5	2.250
5	70	37,5	625
6	120	37,6	4.512
7	90	38	3.420
8	100	38	3.800
9	110	38	4.180
10	90	39	3.510
11	80	39	3.120
12	70	40	2.800
Totales	1.220		45.595

Promedios:
Precio de coste general 37,37
Precio de coste de compras 37,85

Coste de la existencia inicial 34,6
Coste de la última compra 40

CUADRO 2. VENTAS EN EL PERÍODO 1

Mes	Unidades	Precio	Importe
1	40	41	1.640
2	90	41	3.690
3	110	42	4.620
4	50	42	2.100
5	75	42	3.150
6	110	44	4.840
7	95	45	4.275
8	95	45	4.275
9	120	45	5.400
10	85	47	3.995
11	90	47	4.230
12	65	47	3.055
Totales	1.025		45.270

Precio promedio de la venta en el período 44,17.

CUADRO 3. EXISTENCIA A FIN DE CADA PERÍODO Y SU VALOR SEGÚN DISTINTOS CRITERIOS

Mes	Unidades	Lifo		Promedio a)		Promedio b)		Fifo	
		Precio	Importe	Precio	Importe	Precio	Importe	Precio	Importe
1	190	35,–	6.650,–	34,71	6.594,–	34,69	6.591,–	34,60	6.574,–
2	200	37,–	7.400,–	35,90	7.180,–	35,48	7.096,–	34,60	6.920,–
3	190	37,–	7.030,–	37,–	7.030,–	35,99	6.838,–	37,–	7.030,–
4	200	37,5	7.500,–	37,15	7.430,–	36,35	7.270,–	37,–	7.400,–
5	195	37,5	7.312,5	37,33	7.280,–	36,65	7.146,75	37,–	7.215,–
6	205	37,6	7.708,–	37,56	7.699,5	37,01	7.587,05	37,50	7.687,5
7	200	38,–	7.600,–	37,78	7.556,–	37,31	7.462,–	37,60	7.520,–
8	205	38,–	7.790,–	37,97	7.784,–	37,54	7.695,70	37,60	7.708,–
9	195	38,–	7.410,–	38,–	7.410,–	37,70	7.351,50	38,–	7.410,–
10	200	39,–	7.800,–	38,45	7.690,–	38,11	7.622,–	38,–	7.600,–
11	190	39,–	7.410,–	38,89	7.390,–	38,36	7.288,40	38,–	7.220,–
12	195	40,–	7.800,–	39,36	7.675,–	38,80	7.566,–	39,–	7.605,–
		(1)		(2)		(3)		(4)	

Promedio a) si la venta es anterior a la entrada.
Promedio b) si la entrada es antes de la venta.

CUADRO 4. IMPORTE DEL COSTE DE LAS VENTAS DE CADA MES

Importe del coste de las ventas de cada mes	mes		Según coste coste lifo	Según coste promedio fin mes anterior	Según coste promedio del mes	Según coste fifo
1.640	1		1.400,–	1.384,–	1.387,60	1.384,–
3.690	2		3.330,–	3.123,–	3.193,20	3.114,–
4.620	3		4.070,–	3.949,–	3.958,90	4.070,–
2.100	4		1.875,–	1.850,–	1.817,50	1.857,50
3.150	5		2.812,5	2.786,25	2.748,75	2.780,–
4.840	6		4.136,–	4.106,30	4.071,10	4.131,60
4.275	7		3.610,–	3.568,20	3.544,45	3.589,–
4.275	8		3.610,–	3.589,10	3.566,30	3.607,–
5.400	9		4.560,–	4.552,80	4.524,–	4.560,–
3.995	10		3.315,–	3.230,–	3.239,–	3.460,5
4.230	11		3.510,–	3.460,50	3.452,40	2.527,85
3.055	12		2.600,–	2.527,85	2.522,–	2.558,40
		SUMAS	38.828,5	38.127,90	38.025,55	37.161,25
45.270		Ventas	45.270,–	45.270,–	45.270,–	45.270,–
		BENEFICIO	6.441,5	7.142,10	7.244,45	8.108,75

CUADRO 5. COMPARACIÓN DE LA CUENTA DE PÉRDIDAS Y GANANCIAS CON VALORACIÓN DEL STOCK FINAL SEGÚN DISTINTOS CRITERIOS

Unidades		(1)	(2)	(3)	(4)	(5)	(6)
180	a) Existencias iniciales	6.228,–	6.228,–	6.228,–	6.228,–	6.228	7.200
1.040	b) Compras año +	39.367,–	39.367,–	39.367,–	39.367,–	39.367	39.367
1.220	Suma	45.595,–	45.595,–	45.595,–	45.595,–	45.595	46.547
195	c) Existencias finales	– 7.800,–	– 7.675,–	– 7.566,–	– 7.605,–	– 6.747	– 7.800
1.025	d) Coste ventas	37.795,–	37.920,–	38.029,–	37.990,–	38.848	38.767
	e) Ventas	45.270,–	45.270,–	45.270,–	45.270,–	45.270	45.270
	Beneficio bruto	7.475,–	7.350,–	7.241,–	7.280,–	6.422	6.503
	Beneficio calculado en cuadro núm. 4	6.441,5	7.142,10	7.244,45	8.108,75		
	Desajustes	+ 1.033,5	+ 207,90	– 3,45	– 828,75		

En el cuadro anterior, las existencias finales son las que resultan del cuadro número 3 para las columnas 1 a 4.

En la columna 5 calculamos las existencias finales al precio de las existencias iniciales. En la columna 6 ensayamos el efecto de revalorizar las existencias iniciales al último precio del año y aplicar el **lifo** a la existencias finales.

Obsérvese que hay un desajuste entre el cálculo, mes a mes, y el producido en la cuenta de Explotación anual.

Los componentes a), b) y e) no varían cualquiera que sea el método clásico adoptado. Es esencial, por tanto, el criterio de valoración de las existencias finales.

Tanto la columna (5) como la columna (6) ensayan procedimientos de corrección de la inflación de precios.

Las columnas (1) a (4) se corresponden con las del cuadro 3.

Determinación del coste medio unitario

Como aclaración a lo que antecede hemos de señalar:

- El coste medio unitario para cada tipo de existencia se determinará por el cociente entre el total del valor de las existencias iniciales más el de las compras o entradas habidas en el ejercicio y el total de unidades de medida de dichas existencias iniciales más las unidades compradas o recibidas en el ejercicio.
- No obstante lo dispuesto en el apartado anterior, será admisible a efectos del Impuesto de Sociedades la aplicación del sistema de coste medio variable, cuando dicho sistema se utilice de manera efectiva en la gestión contable de las existencias de la empresa.
Supongamos que en el año ...4 una empresa ha realizado las siguientes operaciones con un determinado artículo:

Mes	Operación	Unidades	Precio	Kg Quedan	Coste	Venta
enero	compra (1)	1.000 kg	500 u.m.	1.000	500.000	
enero	venta (1)	600 kg	600 u.m.	400		360.000
marzo	compra (2)	800 kg	520 u.m.	1.200	416.000	
abril	venta (2)	700 kg	600 u.m.	500		420.000
mayo	compra (3)	1.000 kg	525 u.m.	1.500	525.000	
enero	venta (3)	900 kg	610 u.m.	600		549.000
junio	venta (4)	200 kg	610 u.m.	400		122.000
septbre.	compra (4)	1.000 kg	550 u.m.	1.400	550.000	
	venta (5)	400 kg	625 u.m.	1.000		250.000
					1.991.000	1.701.000

Determinamos el coste medio de las compras del ejercicio. En total se han comprado 3.800 kg por importe de 1.991.000 u.m.; resulta un precio promedio del ejercicio de 523,95 u.m. (1.991.000: 3.800).

Al preparar la cuenta de Resultados globales tendremos:

Importe de las compras		1.991.000
Importe de las ventas	1.701.000	
Existencia (1.000 kg) al coste promedio del ejercicio	523.950	2.224.950
Beneficio		233.950

El precio promedio del ejercicio se calcula dividiendo, para cada artículo, la suma del importe de las compras por la suma de kilogramo o unidades compradas. Hay también la posibilidad de aplicar el promedio variable.

Entonces la existencia inicial resulta al precio de 500 u.m./kg; después de la segunda compra el precio asciende a 513,33; después de la tercera compra es de 521,11 y después de la cuarta pasa a ser de 541,75.

CÁLCULO DEL PROMEDIO DE COSTE VARIABLE

	Operación	Unidades	Precio		Precio total	Promedio
Después de la segunda compra	Ex. ant.	400 kg	500	u.m.	200.000	
	Compra	800 kg	520	u.m.	416.000	
		1.200 kg			616.000 : 1.200	513,33
Después de la tercera compra	Ex. ant.	500 kg	513,33	u.m.	256.666	
	Compra	1.000 kg	525	u.m.	525.000	
		1.500 kg			781.666 : 1.500	521,11
Después de la cuarta compra	Ex. ant	400 kg	521,11	u.m.	208.444	
	Compra	1.000 kg	550	u.m.	550.000	
		1.400 kg			758.444 : 1.400	541,75

Realizando otra vez la cuenta global, tenemos:

Importe de las compras		1.991.000
Importe de las ventas	1.701.000	
Existencia a promedio variable	541.750	2.242.750
Beneficio		251.750

El precio promedio variable resulta de establecer el promedio nuevo después de cada compra teniendo en cuenta la existencia anterior. Los cálculos después de la segunda compra son los siguientes:

Existencias anteriores	400 kg	x	500	=	200.000
Compra	800 kg	x	520	=	416.000
	1.200 kg				616.000

616.000 : 1.200 = 513,333 y así sucesivamente.

De los dos criterios autorizados fiscalmente, es más ventajoso para pagar menos impuestos cuando hay inflación de precios, aplicar el precio promedio de ejercicio y no el precio promedio variable. Será bueno que analicemos otras posibilidades, aunque el Reglamento de Impuesto de Sociedades, por ahora, no las acepte. Si aplicamos el criterio **lifo** a las salidas y regularizamos el beneficio contable partida por partida, es decir, si valoramos el coste de la venta por el último precio de compra, tenemos el siguiente esquema que nos da una suma de beneficios inferior.

	Precio venta	Coste de venta por lifo	Beneficios contables
enero	360.000	300.000 (600 x 500)	60.000
abril	420.000	360.000 (700 x 520)	60.000
mayo	549.000	472.500 (900 x 525)	76.500
junio	122.000	105.000 (200 x 525)	17.000
septiembre	250.000	220.000 (400 x 550)	30.000
		Suma beneficios	243.500

Pero podemos presentar, además, otro procedimiento más acorde con la teoría económica. Considerar que ha de mantenerse el coste del stock al precio más antiguo con lo cual tenemos entonces el siguiente resultado:

Importe de las compras		1.991.000
Importe de las ventas	1.701.000	
Existencia a precio más antiguo (el de 1° de año)	500.000	2.201.000
Beneficio		210.000

De acuerdo con lo establecido por el Reglamento del Impuesto de Sociedades hemos ganado, en bruto, 233.950 u.m. o 251.750 u.m., como hemos visto antes; pero, según la moderna teoría económica el beneficio seria sólo de 210.000 u.m.

Esto hay que tenerlo en cuenta para crear reservas voluntarias y mantener el valor real del patrimonio.

Ajustes de valor de las existencias

* Cuando la empresa utilice, para la gestión de las existencias, el sistema de inventario permanente u otros, que estén basados en el precio de reposición o en el criterio de última entrada, primera salida, deberá realizar los ajustes precisos de carácter extracontable, en la valoración de las existencias al inicio y al cierre del ejercicio, a fin de que dicha valoración se corresponda con el precio de adquisición o costo medio unitario.
* En todo caso, el valor inicialmente registrado de las existencias en un ejercicio, deberá coincidir con el de cierre del ejercicio anterior.
* En los casos en que, en virtud de una norma administrativa y con el fin de asegurar la continuidad de la producción de sectores específicos, se establezcan niveles mínimos, se podrá autorizar la aplicación de sistemas en un promedio móvil de las cotizaciones de tales materias o materiales en la valoración de las existencias siempre que se corresponda exactamente con el empleado a efectos contables y de cuentas anuales.

La empresa puede aplicar en su contabilidad el precio **lifo** (última entrada, primera salida). En este supuesto, tomando por base los datos del cuadro 3, la existencia tendría un precio de (195 x 39) 7.605, pues hay que recordar que cuando se aplica el **lifo** a las salidas, las existencias quedan valoradas por el precio más antiguo (**fifo**), más o menos antiguo según el ritmo que hayan tenido las entradas y salidas en unidades; pero la norma fiscal exige la valoración por precios promedios; por ello, hemos de rectificar el resultado. En el balance podremos presentar las existencias valoradas por el criterio que nos parezca más idóneo, pero luego al determinar los resultados fiscales tendremos que modificarlos.

Suponga que hemos desarrollado la contabilidad según los datos de la columna (3) del cuadro 5, presentando un beneficio bruto de 7.241, cuando según la norma fiscal la existencia final tendría que valorarse según la columna (2).

La diferencia (7.350 – 7.241) = 109 tendrá que añadirse al resultado fiscal del ejercicio correspondiente.

La reglamentación fiscal establece que «las entidades que hubiesen venido aplicando a efectos fiscales de valoración de existencias otros no autorizados, según el presente Reglamento, podrán periodificar el incremento de valoración a efectos fiscales durante 5 ejercicios por partes iguales, salvo que el criterio se hubiese establecido con una antigüedad menor».

Puede ocurrir que algunas empresas con una aplicación a ultranza del procedimiento **lifo** u otro mantengan sus existencias por costes muy antiguos. Como ahora tendrán que valorarlas por el precio promedio del último ejercicio, manteniendo la valoración de la existencia inicial del ejercicio a coste bajo, puede surgir un beneficio muy alto en el primer ejercicio en que se aplique el nuevo criterio, por ello podrá repartirse dicho beneficio en cinco años.

Supongamos que hay en existencia 10.000 unidades de un artículo que se siguen valorando, aunque se han ido reponiendo, a un coste antiguo de 65 u.m. y que, ahora, se han de valorar a 170 u.m. unidad. Tendremos que preparar una cuenta del beneficio bruto utilizando el coste final a 65 u.m. unidad y otra a 170 u.m. La diferencia representará el beneficio según norma fiscal, que no se ha declarado en los ejercicios anteriores y deberá incrementarse en los sucesivos ejercicios. Así, si las compras han sido por 7.300.000 u.m., las ventas por 9.750.000 u.m. y las existencias iniciales eran de 11.000 unidades, tendremos:

	(A)	(B)
Existencias iniciales	– 715.000	– 715.000
Compras	– 7.300.000	– 7.300.000
Ventas	+ 9.750.000	+ 9.750.000
Existencias finales	+ 650.000	+ 1.700.000 *
Beneficio bruto	2.385.000	3.435.000

* La diferencia es de 1.050.000; 1/5 = 210.000

Determinaremos el beneficio neto restando al beneficio bruto de (A) los gastos y a la diferencia le aumentaremos las 210.000 u.m.

En el siguiente ejercicio, partiremos de las existencias (A) y al resultado le aumentaremos también 210.000 u.m., y así sucesivamente hasta haber absorbido la diferencia. También puede actuarse del modo siguiente: se determina el beneficio bruto según (B) y si deseamos amortizar la diferencia en cinco años, restarle este año su 4/5.

En el primer procedimiento, el beneficio bruto fiscal es de 2.385.200 + 210.000 = 2.595.000. En el segundo, 3.435.000 – 4 x 210.000 = 2.595.000. Tenemos el mismo resultado.

EJERCICIOS

Una empresa, para un artículo, ha tenido las siguientes operaciones:

Fecha	Compras		Ventas	
	Unidades	Precio unidad	Unidades	Precio unidad
Exist. ant.	800 kg	70 u.m.		
enero	2.060 kg	75 u.m.	1.035 kg	91 u.m.
febrero	520 kg	76 u.m.	912 kg	91 u.m.
marzo	1.350 kg	76 u.m.	1.500 kg	93 u.m.
abril	2.200 kg	78 u.m.	2.050 kg	93 u.m.
mayo	3.200 kg	78 u.m.	3.300 kg	96 u.m.
junio	700 kg	78 u.m.	500 kg	96 u.m.
julio	600 kg	79 u.m.	350 kg	96 u.m.
agosto	1.800 kg	77 u.m.	1.600 kg	96 u.m.
septiembre	1.900 kg	78 u.m.	1.750 kg	97 u.m.
octubre	1.600 kg	79 u.m.	1.750 kg	97 u.m.
noviembre	2.100 kg	80 u.m.	2.060 kg	98 u.m.
diciembre	1.980 kg	81 u.m.	2.650 kg	98 u.m.
	20.810 kg		19.407 kg	

Los gastos del ejercicio han sido de 195.600 u.m.

Con los datos que anteceden, determine:

1. El coste promedio del ejercicio y el coste promedio variable a fin de cada mes. El precio promedio de venta del ejercicio.

2. El beneficio bruto del ejercicio valorando las existencias finales:

   a) Por el coste inicial.

   b) Por el último coste.

   c) Por los promedios calculados en 1 que son los criterios fiscales (suponga que en cada mes la entrada es anterior a la venta).

3. El beneficio neto en todos los supuestos.

CAPÍTULO 11

El Impuesto sobre el Valor Añadido (IVA)

Contabilización del Impuesto sobre el Valor Añadido

El Impuesto sobre el Valor Añadido (IVA) es un tributo general de naturaleza indirecta, que recae sobre el consumidor y se exige con ocasión de las entregas de bienes y prestaciones de servicios que tengan lugar en el ámbito de las actividades empresariales o profesionales, así como en las importaciones de bienes. El empresario, al comprar mercancías, pagar cualquier servicio, etc., pagará el IVA que le será cargado en cada factura: es el **IVA soportado**. Al vender sus productos o bienes de la empresa, o prestar sus servicios, cargará el IVA en las facturas a sus clientes: es el **IVA repercutido**. Deberá pagar a Hacienda lo que resulte al deducir del IVA repercutido el IVA soportado. Si fuera mayor el IVA soportado que el IVA repercutido, Hacienda devolverá lo que no pudo compensar, o podrá deducirse de las liquidaciones inmediatas posteriores, hasta un plazo de cinco años. El IVA se calcula sobre todo lo que se cobra al cliente, salvo pocas excepciones. Los tipos del IVA no dependen de la operación, sino del bien que se entrega o del servicio que se presta. Se resta todo el IVA soportado del IVA repercutido aunque sean de tipos diferentes. Es necesario llevar una contabilidad que refleje, en razón de las facturas recibidas y las facturas emitidas, el IVA soportado y el IVA repercutido. Las aduanas liquidarán el IVA en las importaciones. El importador que pague el IVA, lo podrá restar del IVA repercutido en sus transacciones. El exportador podrá restar el IVA soportado aunque la exportación esté exenta.

- **Justificación**

  Tanto el IVA soportado y deducible como el IVA repercutido han de quedar claramente justificados por facturas correctamente archivadas.

- **Registro contable**

  Es necesario llevar una contabilidad pulcra y detallada, a través de la cual puedan deducirse diáfanamente los datos para las pertinentes liquidaciones fiscales.

Son elementos esenciales:

- El Registro de Compras, Costes y Gastos con detalle del IVA soportado.
- El Registro de Ventas con mención del IVA repercutido.
- El Registro de bienes de inversión, que han de presentar el detalle preciso de los asientos y cuentas de los libros y listados de la contabilidad principal.
  La complejidad de la operatoria empresarial determina que en cada país se dicten disposiciones reglamentando en detalle el hecho imponible y sus exenciones; el devengo del Impuesto y su base imponible; obligaciones del sujeto pasivo; regímenes especiales; liquidaciones tributarias, etc., constituyendo su conjunto una especialidad fiscal.

- **Contabilización**
  Se exponen a continuación sus líneas generales que, como es obvio, han de adaptarse a los reglamentos de cada país.

IVA soportado

- **Operación al contado**
  El **IVA** es exigible, por lo general, en el momento en que se realicen las entregas de bienes, o cuando se perciban anticipos de su importe y cuando se presten los servicios. Los reglamentos de cada Estado precisan el momento del devengo y de la liquidación.
  - **Registro contable.**

Cuenta de **Costes** o de **Gastos** que corresponda **Hacienda Pública, IVA soportado**	a **Caja** y **Bancos**

- **Operación con pago anticipado**
  En esta operación el **IVA** se deberá exigir al realizar los pagos anticipados.

Anticipos (Acreedores y deudores) **Hacienda Pública, IVA soportado**	a **Caja** y **Bancos**

- **Operación a plazos o con pago aplazado**
  En las operaciones de este tipo se entenderá devengado el IVA en la medida en que sean

exigibles los pagos correspondientes. No obstante, para que la contabilidad refleje la obligación que tiene la empresa adquirente de satisfacer en su momento el IVA que le corresponda, éste se contabilizará en el asiento que se formule para registrar las adquisiciones de dicha empresa.

Cuenta de **Costes** o de **Gastos** que corresponda **Hacienda pública, IVA soportado**	a	**Acreedores y deudores**	

- **Importaciones**
El IVA se devengará en las importaciones en el momento de entrada en territorio nacional, liquidándose simultáneamente con los derechos arancelarios.

IVA repercutido

Se entenderá, como hemos dicho, por IVA repercutido el que, salvo los supuestos de exenciones, percibirá la empresa de sus clientes por los bienes vendidos o servicios prestados en el mercado interior. El IVA repercutido, al igual que el IVA soportado, dará origen a una contabilización distinta según se trate de una operación con pago anticipado o con pago aplazado. A continuación se señalan los apuntes contables en el libro Diario que procederán en cada caso, sin especificar en qué momento es exigible el IVA, ya que coincide con lo expuesto anteriormente sobre el IVA soportado.

- **Operación al contado**

| **Caja y Bancos** | a | Cuenta de **Ventas** o **Ingresos** que corresponda | |
| | a | **Hacienda Pública, IVA repercutido** | |

- **Operación con pago anticipado**

| **Caja y Bancos** | a | Cuentas de **Acreedores y deudores** | |
| | a | **Hacienda Pública, IVA repercutido** | |

■ Operación a plazos o con pago aplazado

Cuentas de **Acreedores**		
y **deudores**	a	Cuenta de **Ventas** o **Ingresos** que corresponda
	a	**Hacienda Pública IVA repercutido**

■ **Exportaciones**
No hay repercusión del IVA.

IVA a ingresar

Cuando en el período de una declaración-liquidación el importe del IVA repercutido por la empresa es superior al IVA deducible que ésta haya soportado, la diferencia, que se denominará IVA a ingresar, se hará efectiva a la Hacienda Pública. El IVA a ingresar se contabilizará al término del período a que corresponda la declaración-liquidación.

Hacienda Pública, IVA repercutido		
	a	**Hacienda Pública, IVA soportado**
	a	**Hacienda Pública, acreedor por IVA**

• Registro contable del ingreso

Hacienda Pública, acreedor por IVA		
	a	**Caja** y **Bancos**

IVA a compensar o devolver

La Hacienda Pública será deudora por el IVA cuando el IVA deducible por la empresa sea superior al IVA repercutido por ésta, en el período correspondiente a una declaración liquidación. Cuando se produzca esta circunstancia, el exceso de IVA deducible podrá deducirse en las declaraciones-liquidaciones inmediatas posteriores hasta un plazo de cinco años. También puede preverse reglamentariamente la devolución del citado exceso bajo determinadas circunstancias:

- Registro contable del exceso de IVA deducible.

Hacienda Pública, deudor por IVA Hacienda Pública, IVA repercutido	a	Hacienda Pública, IVA soportado	

- Registro contable cuando el exceso de IVA deducible se compensa en una declaración-liquidación posterior.

Hacienda Pública, IVA repercutido	a	Hacienda Pública, IVA soportado	
	a	Hacienda Pública, deudor por IVA	
	a	Hacienda Pública, acreedor por IVA	

- Registro contable de la devolución.

Caja y Bancos	a	Hacienda Pública, deudor por IVA	

Regla de prorrata

Los bienes y servicios adquiridos en el mercado interior o importados, que hayan soportado el Impuesto Sobre el Valor Añadido, se pueden emplear sólo parcialmente en la realización de operaciones que dan derecho a la deducción. En tal caso, sólo una parte del IVA soportado será deducible del IVA repercutido, en tanto que otra parte del IVA soportado no tendrá esta última condición.

El problema a resolver se plantea en términos de elección sobre cuál será la aplicación que deba dar la empresa a la parte del IVA soportado que, bien por la prorrata general o bien por la prorrata especial, no tiene la condición de deducible.

Se presentan entonces dos opciones: una, considerar que el IVA soportado y no deducible es un gasto del período; y otra, aplicarlo como un elemento más del coste de los bienes y servicios a los que afecta.

- **Registro contable, primera opción (gastos).**

Cuenta de **Costes** o de **Gastos** que corresponda		
Hacienda Pública, IVA soportado	a	Caja y Bancos
Hacienda Pública, IVA repercutido		
Impuestos a cargo empresa	a	Hacienda Pública, IVA soportado
	a	Hacienda Pública, acreedor

Este último asiento se realizará al terminar el período a que corresponda la declaración-liquidación.

En la cuenta de **Impuestos a cargo empresa** se contabilizará el IVA soportado y cuando la empresa hubiere optado por considerarlo gasto.

En el caso que resulte IVA a compensar o a devolver, el citado asiento se sustituirá por el siguiente:

Hacienda Pública, deudor por IVA		
Hacienda Pública, IVA repercutido		
Impuestos a cargo empresa	a	Hacienda Pública, IVA soportado

Las diferencias que pueden producirse en el IVA soportado y **no deducible** se contabilizarán al terminar el año natural, cargando o abonando, según los casos, la cuenta del Impuestos a cargo empresa, con abono o cargo a Hacienda pública, IVA soportado.

• Registro contable, segunda opción (costes)

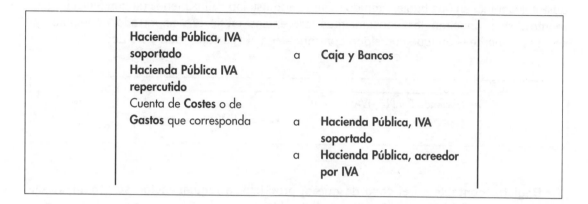

Este último asiento se formulará al terminar el período a que corresponde la liquidación-declaración. En las cuentas de Costes o Gastos se contabilizará el IVA soportado y **no deducible** cuando la empresa hubiere optado por considerarlo coste. En el caso de que resulte IVA a compensar o a devolver, el citado asiento se sustituirá por el siguiente:

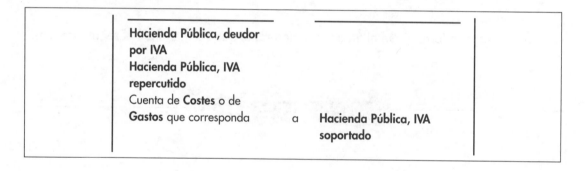

Con el objetivo de simplificar el esquema contable, no se han formulado en ninguna de las dos opciones los asientos relativos a la venta de bienes o a la prestación de servicios.

IVA y bienes de inversión

Los criterios y registros contables establecidos en los apartados anteriores para el circulante, serán aplicables generalmente a los bienes de inversión. Se remite, pues, al lector a estos apartados, salvo en la materia que se expone a continuación. Cuando la empresa adquirente de bienes de inversión esté sometida a la regla de prorrata, deberá practicar, en el caso que proceda, una regularización cuyo fundamento está en la utilización prolongada de dichos bienes y, por tanto, en la posible evolución que puede experimentar en el curso del tiempo el porcentaje definitivo aplicado en el año en que los mismos fueron adquiridos. A consecuencia de la citada regularización, que se practicará en cada uno de los años naturales siguientes a aquel en que hubiere tenido lugar la adquisición de los bienes (según fije el Reglamento), se producirán las consiguientes diferencias en el IVA soportado deducible, y, correlativamente —aunque con signo contrario— en el IVA soportado y no deducible.

Hacienda Pública, IVA soportado	a Cuenta de **Ventas** o **Ingresos**

• **Registro contable en el caso de que al practicar la regularización se produjese un incremento del IVA soportado y no deducible.**

Hacienda a cargo empresa	a **Hacienda Pública, acreedor por IVA**

Estos asientos se formularán al fin del año natural al que corresponde la regularización.

EJERCICIOS

1. Una empresa ha vendido en el interior por 80.000.000 u.m., con IVA repercutido al 11 % y ha exportado por 10.000.000 u.m. Las adquisiciones hechas, todas ellas con IVA al 11 %, han sido: energía, 3.000.000 u.m.; materias primas, 25.000.000 u.m.; transportes, 1.500.000 u.m. Determine la correspondiente liquidación y contabilice.

CAPÍTULO 12

Desarrollo de un ejercicio contable

Contabilidad simulada

Como resumen de lo descrito hasta ahora, vamos a desarrollar un ejercicio de conjunto, comprensivo de un ciclo de operaciones efectuado por el comerciante José García García. Siempre que digamos: compramos, vendemos, cobramos, giramos, etc., se entenderá que quien hace las operaciones es la firma de José García y que nosotros somos los tenedores de libros de dicha empresa. El material que necesitamos para ejecutar el trabajo en borrador será el siguiente:

- 1 pliego de papel con rayado de Inventario.
- 1 cuadernillo con rayado de Diario.
- 1 pequeño libro Mayor que tenga más de 33 cuentas.
- 1 pliego con rayado de Balance de comprobación.

y los siguientes documentos:

- 2 albaranes,
- 7 facturas,
- 1 factura de entrega al banco,
- 7 letras,
- 2 talones,
- 1 cheque,
- 4 facturas resumen y
- 2 recibos.

Las operaciones se desarrollan en un local que hemos adquirido por traspaso con su instalación y mobiliario y que iremos amortizando a razón de un 12 % anual, o sea, un 1 % mensual.

De acuerdo con el Plan General de Contabilidad:

100	Capital
129	Pérdidas y ganancias
226	Mobiliario y enseres
282	Amortización acumulada del inmovilizado material
300	Mercaderías
4001	Textil Arenas, S.A.
4002	Hijos de Tomás Salazar
4003	Canseco y Cía.
4004	P. López
4005	Imprenta Molinilla
401	Efectos comerciales a pagar
4301	Abel Bordas
4302	Recaredo Pineda
4303	Benedicto González
4304	César Masegosa
4305	Marcos Martínez
4306	Ginés Ríos
431	Efectos comerciales a cobrar
570	Caja
572	Banco Universal
600	Compras mercaderías
606	Compras embalajes
609	Descuentos por compras
621	Arrendamientos
622	Reparaciones y conservación
624	Transportes y fletes
629	Otros gastos
631	Tributos
640	Sueldos y salarios
663	Gastos financieros
682	Amortización del inmovilizado material
700	Ventas

Utilizamos códigos de tres cifras excepto para las cuentas personales (Clientes y Proveedores), en las que utilizamos cuatro. El código de las cuentas personales también puede expresarse: 430.1, 430.2, 400.1, etc., indicando la cifra después del punto, que se trata de una subcuenta de la 430, de la 400, etcétera.

Por tener pocos clientes y proveedores, abriremos directamente cuenta a cada uno de ellos en el Mayor. Si hubiese un gran número de clientes y proveedores (cuentas personales), en el Mayor abriríamos las cuentas colectivas Clientes (430) y Proveedores (400), donde agruparíamos las operaciones con ellos y, luego, en un fichero o libro auxiliar, llevaríamos cuenta individual a cada uno.

Cuando en un mismo enunciado se haga referencia a varias compras, ventas, giros, cobros, pagos, etc., se hará un solo asiento con varios deudores o varios acreedores según corresponda. Los asientos se redactarán en el Diario por el mismo orden y con los mismos números de los correspondientes enunciados, no haciéndose asiento de Diario por los enunciados que no lleven número inicial. Antes de escribir los asientos de una nueva fecha se irán pasando al Mayor todos los asientos del mismo día, sin olvidarse de poner en las correspondientes columnas de Diario, los folios que contienen las respectivas cuentas del Mayor a medida que se vaya traspasando cada partida. Al empezar el libro Mayor se abrirán las cuentas por el mismo orden en que vayan apareciendo en el Diario. Los folios del Mayor se numerarán correlativamente, y en hoja separada se irá haciendo una lista alfabética de las diferentes cuentas que se emplearán con el número de folio que ocupan en el Mayor. Esto servirá de índice para encontrar rápidamente el folio de cada cuenta.

Cuando una cuenta del Mayor no tenga suficientes líneas para contener todos los asientos precisos, se destinará la última línea de cada parte (Debe y Haber) de la cuenta para poner la indicación Suma y sigue en el folio *tal*. Este *tal* será el número que corresponda al primer folio que haya disponible después de los ocupados, y en la primera línea de este folio tal se pondrá: Sumas procedentes del folio *cual*. El número del nuevo folio ocupado para la cuenta se escribirá también en la lista mencionada, después del número del folio anterior que ocupaba la misma cuenta para que se sepa que en lo sucesivo hay que acudir al nuevo folio.

Cuando se pase de un folio a otro, se sumarán en el mismo momento y siempre en la última línea, las dos partes (Debe y Haber) de la cuenta, aun cuando una de ellas no esté totalmente ocupada. Las líneas de esta parte que quedan en blanco, se inutilizarán por medio de una línea oblicua.

Para evitar comparaciones de precios de los artículos negociados, que varían con el tiempo, hemos optado por dar a los géneros que compramos y vendemos nombres abstractos.

Al redactar los documentos, cuando no conste en el enunciado algún dato complementario, como por ejemplo, el domicilio, el lector lo pondrá de su inventiva.

Oportunamente se irá indicando, sobre la marcha, lo que hay que hacer después de pasar al Diario y al Mayor los diferentes asientos.

Si se llevan las cuentas en fichas u hojas sueltas, se ordenan por su Código numérico según el PGC.

Recuerde que el Mayor encuadernado no es obligatorio; pero muchas empresas —si no llevan la contabilidad mecanizada— siguen utilizándolo.

---

1 ———————————————— 2 de diciembre de 19... —————————————————

Iniciamos nuestro negocio contando con los siguientes elementos:

Mobiliario y enseres por	2.465.000,– u.m.
Existencias en efectivo	293.000,– u.m.
Saldo a n/favor en cta. cte. con el Banco Universal	3.152.507,5 u.m.

ORDEN DE CUENTAS EN EL MAYOR (LIBRO ENCUADERNADO)

Folio	Cuenta	Código
1	Mobiliario y Enseres	(226)
2	Caja	(570)
3	Banco Universal	(572)
4	Capital	(100)
5	Compras embalajes	(606)
6	Otros gastos	(629)
7	Arrendamientos	(621)
8	Compras mercaderías	(600)
9	Textil Arenas, S. A.	(4001)
10	Hijos de Tomás Salazar	(4002)
11	Ventas	(700)
12	Efectos comerciales a pagar	(401)
13	Canseco y Cía.	(4003)
14	P. López	(4004)
15	Sueldos y salarios	(640)
16	Abel Bordas	(4301)
17	Recaredo Pineda	(4302)
18	Benedicto González	(4303)
19	César Masegosa	(4304)
20	Marcos Martínez	(4305)
21	Reparaciones y conservación	(622)
22	Ginés Ríos	(4306)
23	Tributos	(631)
24	Descuentos sobre compras	(609)
25	Gastos financieros	(663)
26	Imprenta Molinilla	(4005)
27	Efectos comerciales a cobrar	(431)
28	Transportes y fletes	(624)
29	Amortización del inmovilizado material	(682)
30	Amortización acumulada del inmovilizado material	(282)
31	Mercaderías	(300)
32	Pérdidas y ganancias	(129)

Redactar primero el Inventario correspondiente, luego el asiento de apertura en el Diario y a continuación pasarlo al Mayor.

---

2 ———————————————————— 3 dic.————————————————————
Compramos al contado material para embalajes por   6.385,– u.m.
Compramos sellos por   8.750,– u.m.

————————————————————— 3 dic.—————————————————————

Redactar los albaranes correspondientes a las siguientes entregas de géneros que nos han hecho nuestros proveedores:

Núm. 1.235 de Textil Arenas, S. A., por 500 m de tejido AA y 100 m de tejido XX.
Núm. 3.042 de Hijos de Tomás Salazar, por 400 m de tejido AB.

No hay que redactar asiento alguno de Diario y conviene recordar que nosotros somos José García García.

---

3 ———————————————————— 4 dic.————————————————————
Pagamos el alquiler del local   30.000,– u.m.

4 ———————————————————— 4 dic.————————————————————

Nuestros proveedores nos envían las facturas de los géneros que nos entregaron ayer, a saber:

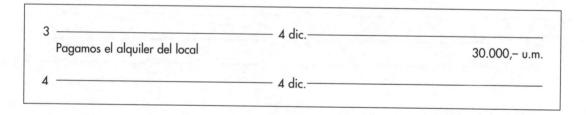

Textil Arenas S. A., s/fra. núm. 975 a 30 d/f.:
     500 m tejido AA, a 450,– u.m./m   225.000,– u.m.
     100 m tejido XX, a 1.140,– u.m./m   114.000,– u.m.

                                   339.000,– u.m.

Hijos de Tomás Salazar, s/fra núm. 2.106:
     400 m tejido AB, a 570,– u.m./m   228.000,– u.m.

Redactamos las facturas y el asiento de Diario:

5	5 dic.	
Vendemos al contado a Elías Murga:		
50 m tejido AB, a 760,– u.m./m		38.000,– u.m.
Dto. 3 % por ppgo.		760,– u.m.
		37.240,– u.m.

El PGC establece que los descuentos que aparecen en factura, disminuyen el coste de compra. Redactar la factura y el asiento de Diario.

6	5 dic.

Ingresamos en el Banco Universal, sacándolas de la caja, 100.000 u.m. Redactar la factura de imposición o entrega y el asiento de Diario.

7	5 dic.

Verificamos las siguientes compras:

A Textil Arenas S. A., s/fra. núm. 1.189:	
609 m tejido AA, a 455,– u.m./m	277.095,– u.m.
Dto. especial 2 %	5.542,– u.m.
	271.553,– u.m.

En pago de esta factura les entregamos 1 Ch/núm. 223.111 por 171.553 u.m. que libramos c/ el Banco Universal y por las 100.000 u.m. restantes aceptamos una L/núm. 4.128, que dichos señores giran a su propia o/ y a n/cº con fecha de hoy y vencimiento al 5 de enero próximo.

A Hijos de Tomás Salazar, s/fra. núm. 2.109:
325 m tejido AB, a 570,– u.m./m   128.250,– u.m.
Dto. especial 3 %   5.557,5 u.m.

179.692,5 u.m.

En pago les entregamos nuestro Ch/núm. 223.112 por igual importe, que libramos c/ el Banco Universal.

Redactar las 2 facturas, los 2 cheques y la letra de Textil Arenas, S. A. y el asiento de Diario.

---

8 ——————————— 6 dic. ———————————

Compramos hoy a:

Canseco y Cía., s/fra. 769:
    1.513 m tejido BM, a 721,5 u.m./m   1.091.629,5 u.m.
P. López, S. L., s/fra. 907:
    407 m tejido XX, a 1.140,– u.m./m   463.980,– u.m.
Textil Arenas, S. A., s/fra.1.225:
    891 m tejido AA, a 455,– u.m./m   405.405,– u.m.
Hijos de Tomás Salazar, s/fra. 2.218:
    275 m tejido AB, a 570,– u.m./m   156.760,– u.m.

9 ——————————— 7 dic. ———————————

Pagado a los mozos el semanal   28.000,– u.m.

10 ——————————— 7 dic. ———————————

Ventas de hoy:
N/fra. núm. 1 a Abel Bordas,
200 m tejido AA, a 595,– u.m./m   119.000,–
73 m tejido AB, a 760,– u.m./m   55.480,–   174.480,– u.m.

N/fra. núm. 2 a Recaredo Pineda,
105 m tejido AB, a 760,– u.m./m   79.800,–
230 m tejido BM, a 961,5 u.m./m   221.145,–   300.945,– u.m.

N/fra. núm. 3 a Benedicto González,
53 m tejido AA, a 595,– u.m./m   31.535,–
210 m tejido BM, a 911,5 u.m./m   191.415,–   222.950,– u.m.

N/fra. núm. 4 a César Masegosa,
23,50 m tejido XX, a 1.505,– u.m./m   35.367,5 u.m.

N/fra. núm. 5 a Marcos Martínez
405 m tejido AA, a 595,– u.m./m   240.975,– u.m.

Redactar las facturas núm. 1 y núm. 2 y el asiento de Diario.

11 ————————————————— 9 dic. —————————————————
Pagamos al electricista su fra. de hoy por gastos de reparación
de la instalación eléctrica por importe de   12.185,– u.m.

12 ————————————————— 9 dic. —————————————————
Ventas de hoy:
N/fra. núm. 6 a Recaredo Pineda,
351 m tejido AA, a 595,– u.m./m   208.845,– u.m.
140,50 m tejido XX, a 1.505,–u.m./m   211.452,5 u.m.

     420.297,5 u.m.

N/fra. núm. 7 a Ginés Ríos,
1.070 m tejido BM, a 961,5 u.m./m   1.028.805,– u.m.

N/fra. núm. 8 a Abel Bordas,
203 m tejido AA, a 595,– u.m./m   120.785,– u.m.

N/fra. núm. 9 a Marcos Martínez,
231 m tejido AA, a 595,– u.m./m   137.445,– u.m.

13 ———————————————— 10 dic. ————————————————
Pagado a la Agencia Murtra por los impuestos y arbitrios
que ha satisfecho por nuestra cuenta   23.587,5 u.m.

14 ———————————————— 11 dic. ————————————————
125 m tejido AA, a 595,– u.m./m   74.375,– u.m.
                  Dto. 2 % ppgo.   1.487,5 u.m.

     72.887,5 u.m.

15 ———————————————— 12 dic. ————————————————

Libramos y entregamos a Textil Arenas, S. A., Ch/núm. 223.113 c/ el Banco Universal
por 332.220 u.m. en pago de su factura núm. 975 que importaba 339.000 u.m. La diferen-

cia de 6.780 u.m. corresponde al 2 % que nos ha rebajado por anticipo del pago. El PGC dispone que los descuentos que se obtengan por pronto pago, después de contabilizada la compra, se abonarán a la cuenta (609) Descuentos sobre compras.

Prácticamente resulta que los géneros de la factura citada no nos han costado las 339.000 u.m. que habíamos cargado a Mercaderías, sino 6.780 u.m. menos que tendremos que abonar ahora a Descuentos sobre compras.

16	——————————————————— 13 dic. ———————————————————

Giramos hoy 1 L/ núm. a o/ de Canseco y Cía., y a cargo de Ginés Ríos, con vencimiento al 10 de enero próximo, valor en cuenta con el tomador, a quien la remitimos, por importe de 500.000 u.m.

Es operación no muy usual; actualmente por regla general las L/ se negocian a través de los Bancos. Redactar la L/ y el asiento de Diario.

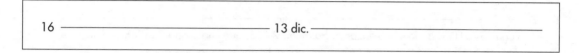

17	——————————————— 14 dic. ———————————————	
Pagamos a los mozos la semanada		28.000,– u.m.
18	——————————————— 14 dic. ———————————————	

Giramos hoy a o/ del Banco Universal las siguientes L/, todas ellas con vencimiento al 15 de enero próximo:

Núm. 2, a cargo de Benedicto González, por saldo
de n/fra. núm. 3, que importa   222.950,– u.m.
Núm. 3, a c° de César Masegosa, por saldo de
n/fra. núm. 4 de   35.367,5 u.m.
Núm. 4, a c° de Marcos Martínez, por saldo de
n/fras. núm. 5 y 9, que importan en total   .   378.420,– u.m.
Núm. 5, a c° de Ginés Ríos, por saldo del
resto de n/fra. núm. 7, de   528.805,– u.m.

Las letras mencionadas, que son valor en cuenta, las negociamos
inmediatamente en el Banco Universal, el cual nos abona en cuenta
el líquido de la remesa, que asciende a   1.161.418,– u.m.
Habiendo descontado por gastos e intereses   4.124,5 u.m.

Redactar las 4 L/ y el asiento de Diario.

---

19 —————————————————— 16 dic. ——————————————————
Libramos 1 Ch/ núm. 223.115 a cgo. del Banco Universal ingresando
un importe de   200.000,– u.m.

20 —————————————————— 16 dic. ——————————————————
Pagamos a Hijos de Tomás Salazar su fra. núm. 2.106, que importaba 228.000,– u.m.,
pero el proveedor nos rebaja 4.560,– u.m. por anticipar el pago, y por esto
le entregamos solamente   223.440,– u.m.

Téngase en cuenta lo dicho en el enunciado del asiento número 15.

---

21 —————————————————— 17 dic. ——————————————————
Ventas de hoy:
N/fra. núm. 10 a Recaredo Pineda,
122 m tejido AB, a 760,– u.m./m   92.720,– u.m.
N/fra núm. 11 a Ginés Ríos,
125,5 m tejido XX, a 1.505,– u.m./m   188.877,5 u.m.
N/fra. núm. 12 a Benedicto González,
207,5 m tejido AB, a 760,– u.m./m   157.700,– u.m.
N/fra. núm. 13 a César Masegosa,
110 m tejido AA, a 595,– u.m./m   65.450,– u.m.

22 —————————————————— 18 dic. ——————————————————
Comprado hoy a:
Canseco y Cía, s/fra. núm. 820:
487 m tejido BM, a 721,50 u.m./m   .   351.370,5 u.m.
P. López, S. L., s/fra. núm. 1.130:
129 m tejido XX, a 1.140,– u.m./m   147.060,– u.m.

23 —————————————————— 18 dic. ——————————————————
Canseco y Cía., nos proponen que les paguemos las 591.629,5 u.m. que quedan pendientes de su
fra. núm. 769 a base de concedernos una bonificación de 11.832,5 u.m.

Conviniéndonos la operación, pedimos al Banco Universal que nos facilite 1 Ch/ s/ a de
Canseco y Cía., por importe de 579.797 u.m. El Banco nos entrega el Ch/, que es a cargo
del Banco Moraleda, y por éste nos carga en cta. 580.222,5 u.m., estando incluido en esta
cantidad el valor nominal del Ch/ más 425,5 u.m. de comisión y gastos.

Pagamos a Canseco y Cía.	591.629,5 u.m.
Nos descuentan	11.832,5 u.m.
Enviamos un Ch/ por	579.797,– u.m.
Que nos cede el Banco Universal por 579.797 + 425,50	580.222,5 u.m.

Redactar el cheque citado y el asiento de Diario. Recuérdese la nota del enunciado número 15.

24 ———————————— 18 dic. ————————————

La Imprenta Molinilla, de ésta, entrega su fra. núm. 3.126 correspondiente
a los impresos que nos ha suministrado hasta la fecha, y que importa   32.357,5 u.m.

25 ———————————— 19 dic. ————————————

Comprado hoy a:
Canseco y Cía., s/fra. núm. 867:
1.000 m tejido BM, a 721,50 u.m./m   721.500,– u.m.
P. López, S. L., s/fra. núm. 1.215:
164 m tejido XX, a 1.140,– u.m./m   186.960,– u.m.

26 ———————————— 20 dic. ————————————

Benedicto González, para pagarnos n/fra. núm. 12 nos entrega L/ núm. 5.318
que giró con fecha de ayer a n/o y a cº de González y Cía., con vencimiento
al 20 de enero próximo de   157.700,– u.m.

Redactar la L/, que guardaremos en cartera, y el asiento de Diario.

27 ———————————— 21 dic. ————————————

Pagada a los mozos la semanada   28.000,– u.m.

28 ———————————— 23 dic. ————————————

Ventas de hoy:
N/fra. núm. 14 a Abel Bordas, 200 m tejido BM, a 961,50 u.m./m   192.300,– u.m.
N/fra. núm. 15 a Marcos Martínez, 450 m tejido XX, a 1.505,– u.m./m   677.250,– u.m.
N/fra. núm. 16 a Recaredo Pineda, 442,5 m tejido AB, a 760,– u.m./m   336.300,– u.m.
N/fra. núm. 17 a César Masegosa, 177 m tejido AA, a 595,– u.m./m   105.315,– u.m.

29 ——————————————————— 23 dic. ———————————————————

Comprados sellos de correos y efectos timbrados   2.100,– u.m.

30 ——————————————————— 23 dic. ———————————————————

Giramos hoy a o/ Banco Universal, valor en cuenta, las siguientes L/,
ambas con vencimiento al 20 de enero próximo.
Núm. 6, a c° de César Masegosa, por saldo de n/fra. núm. 13   65.450,– u.m.
Núm. 7, a c° de Ginés Ríos, por saldo de n/fra. núm. 11   188.877,5 u.m.
El Banco nos abona en cta. el líquido de
la negociación que asciende a   253.629,– u.m.
Por haber importado los intereses y gastos   698,5 u.m.

31 ——————————————————— 23 dic ———————————————————

Libramos 1 Ch/ núm. 223.116 c/ el Banco Universal,
ingresando en Caja su importe, de   550.000,– u.m.

32 ——————————————————— 23 dic. ———————————————————

Pagamos a P. López. S. L., su fra. núm. 907, que importaba la cantidad de
463.980, – u.m. con una bonificación de 1 % por anticipo del pago.
Importe de la fra.   463.980,– u.m.
Bonificación   4.640,– u.m.
Líquido pagado en efectivo   459.340,– u.m.

33 ——————————————————— 24 dic ———————————————————

Con motivo de la festividad de mañana, compramos una partida de turrones y
vinos para regalar a nuestro personal, por la que hemos pagado   31.750,– u.m.
Al mismo tiempo entregamos a los empleados gratificaciones
en efectivo, que importan en total   105.000,– u.m.

34 ——————————————————— 27 dic. ———————————————————

Pagamos a la Agencia Transportes Almirante los servicios que
nos han prestado hasta la fecha, entregándole
nuestro Ch/ núm. 223.117 c/ el Banco Universal por   14.305,– u.m.

35 ——————————————————— 27 dic. ———————————————————

Pagamos a Hijos de Tomás Salazar, su fra. número 2.218,
entregándoles 1 Ch/núm. 223.118, que libramos
contra el Banco Universal por   156.750,– u.m.

36 ——————————————————— 28 dic. ———————————————————

Pagada a los mozos la semanada   28.000,– u.m.

37 ——————————————————— 30 dic. ———————————————————

Libramos Ch/ núm. 223.119 c/ el Banco Universal, ingresando en Caja
su importe de   320.000,– u.m.

38 ──────────────────── 31 dic. ────────────────────

Pagamos a la Imprenta Molinilla su fra. núm. 3.126
del 18 del actual   32.357,5 u.m.

39 ──────────────────── 31 dic. ────────────────────

Pagada al personal la nómina del corriente mes   283.600,– u.m.

──────────────────── 31 dic. ────────────────────

Vamos a extender ahora las facturas de repaso o resumen de lo que nos deben nuestros clientes, buscando los datos oportunos en sus respectivas cuentas, en las cuales (prescindiendo de las facturas que ya están pagadas) encontraremos que:

Abel Bordas	nos debe	3 fras.
Recaredo Pineda	nos debe	4 fras.
César Masegosa	nos debe	1 fra.
Marcos Martínez	nos debe	1 fra.

Redactar las 4 facturas de repaso mencionadas. Las de los clientes de nuestra plaza las usaremos como base para extender los recibos. Las de los clientes de otras plazas nos servirán para librar las correspondientes L/ para el cobro a principios del mes próximo.

──────────────────── 31 dic. ────────────────────

Extender los recibos a cargo de nuestros clientes de la plaza, que son Abel Bordas y Recaredo Pineda. Los detalles de dichos recibos los encontraremos en las facturas de repaso hechas según indicaciones del enunciado anterior.

40 ──────────────────── 31 dic. ────────────────────

El cargo a la cuenta de **Amortización del inmovilizado material** con abono a **Amortización acumulada del inmovilizado material** de la correspondiente cuota.

Al llegar el día 31 de diciembre hemos de proceder a contabilizar las operaciones del Balance general conforme con las instrucciones del Plan General de Contabilidad:

1. Se formulará el balance de comprobación o de sumas y saldos para cerciorarse de que no se han producido errores al contabilizar la situación de cuentas antes de liquidar el ejercicio.

   Súmense las columnas interiores de cantidades de las cuentas del Mayor y pásense los resultados obtenidos a las correspondientes columnas exteriores. Súmense también las dos columnas del Diario, que tienen que dar el mismo resultado.

   A continuación, en una hoja de papel con rayado de Balance de comprobación detállense las cuentas del Mayor indicando también sus respectivos folios y las sumas del Debe y del Haber de cada una.

   Si en las cuentas del Mayor en alguna columna de sumas hubiese más de una cantidad, se sumarían éstas provisionalmente con lápiz y sería esta suma la que figuraría en el balance de comprobación. Acto seguido se sumarán las columnas del Debe y del Haber del balance de comprobación, teniendo que ser ambas sumas iguales entre sí e iguales, a su vez, a las sumas del Diario.

   Si alguna de estas cuatro sumas no diese el mismo resultado que las tres restantes, sería señal de que se ha cometido algún error y antes de seguir adelante convendría repasar lo hecho, hasta localizarlo.

   Una vez comprobado que las columnas de sumas están bien se procederá a determinar los saldos de las cuentas, que se escribirán en las correspondientes columnas. Las dos columnas de Saldos deben sumar cantidades iguales entre sí, pero diferentes a las de las columnas de sumas.

2. Se procederá al recuento de las existencias y a comprobar si los saldos de las cuentas que han de figurar en el inventario coinciden con la realidad y seguidamente se formulará el Inventario de fin de ejercicio.

   En un pliego de papel con el oportuno rayado, haremos el Inventario en el cual figurarán:

   - La cuenta de Mobiliario y Enseres, por su valor de coste. En el Pasivo aparecerá la cuenta de amortización acumulada.
   - La cuenta de Mercaderías con el valor de las existencias que, previo recuento, ha resultado ser como sigue (los precios indicados son los de coste):

145 m tejido AA, a 455,– u.m./m	65.975,– u.m.
1.290 m tejido BM, a 721,5 u.m./m	930.735,– u.m.
60,5 m tejido XX, a 1.140,– u.m./m	68.970,– u.m.
En total	1.065.680,– u.m.

En el Activo figurarán además, las cuentas personales que consten en el balance de comprobación con saldo deudor y las cuentas de Efectos comerciales a cobrar, Caja y Banco Universal.

Formarán el Pasivo las cuentas personales que tengan saldo acreedor y la cuenta de Efectos a Pagar y demás que procedan.

Este inventario será el núm. 2.

3. Se anotan en el Diario los asientos para saldar las cuentas del Grupo 6 (Costes y Gastos) que se cargan a Pérdidas y ganancias (129) y las cuentas del grupo 7 (Ventas e Ingresos). También se ha de cargar a la cuenta de Mercaderías (300) las existencias finales que aparece en el Inventario de cierre del ejercicio con abono a la cuenta de Pérdidas y ganancias; y después de estos dos asientos:

4. Después de estos dos asientos se prepara la cuenta de Pérdidas y ganancias, según se ha indicado en el texto, y que quedará de la forma siguiente:

Pérdidas y ganancias (129)

Compra embal. (606)	6.385,–	Ventas (700)	4.608.090,–
Otros gastos (629)	74.957,5	Dtos. s/compras (609)	27.812,5
Arrendamientos (621)	30.000,–	Mercaderías (300)	1.065.680,–
Compra mercadería (600)	4.542.900,5		
Sueldos y salarios (640)	500.600,–		
Reparación y conservación (622)	12.185,–		
Tributos (631)	23.587,5		
Gtos. financieros (663)	5.248,5		
Transportes y fletes (624)	14.305,–		
Amortización del inmovilizado material (682)	24.650,–		
Beneficio ejercicio	466.763,5		
	5.701.582,5		5.701.582,5

5. Pasados los asientos anteriores, como la empresa no ha tenido Resultados extraordinarios, el saldo de la cuenta de Pérdidas y ganancias nos presenta el beneficio del ejercicio.

6. Por tratarse de una empresa individual, en el mismo momento del cierre el interesado puede acordar lo que considere conveniente para distribuir el beneficio. Suponemos ha acordado pasarlo a Capital, para aumentarlo. Así, pues, ahora saldará la cuenta de Pérdidas y ganancias por la de Capital. Y, en concreto, se formularán los asientos siguientes:

41 ———————————— 31 dic. ————————————

El cargo a la cuenta de Pérdidas y ganancias (800) de las Compras, Costes y Gastos del Ejercicio, esto es: de los saldos deudores que presentan las distintas cuentas del Grupo 6.

43 ———————————————— 31 dic. ————————————————

El abono a la propia cuenta de Pérdidas y ganancias (800) de las Ventas e ingresos del ejercicio (saldos acreedores de las cuentas del grupo 7) y, además, de la Existencias finales de mercaderías (cuenta 300).

44 ———————————————— 31 dic. ————————————————

El beneficio que arroja la cuenta de **Pérdidas y ganancias** se traspasa, como se ha dicho, a la cuenta de **capital**, aumentando su importe para el ejercicio siguiente.

45 ———————————————— 31 dic. ————————————————

Se formula finalmente, el asiento de cierre en el Diario, cargando a todas las cuentas con saldo acreedor y abonando a las que lo presenten deudor.

Se pasarán al Mayor todos los asientos anteriores, con lo que quedarán saldadas todas las cuentas. Seguidamente se sumarán todas las cuentas del Mayor, poniendo las sumas del Debe y del Haber de cada cuenta a la misma altura de la parte que tenga mayor número de líneas escritas y se inutilizarán las líneas que hubiesen quedado en blanco.

En el Diario se formulará la siguiente Certificación que deberá firmar el titular de la empresa:

«Certifico que en los ... (tantos) ... asientos contenidos en los folios ... a ... precedentes, constan fielmente reflejadas las operaciones verificadas durante el ejercicio cerrado el día ... de ... del año ....

Una vez cerrados los libros se presentará el Balance de situación final, llamado también Balance de inventario, que consiste, sencillamente, en reseñar en un estado contable los saldos de las cuentas activas y luego las pasivas, con los que se reabrirá la contabilidad. Este balance es el de que se da, en algunos casos, a la publicidad.

1	1 ene.

Redactar el asiento de reapertura de libros de acuerdo con el Inventario número 2 y pasarlo al Mayor. Recuerde que el asiento de reapertura es inverso al asiento de cierre; es decir, se cargan a todas las cuentas que aparecen en el Activo del Inventario los correspondientes importes, y se abonan las cuentas que aparecen en el Pasivo. Ahora tendremos los libros en disposición de recibir las anotaciones correspondientes al siguiente ejercicio económico.

APÉNDICES

Soluciones a los ejercicios

NOTA: En los primeros capítulos hay preguntas sobre organización y trámites que admiten una flexibilidad en la respuesta. Las que presentamos tienen un carácter orientativo.

EJERCICIOS CAPÍTULO 1

LA EMPRESA

1. No, ya que está en la Naturaleza en cantidades ilimitadas, y no se necesita de ningún esfuerzo del hombre para obtenerlo.

2. Un trabajo (esfuerzo) y un capital (medios instrumentales).

3. Empresa.

4. Un supermercado, una fábrica de zapatos, una ebanistería, una farmacia, una fábrica de pastas alimenticias (pueden ponerse muchos más con sólo examinar el entorno económico en que nos movemos).

5. Sí, la empresa al desarrollar su actividad de conseguir una ganancia para retribuir el esfuerzo de quien ha coordinado los factores de producción; pero aunque no lo consiga sigue existiendo la empresa. La incertidumbre de obtener o no beneficio es una de sus características. A la larga, la empresa que acumula pérdidas acaba por desaparecer.

6. El Mercado.

7. Responden ante tercero por las pérdidas en forma solidaria e ilimitada.

8. Las sociedades de responsabilidad limitada y las sociedades anónimas.

9. Acciones.

10. Sí, ya que hay empresas estatales, en las cuales el Estado es el propietario de los medios de producción.

ORGANIZACIÓN DE LA EMPRESA

1. Los elementos que constituyen la empresa son de tres tipos: materiales personales y formales. Dentro de los primeros se encuentran las materias primas, la maquinaria, etc...; es decir, los instrumentos que la empresa necesita para su funcionamiento. Los segundos se refieren a las personas que trabajan en una empresa. Y los terceros expresan la forma de utilizar los elementos materiales y personales para conseguir el objetivo de la empresa.

2. Individualización, funcionalización, tipificación, estímulo y enseñanza.

3. Se llama así a la responsabilidad de cada persona en realizar su servicio para la consecución de un acto de la empresa, o sea, cada acto de la empresa consta de varios eslabones, de manera que la responsabilidad de cada persona queda delimitada en la realización de su eslabón y que estas responsabilidades definidas permitan un control por contraste de intereses. Por ejemplo: la entrega de materias primas del almacén a la unidad de fabricación quedará plasmada en un boleto que servirá de descargo al Jefe de Almacén y de cargo al Jefe de Producción. Si en este boleto se hacen constar menos kilogramos de los entregados, en Almacén se acusará una falta.

4. Esta frase se refiere al hecho de que debe haber una separación de funciones en una empresa, de tal manera que, por ejemplo, debe existir una Dirección (que dispone) una Fabricación (que ejecuta) y un Control (que comprueba) y han de ser personas diferentes.

5. Los departamentos básicos de la Empresa son:

Dirección.

Fabricación.

Comercial.

Financiero.

Contabilidad.

Inspección y control.

6. Al departamento comercial afectarán las operaciones de Compras, Almacenamiento, Transporte y Ventas. Al departamento financiero le corres-

ponderá la financiación de estas compras y ventas, o sea, la obtención de créditos si son necesarios, la previsión de los gastos a realizar en cada período, la posibilidad de vender al contado o a plazos, el incremento del precio en dicho caso, etcétera.

7. No es adecuado dicho proceder ya que el jefe de Contabilidad no debe ejecutar las operaciones que luego él mismo debe comprobar.

8. No es aceptable en absoluto. Debe existir según el principio de Funcionalización una separación de funciones con delimitación de atribuciones y responsabilidades, de manera que en una buena organización empresarial nunca un subordinado puede controlar el trabajo de un jefe.

9. Gestión de operaciones: – Contratar un seguro.

                                         – Realizar una venta.

                                         – Contratar personal.

                                         – Preparar una campaña publicitaria.

                                         – Planear la constitución de una nueva empresa.

                                         – Contratar con un banco un crédito.

                                         – Fabricar un artículo.

                                         – Establecer un reglamento de seguridad en el trabajo.

                                         – Solicitar información para luego comprar.

Registro de operaciones: – Apuntar en el libro de Caja un cobro.

Control de operaciones: – Revisar las cuentas bancarias.

10. a) Los miembros del consejo de administración   Volitivo.

    b) Un director general   Directivo.

    c) Los vendedores   Ejecutivo.

    d) Quienes llevan la contabilidad   Ejecutivo.

    e) Un apoderado con amplios poderes   Directivo.

    f) Los operarios de un taller   Ejecutivo.

    g) El encargado de las compras   Ejecutivo.

    h) El portero de la fábrica   Ejecutivo.

11. Los objetivos fundamentales de una empresa económica son prestar un servicio económico y conseguir un beneficio.

12. La organización actúa sobre las personas, los materiales y las normas de actuación.

13. La dirección tiene el mando y gobierno efectivos de la empresa y la gestión es ejecutiva.

14. Que se ha de adaptar a las modificaciones de la vida de los negocios.

EJERCICIOS CAPÍTULO 2

CONCEPTO Y FUNCIÓN DE LA CONTABILIDAD

1. El objetivo de la contabilidad es proporcionar una imagen numérica de lo que en realidad sucede en la vida de la empresa, dar una base en cifras para orientar las actuaciones de la gerencia y justificar la correcta gestión de los recursos de la empresa.

2. En los documentos que deben respaldar cualquier anotación contable y justificar las operaciones realizadas.

3. A la teneduría de libros.

4. Comercial, que se ocupa de las compras y ventas de la empresa.

5. Hechos administrativos.

6. Interno.

7. Externo.

8. Organización administrativa.

9. Documentos, y éstos son la base de las inscripciones contables.

EL PATRIMONIO

1. El Activo está formado por el total de los bienes y derechos. Las obligaciones contraídas constituyen el Pasivo.

2. Neto o líquido patrimonial, que representa el valor atribuido a la persona o personas que son propietarios de la empresa. Inicialmente es la aportación de quienes han creado la empresa, facilitándole medios para que pueda funcionar.

3. a) Permutativo, ya que lo que ha cambiado ha sido la composición del patrimonio: dinero por mercancías.

   b) Permutativo.

   c) Modificativo de disminución.

   d) Mixto o especulativo, pues se produce simultáneamente una permutación de valores y un aumento del neto patrimonial por haber habido una ganancia.

4. Ejercicios Administrativos.

5. Del Activo y la cantidad que debemos a un proveedor forma parte del Pasivo.

6. a) Un bien.

b) Un bien.

c) Una obligación contraída.

d) Un derecho adquirido.

e) Una obligación.

f) La materialización documental de un derecho de cobro; es un derecho, aunque si el librador es solvente, algunos son partidarios de asimilarlo al dinero y considerarlo un bien.

7. La diferencia entre la suma del Activo y la del Pasivo, o sea, 800.000 u.m.

8. a) Disminuye el Activo por la cantidad pagada.

b) Aumenta el Activo por la cantidad cobrada.

c) Sólo se produce permuta de elementos patrimoniales.

d) Se produce permuta de elementos patrimoniales, salen las mercaderías y entra el derecho de cobro o deuda de un cliente.

9.

ACTIVO		PASIVO	
Inmuebles	340.000 u.m.	Proveedores	20.000 u.m.
Mobiliario	70.000 u.m.	Efectos comerciales	
Mercaderías	40.000 u.m.	a pagar	18.000 u.m.
Clientes	15.000 u.m.		
Total Activo	465.000 u.m.	Total Pasivo	38.000 u.m.

El capital será la diferencia entre el total de bienes más derechos adquiridos, menos las obligaciones contraídas:

465.000 – 38.000 = 427.000 u.m.

10.

Inmuebles	340.000 u.m.	Proveedores	20.000 u.m.
Mobiliario	70.000 u.m.	Efectos comerciales	
Mercaderías	40.000 u.m.	a pagar	18.000 u.m.
Clientes	15.000 u.m.	Capital	427.000 u.m.
Total Activo	465.000 u.m.	Total Pasivo	465.000 u.m.

EL INVENTARIO

1. El inventario es la relación detallada y valorada de todos los elementos que componen el patrimonio.

2. El Neto representa la aportación del propietario más los incrementos posteriores generados por los benficios ahorrados. Se incluye en el Pasivo no

exigible, por considerar contablemente el propietario tiene personalidad distinta del negocio.

3. Valorar es asignar a los elementos patrimoniales y a las operaciones efectuadas, una cantidad de moneda o dinero que les da el carácter de contabilizables.

4. El Inmovilizado material está formado por el mobiliario, maquinaria, material de taller, bienes inmuebles, etcétera.

No podrá continuar la misma actividad de la empresa si desaparecen los bienes que forman el Inmovilizado material de ésta, a no ser que alquile aquellos que puedan sustituirles.

5. Es la cantidad de dinero que se paga por un producto en el mercado en un momento determinado.

6. Por el valor de compra más los gastos que haya ocasionado su adquisición; en este caso por 1.540.000 u.m.

7. Al precio de coste, o sea, 80 u.m.; si el precio actual es menor que el de coste se valorará a dicho precio, en este caso 60 u.m.

8. Se valorarán al precio de adquisición, o valor efectivo, en este caso será:

$$\frac{100 \times 1000 \times 120}{100} = 120.000 \text{ u.m.}$$

9. b) Compra de mercaderías a crédito: aumenta el realizable condicionado y aumenta el exigible a corto plazo.

c) Compra de mobiliario pagando al contado: aumenta el Inmovilizado material y disminuye el disponible.

d) Cobro de una letra a nuestro favor: aumenta el disponible y al tiempo que disminuye el realizable cierto.

e) Cancelación de un préstamo obtenido: disminuye el disponible y también lo hace el exigible a largo plazo.

10. Inventario del Sr. Gómez, del comercio de esta plaza en el día ...

ACTIVO

Caja, dinero según arqueo		87.000 u.m.
Bancos, saldos a mi favor en cuenta corriente		230.000 u.m.
Mercaderías, existencias en almacén		205.376 u.m.
200 kg rayón a 380 u.m./kg	76.000	
130 kg lino a 450 u.m./kg	58.500	
94 kg seda a 754 u.m./kg	70.876	

Deudores, J. Ruiz, saldo a mi favor		45.000 u.m.
Inmovilizado		223.000 u.m.
Mobiliario según detalle inventario parcial Núm. 1	67.000	
Maquinaria, según detalle en inventario parcial Núm. 1	156.000	
Suma del ACTIVO		790.376 u.m.
PASIVO		
Proveedores, Pedro García Mata, saldo a mi cargo		30.000 u.m.
Efectos comerciales a pagar		27.000 u.m.
Letras a mi cargo por valor	27.000	
según el siguiente detalle:		
(poner un detalle a su elección)		
Suma del PASIVO		57.000 u.m.
Neto		
Capital		733.376 u.m.
Suma igual al ACTIVO		790.376 u.m.

EJERCICIOS CAPÍTULO 3

ESTUDIO DE LAS CUENTAS Y SUS MOVIMIENTOS

1. Las cuentas representan a los elementos patrimoniales agrupados por clases, expresando los aumentos y disminuciones de valor que experimentan en un período determinado.

2. La parte derecha es el Haber y la parte izquierda el Debe. Las cuentas se cargan en el Debe y se abonan en el Haber.

3. Un cargo en dicha cuenta.

4. Saldo.

5. Deudor.

6. Si cerramos una cuenta, la suma del Debe es igual a la suma del Haber. Recuerde que al cerrar una cuenta incluimos el saldo en el lado de la misma que sumaba menos.

7. Si disminuye la cuantía de una cuenta de Activo hay que hacer un abono a esta cuenta.

8. Si la cuantía de una cuenta de Pasivo disminuye hay que realizar un cargo a esta cuenta.

9.

D	Caja		H	D	Almacén	H
a)	23.000	4.000	b)	a)	14.000	
c)	3.000			b)	4.000	
	26.000			d)	5.000	
					23.000	

D	Acreedores	H
	12.000	a)
	5.000	d)
	17.000	a)

D	Deudores		H	D	Capital		H
a)	8.000	3.000	c)			33.000	a)

Saldo Caja: 22.000 u.m. deudor.

Saldo Almacén: 23.000 u.m. deudor.

Saldo Acreedores: 17.000 u.m. acreedor.

Saldo Deudores: 5.000 u.m. deudor.

10. El saldo de una cuenta es la diferencia entre la suma del Debe y la suma del Haber. La suma del Debe es 9.025, la suma del Haber 4.300 + x

$$9.205 - (4.300 + x) = 2.905, \text{ de donde: } x = 2.000$$

LA PARTIDA DOBLE

1. No hay deudor sin acreedor, ni acreedor sin deudor.

2. A la suma de las cantidades anotadas en el Haber de otra u otras varias.

3. La suma de todos los saldos acreedores.

4. Un flujo material representado por la entrada de mercaderías y a un flujo financiero representado por la salida de dinero.

5. No es correcto ya que no cumple el principio de que la suma de las cantidades anotadas en el Debe sea igual a la suma de las cantidades anotadas en el Haber.

6. a) Se carga la cuenta de Mobiliario y se abona la cuenta de Caja.

   b) Se carga la cuenta de Proveedores y se abona la cuenta de Caja.

   c) Se carga la cuenta de Tributos y se abona la cuenta de Caja.

   d) Se carga la cuenta de Efectos comerciales a pagar y se abona la cuenta de Caja.

   e) Se carga la cuenta de Inmuebles y se abonan las de Banco y Acreedores.

7.

CUENTAS	DEBE	HABER
Caja	1.000	
Mercaderías	980	
Clientes	340	
Mobiliario	560	
Proveedores		430
Capital		2.450
Total	2.880	2.880

8. Concepto deudor. ¿Se cancela alguna obligación? Sí, la deuda a un proveedor. Concepto acreedor. ¿Qué entrego? Dinero en efectivo, que sale de Caja.

9. Las cuentas que intervienen son la de Proveedores y la de Caja. La cuenta de Proveedores es una cuenta de Pasivo y la cuenta de Caja es una cuenta de Activo. Se carga la cuenta de Proveedores y se abona la cuenta de Caja.

10. El saldo de la cuenta de Proveedores ha disminuido por la cantidad pagada, o sea, en este momento, el saldo acreedor de la cuenta de Proveedores es menor que antes del pago. La cuenta de Caja también ha sufrido una disminución, ya que ha salido de ella el dinero necesario para el pago de la deuda.

INSTRUMENTOS MATERIALES NECESARIOS PARA CUMPLIR LOS OBJETIVOS DE LA CONTABILIDAD EMPRESARIAL

1. Asiento contable es en general la inscripción de una operación en un libro cualquiera, pero se aplica en particular este nombre a las anotaciones en el libro Diario.

2. Está prohibido por el artículo 28 del Código de Comercio. Léalo.

3. El asiento de apertura, formado por todas las cuentas de Activo y Pasivo que aparezcan en el inventario inicial de la empresa.

4. El primero es un asiento simple, el segundo un asiento mixto y el tercero un asiento compuesto.

5. Asiento de apertura:

		. . .		
50.000	**Caja**			
80.000	**Bancos**			
60.000	**Mercaderías**			
15.000	**Clientes**	a	**Proveedores**	23.000
		a	**Efectos comerciales a pagar**	10.000
		a	**Capital**	172.000

6.

	a)	. . .		
2.500	**Mercaderías**	a	**Caja**	2.500
	b)	. . .		
7.500	**Caja**			
7.500	**Clientes**	a	**Mercaderías**	15.000
	c)	. . .		
3.000	**Caja**			
3.000	**Mercaderías**			
3.000	**Clientes**			
3.000	**Efectos comerciales a cobrar**	a	**Mercaderías**	12.000

OTROS LIBROS OBLIGATORIOS

1. Este libro presenta unos hitos en la historia resumida de la actuación de la empresa, debiendo aparecer en él todos los inventarios y balances de dicha empresa.

2. La finalidad del balance de comprobación es asegurar que las partidas del Diario han sido pasadas todas al Mayor, y conocer la situación de las distintas cuentas, en sus movimientos totales o sumas y en sus saldos.

3. El libro de Actas tiene la finalidad de registrar todos los acuerdos tomados por las Juntas Generales y demás órganos colegiados de las sociedades mercantiles.

4. El Código de Comercio en su artículo 26 dice que las sociedades mercantiles deben llevar un libro de Actas. No es obligatorio para los comerciantes individuales.

5.

TÍTULOS CUENTAS	SUMAS DEBE	SUMAS HABER
Bancos	754.000	330.000
Mobiliario	250.000	14.000
Inmuebles	4.680.000	—
Compras	420.000	—
Ventas	—	210.000
Clientes	278.000	129.000
Proveedores	110.000	240.000
Total	6.492.000	923.000

Falta la cuenta de Capital, cuyo saldo inicial de 5.569.000 no se modifica.

6.

TÍTULOS CUENTAS	SALDOS DEUDORES	SALDOS ACREEDORES
Banco	424.000	—
Mobiliario	236.000	—
Inmuebles	4.680.000	—
Compras	420.000	—
Ventas	—	210.000
Clientes	149.000	—
Proveedores	—	130.000
Capital	—	5.569.000
Total	5.909.900	5.909.900

7.

TÍTULOS CUENTAS	SUMAS DEBE	SUMAS HABER	SALDOS DEUDORES	SALDOS ACREEDORES
Bancos	754.000	330.000	424.000	—
Mobiliario	250.000	14.000	236.000	—
Inmuebles	4.680.000	—	4.680.000	—
Compras	420.000	—	420.000	—
Ventas	—	210.000	—	210.000
Clientes	278.000	129.000	149.000	—
Proveedores	110.000	240.000	—	130.000
Capital	—	5.569.000	—	5.569.000
Total	6.492.000	6.492.000	5.909.000	5.909.000

8.

ACTIVO

Bancos. Saldos a mi favor en cuenta corriente:		1.880.000
Banco Zaragozano	870.000	
Banco Central	1.010.000	
Mercaderías, existencia en almacén		495.500
15.000 m cable A a 4,5 u.m. metro	67.500	
28.000 m » B a 5 u.m. »	140.000	
48.000 m » C a 6 u.m. »	288.000	
Clientes. Saldos a mi favor		498.000
Sr. Rubio	238.000	
Sr. Velasco	142.000	
Sr. Gutiérrez	118.000	
Inmuebles, de mi propiedad		950.000
Un piso valorado en	950.000	
Terrenos y bienes naturales		2.000.000
Un solar valorado en	2.000.000	
Mobiliario y enseres		156.000
4 mesas oficina valoradas en	32.000	
12 sillas valoradas en	20.000	
3 máquinas de escribir por	17.000	
1 calculadora valorada en	12.000	
1 cuadro valorado en	50.000	
Varias lámparas valoradas en	25.000	
Suma del ACTIVO		5.979.500

PASIVO

Proveedores, saldos a mi cargo		648.000
Sr. Ruiz	283.000	
Sr. García	365.000	
Efectos comerciales a pagar		310.000
Varias letras a mi cargo	310.000	
Hipotecas		1.200.000
A favor del Banco X sobre el solar que poseo	1.200.000	
Capital		3.821.500
Suma del PASIVO		5.979.500

9. Asiento de apertura:

1.800.000	**Bancos**		
495.500	**Mercaderías**		
498.000	**Clientes**		
950.000	**Inmuebles**		
2.000.000	**Terrenos y bienes naturales**		
156.000	**Mobiliario y enseres**		
	a	**Proveedores**	648.000
	a	**Efectos comerciales a pagar**	310.000
	a	**Hipotecas**	1.200.000
	a	**Capital**	3.821.000

10. El método italiano o clásico, que se basa en la ordenación previa de los documentos, uso de libros borradores, uso de los libros principales y uso de libros auxiliares.

LOS ERRORES EN EL TRABAJO CONTABLE

1. Su proceder es incorrecto ya que en los libros de contabilidad no se puede tachar, ni borrar, ni hacer raspaduras, etc. Debe anularse el asiento incorrecto y formularlo de nuevo.

2. a) En el libro Diario solamente.

b) En el Diario y en el Mayor por haberse propagado la equivocación al pasar el correspondiente asiento.

c) En el Mayor solamente cuando el error se produce en el pase del Diario estando la anotación del libro Diario bien.

d) En algún libro auxiliar.

3. No se dará cuenta ya que no estará alterada la igualdad contable ni estará interrumpida la concordancia entre los asientos del Diario y las cuentas del Mayor. El repaso de justificantes, antes de archivarlos, le puede permitir descubrir su error.

4. Sí, se dará cuenta, ya que aparecerá una discordancia en las sumas del Diario y del Mayor.

5. Se deberá hacer un asiento contrario al que está repetido, en la fecha en que se descubra el error; es decir:

| 34.000 | **Proveedores** | a | **Mercaderías** | 34.000 |

6. Debe hacer el asiento siguiente:

| 4.000 | **Gastos generales** | a | **Mobiliario** | 4.000 |
| | Cargo a la primera, de los gastos indebidamente cargados el día 12 a Mobiliario | | | |

7. Se harían:

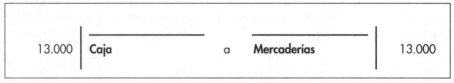

| 13.000 | **Caja** | a | **Mercaderías** | 13.000 |

para anular el equivocado. Y luego otra vez:

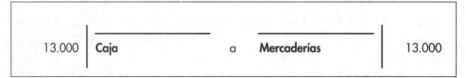

| 13.000 | **Caja** | a | **Mercaderías** | 13.000 |

para reflejar la operación correcta.

8. Se hará el asiento siguente con una sola cuenta:

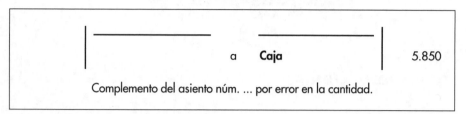

a   **Caja**   5.850

Complemento del asiento núm. ... por error en la cantidad.

9. El día que se ha advertido el error de omisión se realiza el apunte omitido, indicándolo en el margen.

10. Anulando el cargo y abono repetido mediante un contraasiento.

EJERCICIOS CAPÍTULO 4

LOS PLANES DE CUENTAS

1. Un plan de cuentas es una relación que comprende todas las cuentas que han de ser utilizadas al desarrollar la contabilidad de una empresa determinada, indicando para cada una de ellas los motivos de cargo y abono, el significado de su saldo y la coordinación establecida entre las distintas cuentas para reflejar de manera adecuada las operaciones de una empresa.

2. a) Terrenos: los que son propiedad de la empresa.

   b) Mobiliario: todos los bienes muebles de la empresa.

   c) Saldos deudores de clientes: las cantidades que nos deben los clientes, por las ventas que hemos hecho.

   d) Edificios industriales: las naves y edificios que constituyen el lugar donde la empresa realiza sus funciones.

   e) Mercaderías en almacén: los géneros contenidos en el almacén de la empresa.

   f) Saldos bancarios en c/c.: cantidades de líquido disponible en entidades bancarias.

3. No, porque las cuentas deben tener una significación precisa que no infunda error sobre los bienes patrimoniales que contenga, y un título que diga **Varios bienes** es completamente ambiguo y por ello inoperante para el registro contable.

4.

Clases de valores, derechos u obligaciones	Título de cuenta	Grupo patrimonial
Dinero en moneda nacional	**Caja**	Activo disponible
Saldos acreedores, proveedores	**Acreedores comerciales**	Pasivo exigible
Productos para la venta	**Existencias**	Activo realizable
Maquinaria instalada	**Maquinaria y utillaje**	Activo inmovilizado
Aportación del propietario	**Capital**	Pasivo no exigible
Una casa donde está el negocio	**Inmuebles**	Activo inmovilizado
Una deuda con el banco	**Acreedores no comerciales**	Pasivo exigible
El beneficio de las ventas	**Ingresos de la Explotación**	Resultados

5. Sí, se puede prescindir del detalle de las cuentas personales que comprende, pero, además de esta cuenta colectiva se deberán llevar cuentas personales e individuales para cada uno de los conceptos que agrupe la cuenta colectiva.

6. a) Carbón que utilizamos como combustible: número de cuenta (321) dentro del subgrupo (32) **Otros aprovisionamientos**.

   b) Préstamo recibido que pagaremos dentro de 10 años: (171) dentro del subgrupo (17) **Deudas a largo plazo por préstamos recibidos y otros conceptos**.

   c) Sueldos personal: cuenta (640) dentro del subgrupo (64) **Gastos de personal**.

   d) Deudas de clientes: cuenta (430) dentro del subgrupo (43) **Clientes**.

   e) Edificio industrial: cuenta (221) **Construcciones** dentro del subgrupo (22) **Inmovilizaciones materiales**.

   f) Mercaderías para vender: cuenta (300) **Mercaderías** dentro del subgrupo (30) **Existencias comerciales**.

7. En el sugrupo (21) **Inmovilizaciones inmateriales** y en la cuenta (212) **Propiedad industrial**.

8. a) Al (221) Inmovilizado material.

   b) Al (214) Inmovilizado inmaterial.

   c) Al Inmovilizado dentro del subgrupo (20) Gastos de establecimiento.

   d) A Acreedores y Deudores por operaciones de tráfico dentro del subgrupo (480) Ajustes por periodificación.

   e) A (700) Ventas de mercaderías.

   f) A (600) Compras de mercaderías.

9. a) Elementos de transportes dentro del Inmovilizado material (228).

   b) A Patentes (Propiedad industrial) dentro del Inmovilizado inmaterial (212).

   c) A (300) Mercaderías dentro del subgrupo de Existencias comerciales.

   d) A (226) Mobiliario dentro del Inmovilizado material.

   e) A (628) Suministros (Servicios exteriores) dentro del grupo Compras de mercaderías.

   f) A (623) Remuneraciones a agentes mediadores independientes (Servicios exteriores) dentro del grupo de Compras de mercaderías.

10. Que pertenece al grupo 3 del Plan General de Contabilidad, subgrupo 31 que representa a las Materias primas B.

11. 180 pertenece al primer grupo Financiación básica; subgrupo (18) Fianzas y depósitos recibidos a plazo largo.

    226 Grupo 2, Inmovilizado; subgrupo 22, Inmovilizado material; cuenta 223 Maquinaria.

    4009 Grupo 4, Acreedores y deudores por operaciones de tráfico subgrupo; 40 Proveedores.

4009 Proveedores, facturas pendientes de recibir o formalizar.

431 Grupo 4; subgrupo (43) Clientes; cuenta (431) Clientes, efectos comerciales a cobrar.

570 Grupo 5; cuentas financieras; subgrupo (57) Tesorería; cuenta 570 titulada Caja.

12. Se valorarán, a 134.000 u.m que es el valor de adquisición. Se podrá dotar una provisión por depreciación del Inmovilizado financiero.

13. $154.000 + 35.000 - 56.000 + 15.000 = 260.000$ u.m.

14.

	Cargo al grupo	Abono al grupo
a) Compramos al contado mercaderías	6	5
b) Vendemos mercaderías al contado	5	7
c) Compramos mercaderías que pagaremos dentro de 90 días	6	4
d) Vendemos mercaderías a clientes, a crédito	4	7
e) Aceptamos una L/ que gira un proveedor para cancelar una fra. que le debemos	4	4
f) Adquirimos una casa que pagamos al contado	2	5
g) Préstamo a José Martínez 100.000 u.m.	5	5
h) Pagamos varios gastos del negocio	6	5
i) En nuestro inventario inicial tenemos:		
Activo:		
Dinero en Caja 50.000 u.m.	5	
Una fábrica 2.000.000 u.m.	2	
Mercaderías 1.150.000 u.m.	3	
Clientes nos deben 500.000 u.m.	4	
Pasivo:		
Debemos a Proveedores 300.000 u.m.		4
Nuestro Capital[1] es de 3.400.000 u.m.		1
j) Giramos a cargo de n/clientes L/ que entregamos al banco para su descuento	5	4

[1] Suma del Activo   3.700.000
Suma del Pasivo exigible   − 300.000
Capital   3.400.000

Se puede repetir el ejercicio haciendo constar los subgrupos. Para este ejercicio puede tenerse a la vista el desarrollo del PGC, pues no vamos a exigir al alumno el esfuerzo memorístico de aprenderse todo el desarrollo de cuentas. A medida que se va haciendo contabilidad se van reteniendo los títulos y códigos de cuentas que se utilizan y poco a poco se asimilan, en el grado necesario a las necesidades de cada contable, los pormenores de las cuentas que se utilizan.

ESTUDIO DE LAS CUENTAS PATRIMONIALES

1. a) Terrenos pertenece al Activo fijo.

   b) Mobiliario pertenece al Activo fijo.

   c) Saldos de clientes pertenece al Activo circulante.

   d) Inmuebles pertenece al Activo fijo.

   e) Existencias en mercaderías pertenece al Activo circulante.

   f) Saldos en c/c. de bancos pertenece al Activo circulante.

2. La cuenta de Capital pertenece al Pasivo no exigible.

3. Se crea al final del ejercicio económico con los beneficios obtenidos y no repartidos.

4. La suma del Activo menos la suma del Pasivo:

$$251.000 - 35.000 = 216.000 \text{ u.m. de capital.}$$

5. Deja igual la cuenta de Capital ya que se trata de una operación permutativa, o sea, se produce sólo un cambio de dinero por mercaderías.

6. Acreedor.

7.

> **ACTIVO = PASIVO EXIGIBLE + NETO**

$$555.000 = 543.000 + 12.000$$

8. $648.000 - 610.000 = 74.000$ saldo cuenta de Proveedores.

9. Se abonará la cuenta de Pérdidas y ganancias.

10. A la cuenta Deudas a largo plazo por préstamos recibidos y otros conceptos.

11. Inmuebles, Mobiliario, Maquinaria, Terrenos y bienes naturales.

12. Pertenece al Activo fijo.

13. a) Edificios pertenece al Inmovilizado material.

    b) Patentes pertenece al Inmovilizado inmaterial.

    c) Instalaciones pertenece al Inmovilizado material.

    d) Gastos constitución pertenece al Inmovilizado, Gastos de establecimiento.

    e) Maquinaria pertenece al Inmovilizado material.

    f) Marcas comerciales pertenece al Inmovilizado inmaterial.

14. Es la parte que se separa cada año de los beneficios obtenidos, como gasto que es para tener un remanente que nos permita recuperar el dinero que nos costó el bien sujeto a amortización.

15. Los que pertenecen al Activo fijo.

16. El valor contable del elemento sujeto a amortización decrece según una progresión aritmética, creciendo en igual cuantía la suma de amortización acumulada o fondo de amortización.

17. La cuenta Amortización del inmovilizado material o la cuenta Amortización del inmovilizado inmaterial, según de qué inmovilizado se trate. Una y otra cuenta se saldan por la cuenta de Pérdidas y ganancias.

18. La cuenta Amortización acumulada del inmovilizado material o inmaterial según de qué inmovilizado se trate.

19. El primer año sería 8.400 u.m., el segundo se haría sobre el valor residual 84.000 − 8.400 = 75.600.

Cuota de amortización del segundo año = 7.560.

Aplicando la amortización lineal, la cuota de amortización será constante, 8.400 u.m. cada año.

20.

| 8.400 | **Amortización del inmovilizado material** | a | **Amortización acumulada del inmovilizado material** | 8.400 |

El segundo año por amortización variable.

| 7.560 | **Amortización del inmovilizado material** | a | **Amortización acumulada del inmovilizado material** | 7.560 |

21. Pertenece al Activo circulante.

22. Para las entradas de mercancías la cuenta de Compras y para la salida de Mercancías la cuenta de Ventas.

23. No tiene movimiento, ya que éste se refleja en las cuentas de Compras y Ventas.

24. El Debe refleja la existencia inicial de mercaderías al empezar el ejercicio económico y el Haber la final.

25. La cuenta de Mercaderías llevada como cuenta administrativa y la cuenta de Mercaderías llevada como cuenta especulativa.

26. El saldo será siempre deudor e igual al valor de costo de las mercaderías.

27.

a)			
10.000	Compras	a Caja	10.000
b)			
20.000	Compras	a Proveedores	20.000
c)			
7.500	Caja		
7.500	Clientes	a Ventas	15.000
d)			
18.000	Compras	a Proveedores	18.000
e)			
5.000	Proveedores	a Compras	5.000
f)			
35.000	Clientes	a Ventas	35.000
g)			
35.000	Ventas	a Clientes	35.000
h_1)			
40.000	Clientes	a Ventas	40.000
h_2)			
39.200	Caja		
800	Dtos. sobre ventas por pronto pago	a Clientes	40.000
h_3)			
1.500	Transportes y fletes de ventas	a Otros acreedores	1.500

28.

D	Mercaderías	H
850.000		240.000
320.000		1.600.000
1.170.000		1.840.000
670.000		
1.840.000		

Saldo acreedor = 670.000 = Ganancia

29.

D	Mercaderías	H
245.000		110.000
528.000		Ventas
773.000		177.000
		773.000

773.000 – 287.000 = 486.000 = Ventas

30.

a) _____ _____

| 85.000 | Mercaderías | a | Caja | 85.000 |

b) _____ _____

| 12.360 | Mercaderías | a | Caja | 12.360 |

c) _____ _____

| 17.280 | Mercaderías | a | Caja | 17.280 |

d) _____ _____

| 55.800 | Caja | a | Mercaderías | 51.000[1] |
| | | a | Pérdidas y ganancias | 4.800 |

e) _____ _____

| 10.000 | Caja | | | |
| 300 | Pérdidas y ganancias | a | Mercaderías | 10.300[1] |

f) _____ _____

| 15.770 | Caja | a | Mercaderías | 14.592[1] |
| | | a | Pérdidas y ganancias | 1.178 |

[1] Hay que abonar por lo que nos costaron.

31. Se llevan cuentas colectivas, aunque si son pocos los deudores y acreedores pueden llevarse directamente en él las cuentas personales individuales.

32. La letra de cambio, el pagaré, el cheque de cuenta corriente.

33. Los efectos comerciales son endosables por estar creados «a la orden de ...».

34.

	a)			
15.000	Proveedores	a	Banco c/c.	15.000
	b)			
10.000	Caja	a	Clientes	10.000
	c)			
285.000	Clientes	a	Ventas	280.000
		a	Caja	5.000
	d)			
27.500	Compras	a	Proveedores	26.300
		a	Caja	1.200

35.

	a)			
26.000	Efectos comerciales a cobrar	a	Clientes	26.000
	b)			
148.500	Banco c/c.			
1.500	Gastos financieros	a	Efectos comerciales a cobrar	150.000
	c)			
118.000	Proveedores	a	Efectos comerciales a pagar	118.000
	d)			
118.000	Efectos comerciales a pagar	a	Caja	80.000
		a	Efectos comerciales a pagar	38.000
	e)			
14.000	Efectos comerciales a pagar	a	Caja	14.000

36. a) Giro de efectos a cargos de clientes.

    b) Venta de mercaderías a crédito.

    c) Compras de mercadería a crédito.

    d) Devolución de mercaderías recibidas de los proveedores a los mismos.

37. Clientes recoge la deuda a nuestro favor derivada de operaciones de ventas normales a crédito. El saldo será deudor o cero, e indicará las cantidades que los clientes adeudan a la empresa. Excepcionalmente pueden presentar saldo acreedor, por ejemplo, si nos hubiesen adelantado dinero a cuenta de futuras ventas.

    Proveedores refleja la deuda de la empresa por operaciones de tráfico. El saldo será normalmente acreedor o cero e indicará el total de las deudas de la empresa por facturas pendientes de pago. Por excepción será el saldo deudor si hemos anticipado dinero para futuras compras, o hemos devuelto género ya pagado.

38.

10.000	Gastos anticipados	a	Personal	10.000
15.000	Gastos anticipados	a	Gastos generales	15.000

39. Sí. Puede abrirse una cuenta en el Mayor que se titula Bancos, pero además se lleva en fichas auxiliares la contabilidad de las operaciones con cada uno de los bancos con los que trabaje la empresa.

40. Haremos el asiento de Personal a Remuneraciones pendientes de pago, para que Pérdidas y ganancias recoja los gastos del mes.

41. Se llama arqueo de Caja al recuento que periódicamente se realiza del efectivo existente en Caja para comprobar si existe o no la debida concordancia entre dicho efectivo y el saldo que presenta la cuenta.

42. El cajero necesita justificantes de todos los pagos que realiza.

43. A la cuenta de Bancos.

44. La finalidad es que el cliente pueda comprobar la exactitud de la situación de su cuenta.

45. Puede existir una sola Caja o bien tener varias cajas distintas para las diversas secciones que comprende una empresa.

46. Puede utilizarse un libro único de Caja (*véase* página 703) o un libro para los cobros y otro para los Pagos (*véase* página 704).

LIBRO DE CAJA

Conceptos	Caja Debe	Caja Haber	Bancos Debe	Bancos Haber	Clientes Debe	Clientes Haber	Acreedores Debe	Acreedores Haber	Gastos Debe	Gastos Haber	Mercaderías Debe	Mercaderías Haber	Mobiliario y maquinaria Debe	Mobiliario y maquinaria Haber
a) Compra al contado		54.000									54.000			
b) Pago efectivo gastos		14.000							14.000					
c) Cobro clientes	23.000					23.000								
d) Entrego Banco X		67.000	67.000											
e) Compro Mobiliario		12.000											12.000	
f) Pago sueldos		20.000							20.000					
g) Vendo Mercaderías	45.000											45.000		
h) Recibo un préstamo	73.000							73.000						
i) Pago intereses		7.300							7.300					
j) Compro máquina escribir		23.000											23.000	
k) Pago alquiler		15.000							15.000					
l) Ingreso en Caja	10.000			10.000										

LIBRO DE COBROS

Fecha	Concepto del Cobro	Tipo de Justificante	Cobrado	Contrapartidas					
				Bancos	Clientes	Acreedores	Gastos	Ventas	Mobiliario y maquinaria
	Cobro de cliente	Recibo núm.	23.000		23.000				
	Venta contado	Factura núm.	45.000					45.000	
	Recibo préstamo de Don ...		73.000			73.000			
	Extraído del Banco	Talón núm.	10.000	10.000					
	SUMAS		151.000	10.000	23.000	73.000		45.000	

LIBRO DE PAGOS

Fecha	Concepto del Pago	Tipo de Justificante	Pagado	Contrapartidas					
				Bancos	Clientes	Acreedores	Gastos	Compras	Mobiliario y maquinaria
	Compra al contado	Factura	54.000					54.000	
	Gastos de ...		14.000				14.000		
	Ingreso c/c. Banco de Bilbao	Resguardo in.	67.000	67.000					
	Compra mobiliario	Factura	12.000						12.000
	Sueldos	Nómina	20.000				20.000		
	Pago intereses D.		7.300				7.300		
	Compro máquina escribir		23.000						23.000
	Alquileres mes		15.000				15.000		
	SUMAS		212.000	67.000			56.300	54.000	35.000

No arrastramos saldo anterior pues sólo deseamos que el lector se familiarice con estos rayados.

47.

D Proveedores H	D Bancos H	D Arrendamientos H
22.000	22.000	18.000
	18.000	
	77.000	
	112.000	
	229.000	

D Caja H	D Maquinaria H
77.000	112.000

48.

D		Caja			H
1-3	saldo inicial	50.000	8-3	pago	23.000
4-3	ingreso	10.000	18-3	pago	16.000
10-3	ingreso	35.000			39.000
15-3	ingreso	2.000		saldo deudor	58.000
		97.000			97.000

49.

151.000	Caja	· · ·			
		a	Bancos		10.000
		a	Clientes		23.000
		a	Acreedores		73.000
		a	Mercaderías		45.000
		· · ·			
67.000	Bancos				
56.300	Gastos				
54.000	Mercaderías				
35.000	Mobiliario y maquinaria				
		a	Caja		212.300

50.

		· · ·			
22.000	Proveedores				
77.000	Caja				
18.000	Arrendamientos				
112.000	Maquinaria				
		a	Bancos		229.000

51. Son los títulos que representan el capital de las sociedades anónimas.

52. No, quien posee obligaciones de una sociedad es sólo prestamista.

    Si poseo acciones de una sociedad, sí que soy socio de ésta.

53. Las acciones representan parte del capital social y las obligaciones representan préstamos hechos a la empresa.

54. Fondos públicos.

55. Pignoración es la entrega de valores depositándolos como garantía de un préstamo.

56. Nominal es el importe de una acción, o sea, la parte del capital de una empresa en ella representado.

    El efectivo es el importe de la compra o de la venta del valor.

57. En las Bolsas de Comercio.

58.

a)			
73.500	Acciones con cotización oficial	a Banco X c/c.	73.500
b)			
38.250	Caja	a Acciones con cotización oficial	38.250
c)			
36.375	Banco Z c/c.	a Acciones con cotización oficial	36.375

59.

Acciones con cotización oficial		Caja		Banco X		Banco Z	
D	H	D	H	D	H	D	H
73.500	38.250	38.250			73.500	36.375	
	36.375						

60. Las acciones se compraron por 73.500 u.m. y se vendieron por un total de 74.625; por tanto, la ganancia ha sido de 1.125 u.m.

ESTUDIO DE LAS CUENTAS DE INGRESOS Y GASTOS

1. Tasas, contribuciones especiales e impuestos. (Está en el texto).

2. Una contribución especial.

3. b) Una disminución del patrimonio.

4. Primas de rendimiento, incentivos a la producción, plus de protección familiar, horas extraordinarias, antigüedad, gratificaciones, plus por trabajos peligrosos, etcétera.

5. Las cuotas de la Seguridad Social las paga en parte el empresario y en parte el trabajador.

6. Según el PGC a la cuenta de Transportes y fletes; aunque sería posible incluirlos en la cuenta de Compras, criterio que siguen bastantes contables.

7. Mensualmente por el auxiliar administrativo las cuotas de la Seguridad Social son de 8.200 u.m. a cargo de la empresa y de 1.400 u.m. a cargo del empleado. Para un oficial administrativo son de 10.660 a cargo de la empresa y de 1.820 a cargo del empleado. Para un jefe administrativo son de 16.810 a cargo de la empresa y de 2.870 a cargo del empleado.

8.

122.670	Gastos de personal	a	Bancos c/c.	80.910
		a	Organismos de la Seguridad Social, acreedores	41.760

9.

41.760	Organismos de la Seguridad Social, acreedores	a	Banco c/c.	41.760

10.

a)

5.000	Otros servicios	a	Caja	5.000

b)

23.000	Compras			
2.500	Transportes y fletes de compras	a	Proveedores	23.000
		a	Caja	2.500

	c) _____	. . .	_____	
15.000	**Publicidad, propaganda y relaciones públicas**	a	**Caja**	15.000
	d) _____	. . .	_____	
16.000	**Arrendamientos**	a	**Caja**	16.000
	e) _____	. . .	_____	
7.000	**Reparaciones y conservación**	a	**Caja**	7.000

11. Ingresos son toda aportación o incremento del patrimonio, sin aparente contraprestación, o sea, sin entregar nada a cambio.

12. La cuenta de Pérdidas y ganancias.

13.

165.000	**Caja**	a	**Ventas**	165.000
234.000	**Clientes**	a	**Ventas**	234.000
5.000	**Caja**	a	**Dtos. sobre compras**	5.000
9.000	**Caja**	a	**Ingresos financieros**	9.000
8.000	**Caja**	a	**Comisiones**	8.000
24.000	**Caja**	a	**Ingresos financieros**	24.000

14.

399.000	Ventas		
5.000	Dtos. sobre compras		
33.000	Ingresos financieros		
8.000	Comisiones		
		a Pérdidas y ganancias	445.000

15. No, porque no se experimenta ningún aumento del patrimonio.

16. Las cuentas que no se regularizan; es decir, que sus saldos no pasan a la cuenta de Pérdidas y ganancias, son: a) Caja y c) Clientes.

17.

174.000	Pérdidas y ganancias	a Almacén	156.000
		a «Rappels» sobre ventas	18.000
230.000	Ventas		
15.000	Comisiones		
45.000	Ingresos financieros		
56.000	Ingresos de la explotación		
28.000	Almacén (existencias finales)		
		a Pérdidas y ganancias	374.000

18. Caja 130.000, Clientes 43.000, Pérdidas y ganancias 200.000, saldo acreedor.

19.

152.000	Banco c/c.		
48.000	Hacienda Pública, retenciones y pagos a cta. (1)	a Ingresos financieros	200.000

(1) Los tipos impositivos no corresponden a los reales; se fijan tipos arbitrarios a efectos de ejemplo dada la variabilidad que la imposición fiscal presenta en la práctica.

20.

35.100	Proveedores	a «Rappels» por compras	35.100

21.

	a)			
50.000	Compras (600)	a	Banco B (572)	25.000
		a	Proveedores (400)	25.000
	b)			
25.000	Proveedores (400)	a	Proveedores, efectos comerciales a pagar (401)	25.000
	c)			
25.000	Efectos comerciales a pagar (401)			
300	Otros gastos financieros (669)	a	Clientes, efectos comerciales a cobrar (431)	18.000
		a	Caja (570)	7.300
	d)			
16.000	Bancos B (572)			
500	Dtos. sobre ventas por pronto pago (665)	a	Clientes (430)	16.500
	e)			
29.600	Bancos B (572)			
400	Intereses descuentos de efectos (664)	a	Clientes, efectos comerciales a cobrar (431)	30.000

22.

	a)			
25.000	Deudores, efectos comerciales a cobrar (441)	a	Caja (570)	25.000
	b)			
35.000	Proveedores (400)	a	Caja (570)	10.000
			Deudores, efectos comerciales a cobrar (441)	25.000

	c)			
25.000	Deudores, efectos comerciales impagados (4415)	a	Proveedores (400)	25.000
	d)			
25.000	Proveedores (400)	a	Caja (570)	25.000
	e)			
25.800	Deudores, efectos comerciales a cobrar	a	Deudores, efectos comerciales impagados (4415)	25.000
		a	Otros ingresos financieros (769)	800

23.

	a)			
25.000	Banco C (572)			
25.000	Clientes (430)	a	Ventas (700)	50.000
	b)			
14.000	Banco C (572)			
12.000	Clientes, efectos comerciales a cobrar (431)	a	Clientes (430)	25.000
		a	Otros ingresos financieros (769)	1.000
	c)			
11.070	Banco C (572)			
930	Intereses descuento efectos (664)	a	Clientes, efectos comerciales a cobrar (431)	12.000
	d)			
12.150	Clientes, efectos comerciales impagados (4315)	a	Banco C (572)	12.150
	e)			
12.150	Banco C (572)	a	Clientes, efectos comerciales impagados (4315)	12.150

La práctica usual consiste en llevar la cuenta (4315) añadiendo al nominal todos los gastos de la devolución.

También es frecuente sustituir la cuenta (4315) por la del cliente que ha motivado la devolución, cargándole asimismo los gastos.

Si el impagado fuese por culpa del librador no es lógico cargar los gastos al cliente (librado); en este caso (que no es el del supuesto) los gastos deberían cargarse a la (669).

OPERACIONES FINALES

1. Las cuentas diferenciales, denominadas también de Resultados, son las de Costes e Ingresos y la de Pérdidas y ganancias.

2.

Debe		Pérdidas y ganancias	Haber
Existencias iniciales mercaderías	168.000	Existencias finales mercaderías	175.000
Compras mercaderías	248.000	Ventas mercaderías	430.000
Gastos explotación	120.000	Ingresos explotación	202.000
	536.000		707.000

El saldo acreedor 171.000 u.m. representa el beneficio.

3.

Debe		Pérdidas y ganancias	Haber
Existencias iniciales mercaderías	100.000	Ingresos Explotación	187.000
Compras	200.000	Existencias finales mercaderías	150.000
Gastos Explotación	102.000		337.000
	402.000	Ventas	X
			676.000
$337.000 + X - 402.000 = 274.000$		Suma Debe	402.000
De donde $X = 339.000$		+ Saldo acreedor	274.000
		Suma Haber	676.000

4.

130.000	Pérdidas y ganancias	a	Gastos explotación	130.000
414.000	Ingresos explotación	a	Pérdidas y ganancias	414.000
104.000	Pérdidas y ganancias	a	Gastos extraordinarios	104.000
122.000	Ingresos financieros	a	Pérdidas y ganancias	122.000

La cuenta de Pérdidas y ganancias presenta un saldo acreedor de (234.000 – 536.000) 302.000 u.m.; es decir, el ejercicio se ha saldado con esta ganancia.

5.

35.000	**Dotación amortización inmovilizado material**	a	**Amortización acumulada inmovilizado material**	35.000
35.000	**Pérdidas y ganancias**	a	**Dotación amortización inmovilizado material**	35.000

El nuevo saldo de la cuenta de Pérdidas y ganancias será de 105.000 – 35.000 = 70.000 u.m. de ganancia.

Esta rectificación afectará al resultado de explotación (Ingresos – gastos de explotación).

6.

234.000	**Pérdidas y ganancias**	a	**Capital**	70.200
		a	**Reservas**	23.400
		a	**Socios C/Beneficios**	140.400

7.

Gastos venta		Gastos administración	
Comisiones	8.000	Material de oficina	3.000
Minutas viajes	23.000	Agua y electricidad	12.000
Alquiler almacén	54.000	Reparaciones camiones	10.000
Gastos publicidad	34.000	Seguro de incendios	12.000
Sueldos vendedores	77.000		

La clasificación de los gastos es siempre algo subjetivo y depende de las características de cada empresa; así, la reparación de camiones (si se dedicasen sólo a reparto) también podría considerarse gasto de venta.

8.

98.300	Pérdidas y ganancias	a	Compras	43.000
		a	Depreciación mobiliario	2.300
		a	Gastos limpieza	2.200
		a	Alquiler local	12.000
		a	Publicidad	15.000
		a	Sueldos personal	20.000
		a	Gastos viaje	4.000
68.000	**Ventas**	a	**Pérdidas y ganancias**	68.000

Consideramos que la cuenta Depreciación mobiliario es la que equivale a lo que el Plan General de Contabilidad español llama Amortización del inmovilizado material.

La cuenta de Almacén consideramos que en este ejercicio representa la existencia final de dicha cuenta y que ya ha sido deducida de compras. No deben pasar a Pérdidas y ganancias las cuentas que presentan saldos inventariables.

9.

D		Pérdidas y ganancias		H
Gastos personal	134.000	Ventas mercaderías	143.000	
Gastos transporte	43.000	Ingresos accesorios		
Compras mercaderías	856.000	a la explotación	40.000	
Impuestos	23.000	Existencias finales almacén	720.000	
Gastos financieros	6.500			
Existencias iniciales	450.000			

El resultado de la explotación del ejercicio actual es suma de Haber = = (2.192.000) − suma del Debe (1.512.500) = 679.500 saldo acreedor.

Los ingresos por servicios de ejercicios anteriores, en buena lid, debieron ya contabilizarse en aquellos con cargo a Cobros diferidos (apartado Cuentas de débitos y créditos) y no afectan al actual, no obstante, si no figuraron en Cobros diferidos, deberían constar ahora como una partida más en el Haber.

10.

20.000	Amortización del inmovilizado material de mobiliario (6826)	a	Amortización acumulada del inmovilizado material de mobiliario (2826)	20.000

60.000	Amortización del inmovilizado material de instalaciones industriales (6822)	a	Amortización acumulada del inmovilizado material de instalación industrial (2822)	60.000
40.500	Amortización del inmovilizado material de vehículos (6828)	a	Amortización acumulada del inmovilizado material de vehículos (2828)	40.500
30.960	Amortización del inmovilizado material de maquinaria (6823)	a	Amortización acumulada del inmovilizado material de maquinaria (2823)	30.960
151.460	Pérdidas y ganancias	a	Amortización del inmovilizado material de:	
			Mobiliario	20.000
			Instalaciones industriales	60.000
			Vehículos	40.500
			Maquinaria	30.960

Estos títulos tan largos en la práctica se simplifican y el código numérico del PGC basta para su exacta identificación. Así, Amortización inmovilizado es 6826.

CUENTAS DE ORDEN, TRANSITORIAS Y ESTADÍSTICAS

1.

89.700	Gastos anticipados	a	Caja o Banco	89.700

2.

	a)			
35.000	Intereses a cobrar	a	Ingresos financieros	35.000
	b)			
47.000	Gastos financieros	a	Intereses a pagar	47.000
	c)			
325.000	Banco c/c.	a	Ingresos anticipados	325.000

3.

1.200.000	Dotación a la provisión del inmovilizado material	a	Provisión por depreciación de terrenos	1.200.000

4.

325.000	Mercaderías en camino	a	Proveedores	325.000
27.400	Mercaderías en camino	a	Corresponsales	27.400
58.300	Mercaderías en camino	a	Acreedores	58.300
437.700	Mercaderías o Compras[1]	a	Mercaderías en camino	437.700

[1] Si sigue el PGC debe utilizarse la cuenta de Compras en vez de Mercaderías.

5.

| 278.000 | Edificios y otras construcciones en curso | a | Banco c/c. | 278.000 |

Este asiento se irá repitiendo cada mes, hasta octubre, por las cantidades que se van pagando. Una vez acabado el edificio se hará:

| 13.999.265 | Edificios y otras construcciones | a | Edificios y otras construcciones en curso | 13.999.265 |

6.

| 1.500.000 | Valores recibidos en garantía | a | Garantías de empleados | 1.500.000 |

7.

| 12.000.000 | Garantía de préstamos[1] | a | Valores entregados en garantía[1] | 12.000.000 |

[1] Si sigue el PGC estas anotaciones serían un epígrafe de la Memoria de las cuentas anuales.

8.

| 2.000.000 | Deudores por aval[1] | a | Efectos avalados[1] | 2.000.000 |

[1] Si sigue el PGC estas anotaciones serían un epígrafe de la Memoria de las cuentas anuales.

9.

| 258.952 | Deudores dudosos cobro | a | Deudores | 258.952 |

258.952	Dotación a la provisión para otras operaciones de tráfico	a	Provisión para insolvencias de tráfico	258.952

10.

25.780.000	Presupuesto inversiones	a	Gastos a realizar	25.780.000

A medida que se efectúen los pagos:

1.780.000	Gastos a realizar	a	Banco c/c.	1.780.000

y cada mes indicando el mismo asiento con las cantidades que se mencionan. Las cuentas presentarán la siguiente situación:

Presupuesto de Inversiones	Gastos a realizar		Bancos
25.780.000	1.780.000	25.780.000	1.780.000
	6.000.000		6.000.000
	6.000.000		6.000.000
	6.000.000		6.000.000
	2.000.000		2.000.000
	2.000.000		2.000.000
	3.765.000		3.765.000
	27.545.000		27.545.000

Ahora corresponde:

27.545.000	Edificios y otras construcciones Coste de la obra «tal».	a	Presupuestos de inversiones	25.780.000
	Lo presupuestado.	a	Gastos a realizar	1.765.000
	Exceso de coste real sobre lo presupuestado.			

EL BALANCE DE SITUACIÓN

1.

ACTIVO	PASIVO
Bancos	Proveedores
Caja	Efectos comerciales a pagar
Clientes	Hipotecas
Efectos comerciales a cobrar	Reservas
Mercaderías	Capital
Mobiliario	
Maquinaria	
Elementos de transporte	
Acciones	

2.

ACTIVO[1]	PASIVO
Disponible	**Exigible a corto plazo**
Caja	Proveedores
Bancos	Efectos comerciales a pagar
Realizable	**Exigible a largo plazo**
Clientes	Hipotecas
Efectos comerciales a cobrar	**No exigible**
Acciones	Capital
Existencias	Reservas
Mercaderías	
Inmovilizado	
Mobiliario	
Maquinaria	
Elementos de transporte	

[1] Si sigue el PGC español el orden de las partidas es inverso.

3.

800.000	**Caja**			
300.000	**Mercaderías**			
600.000	**Maquinaria**			
134.000	**Mobiliario**			
112.000	**Clientes**	a	**Proveedores**	96.000
		a	**Capital**	1.850.000

70.000	**Clientes**	a	**Ventas**	70.000
6.000	**Gastos diversos**	a	**Caja**	6.000
26.000	**Proveedores**	a	**Caja**	26.000
30.000	**Arrendamientos**	a	**Caja**	30.000
336.000	**Pérdidas y ganancias**	a	**Gastos diversos**	6.000
		a	**Arrendamientos**	30.000
		a	**Mercaderías** (existencias iniciales)	300.000
70.000 250.000	**Ventas** **Mercaderías** (existencias finales)	a	**Pérdidas y ganancias**	320.000

BALANCE DE SITUACIÓN

ACTIVO		PASIVO	
Disponible		**Exigible a corto plazo**	
Caja	738.000	Proveedores	70.000
Realizable		**No exigible**	
Clientes	182.000	Capital	1.850.000
Existencias			
Mercaderías	250.000		
Inmovilizado			
Maquinaria	600.000		
Mobiliario	134.000		
Resultados			
Pérdidas y ganancias	16.000		
Total ACTIVO	1.920.000	**Total PASIVO**	1.920.000

4. Balance general (*véase* página siguiente).

BALANCE GENERAL

TÍTULOS DE LAS CUENTAS	SALDOS		INVENTARIO			
	Deudores	Acreedores	Activo	Pasivo	Pérdidas	Ganancias
Caja	500.000		500.000			
Bancos	1.300.000		1.300.000			
Deudores varios	160.000		150.000		10.000	
Clientes	190.000		190.000			
Proveedores		240.000		220.000		20.000
Acreedores		300.000		300.000		
Gastos varios	80.000				80.000	
Instalación	1.500.000		1.500.000			
Efectos comerciales a cobrar	420.000		420.000			
Capital		3.510.000		3.510.000		
Pérdidas y ganancias		100.000	(*)			100.000
Diferencias	4.150.000	4.150.000	4.060.000	4.030.000	90.000	120.000
					340.000	340.000
TOTAL	4.150.000	4.150.000	4.060.000	4.060.000	120.000	120.000

(*) Como la suma de saldos deudores ha de ser igual a la suma de saldos acreedores, la cantidad a determinar es la diferencia entre los saldos que conocemos. Refleja quebrantos o beneficios (los que fueren) ya registrados en Pérdidas y ganancias a lo largo del ejercicio.
Por ejemplo: pudo haber habido la venta de un edificio (que ya no aparece en el balance) en la que se ganó. Los deudores definitivamente insolventes, han de cargarse a Pérdidas y ganancias, sin necesidad de utilizar la cuenta deudores morosos y la correspondiente de Provisión por insolvencia de deudores morosos.

5. Asientos regularización:

90.000	Pérdidas y ganancias	a	Deudores varios	10.000
		a	Gastos varios	80.000
20.000	Proveedores	a	Pérdidas y ganancias	20.000

Minuta de Pérdidas y ganancias:

Pérdidas		Ganancias	
De Deudores	10.000	De Proveedores	20.000
De Gastos	80.000	De Otros beneficios	90.000
	90.000		120.000

Saldo de la cuenta Pérdidas y ganancias: 30.000 acreedor, que es el beneficio neto del ejercicio.

6. Véase en la página siguiente el balance general.

Cálculo de las amortizaciones	
Valor residual de la Maquinaria:	
Debe de Maquinaria	1.200.000
Haber de Amortización acumulada de maquinaria	– 150.000
Diferencia o valor residual	1.050.000

Amortización al 12% s/1.050.000 = 126.000 u.m.

Valor del coste de Mobiliario (su Debe) 800.000 u.m.

Amortización al 10% s/80.000 u.m.

Aplicamos dos criterios diferentes para que el lector los practique. Lo normal en las empresas es que se siga un mismo criterio en una y otra cuenta.

Aunque en el balance general colocamos en cuentas separadas la Amortización acumulada de Maquinaria y la correspondiente al Mobilario, podría figurar, como lo hemos puesto en el balance de situación o resumen, su suma en una sola cuenta de Amortización acumulada de inmovilizado material. Depende del mayor o menor detalle de cuentas que se considere conveniente presentar.

El balance general pedido se presentará según el estado de la página siguiente.

BALANCE GENERAL

TÍTULOS DE LAS CUENTAS	SALDOS		INVENTARIOS		Pérdidas	Ganancias
	Deudores	Acreedores	Activo	Pasivo		
Bancos	1.730.000		1.730.000			
Almacén	900.000		750.000		150.000	
Mobiliario	800.000		800.000			
Maquinaria	1.200.000		1.200.000			
Efectos comerciales a cobrar		370.000		270.000		100.000
Efectos Comerciales a pagar		120.000		120.000		
Acreedores		312.000		312.000		
Proveedores		920.000		920.000		
Hacienda pública		60.000		60.000		
Comisiones	10.000				10.000	
Amortización acumulada maquinaria		150.000		276.000	126.000	
Amortización acumulada mobiliario				80.000	80.000	
Capital		3.448.000		3.448.000		
	5.010.000	5.010.000	4.750.000	5.216.000	466.000	466.000
Diferencias			466.000			
TOTALES	5.010.000	5.010.000	5.216.000	5.216.000	466.000	466.000

NOTA: No hay ninguna cuenta que presente beneficio a regularizar. Se supone que la cuenta de Almacén se ha llevado por el método especulativo.

7. Asientos de regularización:

466.000	Pérdidas y ganancias	a	Almacén	150.000
		a	Efectos comerciales a cobrar	100.000
		a	Comisiones	10.000
		a	Amortización inmovilizado material	206.000

Previamente se habrá hecho el asiento:

206.000	Amortización del inmovilizado material	a	Amortización acumulada de maquinaria	126.000
		a	Amortización acumulada de mobiliario	80.000

Muchos contables prefieren refundir los dos asientos anteriores en uno solo, suprimiendo el cargo y abono en la cuenta de detalle de gasto Amortización del inmovilizado material. En este caso el asiento sería:

466.000	Pérdidas y ganancias	a	Almacén	150.000
		a	Efectos comerciales a cobrar	100.000
		a	Comisiones	10.000
		a	Amortización acumulada de maquinaria	126.000
		a	Amortización acumulada de mobiliario	80.000

BALANCE DE SITUACIÓN

TÍTULOS DE CUENTAS	ACTIVO	PASIVO
Bancos	1.730.000	
Almacén	750.000	
Mobiliario	800.000	

Maquinaria	1.200.000	
Efectos comerciales a cobrar	270.000	
Efectos comerciales a pagar		120.000
Hacienda Pública		60.000
Acreedores		312.000
Proveedores		920.000
Amortización acumulada del inmovilizado material		356.000
Capital		3.448.00
Resultados ejercicio (Pérdida)	466.000	
	5.216.000	5.216.000

8.

Títulos cuentas	Saldos deudores	Existencias inventario	Pérdidas	Ganancias
Almendras	60.000	72.230	—	12.230
Avellanas	40.500	38.118	2.382	—
Nueces	33.250	40.000	—	6.750
Higos	10.000	—	10.000	—
Piñones	14.000	7.394	6.606	—
Cacahuetes	9.000	16.210	—	7.210
Totales	166.750	173.952	18.988	26.190

Comprobación: 173.952 – 166.750 = 7.202   26.190 – 18.988 = 7.202

Al llevar la cuenta general de Mercaderías, los importes globales de la misma han de coincidir con la suma de las cuentas auxiliares o derivadas que la desarrollan.

9.

Títulos partidos	Saldos iniciales	Compras	Saldos finales	Ventas	Pérdidas	Ganancias
Almendras	70.000	18.432	42.230	64.430	—	18.228
Avellanas	40.500	12.543	28.118	42.543	—	17.618
Nueces	23.250	8.134	30.000	7.213	—	5.829
Higos	8.000	—	—	10.000	—	2.000
Piñones	14.000	—	16.000	4.200	3.800	
Cacahuetes	9.000	4.000	6.210	6.477	313	
Totales	164.750	43.109	112.558	134.863	4.113	43.675

Comprobación por sumas:	Existencias iniciales	164.750	
	Compras	43.109	207 859
	Existencias finales	112.558	
	Ventas	134.868	247.421
	Suma Ganancias	43.675	
	Suma Pérdidas	– 4.113	39.562

10. Los acreedores forman parte de su Pasivo y los Efectos comerciales a cobrar parte de su Activo. No afectarán al resultado de la Explotación obtenido en el ejercicio número 9.

EJERCICIOS CAPÍTULO 5

LAS CUENTAS ANUALES: EL BALANCE Y SU ANEXO

1. Son los elementos patrimoniales intangibles de la empresa, constituidos por derechos susceptibles de valoración económica, por ejemplo: concesiones administrativas, propiedad industrial, etcétera.

2. No le afectan.

3. Mediante un cargo en la cuenta de (223) Maquinaria y un abono en la cuenta de Capital.

   No es operación frecuente, pues en el comercio rige la máxima «do ut des» (doy para que me des); pero, si se recibe algo sin contraprestación, tenemos un aumento de Capital.

4.

973.000	Gastos extraordinarios (678)	a	Mobiliario y enseres (226)	187.000
		a	Maquinaria (223)	786.000

5.

354.000	Obligaciones y bonos a corto plazo (500)	a	Ingreso de valores de renta fija (761)	354.000

6. Con los saldos deudores de las cuentas del grupo 6 y los acreedores de las cuentas del grupo 7.

7. Que ha tenido una pérdida de 654.000 u.m.

8. El beneficio puede dedicarse a reservas, a creación de previsiones, a distribución de dividendos, etcétera.

9. No está realizando autofinanciación.

10.

D	Pérdidas y ganancias (129)		H
Compras	45.000	Ventas	187.000
Gastos transporte	15.000	Descuentos pronto pago	10.000
Sueldos y salarios	56.000	Comisiones	19.000
Tributos	13.000		216.000
	129.000		
Beneficios	87.000		

EL CUADRO DE FINANCIAMIENTO

1. El cuadro de financiamiento describe cómo, a lo largo del ejercicio económico, los recursos de que ha dispuesto la empresa le han permitido hacer frente a sus necesidades.

2. Movimiento de Existencias de productos y materias.

   Créditos sobre los clientes y otros deudores.

   Débitos frente a proveedores y otros acreedores.

   Tesorería por pago de gastos y recepción de ingresos.

3.

Aplicación de recursos	Origen de los recursos
△ de Activo ▽ de Pasivo	▽ de Activo △ de Pasivo

FLUJOS DEL EJERCICIO		
Cuentas	Aplicaciones	Origen
ACTIVO		
Tesorería	30.000	
Inmovilizado		350.000 (ventas de)
Existencias		230.000
Clientes	90.000	
PASIVO		
Capital		
Deudas a largo plazo	120.000	
Deudas a corto plazo	72.000	
Pérdidas y ganancias	268.000	
	580.000	580.000

△ significa aumento de ... o incremento
▽ significa disminución de ... o decremento

4. Origen y aplicación de recursos:

Cuentas	Aplicaciones	Origen
ACTIVO		
Disponible	210.000	
Realizable		110.000
Existencias	108.000	
PASIVO		
Exigible a corto plazo	105.000	—
Exigible a largo plazo	—	—
No exigible	—	—
Resultados	—	313.000
	423.000	423.000

5.

Primera parte

APLICACIONES E INVERSIONES PERMANENTES DE LOS RECURSOS

GRUPO I. FINANCIACIÓN BÁSICA

Capital 6.000
Deudas a largo plazo 2.000

GRUPO II. INMOVILIZADO

Mobiliario 2.000
Total de aplicaciones e inversiones permanentes de los recursos 10.000

Segunda parte

RECURSOS PERMANENTES OBTENIDOS EN EL EJERCICIO

GRUPO I. FINANCIACIÓN BÁSICA

Pérdidas y ganancias 10.200

GRUPO II. INMOVILIZADO

Maquinaria 4 000
Total de los recursos permanentes obtenidos 14.200

Tercera parte

VARIACIONES ACTIVAS DEL CIRCULANTE

GRUPO III. EXISTENCIAS

Mercaderías 400

GRUPO IV. ACREEDORES Y DEUDORES POR OPERACIONES DE TRÁFICO

Clientes 2.600
Efectos comerciales a cobrar 9.000
Efectos comerciales a pagar 600

GRUPO V. CUENTAS FINANCIERAS

Bancos 5.000
Total de las variaciones activas del circulante 17.600

VARIACIONES PASIVAS DEL CIRCULANTE

GRUPO IV. ACREEDORES Y DEUDORES POR OPERACIONES DE TRÁFICO

Proveedores 1.000
Deudas a corto plazo 8.400
Deudores 1.000

GRUPO V. CUENTAS FINANCIERAS

Acciones 3.000
Total de las variaciones pasivas del circulante 13.400

6.

Primera parte

APLICACIONES E INVERSIONES PERMANENTES DE LOS RECURSOS

GRUPO I. FINANCIACIÓN BÁSICA

Deudas a largo plazo 120.000
Total de las aplicaciones e inversiones permanentes de los recursos 120.000

Segunda parte

RECURSOS PERMANENTES OBTENIDOS EN EL EJERCICIO

GRUPO II. INMOVILIZADO

Inmovilizado 350.000
Total de los recursos permanentes obtenidos en el ejercicio 350.000

Tercera parte

VARIACIONES ACTIVAS DEL CIRCULANTE

GRUPO IV. ACREEDORES Y DEUDORES POR OPERACIONES DE TRÁFICO

Clientes 90.000

GRUPO V. CUENTAS FINANCIERAS

Tesorería 30.000
Total de las variaciones activas del circulante 120.000

VARIACIONES PASIVAS DEL CIRCULANTE

GRUPO III. EXISTENCIAS

Mercaderías   230.000

GRUPO IV. ACREEDORES Y DEUDORES POR OPERACIONES DE TRÁFICO

Deudas a corto plazo   72.000
Total de las variaciones pasivas del circulante   302.000

NOTA: Las pérdidas y ganancias pendientes de amortizar por valor de 268.000 u.m., no las hemos incluido en el cuadro de financiación anual.

7.

Primera parte
APLICACIONES E INVERSIONES PERMANENTES DE LOS RECURSOS

No hay en este ejercicio.

Segunda parte
RECURSOS PERMANENTES OBTENIDOS EN EL EJERCICIO

GRUPO I. FINANCIACIÓN BÁSICA

Resultados pendientes de aplicación   313.000

Tercera parte
VARIACIONES ACTIVAS DEL CIRCULANTE

GRUPO III. EXISTENCIAS

Mercaderías   108.000

GRUPO IV. ACREEDORES Y DEUDORES POR OPERACIONES DE TRÁFICO

Exigible a corto plazo   105.000

GRUPO V. CUENTAS FINANCIERAS

Disponible   210.000
Total de las variaciones activas del circulante   423.000

VARIACIONES PASIVAS DEL CIRCULANTE

GRUPO IV. ACREEDORES Y DEUDORES POR OPERACIONES DE TRÁFICO

Realizable   110.000
Total de las variaciones pasivas del circulante   110.000

8. a) La inmovilización ha aumentado.

b) Los recursos propios más los préstamos a largo plazo forman los capitales permanentes.

△ Reservas legales	1.100.000
Reservas estatutarias	2.200.000
Reserva voluntaria	260.000
	3.560.000
▽ Deudas a largo plazo	2.680.000
3.560.000 – 2.680.000	880 000

Los capitales permanentes han tenido un aumento de 880.000.

c) Capital circulante.

△ Existencias	3.380.000
Caja	160.000
	3.540.000
Clientes	2.310.000
Efectos comerciales a cobrar	720.000
Créditos a corto plazo	2.410.000
Bancos	2.141.000
	7.581.000
7.581.000 – 3.540.000	4.041.000

Ha habido una disminución de Capital circulante de 4.041.000.

d) Inmovilizado material.

△ Maquinaria	5.500.000
Elementos de transporte	1.090.000
Mobiliario y enseres	520.000
	7.110.000
△ de la amortización acumulada	5.088.500
7.110.000 – 5.088.500	2.021.500

El Inmovilizado material neto es igual al Inmovilizado material menos la amortización acumulada. Vemos, pues, que el incremento del Inmovilizado material menos el incremento de la amortización acumulada ha sido de 2.021.500.

DIRECTRIZ DE LA CONTABILIDAD

1. *Véase* la solución en la página 733.
2. *Véase* la solución en la página 734.

ESQUEMA CUARTA DIRECTRIZ: MODELO ABREVIADO DEL BALANCE DE SITUACIÓN

Activo	Ejercicio N	Ejercicio N-1
A) Accionistas (socios) por desembolsos no exigidos	0	5.000.000
B) Inmovilizado	90.536.000	96.665.000
I. Gastos de establecimiento	4.770.000	5.300.000
II. Inmovilizaciones inmateriales	4.134.000	1.135.000
III. Inmovilizaciones materiales	56.632.000	54.610.000
IV. Inmovilizaciones financieras	25.000.000	35.620.000
V. Acciones propias	0	0
C) Gastos a distribuir en varios ejercicios	0	0
D) Activo circulante	87.860.000	91.901.000
I. Accionistas por desembolsos exigidos	0	0
II. Existencias	32.150.000	28.770.000
III. Deudores	43.200.000	46.230.000
IV. Inversiones financieras temporales	6.000.000	8.410.000
V. Acciones propias a corto plazo	0	0
VI. Tesorería	6.510.000	8.491.000
VII. Ajustes por periodificación	0	0
Total general (A+B+C)	178.396.000	193.566.000

Pasivo	Ejercicio N	Ejercicio N-1
A) Fondos propios	110.700.000	103.500.000
I. Capital suscrito	50.000.000	50.000.000
II. Prima de emisión	0	0
III. Prima de revalorización	0	0
IV. Reservas	42.700.000	39.140.000
V. Resultados ejercicios anteriores		
VI. Pérdidas y ganancias (beneficio o pérdida)	18.000.000	14.360.000
VII. Dividendo entregado a cuenta en el ejercicio	0	0
B) Ingresos a distribuir en varios ejercicios	0	0
C) Provisiones para riesgos y gastos	0	0
D) Acreedores a largo plazo	35.000.000	37.680.000
E) Acreedores a corto plazo	32.696.000	52.386.000
Total general (A+B+C+D+E)	178.396.000	193.566.000

ESQUEMA CUARTA DIRECTRIZ: MODELO ABREVIADO DE LA CUENTA DE PÉRDIDAS Y GANANCIAS

Debe

Debe	Ejercicio N	Ejercicio N-1
A) Gastos		
1. Consumos de explotación	40.680	
2. Gastos de personal	15.000	
3. Dotaciones para amortizaciones del inmovilizado	7.000	
4. Variaciones de las provisiones de tráfico y pérdidas de créditos incobrables	800	
5. Otros gastos de explotación	0	
I. Beneficios de explotación (B1-A1-A2-A3-A4-A5)	15.700	
6. Gastos financieros por deudas	2.470	
a) Deudas con empresas del grupo a largo plazo		
b) Deudas con empresas asociadas		
c) Por otras deudas		
d) Pérdidas inversiones financieras		
7. Variación de las provisiones de inversiones financieras		
8. Diferencias negativas de cambio		
II. Resultados financieros positivos (B2+B3+A6-A7-A8)	2.030	
III. Beneficios de las actividades ordinarias (AI+AII-BI-BII)	870	
9. Variación de las provisiones de inmovilizado inmaterial, material y cartera de control		
10. Pérdidas procedentes del inmovilizado inmaterial, material y cartera de control		
11. Pérdidas por operaciones con acciones y obligaciones propias		
12. Gastos extraordinarios		
13. Gastos y pérdidas de otros ejercicios		
IV. Resultados extraordinarios positivos (B4+B5+B6+B7+B8+A9+A10-A11-A12-A13)		
V. Beneficios antes de impuestos (AIII+AIV-BIII-BIV)	870	
14. Impuesto sobre sociedades	150	
15. Otros impuestos		
VI. Resultados del ejercicio (beneficios) (AV-A14-A15)	720	

Haber

Haber	Ejercicio N	Ejercicio N-1
B) Ingresos		
1. Ingresos explotación	41.400	
a) Importe neto de la cifra de negocios	40.970 / 39.170	
b) Otros ingresos de explotación	1.800	
I. Pérdidas de explotación (A1+A2+A3+A4+A5-B1)		
2. Ingresos financieros		
a) En empresas del grupo		
b) En empresas asociadas		
c) Otros	430	
d) Beneficios inversiones financieras		
3. Diferencias positivas de cambio		
II. Resultados financieros negativos (A6+A7-B2-B3)	1.600	
III. Pérdidas de las actividades ordinarias (BI+BII+AI-AII)		
4. Beneficios en enajenación de inmovilizado inmaterial, material y cartera de control		
5. Beneficios por operaciones con acciones y obligaciones propias		
6. Subvenciones de capital transferidas al resultado del ejercicio		
7. Ingresos extraordinarios		
8. Ingresos y beneficios de otros ejercicios		
IV. Resultados extraordinarios negativos (A9+A10+A11+A12+A13-B4-B5-B6-B7-B8)		
V. Pérdidas antes de impuestos (BIII+BIV-AIII-AIV)		
VI. Resultados del ejercicio (Pérdidas) (BV+A14+A15)		

EJERCICIOS CAPÍTULO 6

PROCESO DE REGISTRO CONTABLE

1. Los documentos han de seguir un curso normal administrativo, desde su ingreso en la empresa, hasta su archivo, curso que se conoce con el nombre de «ruta».

2. Cumplen varios objetivos como son:

   a) Reunir los datos de las operaciones homogéneas, para permitir luego por síntesis formular los asientos en los libros principales.

   b) Constituir por sí mismos instrumentos contables de análisis de los hechos registrados.

3. Las fases de la labor contable son:

   a) Conocimiento de los hechos a contabilizar.

   b) Registro y anotación ordenada de los hechos en los libros borradores, auxiliares y registros de la empresa, previa clasificación de los documentos.

   c) Proceder a refundir las anotaciones procedentes de los apuntes auxiliares para dar lugar a los asientos del Diario.

4. Se entiende por libros preparadores los libros auxiliares y registros clasificados según la índole de operaciones homogéneas que registran, pueden ser entre otros los de Caja, Bancos, Compras, Ventas, etcétera.

5. Para reflejar una compra al contado, la factura de los géneros ha de ser conformada por el encargado de recibir los artículos; se anota en el registro de Compras y en el libro de Caja.

6. Si se trata de una venta a crédito, las facturas producidas, además de registrarse, han de producir anotación en la cuenta corriente del cliente, y han de darse de baja los artículos salidos de las fichas de existencias. Los albaranes de salida conformados son el origen de las facturas.

7. El Registro de Compras puede comprobar el Debe de la cuenta de Mercaderías y el Registro de Ventas puede comprobar el Haber de la cuenta de Mercaderías, si se lleva el método antiguo. Siguiendo el PGC cada Registro justifica y comprueba la cuenta de su respectivo nombre.

8. A través de:

   a) Correspondencia del negocio.

   b) Documentación recibida comparando operaciones.

   c) Copia de los documentos.

   d) Contratos, escrituras, y demás documentos concernientes a actos y convenios de empresa.

e) Información ocular de los empleados.

f) Notas de orden interno y órdenes verbales.

9. Especificar el importe de la factura que debe el cliente, los gastos satisfechos por nuestra cuenta (si los hubiera), separar los envases, si fueran recuperables, etc., además de la fecha de la operación, nombre del cliente y numeración correlativa de las facturas.

ORGANIGRAMAS Y DIAGRAMAS

1. Un diagrama es un gráfico que representa las diversas operaciones que intervienen en una tarea.

2.

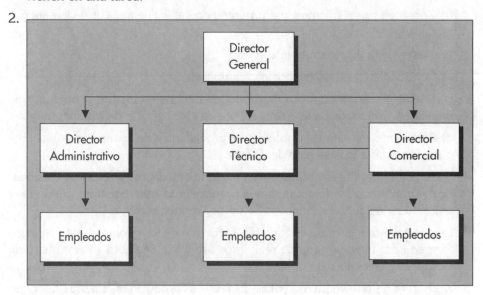

3. Estos son Exactitud, Realidad, Comprensibilidad y Sencillez.

4.

D	: Demora.
⇨	: Transporte.
△	: Actividad al margen de estudio.
▽	: Almacenamiento.
○	: Operación.

5. Un diagrama de orden operativo muestra la secuencia de todas las operaciones, traslado, retrasos, inspecciones y clasificación de un proceso.

6. Dicho organigrama no es exacto ni real.

7. El organigrama representa la estructura de la empresa mientras que el diagrama representa las diversas operaciones que intervienen en una tarea.

8. Cada alumno debe realizar su propio diagrama.

9. Cada alumno debe realizar su propio organigrama.

LA ORGANIZACIÓN CONTABLE

1. La organización contable es el estudio de los procedimientos aplicables a las funciones registrativas de la empresa para mejor conseguir los fines por ella perseguidos.

2. Los instrumentos contables son:

   a) los documentos y justificantes de operaciones;

   b) los registros y estados auxiliares;

   c) los libros de contabilidad;

   d) las máquinas, muebles y utensilios que coadyuvan en la labor de los contables;

   e) las cuentas, inventarios y balances;

   f) los comentarios, memorias, informes y estudios aclaratorios de los datos contables;

   g) la norma que expresa las relaciones entre los elementos personales y materiales.

3. Se entiende por organización vertical aquella en que el libro Diario se prepara a partir de un único borrador en el que se han anotado las diversas operaciones de las diferentes secciones de la empresa, obteniéndose los desarrollos del Mayor y el propio Mayor a partir de este Libro Diario.

4. Se sigue el criterio de personificación de funciones.

5. Estas dos variables serán: el procedimiento de cúspide en que cada sección remite los justificantes de las operaciones a Contabilidad y es ésta la que los traspasa a otra sección para que tengan conocimiento de ello si así es necesario, y el sistema de paralelas en el que las dos secciones afectadas se ponen previamente en contacto antes de transmitir los justificantes de las operaciones de ambas a Contabilidad.

6. Antes de adoptar un plan contable, debe analizarse su organización y estudiar los documentos justificantes de todas las operaciones en las que interviene, señalando su tramitación; luego estudiar como se adapta el plan a sus necesidades.

7. El albarán de entrada y el conforme de almacén a Caja para que ésta efectúe el pago.

8. La factura de liquidación de los haberes percibidos.

9. Entre otros pueden ser los siguientes:

a) Giro a clientes: crearemos un efecto comercial (letras de cambio) que enviaremos al cliente para su aceptación.

b) Pago mensual de energía eléctrica: factura (recibo) de la compañía suministradora.

c) Cobro de intereses de los valores de renta fija: justificantes del cobro del cupón trimestral correspondiente.

d) Compra de títulos en bolsa: título del valor comprado y póliza del agente que ha intervenido la operación.

10. a) Sección de Cuentas corrientes o facturación.

b) Sección de Tesorería.

c) Sección de Tesorería.

d) Sección de Cartera de valores de la empresa, que acusará su recepción de los títulos al propio tiempo que Tesorería autentificará el correspondiente pago.

LA ORGANIZACIÓN CONTABLE-ADMINISTRATIVA DE TESORERÍA Y CARTERA

1.
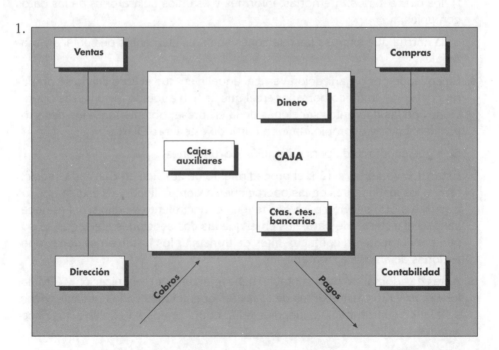

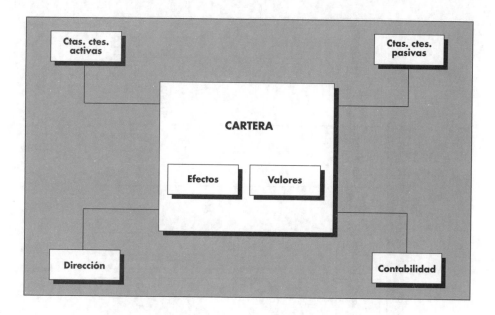

2. *Véase* en la página siguiente el estado de este ejercicio.

3. El Cajero no debe efectuar ningún pago sin justificante. Todas sus operaciones deben quedar anotadas en el libro de Caja; para cerciorarse de que un documento no se le presenta dos veces debe estampar un sello o contraseña de pagado en cada documento.

4. El departamento de Almacén poniendo el Visto Bueno a la factura de las mercaderías que han sido compradas.

5. Tesorería tiene la misión de llevar el movimiento de los fondos, o sea, cobros y pagos, tanto en efectivo como por medio de las cuentas bancarias a la vista y realizar las previsiones.

6. La sección de cuentas corrientes de clientes se ocupará del control y registro de todos los cargos (facturas, impagados, etc.) y de los abonos (cobros, abonos por devolución de mercancías, etc.), debiendo comunicar estos movimientos al departamento de Contabilidad para que realice los apuntes en los libros correspondientes. Asimismo, ha de tener una relación constante con la sección de Giros, aunque es habitual que los giros correspondan al departamento de Cuentas corrientes quien extiende los correspondientes documentos que posteriormente entrega al departamento de Cartera la cual se ocupa de realizar los trámites adecuados para su cobro.

7. La presentación de la letra aceptada por nosotros en el Banco Hermes al vencimiento.

8. Primero la sección de Almacén, previa comprobación de las mercancías compradas debe enviar a Caja un conforme para que ésta haga efectiva la factura, luego debe anotarse la operación en el libro de Caja y estampar un sello de pagado en el documento presentado para el cobro.

LIBRO DE CAJA

Fecha	Concepto	Caja	Reparaciones y conservación	Transporte	Personal	Tributos	Gastos diversos	Suministros	Banco Hermes	Maquinaria
2/5	Pago J. Sierra s/fra.	6.300	6.300							
2/5	Pago por transportes	312		312						
3/5	Pago del personal	48.765			48.765					
3/5	Pago Licencia Fiscal	3.712				3.712				
3/5	Pago recargo impuestos	75				75				
4/5	Pago gastos limpieza	246					246			
4/5	Pago recibo luz	1.995						1.995		
4/5	Ingreso Banco	50.000							50.000	
5/5	Pago comisiones a J. Ruiz	4.160			4.160					
5/5	Pago a J. García por máquina	32.120								32.120

El pago b) del día 2 y el pago g) del día 4 no se incluyen en este libro por ser pagados mediante talón bancario.

9. Hallemos primero el efectivo de la operación de compra:

$$E = \frac{N.c}{100} + \text{gastos} \qquad \text{Nominal} = 500 \times 5.000 = 2.500.000$$

$$\text{Efectivo} = \frac{500 \times 5.000 \times 135}{100} + 7.000 = 3.375.000 + 7.000 = 3.382.000$$

Y ahora calculemos el efectivo de la venta:

$$E = \frac{N.c}{100} + \text{gastos}$$

$$\text{Efectivo} = \frac{500 \times 5.000 \times 137}{100} - 6.500 = 3.425.000 - 6.500 = 3.418.500$$

A la vista de estos resultados los asientos correspondientes quedarán reflejados así:

		Día 4		
3.382.000	**Acciones con cotización oficial (5400)**	a	**Banco B. (572)**	3.382.000
		Día 15		
3.418.500	**Banco B. (572)**	a	**Acciones con cotización oficial (5400)**	3.382.000
			a	**Beneficio valores negociables (766)**	36.500

10. Calculemos el efectivo recibido:

$$74.365 - \frac{15}{100} \times 74.365 = 74.365 - 11.154,75 = 63.210,25$$

El asiento correspondiente será:

63.210,25	**Banco B. (572)**	a	**Ingreso de invesiones financieras temporales (762)**	74.365,00

11.154,75	Hacienda pública retenciones y pagos (473)	a	Cuenta	11.154,75

Lo retenido de los rendimientos de inversiones es, actualmente, un anticipo a cuenta del Impuesto sobre la Renta de las Personas Físicas, cuyo total, en su momento, tendrá que abonarse a la cuenta 473, para saldarla posteriormente.

LA PREVISIÓN FINANCIERA

1. a) No requerirá financiación bancaria externa.

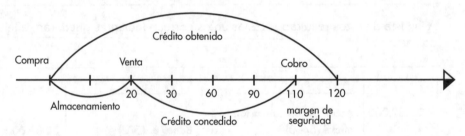

b) Se requerirá financiación bancaria, pues hemos de pagar antes de cobrar el importe de la venta.

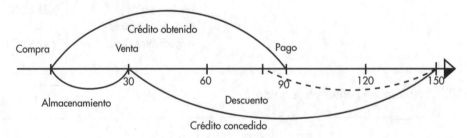

c) Sí, es el mínimo de días de anticipo al vencimiento con que puedo ceder los efectos al Banco para su descuento.

d) Ahora el gráfico de coordinación financiera será del siguiente tipo:

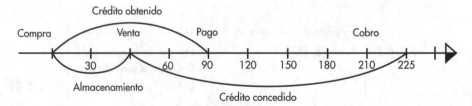

Por lo tanto no será suficiente el descuento de las letras con 60 días de anticipo; como mínimo el descuento deberá ser con:

225 – 90 = 135 días de anticipo + un plazo prudencial para la operatoria bancaria.

2. En el caso a) al final del ciclo tendré en efectivo 500.000 u.m. que es la diferencia entre el precio de Venta y el de Compra.

En los casos b) y d) al final del ciclo se tendrán las 500.000 u.m. de diferencia menos los intereses bancarios que debamos pagar debido a que necesitamos financiación externa.

3.

CUADRO A		
Período	**Cobros**	**Pagos**
1ª quincena	10 % de las ventas actuales	30 % de las compras de la quincena Gastos fijos = 1.000.000
2ª quincena	10 % de las ventas actuales 70 % de las ventas de la 1ª quincena	30 % compras actuales Gastos fijos = 2.600.000
3ª quincena	10 % de las ventas actuales 70 % ventas 2ª quincena 10 % ventas 1ª quincena	30 % compras actuales 25 % compras 1ª quincena Gastos fijos = 1.000.000
4ª quincena	10 % de las ventas actuales 70 % ventas 3ª quincena 10 % ventas 2ª quincena	30 % compras actuales 25 % compras 2ª quincena Gastos fijos = 2.600.000
5ª quincena	10 % ventas actuales 70 % ventas 4ª quincena 10 % ventas 3ª quincena 10 % ventas 1ª quincena	30 % compras actuales 25 % compras 3ª quincena 45 % compras 1ª quincena Gastos fijos = 1.000.000

CUADRO B			
	Cobros	**Pagos**	**Diferencias**
1ª quincena	10 %	24 %[1]	– 14 %
2ª quincena	80 %	24 %	+ 56 %
3ª quincena	90 %	44 %	+ 46 %
4ª quincena	90 %	44 %	+ 46 %
5ª quincena	100 %	80 %	+ 20 %

[1] Recordar que el coste de las reposiciones es el 80 % de las Ventas.

y así sucesivamente; luego los gastos fijos y extraordinarios no deben exceder del 20 % de las ventas.

4. *Véase* la solución del ejercicio en la página siguiente.

SUPERÁVIT O DÉFICIT DE TESORERÍA

	Primera Quincena	Segunda Quincena	Tercera Quincena	Cuarta Quincena	Quinta Quincena	Sexta Quincena
Saldo Tesorería	500.000	– 1.900.000	1.100.000	4.700.000	6.700.000	7.700.000
Cobros						
10 % ventas	1.000.000					
80 % ventas		8.000.000				
90 % ventas			9.000.000	9.000.000		
100 % ventas					10.000.000	10.000.000
TOTAL	1.500.000	6.100.000	10.100.000	13.700.000	16.700.000	17.700.000
Pagos						
24 % ventas	2.400.000	2.400.000				
44 % ventas			4.400.000	4.400.000		
80 % ventas					8.000.000	8.000.000
Gastos fijos	1.000.000	2.600.000	1.000.000	2.600.000	1.000.000	2.600.000
TOTAL	3.400.000	5.000.000	5.400.000	7.000.000	9.000.000	10.600.000
SALDO PARA INICIAR LA SIGUIENTE QUINCENA	–1.900.000	1.100.000	4.700.000	6.700.000	7.700.000	7.100.000

Como vemos reflejado en la tabla de la página anterior, el saldo de tesorería será al final del primer mes de 1.100.000, al final del segundo mes de 6.700.000 y al final del tercer mes de 7.100.000 u.m.

5. Calculemos el superávit de Caja del primer mes y así sucesivamente:

Superávit 1er mes = Cobros − Pagos = 9.000.000 − 8.400.000 = 600.000 u.m.

Superávit 2° mes = 18.000.000 − 8.800.000 = 9.200.000 u.m.

Superávit 3er mes = 20.000.000 − 19.600.000 = 400.000 u.m.

A partir de ahora el superávit mensual será de 400.000 u.m. Por lo tanto el superávit al cabo del semestre será:

En los 3 primeros meses:

3.000.000 + los 3 meses siguientes: $3 \times 400.000 = 1.200.000$ u.m.

En total 4.200.000 u.m.

El superávit anual será:

$4.200.000 + 6 \times 400.000 = 4.200.000 + 2.400.000 = 6.600.000$ u.m.

ORGANIZACIÓN CONTABLE-ADMINISTRATIVA DEL ALMACÉN

1. Debe existir una hoja de ruta de los pedidos cursados y además Almacén debe enviar a Compras una copia del documento de entrada en Almacén.

   La sección de Ventas mandará a Almacén una orden de suministros (hoja de Ruta de los pedidos a servir) y Almacén deberá entregar a Ventas una copia del documento de salida de Almacén.

2. El modelo que figura en el texto, puede servir de base, aplicando cualquier pequeña variación que la índole particular del negocio requiera. También puede ponerse, por ejemplo, el siguiente:

RAYADO DE FICHA PARA REGISTRO DE MOVIMIENTOS DE ALMACÉN				
Existencias	Entrada de Almacén	Salida de Almacén	Devoluciones a Proveedores	Devoluciones de Clientes

3. La indicación del proveedor, las indicaciones relativas al embalaje y transporte, la descripción de la mercadería (calidad y cantidad), plazo de entrega, precio, descuentos.

4. a) Estudio de mercados.

   b) Vigilancia de los clientes.

   c) Recepción y aceptación de pedidos.

   d) Relaciones con agentes y representantes.

   e) Envío de ofertas a clientes.

   f) Costos.

   g) Publicidad y propaganda.

5. Las hojas de ruta de pedidos servidos cumplimentadas por almacén al efectuar la entrega, son la base para la facturación de clientes.

6. Se emitirá una ficha de entrada con el visto bueno del encargado del almacén, que a veces se formulará por triplicado, una copia se la queda almacén, otra pasa a compras y otra a facturación.

7. *Véase* en la página siguiente el estado de este ejercicio.

8. La clase de mercadería vendida, el número de unidades y su precio.

9.

		1 febrero		
40.000	**Compras** (600)	a	**Proveedores** (400)	40.000
		2 febrero		
24.000	**Compras** (600)	a	**Proveedores** (400)	24.000
		3 febrero		
22.000	**Compras** (600)	a	**Proveedores** (400)	22.000
		4 febrero		
39.000	**Clientes** (430)	a	**Ventas** (700)	39.000
		5 febrero		
14.250	**Clientes** (430)	a	**Ventas** (700)	14.250

10. El de precio promedio.

11. Ejercicios sobre criterios de valoración. *Véase* la solución de este ejercicio en las páginas 748 a 752.

MOVIMIENTO DE ALMACÉN

Existencias	Fecha	Entrada	Proveedor	Núm. pedido	u.m. unid.	Importe	Salida	Cliente	Núm. pedido	u.m. unid.	Importe	Beneficio
2.000 m «A»	1/2	2.000 m «A»	Delia, S.A.	123	20	40.000						
1.500 m «B»	2/2	1.500 m «B»	»	135	16	24.000						
1.000 m «C»	3/2	1.000 m «C»	»	136	22	22.000						
500 m «A»	4/2						1500 «A»	Lancia, S.A.	139	26	39.000	(39.000 − 1.500 × 20) = 9.000
750 m «B»	6/2						750 «B»	Texalt, S.A	140	19	14.250	(14.250 − 750 × 16) = 2.250

A) FICHA DE ALMACÉN: VALORACIÓN DE SALIDAS POR EL PRECIO

Entradas	u.m./kg	Importe	Salidas	u.m./kg	Importe	Beneficio parcial	Existencias
10.000	50	500.000					10.000 kg
			2.000	70	140.000	140.000 − (2.000 × 50) = 40.000	8.000 kg
			1.825	69	125.925	125.925 − (1.825 × 50) = 34.675	6.175 kg
5.000	55	275.000					11.175 {6.175 a 50; 5.000 a 55}
			4.000	72	288.000	288.000 − (4.000 × 50) = 88.000	7.175 {2.175 a 50; 5.000 a 55}
			3.000	73	219.000	219.000 − (2.175 × 50 + 825 × 55) = 64.875	4.175 kg a 55 u.m.
8.000	57	456.000					12.175 {4.175 a 55; 8.000 a 57}
			5.000	75	375.000	375.000 − (4.175 × 55 + 825 × 57) = 98.350	7.175 kg a 57 u.m.
			2.000	75	150.000	150.000 − (2.000 × 57) = 36.000	5.175 kg a 57 u.m.

B) FICHA DE ALMACÉN: VALORACIÓN SALIDAS POR EL PRECIO PROMEDIO

Entradas	u.m./kg	Importe	Salidas	u.m./kg	Importe	Beneficio parcial	Existencias
10.000	50	500.000					10.000 kg
			2.000	70	140.000	140.000 − (2.000 × 50) = 40.000	8.000 kg
			1.825	69	125.925	125.925 − (1.825 × 50) = 34.675	6.175 kg
5.000	55	275.000					11.175 kg a 52,237 u.m.
			4.000	72	288.000	288.000 − (4.000 × 52,237) = 79.052	7.175 kg a 52,237 u.m.
			3.000	73	219.000	219.000 − (3.000 × 52,237) = 62.289	4.175 kg a 52,237 u.m.
8.000	57	456.000					12.175 kg a 55,366 u.m.
			5.000	75	375.000	375.000 − (5.000 × 55,366) = 98.170	7.175 kg a 55,366 u.m.
			2.000	75	150.000	150.000 − (2.000 × 55,366) = 39.268	5.175 kg a 55,366 u.m.

$$Pm_1 \frac{5.000 \times 55 + 6.175 \times 50}{11.175} = 52,237$$

$$Pm_2 \frac{8.000 \times 57 + 4.174 \times 52,237}{12.175} = 55,366$$

C) FICHA DE ALMACÉN: VALORACIÓN SALIDAS POR EL ÚLTIMO PRECIO ENTRADO (O PRECIO MÁS MODERNO)

Entradas	u.m./kg	Importe	Salidas	u.m./kg	Importe	Beneficio parcial	Existencias
10.000	50	500.000					10.000 kg
			2.000	70	140.000	140.000 – (2.000 × 50) = 40.000	8.000 kg
			1.825	69	125.925	125.925 – (1.825 × 50) = 34.675	6.175 kg
5.000	55	275.000					11.175 kg a 55 u.m.
			4.000	72	288.000	288.000 – (4.000 × 55) = 68.000	7.175 kg a 55 u.m.
			3.000	73	219.000	219.000 – (3.000 × 55) = 54.000	4.175 kg a 55 u.m.
8.000	57	456.000					12.175 kg a 57 u.m.
			5.000	75	375.000	375.000 – (5.000 × 57) = 90.000	7.175 kg a 57 u.m.
			2.000	75	150.000	150.000 – (2.000 × 57) = 36.000	5.175 kg a 57 u.m.

D) CUENTA DE EXPLOTACIÓN SEGÚN CRITERIO A)

D	Cuenta de Explotación	H
500.000		140.000
275.000		125.925
456.000		288.000
1.231.000		219.000
		375.000
361.900 Beneficio		150.000
	Explotación final:	
	5.517 × 57 =	294.975
		1.592.900

D) CUENTA DE EXPLOTACIÓN SEGÚN CRITERIO B)

D	Cuenta de Explotación	H
500.000		140.000
275.000		125.925
456.000		288.000
1.231.000		219.000
		375.000
353.495 Beneficio		150.000
	Explotación final:	
	5.517 × 57,366 =	286.570
		1.584.495

Hay una pequeña diferencia de 41 u.m. con la suma de los beneficios parciales del cuadro, debido a la depreciación de decimales.

D) CUENTA DE EXPLOTACIÓN SEGÚN CRITERIO C)

D	Cuenta de Explotación	H
500.000		140.000
275.000		125.925
456.000		288.000
		219.000
1.231.000		375.000
		150.000
361.900 Beneficio	Explotación final:	
	5.517 × 57 =	294.975
		1.592.900

		Criterio a)		Criterio b)		Criterio c)	
Venta	**Importe cobrado**	**Coste**	**Beneficio**	**Coste**	**Beneficio**	**Coste**	**Beneficio**
2	140.000	100.000	40.000	100.000	40.000	100.000	40.000
3	125.925	91.250	34.675	91.250	34.675	91.250	34.675
5	288.000	200.000	88.000	208.948	79.052	220.000	68.000
6	219.000	154.125	64.875	156.711	62.289	165.000	54.000
8	375.000	276.650	98.350	276.830	98.170	285.000	90.000
9	150.000	114.000	36.000	110.732	39.268	114.000	36.000
Totales	1.297.925	936.025	361.900	944.471	353.454	975.250	322.675

E) BENEFICIO DE CADA OPERACIÓN DE VENTA SEGÚN LOS CRITERIOS A), B) Y C)

Obsérvese que acumulando los beneficios operación por operación, en el criterio c), se presenta un menor beneficio total; pero esta ventaja desaparece al valorar la existencia final por el último precio, pues la cuenta de Explotación no recoge las diferencias de precio debidas a la inflación.

Véase a), b) y c) en las páginas 748, 749 y 750, el estado de este ejercicio.

PREVISIÓN DE LOS MOVIMIENTOS DE ALMACÉN

1. La cantidad necesaria para hacer frente al consumo de toda la campaña será:

   300 q × 9 meses = 2.700 q

   NOTA: la campaña de ventas comprende los meses de septiembre a mayo.

2. La compra total que tendrá en producto X a fines del mes de agosto será:

   270.000 kg × 3,2 u.m. = 864.000 u.m.

   Esta inmovilización disminuirá mensualmente a razón de:

   30.000 kg × 3,2 u.m. = 96.000 u.m.

   por lo que a final de agosto ya se habrá transformado en producto el equivalente a dos meses quedando 864.000 − (96.000 × 2) = 672.000 u.m.

3. Tendríamos que comparar las 864.000 u.m. que adelantamos en el primer caso con el desembolso total en el 2º caso que sería:

   30.000 × 3,7 = 111.000 u.m. cada mes.

   O sea, en total: 111.000 × 9 meses = 999.000 u.m.

   Entre el 2º desembolso y el 1º hay una diferencia de:

   999.000 − 864.000 = 135.000 u.m.

Calculemos ahora los intereses que dejamos de ganar en cada caso.

1º Si invertimos en agosto 864.000 u.m. al cabo de nueve meses habremos dejado de ganar los siguientes intereses:

$$i_1 = \frac{864.000 \times r \times 9}{1.200}$$

$$i_2 = \frac{111.000 \times r \times 9}{1.200} + \frac{111.000 \times r \times 8}{1.200} + \frac{111.000 \times r \times 7}{1.200} +$$

$$+ \frac{111.000 \times r \times 6}{1.200} + \frac{111.000 \times r \times 5}{1.200} + \frac{111.000 \times r \times 6}{1.200} +$$

$$+ \frac{111.000 \times r \times 3}{1.200} + \frac{111.000 \times r \times 2}{1.200} + \frac{111.000 \times r \times 1}{1.200} =$$

Si por ejemplo r = 1% serían:

$i_2 = 8.325 + 7.400 + 6.475 + 5.500 + 4.625 + 3.700 + 2.775 + 1.850 + 925 = 41.625$ u.m.

$i_1 - i_2 = 64.800 - 41.625 = 23.175$ u.m.

Si r se duplica pasando a ser 2 %, los intereses también se duplican (y así sucesivamente); los i_1; $= 2 \times 6.480 = 12.960$ u.m., los $i_2 = 2 \times 4.162,5 = 8.325$ u.m. y la diferencia sería también el doble:

$2 \times 2.317,5 = 4.635$ u.m.

Como la diferencia de capital invertido en los dos, es de 135.000 u.m., será más rentable realizar la compra durante la recolección, haciendo un desembolso inicial de 864.000 um.

Sólo sería más rentable la 2ª operación si la diferencia de intereses entre ambos fuese mayor que 135.000, es decir $2.317,5 \times \pi > 135.000$ para lo cual r debe ser menor que:

$$r = \frac{135.000}{2.317,5} = 58,25\%$$

4. En cada compra se debe adquirir para los cuatro meses en que no se pueden hacer adquisión más un mes de seguridad, por lo tanto en agosto se comprarían: $300 \times 5 = 1.500$ q.

En diciembre el pedido será de cuatro meses: $300 \times 4 = 1.200$ q. En abril el pedido será otra vez de cuatro meses para cubrirse ya para la temporada próxima y así sucesivamente, es decir, habrá un pedido inicial para mantener los cinco primeros meses y el resto de los pedidos será normal.

5.

$$E = \frac{8.400}{365} \times 45 + 60 = 1.095,61 = 1.096 \text{ unidades}$$

6.

Fecha	Salidas	Entradas	Existencias
1 Enero			65 t
Enero	80	55	40 t
Febrero	70	70	40 t

En enero como había un stock de 65 t, deben entrar 55 t para que si se consumen 80 t quede una existencia de seguridad de 40 t. A partir del mes de febrero y en adelante, como ya hay la existencia de seguridad deseada, se comprará el mismo número de t que se ha previsto consumir.

7. Hallaremos el costo previo de la tonelada durante este año:

Durante 5 meses pagaremos la tm a 2.100 u.m. y durante 7 meses a:

$$2.100 + \frac{2.100 \times 15}{100} = 2.415 \text{ u.m.}$$

Por lo tanto el coste promedio de la tm será durante este año:

$$\frac{2.100 \times 5 + 2.415 \times 7}{12} = 2.283,75 \text{ u.m.}$$

Para determinar la previsión financiera total bastará multiplicar la compra anual por el coste promedio; pero, para la previsión mes a mes hay que multiplicar la compra mensual por el precio de cada mes.

8. Coste de enero, febrero, marzo, abril y mayo = 2.100 u.m.; por lo tanto:

Venta = 2.100 × 22 % + 2.100 = 2.562 u.m.

Enero, Venta: 80 × 2.562 = 204.960 u.m.

Compra: 55 × 2.100 = 115.500 u.m.

Ingresos = 89.460 u.m.

Febrero: Ingresos, 70 × 2.562 − 70 × 2.100 = 70 (2.562 − 2.100) = 70 × 462 = 32.340 u.m.

Marzo: Ingresos, 60 × 462 = 27.720 u.m.

Abril: Ingresos, 40 × 462 = 18.480 u.m.

Mayo: Ingresos, 30 × 462 = 13.860 u.m.

Durante los meses de junio, julio, agosto, septiembre, octubre, noviembre y diciembre el precio de coste es de 2.415 u.m. Por lo tanto el de venta será $2.415 + 2.415 \times 22\% = 2.946,3$ u.m. Los ingresos netos (diferencia entre cobros y pagos) de dichos meses serán:

Junio: $30 \times (2.946,3 - 2.415) = 30 \times 531,3 = 15.939$ u.m.
Julio: $30 \times 531,3 = 15.939$ u.m.
Agosto: $40 \times 531,3 = 21.252$ u.m.
Septiembre: $60 \times 531,3 = 31.878$ u.m.
Octubre: $80 \times 531,3 = 42.504$ u.m.
Noviembre: $80 \times 531,3 = 42.504$ u.m.
Diciembre: $90 \times 531,3 = 47.817$ u.m.

9. Previsión de Beneficios:

Mes	Ingresos	Gastos	Beneficio
Enero	89.460	13.600	75.860 u.m.
Febrero	32.340	13.600	18.740 u.m.
Marzo	27.720	13.600	14.120 u.m.
Abril	18.480	13.600	4.880 u.m.
Mayo	13.860	13.600	260 u.m.
Junio	13.939	13.600	2.339 u.m.
Julio	15.939	13.600	2.339 u.m.
Agosto	21.252	13.600	7.652 u.m.
Septiembre	31.878	13.600	18.278 u.m.
Octubre	42.504	13.600	28.904 u.m.
Noviembre	42.504	13.600	28.904 u.m.
Diciembre	47.817	13.600	34.217 u.m.

10. **Nuevo precio coste** $= 2.100 + (18 \% \text{ s}/2.100) = 2.478$ **u.m.**
       precio venta $= 2.478 + (20 \% \text{ s}/2.478) = 2.973,6$ **u.m.**

Diferencia $= 495,6$

Mes	Ingresos	Gastos	Beneficio
Junio	$30 (2.973,6 - 2.478) =$ $= 30 \times 495,6 = 14.868$	17.600	– 2.732 u.m.
Julio			– 2.732 u.m.
Agosto	$40 \times 495,6 = 19.824$	17.600	+ 2.224 u.m.
Septiembre	$60 \times 495,6 = 29.736$	17.600	+ 12.136 u.m.
Octubre	$80 \times 495,6 = 39.648$	17.600	+ 22.048 u.m.
Noviembre			+ 22.048 u.m.
Diciembre	$90 \times 495,6 = 44.604$	17.600	+ 27.004 u.m.

ORGANIZACIÓN CONTABLE-ADMINISTRATIVA DE CUENTAS PERSONALES

1. Las cuentas de clientes, proveedores, comisionistas y representantes, además de deudores varios, acreedores diversos, etcétera.

2. José de la *Rosa* Martínez

   Pedro de *Juan* González

   José Antonio *Martínez*

   Nacional de *Carburantes* Especiales, S. A.

   C. A. de *Maderas* de Guinea

   La *Hispano* de Transportes, S. A.

   Sociedad Colectiva de *Vda. de Hernández* e hijos

   TRANSFISA (Transferencias Financieras, S. A.)

   Debe escogerse como palabra de orden para la clasificación de títulos la que sea más significativa o aquella por la que la empresa sea más conocida. Se está extendiendo el hábito de nombrar las empresas por sus anagramas que pueden incluso ser objeto de Registro como marca. En este caso es frecuente archivar por el anagrama como sucede con TRANSFISA, anagrama de Transferencias Financieras, S. A.

3. El conocimiento de la solvencia bancaria del cliente.

4. a) Albarán de salida, factura de venta.

   b) Albarán de entrada, factura de compra.

   c) El efecto en cuestión.

   d) La factura de negociación bancaria de los efectos.

   e) La nota de devolución del efecto impagado.

5. a) Comisiones a favor de la empresa: la cuenta de Ingresos por comisiones (754) dentro del subgrupo (74) Otros ingresos de gestión.

   b) Comisiones dadas por las empresas: la cuenta Servicios profesionales independientes (623) incluida dentro del subgrupo (62) Servicios exteriores.

6. a) Deudores (440): figurará en el Activo del balance y expresará la cuenta de los compradores de bienes y servicios que no tienen la condición estricta de clientes. Su saldo indica la cuantía global que nos deben por este concepto.

   b) Acreedores (410): figurará en el Pasivo del balance, será la cuenta de los suministradores de bienes y servicios que no tienen la condición estricta de proveedores. Su saldo indica la cuantía global que debemos por este concepto.

   Los saldos siempre indican, pues, el monto global de las cuentas individuales agrupadas en una cuenta general o colectivo.

c) Proveedores (400): el saldo figurará en el Pasivo del balance, será la cuenta de suministradores de mercancías y de los demás bienes que pertenecen al grupo de Existencias.

d) Efectos comerciales a pagar (401): giros a cargo de la empresa con origen en operaciones de tráfico. Su saldo figurará en el Pasivo del balance.

e) Deudores de dudoso cobro (445): se expresarán las situaciones que hacen dudar del pago de la deuda de los deudores definidos anteriormente. Figurará en el Activo del balance.

f) Efectos comerciales impagados (4315): Giros no atendidos en su vencimiento. Figurará en el Activo del balance.

7. Si se suprimen las cuentas de Clientes y Proveedores, se deben llevar entonces cuentas representativas de los vencimientos de las facturas de Compras y Ventas.

8. Debe llevar, además de la cuenta básica de Clientes, una subclasificación de los diferentes clientes con sus respectivas cuentas.

9.

$$\text{Coste por kg: } 36 \text{ u.m./kg} + \frac{12{,}300 \text{ u.m}}{4.000 \text{ kg}} = 39{,}075 \text{ u.m./kg}$$

144.000	**Compras** (600)			
12.300	**Transportes de compras** (600)	a	**Proveedores** (400)	156.300

10. a) Importe facturado: $3.000 \times 45 = 135.000$ u.m.

b) Neto Venta: $135.000 - 9.200 = 125.800$ u.m.

c) Beneficio:

Cobramos por la venta a 90 días	135.000	u.m.
Cobramos por la venta al contado	+ 41.000	u.m.
Importe total de la venta	176.000	u.m.
Gastos de transporte a n/cargo	− 9.200	u.m.
Neto de la venta	166.800	u.m.
Coste de la venta más gastos	− 156.300	u.m.
Beneficio u.m.	10.500	u.m.

El asiento de Diario es como sigue:

135.000	**Clientes** (430)	a	**Ventas** (700)	135.000
9.200	**Transportes de ventas** (624)	a	**Caja** (570)	9.200
41.000	**Caja** (570)	a	**Ventas** (700)	41.000

El resumen de los asientos anteriores al traspasarlos a la cuenta de Pérdidas y ganancias, daría:

D	Pérdidas y ganancias		H
Compras	144.000	Ventas a crédito	135.000
Transportes y fletes de compras	12.300	Ventas al contado	41.000
Transportes y fletes de ventas	9.200		
	165.000		176.000
Saldo igual al Beneficio	10.500		

EJERCICIOS CAPÍTULO 7

PROCEDIMIENTOS MODERNOS PARA REALIZAR EL REGISTRO

1. Se basa este sistema en la sustitución del libro Diario por tantos Diarios registros, o auxiliares, como secciones se considere conveniente establecer en la organización administrativa de la empresa.

2. Diario de Caja-Cobros, Diario de Caja-pagos, Diario de compras, Diario de ventas, Diario de Efectos comerciales a cobrar, Diario de Efectos comerciales a pagar, Diario de operaciones varias.

3. En la ficha correspondiente a cada cuenta.

4. Las ventajas son:

   – Ahorro de tiempo al escribir simultáneamente en la hoja del Diario y en cada cuenta y además de quedar asegurada la identidad (por ser calco) de las anotaciones en el Diario y en las cuentas.

   – Posibilidad de desglose de trabajos por descentralización.

   – Posibilidad de utilizar personal auxiliar para la mayoría de las anotaciones que sólo requieren atención y meticulosidad.

   – Evitar errores de traspaso.

   – Las cuentas se encuentran en cada momento en disposición de hacer el balance.

   – Ofrecer datos al día a la gerencia, lo que permite tener una visión clara de la situación del negocio.

   – Fácil control del rendimiento del trabajo. Adaptable a cualquier empresa

5. Que el sistema de Decalco permite efectuar simultáneamente las anotaciones en el Diario y en el Mayor.

6. Diario principal de la empresa y en el correspondiente Mayor.

7. Un libro Diario-Mayor, cuya parte de Diario esté prevista para su utilización por decalco y cuya parte de Mayor esté dividida en diez columnas que corresponden a agrupaciones de cuentas de carácter homogéneo.

   Tantas fichas como cuentas tenga abiertas en el Mayor.

8. El albarán que indica las características de las mercaderías firmado por el responsable de la sección de Almacén al recibir dichas mercaderías, o la factura del proveedor conformada por la sección de Compras. Depende de la organización en detalle que una empresa adopte.

9. Las fichas han de ser del rayado normal de cuenta de Mayor. En ellas en síntesis quedarán reflejadas las partidas como sigue:

Mercaderías		Proveedores	Caja		Acreedores	Clientes	
4.000	3.500	4.000	6.000	3.000	3.000	3.500	6.000
	5.400					5.400	
	4.700					4.700	
	8.500					8.500	

10. El saldo del Mayor es de 78.000 u.m., y la relación de saldos deudores es de 80.000 u.m.; normalmente el error se hallará en las fichas, ya que en el Mayor, al cuadrar el balance, se reflejan las anotaciones contenidas en el Diario principal sin error, a no ser que se hubiera olvidado de pasar la operación tanto en el Diario como en el Mayor. En este supuesto el error se pondría de manifiesto por la queja del cliente a quien reclamásemos 2.000 u.m., que no debía.

A veces para hallar los errores hay que actuar de detective y sólo con la práctica se adquiere la necesaria habilidad.

PROCEDIMIENTOS MECANIZADOS

1. La utilización de máquinas o computadoras para ir sustituyendo el trabajo manuscrito por el mecánico, en todos los procesos de labor contable.

2. Deberá aplicarse la permanencia en inventario, tener dividida la labor contable por secciones, tener concentradas las operaciones, tener una clasificación de las cuentas, tener bien ordenados los comprobantes y archivos sistemáticos, tener sincronizada la labor de unas secciones con otras y emplear computadoras.

3. Depende del tamaño y capacidad adquisitiva de la empresa, ya que antes de la adquisición de máquinas deberemos conocer su coste, ver si tenemos suficiente trabajo para la máquina, para que la inversión no resulte improductiva, y ver si la organización actual de la empresa permite esta mecanización o bien es necesario primero una reestructuración.

4. Se deberá comparar el ahorro de mano de obra, con el coste de amortización y entretenimiento de la máquina y con el mayor sueldo que hay que darle al personal que la maneja, ya que muchas veces resulta que se necesita personal más cualificado. Y por encima de todo, si la información que se reciba es más amplia y adecuada, más exacta y más rápida.

5. Las sumadoras efectúan sumas; las facturadoras permiten escribir el texto de una factura y tras anotar las cantidades, calculan y escriben los importes, con los descuentos, recargos e incluso preparan las relaciones para el traslado de los datos a las máquinas de contabilidad.

Las máquinas progamadoras (computadoras) son centros de contabilidad que a partir de la entrada de datos operacionales formulan cuentas, balances, etc., según su capacidad y programas establecidos.

6. En líneas generales sí, pero debe advertirse:

   – Pueden aparecer errores, ya que el encargado de manejarla puede sufrirlos, como también pueden venir en los documentos preparatorios.

   – Sí, se consigue una mayor claridad, rendimiento y rapidez en el trabajo.

   – Disminuye el número de empleados, pero el coste puede no disminuir ya que normalmente se necesita personal especializado que cobrará sueldos más altos que el personal no especializado.

   – Sí, se necesita personal especializado, aunque en algunas máquinas esta especialización es fácil de adquirir.

7. Máquina de escribir plana, que ya casi no se encuentra en el mercado.

8. A la mecanización integral.

9. Las empresas que quieran adoptar la mecanización deberán seguir los criterios del Plan General de Contabilidad.

10. El sistema decimal de cuentas.

EJERCICIOS CAPÍTULO 8

ANÁLISIS DE BALANCES

1. El potencial económico de la empresa lo forman las partidas del realizable condicionado como son las mercaderías y valores análogos.

2. Pertenecen al Activo circulante.

3. a) Exigible inmediato.

   b) Exigible a corto plazo.

   c) Exigible a largo plazo.

   d) Exigible inmediato.

   e) Exigible a largo plazo.

4. Lo forman Capital y Reservas.

5. El valor bursátil total será:

$$\frac{75.000.000 \times 167}{100} = 125.250.000 \text{ u.m. o sea, } 1.670 \text{ u.m. por acción}$$

6. El valor contable correspondiente será:

   a)

Capital suscrito	50.000.000
+ Reserva legal	9.700.000
+ Reserva estatutaria	16.200.000
+ Reservas voluntarias	16.800.000
+ Beneficio	18.000.000
	110.700.000

   b) Según la cuenta de Pérdidas y ganancias, los beneficios netos obtenidos en el ejercicio son de 720 u.m.; el capital al que corresponderán será de:

$$C = \frac{720 \times 100}{6} = 12.000 \text{ u.m.}$$

7. Valoración histórica como antecedente:

$$45.000 \text{ kg} \times 370 \text{ u.m./kg} = 16.650.000 \text{ u.m.}$$

a) Valoración actualizada: 45.000 kg × 370 × 1,07 = 17.815.500 u.m.

b) Valor en venta: 45.000 kg × 405 u.m./kg = 18.225.000 u.m.

c) Valor por el coste de reposición actual: 45.000 kg × 385 u.m./kg = 17.325.000 u.m.

d) Valor por el coste de reposición futura (coste de previsión futuro): 45.000 kg × (385 × 1,10) = 45.000 × 423,5 = 19.057.500 u.m.

8. a) Valor bursátil:

1. 6.000 × 5.000 × 98 % = 300.000 × 98 = 29.400.000 u.m.

2. 30.000.000 × 105 % = 300.000 × 105 = 31.500.000 u.m.

3. 30.000.000 × 147 % = 300.000 × 147 = 44.100.000 u.m.

4. 30.000.000 × 168 %   = 50.400.000 u.m.

5. 30.000.000 × 205 % = 61.500.000 u.m.

6. 30.000.000 × 239 % = 71.700.000 u.m.

b) Beneficio: 7.894.000 u.m.

$$\text{Valoración capital} = \frac{7.849.000 \times 100}{8} = 98.112.500 \text{ u.m.}$$

9.

$$W = \frac{K + R \, a_n}{2 - V^n}$$

K = 183.765.000 − 146.894.000 = 36.871.000 u.m.

a_n = 3,5459509

i = 0,05

V^n = 0,8227025

$$W = \frac{36.871.000 + 6.000.000 \times 3,5459509}{2 - 0,8227025} = 49.389.984$$

El valor a_n ha de buscarse en tablas financieras: para no meternos en los vericuetos de la matemática financiera, hemos supuesto un valor «n» igual a cuatro años que es el término que hemos utilizado en el ejemplo del texto, por tanto, en él encontramos el valor de a_n y de V^n.

ANÁLISIS DE LA SITUACIÓN FINANCIERA

1. Las principales fuentes de financiación de la empresa son el capital propio (financiación propia), las reservas (autofinanciación) y los créditos obtenidos (financiación ajena).

2. Las cuentas de Inmovilizado segregan disponibilidades mediante la amortización de los bienes que las componen.

3. Si una empresa no amortiza su inmovilizado, en el momento de la renovación de éste no tendrá creado un fondo para hacer frente a dicha inversión y contablemente, al dar de baja al mismo, aparecerá una pérdida por su importe total.

4. Se llama fondo de rotación a la parte de los capitales circulantes no financiada con crédito a corto plazo, sino con capitales permanentes.

5. a) Materias primas: Realizable condicionado.

   b) Útiles y herramientas: Inmovilizado material.

   c) Fondo de comercio: Inmovilizado inmaterial.

   d) Patentes: Inmovilizado inmaterial.

   e) Embalajes: Realizable condicionado.

   f) Material automóvil: Inmovilizado material.

   g) Deuda Pública: Realizable a corto plazo (porque se cotizan en Bolsa y aún cabe aceptarlo como disponible).

   h) Fianzas y depósitos constituidos: Inmovilizado financiero.

   i) Préstamos a largo plazo: Exigible a largo plazo.

   j) Reservas voluntarias: No exigible.

   k) Efectos comerciales a cobrar: Realizable a corto plazo.

6. La inversión no ha sido correcta porque con una deuda a corto plazo se ha financiado un bien del Inmovilizado que no segrega disponibilidades financieras tan rápidamente como es necesario para la devolución del préstamo.

7.

$$\text{Ratio de liquidez general:} \quad \frac{\text{Activo circulante}}{\text{Deudas a corto plazo}}$$

$$\frac{400.000 + 300.000 + 240.000 + 60.000}{50.000 + 150.000} = \frac{1.000.000}{200.000} = 5$$

$$\text{Ratio de Tesorería:} \quad \frac{\text{Capitales circulantes} - \text{Existencias}}{\text{Deudas a corto plazo}}$$

$$\frac{1.000.000 - 300.000}{200.000} = 3,5$$

SOLUCIONES A LOS EJERCICIOS DEL CAPÍTULO 8

$$\text{Ratio de Independencia financiera: } \frac{\text{Capitales propios}}{\text{Deudas totales}}$$

$$\frac{900.000 + 300.000 + 200.000}{150.000 + 50.000} = \frac{1.400.000}{200.000} = 7$$

8. Dicho préstamo debe poderse devolver, así como sus intereses, con los rendimientos de la inversión para la cual ha sido solicitado.

9. Ratio de Tesorería = 5. Significa que hay suficiente disponibilidad financiera para hacer frente a los compromisos de pago adquiridos, pero, sin embargo, puede ser que esta empresa tenga fondos disponibles improductivos.

   Ratio de solvencia total = 0,8. Indica que esta empresa depende bastante de la financiación ajena, ya que ésta es superior a los capitales propios.

10. Esta empresa tiene un exigible a corto plazo superior a su Activo neto, por lo tanto, está en estado de quiebra.

11. Balance de flujos de liquidez o de liquidez financiera.

ACTIVO	Precio	Período	Estimación de liquidez
Inmovilizado material	150.000	6 años	84.671
Productos terminados	60.000	240 días	56.000
Materias primas	10.000	300 días	9.166
Deudores	30.000	200 días	28.334
Efectos comerciales a cobrar	25.000	120 días	24.167
Tesorería	10.000	—	10.000
	285.000		212.338
PASIVO			
Acreedores comerciales	65.000	60 días	63.917
Efectos comerciales a pagar	55.000	45 días	54.312
Préstamos a largo plazo	80.000	3 años	60.105
	200.000		178.334
Capital y Reservas	85.000	—	34.004
	285.000		212.338

NOTA: opinamos que facilita el análisis financiero situar las partidas de Neto, siguiendo el viejo esquema del antiguo art. 37 del Código de Comercio, separadamente del Pasivo exigible. No obstante, es válida la solución de situar Capital y Reservas en el Pasivo antes del Exigible.

12. Balance de flujos de liquidez o de liquidez financiera.

ACTIVO	Precio	Período	Estimación de liquidez
Inmovilizado material	150.000	8 años	69.976
Productos terminados	60.000	120 días	58.000
Materias primas	10.000	180 días	9.500
Deudores	30.000	120 días	29.000
Efectos comerciales a cobrar	25.000	90 días	24.375
Tesorería	10.000	—	10.000
	285.000		200.851
PASIVO			
Acreedores	65.000	90 días	63.375
Efectos comerciales a pagar	55.000	30 días	54.514
Préstamos a largo plazo	80.000	5 años	49.674
	200.000		167.590
Capital y Reservas	85.000	—	33.261
	285.000		200.851

NOTA: aplicamos en los dos ejercicios la misma tasa de descuento (10 %). Capital y Reservas (Neto patrimonial) es siempre la diferencia entre el valor Activo y el Pasivo; en este supuesto, entre los valores dados por la columna Estimación de liquidez.

13. No pretendemos con esta pregunta otra cosa que el lector se percate de la importancia que tiene la determinación del diferimiento medio. En todos los cálculos financieros tienen gran importancia el vencimiento. La respuesta esencial es que la liquidez (además de depender de la tasa que se aplique) está subordinada a los plazos en que se prevé las partidas activas producirán cobros y las pasivas, pagos.

Obsérvese que la visión que podemos recibir de la liquidez financiera de un balance, no sólo depende de la tasa de descuento aplicada sino también de los plazos de vencimiento (diferimiento) admitidos.

En los ejemplos el montante de Capital y Reservas disminuye, pero no siempre sucede esto, pues depende de si los vencimientos de las rúbricas del Pasivo son a más o menos largo plazo que las del Activo.

La columna Estimación de liquidez da una visión de banquero de la empresa, porque el diferimiento refleja cuando se recuperarán normalmente las inversiones del activo y se liquidarán las obligaciones de pago refejadas en el Pasivo.

ANÁLISIS DE LA SITUACIÓN ECONÓMICA

1.

> **Beneficio de Explotación = Ventas – Costos**

Beneficio = 53.900 – 46.545 = 7.355 u.m.

> **Valor añadido = Ventas netas – Costes externos**

Costes externos:

Consumo de materias	37.200
Suministros exteriores	1.900
Transportes	350
Gastos financieros	185
	39.635

Valor añadido = 53.900 – 39.635 = 14.265 u.m.

2. Consumo de materias: 37.200 que representa el 69 % de las ventas netas.

   Gastos personal: 6.380 que representa un 11,8 % de las ventas netas.

   Suministros exteriores: 1.900 que representa un 3,53 % de las ventas netas.

   Transportes: 350 que representa un 0,65 % de las ventas netas.

   Gastos financieros: 185 que representa un 0,34 % de las ventas netas.

   Amortizaciones: 530 que representa un 0,98 % de las ventas netas.

3. *Cash-flow* (flujo de Caja). Se determina usualmente por la suma del Beneficio neto + Amortizaciones del ejercicio; esto es la cantidad de dinero que puede recuperarse en un período. También se determina por la diferencia entre Ingresos (ventas) y Costes externos (es decir, todos los costes que se pagan fuera de la empresa). La amortización es un coste que no representa pago. En el caso de este ejercicio: *Cash-flow* = 53.900 – 46.015 = 7.885, donde 46.015 = Consumo de materias + Gastos de personal + Suministros exteriores + Transportes + Gastos financieros.

4. En el punto crítico la cifra de ventas permitirá cubrir los gastos fijos del ejercicio más los gastos proporcionales (variables); el punto crítico se alcanzará a partir del mes X. Calculemos dicho mes:

Ingresos = Gastos

$$2.256.000 \, X = 8.020.000 + 1.162.432 \, X;$$
$$(2.256.000 - 1.162.432) \, X = 8.020.000$$

$$X = \frac{8.020.000}{2.256.000 - 1.162.432} = \frac{8.020.000}{1.093.568} = \underline{\underline{7,3337}}$$

El punto crítico se alcanzará en el séptimo mes, o cuando las ventas alcancen la cifra de 16.544.827 u.m. que resulta de multiplicar 2.256.000 × 7,3337.

5. Según el PGC las rúbricas de los balances quedarían así:

ACTIVO
(220) Edificios y otras construcciones
(223) Maquinaria
(224) Útiles y herramientas
(228) Elementos de transporte (el Equipo)
(225) Instalaciones
(30) Existencias comerciales
(430) Clientes
(431) Efectos comerciales a cobrar
(560) Fianzas a corto plazo
(57) Tesorería

PASIVO
(100) Capital social
(11) Reservas
(400) Proveedores
(410) Acreedores diversos

La cuenta de Pérdidas y ganancias (129) quedaría así:

DEBE
(600) Compras
(640) Sueldos y salarios
(66) Gastos financieros
(630) Tributos
(62) Servicios exteriores
(629) Gastos diversos
(682) Amortización del inmovilizado material

HABER
(700) Ventas
(75) Otros ingresos

CUADRO DE FINANCIACIÓN (Estado de origen y aplicación de fondos)		
Título de cuenta	Origen	Aplicación
GRUPO II. Inmovilizado		
Maquinaria	191	
Útiles y herramientas	310	
Equipo de transporte	24	
Instalaciones	280	
Edificios y otras construcciones	—	
	805	

Título de cuenta	Origen	Aplicación
Variaciones activas del circulante		
GRUPO III. Existencias		
Existencias comerciales		1.865
GRUPO IV. Acreedores y deudores por operaciones de tráfico		
Efectos comerciales a cobrar		1.232
Clientes		1.571
Proveedores		4.376
Otros acreedores		2.385
Total variaciones activas del circulante		11.429

Título de cuenta	Origen	Aplicación
Variaciones pasivas del circulante		
GRUPO V. Cuentas financieras		
Fianzas a corto plazo	11	
Tesorería	1.608	
Total variaciones pasivas del circulante	1.619	
Variaciones del neto		
Reservas	5.647	
Resultados	3.358	
	9.005	

Para resolver este ejercicio conviene formular un cuadro preparatorio que contenga las siguientes columnas:

Título de cuenta	Cierre	Inicial	Diferencias de financiación Disminución	Aumento
ACTIVO				
Maquinaria	3.539	3.730	191	
Útiles y herramientas	652	962	310	
Elementos de transporte	466	490	24	
Instalaciones	2.963	3.243	280	
Edificios y otras construcciones	1.116	1.116	—	
Tesorería	7.991	9.599	1.608	
Efectos comerciales a cobrar	22.709	21.477		1.232
Clientes	31.553	29.982		1.571
Fianzas a corto plazo	106	117	11	
Existencias comerciales	43.567	41.702		1.865
Total			2.424	4.668

Título de cuenta	Cierre	Inicial	Disminución	Aumento
PASIVO				
Reservas	48.906	43.259	5.647	
Proveedores	3.516	7.892		4.376
Acreedores diversos	455	2.840		2.385
Resultados			3.358	
			9.005	6.761
ACTIVO + PASIVO			11.429	11.429

Recuerde que en términos de financiación las diferencias entre las rúbricas del Pasivo tienen significado contrario a las del Activo.

EJERCICIOS CAPÍTULO 9

PREVISIÓN Y CONTROL CONTABLE

1. El punto crítico de Ventas será aquel en el cual el importe de las ventas sea igual a los gastos fijos más los gastos proporcionales. Los gastos proporcionales representan el 81 % de las ventas, según se deduce de los datos del problema; por lo tanto el punto crítico de ventas (x) lo hallaremos de la siguiente forma:

$$x = 6.250.000 + \frac{81}{100} \; x$$

$$100 \; x = 625.000.000 + 81 \; x$$

$$100 \; x - 81 \; x = 625.000.000$$

$$19 \; x = 625.000.000$$

$$x = \frac{625.000.000}{19} = 32.894.736 \text{ u.m.}$$

2.

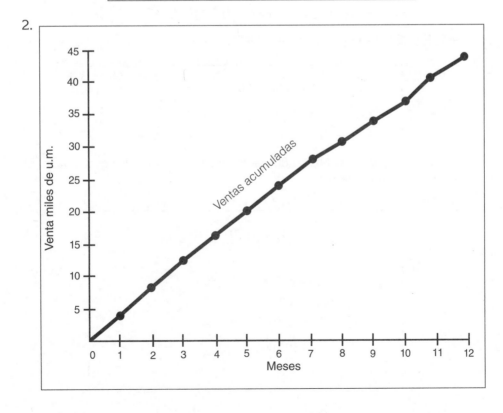

3. De acuerdo con los datos reales anotados en el ejercicio 2, tenemos que los datos para éste serán:

Ventas realizadas : 44.088.000 (suma de las ventas mensuales).
Gastos fijos : 6.250.000 (no varía, según enunciado).
Gastos proporcionales: 35.711.280 (81% s/las ventas realizadas).

D	Pérdidas y ganancias (129)		H
Gastos fijos	6.250.000	Ventas	44.088.000
Gastos proporcionales	35.711.280		
Saldo acreedor	2.126.720		

4. Entendemos que las ventas aumentarán el 18 %, sobre las realizadas.

$$\text{Ventas: } 44.088.000 + \frac{18}{100} \, 44.088.000 = 44.088.000 + 7.935.840 = 52.023.840 \text{ u.m.}$$

Gastos proporcionales + coste ventas = 19 + 61 = 80 %

Coste más gastos proporcionales de las ventas:

$$\frac{52.023.840 \times 80}{100} = 41.619.072$$

Y nos quedará un 20 % (100 – 80) de la venta para cubrir los gastos fijos. El nuevo punto crítico será:

$$x = 8.500.000 + \frac{80}{100} \, x$$
$$100 \, x = 850.000.000 + 80 \, x$$
$$100 \, x - 80 \, x = 850.000.000$$
$$20 \, x = 850.000.000$$
$$x = \frac{8.500.000}{20} = 42.500.000 \text{ u.m.}$$

5. Hasta junio equivale a un semestre a medio año.

Los gastos fijos se mantienen aunque se modifique el volumen de ventas.

$$\text{Previsión: } \frac{43.700.000}{2} = 21.850.000 \text{ para un semestre}$$

Venta real: 24.087.000
Diferencia: 2.237.000

D	Pérdidas y ganancias (129)		H
Gastos fijos	3.125.000	Ventas	24.087.000
Gastos proporcionales	19.510.470	(Suma de los seis meses	
Saldo acreedor	1.415.530	señalados en 2)	

En el supuesto 1, los gastos proporcionales, incluido el coste de las ventas, representa

el 81% de las ventas $\left(\dfrac{35.397.000 \times 100}{43.700.000}\right)$ por tanto los del semestre serán

$$\frac{24.087.000 \times 81}{100} = 19.510.470$$

CONTABILIDAD PRESUPUESTARIA

1.

		Día 1		
100.000	Presupuesto de ingresos	a	Cobros por ventas previstas	100.000
		Día 1		
65.000	Compras a efectuar			
15.000	Gastos de personal presupuestados			
10.000	Gastos de propaganda presupuestados			
2.500	Gastos diversos presupuestados	a	Presupuesto gastos	92.500
		Día 3		
40.000	Presupuesto gastos	a	Compras a efectuar	40.000

		————— Día 4 —————		
25.000	**Cobros por ventas previstas**	a	**Presupuesto ingresos**	25.000
		————— Día 5 —————		
5.000	**Presupuesto gastos**	a	**Gastos de propaganda Presupuestados**	5.000
		————— Día 8 —————		
6.000	**Presupuesto gastos**	a	**Gastos de personal Presupuestados**	6.000
		————— Día 9 —————		
10.000	**Cobros por ventas Previstas**	a	**Presupuesto ingresos**	10.0000
		————— Día 10 —————		
500	**Presupuesto gastos**	a	**Gastos diversos presupuestados**	500
		————— Día 11 —————		
28.000	**Cobros por ventas previstas**	a	**Presupuesto ingresos**	28.000
		————— Día 11 —————		
1.500	**Presupuesto gastos**	a	**Gastos diversos presupuestados**	1.500
		————— Día 12 —————		
16.000	**Presupuesto gastos**	a	**Compras a efectuar**	16.000
		————— Día 13 —————		
20.000	**Cobros por ventas previstas**	a	**Presupuesto ingresos**	20.000
		————— Día 14 —————		
500	**Presupuesto gastos**	a	**Gastos diversos presupuestados**	500
		————— Día 15 —————		
7.000	**Presupuesto gastos**	a	**Gastos de personal presupuestados**	7.000

Presupuesto de Ingresos		Presupuesto de Gastos	
100.000	25.000	40.000	92.500
	10.000	5.000	
	28.000	6.000	
	20.000	500	
		1.500	
		16.000	
		500	
		7.000	

Compras a efectuar		Cobros por ventas previstas	
65.000	40.000	25.000	100.000
	16.000	10.000	
		28.000	
		20.000	

Gastos de personal		Gastos diversos presupuestados	
15.000	6.000	2.500	500
	7.000		1.500
			500

Gastos propaganda presupuestados	
10.000	5.000

	Sumas		Saldos	
	Debe	Haber	Debe	Haber
1) Presupuesto de Ingresos	100.000	83.000	17.000	
2) Presupuesto de Gastos	76.500	92.500		16.000
3) Cobros por ventas previstas	83.000	100.000		17.000
4) Compras a efectuar	65.000	56.000	9.000	
5) Gastos de personal presupuestados	15.000	13.000	2.000	
6) Gastos de publicidad presupuestados	10.000	5.000	5.000	
7) Gastos diversos presupuestados	2.500	2.500	—	—
Totales	352.000	352.000	33.000	33.000

En resumen, comparando los saldos de las cuentas 1 y 2 tenemos hasta este momento:

Déficit de Ingresos	17.000
Déficit de Gastos	16.000
Diferencia o déficit de presupuesto	1.000

NOTA: la titulación de las cuentas de presupuesto no acostumbra a ser rígida, por no haberse todavía normalizado.

CONTROL PRESUPUESTARIO INTEGRAL

1.

Cobros		Pagos	
Saldo inicial	69.000	Inversiones a realizar	45.000
Venta Inmovilizado	9.000	Proveedores	330.000
Ventas cobradas	2.835.000	Otros acreedores	48.000
Cobros clientes	375.000	Materias primas compradas	1.023.750
		Mano de obra directa	795.000
		Gastos a pagar	957.000
		Saldo total Tesorería	89.250
TOTAL	3.288.000	TOTAL	3.288.000

Ventas cobradas = Ventas anuales menos las del último mes y medio, que aún no habrán sido cobradas.

Ventas = 3.240.000 − 1,5 × 270.000 = 2.835.000

Materias primas compradas = Materias primas compradas durante los nueve primeros meses del año, pues las compradas durante los tres últimos meses aún no se han pagado.

Materias primas compradas = 113.750 × 9 = 1.023.750

Es lógico que todos los saldos de cuentas personales queden liquidados durante el próximo ejercicio.

EXPLOTACIÓN PREVISIONAL			
Gastos		Ingresos	
Stock inicial	96.000	Stock final	57.000
Materias primas compradas	1.365.000	Ventas	3.240.000
Mano de obra directa	795.000		
Gastos de producción	930.000		
Amortizaciones	30.000		
Resultados (Beneficio)	81.000		
TOTAL	3.297.000	TOTAL	3.297.000

Stock final de materias primas = stock inicial + materias primas compradas –
– materias primas utilizadas = 96.000 + 1.365.000 – 1.404.000 = 57.000

BALANCE PREVISIONAL			
ACTIVO		**PASIVO**	
Inmovilizado neto	321.000	Capital	462.000
Stock materias primas	57.000	Deudas largo plazo	120.000
Stock productos acabados	132.000	Proveedores	341.250
Clientes	405.000	Resultados	81.000
Tesorería	89.250		
TOTAL	1.004.250	TOTAL	1.004.250

Inmovilizado neto = 315.000 + 45.000 – 9.000 – 30.000 = 321.000

Clientes = Ventas del último mes y medio del ejercicio = 270.000 + 135.000 =
= 405.000

Proveedores = Pagos por suministros de los últimos tres meses que aún no
han sido hechos efectivos: 113.750 × 3 = 341.250

2. Suponemos que las compras se pagan dentro del mismo mes.

60 % de 3.500.000	2.100.000	Compras	1.800.000
25 % de 3.000.000	750.000	Gastos fijos	500.000
15 % de 3.800.000	570.000	Gastos proporcionales 20 %	
		s/3.500.000	700.000
TOTAL	3.420.000	TOTAL	3.000.000
60 % de 4.000.000	2.400.000	Compras	1.700.000
25 % de 3.500.000	875.000	Gastos fijos	500.000
15 % de 3.000.000	450.000	Gastos proporcionales 20 %	
		s/4.000.000	800.000
		Devolución empréstito	500.000
TOTAL	3.725.000	TOTAL	3.500.000
60 % de 3.000.000	1.800.000	Compras	2.400.000
25 % de 4.000.000	1.000.000	Gastos fijos	500.000
15 % de 3.500.000	525.000	Gastos variables	600.000
TOTAL	3.325.000	TOTAL	3.500.000

CONTABILIDAD ANALÍTICA

1.

	1——————— . . . ————————			
55.000	**Inmovilizado**			
6.200	**Tesorería**			
500	**Clientes**			
10.220	**Almacén Materias primas**			
16.312	**Almacén Productos**			
	acabados	a	**Proveedores**	232
		a	**Capital**	88.000
	2——————— . . . ————————			
17.360	**Almacén Materias primas**	a	**Proveedores**	17.360
	Compras de materias primas del ejercicio.			
	3——————— . . . ————————			
42.165	**Clientes**	a	**Ventas**	42.165
	4——————— . . . ————————			
6.600	**Amortización inmovilizado**	a	**Amortización acumulada inmovilizado**	6.600
	5——————— . . . ————————			
16.425	**Personal**			
5.712	**Gastos industriales**			
1.418	**Gastos administración**			
319	**Gastos financieros**			
438	**Impuestos generales**			
6.100	**Proveedores**	a	**Tesorería**	40.412
	6——————— . . . ————————			
38.530	**Tesorería**	a	**Clientes**	38.530
	7——————— . . . ————————			
14.454	**Producción en curso**	a	**Almacén Materias primas**	14.454
	Existencias iniciales Materias primas		10.220	
	+ Compras Materias primas		17.360	
	− Existencias Materias primas		−13.126	
	8——————— . . . ————————			
28 737	**Producción en curso**	a	**Personal**	16.425
		a	**Gastos industriales**	5.712
		a	**Amortización inmovilizado**	6.600

39.159	9————————————— ... —————————————
	Almacén Productos
	acabados
	    Existencia inicial
	    + Producción en curso
	    – Existencias finales
		a	**Producción en curso**
			14.454
			28.737
			– 4.032
				39.159

42.165	10———————————— ... ————————————— **Ventas**	a	**Explotación**	42.165
2.175	11———————————— ... ————————————— **Explotación**	a a a	**Gastos administración** **Gastos financieros** **Impuestos generales**	1.418 319 438
40.553	12———————————— ————————————— **Explotación** Existencias iniciales Costes Productos acabados – Saldo final	a	**Almacén Productos** **acabados** 16.312 39.159 –14.918	40.553
400.542				400.542

Inmovilizado		Tesorería		Clientes	
55.000		6.200 38.530 44.720	40.412	500 42.165 44.660	38.530

Almacén Materias primas		Almacén Productos acabados		Proveedores	
10.220 17.360 27.580	14.454	16.312 39.159 55.471	40.553	16.100	232 17.360 17.592

Capital		Ventas		Amortización inmovilizado	
	88.000	42.165	42.165	6.600	6.600

Amortización acumulada inmovilizado		Personal		Gastos industriales	
	6.600	16.425	16.425	5.712	5.712

Gastos administración		Gastos financieros		Impuestos generales	
1.418	1.418	319	319	438	438

Explotación		Producción en curso	
2.175	42.165	14.454	39.159
40.553		28.737	
42.728		43.191	

Títulos de las cuentas	Sumas		Saldos	
	Debe	Haber	Deudores	Acreedores
Inmovilizado	55.000		55. 000	
Tesorería	44.730	40.412	4.318	
Clientes	42.665	38.530	4.135	
Almacén Materias primas	27.580	14.454	13.126	
Almacén Productos acabados	55.471	40.553	14.918	
Proveedores	16.100	17.592		1.492
Capital		88.000		88.000
Ventas	42.165	42.165		
Amortización inmovilizado	6.600	6.600		
Amortización acumulada		6.600		6.600
Personal	16.425	16.425		
Gastos industriales	5.712	5.712		
Gastos administración	1.418	1.418		
Gastos financieros	319	319		
Impuestos generales	438	438		
Explotación	42.728	42.165	563	
Producción en curso	43.191	39.159	4.032	
Totales	400.542	400.542	96.092	96.092

La cuenta demostrativa del Resultado se desprende de la cuenta de Explotación poniendo el detalle de los cargos y abonos y de la cuenta Producción en curso en igual detalle.

Producción en curso:	Coste de Materias primas	14.454	
	Personal	16.425	
	Gastos industriales	5.712	
	Amortizaciones	6.600	43.191
	Existencias en curso finales		− 4.032
	Coste de producción		39.159
Explotación:	Coste de ventas		40.553
	Gastos administración	1.418	
	Gastos financieros	319	
	Impuestos	438	2.175
	Costes del ejercicio		42.728
	Ventas		42.165
	Pérdida		563

Sistema dualista:

80	
Existencias iniciales	Existencias finales
Costes	Ingresos

La contabilidad de costes queda reducida, en síntesis, a los siguientes asientos:

10.220	**Almacén Materias primas**			
16.312	**Almacén Productos**			
	acabados	a	**Control**	26.532
17.360	**Almacén Materias primas**			
	(compras)	a	**Control**	17.360
16.425	**Personal**			
5.712	**Gastos industriales**			
6.600	**Amortización**	a	**Control**	28.737

43.191	Producción en curso	a	Almacén Materias primas	14.454
		a	Personal	16.425
		a	Gastos industriales	5.712
		a	Amortizacion inmovilizado	6.600
39.159	Almacén Productos acabados	a	Producción en curso	39.159
40.553	Ventas	a	Almacén Productos acabados	40.553
42.165	Control	a	Ventas	42.165

La formalización de los balances de cierre no ofrece dificultad al lector que ha llegado a este punto, pues se desprende del correspondiente pase de unos y otros asientos a cuentas separadas que dan lugar a los correspondientes balances.

EJERCICIOS CAPÍTULO 10

LA AUDITORÍA O CENSURA DE CUENTAS

1. a) Con fecha 25 de febrero debe hacerse el asiento:

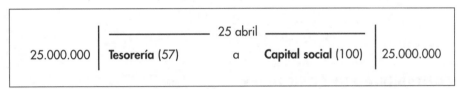

	———————— 25 abril ————————			
25.000.000	**Tesorería** (57)	a	**Capital social** (100)	25.000.000

La seguridad del desembolso la tendremos examinando las cuentas de Bancos y los correspondientes extractos bancarios en los que aparecerá el ingreso de 25.000.000 y el oportuno saldo disponible y examinando la evolución del mismo.

b) En este supuesto el saldo deudor de la cuenta 190 indicará que no se ha efectuado el desembolso total y que hay accionistas que todavía no han efectuado la entrega de 5.000.000, lo que se contradice con el acuerdo que habla de desembolso en el propio acto.

c) 50.000.000 + 25.000.000 = 75.000.000 u.m.

2. Deberá procederse a conciliar el saldo. Comprobar que todas las partidas figuran en el extracto bancario y viceversa. Al hacerlo hemos de encontrar el origen o causa de la diferencia y disponer la oportuna rectificación.

3. El PCG dispone la valoración por el precio de coste; por tanto, debe figurar la partida en cuestión por 200.000 u.m. En el informe, el censor hará constar que se ha aplicado un criterio de valoración que se aparta de la norma del plan.

4. El PGC determina que los solares no se amortizan; por tanto, debe figurar en cuenta separada el valor del mismo. También parece alta la cuota de amortización del edificio, pues según las normas usuales se llega como máximo a tipos del 3 o 4 %. Debería justificarse, en todo caso, la efectividad de la amortización; esto es, que corresponde a un demérito real.

5. El justificante puede ser correcto si han existido las gestiones que ampara; si está mal imputado, debe ser cargado a la cuenta 202.

6. Justificar, uno por uno, todos los saldos que integran el cargo global y que realmente son morosos, viendo las gestiones de cobro que se han realizado. Es conveniente, además, remontarse al análisis de la operación origen de cada descubierto.

7. No. Todo pago ha de estar amparado por el correspondiente justificante que ha de tener las garantías jurídicas y fiscales oportunas.

8. Por el balance detallado de todos los clientes, sus fichas de los mismos y mediante la comprobación de saldos a través de cartas remitidas a todos los deudores para que den conformidad a éstos.

9. Normalmente todas las operaciones de crédito deben producir un interés a los tipos normales vigentes en el momento de la operación; además, un préstamo a seis años es a largo plazo por lo que está mal imputado, debería figurar en la cuenta 252.

10. Comprobar los abonos y devoluciones que han producido.

CONTABILIDAD DE SOCIEDADES

1.

	──── 15 julio ────		
4.000.000	**Socios cuenta aportación** (190) a **Capital** (100)		4.000.000
	Constitución de la Sociedad Colectiva GARCÍA Y GONZÁLEZ, según escritura de esta fecha.		
	D. Antonio García, su compromiso de aportación	2.500.000	
	D. Pedro González id.	1.500.000	
	──── 15 julio ────		
100.000	**Caja** (570) a **Socios cuenta aportación** (190)		100.000
	D. Antonio García, su entrega a Caja	50.000	
	D. Pedro González, su entrega a Caja	50.000	
	──── 31 julio ────		
450.000	**Caja** (570) a **Socios cuenta aportación** (190)		450.000
	D. Pedro González, su entrega a cuenta de su aportación.		
	──── 31 julio ────		
250.000	**Existencias** (300)		
120.000	**Clientes** (430)		
780.000	**Instalaciones** (203) a **Proveedores** (400)		100.000
	a **Socios cuenta aportación** (190)		1.050.000
	Negocio aportado por D. A. García.		

2.400.000	**CAJA** (570)	a	**Socios cuenta aportación** (190)	2.400.000

————————— 30 sept. —————————

Ingreso de D. Antonio García	1.400.000
Ingreso de D. Pedro González	1.000.000

————————— 10 sept. —————————

52.500.000	**Bancos** (572)

Ingreso en el Banco B. del desembolso inicial del 25 % del capital suscrito.

157.500.000	**Accionistas** (190)	a	**Capital** (100)	210.000.000

Constitución de la sociedad con un capital de 210.000.000 u.m.

2.

————————— 15 oct. —————————

52.500.000	**Accionistas por desembolsos exigidos** (558)	a	**Accionistas** (190)	52.500.000

————————— 31 oct. —————————

52.500.000	**Bancos** (572)	a	**Accionistas por desembolsos exigidos** (558)	52.500.000

————————— 1 dic. —————————

105.000.000	**Accionistas por desembolsos exigidos** (558)	a	**Accionistas** (190)	105.000.000

————————— 31 dic. —————————

105.000.000	**Bancos** (572)	a	**Accionistas por desembolsos exigidos** (558)	105.000.000

3.

————————— 12 mar. —————————

50.000.000	**Obligaciones emitidas** (197)	a	**Emprestito año a** (150)	50.000.000

Por la emisión de 10.000 obligaciones de 5.000 u.m. nominales cada una.

| 50.000.000 | Bancos (572) | ———— 25 mar. ———— a | Obligaciones emitidas (197) | 50.000.000 |

4.

| 20.000.000 | Obligaciones emitidas (197) | ———— 21 abril ———— a | Empréstito año B (150) | 20.000.000 |

Por la emisión de 2.000 títulos de 10.000 u.m. nominales cada uno.

———— 5 mayo ————

9.000.000	Bancos (572)			
2.000.000	Prima de reembolso (271)			
9.000.000	Obligacionistas (1971)	a	Obligaciones emitidas (197)	20.000.000

Por la suscripción de los 2.000 títulos al cambio del 90 % recibiéndose el 50 % del líquido.

| 9.000.000 | Bancos (572) | ———— 30 junio ———— a | Obligacionistas (1971) | 9.000.000 |

5. Se creará el siguiente asiento contable:

———— 30 junio ————

10.036.000	Pérdidas y ganancias (129)	a	Hacienda Pública (475)	3.000.000
		a	Dividendos activos (557)	4.000.000
		a	Reserva legal (112)	700.000
		a	Reserva voluntaria (117)	2.300.000
		a	Remanente a cuenta	

LA INFLACIÓN MONETARIA Y LOS DATOS CONTABLES

1. *Véase* la solución al ejercicio en las páginas 787 y 788.

Rúbrica	Contabilidad tradicional		Coeficiente	Índice %	Cuantificación por reajuste	Reajuste fluctuación monetaria
	A 1º de ejercicio	A fin de ejercicio				
ACTIVO						
Inmovilizado	30.750	30.750	1	124	38.130	7.380
Compras id. en el año		1.250	0,5	112 (1)	1.400	150
Mercaderías en stock	13.500	15.000	0,333	108 (2)	16.200	1.200
Créditos	9.375	11.625	− 0,25	94 (3)	10.927	− 698
	53.625	58.625			66.657	8.032
PASIVO						
Deudas	16.125	16.875	0,25	94	15.862	− 1.013
Neto	37.500	41.750			50.795 (4)	9.045
Representado por Capital (*)	22.500	22.500	1	124	27.900	5.400
Reservas anteriores	15.000	15.000	1	124	18.600	3.600
Beneficio contable		4.250			46.500	45 (5)
					4.295 (6) (Diferencia)	9.045

(1) 100 + (24 × 0,5)
(2) 100 + (24 × 0,333...)
(3) 100 − (24 × 0,25)
(4) El Neto, siempre es la diferencia entre Activo y Pasivo exigible. La diferencia entre el Neto anterior actualizado (*) y el Neto determinado por los valores situados a fin de ejercicio (habiendo aplicado la corrección de valor) demuestra la influencia de la inflación sobre los resultados.
(5) 4.295 − 4.250 = 45
(6) 50.795 − 46.500. O sea, que el presunto beneficio contable de 4.295 Diferencia, reajustado queda reducido a 45 u.m.

Asiento de Diario:

4.250	Pérdidas y ganancias	a	Reajuste fluctuación	45
		a	Reserva y fluctuación monetaria	4.205

2.

Rúbricas	Contabilidad tradicional		Valor reposición	Incrementos
	Inicial	Final		
ACTIVO				
Inmovilizado	4.680	4.320	5.760	1.440
Existencias	3.240	3.600	3.960	360
Disponibilidad	2.250	2.850	2.850	—
	10.170	10.770	12.570	1.800
PASIVO				
Deudas	3.870	4.050	4.050	
Valor neto final	6.300	6.720	8.520	1.800
Incremento en el ejercicio		420	2.220	

Cálculo del coste de ventas y del resultado:

		Contabilidad tradicional	Valor de reposición
Stock inicial		3.240	3.600
Compras		10.440	10.710
	Suma	13.680	14.310
Stock final		– 3.600	– 3.960
	Coste ventas	10.080	10.350
Total facturación		14.760	14.760
	Margen Bruto	4.680	4.410
Menos: Amortizaciones		– 390	– 540
Otros costes		– 3.870	– 3.870
Diferencias (beneficio)		420	—

Como el resultado reajustado es nulo, debe destinarse el presunto beneficio contable a Reservas para la integridad del neto patrimonial.

| 420 | Pérdidas y ganancias | a | Reservas integridad neto patrimonial | 420 |

Asiento para la actualización:

| 1.440 | Inmovilizado | a | Actualización | |
| 360 | Existencias | a | patrimonial | 1800 |

3.

Año	Coeficiente	Coste	Coste regularizado	Amortización	Amortización regularizada
19A3	2,55	4.500.000	11.475.000		
19A4	2,5			450.000	1.125.000
19A5	2,3			450.000	1.035.000
19A6	2,—			450.000	900.000
19A7	1,8			450.000	810.000
19A8	1,4			450.000	630.000
19A9	1,25			450.000	562.500
19A0	1,—			450.000	450.000
Totales		4.500.000	11.475.000	3.150.000	5.512.500

Valor contable 1.350.000
Valor actualizado 5.962.500
Incremento a regularizar 4.612.500

| 3.150.000 | Amortización acumulada | a | Maquinaria | 3.150.000 |

| 4.612.500 | Maquinaria | a | Actualización patrimonial ley | 4.612.500 |

4.

Año	Coeficiente	Coste	Coste regularizado	Amortización	Amortización regularizada
19A5	2,3	6.000.000	13.800.000		
19A6	2,—			900.000	1.800.000
19A7	1,8			900.000	1.620.000
19A8	1,4			900.000	1.260.000
19A8	1,4	2.000.000	2.800.000		
19A9	1,25			960.000	1.200.000
19A0	1,—			960.000	960.000
Totales		8.000.000	16.600.000	4.620.000	6.840.000

Valor contable	3.380.000
Valor actualizado	9.760.000
Incremento a regularizar	6.380.000

Los dos asientos que presentamos en la solución anterior pueden refundirse en uno solo como hacemos ahora:

4.620.000	**Amortización acumulada**			
1.760.000	**Maquinaria**	a	**Actualización patrimonial ley**	6.380.000

EL BENEFICIO EMPRESARIAL EN LA COMPRAVENTA CUANDO HAY INFLACIÓN

1. *Véase* la solución en las páginas 791 y 792.

2. *Véase* la solución en las páginas 791 y 792.

3. *Véase* la solución en las páginas 791 y 792.

Meses	Compras			Ventas			Stock		
	Entrada	Precio	Importe	Salida	Precio	Importe	Existencias	Coste	Importe
Anterior	800	70	56.000				800	70	56.000
Enero	2.060	75	154.500	1.035	91	94.185	2.860 / 1.825	73,60	134.320
Febrero	520	76	39.520	912	91	82.992	2.345 / 1.433	74,13	106.228
Marzo	1.350	76	102.600	1.500	93	139.500	2.783 / 1.283	75,04	96.276
Abril	2.200	78	171.600	2.050	93	190.650	3.483 / 1.433	76,91	110.212
Mayo	3.200	78	249.600	3.300	96	316.800	4.633 / 1.333	77,66	103.521
Junio	700	78	54.600	500	96	48.000	2.033 / 1.533	77,78	119.237
Julio	600	79	47.400	350	96	33.600	2.133 / 1.783	78,12	139.288
Agosto	1.800	77	138.600	1.600	96	153.600	3.583 / 1.983	77,56	153.801
Septiembre	1.900	78	148.200	1.750	97	169.750	3.883 / 2.133	77,78	165.905
Octubre	1.600	79	126.400	1.700	97	164.900	3.733 / 2.033	78,30	159.184
Noviembre	2.100	80	168.000	2.060	98	201.880	4.133 / 2.073	79,16	164.099
Diciembre	1.980	81	160.380	2.650	98	259.700	4.053 / 1.403	80,06	112.324
	20.810		1.617.400	19.407		1.855.557			

Promedio de las compras del ejercicio:

$$\frac{1.617.400 \text{ u.m.}}{20.810 \text{ kg}} = 77,72 \text{ u.m./kg}$$

Promedio de las ventas del ejercicio:

$$\frac{1.855.557 \text{ u.m.}}{19.407 \text{ kg}} = 95,61 \text{ u.m./kg}$$

Promedio variable de coste de las existencias

	a)	b)
Existencias iniciales	56.000	56.000
+ Compras	1.617.400	1.617.400
− Existencias finales	− 98.210	− 113.643
Coste de las ventas	1.575.190	1.559.757
Ventas	1.855.557	1.855.557
Beneficio bruto	280.367	295.800

	c) Promedio variable	c₁) Por promedio del ejercicio
Existencias iniciales	56.000	56.000
+ Compras	1.617.000	1.617.400
− Existencias finales	− 112.324	− 109.041
Coste de las ventas	1.561.076	1.564.359
Ventas	1.855.557	1.855.557

RESUMEN				

	a)	b)	c)	c₁)
Beneficio bruto	280.367	295.800	294.481	291.198
Gastos	195.600	195.600	195.600	195.600
	84.767	100.200	98.881	95.598

EJERCICIOS CAPÍTULO 11

CONTABILIZACIÓN DEL IMPUESTO SOBRE EL VALOR AÑADIDO

1.

	Importe	Tipo IVA	IVA repercutido
Ventas	80.000.000	11%	8.800.000
Exportación	10.000.000		—
	90.000.000		8.800.000
Adquisiciones:			
Energía	3.000.000		
Materias primas	25.000.000		
Importaciones	5.000.000		
Ejecución obra	6.000.000		
Transportes	1.500.000		
IVA soportado	40.500.000	11%	4.455.000
Diferencia IVA repercutivo – IVA soportado a ingresar			4.345.000

3.000.000	**Suministros**		
30.000.000	**Compras**		
6.000.000	**Trabajos realizados por otras empresas**		
1.500.000	**Transportes de compras**		
4.455.000	**Hacienda Pública, IVA soportado**	a **Tesorería**	44.955.000
98.800.000	**Tesorería**	a **Venta**	90.000.000
		a **Hacienda Pública, IVA repercutido**	8.800.000
8.800.000	**Hacienda Pública, IVA repercutido**	a **Hacienda Pública, IVA soportado**	4.455.000
		a **Hacienda Pública acreedor por IVA**	4.345.000
4.345.000	**Hacienda Pública, acreedor por IVA**	a **Tesorería**	4.345.000

Glosario de términos contables

Abonar. Pagar. Acreditar. Asentar en las cuentas las partidas que corresponden al Haber.

Abonaré. Pagaré. Documento expedido en representación de una partida de cargo sentada en cuenta.

Abrir una cuenta. Dar a una cuenta el título que se escribe en la parte superior del folio o ficha que se le asigna.

Acción. Cada una de las partes o porciones del Capital de una sociedad anónima. Se llama también acción al título que representa el valor nominal de la mencionada parte.

Accionista. Persona que posee acciones.

Acrecentamiento. Aumento, incremento.

Acreditar. Abonar.

Acreedor. Quien tiene acción o derecho al cobro de una deuda, o para obligar al cumplimiento de alguna obligación.

Acta. Narración o reseña escrita de lo sucedido en una junta o reunión.

Acta notarial. Relación fehaciente que extiende un notario.

Actividad. Facultad de obrar. Diligencia. Prontitud en el obrar.

Activo. Importe total de los derechos y bienes de una persona natural o jurídica.

Adeudar. Debitar. Cargar. Anotar una partida en el Debe de una cuenta.

Administrador. Quien administra.

Administrar. Gobernar, regir.

Aforar. Reconocer, medir y valorar los géneros o mercancías para el pago de los derechos de arancel.

Agente. Persona o cosa que obra.

Agio. Beneficio que se obtiene del cambio de la moneda, o de descontar letras, pagarés, etc. Especulación sobre el alza y la baja de los fondos públicos. Diferencia entre el valor real y el valor nominal de la moneda metálica y el papel moneda.

Alícuota. Parte contenida exactamente en un todo, cierto número de veces.

Almacenaje. Derecho que se paga por conservar las cosas en un depósito o almacén.

Alquilar. Dar o tomar alguna cosa por cierta cantidad de dinero, para usarla por un tiempo convenido.

Alquiler. El precio que se da al dueño de alguna cosa para usarla por un tiempo determinado.

Alza. El aumento de precio que toma alguna cosa.

Amortizable. Que se puede amortizar.

Amortizar. Recobrar fondos invertidos en alguna empresa, maquinaria, etcétera.

Anatocismo. Resultado de capitalizar los intereses.

Anónima. Véase **Sociedad Anónima.**

Anotar. Apuntar. Poner notas. Tomar nota.

Antedatar. Poner fecha anticipada en alguna escritura o carta.

Anual. Que dura un año.

Anualidad. Importe anual de una renta o carga periódica.

Apareamiento de costes e ingresos. Correlación de partidas que pueden influirse mutuamente.

Apertura. Acción de abrir. Efectuar una primera anotación.

Apoderado. Persona que tiene poderes de otro para representarle o proceder en su nombre.

Apreciación. Dar precio.

Arancel. Tarifa oficial que determina los derechos que se han de pagar en diversas ramas (costas, aduanas, judiciales, etc.).

Arbitraje. En Banca, operación de cambio de valores mercantiles, en que se trata de aprovechar la diferencia de precio de unas plazas a otras para obtener ganancias.

Arqueo. Operación que consiste en comprobar, por medio de un recuento, si el saldo del libro de Caja está conforme con la existencia en dinero o en efectos, en la Caja.

Asegurar. Dar garantía con hipoteca o prenda del cumplimiento de una obligación. Poner a cubierto a una persona o cosa de las consecuencias de un determinado riesgo, mediante ciertas condiciones.

Aseverar. Dar por cierto un dato o hecho.

Asiento. Notación escrita que se hace en el Debe y en el Haber de una cuenta. Lo que se escribe en el libro Diario.

Auditoría. Revisión, análisis y censura de cuentas y de la gestión que reflejan.

Aval. Firma que se pone al pie de una letra de cambio u otro efecto para garantía de su pago, en caso de no efectuarlo la persona primeramente obligada.

Avalar. Garantizar por medio de aval.

Avaluación. Acción de valorar.

Avalúo. Valorar.

Avería. Daño que sufren las mercancías o géneros.

Baja. Disminución del precio, valor o estimación de alguna cosa.

Balance. Cómputo o comparación del Activo y Pasivo para averiguar el estado del patrimonio de una empresa. Documento en que consta el resultado de esta operación.

Banca. Comercio que consiste en operaciones de giro, cambio, descuento, apertura de créditos, servicios de cuentas corrientes y compraventa de efectos públicos en comisión. Conjunto de bancos o banqueros.

Bancarrota. Quiebra.

Banco. Establecimiento público de crédito constituido en sociedad por acciones.

Beneficiario. El que tiene derecho a cobrar.

Bien. Hacienda, riqueza, caudal.

Boletas, boletos. Notas documentales.

Bono, obligación. Título que representa la parte alícuota de un empréstito.

Bolsa. Lonja de contratación y conjunto de operaciones que en ella se efectúan.

Bonificación. Rebaja en el precio de las mercancías.

Bordereau. Nota o factura detallando una remesa de letra de cambio.

Borrador. Libro en que los comerciantes hacen sus apuntaciones, para que sirva de base a los asientos en otros libros de contabilidad.

Caja. Mueble o armario de metal para guardar con seguridad dinero y otros valores. Pieza o compartimiento destinado en los bancos, casas de comercio, para recibir, guardar dinero y hacer pagos. Cuenta en contabilidad en donde se anotan todas las operaciones de cobro y pago con dinero efectivo.

Cajero. Persona encargada de la entrada y salida de los caudales, así como de su conservación y custodia.

Capital. Bienes que producen intereses o frutos.

Capital líquido o neto. Residuo del Activo, deduciendo el Pasivo.

Capitalista. El que tiene su caudal en dinero invertido en negocios, en contraposición al que lo tiene en fincas, que reciben comúnmente el nombre de hacendados o propietarios.

Capitalizar. Reducir a capital el importe de la renta, sueldo o pensión anual, cuyo pago queda remitido con la entrega de dicho importe. Agregar al capital el importe de los intereses ya adquiridos por él, y formar de ambas cantidades un nuevo y mayor capital, que irá ganando, por consiguiente, mayor cantidad de intereses.

Carga. Tributo o impuesto. Censo, servidumbre u otro gravamen real de la propiedad.

Cargar. Imponer a la persona o cosas tributo u obligación. Anotar en las cuentas las partidas que corresponden al Debe.

Cargo. En las cuentas, conjunto de cantidades que se anotan en el Debe.

Cartera. Valores o efectos comerciales de curso legal que forman parte del Activo.

Cash-flow. Flujo de Caja. Relación de entradas y salidas dinerarias.

Cedente. El que cede un efecto, ya sea el librador del mismo o bien uno cualquiera de los endosantes.

Ceder. Dar, transmitir, traspasar a otro una cosa.

Censurar una cuenta o una gestión. Revisar si se han cumplido las normas usuales de una correcta contabilidad y administración.

Cerrar. Poner fin a la actividad de una corporación, establecimiento, industria, etc. Dar por firme un contrato o convenio.

Cerrar una cuenta. Sumar las partidas del Debe y las del Haber, colocándolas en una misma línea horizontal.

Certificar. Hacer constar como cierta una cosa por documento público.

Cesionario. Dícese de aquel al que se ha cedido un efecto.

Cheque. Documento mediante el cual una persona retira para sí o por un tercero todo o parte del dinero que tiene depositado en un banco.

Cierre. Acción y efecto de cerrar. Sumar partidas de una cuenta. Cliente. Comprador habitual.

Clientela. Conjunto de clientes.

Circulación. Se dice de los documentos de crédito que están librados cuando todavía no han llegado a manos del pagador.

Código. Cuerpo de leyes ordenadas sistemáticamente. Conjunto de reglas sobre cualquier tipo de materia.

Cobranza. Cobro.

Cobrar. Recibir de otro lo que debe.

Colectividad. Conjunto de personas asociadas para un fin.

Colectivo. Que tiene la virtud de recoger o reunir.

Comerciante. El que tiene condiciones legales para comerciar y se dedica habitualmente a los negocios.

Comercio. Negociación que se hace comprando, vendiendo o permutando unas cosas por otras. Conjunto de comerciantes.

Comisión. Remuneración, generalmente proporcional, que percibe el que vende una cosa por cuenta ajena.

Comisionista. Persona que se emplea para desempeñar comisiones mercantiles.

Comitente. Que da poder o encargo a otro.

Compensación. Modo de extinguir obligaciones entre personas que son recíprocamente acreedores y deudores.

Comprobante. Que comprueba o sirve para comprobar.

Comprobar. Verificar, confirmar una cosa, mediante pruebas que la acrediten como cierta.

Compustería. Contabilidad.

Computación. Conjunto de disciplinas y técnicas desarrolladas para el tratamiento automático de la información mediante el uso de computadoras.

Computadora. Ordenador, aparato para el proceso electrónico de datos.

Confronta interna. Control interno para oponer en la ejecución de tareas de la empresa a distintas personas.

Consejo. Cuerpo administrativo y consultivo de ciertas sociedades o compañías.

Consignador. El que consigna mercaderías o buques a un corresponsal.

Consignar. Enviar mercaderías a la disposición de un corresponsal.

Consignatario. Aquel para quien va destinado un buque, un cargamento o una partida de géneros. Persona que en los puertos representa el armador de un buque.

Contabilidad. Ciencia que enseña a llevar las cuentas que reflejan con precisión los movimientos del patrimonio.

Contable. El que lleva la contabilidad. Que puede ser contado.

Contado (al). Con dinero contante. En efectivo.

Contaduría. Oficina de contabilidad.

Contador. El que cuenta. El que lleva las cuentas.

Contra-asiento. Asiento que se hace para corregir otro asiento en contabilidad.

Contraloría. Oficina y ejercicio del control.

Contrapartida. Dícese, en los asientos por Partida Doble, de las cuentas del Haber con respecto a las del Debe y viceversa.

Contribución. Cantidad que se contribuye para algún fin, principalmente para las cargas del Estado.

Control. Comprobación, verificación, inspección.

Controlador. Quien ejerce el control.

Controlador. Véase **Contraloría.**

Cooperar. Obrar o trabajar conjuntamente con otro u otros para un fin.

Cooperativismo. Régimen social basado en la difusión de las sociedades cooperativas.

Coordinar. Disponer varias cosas metódicamente y con orden.

Corredor. Agente intermediario entre el vendedor y el comprador.

Correspondencia. Acción y efecto de corresponder. Trato o comunicación que tienen por escrito entre sí los comerciantes.

Corresponsal. Aquel que por medio de la correspondencia tiene relación comercial con otra persona.

Corretaje. Cantidad que percibe un corredor por su intervención en la compra o la venta de mercancías, valores públicos, etcétera.

Costeo. Determinar costes.

Cotizar. Publicar en voz alta en la Bolsa el precio de los documentos de la deuda pública, o de las acciones mercantiles que tienen curso público.

Crédito. Suma de todas las cantidades abonadas en una cuenta.

Crédito (abrir un). Autorizarle, por medio de documentos, para que disponga de cierta cantidad de dinero en poder de otro.

Crédito (dar). Prestar dinero sin garantía.

Cuantía. Cantidad. Lo que puede medirse o numerarse, o también lo que es capaz de aumento y disminución.

Cuenta. Acción y efecto de contar. Cálculo u operación aritmética. Cada una de las clases de valores del patrimonio. También se aplica al estado donde se anotan las operaciones que lo modifican.

Cuenta corriente. Cada una de las que se llevan, en contabilidad, a las personas o entidades a cuyo nombre están abiertas.

Cuenta (tomar en). Admitir alguna partida en pago de parte de lo que se debe.

Cuentacorrentista. Persona que tiene cuenta corriente con un banco, o con otro negocio.

Cuota. Parte o porción fija o proporcional.

Cupón. Cada una de las partes de ciertos valores, acciones u obligaciones, que periódicamente se van cortando para ser presentadas al cobro de los intereses vencidos, o para ejercitar algún derecho inherente al título del que se separan.

Debe. Una de las partes en que se dividen las cuentas corrientes y en la cual figuran las cantidades que se cargan a la persona o entidad a quien se abre la cuenta.

Debitar. Adeudar.

Déficit. En las cuentas, exceso del montante de las deudas sobre el Activo real.

Demanda. Pedido o encargo de mercancías. Pedir una cosa en juicio.

Demandado. Persona a quien se pide una cosa en juicio.

Demandante. Persona que demanda una cosa en juicio.

Depositar. Poner alguna cosa bajo la custodia de personas que respondan de ella.

Depósito. Acción y efecto de depositar. Cosa depositada.

Depreciación. Estado de una cosa cuyo valor ha disminuido y que no tiene en el mercado la misma demanda que tenía antes, que se desestima; por ejemplo, depreciación del papel moneda, de una mercancía, de los bonos de la deuda pública.

Derecho. Justicia. Razón. Conjunto de preceptos y reglas a que está sometida toda sociedad civil, y cuya observancia puede ser exigida por la justicia.

Desamortizar. Liberar los bienes amortizados.

Desgravación fiscal. Retorno por la Administración a los contribuyentes de impuestos pagados con anterioridad.

Descontar. Rebajar una cantidad de una cuenta, factura, etc. Pagar al contado una letra de cambio no vencida, rebajándole de su valor la cantidad que se estipule.

Descubierto. Déficit.

Descubierto (estar o quedar en). En los ajustes de cuentas, no dar salida a algunas partidas del Debe, o faltar alguna cantidad para satisfacerlo.

Descuento. Acción y efecto de descontar. Operación de adquirir, antes de su vencimiento, una letra de cambio u otros valores endosables.

Desembolsar. Pagar o gastar una cantidad de dinero. Desembolso. Dinero que se desembolsa o entrega.

Destinatario. Persona a quien va dirigida una cosa.

Deuda. Obligación que uno tiene de pagar o devolver a otro dinero u otra cosa.

Deudor. Que debe o está obligado a satisfacer una deuda. Cliente a quien se fía o vende a plazos.

Digrafía. Contabilidad por partida doble.

Diario. Correspondiente a todos los días. Que se repite cada día. Libro de contabilidad que están obligados a llevar todos los comerciantes y en el que figura la relación histórica, día a día, de las operaciones del negocio.

Dinero. Moneda corriente. Signo que la representa.

Disponibile. Todo aquello de lo que se puede disponer o que se puede utilizar.

Disponer. Usar uno cualquiera de los derechos inherentes a la propiedad o posesión de los bienes.

Dividendo activo. Cuota que, al ser distribuidas las ganancias, corresponde a cada acción de una sociedad.

Dividendo pasivo. Cuota que cada accionista está obligado a aportar a la Sociedad.

Documentación. Acción y efecto de documentar. Conjunto de documentos que sirven a este fin.

Documental. Que se funda en documentos o se refiere a ellos.

Documentalmente. Con documentos.

Documentar. Probar la verdad de una cosa con documentos.

Documento. Escrito con que se prueba, acredita o hace constar algo. Cualquier cosa que sirve de prueba.

Domiciliar. Dar domicilio. Poner el domicilio del librado en una letra de cambio.

Domicilio. Lugar en el que se considera establecida una persona, sociedad o empresa para los efectos legales.

Duplicado. Segundo documento o escrito que se expide del mismo tenor que el primero, por si éste se pierde o se necesitan dos.

Economía. Administración recta y prudente de los bienes. Ciencia que la estudia. Estructura, orden interior o régimen de alguna organización.

Efectivo. Numerario. Dinero.

Efecto. Documento o valor mercantil, sea nominativo, endosado o al portador.

Efectos públicos. Documentos de crédito emitidos por un Estado, provincia o municipio, que pueden ser negociables en Bolsa.

Egreso. Lo contrario de ingreso. Pago.

Ejercicio económico. Tiempo que transcurre de un balance a otro. Suele ser de un año.

Embalaje. Caja o cubierta con que se resguarda los objetos que han de transportarse a puntos distantes.

Embargar. Retener alguna cosa, separándola del dominio de su propietario, en virtud del mandamiento de un juez competente.

Empresa. Unión de capital y trabajo para desarrollar una actividad económica. Trata de conseguir lucro prestando un servicio económico.

Empresario. Persona que rige una empresa y asume el riesgo de ésta.

Empréstito. Préstamo. Especialmente el que toma un Estado o corporación, y está representado por títulos negociables o al portador. Cantidad prestada de este modo.

Encabezamiento. Conjunto de palabras o fórmulas con que ordinariamente se da comienzo a un documento.

Endosar. Ceder a favor de otro los derechos de una letra de cambio u otro documento de crédito, haciéndolo constar en el dorso del mismo.

Equidad (de los propietarios de una sociedad). Valor de cierto derecho de propiedad, establecido de acuerdo con la contabilidad y conforme a la ley. Valor nominal de las acciones que componen el capital social.

Escritura pública. Instrumento público, firmado por la persona que lo otorga delante de testigo y autorizado por un notario.

Especulación. Operación comercial que se practica con ánimo de lucro.

Especular. Comerciar. Traficar.

Especulativo. Perteneciente o relativo a la especulación.

Estándar. Tipo, patrón, norma.

Evaluar. Valorar.

Examen. Reconocimiento que se hace de una cosa o de un hecho.

Exigible. Que puede o debe exigirse.

Exigir. Demandar, reclamar algo imperiosamente.

Expedición. Acción y efecto de expedir.

Expedicionario. Que lleva a efecto una expedición.

Expedidor. Remitente. Persona que hace la expedición.

Expediente. Conjunto de los documentos y papeles correspondientes a un asunto o negocio.

Expedir. Dar curso a las causas y a los negocios, despacharlos, resolverlos. Enviar mercancías, telegramas, pliegos, etcétera.

Explícito. Que expresa clara y terminantemente una cosa.

Explotación. Conjunto de elementos destinados a una industria.

Explotar. Sacar utilidad de un negocio o industria.

Exportable. Que se puede exportar.

Exportación. Conjunto de las mercancías que exporta una empresa o un país.

Exportador. Que exporta.

Exportar. Enviar mercancías desde el propio país a otro en el extranjero.

Extracto. Resumen de lo más sustancial que hay en algún escrito. En extracto. En resumen.

Extracto de cuenta. Documento bancario que refleja los movimientos de una cuenta corriente.

Fábrica. Edificio con adecuadas instalaciones destinado a una industria.

Fabricante. Persona que rige por su cuenta una fábrica.

Fabricar. Hacer o producir una cosa por medios mecánicos.

Factor. Cada una de las cantidades que se multiplican para formar un producto. Elemento, cosa que con otras es causa de algún efecto. Dícese también de quien actúa en negocios mercantiles por cuenta de otro.

Factura. Relación o lista de los artículos comprendidos en una venta, remesa u otra operación de comercio, en la que se especifican sus importes parciales y totales.

Facturación. Acción y efecto de facturar.

Facturar. Cada uno de los diversos estados o aspectos por que pasa un fenómeno natural o una cosa, negocio, etcétera.

Favor (a ... de). En beneficio y utilidad de alguno. Una letra, vale o pagaré es siempre a favor de la persona a quien debe pagarse.

Fía. Vender a crédito; que no es al contado.

Fiabilidad. Grado de confianza que merecen unos documentos, unos apuntes, unas cuentas o un dato en general.

Fiable. Dícese de la persona digna de confianza y de quien se puede responder.

Fiador. Persona que fía a otra.

Fianza. Obligación accesorial que uno contrae, para garantía de que otro pagará lo que debe o cumplirá lo que prometió. Prenda o cosa que se da en depósito, en seguridad del cumplimiento de una obligación.

Fiar. Dar uno garantía de que otro cumplirá lo que debe, obligándose en caso de que no lo haga el primer obligado, a satisfacer por él. Vender sin tomar el precio al contado.

Ficha. Cédula de cartulina o papel fuerte dispuesta para escribir en ella y guardarla convenientemente clasificada entre otras.

Fichero. Caja, muebles o conjunto de ellos, donde se pueden guardar las fichas.

Financiero. Persona entendida en asuntos de la Hacienda Pública o de banca y crédito.

Finiquito. Remate de las cuentas. Certificación de éste.

Firma. Nombre y apellido, o título con rúbrica puesto de mano propia. *Dar la firma a otro* es confiarle la representación y la dirección de su casa o de alguna dependencia; el que la recibe y ejerce se dice que *lleva la firma*.

Firme (en). Reciben este nombre las operaciones de Bolsa que se hacen o contratan definitivamente a plazo fijo.

Fletar. Alquilar una nave o parte de ella para conducir personas o mercaderías. Embarcar mercaderías en una nave para su transporte.

Flete. Precio estipulado por el transporte en una nave. Coste del transporte de los géneros.

Foliación. Serie numerada de folios.

Foliar. Numerar los folios del libro o cuaderno.

Fondo. Caudal o conjunto de bienes.

Fondos de amortización. Los destinados a extinguir una deuda o a compensar los efectos de una depreciación.

Fundamento. Razón principal o motivo con que se pretende dar fuerza y solidez a una cosa no material. Primeras nociones de alguna ciencia.

Fungible. Que se consume por el uso.

Ganancia. Utilidad o provecho que resulta del trato, del comercio, de la industria o de otra actividad.

Ganancial. Propio de la ganancia o perteneciente a ella.

Gananncioso. Que ocasiona ganancia. Que obtiene ganancia.

Ganar. Adquirir caudal una persona con cualquier género de comercio, industria o trabajo, o por medio del juego, apuestas, etcétera.

Garante. Que da garantía.

Garantía. Fianza o prenda. Acción y efecto de asegurar eficazmente el cumplimiento de algo estipulado.

Garantizar. Dar garantía. Garantir.

Gastable. Que se puede gastar.

Gastar. Expender o emplear dinero en una cosa.

Gasto. Acción de gastar. Lo que se ha gastado o se gasta.

Gerencia. Cargo de gerente. Gestión que le incumbe. Oficina del gerente.

Gerente. El que dirige, gobierna y administra negocios y lleva la firma de una sociedad o empresa mercantil.

Gestión. Acción y efecto de gestionar.

Gestionar. Hacer diligencias conducentes al logro de un propósito.

Gestor. Que gestiona. Miembro de una sociedad mercantil que participa en la administración de ésta.

Girador. El que gira una letra de cambio o alguna cantidad por otros medios.

Girar. Expedir letras de cambio, cheques u otras órdenes de pago. Hacer las operaciones mercantiles de una empresa.

Haber. Una de las dos partes en que se dividen las cuentas corrientes, en la cual se anotan las partidas que forman el débito del que abre la cuenta y el crédito de aquel a quien se lleva.

Hardware. Conjunto de componentes físicos (cables, tornillos, placas, etc.) que constituyen una computadora u ordenador.

Hipoteca. Derecho que grava bienes, sujetándolos a responder de una obligación.

Hipotecable. Que se puede hipotecar.

Hipotecar. Gravar con hipoteca.

Impagable. Que no se puede pagar.

Impagar. Dejar de pagar.

Impago. Dícese del acreedor a quien no se le ha pagado.

Imponer. Poner algún dinero a interés o depósito.

Imponible. Que se puede gravar con impuesto o tributo.

Importación. Acción de importar cosas extranjeras.

Importador. Que importa.

Importar. Introducir en un país géneros extranjeros. Hablando del precio de las cosas, valer o llegar a tal o cual cantidad.

Impuesto. Tributo. Carga.

Incremento. Aumento de valor.

Industria. Conjunto de operaciones que sirven para la obtención, transformación o transporte de uno o de varios productos naturales. Suma o conjunto de industrias de cierto género o determinada región.

Industrial. El que ejerce una industria.

Informática. *Véase* **Computación.**

Ingresar. Entrar.

Ingreso. Cobro. Caudal que entra como cargo en las cuentas.

Inmobiliario. Pertenecientes o bienes inmuebles.

Inmoble. Que no puede ser movido.

Inmueble. Finca rústica o urbana.

Insolvencia. Incapacidad para pagar una deuda.

Insolvente. Que no tiene con que pagar sus deudas.

Instalación. Acción y efecto de instalar. Conjunto de cosas instaladas.

Intangible. Valor que no tiene soporte físico.

Intereses recíprocos. En las cuentas corrientes con interés, cuando las tasas son iguales para el Debe y para el Haber. Los hay también diferenciables y variables.

Inventario. Lista o relación ordenada y valorada de los bienes y demás cosas pertenecientes a una persona, comunidad o empresa. Documento en que están escritas dichas cosas.

Inversión. Acción y efecto de invertir.

Invertir. Emplear, gastar los caudales en aplicaciones productivas.

Items. Partidas, artículos.

Iterativo. Repetitivo.

Justificación. Prueba convincente de una cosa.

Justificante. Que justifica.

Justificar. Probar una cosa con razones, testigos y documentos.

Justipreciar. Valuar o tasar una cosa.

Justiprecio. Aprecio o tasación de algo.

Labor. Trabajo.

Legal. Prescrito por la ley y conforme a ella.

Legalización. Certificado o testimonio con firma y sello, que acredita la autenticidad de un documento o de una firma.

Legalizar. Certificar la autenticidad de un documento o de una firma.

Legalmente. Según la ley, conforme a derecho.

Legislación. Cuerpo de leyes que regula una materia determinada.

Letra de cambio. Documento mercantil que comprende el giro de cierta cantidad en efectivo que hace el librador a la orden del tomador y a cargo del librado.

Librado. Aquel contra quien se libra una letra de cambio u otro documento de giro, como un cheque.

Librador. El que libra una letra de cambio.

Libranza. Orden de pago que se da contra uno que tiene fondos a disposición de la persona que la expide.

Librar. Expedir letras de cambio, libranzas, cheques, etcétera.

Libro de razón. Libro Mayor o de cuentas.

Límite. Término del cual no puede pasar el valor de una cantidad.

Liquidación. Liquidar. Venta al por menor y con depreciación, que se hace de los géneros de un establecimiento por algún motivo extraordinario.

Liquidar. Hacer el ajuste formal de una cuenta.

Líquido. Aplícase al saldo que resulta de la comparación del cargo con la data.

Líquido imponible. Cantidad que se toma como base para determinar la cuota de un impuesto.

Listado. Relaciones producidas por la computadora.

Litigio. Pleito, contienda judicial.

Lucro. Ganancia o provecho que se saca de una operación o actividad.

Lucros y daños. Ganancias y pérdidas.

Lucrativo. Que produce utilidad y ganancia.

Lucrar. Lograr. Sacar provecho de algún negocio.

Manufactura. Fábrica. Obra hecha a mano o con ayuda de maquinaria.

Manufacturar. Fabricar.

Marketing. Conjunto de concepciones y técnicas que se aplican para obtener un mejor desarrollo comercial.

Matriz. Parte del libro de talonarios que queda encuadernada al separar los talones, cheques, recibos, etcétera.

Mayor. Uno de los libros que llevan los comerciantes en el que se anotan separadamente las cuentas de cada persona, empresa o cosas.

Mercado. La concurrencia de gente a un paraje determinado para comprar y vender algunos géneros. El sitio público destinado a estas ventas.

Mercadería. Mercancía. Título de la cuenta que refleja el movimiento de mercancías.

Mercancía. Comercio. Todo género vendible. Cualquier cosa que sea objeto de trato o venta.

Mercantil. Perteneciente o relativo a la mercancía o al comercio.

Merma. La disminución de una cosa en virtud de pérdida natural; por ejemplo, en los líquidos.

Mobiliario. Muebles. Valores mobiliarios. Aplícase, por lo común, a los efectos públicos o valores transferibles por endoso. Nombre de la cuenta que refleja el movimiento de los mismos.

Moneda. Disco de metal acuñado por el Estado que sirve para facilitar las transacciones comerciales, representando un valor o precio convencional.

Monopolio. El ejercicio y el aprovechamiento exclusivo de cualquier industria u objeto de comercio, bien provenga de algún privilegio, bien de otra causa cualquiera.

Monto, montante. Importe.

Morosidad. Lentitud, dilación. Falta de actividad, negligencia, inacción. También falta de pago.

Moroso. Que incurre en morosidad.

Mueble. Cada uno de los enseres que sirven para comodidad o adorno en las casas; que puede moverse.

Naviero. Dueño de un buque.

Navío mercante. El que sirve para conducir mercaderías de unos puntos a otros.

Negociable. Que se puede negociar.

Negociado. Cada una de las secciones u oficinas en que se divide una organización administrativa para despachar determinada clase de asuntos.

Negociar. Tratar y comerciar con mercancías, valores, etc. Ajustar el traspaso, cesión o endoso de una letra de cambio u otro efecto. Tratándose de valores, descontarlos.

Negocio. Todo lo que es objeto de una ocupación lucrativa.

Neto. Diferencia entre el Activo y Pasivo. Dícese del precio cuando se han deducido gastos, comisiones, etcétera.

Nifo. Método contable de valoración de existencias.

Nominal. Que tiene la efectividad que indica su nombre.

Nominativo. Aplícase a los efectos públicos, valores y otros títulos que precisamente han de extenderse a nombre o a favor de uno.

Normalización. Establecimiento de normas que permiten actuar con denominaciones y prácticas comunes

Numerario. Dinero en efectivo o moneda acuñada.

Obligación. Título con interés fijo, negociable, que representa el dinero prestado a una sociedad mercantil.

Obligacionista. Portador o tenedor de una o varias obligaciones negociables.

Objetivo. Finalidad de una acción.

Objeto. Finalidad.

Obsolescencia. Pérdida de eficacia de una práctica o de un elemento productivo por causas ajenas a su propio uso.

Obsoleto. Dícese del bien que ha sido afectado por la obsolescencia.

Oferta. Presentación de mercancías en solicitud de venta.

Operación. Ejecución de una cosa. Negociación o contrato sobre valores o mercaderías.

Orden. Regla para hacer las cosas.

Orden (a la). Expresión que denota ser transferible por endoso un determinado valor comercial.

Ordenador. *Véase* **Computadora.**

Otorgar. Disponer, establecer, ofrecer, estipular o prometer con autoridad pública el cumplimiento de alguna cosa.

Paga. Acción de pagar. Cantidad de dinero que se da en pago.

Pagadero. Que se ha de pagar o satisfacer en cierta fecha.

Pagador. Que paga. Persona encargada de satisfacer sueldos, pensiones, etcétera.

Pagaduría. Lugar público donde se paga.

Pagar. Dar uno a otro lo que le debe.

Pagaré. Documento de crédito en el que consta la obligación que contrae una persona de abonar una cantidad en un tiempo determinado.

Pagaré a la orden. El que es transmisible por endoso.

Pago. Entrega de un dinero o especie que se debe.

Papel. Hoja delgada que se usa para escribir, pintar, imprimir.

Papel de Estado. Diferentes documentos que emite el Estado reconociendo créditos.

Papel moneda. El que por autoridad pública sustituye al dinero en efectivo metálico y tiene curso legal como tal.

Par. Igual o semejante totalmente. A la par. Tratándose de monedas, valores, etc., igualdad entre su valor nominal y efectivo.

Parte. Cada una de las personas que tienen interés en un contrato o participación en un mismo negocio.

Participar. Tener uno parte en una cosa o tocarle algo de ella.

Partícipe. El que tiene parte en alguna cosa, o entra con otros a la parte en su distribución.

Partida. Cada uno de los artículos que contiene una cuenta. Cantidad o porción de un género de comercio.

Partida doble. Método de cuenta y razón, en la que se llevan a la par el cargo y la data.

Pasivo. Importe total de los débitos y gravámenes que tiene una persona o entidad, en contraposición de los créditos y bienes que posee.

Patente. Título o despacho para el goce de un empleo o privilegio.

Patente de invención. Documento por el que oficialmente se otorga un privilegio de invención y propiedad industrial.

Patrimonial. Perteneciente al patrimonio.

Patrimonio. Bienes propios.

Pedido. Encargo hecho a un fabricante o a un vendedor de géneros.

Pensión. La renta o canon anual que perpetua o temporalmente se impone sobre alguna finca. Cantidad anual que se da a alguno por méritos y servicios propios o extraños, o bien por pura gracia del que la concede.

Peps. Primero entrado, primero salido (*fifo*).

Peritación. Dictamen o trabajo realizado por un perito.

Perito. Profesional que en una materia tiene título de tal.

Permuta. Acción y efecto de permutar o de trocar una cosa por otra.

Permutable. Que se puede permutar.

Permutar. Cambiar una cosa por otra, transfiriendo los contratantes los dominios de ellas.

Permutativo. Que tiene cualidad de permuta.

Pie. Final de un escrito y espacio en blanco que queda en la parte inferior del papel escrito.

Pignoración. Acción y efecto de pignorar.

Pignorar. Empeñar, dar o dejar una cosa en garantía de un préstamo o del cumplimiento de una obligación.

Plaza. Ciudad. Población.

Plazo. Término o tiempo señalado para una cosa. Vencimiento del término. Cada parte de una cantidad que se ha de pagar en dos o más veces.

Plusvalía. Incremento de un bien por encima de su valor contable.

Poder, mandato o procuración. El instrumento en que alguno da facultad a otro para que en lugar de su persona y representándola pueda ejecutar alguna cosa.

Poderdante. El que tiene poder o facultad de otro para administrar alguna hacienda o ejecutar otra cualquier cosa.

Póliza. Libranza en que se da orden de percibir o cobrar algún dinero. Documento justificativo del contrato de seguros, operaciones de bolsa y otras negociaciones comerciales.

Portador. Tenedor de efectos públicos o valores transmisibles.

Portear. Conducir o llevar de una parte a otra una cosa por el porte o precio en que se ha ajustado y convenido.

Precio. El valor pecuniario en que se estima alguna cosa. Corriente del cambio. Valor que se paga en una plaza por una letra u otro documento, según la suma girada contra otra plaza.

Premio. Vuelta, demasía. Cantidad que se añade en los cambios para igualar la estimación de una cosa; el aumento de valor dado por la autoridad competente a algunas monedas.

Prenda. La alhaja u otro bien mueble, valores, etc., que se da o que se toma para la seguridad de alguna deuda o contrato, o satisfacción de algún daño que se ha hecho.

Prescripción. La acción y efecto de prescribir. Modo de adquirir el dominio de una cosa por haberla poseído con las condiciones y por el tiempo prefijado por las leyes. Extinción de alguna obligación o deuda por el transcurso del tiempo fijado por las leyes.

Presuponer. Formar el cómputo de los gastos o ingresos de una empresa o colectividad, nación, etcétera.

Presupuesto. Presuponer. Cálculo anticipado del coste de una obra y también de los gastos e ingresos de una empresa o colectividad.

Prima La cantidad que recibe un comerciante por ceder a otro un negocio contratado por aquél. En términos de Bolsa es la suma que el comprador a plazo se obliga a pagar al vendedor por el derecho de rescindir el contrato a su vencimiento. El premio que conceden los gobiernos a los que introducen o exportan artículos de comercio, o toman a su cargo alguna empresa de utilidad general.

Principal. En las obligaciones y contratos, el capital impuesto a censo o a réditos. El jefe de una casa de comercio, fábrica o almacén.

Principio. Causa primitiva u origen de una cosa.

Procurador. El que, en virtud de poder o facultad de otro, administra en su nombre alguna cosa, o ejercita determinadas acciones.

Prorrata. Repartir una cantidad entre varios, proporcionando a cada uno la parte que le toca.

Protestar (una letra). Certificar ante un notario o fedatario público que una letra no ha sido pagada según lo estipulado.

Protesto. Diligencia notarial que, por no ser aceptada o pagada una letra de cambio, se practica para que no se perjudiquen los derechos de los interesados. Testimonio en que consta dicha diligencia.

Proveedor. Abastecedor. Suministrador.

Proveer. Abastecer de todo lo necesario para un fin.

Provisión. Acopio de cosas necesarias y útiles. Cuentas que reflejan pérdidas no existentes todavía.

Provisión de fondos. Entrega que debe hacer el librador al librado, sea en efectivo o en especies, y que dio origen al libramiento.

Prueba. Cantidad pequeña de un género que se destina para examinar si es bueno o es malo.

Quebranto. Daño o pérdida.

Quebrar. Cesar en el comercio por no alcanzar el Activo a cubrir las deudas o Pasivo.

Quiebra. Acción y efecto de quebrar un comerciante.

Ratio, razón. Relación matemática entre dos términos.

Realizar. Vender los muebles, géneros, etc. Reducirlos a dinero.

Receptor. Que recibe.

Recibí. Expresión con que en los recibos u otros documentos se declara haber recibido aquello de que se trata.

Recibir. Percibir. Cobrar.

Recibo. Escrito firmado en que se declara haber recibido dinero u otra cosa.

Recibo (ser de). Tener un género todas las buenas cualidades requeridas.

Reclamación. Impugnación o contradicción que se hace a una cosa.

Reclamar. Pedir o exigir con derecho una cosa.

Recuento. Cómputo o segunda cuenta que se hace de una cosa. Inventario.

Recursos. Bienes, medios de subsistencias.

Recursos financieros. Disponibilidad de dinero y crédito.

Redimible. Que se puede redimir.

Redimir. Comprar de nuevo una cosa que se había poseído. Dejar libre una cosa hipotecada.

Rédito. Renta, interés o beneficio renovable que rinde un capital.

Reembolsar. Recuperar una cantidad que se había desembolsado.

Reembolso. Acción y efecto de reembolsar.

Reembolso (contra). Enviar un objeto o mercancía que el destinatario ha de abonar en el acto de recibirlo.

Reexpedir. Expedir o enviar a otro una cosa que se ha recibido.

Reexportar. Exportar lo que se había importado.

Referencia. Relación de una cosa.

Reflejar. Representación, imagen.

Refrendar. Autorizar un documento por medio de la firma de persona hábil para ello.

Regalía. Plusvalía de un fondo comercial.

Registrar. Copiar y notar en los libros de registro.

Registro. Asiento o apunte de lo que se registra. Padrón y matrícula.

Registro Civil. En que se hacen constar oficialmente todos los hechos relativos al estado civil de las personas.

Registro de la Propiedad. En el que se inscriben por el registrador todos los bienes raíces de un partido judicial y los derechos reales que les atañen.

Registro de la Propiedad Industrial. El que sirve para registrar patentes de invención, o de introducción, marcas de fábrica, etcétera.

Registro Mercantil. El que sirve para la inscripción de actos y contratos de comercio.

Reglamento. Colección ordenada de reglas y preceptos.

Regularización. Acción y efecto de regular.

Regularizar. Regular o someter a ciertas reglas. Dícese también de las cuentas cuando se concuerda su saldo contable con una situación real comprobada.

Reintegrar. Pagar o satisfacer íntegramente una cosa.

Reintegro. Pago.

Relación. Lista. Enumeración.

Rematar. Hacer remate o arrendamiento de una cosa en juicio o públicamente, dándola al mayor postor.

Remate. Se llama así al último término de las ventas o arrendamientos, judiciales o públicos. La adjudicación que se hace de los bienes que se venden en moneda al comprador de mayor puja y condición.

Remesa. Envío de dinero o género.

Remesar. Hacer remesa de dinero o géneros. Girar letras de cambio.

Remitente. El que envía una cosa de un lugar a otro.

Rendimiento. Producto o utilidad de algo.

Rendir. Utilidad o beneficio que rinde anualmente una cosa, deuda pública o títulos que la representan.

Rentar. Producir renta.

Repartimiento. Contribución o carga que se reparte entre todos los obligados a soportarla.

Representante. Que representa. Persona que representa a otra o a cualquier entidad, empresa o corporación.

Representar. Sustituir a uno o hacer sus veces.

Requisito. Circunstancia o condición indispensable para una cosa.

Resaca. Letra de cambio que el tenedor de otra que ha sido protestada gira a cargo del librador, para reembolsarse su importe y los gastos.

Resarcimiento. Acción y efecto de resarcir.

Resarcir. Indemnizar, reparar, compensar un daño, perjuicio o agravio.

Rescindir. Anular o dejar sin efecto un contrato.

Rescisión. Acción y efecto de rescindir.

Reserva. Provisión de alguna cosa o cantidad de dinero para que sirva a su debido tiempo.

Resguardo. Garantía o seguridad que por escrito se hace en las deudas o contratos. Documentos en donde consta esta seguridad.

Residuo. Parte o porción que queda de un todo que ha sido distribuido.

Restitución. Acción y efecto de restituir.

Restituir. Restablecer una cosa. Devolver.

Resumen. Exposición resumida de un tema o asunto.

Resumir. Abreviar, reducir a términos breves y precisos lo esencial de un asunto o tema.

Retener. Suspender en todo o en parte el sueldo y reservar la cantidad no entregada para pagar con ella alguna deuda, o algún impuesto.

Retornar. Devolver. Restituir.

Retracto. Derecho que compete a ciertas personas para quedarse, por el tanto de su precio, con la cosa vendida a otro.

Retrocesión. Retroceso. Acción y efecto de ceder a uno el derecho o cosa que él había cedido con anterioridad.

Retrovender. Retroventa. Devolver el comprador una cosa al mismo que él la compró, devolviéndole éste el precio.

Revaluar. Revalorizar.

Revender. Vender uno lo que ha comprado a otro vendedor.

Revertir. Volver una cosa a la propiedad del dueño que antes tuvo.

Revocar. Anular o dejar sin efecto un contrato, una concesión, etcétera.

Riesgo. Eventualidad de todo caso fortuito que pueda causar la pérdida o deterioro de algunos objetos.

Riesgo de cambio. Posibilidad de pérdida que sobreviene por una variación adversa en la cotización de monedas.

Rúbrica. Señal propia y distintiva que, después de haber escrito su nombre, pone cualquiera al final de él rasgueando con la pluma. Contraseña.

Rubro. Agrupaciones de partidas análogas en el inventario. Se dice también de las cuentas.

Rudimento. Primeros estudios de cualquier profesión.

Rutinas de trabajo. Normas para labores reiterativas.

Saldar. Liquidar una cuenta, satisfaciendo su importe o recibiendo el sobrante. Vender con depreciación una mercancía por distintos motivos.

Saldista. El que salda. Vender y comprar géneros procedentes de saldos.

Saldo. Pago o finiquito de deuda u obligación. Cantidad que de una cuenta resulta a favor o en contra de uno. La diferencia entre el Debe y el Haber. Resto.

Salida. Partida de descargo en una cuenta.

Salvar. Poner al fin de la escritura o documento una nota para dar validez a las correcciones hechas.

Salvo error u omisión. Exceptuando o señalando lo que haya podido olvidarse o equivocarse en una relación, factura o cuenta.

Sanear. Indemnizar el vendedor al comprador de todo el perjuicio que haya experimentado, por haber sido perturbado en la posesión de la cosa comprada o despojado de ella.

Sanear una cuenta. Eliminar de ella cualquier ficción de valor, para que refleje mejor el valor real actual de los bienes comprendidos en ella.

Satisfacer. Pagar todo lo que se debe.

Seguro. Contrato por el cual una persona natural o jurídica se obliga a resarcir de pérdidas o daños que ocurran a otro, en determinadas circunstancias.

Seguro subsidiario. Aquel que cubre el riesgo de otro asegurador que falte al pago de la indemnización a que está obligado.

Semovientes (bienes). Los que consisten en ganados o animales.

Sic. Adverbio latino que se usa en impresos y escritos para dar a entender que una palabra o frase, que pudiera parecer inexacta, es textual.

Signar. Firmar.

Simplificar. Hacer una cosa más sencilla.

Siniestro. Avería grave, o pérdida de mercancías aseguradas, por incendio, por naufragio u otro contratiempo.

Siniestro mayor. La pérdida total o casi total.

Siniestro menor. El simple daño de la cosa asegurada.

Síntesis. Composición de un todo por la reunión de sus partes.

Sintetizar. Hacer síntesis.

Sito. Situado.

Situar. Asignar fondos para un pago o inversión. Sobreprecio. Recargo en el precio ordinario.

Sobreprima. Tratándose de seguro, prima adicional.

Sobreseer. Cesar en el cumplimiento de una obligación. Incumplimiento.

Social. Perteneciente o relativo a una compañía o sociedad.

Sociedad. Agrupación natural o pactada de personas con el fin de cumplir, mediante la mútua cooperación, todos o algunos de los fines propuestos.

Sociedad accidental. La que se verifica sin establecer sociedad formal.

Sociedad anónima. La que se forma por acciones, con responsabilidad circunscrita al capital que éstas representan.

Sociedad comanditaria o en comandita. Aquella en que hay dos clases de socios, unos con derechos y obligaciones completos, y otros que tienen limitados a cierta cuantía su interés y también su responsabilidad.

Sociedad comercial. La de comerciantes.

Sociedad cooperativa. La que se forma para un objeto común a los asociados.

Sociedad limitada. Aquélla en que los socios limitan su responsabilidad al capital prometido.

Sociedad regular colectiva. Aquélla en que todos los socios participan de los mismos derechos y obligaciones, con responsabilidad plena.

Socio. Persona asociada con otro o con otros para un fin.

Socio capitalista. El que aporta capital a una empresa o compañía.

Socio industrial. El que no aporta capital, sino servicios o pericia personal.

Software. Soporte lógico de un equipo de proceso electrónico de datos. Conjunto de programas que puede ejecutar una computadora.

Solidario. Aplícase a las obligaciones contraídas en común. Persona que las contrae.

Sub iudice. Locución latina con que se denota que una cuestión está pendiente de resolución.

Subastar. Vender efectos o contratar servicios en pública subasta.

Subjetivo. Perteneciente o relativo a sujeto o al hombre.

Subrayar. Señalar por debajo con una raya alguna letra, palabra o frase escrita.

Subsidio. Socorro o auxilio extraordinario. Contribución impuesta al comercio y a la industria.

Subvenir. Auxiliar, amparar, favorecer el Estado ciertas empresas o instituciones privadas con determinada cantidad.

Subvención. Cantidad con que se subviene.

Subvencionar. Favorecer con una subvención.

Sucursal. Establecimiento, tienda o almacén que sirve de ampliación a otro del cual es dependiente.

Sueldo. Remuneración anual o mensual, asignada a una persona por el desempeño de un cargo o de un servicio profesional.

Sufragar. Costear, satisfacer.

Sujeto. Asunto o materia sobre la cual se habla o se escribe. Persona innominada.

Suma. Agregado de muchas cosas y, más comúnmente, de dinero.

Suma y sigue. Denota la repetición o continuación de una cosa.

Superávit. Exceso del valor neto de un patrimonio mercantil sobre el capital nominal.

Superávit del ejercicio. Exceso del valor final con relación al inicial.

Superioridad. Jefe, persona o conjunto de personas de superior autoridad.

Suscribir. Firmar al final de un escrito. Obligarse a contribuir al pago de una cantidad para una obra o empresa común.

Suscripción. Acto y efecto de suscribir o suscribirse.

Suscriptor. El que suscribe o se suscribe.

Sustituir. Poner a una persona o cosa en lugar de otra.

Sustraer. Restar.

Talón. Libranza a la vista, que consiste en parte de una hoja cortada de un talonario. Documento o resguardo expedido en la misma forma (talón bancario: mandato de pago); en la legislación española, la ley cambiaría de 16 de julio de 1985 asimila talón a cheque, aunque en el uso se mantiene el término.

Talonario. Documento escrito que se corta de un libro o cuaderno, quedando en él una parte de la hoja.

Talonario (libro). El de recibos, libranzas, etcétera.

Tangible. Que tiene soporte material o físico.

Tantear. Calcular aproximadamente.

Tanteo. Acción y efecto de tantear.

Tanto. Aplícase a la cantidad o al número indeterminado, como correlativo de cuanto. Cantidad proporcional respecto a otra.

Tara. El peso de los embalajes o envases. Parte del peso que se rebaja en los géneros o mercaderías por razón de envase y embalaje.

Tarifa. Tabla o catálogo de los precios de varias especies vendibles o de los derechos que se deben pagar a proporción de ellos.

Tasa. Acción y efecto de tasar. Documento en que consta. Precio fijo puesto por la autoridad a las cosas vendibles.

Tasación. Justiprecio, evaluación de las cosas.

Tasar. Poner tasa a las cosas vendibles.

Tenedor. El que posee legítimamente una letra de cambio u otro documento de crédito. De libros: El que tiene a su cargo los libros de cuenta y razón.

Teneduría de libros. Arte de escribir y llevar las anotaciónes en los libros de cuentas, según los principios de la contabilidad.

Teoría. Conocimiento considerado con independencia de toda aplicación. Ley o sistema de leyes que se deducen de la observación.

Tesorería. Cargo de tesorero. Oficina o despacho del tesorero.

Tesorero. Persona encargada de custodiar o distribuir los caudales de una dependencia.

Tesoro público. Erario público. Conjunto de bienes y derechos.

Timbre. Reintegro que exigen ciertos documentos.

Tipo de cambio. Valor de una moneda, respecto al valor de otras.

Título. Documento que representa deuda pública o valor comercial.

Título al portador. El que es pagadero a quien lo lleva o exhibe.

Tomador. El que compra una letra de cambio al librador o a un cedente.

Traficante. Que trafica o comercia.

Tráfico. Acción de traficar.

Transmisión. Acción y efecto de transmitir.

Transmitir. Trasladar, transferir, ceder, traspasar o dejar a otro un derecho o cosa.

Traspasar. Renunciar o ceder a favor de otro el derecho o dominio de alguna cosa.

Ueps. Último entrado, primero salido (*lifo*).

Uso. Derecho de gozar de una cosa aunque no se tenga la propiedad de la misma.

Usuario. Se aplica al que tiene derecho de usar de cosa ajena con cierta limitación.

Usucapión. Modo de adquirir el dominio de alguna cosa, por haber pasado el tiempo que las leyes señalan para que pueda reclamarlo su anterior dueño.

Usucapir. Adquirir la posesión de alguna cosa por haberla poseído todo el tiempo establecido por el derecho.

Usufructo. Derecho de usar una cosa o de aprovecharse de todos sus frutos, sin deteriorarla.

Usufructuario. El que tiene el derecho de gozar de alguna cosa cuya propiedad no le pertenece.

Ut supra. Adv. latino. Se emplea en ciertos documentos para referirse a una fecha, cláusula, frase, etc., escrita más arriba.

Utensilio. Utillaje. Conjunto de herramientas o instrumentos de uso corriente y frecuente en un oficio o industria.

Utilidad. Provecho, ganancia o fruto que se saca de una cosa.

Vale. El papel o seguro que se hace a favor de alguno, obligándose a pagar una cantidad de dinero.

Valedero. Que tiene validez, que ha de ser firme y consistente.

Valer. Tener las cosas un precio determinado para la compra o la venta.

Validez. Firme, subsistente, que tiene fuerza legal y jurídica. Válido.

Valor. Grado de utilidad, conveniencia o estimación que tienen las cosas. Precio. Renta, fruto o producto de una hacienda. Equivalencia de una cosa a otra.

Valoración. Acción o efecto de valorar o valuar.

Valorar. Valuar, señalar a una cosa el valor correspondiente.

Valores. Los títulos representativos de la moneda, o de créditos, como letras de cambio, billetes de banco, acciones y obligaciones de las sociedades, bonos de la deuda pública, etcétera.

Valuar. Valorar.

Vencer. Cumplirse en término o plazo.

Vencimiento. Cumplimiento del plazo de una deuda u obligación.

Vendedor. Que vende.

Vender. Traspasar a otro por un precio previamente convenido la propiedad de lo que uno posee.

Vendí. Certificado que da el vendedor, corredor o agente que ha intervenido en una venta de mercancías o efectos públicos.

Viajante. De viajar. Que viaja. Dependiente comercial que hace viajes para negociar ventas o compras.

Vigente. Aplícase a los preceptos, estilos y costumbres que están en vigor.

Voluntad. Expresión usada en las subastas, pagos, arriendos, contratación de efectos públicos, etc., siempre que se estipula alguna condición, cuya realización o no realización se deja al libre albedrío de los contratantes.

El Plan General de Contabilidad

A continuación reproducimos el cuadro de cuentas del Plan General de Contabilidad (PGC) que hemos utilizado a lo largo de la obra. La clasificación de las cuentas, a las que se atribuye un código numérico decimal, da origen a los grupos o clases de cuentas. Las cuentas que tienen un solo dígito son los grupos de cuentas. El desarrollo de estos grupos origina los subgrupos, que se expresan mediante dos dígitos. Los subgrupos se desglosan en cuentas principales, que se representan con tres dígitos, de las que derivan las subcuentas o cuentas divisionarias, que se expresan con cuatro dígitos.

1.	**FINANCIACIÓN BÁSICA**
10.	CAPITAL
100.	Capital social
1000.	Capital ordinario
1001.	Capital privilegiado
1002.	Capital sin derecho a voto
1003.	Capital con derechos restringidos
101.	Fondo social
102.	Capital
11.	RESERVAS
110.	Prima de emisión de acciones
111.	Reservas de revalorización
112.	Reserva legal

1608. Deudas a largo plazo con empresas del grupo por efecto impositivo
1609. Otras deudas a largo plazo con empresas del grupo
161. Deudas a largo plazo con empresas asociadas
162. Deudas a largo plazo con entidades de crédito del grupo
163. Deudas a largo plazo con entidades de crédito asociadas
164. Proveedores de inmovilizado a largo plazo, empresas del grupo
165. Proveedores de inmovilizado a largo plazo, empresas asociadas

17. DEUDAS A LARGO PLAZO POR PRÉSTAMOS RECIBIDOS Y OTROS CONCEPTOS
170. Deudas a largo plazo con entidades de crédito
1700. Préstamos a largo plazo de entidades de crédito
1709. Otras deudas a largo plazo con entidades de crédito
171. Deudas a largo plazo
172. Deudas a largo plazo transformables en subvenciones
173. Proveedores de inmovilizado a largo plazo
174. Efectos a pagar a largo plazo

18. FIANZAS Y DEPÓSITOS RECIBIDOS A LARGO PLAZO
180. Fianzas recibidas a largo plazo
185. Depósitos recibidos a largo plazo

19. SITUACIONES TRANSITORIAS DE FINANCIACIÓN
190. Accionistas por desembolsos no exigidos
191. Accionistas por desembolsos no exigidos, empresas del grupo
192. Accionistas por desembolsos no exigidos, empresas asociadas
193. Accionistas por aportaciones no dinerarias pendientes
194. Accionistas por aportaciones no dinerarias pendientes, empresas del grupo
195. Accionistas por aportaciones no dinerarias pendientes, empresas asociadas
196. Socios, parte no desembolsada
198. Acciones propias en situaciones especiales
199. Acciones propias para reducción de capital

2. **INMOVILIZADO**

20. GASTOS DE ESTABLECIMIENTO
200. Gastos de constitución
201. Gastos de primer establecimiento
202. Gastos de ampliación de capital

21. INMOVILIZACIONES INMATERIALES
210. Gastos de investigación y desarrollo
2100. Gastos de investigación y desarrollo en proyectos no terminados
2101. Gastos de investigación y desarrollo en proyectos terminados

211.   Concesiones administrativas
212.   Propiedad industrial
213.   Fondo de comercio
214.   Derechos de traspaso
215.   Aplicaciones informáticas
217.   Derechos sobre bienes en régimen de arrendamiento
         financiero
219.   Anticipos para inmovilizaciones inmateriales

22.   INMOVILIZACIONES MATERIALES
220.   Terrenos y bienes materiales
221.   Construcciones
222.   Instalaciones técnicas
223.   Maquinaria
224.   Utillaje
225.   Otras instalaciones
226.   Mobiliario
227.   Equipos para procesos de información
228.   Elementos de transporte
229.   Otro inmovilizado material

23.   INMOVILIZACIONES MATERIALES EN CURSO
230.   Adaptación de terrenos y de bienes naturales
231.   Construcciones en curso
232.   Instalaciones técnicas en montaje
233.   Maquinaria en montaje
237.   Equipos para procesos de información en montaje
239.   Anticipos para inmovilizaciones materiales

24.   INVERSIONES FINANCIERAS EN EMPRESAS DEL GRUPO Y ASOCIADAS
240.   Participaciones en empresas del grupo
241.   Participaciones en empresas asociadas
242.   Valores de renta fija de empresas del grupo
243.   Valores de renta fija de empresas asociadas
244.   Créditos a largo plazo a empresas del grupo
2448.   Créditos a largo plazo con empresas del grupo por efecto impositivo
245.   Créditos a largo plazo a empresas asociadas
246.   Intereses a largo plazo de inversiones financieras en empresas del grupo
247.   Intereses a largo plazo de inversiones financieras en empresas asociadas
248.   Desembolsos pendientes sobre acciones de empresas del grupo
249.   Desembolsos pendientes sobre acciones de empresas asociadas

25.   OTRAS INVERSIONES FINANCIERAS PERMANENTES
250.   Inversiones financieras permanentes en capital
2500.   Inversiones financieras permanentes en acciones con cotización en un
         mercado secundario organizado

2501.	Inversiones financieras permanentes en acciones sin cotización en un mercado secundario organizado
2502.	Otras inversiones financieras en capital
251.	Valores de renta fija
252.	Créditos a largo plazo
253.	Créditos a largo plazo por enajenación de inmovilizado
254.	Créditos a largo plazo al personal
256.	Intereses a largo plazo de valores de renta fija
257.	Intereses a largo plazo de créditos
258.	Imposiciones a largo plazo
259.	Desembolsos pendientes sobre acciones
26.	FIANZAS Y DEPÓSITOS CONSTITUIDOS A LARGO PLAZO
260.	Fianzas constituidas a largo plazo
265.	Depósitos constituidos a largo plazo
27.	GASTOS A DISTRIBUIR EN VARIOS EJERCICIOS
270.	Gastos de formalización de deudas
271.	Gastos por intereses diferidos de valores negociables
272.	Gastos por intereses diferidos
28.	AMORTIZACIÓN ACUMULADA DEL INMOVILIZADO
281.	Amortización acumulada del inmovilizado inmaterial
2810.	Amortización acumulada de gastos de investigación y desarrollo
2811.	Amortización acumulada de concesiones administrativas
2812.	Amortización acumulada de propiedad industrial
2813.	Amortización acumulada de fondo de comercio
2814.	Amortización acumulada de derechos de traspaso
2815.	Amortización acumulada de aplicaciones informáticas
2817.	Amortización acumulada de derechos sobre bienes en régimen de arrendamiento financiero
282.	Amortización acumulada del inmovilizado material
2821.	Amortización acumulada de construcciones
2822.	Amortización acumulada de instalaciones técnicas
2823.	Amortización acumulada de maquinaria
2824.	Amortización acumulada de utillaje
2825.	Amortización acumulada de otras instalaciones
2826.	Amortización acumulada de mobiliario
2827.	Amortización acumulada de equipos para procesos de información
2828.	Amortización acumulada de elementos de transporte
2829.	Amortización acumulada de otro inmovilizado material
29.	PROVISIONES DE INMOVILIZADO
291.	Provisión por depreciación del inmovilizado inmaterial
292.	Provisión por depreciación del inmovilizado material

293.	Provisión por depreciación de valores de renta fija a largo plazo de empresas del grupo
2930.	Provisión por depreciación de participaciones en capital a largo plazo en empresas del grupo
2935.	Provisión por depreciación de valores negociables a largo plazo en empresas del grupo
294.	Provisión por depreciación de valores negociables a largo plazo de empresas asociadas
2941.	Provisión por depreciación de participaciones de capital a largo plazo en empresas asociadas
2946.	Provisión por depreciación de valores de renta fija a largo plazo en empresas asociadas
295.	Provisión para insolvencias de créditos a largo plazo a empresas del grupo
296.	Provisión para insolvencias de créditos a largo plazo a empresas asociadas
297.	Provisión por depreciación de valores negociables a largo plazo
298.	Provisión para insolvencias de créditos a largo plazo

3.	**EXISTENCIAS**
30.	COMERCIALES
300.	Mercaderías A
301.	Mercaderías B
31.	MATERIAS PRIMAS
310.	Materias primas A
311.	Materias primas B
32.	OTROS APROVISIONAMIENTOS
320.	Elementos y conjuntos incorporables
321.	Combustibles
322.	Repuestos
325.	Materiales diversos
326.	Embalajes
327.	Envases
328.	Material de oficina
33.	PRODUCTOS EN CURSO
330.	Productos en curso A
331.	Productos en curso B
34.	PRODUCTOS SEMITERMINADOS
340.	Productos semiterminados A
341.	Productos semiterminados B

35.   PRODUCTOS TERMINADOS
350. Productos terminados A
351. Productos terminados B

36.   SUBPRODUCTOS, RESIDUOS Y MATERIALES RECUPERADOS
360. Subproductos A
361. Subproductos B
365. Residuos A
366. Residuos B
368. Materiales recuperados A
369. Materiales recuperados B

39.   PROVISIONES POR DEPRECIACIÓN DE EXISTENCIAS
390. Provisión por depreciación de mercaderías
391. Provisión por depreciación de materias primas
392. Provisión por depreciación de otros aprovisionamientos
393. Provisión por depreciación de productos en curso
394. Provisión por depreciación de productos semiterminados
395. Provisión por depreciación de productos terminados
396. Provisión por depreciación de subproductos, residuos y materiales recuperados

4.   **ACREEDORES Y DEUDORES POR OPERACIONES DE TRÁFICO**

40.   PROVEEDORES
400. Proveedores
4000. Proveedores (moneda nacional)
4004. Proveedores (moneda extranjera)
4009. Proveedores, facturas pendientes de recibir o de formalizar
401. Proveedores empresas oficiales a pagar
402. Proveedores, empresas del grupo
4020. Proveedores, empresas del grupo (moneda nacional)
4021. Efectos comerciales a pagar, empresas del grupo
4024. Proveedores, empresas del grupo (moneda extranjera)
4026. Envases y embalajes a devolver a proveedores, empresas del grupo
4029. Proveedores, empresas del grupo, facturas pendientes de recibir o de formalizar
403. Proveedores, empresas asociadas
406. Envases y embalajes a devolver a proveedores
407. Anticipos a proveedores

41.   ACREEDORES VARIOS
410. Acreedores por prestaciones de servicios
4100. Acreedores por prestaciones de servicios (moneda nacional)
4104. Acreedores por prestaciones de servicios (moneda extranjera)

4109.	Acreedores por prestaciones de servicios, facturas pendientes de recibir o de formalizar
411.	Acreedores, efectos comerciales a pagar
419.	Acreedores por operaciones en común

43.	CLIENTES
430.	Clientes
4300.	Clientes (moneda nacional)
4304.	Clientes (moneda extranjera)
4309.	Clientes, facturas pendientes de formalizar
431.	Clientes, efectos comerciales a cobrar
4310.	Efectos comerciales en cartera
4311.	Efectos comerciales descontados
4312.	Efectos comerciales en gestión de cobro
4315.	Efectos comerciales impagados
432.	Clientes, empresas del grupo
4320.	Clientes, empresas del grupo (moneda nacional)
4321.	Efectos comerciales a cobrar, empresas del grupo
4324.	Clientes, empresas del grupo (moneda extranjera)
4326.	Envases y embalajes a devolver a clientes, empresas del grupo
4329.	Clientes, empresas del grupo, facturas pendientes de formalizar
433.	Clientes, empresas asociadas
435.	Clientes de dudoso cobro
436.	Envases y embalajes a devolver por clientes
437.	Anticipos de clientes

44.	DEUDORES VARIOS
440.	Deudores
4400.	Deudores (moneda nacional)
4404.	Deudores (moneda extranjera)
4409.	Deudores, facturas pendientes de formalizar
441.	Deudores, efectos comerciales a cobrar
4410.	Deudores, efectos comerciales en cartera
4411.	Deudores, efectos comerciales descontados
4412.	Deudores, efectos comerciales en gestión de cobro
4415.	Deudores, efectos comerciales impagados
445.	Deudores de dudoso cobro
449.	Deudores por operaciones en común

46.	PERSONAL
460.	Anticipos de remuneraciones
465.	Remuneraciones pendientes de pago

47.	ADMINISTRACIONES PÚBLICAS
470.	Hacienda Pública, deudor por diversos conceptos
4700.	Hacienda Pública, deudor por IVA

4708.	Hacienda Pública, deudor por subvenciones concedidas
4709.	Hacienda Pública, deudor por devolución de impuestos
471.	Organismos de la Seguridad Social, deudores
472.	Hacienda Pública, IVA soportado
4720.	IVA soportado
473.	Hacienda Pública, retenciones y pagos a cuenta
4732.	Hacienda Pública, retenciones e ingresos a cuenta en sociedades transparentes
474.	Impuesto sobre beneficios anticipado y compensación de pérdidas
4740.	Impuesto sobre beneficios anticipado
4741.	Impuesto sobre beneficios anticipado a largo plazo
4745.	Crédito por pérdidas a compensar del ejercicio ...
4746.	Crédito por pérdidas a compensar del ejercicio ... a largo plazo
4748.	Impuesto sobre beneficios anticipado por operaciones intra-grupo
4749.	Crédito por pérdidas a compensar en régimen de declaración consolidada del ejercicio
475.	Hacienda Pública, acreedor por conceptos fiscales
4750.	Hacienda Pública, acreedor por IVA
4751.	Hacienda Pública, acreedor por retenciones particulares
4752.	Hacienda Pública, acreedor por impuestos sobre sociedades
4758.	Hacienda Pública, acreedor por subvenciones a reintegrar
476.	Organismos de la Seguridad Social, acreedores
477.	Hacienda Pública, IVA repercutido
4770.	IVA repercutido
479.	Impuesto sobre beneficios diferido
4791.	Impuesto sobre beneficios diferido a largo plazo
4798.	Impuesto sobre beneficios diferido por operaciones intra-grupo
48.	AJUSTES POR PERIODIFICACIÓN
480.	Gastos anticipados
485.	Ingresos anticipados
49.	PROVISIONES POR OPERACIONES DE TRÁFICO
490.	Provisión para insolvencias de tráfico
493.	Provisión para insolvencias de tráfico de empresas del grupo
494.	Provisión para insolvencias de tráfico de empresas asociadas
499.	Provisión para otras operaciones de tráfico
5.	**CUENTAS FINANCIERAS**
50.	EMPRÉSTITOS Y OTRAS EMISIONES ANÁLOGAS A CORTO PLAZO
500.	Obligaciones y bonos a corto plazo
501.	Obligaciones y bonos convertibles a corto plazo
505.	Deudas representadas en otros valores negociables a corto plazo
506.	Intereses de empréstitos y otras emisiones análogas

509.   Valores negociables amortizados
5090.   Obligaciones y bonos amortizados
5091.   Obligaciones y bonos convertibles amortizados
5095.   Otros valores negociables amortizados

51.   DEUDAS A CORTO PLAZO CON EMPRESAS DEL GRUPO Y ASOCIADAS
510.   Deudas a corto plazo con empresas del grupo
5100.   Préstamos a corto plazo de empresas del grupo
5108.   Deudas a corto plazo con empresas del grupo por efecto impositivo
5109.   Otras deudas a corto plazo con empresas del grupo
511.   Deudas a corto plazo con empresas asociadas
512.   Deudas a corto plazo con entidades de crédito del grupo
5120.   Préstamos a corto plazo de entidades de crédito del grupo
5128.   Deudas por efectos descontados en entidades de crédito del grupo
5129.   Otras deudas a corto plazo con entidades de crédito del grupo
513.   Deudas a corto plazo con entidades de crédito asociadas
514.   Proveedores de inmovilizado a corto plazo, empresas del grupo
515.   Proveedores de inmovilizado a corto plazo, empresas asociadas
516.   Intereses a corto plazo de deudas con empresas del grupo
517.   Intereses a corto plazo de deudas con empresas asociadas

52.   DEUDAS A CORTO PLAZO POR PRÉSTAMOS RECIBIDOS Y OTROS
         CONCEPTOS
520.   Deudas a corto plazo con entidades de crédito
5200.   Préstamos a corto plazo de entidades de crédito
5201.   Deudas a corto plazo por crédito dispuesto
5208.   Deudas por efectos descontados
521.   Deudas a corto plazo
523.   Proveedores de inmovilizado a corto plazo
524.   Efectos a pagar a corto plazo
525.   Dividendo activo a pagar
526.   Intereses a corto plazo de deudas con entidades de crédito
527.   Intereses a corto plazo de deudas

53.   INVERSIONES FINANCIERAS A CORTO PLAZO EN EMPRESAS DEL
         GRUPO Y ASOCIADAS
530.   Participaciones a corto plazo en empresas del grupo
531.   Participaciones a corto plazo en empresas asociadas
532.   Valores de renta fija a corto plazo de empresas del grupo
533.   Valores de renta fija a corto plazo de empresas asociadas
534.   Créditos a corto plazo a empresas del grupo
5348.   Créditos a corto plazo con empresas del grupo por efecto impositivo
535.   Créditos a corto plazo a empresas asociadas
536.   Intereses a corto plazo de inversiones financieras en empresas del grupo
5360.   Intereses a corto plazo de valores de renta fija de empresas del grupo
5361.   Intereses a corto plazo de créditos a empresas del grupo

537.	Intereses a corto plazo de inversiones financieras en empresas asociadas
538.	Desembolsos pendientes sobre acciones a corto plazo de empresas del grupo
539.	Desembolsos pendientes sobre acciones a corto plazo de empresas asociadas
54.	OTRAS INVERSIONES FINANCIERAS TEMPORALES
540.	Inversiones financieras temporales en capital
5400.	Inversiones financieras temporales en acciones con cotización en un mercado secundario organizado
5401.	Inversiones financieras temporales en acciones sin cotización en un mercado secundario organizado
5409.	Otras inversiones financieras temporales en capital
541.	Valores de renta fija a corto plazo
542.	Créditos a corto plazo
543.	Créditos a corto plazo por enajenación de inmovilizado
544.	Créditos a corto plazo al personal
545.	Dividendo a cobrar
546.	Intereses a corto plazo de valores de renta fija
547.	Intereses a corto plazo de créditos
548.	Imposiciones a corto plazo
549.	Desembolsos pendientes sobre acciones a corto plazo
55.	OTRAS CUENTAS NO BANCARIAS
550.	Titular de la explotación
551.	Cuenta corriente con empresas del grupo
552.	Cuenta corriente con empresas asociadas
553.	Cuenta corriente con socios y administradores
555.	Partidas pendientes de aplicación
556.	Desembolsos exigidos sobre acciones
5560.	Desembolsos exigidos sobre acciones de empresas del grupo
5561.	Desembolsos exigidos sobre acciones de empresas asociadas
5562.	Desembolsos exigidos sobre acciones de otras empresas
557.	Dividendo activo a cuenta
558.	Accionistas por desembolsos exigidos
56.	FIANZAS Y DEPÓSITOS RECIBIDOS Y CONSTITUIDOS A CORTO PLAZO
560.	Fianzas recibidas a corto plazo
561.	Depósitos recibidos a corto plazo
565.	Fianzas constituidas a corto plazo
566.	Depósitos constituidos a corto plazo
57.	TESORERÍA
570.	Caja, moneda nacional
571.	Caja, moneda extranjera
572.	Bancos e instituciones de crédito c/c. vista, moneda nacional

573.	Bancos e instituciones de crédito c/c. vista, moneda extranjera
574.	Bancos e instituciones de crédito, cuentas de ahorro, moneda nacional
575.	Bancos e instituciones de crédito, cuentas de ahorro, moneda extranjera
58.	AJUSTES POR PERIODIFICACIÓN
580.	Intereses pagados por anticipado
585.	Intereses cobrados por anticipado
59.	PROVISIONES FINANCIERAS
593.	Provisión por depreciación de valores negociables a corto plazo de empresas del grupo
594.	Provisión por depreciación de valores negociables a corto plazo de empresas asociadas
595.	Provisión para insolvencias de créditos a corto plazo a empresas del grupo
596.	Provisión para insolvencias de créditos a corto plazo a empresas asociadas
597.	Provisión por depreciación de valores negociables a corto plazo
598.	Provisión para insolvencias de créditos a corto plazo
6.	**COMPRAS Y GASTOS**
60.	COMPRAS
600.	Compras de mercaderías
601.	Compras de materias primas
602.	Compras de otros aprovisionamientos
607.	Trabajos realizados por otras empresas
608.	Devoluciones de compras y operaciones similares
6080.	Devoluciones de compras de mercaderías
6081.	Devoluciones de compras de materias primas
6082.	Devoluciones de compras de otros aprovisionamientos
609.	«Rappels» por compras
6090.	«Rappels» por compras de mercaderías
6091.	«Rappels» por compras de materias primas
6092.	«Rappels» por compras de otros aprovisionamientos
61.	VARIACIÓN DE EXISTENCIAS
610.	Variación de existencias de mercaderías
611.	Variación de existencias de materias primas
612.	Variación de existencias de otros aprovisionamientos
62.	SERVICIOS EXTERIORES
620.	Gastos en investigación y desarrollo del ejercicio
621.	Arrendamientos y cánones
622.	Reparaciones y conservación
623.	Servicios de profesionales independientes

624.	Transportes
625.	Primas de seguros
626.	Servicios bancarios y similares
627.	Publicidad, propaganda y relaciones públicas
628.	Suministros
629.	Otros servicios
63.	TRIBUTOS
630.	Impuesto sobre beneficios
631.	Otros tributos
632.	Sociedades transparentes / efecto impositivo
6320.	Retenciones e ingresos a cuenta soportados por sociedades transparentes
6323.	Ajustes negativos en la imposición en sociedades transparentes
6328.	Ajustes positivos en la imposición en sociedades transparentes
633.	Ajustes negativos en la imposición sobre beneficios
634.	Ajustes negativos en la imposición indirecta
6341.	Ajustes negativos en IVA de circulante
6342.	Ajustes negativos en IVA de inversiones
635.	Impuesto sobre beneficios extranjero
636.	Devolución de impuestos
638.	Ajustes positivos en la imposición sobre beneficios
639.	Ajustes positivos en la imposición indirecta
6391.	Ajustes positivos en IVA de circulante
6392.	Ajustes positivos en IVA de inversiones
64.	GASTOS DE PERSONAL
640.	Sueldos y salarios
641.	Indemnizaciones
642.	Seguridad Social a cargo de la empresa
643.	Aportaciones a sistemas complementarios de pensiones
649.	Otros gastos sociales
65.	OTROS GASTOS DE GESTIÓN
650.	Pérdidas de créditos comerciales incobrables
651.	Resultados de operaciones en común
6510.	Beneficio transferido (gestor)
6511.	Pérdida soportada (partícipe o asociado no gestor)
659.	Otras pérdidas en gestión corriente
66.	GASTOS FINANCIEROS
661.	Intereses de obligaciones y bonos
6610.	Intereses de obligaciones y bonos a largo plazo en empresas del grupo
6611.	Intereses de obligaciones y bonos a largo plazo en empresas asociadas
6613.	Intereses de obligaciones y bonos a largo plazo en otras empresas
6615.	Intereses de obligaciones y bonos a corto plazo en empresas del grupo
6616.	Intereses de obligaciones y bonos a corto plazo en empresas asociadas

6618.	Intereses de obligaciones y bonos a corto plazo en otras empresas
662.	Intereses de deudas a largo plazo
6620.	Intereses de deudas a largo plazo con empresas del grupo
6621.	Intereses de deudas a largo plazo con empresas asociadas
6622.	Intereses de deudas a largo plazo con entidades de crédito
6623.	Intereses de deudas a largo plazo con otras empresas
663.	Intereses de deudas a corto plazo
6630.	Intereses de deudas a corto plazo con empresas del grupo
6631.	Intereses de deudas a corto plazo con empresas asociadas
6632.	Intereses de deudas a corto plazo con entidades de crédito
6633.	Intereses de deudas a corto plazo con otras empresas
664.	Intereses por descuento de efectos
6640.	Intereses por descuento de efectos en entidades de crédito del grupo
6641.	Intereses por descuento de efectos en entidades de crédito asociadas
6643.	Intereses por descuento de efectos en otras entidades de crédito
665.	Descuentos sobre ventas por pronto pago
6650.	Descuentos sobre ventas por pronto pago a empresas del grupo
6651.	Descuentos sobre ventas por pronto pago a empresas asociadas
6653.	Descuentos sobre ventas por pronto pago a otras empresas
666.	Pérdidas procedentes de valores negociables
6660.	Pérdidas en valores negociables a largo plazo de empresas del grupo
6661.	Pérdidas en valores negociables a largo plazo de empresas asociadas
6663.	Pérdidas en valores negociables a largo plazo de otras empresas
6665.	Pérdidas en valores negociables a corto plazo de empresas del grupo
6666.	Pérdidas en valores negociables a corto plazo de empresas asociadas
6668.	Pérdidas en valores negociables a corto plazo de otras empresas
667.	Pérdidas de créditos
6670.	Pérdidas de créditos a largo plazo a empresas del grupo
6671.	Pérdidas de créditos a largo plazo a empresas asociadas
6673.	Pérdidas de créditos a largo plazo a otras empresas
6675.	Pérdidas de créditos a corto plazo a empresas del grupo
6676.	Pérdidas de créditos a corto plazo a empresas asociadas
6678.	Pérdidas de créditos a corto plazo a otras empresas
668.	Diferencias negativas de cambios
669.	Otros gastos financieros
67.	PÉRDIDAS PROCEDENTES DEL INMOVILIZADO Y GASTOS EXCEPCIONALES
670.	Pérdidas procedentes del inmovilizado inmaterial
671.	Pérdidas procedentes del inmovilizado material
672.	Pérdidas procedentes de participaciones en capital a largo plazo en empresas del grupo
673.	Pérdidas procedentes de participaciones en capital a largo plazo en empresas asociadas
674.	Pérdidas por operaciones con acciones y obligaciones propias

678.   Gastos extraordinarios
679.   Gastos y pérdidas de ejercicios anteriores

68.   DOTACIONES PARA AMORTIZACIONES
680.   Amortización de gastos de establecimiento
681.   Amortización del inmovilizado inmaterial
682.   Amortización del inmovilizado material

69.   DOTACIONES A LAS PROVISIONES
690.   Dotación al fondo de reversión
691.   Dotación a la provisión del inmovilizado inmaterial
692.   Dotación a la provisión del inmovilizado material
693.   Dotación a la provisión de existencias
694.   Dotación a la provisión para insolvencias de tráfico
695.   Dotación a la provisión para otras operaciones de tráfico
696.   Dotación a la provisión para valores negociables a largo plazo
6960.   Dotación a la provisión para participaciones en capital a largo plazo en empresas del grupo
6961.   Dotación a la provisión para participaciones en capital a largo plazo en empresas asociadas
6963.   Dotación a la provisión para valores negociables a largo plazo en otras empresas
6965.   Dotación a la provisión para valores de renta fija a largo plazo en empresas del grupo
6966.   Dotación a la provisión para valores de renta fija a largo plazo en empresas asociadas
697.   Dotación a la provisión para insolvencias de créditos a largo plazo
6970.   Dotación a la provisión para insolvencias de créditos a largo plazo a empresas del grupo
6971.   Dotación a la provisión para insolvencias de créditos a largo plazo a empresas asociadas
6973.   Dotación a la provisión para insolvencias de créditos a largo plazo a otras empresas
698.   Dotación a la provisión para valores negociables a corto plazo
6980.   Dotación a la provisión para valores negociables a corto plazo de empresas del grupo
6981.   Dotación a la provisión para valores negociables a corto plazo de empresas asociadas
6983.   Dotación a la provisión para valores negociables a corto plazo de otras empresas
699.   Dotación a la provisión para insolvencias de créditos a corto plazo
6990.   Dotación a la provisión para insolvencias de créditos a corto plazo a empresas del grupo
6991.   Dotación a la provisión para insolvencias de créditos a corto plazo a empresas asociadas

6993. Dotación a la provisión para insolvencias de créditos a corto plazo a otras empresas

7. VENTAS E INGRESOS

70. VENTAS DE MERCADERÍAS, DE PRODUCCIÓN PROPIA, DE SERVICIOS, ETC.
700. Ventas de mercaderías
701. Ventas de productos terminados
702. Ventas de productos semiterminados
703. Ventas de subproductos y residuos
704. Ventas de envases y embalajes
705. Prestaciones de servicios
708. Devoluciones de ventas y operaciones similares
7080. Devoluciones de ventas de mercaderías
7081. Devoluciones de ventas de productos terminados
7082. Devoluciones de ventas de subproductos semiterminados
7083. Devoluciones de ventas de subproductos y residuos
7084. Devoluciones de ventas de envases y embalajes
709. «Rappels» sobre ventas
7090. «Rappels» sobre ventas de mercaderías
7091. «Rappels» sobre ventas de productos terminados
7092. «Rappels» sobre ventas de productos semiterminados
7093. «Rappels» sobre ventas de subproductos y residuos
7094. «Rappels» sobre ventas de envases y embalajes

71. VARIACIÓN DE EXISTENCIAS
710. Variación de existencias de productos en curso
711. Variación de existencias de productos semiterminados
712. Variación de existencias de productos terminados
713. Variación de existencias de subproductos, residuos y materiales recuperados

73. TRABAJOS REALIZADOS PARA LA EMPRESA
730. Incorporación al activo de gastos de establecimiento
731. Trabajos realizados para el inmovilizado inmaterial
732. Trabajos realizados para el inmovilizado material
733. Trabajos realizados para el inmovilizado material en curso
737. Incorporación al activo de gastos de formalización de deudas

74. SUBVENCIONES A LA EXPLOTACIÓN
740. Subvenciones oficiales a la explotación
741. Otras subvenciones a la explotación

75. OTROS INGRESOS DE GESTIÓN
751. Resultados de operaciones en común
7510. Pérdida transferida (gestor)

7511.	Beneficio atribuido (partícipe o asociado no gestor)
752.	Ingresos por arrendamientos
753.	Ingresos de propiedad industrial cedida en explotación
754.	Ingresos por comisiones
755.	Ingresos por servicios al personal
759.	Ingresos por servicios diversos

76.	INGRESOS FINANCIEROS
760.	Ingresos de participaciones en capital
7600.	Ingresos de participaciones en capital de empresas del grupo
7601.	Ingresos de participaciones en capital de empresas asociadas
7603.	Ingresos de participaciones en capital de otras empresas
761.	Ingresos de valores de renta fija
7610.	Ingresos de valores de renta fija de empresas del grupo
7611.	Ingresos de valores de renta fija de empresas asociadas
7613.	Ingresos de valores de renta fija de otras empresas
762.	Ingresos de créditos a largo plazo
7620.	Ingresos de créditos a largo plazo a empresas del grupo
7621.	Ingresos de créditos a largo plazo a empresas asociadas
7623.	Ingresos de créditos a largo plazo a otras empresas
763.	Ingresos de créditos a corto plazo
7630.	Ingresos de créditos a corto plazo a empresas del grupo
7631.	Ingresos de créditos a corto plazo a empresas asociadas
7633.	Ingresos de créditos a corto plazo a otras empresas
765.	Descuentos sobre compras por pronto pago
7650.	Descuentos sobre compras por pronto pago de empresas del grupo
7651.	Descuentos sobre compras por pronto pago de empresas asociadas
7653.	Descuentos sobre compras por pronto pago de otras empresas
766.	Beneficios en valores negociables
7660.	Beneficios en valores negociables a largo plazo de empresas del grupo
7661.	Beneficios en valores negociables a largo plazo de empresas asociadas
7663.	Beneficios en valores negociables a largo plazo de otras empresas
7665.	Beneficios en valores negociables a corto plazo de empresas del grupo
7666.	Beneficios en valores negociables a corto plazo de empresas asociadas
7668.	Beneficios en valores negociables a corto plazo de otras empresas
768.	Diferencias positivas de cambio
769.	Otros ingresos financieros

77.	BENEFICIOS PROCEDENTES DEL INMOVILIZADO E INGRESOS EXCEPCIONALES
770.	Beneficios procedentes de inmovilizado inmaterial
771.	Beneficios procedentes de inmovilizado material
772.	Beneficios procedentes de participaciones en capital a largo plazo en empresas del grupo

773.	Beneficios procedentes de participaciones en capital a largo plazo en empresas asociadas
774.	Beneficios por operaciones con acciones y obligaciones propias
775.	Subvenciones de capital traspasadas al resultado del ejercicio
778.	Ingresos extraordinarios
779.	Ingresos y beneficios de ejercicios anteriores
79.	EXCESOS Y APLICACIONES DE PROVISIONES
790.	Exceso de provisión para riesgos y gastos
791.	Exceso de provisión del inmovilizado inmaterial
792.	Exceso de provisión del inmovilizado material
793.	Provisión de existencias aplicada
794.	Provisión para insolvencias de tráfico aplicada
795.	Provisión para otras operaciones de tráfico aplicada
796.	Exceso de provisión para valores negociables a largo plazo
7960.	Exceso de provisión para participaciones en capital a largo plazo en empresas del grupo
7961.	Exceso de provisión para participaciones en capital a largo plazo en empresas asociadas
7963.	Exceso de provisión para valores negociables a largo plazo en otras empresas
7965.	Exceso de provisión para valores de renta fija a largo plazo en empresas del grupo
7966.	Exceso de provisión para valores de renta fija a largo plazo en empresas asociadas
797.	Exceso de provisión para insolvencias de créditos a largo plazo
7970.	Exceso de provisión para insolvencias de créditos a largo plazo de empresas del grupo
7971.	Exceso de provisión para insolvencias de créditos a largo plazo de empresas asociadas
7973.	Exceso de provisión para insolvencias de créditos a largo plazo de otras empresas
798.	Exceso de provisión para valores negociables a corto plazo
7980.	Exceso de provisión para valores negociables a corto plazo de empresas del grupo
7981.	Exceso de provisión para valores negociables a corto plazo de empresas asociadas
7983.	Exceso de provisión para valores negociables a corto plazo de otras empresas
799.	Exceso de provisión para insolvencias de créditos a corto plazo
7990.	Exceso de provisión para insolvencias de créditos a corto plazo de empresas del grupo
7991.	Exceso de provisión para insolvencias de créditos a corto plazo de empresas asociadas
7993.	Exceso de provisión para insolvencias de créditos a corto plazo de otras empresas